Mystik und Romantik

Studies in Mysticism, Idealism, and Phenomenology

Edited by

Andrés Quero-Sanchez (*Universität Regensburg*)
Ben Morgan (*University of Oxford*)

VOLUME 02

The titles published in this series are listed at *brill.com/smip*

Mystik und Romantik

Rezeption und Transformation eines religiösen Erfahrungsmusters. Mit einem Themenschwerpunkt zu Jacob Böhme

Herausgegeben von

Günther Bonheim
Thomas Isermann
Thomas Regehly

BRILL

LEIDEN | BOSTON

Cover illustration: Caspar David Friedrich Das Kreuz im Gebirge (Tetschener Altar). 1807/08 Öl auf Leinwand, 115,7 x 111,5 cm Albertinum | Galerie Neue Meister, Gal.-Nr. 2197D © Albertinum | GNM, Staatliche Kunstsammlungen Dresden, Foto: Hans-Peter Klut

Publiziert mit freundlicher Unterstützung der Deutschen Forschungsgemeinschaft (DFG) im Rahmen des Forschungsprojekts "Der ewige Begriff des Individuums": Eine historisch-philologisch-systematische Untersuchung der 'mystischen' Vernunft und deren Rezeption im Werk Schellings (Sachbeihilfe – QU-258/3-1).

Library of Congress Cataloging-in-Publication Data

Names: Bonheim, Günther, editor. | Isermann, Thomas, editor. |
   Regehly, Thomas, 1956- editor.
Title: Mystik und Romantik : Rezeption und Transformation eines religiösen
   Erfahrungsmusters mit einem Themenschwerpunkt zu Jacob Böhme /
   herausgegeben von Günther Bonheim, Thomas Isermann, Thomas Regehly.
Description: Leiden ; Boston : Brill, 2021. | Series: Studies in mysticism, idealism,
   and phenomenology, 2542-4963 ; volume 02 | Includes bibliographical
   references and index.
Identifiers: LCCN 2021045727 (print) | LCCN 2021045728 (ebook) |
   ISBN 9789004498617 (hardback) | ISBN 9789004498648 (ebook)
Subjects: LCSH: Mysticism. | Romanticism. | Böhme, Jakob, 1575-1624.
   Classification: LCC B828 .M945 2021 (print) | LCC B828 (ebook) |
   DDC 204/.22–dc23/eng/20211104
LC record available at https://lccn.loc.gov/2021045727
LC ebook record available at https://lccn.loc.gov/2021045728

Typeface for the Latin, Greek, and Cyrillic scripts: "Brill". See and download: brill.com/brill-typeface.

ISSN 2542-4963
ISBN 978-90-04-49861-7 (hardback)
ISBN 978-90-04-49864-8 (e-book)

Inhaltsverzeichnis

Vorwort

Vorliegender Band ist aus der ebenso erfreulichen wie ergebnisreichen Zusammenarbeit zwischen der *Internationalen Jacob-Böhme-Gesellschaft Görlitz* und der *Meister-Eckhart-Forschungsstelle* am *Max-Weber-Kolleg* der Universität Erfurt hervorgegangen. Er umfasst die verschiedenen Beiträge zu zwei aufeinander aufbauenden Themen: das generelle Verhältnis zwischen Mystik und Romantik, sowie jenes spezifische zwischen Jacob Böhme und der Romantik. Grundlage war die internationale und interdisziplinäre Tagung unter dem Titel: *Eine Lichtung des deutschen Waldes: Mystik, Idealismus und Romantik*, die vom 19. bis 21. Mai 2016 im Kapitelsaal des Erfurter Predigerklosters stattfand. Sie ist Bestandteil des von Prof. Dr. Andrés Quero-Sánchez an der *Meister-Eckhart-Forschungsstelle* geleiteten Projekts „Der ewige Begriff des Individuums": Eine historisch-philologische und systematische Untersuchung der ‚mystischen' Vernunft und deren Rezeption im Werk Schellings. Die Tagung – wie überhaupt das Projekt – wurde von der *Deutschen Forschungsgemeinschaft* (DFG – Sachbeihilfe – QU-258/3–1) gefördert, die zudem den Druck des vorliegenden Bandes durch einen Zuschuss mitfinanziert hat. Die Beiträge der bei der Erfurter Tagung auch thematisierten Bezüge zwischen Mystik und Idealismus sind in einem von Andrés Quero-Sánchez separat herausgegebenen Band bereits erschienen.[1] Die Artikel, die das Verhältnis verschiedener Schlüsselfiguren der deutschen Romantik (Wackenroder, Friedrich Schlegel, Brentano, Görres, Schelling und Baader) zur Mystik behandeln, werden in der ersten Abteilung des vorliegenden Bandes präsentiert (1. ‚Mystik und Romantik').

Ergänzt werden diese Beiträge durch separate Forschungsergebnisse, die auf dem Symposium: *Jacob Böhme und die Romantik* vorgestellt wurden. Damit ergibt sich für diesen Gesamtband die attraktive Möglichkeit, die Ergebnisse der panoramatischen Beiträge mit jenen einer Vertiefung am Beispiel in einen Dialog treten zu lassen. Veranstaltet wurde dieses Symposium von der *Internationalen Jacob-Böhme-Gesellschaft* unter der Leitung von Günther Bonheim, Thomas Isermann und Thomas Regehly in Kooperation mit der *Forschungsstelle Europäische Romantik* der Universität Jena am 11./12. November 2016 in Schillers Gartenhaus. Die Aufsätze dieser Veranstaltung befinden sich hier in der zweiten Abteilung (2. ‚Jacob Böhme und die Romantik').

---

1 Vgl. *Mystik und Idealismus: Eine Lichtung des deutschen Waldes*, hg. von Andrés Quero-Sánchez, Leiden/Boston 2019 (SMIP 1). Siehe auch: *Meister Eckharts Rezeption im Nationalsozialismus*, hg. von Maxime Mauriège und Martina Roesner, Leiden/Boston 2020 (SMIP 3).

Wir bedanken uns bei allen Mitwirkenden, bei den vielen Beiträgern des Bandes, sowie bei der *Deutschen Forschungsgemeinschaft* für die finanzielle Unterstützung zur Herstellung dieses Buches. Prof. Andrés Quero-Sánchez danken die Herausgeber für die Möglichkeit einer Integration der beiden Teilbereiche im Rahmen seines DFG-Forschungsprojektes. Frau Melanie Lipp, Stipendiatin an der Universität Regensburg des *Andújar's International Institute for German Culture* (*MAQUE*) bzw. Herr Dr. Ian Richardson (*olim* King's College, London, jetzt tätig in Edinburgh) haben – mit höchster Kompetenz und Einsatzbereitschaft – die deutschen bzw. englischen Beiträge Korrektur gelesen. Ihnen sei hiermit dafür bedankt. Dank verdient Dr. Helmut Hühn, Leiter der *Forschungsstelle Europäische Romantik* sowie Leiter des *Friedrich-Schiller-Gartenhauses*, Jena, für seine organisatorische Unterstützung bei der Durchführung des Symposiums *Jacob Böhme und die Romantik*.

Günther Bonheim, Thomas Isermann und Thomas Regehly
Wüstenrot/Maienfels, Berlin und Frankfurt a.M., am 19.12.2020

Abkürzungsverzeichnis

Die benutzte Literatur betreffenden Abkürzungen

Quellen

Arndt, Johannes

Vom wahren Christenthum, ed. Schaffhausen 1737 – *Sechs geistreiche Bücher zum wahren Christenthum,* Schaffhausen: Emanuel Hurter, 1737

Vom wahren Christenthum, ed. Stuttgart 1860 – *Sechs Bücher vom Wahren Christenthum, nebst dessen Paradies-Gärtlein.* Neue Stereotyp-Ausgabe, Stuttgart: Steinkopf, 1860

Baader, Franz von

Beiträge zur dinamischen Philosophie, ed. 1809 – *Beiträge zur dinamischen Philosophie im Gegensaze der mechanischen,* Berlin: In der Realbuchhandlung, 1809

Der Morgenländische und Abendländische Katholicismus – *Der Morgenländische und Abendländische Katholicismus mehr in seinem innern wesentlichen als in seinem äußern Verhältnisse dargestellt*

Documents inédits, ed. Susini – Eugène Susini, „Documents inédits: Nouvelles lettres inédites de Franz von Baader", in: *Études germaniques* 24 (1969), S. 60–82

Gespräche – *Aus Gesprächen Franz Baader's mit einigen jüngeren Freunden,* SW, Bd. 15

Lettres inédites, ed. Susini – *Lettres inédites de Franz von Baader,* hg. von Eugène Susini, 1942–1983 (6 Bde.)

Jugendtagebücher, ed. Baumgardt, *Seele und Welt* – *Jugendtagebücher,* in: David Baumgardt, *Seele und Welt: Franz Baader's Jugendtagbücher,* Berlin 1928

Jugendtagebücher, ed. Bonchino / Franz – *Jugendtagebücher 1786–1793,* hg. von Alberto Bonchino und Albert Franz, Leiden/Boston 2017

KS – *Kleine Schriften,* hg. von Franz Hoffmann, Leipzig: Herrmann Bethmann, 1850 (= PSA, Bd. 3)

PSA, ed. Baader – *Philosophische Schriften und Aufsätze.* Vom Verfasser gesammelt und neu durchgesehen, Bd. 1, Münster 1831; Bd. 2, Münster 1832 (siehe auch: KS [= PSA, Bd. 3])

Recension der Schrift: Essai sur l'indifférence – *Recension der Schrift: Essai sur l'indifférence en matière de Religion, par M. l'Abbé F. de la Mennais*

Recension von M. Bonald, ‚Recherches philosophiques' – *Recension von M. Bonald, ‚Recherches philosophiques sur les prémiers objets des connaissances morales'*

SW – *Sämtliche Werke,* hg. von Franz Hoffmann, Julius Hamberger, Anton Lutterbeck, Baron F. von Osten, Emil August von Schaden und Christoph Schlüter, Leipzig 1851–1860

Ueber den Urternar – Ueber den Urternar aus einem Schreiben an den kaiserl. Russischen
  Herrn Kämmerer Grafen Alexander von Stourdza
Ueber die Extase – Ueber die Extase oder das Verzůcksein der magnetischen Schlafred-
  ner
Ueber die Incompetenz unsrer dermaligen Philosophie – Ueber die Incompetenz unsrer
  dermaligen Philosophie zur Erklärung der Erscheinungen aus dem Nachtgebiete der
  Natur: Aus einem Sendschreiben an Justinus Kerner
Ueber Divinations- und Glaubenskraft, ed. 1822 – *Ueber Divinations- und Glaubenskraft.*
  Auf Veranlassung der im Sommer 1821 in und um Würzburg von dem Bauer Martin
  Michel und dem Fürsten Alexander von Hohenlohe unternommenen psychischen Hei-
  lungen. Aus einem Schreiben an Seine Exzellenz den Herrn Fürsten Alexander Golizin,
  Sulzbach 1822
Ueber Religions- und religiöse Philosophie – Ueber Religions- und religiöse Philosophie im
  Gegensatze sowohl der Religionsunphilosophie als irreligiösen Philosophie
Vorrede zu der Schrift: Vom Geist und Wesen der Dinge – Vorrede zu der Schrift: Vom
  Geist und Wesen der Dinge oder Philosophische Blicke auf die Natur der Dinge und
  den Zweck ihres Daseins. Aus dem Französischen des Herrn von St. Martin übersetzt
  von D.G.H. Schubert, Leipzig 1811/1812, Leipzig 1812

Becman, Christian
Exercitationes Theologicae, ed. 1644 – *Exercitationes Theologicae: in quibus de argumen-*
  tis pro verâ deitate Christi Servatoris nostri contra Fausti Socini [...] *molitionis* [...]
  agitur, Amsterdam 1644

Benjamin, Walter
Der Begriff der Kunstkritik, ed. Steiner – *Der Begriff der Kunstkritik in der deutschen*
  Romantik, hg. von Uwe Steiner, WuN, Bd. 3, Berlin 2008
GB – *Gesammelte Briefe,* hg. vom Theodor W. Adorno Archiv, Frankfurt a.M. 1995–2000
GS – *Gesammelte Schriften,* hg von Rolf Tiedemann und Hermann Schweppenhäuser,
  Frankfurt a.M. 1978–2004
Was die Deutschen lasen – Was die Deutschen lasen, als ihre Klassiker schrieben
WuN – *Werke und Nachlaß,* kritische Gesamtausgabe, im Auftrag der Hamburger Stif-
  tung zur Förderung von Wissenschaft und Kunst hg. von Christoph Gödde und Henri
  Lonitz in Zusammenarbeit mit dem Walter Benjamin-Archiv, Berlin 2008 ff.

Blake, William
Jerusalem – Jerusalem The Emanation of The Giant Albion
The Complete Illuminated Books – The Complete Illuminated Books. With an introduction
  by David Bindman. With 393 plates, 366 in color, London 2000
The Marriage – The Marriage of Heaven and Hell,

Böhme, Jacob

Anti-Stiefelius I – *Anti-Stiefelius. oder Bedencken über Esaiä Stiefels von Langen-Saltza Büchlein*

Anti-Stiefelius II – *Anti-Stiefelius II. oder Vom Irrthum der Secten Esaiä Stiefels und Ezechiel Meths*

Christosophia – *Christosophia, oder Der Weg zu Christo*

Clavis – *Clavis, oder Schlüssel, das ist Eine Erklärung der vornehmsten Puncten und Wörter, welche in diesen Schriften gebraucht werden*

De electione gratiae – *De electione gratiae, oder Von der Gnaden wahl*

De incarnatione verbi – *De incarnatione verbi, oder Von der Menschwerdung Jesu Christi*

De quatuor complexionibus – *De quatuor complexionibus* [*Trostschrift Von vier complexionen. Das ist, Unterweisung in Zeit der Anfechtung für ein stets trauriges angefochtenes Hertz, Wovon Traurigkeit natürlich urstände und komme, wie die Anfechtung geschehe, Nebst seinen Trost-Sprüchen, Angefochtenen Hertzen und Seelen fast nützlich*]

De signatura rerum – *De signatura rerum, oder Von der Geburt und Bezeichnung aller Wesen*

De testamentis Christi – *De testamentis Christi, oder Von Christi Testamenten*

De tribus principiis – *De tribus principiis, oder Beschreibung der Drey Principien Göttliches Wesens*

De triplici vita hominis – *De triplici vita hominis, oder Von dem Dreyfachen Leben des Menschen*

ed. Buddecke, *Urschriften* – *Die Urschriften*, hg. von Werner Buddecke, Stuttgart-Bad Cannstatt 1963/1966 (2 Bde.)

Epistolae theosophicae – *Epistolae theosophicae, oder Theosophische Send-Briefe*

Mysterium magnum – *Mysterium magnum, oder Erklärung über das erste Buch Mosis*

Psychologia vera – *Psychologia vera, oder Viertzig Fragen Von der Seelen*

Quaestiones theosophicae – *Quaestiones theosophicae, oder Betrachtung Göttlicher Offenbarung*

Sex puncta theosophica – *Sex puncta theosophica, oder Von sechs Theosophischen Punkten*

ss – *Sämtliche Schriften*, hg. von Will-Erich Peuckert (11 Bde.) (Faksimile-Neudruck der Ausgabe von 1730)

Tabulae principiorum – *Tabulae principiorum, oder Tafeln von den dreien Prinzipien göttlicher Offenbarung*

Breckling, Friedrich

Anticalovius, ed. 1688 – *ANTICALOVIUS sive Calovius cum Asseclis suis prostratus et Jacob Bôhmius Cum aliis testibus veritatis defensus* [...], [Wesel] 1688

Brentano, Clemens

Anfang einer Selbstbiographie – *Anfang einer Selbstbiographie in Terze Rime als Einleitung zu den Romanzen vom Rosenkranz*

SWB – *Sämtliche Werke und Briefe. Historisch-kritische Ausgabe.* Stuttgart

Werke, ed. Frühwald/Kemp – *Werke von Clemens Brentano*, hg. von Wolfgang Frühwald und Friedhelm Kemp, München 1963 (4 Bde.)

Calov, Abraham

Anti-Böhmius, ed. 1684 – *ANTI-BÖHMIUS, In quo docetur, Quid habendum de Secta Jacobi Böhmen / Sutoris Görlicensis? Et, An quis invariatae August[anae] Confessioni addictus, sine dispendio salutis ad eandem se conferre, vel in eadem perseverare possit? Quae quaestio Tredecim rationibus negatur* [...], Wittenberg 1684

Colberg, Ehre Gott Daniel

Das Platonisch-Hermetisches Christenthum, ed. 1690/1691 – *Das Platonisch-Hermetisches Christenthum* [...], Frankfurt a.M./Leipzig, 1690/1691 (2 Bde.)

Czepko, Daniel

SW – *Sämtliche Werke.* Unter Mitarbeit von Ulrich Seelbach hg. von Hans-Gert Roloff und Marian Szyrocki, Berlin/Boston

Eichendorff, Joseph von

SW – *Sämtliche Werke. Historisch-kritische Ausgabe*

Fichte, Johann Gottlieb

GA – *Gesamtausgabe der Bayerischen Akademie der Wissenschaften*

Francisci, Erasmus

Gegen-Stral Der Morgenröte, ed. 1685 – Erasmus Francisci, *Gegen-Stral Der Morgenröte/ Christlicher und Schrifftmässiger Warheit wider das Stern-gleissende Irrlicht Der Absonderung von der Kirchen und den Sacramenten; In gründlicher Erörterung der fürnehmesten Haupt-Fragen und Schein-Sätze heutiger Böhmisten/ wie auch beygefügten Untersuchung/ was von deß Jacob Böhms Schrifften zu halten sey* [...], Nürnberg 1685

Franckenberg, Abraham von

Gründlicher und wahrhafter Bericht – *Gründlicher und wahrhafter Bericht von dem Leben und Abscheid des in GOtt selig-ruhenden Jacob Böhmens*, in: Böhme, SS, Bd. 10, Pars I, S. 5–134

Freud, Sigmund

SA – *Studienausgabe*, hg. von Alexander Mitscherlich, Angela Richards und James Strachey, Frankfurt a.M. 1969–1979

Gedike, Friedrich

Über das Studium der Litterarhistorie – „Über das Studium der Litterarhistorie, nebst einem Beitrage zu dem Kapitel von gelehrten Schustern" in: *Berlinische Monatsschrift* 1783, Heft 1, S. 277–297

Goethe, Johann Wolfgang von

Sämtliche Werke – *Sämtliche Werke, Briefe, Tagebücher und Gespräche* (Frankfurter Ausgabe in 40 Bänden)

Werke, ed. Trunz – *Werke*, hg. von Erich Trunz (Hamburger Ausgabe in 14 Bänden)

Tagebücher, ed. Stiftung Weimarer Klassik – *Tagebücher*. Edition der Stiftung Weimarer Klassik, Stuttgart/Weimar 1998–2015.

Görres, Joseph von

Aphorismen über die Kunst – *Aphorismen über die Kunst: Als Einleitung zu Aphorismen über Organomie, Physik, Psychologie und Anthropologie von J. Görres Sekondairschule in Koblenz*

AW, ed. Frühwald – *Ausgewählte Werke in zwei Bänden*, hg. von Wolfgang Frühwald, Freiburg i.Br./Basel/Wien 1978 (2 Bde.)

AWB – *Ausgewählte Werke und Briefe*, hg. von Wilhelm Schellberg, Kempten/München 1911

Christliche Mystik, ed. Ranke-Heinemann – *Die Christliche Mystik*, hg. von Ute Ranke-Heinemann, Frankfurt a.M. 1989

Der heilige Franziskus – „Der heilige Franziskus von Assisi, ein Troubadour", in: *Der Katholik* 20 (1826), S. 14–53

Die teutschen Volksbücher, ed. 1807 – *Die teutschen Volksbücher: Nähere Würdigung der schönen Historien-, Wetter- und Arzneybüchlein, welche theils innerer Werth, theils Zufall, Jahrhunderte hindurch bis auf unsere Zeit erhalten hat*, Heidelberg: Mohr und Zimmer, 1807

Einleitung zu Heinrich Suso's Schriften, ed. 1829 – *Heinrich Suso's, genannt Amandus, Leben und Schriften: nach den ältesten Handschriften und Drucken mit unverändertem Texte in jetztiger Schriftsprache herausgegeben von Melchior Diepenbrock. Mit einer Einleitung von Joseph Görres*, Regensburg 1829

Exposition der Physiologie, ed. 1805 – *Exposition der Physiologie: Organologie*, Koblenz 1805

GB – *Gesammelte Briefe*, hg. von Franz Binder, München 1874

GS – *Gesammelte Schriften*, hg. im Auftrag der Görres-Gesellschaft

GS. Briefe – *Gesammelte Schriften*, hg. im Auftrag der Görres-Gesellschaft. *Briefe*

Heldenbuch von Iran, ed. 1820 – *Das Heldenbuch von Iran aus dem Schah Nameh des Firdusi*, Berlin 1820 (2 Bde.)

Mythengeschichte der asiatischen Welt, ed. 1810 – *Mythengeschichte der asiatischen Welt*, Heidelberg 1810

Nachschrift über Swedenborg, ed. 1826/1827 – „Nachschrift über Swedenborg, seine Visionen und sein Verhältniß zur Kirche", in: *Der Katholik* 22 (1826), S. 96–127; S. 222–256; S. 337–365; 23 (1827), S. 302–352

Über die Grundlage, Gliederung und Zeitenfolge der Weltgeschichte, ed. 1830 – *Über die Grundlage, Gliederung und Zeitenfolge der Weltgeschichte: Drei Vorträge, gehalten an der Ludwig-Maximilians-Universität in München von Joseph Görres*, Breslau 1830

Guilbertus, David

Christelijke Waerschouwing, ed. 1643 – *Christelijke Waerschouwing/ Theghens De Gruwelijcke Boecken Van Jacob Böhmen* [...], Amsterdam 1643 (*Admonitio adversus scripta Boehmiana*, Utrecht 1643)

Eerste Apologia ofte Verantwoordinge der Heylige waerheydt, ed. 1644 – *Eerste Apologia ofte Verantwoordinge der Heylige waerheydt: teghens de Godts-lasteringhen der Behemisten* [...] *door eenen die hem selven noemt Johannem Theodorum von Tschesch*, Amsterdam 1644

Hahn, Philipp Matthäus

Die Echterdinger Tagebücher, ed. Brecht / Paulus – *Die Echterdinger Tagebücher 1780–1790*, hg. von Martin Brecht und Rudolf F. Paulus, Berlin/New York 1983 (Texte zur Geschichte des Pietismus VIII/2)

Die Kornwestheimer Tagebücher, ed. Brecht / Paulus – *Die Kornwestheimer Tagebücher 1772–1777*, ed. by Martin Brecht and Rudolf F. Paulus, Berlin/New York 1979 (Texte zur Geschichte des Pietismus VIII/1)

Hinterlassene Schriften – *Philipp Matthäus Hahns hinterlassene Schriften*, hg. von Christoph Ulrich Hahn, Bd. 1, Heilbronn/Rothenburg an der Tauber 1828

Lebenslauf – *Lebenslauf des ehemaligen Pfarrers Hahn von Echterdingen*, in: *Philipp Matthäus Hahns hinterlassene Schriften*, hg. von Christoph Ulrich Hahn, Bd. 1, Heilbronn/Rothenburg an der Tauber 1828, S. 1–44

Sammlung von Betrachtungen – *Sammlung von Betrachtungen über alle Sonn-Fest und Feyertägliche Evangelien durch das ganze Jahr, nebst Sechszehen Passions-Predigten*, Frankfurt a.M./Leipzig 1774

Theologische Schriften – *Eines ungenannten Schriftforschers vermischte Theologische Schriften*, Winterthur: In Commission Herrn Heinrich Steiners und Comp., 1779–1800 (4 Bde.)

Hardenberg, Friedrich von (Novalis)

Schlegel und Novalis, ed. Preitz – *Friedrich Schlegel und Novalis: Biographie einer Romantikerfreundschaft in ihren Briefen*, auf Grund neuer Briefe Schlegels hg. von Max Preitz, Darmstadt 1957

Schriften, ed. Samuel – *Die Werke Friedrich von Hardenbergs*, hg. von Paul Kluckhohn und Richard Samuel, Stuttgart

Tagebücher und Briefe, ed. Samuel / Mähl – *Tagebücher und Briefe Friedrich von Hardenbergs*, hg. von Hans-Joachim Mähl und Richard Samuel, München/Wien 1978–1987 (mit einem Kommentarband von Jürgen Balmes) [ND: Darmstadt 1999].

Hegel, Georg Wilhelm Friedrich

Briefe, ed. Hoffmeister / Nicolin – *Briefe von und an Hegel*, hg. von Johannes Hoffmeister und Friedhelm Nicolin, Hamburg (PhB)

Differenz des Fichte'schen und Schelling'schen Systems – *Differenz des Fichte'schen und Schelling'schen Systems der Philosophie*

Glauben und Wissen – *Glauben und Wissen oder die Reflexionsphilosophie der Subjectivität, in der Vollständigkeit ihrer Formen, als Kantische, Jacobische, und Fichtesche Phiosophie*

Phänomenologie – *Phänomenologie des Geistes*

GW – *Gesammelte Werke*, Edition der Nordrhein-Westfälischen Akademie der Wissenschaften

Vorlesungen – *Vorlesungen. Ausgewählte Nachschriften und Manuskripte*, Hamburg

Hinckelmann, Abraham

Detectio, ed. 1693 – *Detectio Fundamenti Böhmiani, Untersuchung und Widerlegung Der ‚Grund-Lehre' / Die In Jacob Böhmens Schrifften verhanden*, Hamburg 1693

Viertzig Wichtige Fragen, ed. 1693 – *Viertzig Wichtige Fragen/ Betreffende Die Lehre/ so in Jacob Böhmens Schrifften enthalten/ Allen deroselben Liebhabern zu Christlicher Beantwortung fürgeleget*, Hamburg 1693.

Husserl, Edmund

GW – *Husserliana: Edmund Husserl, Gesammelte Werke. Auf Grund des Nachlasses veröffentlicht vom Husserl-Archiv Leuven.*

Jean Paul

Die unsichtbare Loge – *Die unsichtbare Loge: Eine Lebensbeschreibung*

SW – *Sämtliche Werke*. Historisch-kritische Ausgabe, hg. von der Deutschen Akademie der Wissenschaften zu Berlin, ed. Eduard Berend

SaWe, ed. Miller – *Sämtliche Werke*, hg. von Norbert Miller, München 1959–1963

Johannes Tauler
BT – *Predig/fast fruchtbar zů eim recht christlichen leben*, Basel 1521 (ND: 1522)

Juvenal
Saturae, ed. Lorenz – Juvenal, *Satiren / Saturae. Lateinisch-deutsch*, hg. von Sven Lorenz, Berlin/Boston 2017

Kant, Immanuel
AA – *Kant's gesammelte Schriften*, Edition der Königlich Preusischen Akademie der Wissenschaften, Berlin (Akademie-Ausgabe)
Kritik der reinen Vernunft, ed. Timmermann – *Kritik der reinen Vernunft*, nach der ersten und zweiten Originalausgabe hg. von Jens Timmermann; mit einer Bibliographie von Heiner Klemme, Hamburg 1998

Kerner, Justinus
Brief an Wilhelm Graf von Württemberg vom 23. Januar 1852, ed. Pocci – Franz Pocci, *Justinus Kerner und sein Münchner Freundeskreis: Eine Sammlung von Briefen*, Leipzig 1928

[Klingemann, Ernst August F.]
Nachtwachen, ed. Küpper – *Nachtwachen. Von Bonaventura. Im Anhang: Des Teufels Taschenbuch*, neu hg. und mit einem Nachwort von Peter Küpper, 2., verbesserte Auflage: Gerlingen 1993

Koch, Erduin Julius
Grundriß einer Geschichte der Sprache und Literatur der Deutschen – *Grundriß einer Geschichte der Sprache und Literatur der Deutschen von den ältesten Zeiten bis auf Lessings Tod*, Berlin 1795/1798 (2 Bde.)

Kuhlman, Quirin
Der Kühlpsalter, ed. Beare – *Der Kühlpsalter*, hg. von Robert L. Beare, Tübingen 1971 (2 Bde.)
Neubegeisterter Böhme, ed. 1674 – A.Z! Quirin Kuhlman, *Neubegeisterter Böhme/ begreifend Hundert funftzig Weissagungen/ mit der Fünften Monarchi oder dem JESUS REICHE des Holländischen Propheten JOHAN ROTHENS übereinstimmend / Und Mehr als 1000000000 Theosophische Fragen/ allen Theologen und Gelehrten zur beantwortung vorgeleget [...] Darin zugleich der so lang verborgene Luthrische Antichrist abgebildet wird. Zum allgemeinen besten der höchstverwirrten Christenheit [...] ausgefertiget an des Lutherthums Könige/ Churfürsten/ Printzen und Herren/ wi auch allen Hohschulen und Kirchen-gemeinen Europens*, Leiden 1674

Neubegeisterter Böhme, ed. Clark (1995) – *Neubegeisterter Böhme*, hg. und erläutert von Jonathan Clark, Stuttgart 1995 (2 Bde.)

Matthaeus, Johannes

Orthodoxia Theosophiae Teutonico-Böhmianae, ed. 1691 (ND: 1698) – *Orthodoxia Theoso-phiae Teutonico-Böhmianae contra Holtzhausium defensa, Das ist: Christliche Unter-suchungen der Holtzhäusischen Anmerckungen Uber und wider Jacob Böhmens* AUR-ORAM, Leipzig 1691 (ND: 1698)

Meister Eckhart

De esse et ente – *De esse et ente et eius opposito quod est nihil* (olim *Prologus in opus propositionum*; vgl. Andrés Quero-Sánchez, „Meister Eckhart's Commentaries on *Genesis* and his Treatise *On Being, What is, and Nothing*", in: *Revista Española de Filo-sofía Medieval* 23 [2016], S. 259–289, hier S. 261–273)
DW – *Die deutschen und lateinischen Werke*, hg. im Auftrag der Deutschen Forschungs-gemeinschaft, Stuttgart.
Die deutschen Werke
LW – *Die deutschen und lateinischen Werke*, hg. im Auftrag der Deutschen Forschungs-gemeinschaft, Stuttgart.
Die lateinischen Werke
Pf. – *Deutsche Mystiker des 14. Jahrhunderts*, hg. von Franz Pfeiffer, Bd. 2: Meister Eckhart
Pr. – *Deutsche Predigt*

Nietzsche, Friedrich

Die Geburt der Tragödie – *Die Geburt der Tragödie aus dem Geiste der Musik*
KGA – *Werke. Kritische Gesamtausgabe*, hg. von Giorgio Colli und Mazzino Montinari

Oetinger, Friedrich Christoph

Halatophili Irenaei Vorstellung, ed. 1731 – *Halatophili Irenaei Vorstellung, wie viel Jacob Böhmes Schrifften zur lebendigen Erkänntniß beytragen*, in: [Friedrich Christoph Oetinger,] *Aufmunternde Gründe* ed. 1731, S. 122–222
Aufmunternde Gründe, ed. 1731 – [Friedrich Christoph Oetinger,] *Aufmunternde Gründe zur Lesung der Schrifften Jacob Boehmens, bestehend in Joh*[ann] *Theod*[or] *von Tschesch Schreiben an Henr*[icum] *Brunnium und ejusd*[em] *Kurtzer Entwerffung der Tage Adams im Paradiese, wie auch Halatophili Irenaei Vorstellung wie viel J.B. Schriff-ten zur lebendigen Erkänntniß beytragen* [...] *nebst Joh. Theodori von Tschesch Leben*, Frankfurt a.M./Leipzig 1731

Ritter, Johann Wilhelm

Aus dem Nachlasse eines jungen Physikers, ed. Dietzsch – *Fragmente aus dem Nachlasse eines jungen Physikers: ein Taschenbuch für Freunde der Natur*, hg. von Steffen und

Birgit Dietzsch, Leipzig/Weimar 1984 (ND der Originalausgabe Heidelberg: Mohr und Zimmer, 1810)

Die Physik als Kunst, ed. Dietzsch – *Die Physik als Kunst: Ein Versuch, die Tendenz der Physik aus ihrer Geschichte zu deuten*, in: Ritter, *Aus dem Nachlasse eines jungen Physikers*, ed. Dietzsch, S. 288–320

Runge, Philipp Otto

ed. Betthausen, *Briefe und Schriften* – *Briefe und Schriften*, hg. von Peter Betthausen, München 1982

HS – *Hinterlassene Schriften*, hg. von Daniel Runge, Hamburg 1840/1841 (2 Bde.) [ND: Göttingen 1965]

Schelling, Friedrich Wilhelm Joseph

AA – Historisch-kritische Ausgabe. Im Auftrag der Schelling-Kommission der Bayerischen Akademie der Wissenschaften, Stuttgart (Akademie-Ausgabe)

Aus Schellings Leben, ed. Plitt – *Aus Schellings Leben in Briefen*, hg. von Gustav Leopold Plitt, Leipzig 1869–1870 (3 Bde.) (ND: Hildesheim 2003)

BBAW-NL Schelling – Berlin-Brandenburgische Akademie der Wissenschaften, Nachlass Schelling

Briefe und Dokumente, ed. Fuhrmans – *Briefe und Dokumente*, hg. von Horst Fuhrmans, Bonn

Das Tagebuch 1848 – Das Tagebuch 1848: Rationale Philosophie und demokratische Revolution, hg. von Hans Jörg Sandkühler, Martin Schraven und Alexander von Pechmann, Hamburg 1990

De malorum origine – Antiquissimi de prima malorum humanorum origine philosophematis Genes. III. explicandi tentamen criticum et philosophicum

Die Weltalter: Erstes Buch (Druck I [1811]), ed. Schröter – *Die Weltalter. Erstes Buch: Die Vergangenheit (Druck I [1811])*, hg. von Manfred Schröter, in: *Die Weltalter: Fragmente. In den Urfassungen von 1811 und 1823*, München 1946 (ND: 1979), S. 1–107

Die Weltalter: Erstes Buch (Druck II [1813]), ed. Schröter – *Die Weltalter. Erstes Buch: Die Vergangenheit (Druck II [1813])*, hg. von Manfred Schröter, in: *Die Weltalter: Fragmente. In den Urfassungen von 1811 und 1823*, München 1946 (ND: 1979), S. 109–184

Die Weltalter: Erstes Buch (Druck III) – Die Weltalter. Erstes Buch: Die Vergangenheit, ed. Karl Friedrich August Schelling, SW, Bd. 8

Erlanger Vorträge, Enderlein-Nachschrift, ed. Fuhrmans – *Initia Philosophiae universae: Erlanger Vorlesung WS 1820/21*, hg. von Horst Fuhrmans, Bonn 1969

Philosophische Entwürfe und Tagebücher, ed. Sandkühler / Knatz / Schraven – *Philosophische Entwürfe und Tagebücher: Aus dem Berliner Nachlaß*, hg. von Hans Jörg Sandkühler, Martin Schraven und Lothar Knatz, Hamburg

Schellings Bibliothek, ed. Müller-Bergen – *Schellings Bibliothek: Die Verzeichnisse von F.W.J. Schellings Buchnachlaß*, hg. von Anna-Lena Müller-Bergen, Stuttgart-Bad Cannstatt 2007

SW – *Sämmtliche Werke*, hg. von Karl Friedrich August Schelling, Stuttgart/Augsburg

System der gesammten Philosophie – *System der gesammten Philosophie und der Natur-philosophie insbesondere*

Philosophische Untersuchungen – *Philosophische Untersuchungen über das Wesen der menschlichen Freiheit und die damit zusammenhängenden Gegenstände*

Urfassung der Philosophie der Offenbarung, ed. Ehrhardt – *Urfassung der Philosophie der Offenbarung*, hg. von Walter E. Ehrhardt, Hamburg 1992

Schlegel August Wilhelm

Briefe an Tieck, ed. Von Holtei – *Briefe an Ludwig Tieck*, ausgewählt und hg. von Karl von Holtei, Breslau 1864 (4 Bde.)

Schlegel, Friedrich

An Dorothea – *Über die Philosophie: An Dorothea*

Anfangspunkte des christlichen Nachdenkens – *Anfangspunkte des christlichen Nach-denkens. Nach den Sprüchen des Angelus*

Der deutsche Orpheus – *Der deutsche Orpheus: Ein Beitrag zur neuesten Kirchenge-schichte*

Die Entwicklung der Philosophie – *Die Entwicklung der Philosophie in zwölf Büchern*

Die Griechen und Römer – *Die Griechen und Römer. Historische und kritische Versuche über das klassische Altertum*

Ernst und Falk – *Ernst und Falk: Über die Form der Philosophie*

Ideen – *Fragmente*

Jugendschriften, ed. Minor – *Friedrich Schlegel, 1794–1802: Seine prosaischen Jugend-schriften* hg. von Jakob Minor, Wien 1882/1906 (2 Bde.)

KSA – *Friedrich Schlegel* – *Kritische Ausgabe seiner Werke*, ed. Ernst Behler unter Mit-wirkung von Jean-Jacques Anstett und Hans Eichner, Paderborn/München/Wien

LN, ed. Eichner – *Literarische Notizen 1797–1801*, hg. und eingeleitet von Hans Eichner, Frankfurt a.M./Berlin/Wien 1980

Phil. LJ: Phil. Frag., I,1 – *Philosophische Lehrjahre, Philosophische Fragmente. Erste Epo-che I*

Phil. LJ: Phil. Frag., I,2 – *Philosophische Lehrjahre, Philosophische Fragmente. Erste Epo-che II*

Phil. LJ: Phil. Frag., I,3 – *Philosophische Lehrjahre, Philosophische Fragmente. Erste Epo-che III*

Phil. LJ: Phil. Frag., II,1 – *Philosophische Lehrjahre, Philosophische Fragmente. Zweyte Epo-che I*

Phil. LJ: Phil. Frag., II,2 – Philosophische Lehrjahre, Philosophische Fragmente. Zweyte Epoche II

Phil. LJ, Beil. 1: Phil. Frag. 1796 – Philosophische Lehrjahre, Beilage I: Philosophische Fragmente 1796

Phil. LJ, Beil. 2: Zur Logik und Philosophie – Philosophische Lehrjahre, Beilage II: Aus der ersten Epoche. Zur Logik und Philosophie

Phil. LJ, II,7: Zur Philosophie, 2 (Paris 1802/03) – Philosophische Lehrjahre. Zweiter Teil, VII: Zur Philosophie Nr. II, Paris 1802, December [October 1803]

Phil. LJ, II, 9: Zur Philosophie 1805, 1 – Philosophische Lehrjahre. Zweiter Teil, IX: Zur Philosophie 1805, I

Phil. LJ, II,10: Zur Philosophie 1805, 2 – Philosophische Lehrjahre, Zweiter Teil, X: Zur Philosophie 1805, II

Phil. LJ, II,12: Zur Philosophie 1806, 2 – Philosophische Lehrjahre. Zweiter Teil, XII: Zur Philosophie 1806, II

Phil. LJ, II, Beil. 10: Zur Philosophie u. Theologie – Philosophische Lehrjahre. Zweiter Teil, Beilage X: Zur Philosophie und Theologie

Rezension von Schlossers Schreiben an einen jungen Mann – Rezension von J.G. Schlossers Schreiben an einen jungen Mann, der die kritische Philosophie studieren wollte

Schlegel und Novalis, ed. Preitz *– Friedrich Schlegel und Novalis: Biographie einer Romantikerfreundschaft in ihren Briefen*, auf Grund neuer Briefe Schlegels hg. von Max Preitz, Darmstadt 1957

Von der wahren Liebe Gottes – Von der wahren Liebe Gottes und dem falschen Mystizismus

Philosophische Vorlesungen aus den Jahren 1804–1806, ed. Windischmann *– Philosophische Vorlesungen aus den Jahren 1804–1806: Nebst Fragmenten vorzüglich philosophisch-theologischen Inhalts*, hg. von Johann C. Windischmann (*Supplemente zu Friedrich Schlegel's Sämmtlichen Werken*), 2. Auflage, Bonn 1846 (4 Bde.)

Schlegel, Friedrich / Schlegel, August Wilhelm

Athenäum – Athenäum: Eine Zeitschrift, hg. von August Wilhelm Schlegel und Friedrich Schlegel, Berlin 1798–1800 (ND: Darmstadt 1973)

Schleiermacher, Friedrich

Aus Schleiermacher's Leben, ed. Jonas / Dilthey *– Aus Schleiermacher's Leben: In Briefen*, hg. von Ludwig Jonas und Wilhelm Dilthey, Berlin 1858–1863 (4 Bde.)

KGA *– Kritische Gesamtausgabe.* Im Auftrag der Berlin-Brandenburgischen Akademie der Wissenschaften und der Akademie der Wissenschaften zu Göttingen, Berlin/New York

Über die Religion – Über die Religion: Reden an die Gebildeten unter ihren Verächtern

Schlosser, Johann Georg

Schreiben an einen jungen Mann, ed. 1797 – *Schreiben an einen jungen Mann, der die kritische Philosophie studiren wollte*, Lübeck/Leipzig 1797

Schmidt, Arno

BA – Bargfelder Ausgabe, Frankfurt a.M. 1986 ff.

Schopenhauer, Arthur

Sämtliche Werke, ed. Deussen – *Sämtliche Werke*, hg. von Paul Deussen, München 1911–1942

Sämtliche Werke, ed. Hübscher – *Sämtliche Werke*. Nach der ersten, von Julius Frauenstädt besorgten Gesamtausgabe neu bearbeitet und hg. von Arthur Hübscher, Wiesbaden 1972

Schubert, Gotthilf Heinrich

Ahndungen, ed. 1806–1821 – *Ahndungen einer allgemeinen Geschichte des Lebens*, Bd. 1, Leipzig 1806; Bd. 2,1, Leipzig 1807; Bd. 2,2, Leipzig 1821

Ansichten von der Nachtseite der Naturwissenschaft, ed. 1850 – *Ansichten von der Nachtseite der Naturwissenschaft* [1808], Leipzig 1850 (2. Auflage der 4. umgearbeiteten und vermehrten Ausgabe von 1840)

Briefe, ed. Bonwetsch – *Gotthilf Heinrich Schubert in seinen Briefen: Ein Lebensbild*, hg. von Nathanael Bonwetsch, Stuttgart 1918

Die Geschichte der Seele, ed. 1850 – *Die Geschichte der Seele*, Stuttgart/Tübingen 1850 (2 Bde.)

Die Symbolik des Traums, ed. 1814 – *Die Symbolik des Traums*, Bamberg 1814 ND: Heidelberg 1968 [mit einem Nachwort von Gerhard Sauder]

Naturkunde und Geschichte – *Naturkunde und Geschichte*, unveröffentlichtes Ms. in: BBAW-NL Schelling, Nr. 640

Silesius, Angelus

SpW, ed. Held – *Sämtliche poetische Werke in 3 Bänden*, hg. und eingeleitet von Hans Ludwig Held, dritte erweiterte Auflage, München 1949–1952 (3 Bde.) [ND: Wiesbaden 2002]

Cherubinischer Wandersmann, ed. Gnädinger – *Cherubinischer Wandersmann*, hg. von Louise Gnädinger, Stuttgart 1984

Spinoza, Baruch de

Ethica, ed. Gebhardt – *Ethica*, hg. von Carl Gebhardt, *Opera*, Heidelberg 1925 (*editio Heidelbergensis*), Bd. 2

Tieck, Ludwig

ed. Lüdeke, *Ludwig Tieck – Ludwig Tieck und Brüder Schlegel. Briefe*, hg. von Henry
   Lüdeke, Frankfurt a.M. 1930
ed. Matenko, *Tieck and Solger – Tieck and Solger: The Complete Correspondence*, hg. von
   Percy Matenko, New York/Berlin 1933
*Prinz Zerbino – Prinz Zerbino oder die Reise nach dem guten Geschmack. Gewisserma-
   ßen eine Fortsetzung des gestiefelten Kater: Ein deutsches Lustspiel in sechs Aufzügen*
   (zuerst 1796)
Schriften – Berlin 1828–1854 (28 Bde.) [ND: Berlin 1966]
Schweikert, *Ludwig Tieck: Dichter über ihre Dichtungen* – Uwe Schweikert, *Ludwig Tieck:
   Dichter über ihre Dichtungen*, München 1971 (3 Bde.)

Tschesch, Johann Theodor von

Eerste Apologie ende Christelycke Voorberecht, ed. 1644 – Johann Theodor von Tschesch,
   *Eerste Apologie ende Christelycke Voorberecht, op die vif Hooft-puncten der Lasterin-
   gen Davidis Gilberti [...] Tegen de Persoon ende Schriften [...] Jacob Bohmens [...]*,
   Amsterdam 1644
Einleitung in dem Edlen Lielien-Zweig, ed. 1679 (²1684) – *Einleitung in dem Edlen Lielien-
   Zweig des Grundes und der Erkäntniß/ der Schriften des Hocherleuchten [sic] Jacob
   Böhmens/ geschrieben an Heinricum Prunnium [...]*, Amsterdam 1679; (2. Auflage:
   Amsterdam 1684).
Schreiben an Henricum Brunnium, ed. 1731 – in: [Friedrich Christoph Oetinger,] *Auf-
   munternde Gründe zur Lesung der Schrifften Jacob Boehmens, bestehend in Joh[ann]
   Theod[or] von Tschesch Schreiben an Henr[icum] Brunnium und ejusd[em] Kurtzer
   Entwerffung der Tage Adams im Paradiese, wie auch Halatophili Irenaei Vorstellung
   wie viel J.B. Schrifften zur lebendigen Erkänntniß beytragen [...] nebst Joh. Theodori
   von Tschesch Leben*, Frankfurt a.M./Leipzig 1731, S. 4–103
Zwiefache Apologia, ed. 1676 – *Zwiefache Apologia, und Christliche Verantwortung auf
   die fünf lästerlichen Hauptpuncte Davids Gilberti von Utrecht, ins gemein: Wider die
   Person und Schriften des theuren und hocherleuchteten Manns Jacob Böhmens [...]*,
   Amsterdam 1676

Wackenroder, Wilhelm Heinrich

*Der merkwürdige Tod des ... Mahlers Francesco Francia des Ersten – Der merkwürdige
   Tod des zu seiner Zeit weit berühmten alten Mahlers Francesco Francia des Ersten aus
   der Lombardischen Schule*
*Einige Worte ... – Einige Worte über Allgemeinheit, Toleranz und Menschenliebe in der
   Kunst*
SWB – *Sämtliche Werke und Briefe. Historisch-kritische Ausgabe*, ed. Silvio Vietta und
   Richard Littlejohns, Heidelberg 1991 (2 Bde.)

Von zwey wunderbaren Sprachen ... – *Von zwey wunderbaren Sprachen, und deren geheimnißvoller Kraft*

Wie und auf welche Weise man die Werke der großen Künstler ... – *Wie und auf welche Weise man die Werke der großen Künstler der Erde eigentlich betrachten und zum Wohl seiner Seele gebrauchen müsse*

Widmann, Peter

Christliche Warnung, ed. 1624 – Peter Widmann, *Christliche Warnung/ Für einem new außgesprengeten Enthusiastischen Büchlein/ dessen Titul/ Der Weg zu Christo/ Dadurch kürtzlich vnd einfeltig/ doch gründlich vnd schrifftmässig erwiesen wird/ wie gedachtes Büchlin gantz verdächtig/ Ketzerisch/ vnd der heiligen Schrifft zu wider.* [...], Leipzig 1624,

Sonstige Literatur (einschließlich von Zeitschriften und wissenschaftlichen Reihen)

BS – Böhme-Studien. Beiträge zu Philosophie und Philologie. Internationale Jacob-Böhme-Gesellschaft (olim Internationales Jacob-Böhme-Institut)

HS – Hegel Studien

PhB – Philosophische Bibliothek (Meiner-Verlag, Hamburg)

Preger, *Geschichte der deutschen Mystik* – Wilhelm Preger, *Geschichte der deutschen Mystik im Mittelalter: Nach den Quellen untersucht und dargestellt*, Leipzig 1874–1893 (3 Bde.) (ND: Aalen 1962).

MEJb – Meister-Eckhart-Jahrbuch (Meister-Eckhart-Gesellschaft)

MEJb.B – Meister-Eckhart-Jahrbuch. Beihefte

SMIP – Studies in Mysticism, Idealism, and Phenomenology / Studien zu Mystik, Idealismus und Phänomenologie, ed. by Ben Morgan and Andrés Quero-Sánchez, Leiden/Boston (Brill)

Weigand / Benzinger, *Sprösslinge* – Rudolf K. Weigand und Tobias Benzinger, „Sprösslinge aus dem Wurzelwerk der Mystik: Zur frühneuzeitlichen Verbreitung der Tauler- und Eckhartpredigten im Druck", in: *Mystik und Idealismus: Eine Lichtung des deutschen Waldes*, hg. von Andrés Quero-Sánchez, Leiden/Boston 2019 (SMIP 1), S. 57–118

Einleitung

1   Mystik und Romantik

1.1   *Am Anfang*

Seit die Romantik mehr ist als eine Epoche, hat sie ihre Unschuld als Vergangenheit verloren. Abstraktionen auf Gattungen (von der Tragödie zum ‚Tragischen'), auf Epochen (von der Klassik zum ‚Klassischen') haben ihren Sinn darin, das Begrenzte an ihnen zu verallgemeinern, über die Zeit hinauszuheben, in der Gegenwart weiterleben zu lassen. Sicherlich gilt diese Verallgemeinerung auch für eine semantische Verschiebung von der ‚Romantik' zum ‚Romantischen'. Eine Epoche hat einen Anfang und ein Ende. Ihre zeitliche Verallgemeinerung mutet an wie eine geschichtliche Errungenschaft, die uns erhalten bleibt.

Der Beginn der Romantik ließe sich einigermaßen plausibel historisch eingrenzen, etwa von dem Zeitpunkt ab, an dem Novalis zum ersten Mal von einer ‚Romantisierung' schreibt.[1] Doch ihr Ende? Sofern Romantik uns erhalten bleibt, hat sie an den Ausläufern auch zweifelhafte Seiten. Die faszinierend dekadenten Auswüchse einer ‚schwarzen Romantik' zählen ebenso dazu wie die Beanspruchung eines Nationalgefühls, dessen Artikulation sich der Romantik und ihrer Bilderwelt bedient. Wer für unsere Zeit das Romantische aktualisiert, könnte das kreativ-aufsässige Element an der Romantik als Widerstandspotential gegen totalitäre Herrschaft oder technisierte Überformung unserer Emotionen einsetzen. Romantische Stimmungen könnten jedoch desavouiert werden durch ihre affirmative Gefühlshaltung in der Sprache des Marketings, die als ‚romantisch' bezeichnet, was in einer Tourismusindustrie längst Warencharakter angenommen hat. Ein Romantiker kann ein Rebell oder der ideale Konsument sein, ein Außenseiter oder ein Leisetreter.

Mit dem Wort ‚und' verbundene Begriffe der Geistesgeschichte bedürfen einer Rechtfertigung. Sie wirken, vergleichbar mit einem Experiment, wie zwei Elemente, die, aufeinander losgelassen, irgendwie kommunizieren, sich anziehen wie Magnete, abstoßen wie gegeneinander prallende Kugeln, oder chemisch aufeinander reagieren. Der eine Begriffs-Partner, ‚Romantik', bietet sich an, mit wohl sämtlichen ihn auch nur tangential berührenden Begriffen der Geistesgeschichte kombiniert werden zu können. So entspräche etwa die Kom-

---

1 Vgl. Novalis, *Poëticismen*, ed. Samuel, *Schriften*, Bd. 2, S. 545,14–25 (Nr. 105). Siehe unten, S. 5, wo die Stelle im Wortlaut angeführt sowie erläutert wird.

© G. BONHEIM, T. ISERMANN AND T. REGEHLY, 2022 | DOI:10.1163/9789004498648_002

bination ‚Aufklärung und Romantik' zunächst den genannten Kugeln, die sich abstoßen, sofern wir sie auf Epochen reduzieren. Verallgemeinern wir sie zu Prinzipien, würden wir sofort erkennen, dass die Romantik – beispielsweise auf dem Gebiet der Naturkunde – sehr aufklärerisch war und dazu beitrug, vom Paradigma der Mechanik zu jenem der inkommensurablen Naturphänomene fortzuschreiten, zu denen um 1800 beispielsweise die Elektrizität gehörte. Politische Romantik, deren Eigenwilligkeiten naturgemäß sich in nationale Facetten auffächert, sonst wären sie keine, war indes ein europäisches Phänomen: Diese Dialektik hat Novalis früh schon verstanden, wenn er die beiden Begriffe ‚Christenheit' und ‚Europa' gegen das ‚Licht' hält, als europäischer Denker zweifellos.[2]

Was begegnet sich eigentlich unter den Stichworten ‚Mystik' und ‚Romantik'? Zwei Epochen? Zwei semantische Referenzen? Ist Mystik ein überhistorisches Phänomen, das sich *als* Romantik historisch objektiviert? Novalis' Ballade mit dem Titel *An Tieck*, an deren Ende Jacob Böhme sich mit Namen vorstellen lässt,[3] die gemeinsamen Interessen von Mystik und Romantik gegenüber der Aufklärung, die beide ablehnt, und weitere evidente Beispiele oder Denkfiguren rechtfertigen das Thema ‚Romantik und Mystik' sofort als ein zentrales.[4] Aber stimmt das so ohne Weiteres?

Gesetzt, Mystik sei etwas aus dem Mittelalter: gehört es zu der Sphäre, zu der sich Romantiker zurücksehnen? Gesetzt, Mystik sei etwas Überzeitliches, etwas, das sich in Religion und Kunst und in der Philosophie auch heute noch beobachten lässt: wäre dies auch ein Ansatz für eine Aktualität der Romantik oder des Romantischen?

Romantik ist eine Epoche der Kunst und auch der Philosophie, die sich dagegen wehrt, dass die ihr vorangehende Epoche der Aufklärung für ungültig erklärt, was vielen Menschen etwas bedeutet hat. Demzufolge wird Romantik

---

2   Vgl. Günther Bonheim, „Die *Aurora*, die *Europa*. Novalis' Böhme-Lektüre und seine religionsgeschichtliche Konstruktion", in diesem Band, S. 266 bis 281; Andrés Quero-Sánchez, „‚Dass die Liebe durch den Zorn mochte durchbrechen': Die Presenz Jakob Bohmes in Novalis' *Die Christenheit oder Europa*", in: *Coincidentia: Zeitschrift für europäische Geistesgeschichte* 10 (2019), S. 25–56.

3   Vgl. Novalis, *An Tieck*, ed. Samuel, *Schriften*, Bd. 1, S. 411–413, hier S. 413,4. Vgl. Bonheim, *Die Aurora* (2020) [Anm. 2], S. 266; Thomas Regehly, „‚*Ultra crepidam*!' – Ein Schuster im Athenäum und frühromantische Nachtwachen in Erwartung der Morgenröte", in diesem Band, S. 295–332.

4   Vgl. José Sánchez de Murillo, *Der Geist der deutschen Romantik: Der Übergang vom logischen zum dichterischen Denken und der Hervorgang der Tiefenphänomenologie*, München 1986; ders., „Jakob Böhme – Der deutsche Vorsokratiker: Zur Gegenwart und Zukunft der Philosophie", in: *Erkenntnis und Wissenschaft: Jacob Böhme (1575–1624). Internationales Jacob-Böhme-Symposium, Görlitz 2000*, Görlitz/Zittau 2001 (Neues Lausitzisches Magazin. Beiheft 2), S. 128–153; ders., *Durchbruch der Tiefenphänomenologie: Die Neue Vorsokratik*, Stuttgart 2002.

hier als eine Epoche verstanden, unabhängig davon, ob es erlaubt sei, darüber hinaus das Romantische, wenngleich historischen Implikationen unterworfen, als Stimmung, Sehnsucht, als opponente Haltung, naturverbundene Schönheitsliebe, als gleichsam kulturelle Konstante anzunehmen.

Umgekehrtes gilt vom Begriff der Mystik. Mehr noch als eine Epoche begleitet Mystik die Religionsgeschichte wie eine anthropologische Konstante, eine Stimmung oder Wahrnehmung des Rätselhaften, des Geheimnisses, des Unheimlichen, des Schweigens bei geschlossenen Augen und meditativer Stille. Auch haben Epochen mal mehr, mal weniger Interesse an der Mystik, die durchaus darin historisch nachgezeichnet werden kann, dass ihre Akzeptanz schwankt. Nicht Mystik lässt sich historisieren, sondern die Reaktionen auf sie. Der Mystiker in seinen Formen, in denen er sich äußert, über die Konfessionen hinweg, über die jeweils in den Epochen geltenden Gattungen hinweg, kann Gegenstand unserer Betrachtung sein. Mystik ist so frei, so formenungebunden, dass keine Epoche, keine Konfession, keine Äußerungsform, keine Sprache ein alleiniges Recht auf sie hätte. In religiösen Traktaten, in Predigten, in Hagiographien kann über Mystik gesprochen werden, aber auch in der Textform mystisch wirken, auf die Zuhörer und auf die Leser. Der *sermo mysticus* hat philologisch oder hermeneutisch identifizierbare Merkmale.[5] Mystik kann sich überkonfessionell und außertheologisch in Formen der Kunst äußern, in Musik, in Malerei, in der Dichtung. Mit der Mystik wird die Philosophie schweigend, sie dringt gleichsam nicht durchs Gehör ein, sondern durch die Poren unserer ganzen Aufmerksamkeit. Ihre Tradition reicht in die Antike zurück, und bis in die Gegenwart beanspruchen religiöse Menschen, von ihr ergriffen zu sein. Die so gekennzeichnete Mystik findet in ihren historischen Metamorphosen sehr differente Ausdrucksformen, Gattungen, Semantiken, die zu jeder Zeit religiös, politisch, ästhetisch sein können. Meister Eckhart und Dante Alighieri, beide genaue Zeitgenossen, beide ‚Mystiker‘, sind in ihren Gattungen und Weltentwürfen jedoch komplett unterschiedlich und recht eigentlich unvergleichbar.

Die ästhetischen Optionen der Mystik zogen die Romantiker. ‚Mystik und Romantik‘, jene ein Movens religiöser Verinnerlichung, diese eine Epoche der Kunst, finden nicht ihr Gemeinsames, aber ihr Ergänzendes aneinander in der Kunst. Mystik ist einer der Werte, die die Romantik gegen die Aufklärung zu verteidigen suchte. Mit Mystik und Romantik begegnen sich daher nicht zwei Epochen, weniger auch zwei Stimmungen oder Gefühle, weniger vergleichbare

---

5 Siehe dazu insbes.: *Altdeutsche und altniederländische Mystik,* hg. von Kurt Ruh, Darmstadt 1964; Alois M. Haas, *Mystik als Aussage: Erfahrungs-, Denk- und Redeformen christlicher Mystik,* Frankfurt a.M. (Suhrkamp) 1996 [ND (Verlag der Weltreligionen) 2007].

Formen in Text, Bild, Musik; mehr schon ein abhängiges Ineinander ihrer unterschiedlichen Phänomene, mehr auch ein historisches Interesse der Romantik an der Mystik, mehr schließlich, dass die eine Movens der anderen zu sein scheint. Die Romantik hat die historischen Ausdrucksformen der Mystik entdeckt und wurde in ihrem Verlauf selbst zu einer Mystik.

Die historischen Gestalten einer ‚deutschen‘ Mystik, deren Begriff wohl bei Diepenbrock 1831 mit Anwendung auf Seuse zum ersten Mal mag gefallen sein,[6] werden unter einem Begriff zusammengefasst, den sie sich selbst nicht gaben. Hierüber ist nachzudenken. Weder Eckhart noch Böhme bezeichneten sich als Mystiker. Sie kannten den Begriff gar nicht.[7] ‚Deutsch‘ an ihr war, dass ihre Vertreter deutsch predigten oder schrieben. Damit war jedoch nur das Epitheton ‚deutsch‘ berücksichtigt, nicht das der Mystik, die ein Recht auf alle Sprachen hat. Preger in seiner *Geschichte der deutschen Mystik* 1874 erwägt Mystik als eine Abgrenzung von der Scholastik als deren Widersacher. ‚Deutsch‘ an der Mystik sei womöglich ihre Antizipation und Vorbereitung der deutschen Reformation.[8] Als Bestandteil der Scholastik jedoch sah Bernhart, vor ihm Denifle, die mittelalterliche Mystik inhärent in ihrer philosophischen Ausrichtung.[9]

Ist das Mystische typisch deutsch? Gibt es am Ende nur *deutsche* Mystik? Als ‚German Mysticism‘ hat Andrew Weeks die Linie von Hildegard von Bingen bis Ludwig Wittgenstein in einer gewissen Exklusivität des Mystischen für die deutsche Geschichte nachgezeichnet, vielleicht zurecht.[10]

---

6   So das Referat bei Friedrich-Wilhelm Wentzlaff-Eggebert, *Deutsche Mystik zwischen Mittelalter und Neuzeit*, Berlin 1944, S. 1.

7   Was Meister Eckhart angeht, so wäre in diesem Zusammenhang nach wie vor auf zwei zentrale Studien Kurt Flaschs zu verweisen; vgl. Kurt Flasch, „Meister Eckhart und die *deutsche Mystik*: Zur Kritik eines historiographischen Schemas“, in: *Die Philosophie im 14. und 15. Jahrhundert: In memoriam Konstanty Michalski (1879–1947)*, hg. von Olaf Pluta, Amsterdam 1988, S. 439–463 (BSPh 10); ders., „Meister Eckhart: Versuch, ihn aus dem mystischen Strom zu retten“, in: *Gnosis und Mystik in der Geschichte der Philosophie*, hg. von Peter Koslowski, Zürich/München 1988, S. 94–101.

8   Vgl. Preger, *Geschichte der deutschen Mystik*, Bd. 1, S. 3.

9   Vgl. Joseph Bernhart, *Die philosophische Mystik im Mittelalter*, München 1922 [ND: Darmstadt 1980], S. 165–207; Heinrich Seuse Denifle, „Eine Geschichte der deutschen Mystik“, in: *Historische und politische Blätter* 75 (1875), S. 679–706; S. 771–790 und S. 903–928 [es handelt sich dabei um eine Besprechung von Preger, *Geschichte der deutschen Mystik*].

10 Andrew Weeks, *German Mysticism: From Hildegard of Bingen to Ludwig Wittgenstein*, New York 1993. Siehe auch Viktor Zirmunskij, *Deutsche Romantik und modern Mystik*, deutsche Übers. von Irina S. Alexejeva, St. Ingbert 1996 (zuerst 1914); Edgar Ederheimer, *Jakob Böhme und die Romantiker, I. und II. Teil: Jakob Boehmes Einfluß auf Tieck und Novalis*, Heidelberg 1904, S. 8.

1.2   *Romantisieren und das Mystische*

In einem Fragment des Novalis von 1798 begegnen sich die Wortfelder der ‚Romantik‘ und der ‚Mystik‘. Dort heißt es:

> Die Welt muß romantisirt werden. So findet man den urspr[ünglichen] Sinn wieder. Romantisiren ist nichts, als eine qualit[ative] Potenzirung. Das niedre Selbst wird mit einem bessern Selbst in dieser Operation identificirt. So wie wir selbst eine solche qualit[ative] Potenzenreihe sind. Diese Operation ist noch ganz unbekannt. Indem ich dem Gemeinen einen hohen Sinn, dem Gewöhnlichen ein geheimnißvolles Ansehn, dem Bekannten die Würde des Unbekannten, dem Endlichen einen unendlichen Schein gebe so romantisire ich es – Umgekehrt ist die Operation für das Höhere, Unbekannte, Mystische, Unendliche – dies wird durch diese Verknüpfung logarythmisirt – Es bekommt einen geläufigen Ausdruck. romantische Philosophie. *Lingua romana.* Wechselerhöhung und Erniedrigung.[11]

Einiges von dem, was in dieser Einführung erwähnt ist, findet hier eine Bestätigung, oder, wenn der Charakter dieses Textes nicht dem einer Bestätigung entspricht, weil er seinem Stil nach selbst bestätigt werden muss, es findet sich in diesem Fragment eine Entelechie aus Form und Inhalt, die unsere Aufgabe, in das Verhältnis von Romantik und Mystik einzuführen, erheblich erleichtert. Dazu müssen wir uns in dieses Fragment hineinbegeben.

Offenbar vermischen sich hier zwei *Epistemai.* Mathematik und – Ästhetik? Philosophie? Kunst? scheinen eine Regel, einen Algorithmus zu suchen, unter dem sie sich vereinigen könnten, um eine Romantisierung zu erklären oder gar zu ermöglichen. Wir ahnen, dass wir auf das Mystische keinen Logarithmus anwenden können, dass diese Sprache der Mathematik hier symbolisch verwendet wird. Wie wir heute Dinge ‚verlinken‘, ohne wirklich programmieren zu müssen, wird hier eine ‚Verknüpfung logarithmisirt‘, schwerlich als mathematisch erklärbarer Vorgang. Logarithmisieren, also die Vereinfachung von Multiplizierungen zu Additionen ihrer Potenzzahlen, steht hier im Gegensatz zur ebenfalls genannten ‚Potenzierung‘. ‚Romantisieren‘ heißt: in der Potenzierung das Gemeine, das Gewöhnliche, das Bekannte, das Endliche aufzuwerten ins Allgemeine, Ungewöhnliche, Unbekannte, also die ästhetische Wahrnehmung zu verfremden, vorläufig gesagt, und in der Logarithmisierung bekommt das Mystische, Unbekannte oder Unendliche einen ‚geläufigen Ausdruck‘, wird

---

11   Novalis, *Poëticismen,* ed. Samuel, *Schriften,* Bd. 2, S. 545,14–25 (Nr. 105).

Alltag, etwas Selbstverständliches. Das letzte Satzfragment von ‚Wechselerhö-
hung und Erniedrigung' lesen wir als ‚Wechsel von Erhöhung und Erniedrigung'. Nicht jedoch die Kunst, sondern die „Welt muß romantisirt werden".
Dieser nicht kleine Anspruch meint den Blick auf die Welt, nicht sie selbst,
denn einen ursprünglichen Sinn wieder zu finden, dieses Ziel deutet auf ein
rezeptives Verhältnis zur Welt als ganzer, wie es das Ende dieses Fragments
nahelegt. Die *lingua romana*, die nicht mit der *lingua latina* zu verwechseln
ist, stellt die Wurzel des Begriffs ‚Romantik' dar. Die romanische Welt höfischer
Erzählungen, aus denen der Begriff des ‚Romans' hervorgegangen ist, leiht der
Epoche der Romantik schließlich ihre begriffliche Provenienz als, so können
wir sagen, *romanhaftes* Leben. Die Philosophie dieser Rechtfertigung ist die
‚romantische'. In summa wird das Mystische in den romantischen Alltag loga-
rithmisiert, einprogrammiert. Der *sermo mysticus*, die Sprechweise der Mystiker, deren erstes Kennzeichen ein sprachliches Verfahren ist, die Semantik von
Worten neu zu belegen, scheint in der Romantik willkommen zu sein. Erinnert
doch die poetische Verwendung des Begriffs ‚Logarithmus' an Jacob Böhmes
laienhafte Dekonstruktion paracelsischer Termini.[12]

1.3   *Die Beiträge*

Die Reihe der zur ersten Abteilung um ‚Mystik und Romantik' gehörenden
Beiträge folgt einer – ungefähren – chronologischen Folge. Das Interesse der
Romantik für Mystik wird in der Forschung gewöhnlich auf Ludwig Tiecks Wiederentdeckung Jacob Böhmes in Berlin – den ihm, wie er selbst schreibt, ‚ein
Zufall in die Hand gab'[13] – und die sich anschließenden Gespräche im Haus des
älteren Schlegel in Jena ab Mitte Oktober 1799 zurückgeführt, bei denen über
die genannten Personen hinaus auch Novalis, Friedrich Schlegel, Fichte, Schelling, Caroline – damals noch – Schlegel und Dorothea Veit anwesend gewesen
sein sollen.[14] In seinen Ausführungen über ‚Wackenroder und die Mystik' versucht Günther Bonheim nun die These plausibel zu machen, dass das bei Tieck
ursprünglich – um 1792/93 – nachweislich *nicht* vorhandene Interesse für mystisches Schrifttum überhaupt erst der Anregung Wackenroders zu verdanken
sei:

---

12   Diesen Effekt etwa eines laienhaften Falschverstehens haben schon die Herausgeber 1682
        bzw. 1730 bemerkt. Vgl. Abraham von Franckenberg, *Gründlicher und wahrhafter Bericht*,
        in: Böhme, ss, Bd. 10, S. 81,1–26 (v, n. 28).

13   Vgl. Tieck, ‚Vorbericht zur dritten Lieferung' (1829), *Schriften*, Bd. 11, S. LXXIII,23; vgl. Gün-
        ther Bonheim, „Wackenroder und die Mystik", in diesem Band, S. 23–38, hier S. 30.

14   Vgl. Gustav Leopold Plitt, ‚Jena 1798–1803, Überblick', in: *Aus Schellings Leben*, Bd. 1, S. 242–
        257, hier S. 245,2–22 (vgl. Rudolf Köpke, *Ludwig Tieck: Erinnerungen aus dem Leben des
        Dichters nach dessen mündlichen und schriftlichen Mittheilungen*, Leipzig 1855, Bd. 1, 246–
        251 und S. 263).

Möglich aber ist freilich, dass die Episode [scil. diejenige der zufälligen Berliner Entdeckung der Schriften Böhmes seitens Tiecks] eine unerwähnt gebliebene Vorgeschichte hatte, dass das Zugreifen und Durchblättern vielleicht doch nicht so ganz zufällig, sondern auf eine Anregung hin erfolgte, und wenn es tatsächlich so gewesen sein sollte, dann spricht einiges dafür, dass diese Anregung von Wackenroder ausging.[15]

Seine These bezieht Bonheim nicht nur auf Böhme, sondern auf mystische Autoren generell, allen voran Johannes Tauler, der für Tieck „in der Zeit um 1800 wohl so etwas wie eine Leitfigur darstellte".[16]

Es folgen drei Beiträge über die Rolle der Mystik im Werk Friedrich Schlegels, die das Thema allerdings aus verschiedenen Perspektiven behandeln. Bärbel Frischmann verfährt in ihren Darlegungen historisch-philosophisch und zeigt dabei insbesonders, wie Schlegels Einstellung zum ‚Mystischen' sich – entsprechend seiner Denkbewegung „vom radikalen Aufklärer zum konservativen Katholiken"[17] – bis hin zur Formulierung einer Position entwickelt, „die er selbst als ‚Philosophie des geistigen Lebens' oder auch ‚Spiritualismus' bezeichnet und [...] einige Parallele zur Mystik aufweist".[18]

Auch Dorit Messlin argumentiert in ihrem Beitrag von einem historisch-philosophischen Standpunkt her, der intellektuellen Entwicklung Schlegels folgend. Sie fokussiert die Analyse jedoch auf Schlegels Kritik an der Philosophie des deutschen Idealismus, welche, so die von der Autorin vertretene These, „auf der Grundlage seines Mystik-Verständnisses" erfolgte.[19] Für die Meister-Eckhart-Forschung sind vor allem die von Messlin diskutierten Meister-Eckhart-Erwähnungen – „vielleicht", wie Friedrich Schlegel selbst es formuliert, „der tiefsinnigste Philosoph den Deutschland je gehabt hat" – in mehreren erhalten gebliebenen Briefen an seinen Bruder August Wilhelm

---

15 Bonheim, *Wackenroder und die Mystik* [Anm. 13], S. 24. Zum Thema siehe auch Thomas Isermann, „Zitat und Inspiration: Böhme bei Tieck und Runge", in diesem Band, S. 239–265, hier S. 240, wo der Autor anders als Bonheim argumentiert und das Interesse Tiecks für Böhme bereits im Jahre 1796 nachzuweisen weiß, welches er als Reaktion Tiecks auf die aufklärerische Denkweise seines mit Böhme kritischen Gymnasiallehrers Friedrich Gedike erklärt. Beide Erklärungsversuche sind freilich nicht inkompatibel.

16 Bonheim, *Wackenroder und die Mystik* [Anm. 13], S. 24.

17 Bärbel Frischmann, „Friedrich Schlegels Beschäftigung mit der Mystik", in diesem Band, S. 39–52, hier S. 39.

18 Frischmann, *Friedrich Schlegels Beschäftigung* [Anm. 17], S. 42.

19 Dorit Messlin, „Friedrich Schlegels Mystik-Rezeption im Kontext seiner Idealismus-Kritik", in diesem Band, S. 53–60, hier S. 53.

(Ende 1807/Anfang 1808) relevant.[20] Es wird anschließend die bestehende Parallelität zwischen Eckharts Grundaxiom des ‚Verneinens des Verneinens' und Schlegels „Ablehnung bloß negativer oder verneinender Rede von Gott als Charakteristikum der ‚falschen' Mystik" diskutiert.[21]

Schlegels Verhältnis zur Mystik behandelt schließlich Asko Nivala aus der kulturgeschichtlichen oder gar politischen Perspektive. Im Mittelpunkt seines Interesses steht Schlegels Verständnis des – so Nivala – ‚die moderne Geschichte' kennzeichnenden Strebens nach der ‚Realisierung des Reichs Gottes auf Erden' als – wie es bei Schlegel selbst heißt – „eine mystische Idee".[22] Das nach Schlegel nicht *revolutionär* zu *vervollständigende*, sondern allein durch „*progressive* Bildung" stets *anzunähernde* Ideal setzt den mystischen Grundgedanken der Einheit oder Vereinigung des Verschiedenen in Gott voraus, da es ja die Überwindung der ‚Entgegensetzung' postuliert, als desjenigen Prinzips nämlich, welches die Verhältnisse zwischen den verschiedenen Individuen zu bestimmen pflegt: „Because the aim of politics would be exceeding the divisions separating people, Schlegel maintains that politica is fundamentally an area of mystical knowledge".[23]

Die Forschung hat im Werk Brentanos einen Gegensatz zwischen Ästhetik und Religiosität nicht selten wahrgenommen sowie Brentanos – wie man zu betonen sucht: *spätere* – Wende zur katholisch geprägten Religiosität als „einen

---

20   Vgl. Fr. Schlegel, *Brief an A.W. Schlegel vom 22. Dezember 1807*, KSA, Bd. 26,2, S. 294,53 f. Vgl. Messlin, *Friedrich Schlegels Mystik-Rezeption* [Anm. 19], S. 57.

21   Messlin, *Friedrich Schlegels Mystik-Rezeption* [Anm. 78], S. 63. Vgl. Meister Eckhart, *Pr. 21*, DW, Bd. 1, S. 361,10–363,6; ders., *De esse et ente*, n. 6, LW, Bd. I,1, S. 43,1–6 (Rec. E); LW, Bd. I,1, S. 169,3–8 (Rec. CT); LW, Bd. I,2, S. 43,18–20 (Rec. L). Zu Eckharts Traktat *De esse et ente et eius opposito quod est nihil* siehe Andrés Quero-Sánchez, „Meister Eckhart's Commentaries on *Genesis* and his Treatise *On Being, What is, and Nothing*", in: *Revista Española de Filosofía Medieval* 23 (2016), S. 259–289, hier S. 261–273. Zum Ausdruck ‚Verneinung der Verneinung' siehe insbes. Werner Beierwaltes, *Proklos: Grundzüge seiner Metaphysik*, 2. Auflage, Frankfurt a.M. 1979, S. 395–398; Klaus Hedwig, „*Negatio negationis*: Problemgeschichtliche Aspekte einer Denkstruktur", in: *Archiv für Begriffsgeschichte* 24 (1980), S. 7–33; Burkhardt Mojsisch, „Nichts und Negation: Meister Eckhart und Nikolaus von Kues", in: *Historia philosophiae Medii Aevi: Studien zur Geschichte der Philosophie des Mittelalters*, hg. von B. Mojsisch und Olaf Pluta, Amsterdam 1991, S. 675–693, hier S. 675–686; Stephan Grotz, *Vom Umgang mit Tautologien*, Hamburg 2000, S. 49–73; Andrés Quero-Sánchez, *Sein als Freiheit: Die idealistische Metaphysik Meister Eckharts und Johann Gottlieb Fichtes*, München/Freiburg i.Br. 2004, S. 140 f., Anm. 328 (mit Verweis auf weitere Stellen im Werk Meister Eckharts); ders., *Über das Dasein: Albertus Magnus und die Metaphysik des Idealismus*, Stuttgart 2013 (MEJb.B 3), S. 107 f. und S. 317 f.

22   Vgl. Fr. Schlegel, *Phil. LJ: Phil. Frag., I,1*, KSA, Bd. 18, S. 6,12–15 (n. 23); vgl. Asko Nivala, „Friedrich Schlegel and the Mystical Kingdom of God", in diesem Band, S. 69–88, hier S. 71.

23   Nivala, *Friedrich Schlegel and the Mystical Kingdom* [Anm. 22], S. 75.

jähen Abbruch der dichterischen Produktion" deuten wollen.[24] Eben eine solche Interpretation sucht Peter Nickl durch eine Diskussion von Brentanos Aufzeichnungen und – wohl zudem – Bearbeitung der Visionen der Dülmener Nonne Anna Katharina Emmerick abzuweisen. Das religiöse Interesse war, so Nickls Grundthese, schon immer bei Brentano präsent, welches seine dichterische Produktion von Anfang an begleitet hat, bis er in der späten Phase seines literarischen Schaffens sogar „zu einem neuen Schönheits-Ideal gelangt ist – zur Schönheit der Heiligkeit".[25]

Eine ähnliche, in diesem Fall auf das Werk von Joseph Görres bezogene, argumentative Richtung begegnet uns im Beitrag der Eichstätter Historikerin Monika Fink-Lang, der Mitherausgeberin der historisch-kritischen Edition der Korrespondenz Görres'. Entgegen der Interpretationen, die in Görres' später *Christlichen Mystik* (1836–1842) nichts als ‚eine traurige Verirrung' des ehemals genialen Naturwissenschaftlers, Historikers, Philosophen und Altgermanisten betrachten wollen, vertritt sie die These, dass dieses Werk „vielmehr logische Weiterführung seiner bisherigen Studien, keine Alterstorheit, sondern konsequenter Abschluss, und in vieler Hinsicht die Summe seiner lebenslangen Arbeiten" darstellt.[26]

Das Verhältnis Görres' zur Mystik wird zudem aus der literaturwissenschaftlichen Perspektive von Thomas Isermann beleuchtet. In der, wie es heißt, „Wirkung des Unheimlichen"[27] konstatiert der Autor eine Verwandtschaft zwischen Görres' frühen Satiren – im Mittelpunkt der Untersuchung steht hier dessen Gemeinschaftsarbeit mit Brentano unter dem Titel *Geschichte von Bogs dem Uhrmacher*, „eine frühe Zukunftsvision gegen Totalitarismus"[28] – und der späten Abhandlung über *Die Christliche Mystik* (1836–1842), welche, so die Hauptthese Isermanns, als ein Dokument des Aberglaubens, „der die Menschen kujonieren kann wie nur jeder Fundamentalismus",[29] und darin als ästhetisches Faszinosum zu rezipieren ist.

Die Frage nun, ob Schelling – und dasselbe gilt auch für Hegel, dessen Verhältnis zur ‚Mystik' Böhmes von Donata Schoeller in der zweiten Abteilung

---

24 Peter Nickl, „‚… wie ein Kind, das heim will': Clemens Brentano zwischen Erotik und Mystik", in diesem Band, S. 89–100, hier S. 94.
25 Nickl, *… wie ein Kind* [Anm. 24], S. 98.
26 Monika Fink-Lang, „Von den Mythen Asiens zur christlichen Mystik: Der Weg des Joseph Görres", in diesem Band, S. 101–127, hier S. 127.
27 Thomas Isermann, „Unheimliches. Satire und Mystik bei Joseph Görres", in diesem Band, S. 128–160, hier S. 128.
28 Isermann, *Unheimliches* [Anm. 27], S. 139.
29 Isermann, *Unheimliches* [Anm. 27], S. 160.

dieses Bandes thematisiert wird[30] – als ‚Romantiker' bezeichnet werden darf,
ist sicherlich nicht, zumindest nicht ohne Weiteres zu bejahen. Denn bei beiden findet man eher eine Kritik an bestimmten ‚romantischen Einstellungen' –
etwa an Novalis und Schleiermacher in Schellings Knittelversen unter dem
Titel *Epikurisch Glaubensbekenntniß Heinz Widerporstens* und Hegels Vorwort
zur *Phänomenologie des Geistes*[31] –, die vielleicht sogar zum Wesen ihres idealistischen Systems selbst gehören. Es ist sicherlich, wenn nicht notwendig, so –
mindestens – zulässig diese beiden Philosophen im Rahmen einer Untersuchung um das Verhältnis der Romantik zur Mystik zu berücksichtigen, da ja
ein entscheidender Teil ihrer Mystik-Rezeption – was bekanntlich vor allem für
ihre Böhme-Rezeption um die Jahrhundertwende (1799–1801) gilt – im engs-
ten Umgang mit den Jenaer Frühromantikern stattgefunden hat.[32] Das Schel-
lingsche Verständnis der ‚Mystik' Böhmes entwickelt sich seit 1806 zudem,
wie der Forschung längst bekannt ist, in Auseinandersetzung mit der Böhme-
Rezeption Franz von Baaders,[33] einer der Hauptvertreter der ‚philosophischen
Romantik'.[34]

---

30   Donata Schoeller, „Qualitative Dialektik: Hegels *Differenzschrift* und Jacob Böhme", in die-
      sem Band, S. 358–375.

31   Vgl. Schelling, *Epikurisch Glaubensbekenntniß Heinz Widerporstens*, AA, Bd. II,6,2, S. 487–
      523; Hegel, *Phänomenologie des Geistes*, GW, Bd. 9, S. 12,3–16. Siehe dazu Quero-Sánchez,
      Dass die Liebe durch den Zorn (2019) [Anm. 2], S. 31–34.

32   Siehe oben, S. 6 (einschl. Anm. 14). Was Hegel angeht, siehe Schoeller, *Qualitative Dialektik*
      [Anm. 30], S. 359.

33   Vgl. Andrés Quero-Sánchez, „Hilflose Abstraktheit: Die Böhme-Rezeption Franz von Baa-
      ders und dessen Kritik an Schellings Idealismus", in diesem Band, S. 377–481.

34   Siehe dazu nach wie vor David Baumgardt, *Franz von Baader und die philosophische
      Romantik*, Halle (Saale) 1927. Freilich sind solche Epochenbegriffe – ‚Idealismus', ‚Roman-
      tik' und dgl. – eher mit Vorsicht zu genießen; vgl. Alberto Bonchino, „Über die ‚Kriti-
      sche Edition ausgewählter Texte Franz von Baaders': Ein Forschungsbericht", in: *Aufklä-
      rung und Romantik als Herausforderung für katholisches Denken*, hg. von A. Bonchino
      und Albert Franz, Paderborn 2015 (Baaderiana 3), S. 13–20, hier S. 13: „Deswegen ist den
      herkömmlichen Methoden der ‚Begrenzung', welche die Komplexität eines historisch-
      kulturellen Phänomens rekonstruieren, als ob es sich um einen einzigen monolithischen
      Gegenstand handelt, die Einführung von Verfahrensweisen vorzuziehen, welche ‚Öffnung'
      intendieren, und so die jeweiligen Möglichkeitsbedingungen und Zusammenhänge mit in
      den Blick nehmen. Man versucht damit ‚unangemessene Vereinfachungen' zu vermeiden,
      so dass ‚das Ganze komplexer und widersprüchlicher Konstellationen' – im Sinn des von
      Dieter Henrich entwickelten Ansatzes – nicht aus dem Blick gerät" (in Anführungszeichen
      sind darin Bonchinos Zitate aus: Hans Jorg Sandkühler, „Idealismus", in: *Enzyklopädie Phi-
      losophie*, hg. von H.J. Sandkühler unter Mitwirkung von Dagmar Borchers, Arnim Regen-
      bogen, Volker Schürmann und Pirmin Stekeler-Weithofer, 2. Auflage: Hamburg 2010, Bd.
      2, S. 1026–1040, hier S. 1028, gekennzeichnet). Bonchinos – und Sandkühlers – Position ist
      vor allem auf die bahnbrechenden Arbeiten Dieter Henrichs zurückzuführen; vgl. Dieter

Schellings Verhältnis zur Mystik ist sehr intensiv und vielschichtig gewesen.[35] In seinem Beitrag untersucht Andrés Quero-Sánchez, in Rahmen des oben genannten DFG-Projekts um den Einfluss mystischer Autoren auf Schelling,[36] dessen Rezeption des schwäbischen Pietisten Philipp Matthäus Hahn. Hat die Forschung längst zeigen können, dass sowohl Böhme als auch Oetinger in den Schriften Schellings um 1809/1810, insbesondere in der *Freiheitsschrift*, eindeutig präsent sind; Ähnliches gilt Quero-Sánchez zufolge für Hahn. Es ist in diesem Fall allerdings von einem wesentlich früheren Einfluss auszugehen, zumal bereits der Knabe Schelling den technisch versierten Pfarrer – der im Übrigen sowohl mit der Person Oetingers als auch den Schriften Böhmes gut vertraut war – nachweislich kannte.[37] Philipp Matthäus Hahn galt – sicherlich nicht zufällig – Schellings erste Veröffentlichung, nämlich dessen *Elegie bei Hahn's Grabe gesungen* aus dem Jahre 1790.[38] Ja, selbst die Identitätsphilosophie zeigt Spuren einer Hahn-Lektüre, was insbesondere für Schellings besondere Auffassung des sog. ontologischen Arguments zutreffend ist, welche, so Quero-Sánchez, mit Hahns Verständnis des göttlichen Willens als absoluter Macht aufs Engste zusammenhängt: „There is thus no difference between God's concept as the right *concept* and the finally actualized *reality*, since there is no real force capable of impeding God in carrying out his conceptions".[39]

Im letzten Beitrag der ersten Abteilung behandelt Alberto Bonchino, der Herausgeber der neuen, von der Fritz-Thyssen-Stiftung an der *Forschungsstelle Franz von Baader* am Institut für Katholische Theologie der Technischen Universität Dresden finanzierten kritischen (Auswahl-)Edition der Schriften Baaders in vier Bänden, die entscheidende Rolle der Mystik im Denken des *Boehmius redivivus*, der sogar, wie Bonchino zu Recht hervorhebt, dazu bereit war,

---

Henrich, *Konstellationen: Probleme und Debatten am Ursprung der idealistischen Philosophie (1789–1795)*, Stuttgart 1991; ders., „Konstellationsforschung zur klassischen deutschen Philosophie: Motiv – Ergebnis – Probleme – Perspektiven – Begriffsbildung", in: *Konstellationsforschung*, hg. von Martin Mulsow und Marcelo Stamm, Frankfurt a.M. 2005, S. 15–30.

35 Siehe die zusammenfassende Darstellung in Andrés Quero-Sánchez, „Zur Einleitung", in: *Mystik und Idealismus: Eine Lichtung des deutschen Waldes*, hg. von A. Quero-Sánchez, Leiden/Boston 2020 (SMIP 1), S. 1–39, hier S. 18–39.

36 Siehe oben, ‚Vorwort', S. VII.

37 Vgl. Schelling, *Brief an Schubert vom 4. April 1811*, ed. Plitt, *Aus Schellings Leben*, Bd. 2, S. 251,31–252,3. Vgl. Andrés Quero-Sánchez, „‚Never will I Forget Seeing Him' (*Nie werde ich seinen Anblick vergessen*): The Influence of Philipp Matthaeus Hahn on Schelling's Philosophy", in diesem Band, S. 161–191, hier S. 162

38 Schelling, *Elegie bei Hahn's Grabe gesungen*, AA, Bd. I,1, S. 43–45.

39 Quero-Sánchez, *Never will I Forget Seeing Him* (2020) [Anm. 37], S. 174.

die Mystik mit der Philosophie *als solcher* gleichzusetzen: „In diesem Zusammenhang dürfen Philosophie und Mystik sogar als Synonyme gelten, denn zwischen beiden besteht für Baader inhaltlich kein Unterschied".[40] Speziell geht der Beitrag vor allem auf Baaders Rezeption der Mystik von Louis Claude de Saint-Martin, Jacob Böhme und Meister Eckhart, dem Baader zufolge, so Bonchino ausdrücklich, „eine entscheidende Bedeutung für die Erneuerung der gegenwärtigen Religionsphilosophie zukommt".[41]

2   Jacob Böhme in der Romantik

2.1   *Böhme-Rezeptionen in Kontexten der Romantik*

Vielleicht, so möchte der Eindruck sein, beansprucht die Zeit um 1800, da Ludwig Tieck zum ersten Mal auf Böhme aufmerksam machte,[42] bis zum Tod Hegels oder Schellings ein mindestens ebenso großes Interesse an Böhme wie die erste große Rezeptionswelle der Böhmeschen Schriften, die im 17. Jahrhundert durch die Niederlande und England rollte.[43]

Doch von einer Böhme-Rezeption *der* Romantik ist deshalb schwer zu sprechen, weil nicht alle Romantiker in gleichem Umfang ein Interesse an Jacob Böhme haben, ferner und wichtiger, weil die Intensität, mit der Jacob Böhme auf die Phasen der Romantik wirkte, sehr unterschiedlich gewesen ist. Um ein Beispiel zu nennen: Unstrittig ist die enorme Wirkung Böhmes auf die Frühromantik in Jena, bei Novalis, Friedrich Schlegel, Schelling und anderen. In den Publikationen der Heidelberger Romantik, die wir von 1804 bis 1808 datieren können und durch Clemens Brentano, Achim von Arnim, Joseph Görres und Friedrich Creuzer repräsentiert wird, fällt der Name Böhmes nur sehr selten und nicht immer zustimmend. Das hat Gründe, über die noch zu verhandeln wäre.

---

40   Alberto Bonchino, „Mystik bei Franz von Baader (1765–1841)", in diesem Band, S. 192–214, hier S. 197.

41   Bonchino, *Mystik bei Franz von Baader* (2020) [Anm. 40], S. 200; mit Verweis auf Baader, *Aus meinem Tagebuche*, in: *Eos: Münchener Blätter für Literatur und Kunst* n. 156 (30. September 1829), S. 628b,37–42 (vgl. sw, Bd. 5, S. 263,32–35): „Hätte sich der Geist der Spekulation in neuern Zeiten in Deutschland an diesem [scil. Meister Eckhart] und ihm verwandten Theologen des Mittelalters entzündet, anstatt an *Spinoza* u.s.g., so stünde es allerdings besser mit der religiösen Philosophie".

42   Siehe oben, S. 6 (einschl. Anm. 14).

43   Zur ersten großen Rezeptionswelle der Schriften Böhmes siehe insbes. *Offenbarung und Episteme. Zur europäischen Wirkung Jakob Böhmes im 17. und 18. Jahrhundert*, hg. von Wilhelm Kühlmann und Friedrich Vollhardt, Berlin/Boston 2012.

Jacob Böhme ist von Romantikern wie ein Mythos rezipiert worden, Person und Werk bilden eine geistige Gestalt, die mit Emotionen verbunden gewesen sein muss. Nur wenige von ihnen, auch das werden die folgenden Beiträge thematisieren, haben Jacob Böhmes Werke systematisch studiert:

> Jacob Böhm les ich jezt im Zusammenhange, und fange ihn an zu verstehn, wie er verstanden werden muß. Man sieht durchaus in ihm den gewaltigen Frühling mit seinen quellenden, treibenden, bildenden und mischenden Kräften, die von innen heraus die Welt gebären – Ein ächtes Chaos voll dunkler Begier und wunderbaren Leben – einen wahren, auseinandergehenden Microcosmus. Es ist mir sehr lieb ihn durch Dich kennen gelernt zu haben – Um so besser ist es, daß die Lehrlinge ruhn – die jezt auf eine ganz andre Art erscheinen sollen – Es soll ein ächtsinnbildlicher, Naturroman werden.[44]

Bei Novalis, dem das intensive Studium „im Zusammenhange" eine mythische Faszination beschert, weniger eine rezeptive Rekonstruktion, scheint die Eigenmystik des Lesenden die Kreativität anzuregen: Ludwig Tieck, der mit diesen Worten Angesprochene, wird darüber informiert, dass die „Lehrlinge [zu Sais]" von einem, wie es heißt, „Naturroman"-Projekt verdrängt werden, zu dem die Schriften Böhmes Novalis inspirierten. Rezeptionsgeschichte als Einflusswissenschaft hat wie eine Schleuse zwei Tore: durch das erste strömen die Anregungen in die Kammer des Künstlers hinein, durch das zweite fließen die neuen Werke wieder hinaus.

Weitaus komplexer als die direkten, zitierbaren Einflüsse vom Schreiber Böhme auf die Schreiber der Romantik haben die Wege des Einflusses von Böhme auf Maler bedacht zu werden. Bei Runge und Blake haben wir es mit Transformationen der Medien zu tun, die, kaum zitierbar, Worte ins Bild setzen und argumentativen Aufwand erfordern, um Evidenz zu erzeugen. Im Fall Runges haben wir vom Einfluss der Schriften auf ihn jenen der Titelkupfer auf seine Bildkompositionen zu unterscheiden, weil die Titelkupfer gleich welcher Edition der Böhmeschen Werke gar nicht von Jacob Böhme stammen. Aber gerade die posthumen Titelkupfer zu Böhmes Werken haben auf Runge mindestens ebenso stark gewirkt wie die Schriften.

Die Art, *wie* rezipiert wird, kann kaum auf der Grundlage dessen, *was* rezipiert wird, sicher erschlossen werden. Bei manchen Romantikern fällt wenig

---

44   Novalis, *Brief an Ludwig Tieck vom 23. Februar 1800*, ed. Samuel, *Schriften*, Bd. 4, 322,32–323,4.

mehr als der Name Böhmes, dann aber mit mythischem Ernst. Viel schwieriger zu beantworten ist die Frage, welche Schriften Böhmes denn genau gelesen wurden. Nur selten, wie bei Johann Wilhelm Ritter, oder Achim von Arnim, wird tatsächlich zitiert.[45] Der Begriff der ‚Morgenröthe' fällt bei Novalis im Kontext der Böhme-Rezeption, etwa im bereits erwähnten Gedicht *An Tieck*.[46] Die Aufnahme einzelner Begriffe wie der ‚Ungrund',[47] ein Böhme eigener Terminus, oder die originelle Konnotation von ‚Qual' und ‚Quelle' zu ‚Qualität',[48] belegen zwar Kenntnisse der Terminologie, nicht jedoch die Funktion in Böhmes Lehre oder, soweit vorhanden, in seinem System. Die Kriterien historischer und kritischer Würdigung des Böhmeschen Werkes, die einzuhalten Thema und Aufgabe jeder philosophiegeschichtlichen Darstellung von Ludwig Feuerbach bis Ernst Bloch bleibt, lassen sich nicht gegen das romantische Verfahren einer eigenwilligen kreativen Anverwandlung ausspielen.

2.2   *Die Beiträge*

Die einzelnen in dieser zweiten Abteilung um ‚Jacob Böhme in der Romantik' gesammelten Beiträge folgen auch hier einer – ungefähren – chronologischen Reihe. In einem großen Wurf kennzeichnet Sibylle Rusterholz die Rezeptionslinien Jacob Böhmes *vor* der Romantik, besonders jene, die zu ihr hinführen. Sie stellt die Facetten der Rezeption in einer Typologie zusammen, wodurch ihr eine Systematik der Rezeptionsweisen gelingt: von den „Streitschriften", in denen „vor allem lutherische Theologen [etwa bereits Gregor Richter in seinem im Jahre 1624 gedruckten *Judicium*] [...] sich mit dem Görlitzer Schuster [...] öffentlich auseinander setzen",[49] über die in poetischer Form stattfindende „Böhme-Rezeption durch die Barockdichter Czepko, Scheffler und Kuhlmann",[50] bis hin zu dem Typus, den die Autorin als „Freunde bitten Freunde in

---

45   Vgl. Ritter, *Fragmente aus dem Nachlasse eines jungen Physikers*, ed. Dietzsch, S. 78, und S. 141; Zu Ritters Verhältnis zu Böhme siehe in diesem Band: Isermann, *Zitat und Inspiration* (2020), S. 259–261; Vgl. Achim von Arnim, *Zeitung für Einsiedler* 7 (23. April 1808) [ND: Stuttgart 1962].

46   Siehe oben, S. 2.

47   Siehe dazu insbes. Hans-Joachim Friedrich, „Der Ungrund Böhmes in Schellings *Freiheitsschrift*", in: Quero-Sánchez, *Mystik und Idealismus* (2019) [Anm. 35], S. 301–324.

48   Vgl. Cecilia Muratori, *The First German Philosopher: The Mysticism of Jakob Böhme as Interpreted by Hegel*, Engl. Übers. von Richard Dixon und Raphaëlle Burns, Dordrecht/Heidelberg/New York/London 2016 [ital Original: *Il primo filosofo tedesco: Il misticismo di Jacob Böhme nell'interpretazione hegeliana*, Pisa 2012], S. 208; Schoeller, *Qualitative Dialektik* (2020) [Anm. 30], S. 372.

49   Sibylle Rusterholz, „Zur Typologie vorromantischer Böhme-Rezeption", in diesem Band, S. 217–238, hier S. 218.

50   Rusterholz, *Zur Typologie* [Anm. 49], S. 233.

Sachen Böhme um Rat und Urteil" beschreibend bezeichnet,[51] zu welchem in erster Linie Johann Theodor von Tscheschs *Lielien-Zweig* (1641/42) zu rechnen ist.

Den Beginn der romantischen Böhme-Rezeption wird im darauf folgenden Beitrag von Thomas Isermann über Ludwig Tieck und Philipp Otto Runge (einschließlich eines Exkurses zu Johann Wilhelm Ritter) mit dem Beginn der Romantik selbst lokalisiert. Es geht Isermann dabei um einen, wie es heißt,

> schlichten Vergleich der Rezeptionsweisen, die von der je verschiedenen Individualität der Romantiker bestimmt ist, von den Gattungen, die sie vertreten – Dichtung und Malerei –, und schließlich vom metaphysischen Hintergrund, von dem die Böhmeschen Motive eine Strahlkraft erhalten, die in der Romantik mehr zur inkommensurablen Inspiration statt zur nachweisbaren, zitierenden Rezeption geführt hat.[52]

So lassen sich bei Ludwig Tieck biographische Spuren zunächst mühelos nachzeichnen,[53] doch müssen auch die differenten Rezeptionsweisen der Frühromantik problematisiert werden. Ganz anders als bei Tieck gestaltet sich die Böhme-Rezeption des Malers Philipp Otto Runge, bei dem sich die Transformation des Böhmischen Wortes in eigene Bilder beobachten lässt.

Novalis' provokanten Essay *Die Christenheit oder Europa*, der unter anderem einen historischen Rutsch durch das Abendland unternimmt, vergleicht der Aufsatz von Günther Bonheim mit allegorischen Erzählungen bei Jacob Böhme, insbesondere der *Aurora*. Es lässt sich gut belegen, dass Novalis sich um die Zeit, als er seinen Essay verfasst hat, mit Böhme beschäftigte.[54] Der Autor untersucht minutiös den Kontext, in dem Böhme in dem Essay des Novalis direkt benannt wird,[55] und diskutiert dabei insbesondere „drei Motivkomplexe

---

51 Rusterholz, *Zur Typologie* [Anm. 49], S. 233.
52 Isermann, *Zitat und Inspiration* [Anm. 15], S. 243.
53 Isermann, *Zitat und Inspiration* [Anm. 15], S. 240, führt Tiecks Bekanntschaft mit dem Denken Böhmes auf die aufklärerische Böhme-Kritik seines Gymnasiallehrers Friedrich Gedike zurück. Tiecks positive Einstellung zu Böhmes Denken – wohl als jugendliche Reaktion auf die Denkweise Gedikes – kann Isermann freilich für die Zeit um 1796 nachweisen, wohingegen einige Äußerungen Tiecks im *Brief an Wackenroder vom Dezember 1792 / Januar 1793*, wie Bonheim, *Wackenroder und die Mystik* [Anm. 13], S. 269, anführt, noch eine eher negative Einstellung zu bezeugen scheinen.
54 Vgl. Bonheim, *Die Aurora* [Anm. 2], S. 266; Quero-Sánchez, *Dass die Liebe durch den Zorn* (2019) [Anm. 2], S. 25–28.
55 Vgl. Novalis, *Die Christenheit oder Europa*, ed. Samuel, *Schriften*, Bd. 3, S. 513,2; vgl. Bonheim, *Die Aurora* [Anm. 2], S. 266.

aus der *Europa*", in welchen die „möglichen Anregungen bzw. Anlehnungen"
von bzw. an Böhmes *Aurora* ersichtlich sind: „1. Die Morgenröte und das (morgendliche) Erwachen aus dem Schlaf, 2. Die Zeit der Nachreformation und ihre
Bibel-Philologie und 3. Der Friede".[56]

Steffen Dietzsch zeichnet die Wirkung von Böhmes *Aurora* in der Frühromantik und bei zahlreichen Zeitgenossen nach, insbesondere bei Novalis und
Gotthilf Heinrich Schubert. Hier wird ein Bogen von der Bilderwelt Böhmes zur
‚heiligen' Physik und Christologie jener Zeit geschlagen. Die Theologumena,
die hier diskutiert werden, zeigen eine religiöse Konstante in der Rezeptionsgeschichte Böhmes, vor der die Romantik trotz alles ästhetischen Interesses nicht
ausweicht. Entscheidend ist hier Böhmes – wie es heißt – „Theologie des Kreuzes".[57] „Von Böhme lernen die Romantiker", so das von Dietzsch gezogene Fazit,
„dass der *alchymistische* Prozess, gerade so wie die *Menschwerdung* – beide als
Passionsverläufe der Natur zu begreifen wäre".[58]

„Jacob Böhme", so die bereits zu Beginn seines Beitrags von Thomas Regehly
formulierte These, „spielte im Prozess der Popularisierung der Romantik eine
zentrale Rolle, die sich in der Frühromantik [...] bereits abzeichnet".[59] Es ging
dabei, so heißt es weiter, um einen „Versuch, das Allgemeine und Allgemeinverbindliche der frühromantischen Einsichten für das nicht-elitäre und nicht akademische Publikum zu retten".[60] Untersucht werden in diesem „von [Walter]
Benjamins Romantikverständnis" inspirierten Kontext[61] insbesondere Friedrich Schlegels Böhme-Erwähnungen im *Athenäum* und in weiteren literarischen Notizen aus den Jahren 1797 bis 1801, Novalis' Gedicht *An Tieck*, Johann
Wilhelm Ritters anonym publizierte *Fragmente aus dem Nachlass eines jungen
Physikers* sowie schließlich die „dem geistigen Umfeld der Jenaer Frühromantik verpflichtet[en]", von Ernst August F. Klingemann verfassten *Nachtwachen
des Bonaventura*.[62]

An einem Beispiel aus der englischen Romantik zeigt Tobias Schlosser anschließend die Spuren einer Rezeption bei dem Maler, Kupferstecher und Dichter William Blake. Den Einfluss Böhmes auf Blake bezeichnet Schlosser als

---

56   Bonheim, *Die Aurora* [Anm. 2].

57   Steffen Dietzsch, „Jacob Böhmes *Aurora* in der *Morgenröte der Romantik*", in diesem Band,
      S. 282–294.

58   Dietzsch, *Jacob Böhmes Aurora* [Anm. 57], S. 291.

59   Regehly, *Ultra crepidam!* [Anm. 3], S. 295.

60   Regehly, *Ultra crepidam!* [Anm. 3], S. 295.

61   Regehly, *Ultra crepidam!* [Anm. 3], S. 296.

62   Regehly, *Ultra crepidam!* [Anm. 3], S. 296. Vgl. Steffen Dietzsch, „Morgenröte der Moderne",
      Nachwort zu: Bonaventura, *Nachtwachen*, Leipzig 1991, S. 151–164, hier S. 152.

„maßgeblich",[63] wobei insbesondere der Einfluss auf Blake als Dichter und auf Blake als Bildner aufschlussreich scheint. Es wäre dennoch festzustellen, wie Blake „Böhme – wie übrigens alle seine Quellen – mit einer ausgeprägten künstlerischen Freiheit [nutzte] [...], die eine einfache Analyse erschwert. Böhmesches Gedankengut schimmert immer wieder bei Blake durch – als ob es die unterste Schicht eines Palimpsests wäre".[64] Als zentrales Werk zu diesem Thema wird *The Marriage of Heaven and Hell* von 1790 dargestellt, das schon im Titel an Böhmes sinnliche Energetik erinnert.

Als einer der bedeutendsten Philosophen nicht nur der deutschen, sondern der abendländischen Philosophiegeschichte hat Georg Wilhelm Friedrich Hegel in Jacob Böhmes Philosophie eine Vorgängerin seiner eigenen nicht nur akzeptiert, sondern auch hervorgehoben.[65] Während die Rezeption Hegels in späteren Schriften teilweise – nicht zuletzt durch Cecilia Muratoris Studie um *The Mysticism of Jakob Böhme as Interpreted by Hegel*[66] – aufbereitet ist, belegt Donata Schoellers Beitrag eindrucksvoll anhand der Spuren im Frühwerk, genauer „in Hegels erster Jenaer Veröffentlichung, der sogenannten *Differenzschrift*",[67] die Kontinuität und Umfänglichkeit seiner Böhme-Rezeption.

Andrés Quero-Sánchez zeigt in seinem im Rahmen des oben erwähnten DFG-Projekts über den Einfluss verschiedener ‚mystischer' Autoren auf Schellings Denken entstandenen Beitrag,[68] dass die gemeinsame Berufung von Baader und Schelling auf ‚Mystisches', was ja insbesondere für die ‚Mystik' Böhmes gilt, die jeweiligen voneinander verschiedenen oder gar zueinander entgegengesetzten philosophischen Positionen versteckt. Selbst den Schriften, die in der Zeit, als beide Autoren in München ab 1806 in freundschaftlichem Verhältnis zueinander lebten, verfasst wurden, lässt sich, so Quero-Sánchez, die Gegensätzlichkeit der jeweiligen Position ablesen, welche letztlich zum späteren Bruch um die Mitte der 1820er Jahre führen sollte: „In den dem intensiven Gespräch zwischen Baader und Schelling um 1806–1811 folgenden Jahren kam es bekanntlich zu einer zunehmenden Entfremdung zwischen den beiden. Der Bruch war allerdings [...] *philosophisch* ‚vorprogrammiert'".[69]

---

63 Tobias Schlosser, „‚Über diejenigen, die eine Kerze ins Sonnenlicht halten': Böhmes Einfluss auf Blakes frühromantisches Werk *The Marriage of Heaven and Hell* (1790)", in diesem Band, S. 333–357, hier S. 357.

64 Schlosser, *Über diejenigen, die eine Kerze ins Sonnenlicht halten* [Anm. 63], S. 338.

65 Zum Problematischen in der Behandlung Hegels – und Schellings – im Rahmen der Böhme-Rezeption der Romantik siehe die Diskussion oben, S. 10, einschl. Anm. 31f.

66 Vgl. Muratori, *The First German Philosopher* (2016) [Anm. 48].

67 Schoeller, *Qualitative Dialektik* (2020) [Anm. 30], S. 360.

68 Siehe oben, Vorwort, S. VII.

69 Quero-Sánchez, *Hilflose Abstraktheit* (2020) [Anm. 33], S. 382.

Die von Quero-Sánchez im Anhang zu seinem Beitrag in chronologischer
Ordnung angebotene Auflistung der ‚Meister Eckhart-, Johannes Tauler- und
Jan van Ruusbroec-Erwähnungen im Werk Franz von Baaders' zeigt darüber
hinaus, dass Baaders Interesse für Tauler und Eckhart – anders verhält es sich
freilich im Fall Ruusbroecs – eher späteren Datums als bis dato angenommen
ist, dass Baaders Schüler somit – insbesondere Franz Hoffmann – versucht
haben, ‚mystische' Zitate in Baaders frühere Werke ‚hineinzuschieben', um
ihn – vor Schelling – als eine Art ‚Prophet' einer sich am Mystischen anlehnenden Philosophie hochzustilisieren. Der Rekurs auf Johannes Tauler und Meister
Eckhart ist für Baader – anders verhält es sich bekanntlich mit seinem nachweislich sehr früh ansetzenden Interesse für Louis Claude de Saint-Martin und
Johann Friedrich Kleuker – *nicht vor* seiner Münchner Begegnung mit Schelling
im Jahre 1806 nachzuweisen.[70]

2.3   *Zum Schluss*

Eines haben die Beiträge dieses Bandes gemeinsam, über das es sich lohnt, einmal nachzudenken. Obwohl dieses Gemeinsame zur Physiognomie der Geis-
teswissenschaften zu gehören scheint, ist es doch nicht selbstverständlich:
Alle Autoren thematisieren das Verhältnis der Mystik zur Romantik über den
Zugang der Akteure, der Persönlichkeiten, eben der Vertreter der Romantik.
Kein Beitrag argumentiert kategorial und gleichsam in der Luft, alle haben festen Text-Boden unter ihren Füßen, der ihnen vom personenbezogenen Werk
gewährt wird. Leben und Person bilden die Einschränkung des untersuchten
Gegenstandes als dessen natürliche Grenze. Das ist so selbstverständlich nicht.
In anderen Fragestellungen, in denen etwa von komparatistischer Methodik
Antworten erwartet werden, mithilfe von Sprachvergleichen, Gattungsverglei-
chen, oder in enzyklopädischen Panoramen etwas über den Metaphernge-
brauch oder Begriffs-Verwandlungen zu erfahren, wäre mehr Theoriearbeit
möglich und nötig, als im Bezugsrahmen eines schöpferischen Lebens.

Ein Grund scheint zunächst im Begriff der Rezeption des Mystischen zu
liegen, das stets von einzelnen Persönlichkeiten gestaltet wird. Jeder Künstler, jeder Philosoph rezipiert anders, weil er in die Rezeption sich selbst mit
einbringt, und einbringen muss: Um Böhme zu verstehen, müssen wir uns
individuell auf Böhme einlassen, eine Eigenmystik mitbringen, ein kreatives
Element, das wir auch „dialogisch" nennen können.

---

70   Vgl. Quero-Sánchez, *Hilflose Abstraktheit* [Anm. 33], S. 383 (Anhang: ‚Meister Eckhart-,
      Johannes Tauler- und Jan van Ruusbroec-Erwähnungen im Werk Franz von Baaders: Eine
      chronologische Anordnung'). Siehe ähnlich Bonchino, *Mystik bei Franz von Baader* (2020)
      [Anm. 40], S. 200.

Als einen weiteren Grund für diese Personenbezogenheit können wir annehmen, dass Romantik selbst den ganzen Menschen anspricht, und so, wie sie sich
bei einem Menschen zeigt, die ganze Persönlichkeit betrifft. Diese Eigenwilligkeit der Romantiker ist bereits Kennzeichen ihrer Epoche. Für die Romantik
lautet der Gegensatz zur Gleichheit nicht Ungleichheit, sondern Unvergleich-
lichkeit.

Den wichtigsten Grund für diese personale Bindung der Mystik an die
Romantik können wir in der weitgehenden konfessionellen Ungebundenheit
romantischer Mystik sehen. Die Mystik als Gotteserfahrung, die noch zu Böhmes Zeiten ein gefährliches Konkurrenzverhältnis zur Kirche darstellte, war
im frühen neunzehnten Jahrhundert in keiner Weise mehr auf gefährliche Art
häretisch und – das ist das Entscheidende: sie musste sich nicht mehr kategorial oder theologisch rechtfertigen. Wir werden sicherlich nicht übertrei-
ben, wenn wir davon ausgehen, dass der Kirche die mystischen Anwandlungen
eines Ludwig Tieck herzlich wenig bedeutet haben.

Das heißt nicht, dass es diese kategorialen, überpersonalen Fragen zur Mystik in der Romantik nicht gäbe. So wäre eine weitere, ganz eigene Fragestel-
lung jene nach dem Beitrag der Mystik in der Romantik zu einer Physiologie
und Psychologie, die von Eschenmayer über Fechner bis C.G. Jung ihrerseits
Romantik und Mystik rezipierte. Doch das wäre sicher noch eine Perspektive
eigener Fragestellungen und ihre Aufnahme hätte den Rahmen dieses Bandes
gesprengt.

Das Ziel dieses vorliegenden Bandes wäre daher erreicht, wenn seine Leser
die Fäden unserer Beiträge in die Hand nähmen, an deren Enden eine weitere Diskussion über Mystik und Romantik anknüpfen kann. Es sind zahlreiche
Fäden in Farben, die bunt, und in Fasern, die mal reißfest, mal zart geknüpft
sind, so dass wir diese Vielheit hier nebeneinander wirken lassen. Mystik ist
der Stoff, aus dem die romantischen Träume sind, und die Kunst das Vermögen, die Erinnerung an diese Träume wachzuhalten.

TEIL 1

Mystik und Romantik

∵

1

Wackenroder und die Mystik

Günther Bonheim

1

Den Begriff der ‚Mystik' oder des ‚Mystischen' verwendet Wackenroder in den *Herzensergießungen eines kunstliebenden Klosterbruders*, dem einzigen größeren Werk des Frühverstorbenen, nicht, in den *Phantasien über die Kunst, für Freunde der Kunst*, an denen er noch maßgeblich beteiligt war, finden sich an drei Stellen Wörter aus der engeren Verwandtschaft der zugehörigen Wortfamilie;[1] doch ist es allgemeiner Konsens, dass große Teile sowie die endgültige Gestalt dieser zweiten Aufsatzsammlung vor allem das Werk des befreundeten Ludwig Tieck sind.[2] So ist es nicht nur gut möglich, sondern sehr wahrscheinlich, dass auch der Einbezug dieser Terminologie wesentlich auf ihn zurückgeht. Vergleichsweise häufig dagegen stößt man auf die Begriffe ‚Mystik', ‚mys-

---

1 Vgl. Wackenroder, *Das jüngste Gericht, von Michael Angelo*, SWB, Bd. 1, S. 174,1–9: „Dante singt in prophetischen, wunderbar verschlungenen Terzinen seine Dichtung, nirgend ein Stillestand, nirgend wo die Pracht der gewaltigen Verse aufhörte, immer tiefer wirst Du in die geheimnißreiche Allegorie hineingeführt, hier findest Du keine Nebensachen, keinen Ruheplatz, auf dem der Dichter stille steht, alle Kräfte spannen sich zum großen magischen Eindruck, aller Reiz ist vernachlässigt, die Erhabenheit nimmt Dich in Empfang, die Wunder des Christenthums, die *mystischen* Geheimnisse verschlingen Dich in ihren unbegreiflichen Zirkeln, und nehmen Dich mit sich fort"; ders., *Die Töne*, SWB, Bd. 1, S. 235,33–39: „Keiner, der nicht zu dem *myst'schen* Fest gelassen, / Kann den Sinn der dunkeln Kunst erfassen, / Keinem sprechen diese Geistertöne,/ Keiner sieht den Glanz der schönsten Schöne,/ Dem im innern Herzen nicht das Siegel brennt,/ Welches ihn als Eingeweihten nennt, / Woran ihn der Tonkunst Geist erkennt"; ders., *Symphonien*, SWB, Bd. 1, S. 241,34–242,4: „Ich habe diese Gedanken, die mir immer gegenwärtig sind, hier ausgedrückt, weil es nicht selten ist, daß auch in der Musik, die doch die dunkelste von allen Künsten ist, dergleichen Vorurtheile oder Unurtheile gefällt werden. Denn die Tonkunst ist gewiß das letzte Geheimniß des Glaubens, die *Mystik*, die durchaus geoffenbarte Religion. Mir ist es oft, als wäre sie immer noch im Entstehn, und als dürften sich ihre Meister mit keinen andern messen. Doch bin ich nie Willens gewesen, diese meine Meynung andem Gemüthern aufzudrängen. Aber es wird vielleicht nicht undienlich seyn, über einzelne Theile oder Werke dieser Kunst etwas Dreistes oder Anstößiges zu behaupten, weil nur auf diesen Wegen von jeher etwas geschehen ist". [Meine Hervorhebungen (Kursivierung)].

2 Vgl. Martin Bollacher, *Wackenroder und die Kunstauffassung der frühen Romantik*, Darmstadt 1983, S. 18 f.

© GÜNTHER BONHEIM, 2022 | DOI:10.1163/9789004498648_003

tisch' etc. in der Forschungsliteratur zu Wackenroders Hauptwerk, wobei es oftmals zugleich um eine Charakterisierung seiner Person geht. Dieser Umstand zieht sich durch die Geschichte der Rezeption von den Anfängen bis in die Gegenwart. In seiner Tieck-Biographie aus dem Jahr 1855 spricht Rudolf Köpke von der „Neigung" Wackenroders „für das Tiefsinnige, Mystische, Sonderbare"; für „Wackenroder ist die Begegnung mit Kunst ein mystisches Ereignis",[3] heißt es in einer Studie aus dem Jahr 2006.[4]

Wohl am nachdrücklichsten stellte diese Verbindung Friedrich Gundolf her. In der ‚Neuen Folge' seiner *Romantiker* aus dem Jahr 1931 findet sich die Begrifflichkeit auf den fünfzehn Seiten, auf denen er sich Wackenroder widmet, insgesamt neunzehn Mal. Dabei dient ihm die Qualifizierung im Grunde einzig der Abqualifizierung. Wackenroder, der „reine[] Tor",[5] der „treue[] Schwärmer",[6] „einer der rührenden deutschen Jünglinge",[7] schwelge „in allen mystischen Aufhebungen"[8] und ziehe die Kunst, wiewohl ihm „der eigentliche Kunstsinn" fehle,[9] in den Bereich eines „allsüchtigen Mystizismus" hinein.[10] Seine „allgemeinen Betrachtungen" in den *Herzensergießungen* seien „mystische Traktätchen",[11] die „Kunstgebete[] eines *verlaufenen* Mystikers",[12] denn zum „reinen Mystiker fehlte dem dünnen Bürgerblut Wackenroders die mittelalterliche Glut und die kultische Bindung [...] zur mystischen Sinn-suche von Novalis und Schelling der Geist, ja der Fleiß".[13]

Bemerkenswert scheint mir am letzten Zitat vor allem der Bezug auf das Mittelalter. Damit legt Gundolf, wenigstens an dieser Stelle, eine Unterscheidung zwischen ‚Mystik' und ‚Mystik' zugrunde, während ansonsten fast durchgängig, und das eben auch innerhalb seiner eigenen Darstellung, der Gebrauch des Begriffs ebenso unbestimmt und nebulös bleibt wie die Sache, die er bezeichnen soll. Denn ‚mystisch', das meint, wenn es in Hinsicht auf Wackenroder oder seine *Herzensergießungen* gebraucht wird, meist nicht mehr als ‚dunkel-

3   Tobias Wall, *Das unmögliche Museum: Zum Verhältnis von Kunst und Kunstmuseen der Gegenwart*, Bielefeld 2006, S. 43.

4   Rudolf Köpke, *Ludwig Tieck: Erinnerungen aus dem Leben des Dichters nach dessen mündlichen und schriftlichen Mittheilungen*, Bd. 2, Leipzig 1855, S. 433.

5   Friedrich Gundolf, *Romantiker: Neue Folge*, Berlin-Wilmersdorf 1931, S. 43.

6   Gundolf, *Romantiker* (1931) [Anm. 5], S. 53.

7   Gundolf, *Romantiker* (1931) [Anm. 5], S. 43.

8   Gundolf, *Romantiker* (1931) [Anm. 5], S. 45.

9   Gundolf, *Romantiker* (1931) [Anm. 5], S. 44.

10   Gundolf, *Romantiker* (1931) [Anm. 5], S. 52.

11   Gundolf, *Romantiker* (1931) [Anm. 5], S. 49.

12   Gundolf, *Romantiker* (1931) [Anm. 5], S. 54. (Meine Hervorhebung [Kursivierung]).

13   Gundolf, *Romantiker* (1931) [Anm. 5], S. 45.

geheimnisvoll-unergründlich' bzw., mit Blick auf das erlebende Subjekt, ,schwärmerisch-weltfremd'. Eine solche semantische Bestimmung des Wortes aber ist wenig hilfreich, wenn es hier um den Versuch gehen soll, Wackenroders Verhältnis zu mystischem Denken zu beleuchten und der Frage nachzugehen, ob er in diesem Punkt als ein Neuerer vielleicht eine Richtung vorgab und speziell das Interesse an der – in erster Linie wohl – christlichen Mystik, das nachfolgend hervortretende Autoren der Romantik bekundeten, durch ihn und seine Texte befördert wurde.

So wäre eine Aufgabenstellung also die folgende: Wenn hier unter ,Mystik' wesentlich die Erfahrung eines Einsseins, die Beschreibung dieser Erfahrung des Einsseins sowie die Lehre vom Prozess und von den Bedingungen des Eins-werdens verstanden wird, gibt es in Wackenroders Schriften und namentlich innerhalb der *Herzensergießungen* Textstellen, die ein solches Einssein bzw. -werden, vielleicht im Zusammenhang seiner Bildbetrachtungen, thematisieren, also Textstellen, in denen Wackenroder ganz im Sinne der alten Mystiker spricht? Und daran schließt sich gleich als eine zweite Frage an: Deuten möglicherweise bestimmte Begrifflichkeiten oder Bilder, die Wackenroder in seinen Schriften verwendet, daraufhin, dass er Traktate dieser alten Mystiker zumindest ansatzweise rezipiert hat und signifikante sprachliche Elemente aus ihnen in seine eigenen Darstellungen übernahm?

Was nun die erste der beiden aufgeworfenen Fragen betrifft, so ist der nachstehende Textauszug ein solcher, den man sich daraufhin genauer anschauen könnte. Er ist dem Kapitel *Wie und auf welche Weise man die Werke der großen Künstler ...* entnommen und beginnt mit einer Klage über die Gegenwart:

> Bildersäle werden betrachtet als Jahrmärkte, wo man neue Waaren im Vorübergehen beurtheilt, lobt und verachtet; und es sollten Tempel seyn, wo man in stiller und schweigender Demuth, und in herzerhebender Einsamkeit, die großen Künstler, als die höchsten unter den Irdischen, bewundern, und mit der langen, unverwandten Betrachtung ihrer Werke, in dem Sonnenglanze der entzückendsten Gedanken und Empfindungen sich erwärmen möchte.
> Ich vergleiche den Genuß der edleren Kunstwerke dem *Gebet*.[14]

Ein Vergleich, der wenig später in diese Aufforderung an die Leserschaft mündet:

---

14 Wackenroder, *Wie und auf welche Weise man die Werke der großen Künstler ...*, SWB, Bd. 1, S. 106,17–24.

Harret, wie beym Gebet, auf die seligen Stunden, da die Gunst des Himmels euer Inneres mit höherer Offenbarung erleuchtet; nur dann wird
eure Seele sich mit den Werken der Künstler zu Einem Ganzen vereinigen.[15]

Dass die Passage von Vorstellungen aus dem Bereich der christlichen Mystik
zumindest inspiriert erscheint, ist auch schon Martin Bollacher aufgefallen. In
einer Anmerkung zum Kernsatz ‚Ich vergleiche den Genuß der edleren Kunstwerke dem *Gebet*‘ schreibt er:

Wichtig ist der Gedanke des Vergleichs, der behaupteten Analogie zwischen Gebet und Bildbetrachtung, wobei das Gebet nicht als aktive Anru-
fung und Anrede Gottes erscheint, sondern als ein passives Ergriffensein
durch ein nicht-personales Numinoses, ja geradezu als *unio mystica* im
Zeichen des himmlischen Lichts bzw. als mystisch-pietistische Gnadenwahl.[16]

Eine der Konsequenzen, die sich aus einer solchen, ich denke nicht zu weit
ausgreifenden Deutung ergeben, soll im Zusammenhang der hier angestellten
weiteren Überlegungen richtungweisend sein: Wenn der von Bollacher inter-
pretierte Textauszug – und neben ihm viele andere, in denen Wackenroder
von der religiösen Dimension herausragender Kunstwerke spricht – von einer
großen Empfänglichkeit ihres Verfassers für Gedanken der christlichen Mystik
zeugt, dann ist sehr zu vermuten, dass ihm eine ebensolche Empfänglichkeit
prinzipiell auch für die überlieferten Texte der Mystiker unterstellt werden
kann, und das freilich, obwohl in diesen Texten eine Verbindung von Religion
und Kunst zum größten Teil keine Rolle spielt.

Und damit komme ich zur Beantwortung der zweiten Frage: Offensichtliche
Entlehnungen aus einem mystischen Sprachschatz gibt es in den *Herzensergießungen* gleichwohl keine, und Textstellen, die sich als solche deuten lassen,
nicht eben viele. Eine, auf die im Apparat der kritischen Wackenroder-Ausgabe
hingewiesen wird – es handelt sich um das Bild des *„göttlichen Funkens* in der
Seele"[17] – begegnet in zwei Kapiteln der Sammlung, nämlich zum einen in
Einige Worte .... Dort heißt es:

---

15   Wackenroder, *Wie und auf welche Weise man die Werke der großen Künstler ...*, SWB, Bd. 1,
      S. 107,12–15.
16   Vgl. Wilhelm Heinrich Wackenroder und Ludwig Tieck, *Herzensergießungen eines kunst-
      liebenden Klosterbruders*, hg. von Martin Bollacher, Stuttgart 1955 [ND: 2013], S. 148 (An-
      merkung zu S. 67,29 f.).
17   Silvio Vietta, ‚Einleitung‘, in: Wackenroder, SWB, Bd. 1, S. 15–29, hier S. 24.

Er [scil. der ‚allgemeine Vater'] erblickt in jeglichem Werke der Kunst, unter allen Zonen der Erde, die Spur von dem himmlischen Funken, der, von Ihm ausgegangen, durch die Brust des Menschen hindurch, in dessen kleine Schöpfungen überging, aus denen er dem großen Schöpfer wieder entgegenglimmt.[18]

Und in *Der merkwürdige Tod des ... alten Mahlers Francesco Francia* findet sich ein zweites Mal das eben auch aus der mystischen Literatur bekannte Bild: „Die entartete Nachkommenschaft bezweifelt oder belacht so manche bewährte Geschichte aus diesen Zeiten als Mährchen, weil der göttliche Funken ganz aus ihrer Seele gewichen ist".[19] Der Stellenkommentar dazu lautet: „Der Begriff des göttlichen Funkens, lat. *scintilla animae*, entstammt der Mystik. Siehe Meister Eckehart, *Predigt 35*: ‚Die Seele hat etwas in sich, ein Fünklein der Erkenntnisfähigkeit, das nimmer erlischt [...]‘".[20]

Einen weiteren, hier zugleich letzten und vergleichsweise nicht ganz so evidenten Bezug zum Werk eines Mystikers, dieses Mal ist es Jacob Böhme, konstatiert Daniel Lutz in dem von Claudia Stockinger und Stefan Scherer herausgegebenen Buch über Ludwig Tieck. In seiner Erläuterung dazu setzt Lutz bei Böhmes Lehre von der Natursprache an. Dessen „Brückenschlag zwischen Naturphilosophie und Sprachspekulation" sei

für die Frühromantik von nachweislicher Bedeutung [...]. In der späten Schrift *Von der Geburt und Bezeichnung aller Wesen* (1622)[21] verkündet Böhme, Gottes weltstiftendes Wort habe sogenannte ‚Signaturen' in der Schöpfung hinterlassen, Spuren des Geistes, in denen dieser selbst noch anwesend sei. Die richtige Entzifferung dieser Spuren könne den Menschen befähigen, die nur stumm scheinende Sprache zum Sprechen zu bringen. Im Rekurs auf diese mystische Sprachauffassung etabliert sich für die Bezeichnung des verborgenen Sinns der Natur der Begriff der

---

18 Wackenroder, *Einige Worte ...*, SWB, Bd. 1, S. 87,11–14.
19 Wackenroder, *Der merkwürdige Tod des ... Mahlers Francesco Francia des Ersten*, SWB, Bd. 1, S. 61,22–24.
20 Silvio Vietta, SWB, Bd. 1, S. 319 (Kommentar zu SWB, Bd. S. 61,24) (mit Verweis auf die nhd. Übersetzung von Josef Quint: Meister Eckehart, *Deutsche Predigten und Traktate*, München 1955, S. 318). Vgl. Meister Eckhart, *Predigt 76* [= *Predigt 35* in der genannten Übersetzung Quints], DW, Bd. 3, S. 315,6: *Diu sêle hât etwaz in ir, ein vünkelîn der redelicheit, daz niemer erlischet.* Auch Johannes Tauler hat den Begriff in sein Vokabular aufgenommen (vgl. dazu Louise Gnädinger, *Johannes Tauler: Lebenswelt und mystische Lehre*, München 1993, S. 175 f.).
21 Vgl. Böhme, *De signatura rerum*, SS, Bd. 6, Pars XIV.

,Hieroglyphe'. An exponierter Stelle erscheint die Rede von der Natur als Hieroglyphe bereits in den *Herzensergießungen*, nämlich in dem von Wackenroder verfaßten Abschnitt *Von zwey wunderbaren Sprachen*. Dem Ästhetischen wird hier ein der Natur vergleichbarer metaphysischer Stellenwert zugesprochen.[22]

Die gemeinte Textstelle lautet:

> Die *Kunst* ist eine Sprache ganz anderer Art als die Natur; aber auch ihr ist, durch ähnliche dunkle und geheime Wege, eine wunderbare Kraft auf das Herz des Menschen eigen. Sie redet durch Bilder der Menschen, und bedienet sich also einer Hieroglyphenschrift, deren Zeichen wir dem Äußern nach, kennen und verstehen. Aber sie schmelzt das Geistige und Unsinnliche, auf eine so rührende und bewundernswürdige Weise, in die sichtbaren Gestalten hinein, daß wiederum unser ganzes Wesen, und alles, was an uns ist, von Grund auf bewegt und erschüttert wird.[23]

Ob Wackenroder sich tatsächlich durch eine Böhme-Lektüre zu Gedanken hat anregen lassen, die in den *Herzensergießungen* dann von ihm ausformuliert wurden, lässt sich anhand dieses Textauszugs gewiss nicht entscheiden. Dazu sind die inhaltlichen Entsprechungen einfach zu vage. Doch sind die von Lutz dargestellten Zusammenhänge allein schon wegen der namentlichen Erwähnung Böhmes in diesem Kontext sehr bemerkenswert, wegen der Verbindung, die sie herstellen zwischen demjenigen, der so etwas wie die „Gründungsurkunde der Frühromantik" erstellte,[24] und demjenigen unter den Mystikern, der für diese Epoche die wohl bei weitem größte Bedeutung erlangen sollte. Der Frage, ob sich für diese Verbindung irgendwelche konkreten Anhaltspunkte in Werk oder Biographie entdecken lassen oder ob sie doch mehr im Hypothetischen bleiben muss, soll im Folgenden nachgegangen werden.

---

22   Daniel Lutz, „Religion", in: *Ludwig Tieck: Leben, Werk, Wirkung*, hg. von Claudia Stockinger und Stefan Scherer, Berlin/Boston 2011, S. 291–302, hier S. 300.

23   Wackenroder, *Von zwey wunderbaren Sprachen* ..., SWB, Bd. 1, S. 98,30–37.

24   Martin Bollacher, ,Nachwort', in: Wackenroder / Tieck, *Herzensergießungen* (1955 [ND: 2013]) [Anm. 16], S. 179–204, hier S. 179.

2

Bereits geklärt scheint dafür die angrenzende Frage, auf welchem Wege Böhme diesen besonderen Status letztlich erhalten hat. Als Hauptvermittler gilt Ludwig Tieck. Er selber bemerkt dazu später in einem Brief an Karl Wilhelm Ferdinand Solger:

> [M]eine Liebe zu Poesie, zum Sonderbaren und Alten führte mich, anfangs fast mit frevlem Leichtsinn, zu den Mystikern, vorzüglich zu J. Böhme, der sich binnen kurzem aller meiner Lebenskräfte bemächtigte: der Zauber dieses wundersamsten Tiefsinns und lebendigster Poesie beherrschte mich nach zwei Jahren so, daß ich von hier aus nur das Christenthum ver[st]ehn wollte [...]. Wie oft bemühte ich mich thörichterweise, andern diese Gefühle zu geben, keiner war so tief im Böhme [...].[25]

Briefzeugnisse aus der Zeit der Jahrhundertwende belegen davon zumindest, dass Tieck sich bereits früh mit Böhme beschäftigte und andere von seiner „Verehrung vor Jakob Böhme" in Kenntnis setzte.[26] Im Januar 1800 heißt es in einem Brief von Friedrich Schlegel an Schleiermacher, dass ihnen „Tieck ein Gedicht über Jac[ob] Böhme" für das *Athenäum* versprochen habe,[27] im Juli 1801 schreibt Tieck an August Wilhelm Schlegel, dass er zu Böhme „beständig Studien mache".[28] „Auch Philipp Otto Runge", so Roger Paulin, „ohnehin ein Bewunderer von Tiecks *Sternbald*, wurde durch Tieck auf Jakob Böhme aufmerksam".[29] Den zweifellos nachhaltigsten Einfluss indes sowie auch den, der sich in der Folge als literarisch am fruchtbarsten erweisen sollte, hatte Tieck mit seiner Böhme-Begeisterung auf Novalis. Die Umstände sind in der Forschung bekannt. Im Juni 1799 lernte Novalis Tieck kennen, im August 1799 lieh er sich

---

25 Tieck, *Brief an Karl Wilhelm Ferdinand Solger vom 24. März 1817*, ed. Matenko, *Tieck and Solger*, S. 361,28–362,6.

26 Tieck, ‚Vorbericht zur dritten Lieferung' (1829), *Schriften*, Bd. 11, S. VII–XC, hier S. LXXII,23–LXXIII,1: „So erscheint denn auch in diesem Gedicht wieder meine Verehrung vor Jakob Böhme" (vgl. Schweikert, *Ludwig Tieck*, Bd. 1, S. 233,20f.). Tieck spricht dabei über sein Gedicht: *Der neue Hercules am Scheidewege: Eine Parodie in Versen* (Erstdruck in: *Poetisches Journal* [Jena 1800]; wiederabgedruckt unter dem Titel: *Der Autor. Ein Fastnachts-Schwank*, in: *Schriften*, Bd. 13, S. 267–334).

27 Fr. Schlegel, *Brief an Friedrich Schleiermacher vom 16. Januar 1800*, KSA, Bd. 25, S. 47,16.

28 Tieck, *Brief an Friedrich August Schlegel vom Anfang Juli 1801*, ed. Lüdeke, *Ludwig Tieck*, S. 87,29f.

29 Roger Paulin, „Zur Person", in: Stockinger / Scherer, *Tieck* (2011) [Anm. 22], S. 3–12, hier S. 10.

dann eine Gesamtausgabe [der Werke Böhmes] in der Dresdner Bibliothek aus.[30] Und dass diese beiden Ereignisse tatsächlich aufs engste miteinander verbunden sind, bestätigt Novalis selber in einem Brief an Tieck vom Februar des folgenden Jahres: „Es ist mir sehr lieb ihn [Böhme] durch Dich kennen gelernt zu haben".[31]

Doch wie wurde Tieck seinerseits auf Böhme aufmerksam? „[E]in Zufall gab mir den Böhme in die Hand", notiert er selber dazu einigermaßen unbestimmt.[32] Rudolf Köpke wird in seiner Biographie ein wenig genauer: In einer Zeit, in der Tiecks „Dichten [...] ein unaufhörliches Suchen nach jenen tiefen Gedanken und ihrem entsprechenden Ausdrucke gewesen [war], welchen die herrschenden Systeme nicht kannten, oder für etwas Alltägliches erklären wollten", in dieser Zeit „kam ihm ein Buch in die Hände, das diese Bewegung vollendete. Es war Jakob Böhme's *Morgenröthe*", eine „Schrift[, die er] in der Maurer'schen Buchhandlung fand".[33] An dieser Darstellung, die auf Tieck selber zurückgehen dürfte, gibt es keinen besonderen Grund zu zweifeln. Möglich aber ist freilich, dass die Episode eine unerwähnt gebliebene Vorgeschichte hatte, dass das Zugreifen und Durchblättern vielleicht doch nicht so ganz zufällig, sondern auf eine Anregung hin erfolgte, und wenn es tatsächlich so gewesen sein sollte, dann spricht einiges dafür, dass diese Anregung von Wackenroder ausging.

3

In diesem Falle würde die Vorgeschichte in den letzten Monaten des Jahres 1792 begonnen haben. In einem Brief vom Dezember dieses Jahres schreibt Wackenroder an Tieck:

---

30 Vgl. Carl Paschek, „Novalis und Böhme: zur Bedeutung der systematischen Böhmelektüre für die Dichtung des späten Novalis", in: *Jahrbuch des Freien Deutschen Hochstifts*, 1976, S. 138–167, hier S. 141–143. Vgl. Günther Bonheim, „Die Aurora, die Europa: Novalis' Böhme-Lektüre und seine religionsgeschichtliche Konstruktion", in diesem Band, S. 268; Andrés Quero-Sánchez, „[...] daß die Liebe durch den Zorn möchte durchbrechen': Die Präsenz Jakob Böhmes in Novalis' *Die Christenheit oder Europa*", in: *Coincidentia: Zeitschrift für europäische Geistesgeschichte* 10 (2019) (im Druck).

31 Novalis, *Brief an Ludwig Tieck vom 23. Februar 1800*, ed. Samuel, *Schriften*, Bd. 4, S. 323,1f. Als ein weiteres Dankeschön ist im Übrigen das bekannte, vor dem Dezember 1800 entstandene Gedicht *An Tieck* zu verstehen, in dem Novalis vor allem in den Schlussversen seine Hochschätzung Böhmes zum Ausdruck bringt (vgl. ebd., Bd. 1, S. 411–413).

32 Vgl. Tieck, ‚Vorbericht zur dritten Lieferung' (1829), *Schriften*, Bd. 11, S. LXXIII,23 (vgl. Schweikert, *Ludwig Tieck*, Bd. 1, S. 233,37–234,1).

33 Köpke, *Tieck* (1855) [Anm. 4], S. 239.

Ich höre beim Prediger Koch, der in der That ein äußerst gelehrter, kennt-
nißreicher u eifrigthätiger Mann ist, ein Kolleg. über die allgm. Litteratur-
Geschichte, vornehml. über die schönen Wiss. unter den Deutschen. Da
hab' ich denn manche sehr interressante Bekanntschaft mit altdeutschen
Dichtern gemacht, u gesehn, daß dies Studium, mit einigem Geist betrieben, sehr viel anziehendes hat. [...]. Aber auch davon abstrahirt, findet
man viel Genie u poet. Geist darin.[34]

Der genannte Erduin Julius Koch unterrichtete zu der Zeit Griechisch und
Latein sowie deutsche Sprache und Literatur an der Realschule in Berlin und
war gleichzeitig damit befasst, ein *Compendium der deutschen Literatur-
Geschichte* zu erstellen.[35] Wackenroder hörte bei ihm im Winter 1792/93 seine
Vorlesungen zur deutschen Sprachgeschichte, vor allem aber wurde er von
Koch in den anschließenden Semestern in seine Arbeiten am *Compendium* ein-
bezogen, für das er in Göttingen, seinem Studienort ab Herbst 1793, Kassel und
Nürnberg Nachforschungen in den Bibliotheken und Archiven anstellte. Aus
drei erhaltenen Briefen an Koch erfahren wir von seinen diversen Gängen und
Recherchen, insbesondere aber geht aus ihnen hervor, mit welcher Begeiste-
rung für die Sache er sich an die Aufgabe machte. Den ersten Brief vom 16.
Februar 1794 beginnt er mit den Worten:

Mit welchem Vergnügen habe ich Ihren Brief gelesen! Sie werden aus dem
meinigen sehen, wie sehr mir alles was er enthält, am Herzen liegt, und
mit welcher aufrichtigen Freude ich an Ihrem Wohlsein, wie an Ihren
unermüdeten literarischen Arbeiten und Bemühungen teilnehme.[36]

Es folgen „Bedenken" – „Fürs erste, wird ein junger Mensch, und ganz vorzüglich ein Student immer sehr ungern zu solchen Seltenheiten gelassen [...]. Und
dann bin ich auch ein wenig bange, ob ich mit dem Lesen der Handschrift,
worin ich noch gar nicht geübt bin, fertig werden möchte"[37] –, seine festen

---

34 Wackenroder, *Brief an Ludwig Tieck vom 11. Dezember 1792*, SWB, Bd. 2, S. 96,33–97,5;
     S. 97,11 f.
35 1790 war bereits dessen erster Band unter dem Titel *Compendium der deutschen Litteratur-
     Geschichte von den ältesten Zeiten bis auf das Jahr 1781* erschienen; 2. Ausgabe 1795 unter
     dem Titel *Grundriß einer Geschichte der Sprache und Literatur der Deutschen von den ältes-
     ten Zeiten bis auf Lessings Tod*; ein zweiter Band, auch unter diesem neuen Titel, wurde
     1798 veröffentlicht; vgl. Richard Littlejohns, Erläuterungen zu Wackenroders *Brief an Lud-
     wig Tieck vom 11. Dezember 1792* (zu SWB, Bd. 2, S. 96,34), SWB, Bd. 2, S. 507.
36 Wackenroder, *Brief an Erduin Julius Koch vom 16. Februar 1794*, SWB, Bd. 2, S. 140,15–18.
37 Wackenroder, *Brief an Erduin Julius Koch vom 16. Februar 1794*, SWB, Bd. 2, S. 140,32–141,2.

Vorsätze für das Projekt – „ich werde dreist genug sein, das Unternehmen zu
wagen, weil Sie und die Wissenschaft mich anspornen"[38] –, Fragen – „Wie war
der Zustand der Meistersänger im 15. Säkulum?"[39] – und hier und mehr dann
noch im dritten Brief der Hinweis auf Entdeckungen: „Verschiedene alte deutsche Romane", „Altdeutsche Gedichte", „Reinike Fuchs", „Hans Sachs", „Weck-
herlins Gedichte", „Lauremberg Scherzgedichte".[40] Und interessant schließlich
noch eine Bitte, die er am Ende des ersten Briefs an Koch richtet: „Ich bitte Sie,
meinen Eltern nichts davon zu sagen, daß ich hier manches zur deutschen Literatur aus der Bibliothek lese, oder Ihnen etwas schicke; denn sie denken gleich,
ich wende allzu viel Zeit darauf".[41]

Dass er letztlich sehr viel Zeit darauf verwendete, lässt sich aus verschiedenen Dokumenten erschließen. Einen ersten Hinweis darauf gibt bereits die
lobende Erwähnung, die Wackenroder im Vorwort zum 1798 erschienenen
zweiten Band des *Compendiums* postum zuteil wird. Dort schreibt Koch:

> Herr Kammergerichtsreferendar *Wackenroder*, Verfasser der vortreff-
> lichen *Herzensergießungen eines kunstliebenden Klosterbruders* (Berl.
> 1797), welcher im Januar 1798 seiner verehrungswürdigen Familie, der
> Deutschen Literatur und der schönen Kunst durch einen frühen Tod ent-
> rissen wurde, hat bey seinen Besuchen der vorzüglichsten Bibliotheken
> Deutschlands zu meinen Collegienheften über die Deutsche Sprach- und
> Literaturgeschichte sehr viele Nachträge und Berichtigungen gesammelt,
> deren Benutzung bey der Bearbeitung des gegenwärtigen Bandes mir
> äußerst wichtig seyn mußte.[42]

Die Mitarbeit des früheren Studenten an den ‚Collegienheften' und dessen Verdienst wird von Koch also keineswegs unterschlagen. Gleichwohl merkt Littlejohns in seinem Kommentar zu dieser Würdigung an, dass sie der „bedeutende[n] Rolle, die Wackenroder bei der Erstellung" des *Compendiums* zukam,
„kaum gerecht wurde" und dass dies „den zeitgenössischen Philologen durchaus bewußt war".[43] So findet er an einer Bemerkung von Jacob Grimm aus dem
Jahr 1826 nicht nur interessant, dass der sich dort so ausdrückt, „als sei Wacken-

---

38   Wackenroder, *Brief an Erduin Julius Koch vom 16. Februar 1794*, SWB, Bd. 2, S. 141,5 f.
39   Wackenroder, *Brief an Erduin Julius Koch vom 16. Februar 1794*, SWB, Bd. 2, S. 145,5 f.
40   Vgl. Wackenroder, *Brief an Erduin Julius Koch vom 13. März 1794*, SWB, Bd. 2, S. 152,18–23.
41   Wackenroder, *Brief an Erduin Julius Koch vom 16. Februar 1794*, SWB, Bd. 2, S. 145,16–19.
42   Koch, *Grundriß einer Geschichte der Sprache und Literatur der Deutschen*, Bd. 2, S. III.
43   Richard Littlejohns, *Nachwort zu Wackenroder, ‚Philologische Arbeiten'*, SWB, Bd. 2, S. 622–
      634, hier S. 627.

roder für die ganze Materialsammlung verantwortlich gewesen, sondern auch, daß er diese Sachlage als allgemein bekannt voraussetzt".[44] Und daraus zieht Littlejohns den Schluss:

> Da Kochs *Grundriß* „die Summe aller bisherigen Forschungsergebnisse im Bereich der altdeutschen Literatur" war,[45] und bis zum Erscheinen des Goedeke in der zweiten Hälfte des 19. Jahrhunderts das grundlegende philologische und literaturgeschichtliche Nachschlagewerk blieb, erweist sich Wackenroder, der als Bearbeiter des *Grundrisses* fungiert zu haben scheint, als Schlüsselfigur bei der Entstehung der germanistischen Philologie.[46]

Unterstützt wird diese hohe Meinung in erster Linie durch Nachrichten über die von Wackenroder geleisteten Vorarbeiten. Seine

> philologischen Aufzeichnungen [hatten] bis zu seinem Tod einen riesigen Umfang erreicht, wie den wiederholten Hinweisen auf sie zu entnehmen ist, die sich bei Friedrich Heinrich von der Hagen und Johann Gustav Gottlieb Büsching in ihrer 1812 veröffentlichten *Geschichte der Deutschen Poesie* finden. Daraus erhellt zum Beispiel [...], daß die Materialien Wackenroders aus zwei Bänden bestanden, von denen der zweite mindestens 421 Seiten zählte.[47]

Weitere Angaben zu ihrem Umfang und Inhalt finden sich, als sie 1856 zum Verkauf angeboten wurden, im Versteigerungskatalog. Dort heißt es: „*Collectaneen, vornehml. für alte Deutsche, Englische u. Nord. Litt. u. Sprache. 255 Bl. in 4. Handschrift Wackenroder's*".[48] Danach verliert sich ihre Spur. Heute müssen sie als verschollen gelten.

Doch machen allein schon jene wenigen zeitgenössischen Hinweise deutlich, mit welch großem Fleiß und Eifer Wackenroder seine Studien betrieben haben muss und wie umfassend er sich dabei auf dem Gebiet der älteren deutschen Literatur kundig machte. Und so könnte es freilich „gut sein", wie Littlejohns zum Abschluss seiner Erläuterungen zu den *Philologischen Arbeiten*

---

44   Littlejohns, *Nachwort zu Wackenroder, ‚Philologische Arbeiten'*, SWB, Bd. 2, S. 627 f.

45   Gerard Kozielek, ‚Einleitung', in: Ders., *Mittelalterrezeption: Texte zur Aufnahme altdeutscher Literatur in der Romantik*, Tübingen 1997, S. 1–44, hier S. 7.

46   Littlejohns, *Nachwort* [Anm. 43], SWB, Bd. 2, S. 628.

47   Littlejohns, *Nachwort* [Anm. 43], SWB, Bd. 2, S. 626.

48   Littlejohns, *Nachwort* [Anm. 43], SWB, Bd. 2, S. 627.

Wackenroders bemerkt, „daß er diese Begeisterung auf Tieck übertrug", und er
nennt als Beispiel dafür dessen 1803 publizierte „Minnelieder aus dem schwäbischen Zeitalter".[49] Aber natürlich könnte sich ein solcher Einfluss auch auf
die ältere mystische Literatur erstreckt haben. Sieht man sich dazu in Kochs
Grundriß um, stellt man allerdings erst einmal fest, dass dort nur wenige Autoren verzeichnet sind, deren Schriften dieser Kategorie zugerechnet werden,
und dass sich von diesen Schriften kaum eine genannt und beschrieben findet.
Das hat zum Einen gewiss damit zu tun, dass Koch sich bei seinem Verzeichnis
beschränken musste – in der Vorrede zur zweiten Ausgabe von Band 1 bittet
er um Entschuldigung dafür, dass er nicht alle Zusätze, die ihm von „hoch-
achtungswürdigen Männern" übermittelt worden seien, in seine „gegenwärtige
Arbeit" habe aufnehmen können –,[50] und zum Zweiten, dass die mystische
Literatur in keine der von ihm unter dem Oberbegriff „Poesie" rubrizierten
Abteilungen wie „Lehrgedicht", „Satire", „Fabel", „Drama" etc. so recht hinein-
passen wollte. Trotzdem fehlen Hinweise auf solcherlei Schriften und ihre Verfasser auch nicht ganz. Im Abschnitt *Von der Mitte des vierzehnten Jahrhunderts
bis auf die Reformation 1347–1519* wird von Koch „Johann Tauler" aufgeführt
mit dem Zusatz „Mystiker, Deutscher theol. Schriftsteller".[51] Und einige Seiten
weiter folgen als Ergänzung dazu vier Literaturhinweise „Ueber *Johann Taulers* Leben und Schriften", deren letzter auszugsweise lautet: „Vorzüglich *Jo.
Jac. Beck* de *Jo. Tauleri* dictione vernacula et mystica [...] S. 18–30 steht eine
schätzbare Probe von einem Taulerischen Wörterbuche".[52] Interessant ist die
Erwähnung Taulers hier insbesondere deshalb, weil er für Tieck, nach dessen
eigener Aussage, in der Zeit um 1800 wohl so etwas wie eine Leitfigur darstellte.
In einer bereits oben zitierten Passage in seinem Brief an Solger vom 24. März
1817 schreibt er rückblickend:

> [M]eine Liebe zu Poesie, zum Sonderbaren und Alten führte mich, an-
> fangs fast mit frevlem Leichtsinn, zu den Mystikern, vorzüglich zu J.
> Böhme, der sich binnen kurzem aller meiner Lebenskräfte bemächtigte:
> der Zauber dieses wundersamsten Tiefsinns und lebendigster Poesie
> beherrschte mich nach zwei Jahren so, daß ich von hier aus nur das Chris-
> tentum ver[st]ehn wollte [...]. Wie oft bemühte ich mich thörichterweise,
> andern diese Gefühle zu geben, keiner war so tief im Böhme, ja ich arg-
> wohne, selbst nicht so tief in den Philosophen [...], so gab es nun viele

---

49   Littlejohns, *Nachwort* [Anm. 43], SWB, Bd. 2, S. 628.
50   Koch, *Grundriß einer Geschichte der Sprache und Literatur der Deutschen*, Bd. 1, S. IXf.
51   Koch, *Grundriß einer Geschichte der Sprache und Literatur der Deutschen*, Bd. 1, S. 51.
52   Koch, *Grundriß einer Geschichte der Sprache und Literatur der Deutschen*, Bd. 1, S. 55.

Stunden, wo ich mich in die Abgeschiedenheit eines Klosters wünschte, um gantz meinem Böhme und Tauler leben zu können.[53]

Und so gilt – nach diesen Ausführungen zu urteilen – offensichtlich das, was oben für Tauler vorausgeschickt wurde, in weitaus größerem Maße noch für Jacob Böhme, dessen Einfluss auf ihn Tieck etwas später im selben Brief so auf den Punkt bringt: Böhme habe „einmal alles Land und alle Vestungen in [ihm] erobert".[54] Und ebenso wie Tauler findet sich dann auch Böhme in Kochs *Grundriß* namentlich genannt, nämlich, wenn ich nichts übersehen habe, an zwei Stellen – die eine, folgende, enthalten im zweiten, 1798 erschienenen Band. In der Abteilung „Lyrische Poesie" ist dort unter der Nummer 109 der niederschlesische spiritualistische Autor Quirinus Kuhlmann verzeichnet, von dem es in der Beschreibung u. a. heißt: „Anhänger Jak. Böhmens, Geisterseher und Prophet".[55] Womöglich aufschlussreicher aber ist die andere, in Band 1 enthaltene Erwähnung. Im „Zweyte[n] Abschnitt. Von Opitz bis auf Leibnitzens Tod. 1619–1716" steht dort unter Punkt 3 der „Deutsche[n] Sprachdenkmahle":

Die schon in der letzten Hälfte des ersten Abschnittes angefangenen Streitigkeiten mit den Jesuiten werden in diesem Zeitpuncte mit vorzüglichem Eifer von beiden Seiten fortgesetzt. Die dadurch veranlassten Deutschen Schriften s. im Cat. Bun. T. III. Vol. 1. S. 556–576. Vol. 3. 1353. Vol. 2. S. 1069–1062 stehen einige Schriften über, gegen und für die übrigen Secten des 17ten Jahrh. angezeigt. Z. B. Val. Weigel, Es. Stiefels, Jac. Böhmens, Quir. Kuhlmanns u. a. m. Welche Bearbeitung erhielt unsere Sprache durch diese Schwärmer? Was gewann die Literatur unsers Vaterlandes durch ihre öffentliche Bestreitung und Vertheidigung?[56]

Zweierlei, denke ich, ist hieran im Zusammenhang unseres Themas beachtenswert. Zum einen ist es der Umstand, dass der zitierte Text, als einziger unter denen des gesamten Abschnitts, mit gleich zwei Fragen schließt, mit denen der Bearbeiter auf ein aktuelles Forschungsdefizit aufmerksam macht, zugleich aber gewiss auch ein persönliches Interesse bekundet. Von daher halte ich es für nicht unwahrscheinlich, dass er im Rahmen weiterer Recherchen seinem

---

53   Tieck, *Brief an Karl Wilhelm Ferdinand Solger vom 24. März 1817*, ed. Matenko, *Tieck and Solger*, S. 361,28–362,6 (siehe oben, S. 29, Anm. 25).

54   Tieck, *Brief an Karl Wilhelm Ferdinand Solger vom 24. März 1817*, ed. Matenko, *Tieck and Solger*, S. 364,11 f.

55   Koch, *Grundriß einer Geschichte der Sprache und Literatur der Deutschen*, Bd. 2, S. 33.

56   Koch, *Grundriß einer Geschichte der Sprache und Literatur der Deutschen*, Bd. 1, S. 83.

eigenen Hinweis folgte und selber bereits versuchte, ein wenig tiefer in die Materie einzudringen. Und zum anderen kann auch das unmittelbare Nebeneinander der beiden beispielhaft genannten „Schwärmer" Jacob Böhme und Esaias Stiefel zu Spekulationen anregen, und zwar dann, wenn man davon ausgeht, dass der Bearbeiter für seinen Hinweis nicht nur die angegebene Quelle, also den *Catalogus Bibliothecae Bunavianae* des Johann Michael Francke, hinzuzog. Denn da Esaias Stiefel der Nachwelt letztlich mehr sogar durch die Verhörprotokolle und Aufzeichnungen kirchlicher Amtsträger im Gedächtnis blieb als durch seine eigenen Schriften, können als die bei weitem prominentesten Quellen zu seinen Vorstellungen die beiden gegen ihn und seine Anhängerschaft gerichteten Traktate Jacob Böhmes gelten.[57] Sollten hier auch nur ansatzweise Nachforschungen stattgefunden haben, werden sie sicherlich in den Blick geraten sein.

4

Für die vorangestellte These sind das alles natürlich nicht mehr als nur einigermaßen plausible Gründe, die für sie sprechen. Fest steht jedoch immerhin, dass in der fraglichen Zeit, also den Jahren, bevor Jacob Böhme in der romantischen Bewegung zu einer – teils hochgeachteten – Berühmtheit wurde, Wackenroder den schriftlichen Hervorbringungen der älteren deutschen Literatur wesentlich empfänglicher gegenüberstand als sein Freund. Auf die oben bereits zitierte Mitteilung im Brief vom Dezember 1792, dass er „beym Prediger Koch [...] ein Kolleg. über die allgm. Litteratur-Geschichte, vornehml. über die schönen Wiss. unter den Deutschen" hören würde, antwortet Tieck kurze Zeit später:

> Vertiefe Dich übrigens ja nicht zu sehr in die *Poesie* des Mittelalters, es ist so ein erstaunliches Feld von Schönheit vor uns, ganz Europa und Asien *und* vorzüglich das a l t e G r i e c h e n l a n d und das n e u e E n g l a n d, daß ich fast verzweifle, mich je an diese Nachklänge der Provencalen zu wagen. Vergiß ja über das angenehme das w a h r e s c h ö n e nicht. So viel ich die Minnesänger kenne, herrscht auch eine erstaunliche Einförmigkeit in allen ihren Ideen, es ist überhaupt schon gar keine Empfehlung für den poetischen Geist dieses Zeitalters, daß es nur diese eine Art von Gedichten gab, nur diesen Zirkel von Empfindungen, in denen sich jeder

---

57   Vgl. Böhme, *Anti-Stiefelius I* und *Anti-Stiefelius II* (ss, Bd. 5).

wieder mit mehr oder weniger Glück herumdrehte. Dreht man sich mit vielen lange herum, so ist der Schwindel, der Wüstheit des Kopfes nach sich zieht, gewiß eine unausbleibliche Folge, wenigstens haben sie noch keinen Dichter gebildet, – und auch das ist schon ein grosser Beweiß gegen sie.[58]

Ein Beweis, der ihn jedenfalls der Notwendigkeit enthob, sich gründlicher mit dieser Literatur beschäftigen zu müssen. Und ganz abgesehen davon, dass er damit dem Risiko einer Verwüstung seines Kopfes entging, dürfte ihm das auch insofern sehr recht gewesen sein, als er gerade in dieser Zeit intensiv mit ganz anderen Dingen beschäftigt war. Um was es dabei genauer ging, darüber klärt der zweite erhaltene an Koch gerichtete Brief Wackenroders auf, der sich als eine einzige umfängliche Fürsprache für den ungenannt bleibenden „hiesigen Freund" lesen lässt.[59] Darin bittet er Koch, Tieck, nachdem der „seit beinahe zwei Jahren seinen ganzen Geist und alle Tätigkeit seiner Seele vorzüglich auf die englische Literatur, und wieder vorzüglich auf Shakespeare konzentriert" habe,[60] „bei der Bekanntmachung einer [...] Arbeit", nämlich einer kommentierten Ausgabe von Dramen weniger bekannter englischer Autoren der Shakespeare-Zeit, „Beihilfe zu leisten".[61] Wörtlich:

[E]r [Tieck] ersucht Sie, durch mich, inständigst:
‚ihm unter einem der Buchhändler in Berlin, die Sie kennen, einen Verleger für eine Reihe von Bänden zu verschaffen [...] worin er die hauptsächlichsten Stücke der genannten vier Dichter, (Jonson, Beaumont, Fletcher und Massinger) und der erwähnten zwei Sammlungen, teils übersetzt [...] teils in zweckmäßigen Auszügen, durchgängig aber mit historischen und andern Anmerkungen, und vornehmlich mit ästhetischen Exkursen, bei beständigem Rückblick auf Shakespeare – dem Publikum darzulegen sich vorgenommen hat'.[62]

Was dagegen die ältere deutsche Literatur angeht, so reagiert Wackenroder auf Tiecks Vorbehalte so:

---

58 Tieck, *Brief an Wackenroder zwischen dem 20. Dezember 1792 und 7. Januar 1793*, in: Wackenroder, SWB, Bd. 2, S. 107,4–16.
59 Wackenroder, *Brief an Erduin Julius Koch vom 20. Februar 1794*, SWB, Bd. 2, S. 145,34.
60 Wackenroder, *Brief an Erduin Julius Koch vom 20. Februar 1794*, SWB, Bd. 2, S. 146,24–26.
61 Wackenroder, *Brief an Erduin Julius Koch vom 20. Februar 1794*, SWB, Bd. 2, S. 146,10 f.
62 Wackenroder, *Brief an Erduin Julius Koch vom 20. Februar 1794*, SWB, Bd. 2, S. 148,37–149,9.

Sey doch nicht bange, daß ich mit der altdeutschen Poesie meinen
Geschmack verderbe [...]. Was hilft es mir itzt, den Shaksp. zu lesen? Was
hülfs mir, ein noch so schönes Gedicht zu schreiben? Ich müßte mich
auslachen! Du kennst übrigens sehr wenig v. d. altdeutschen Litt. wenn
du blos die Minnesinger kennst. Ueberhaupt ist sie zu wenig bekannt.
Sie enthält sehr viel Gutes, Interressantes u Charakteristisches, u ist für
Gesch. der Nation u des Geistes sehr wichtig.[63]

Bekanntermaßen war das wenige Jahre später auch Tiecks Überzeugung, und
es steht, denke ich, außer Frage, dass Wackenroders Begeisterung und die Nachrichten über seine Entdeckungen bei der Arbeit an Kochs *Grundriß* daran einen
wesentlichen Anteil hatten. Ob das allerdings im Besonderen auch für die altdeutsche Mystik und speziell für Jacob Böhme gilt, ist damit nicht gesagt. Es
ließe sich eventuell nur dann einer Klärung näherbringen, wenn ein glückli-
cher Zufall den verloren gegangenen Teil der Korrespondenz zwischen
Wackenroder und Tieck oder auch die besagten, seit der Versteigerung im
Jahr 1856 verschollenen umfangreichen Aufzeichnungen Wackenroders wieder ans Licht beförderte. Zumindest solange aber muss die Frage offenbleiben.
Dass Tieck und mit ihm maßgebliche Repräsentanten der Jenaer Frühromantik letztlich durch Wackenroder auf Böhmes Spur gebracht wurden, erscheint
aufgrund verschiedener Umstände (trotz allem nur) gut möglich, nach meinem
Dafürhalten ist es sehr wahrscheinlich.

---

63   Wackenroder, *Brief an Ludwig Tieck vom Januar 1793*, SWB, Bd. 2, S. 118,12–20.

2

Friedrich Schlegels Beschäftigung mit der Mystik

Bärbel Frischmann

Friedrich Schlegel ist kein systematisch arbeitender Philosoph, sondern vor allem in seinen jungen Jahren ein origineller Ideengeber und Aphoristiker, Kritiker und Ironiker. Insbesondere seine frühere Philosophie umfasst auch die Phase des Experimentierens mit Positionen, Ansichten, Perspektiven. Dabei kommt er auch immer wieder auf die Mystik oder den Mystizismus zu sprechen. Dem möchte ich nachgehen und damit einige Informationen geben zur romantischen Vorstellung von Mystik, die damit auch aufschlussreich sein können für die Rezeptions- und Wirkungsgeschichte der Mystik.

Der folgende Beitrag ist so aufgebaut, dass er in groben Zügen Schlegels philosophischem Werdegang folgt, der vom radikalen Aufklärer zum konservativen Katholiken führt. Zunächst werde ich skizzieren, wie Schlegel etwa 1796–1798 in seinen frühen philosophischen Fragmenten und Gedanken den Begriff des ‚Mystischen‘ aufnimmt. Etwa seit 1798/99, vielleicht vor dem Hintergrund seiner Freundschaft mit Novalis, Schleiermacher und Schelling, beginnt sich Schlegels philosophische Ausrichtung etwas zu verschieben, die Themen ‚Mythologie‘ und ‚Religion‘ treten nun neben Philosophie und Poesie. Mit der Hinwendung zum Katholizismus in den nächsten Jahren, die 1808 in die Konversion mündet, treten andere Prämissen in Schlegels Denken in den Vordergrund. Damit sind auch Veränderungen in der Einordnung des Mystischen verbunden. In seiner Spätphilosophie bemüht sich Schlegel dann um einen eigenständigen philosophischen Zugang zum Christentum. Er entwickelt eine Position, die er selbst als ‚Philosophie des geistigen Lebens‘ oder auch ‚Spiritualismus‘ bezeichnet und die einige Parallelen zur Mystik aufweist.

1 Frühe Fragmente

Die ersten Fragmente Schlegels in seinen Aufzeichnungen, die er selbst *Philosophie Lehrjahre* nannte und die unter dem Titel *Philosophische Hefte* publiziert sind, datieren vom Jahr 1796, da Schlegel nach Jena kam und sich intensiver mit der zeitgenössischen Philosophie, insbesondere Kants, Jacobis und Fichtes beschäftigt hat. Diese frühen Fragmente belegen, wie Schlegel darum ringt, sich in der Philosophie zu orientieren. Sie lesen sich wie Versuche philosophischer Typologisierungen, sie liefern Stellungnahmen zur zeitgenössischen Diskussion und geben philosophiehistorische Einordnungen. Schlegels Ausgangspunkt bildet dabei Kants kritische Philosophie, der als Hauptformen Idealismus und Realismus zugeordnet werden. Später wird Schlegel seine eigene Vorstellung von Transzendentalphilosophie als Einheit von Idealismus und Realismus konzipieren, für die signifikant Fichte und Spinoza stehen. Der kritischen Philosophie entgegengesetzt wird die dogmatische Philosophie. Sie ist vor allem dadurch gekennzeichnet, dass sie ein philosophisches Gebäude errichtet und sich dabei gegenüber ihren eigenen Annahmen und Methoden unkritisch verhält. Eine solche Haltung findet Schlegel neben dem Empirismus (z. T. auch als ,Eklektizismus' bezeichnet) und Skeptizismus auch im Mystizismus (Mystik).

Der Mystizismus gehe auf das Übersinnliche, das sich dem Empirischen und der Skepsis entziehe, weil Ideen wie das Göttliche, Heilige, Große, Schöne absolute Setzungen seien. Seine wesentliche Leistung sei die Tendenz auf Einheit und Harmonie.[1] Der Mystiker habe dementsprechend auch „kein Interesse für das Technische und Historische".[2] Zu den Mystikern werden von Schlegel gezählt: Platon, Jacob Böhme, Spinoza, Hemsterhuis, Fichte, teilweise auch Novalis, Schleiermacher und Schelling. Meister Eckhart wird in diesem Kontext nicht erwähnt, auch später nicht. Er wird von Schlegel so gut wie nicht rezipiert. Die Mystik-Tradition wird vor allem über Jacob Böhme aufgenommen.

Wichtig ist, dass Schlegel in diesen drei philosophischen Positionen keine eigenständigen, systematisch entfalteten Theorien sieht, sondern nur „Geistesdarstellungen".[3] Skeptizismus, Empirismus und Mystizismus seien je für sich genommen „unkritisch" und defizient, keine eigenständigen Philosophien.[4] Sie seien „nur *philosophirende Unphilosophie*"[5] und die „drei ursprünglich logischen Krankheiten"[6], denn sie könnten nicht für sich selbst Bestand haben. Isoliert und auf die Spitze getrieben, vernichteten sich diese drei Strömungen nicht nur gegenseitig, sondern auch jede sich selbst. Verglichen mit den anderen beiden unkritischen Philosophietypen (Empirismus, Skeptizismus) sei der Mystizismus dabei jedoch am ehesten philosophisch. So meint Schlegel, die

---

1 Fr. Schlegel, *Phil. LJ: Phil. Frag.*, I,1, KSA, Bd. 18, S. 7,35 (Nr. 40); vgl. ebd., S. 6,17–24 (Nr. 25).
2 Fr. Schlegel, *Phil. LJ: Phil. Frag.*, I,1, KSA, Bd. 18, S. 3,21f. (Nr. 2).
3 Fr. Schlegel, *Phil. LJ: Phil. Frag.*, I,2, KSA, Bd. 18, S. 93,32 (Nr. 771).
4 Fr. Schlegel, *Phil. LJ: Phil. Frag.*, I,1, KSA, Bd. 18, S. 12,30–32 (Nr. 93).
5 Fr. Schlegel, *Phil. LJ: Phil. Frag.*, I,1, KSA, Bd. 18, S. 13,24 (Nr. 101).
6 Fr. Schlegel, *Phil. LJ, Beil. 2: Zur Logik und Philosophie*, KSA, Bd. 18, S. 521,25 (Nr. 24).

Mystiker seien die „eigentlichen Väter der Modernen Philosophie",[7] von den Mystikern müsse man jetzt Philosophie lernen.[8]

Jede einzelne dieser Denkweisen könne zwar durchaus ein gewisses Maß an Kritik entwickeln und die eigenen Einseitigkeiten erkennen, sie aber nicht überwinden. Hierzu sei allein der Kritizismus in der Lage. Er könne die jeweiligen Leistungen jener drei Abarten richtig bestimmen und sie sogar vereinigen. „Der *Kritizism* ist eine Synthesis der drei falschen (und einseitigen) Philosophien".[9] Auch später noch hält Schlegel an dieser Bestimmung von Kritik fest. So lautet ein Fragment von 1806: „Die wahre κρ[Kritik] ist σκ[Skepsis], My[stik] und Emp[irik] in Verbindung".[10] Und in der *Logik-Vorlesung* (1805/06) bezeichnet er die skeptische, empirische und mystische Denkart als „Bestandteile oder Bedingungen der einen wahren und vollendeten Philosophie".[11]

Wodurch ist nach Schlegel nun das Mystische charakterisiert? In den frühen Fragmenten gilt als das entscheidende Merkmal des Mystischen der Bezug zum Absoluten. Von Mystizismus könne immer dann gesprochen werden, wenn ein Absolutes oder absolutes Wissen postuliert würden.[12] Anfang und Wesen des Mystizismus sei „d[as] willkührl[iche] Setzen d[es] Absoluten".[13] Die Funktion des Absoluten in der Philosophie besteht in der Setzung eines nicht mehr weiter begründbaren Fundaments oder Ausgangspunkts aller Realität und alles Denkens. Es gilt als unvermittelt, unbedingt, es lässt sich nicht herleiten und nicht auf Anderes zurückführen. Das Absolute ist in sich nicht differenziert, es ist absolute Einheit. So gilt dann auch für die Mystik: „Die *Mystik* trachtet durchaus nach absoluter Einheit".[14] Das Absolute ist weder empirisch noch skeptisch erreichbar, es steht für sich selbst und kann nur in einem logischen Sinn vorausgesetzt werden. Das Absolute gilt dabei zwar als epistemisch unerreichbar, dient aber dennoch als unverzichtbares Ideal des philosophischen Erkennens. Ganz im Sinne des Kantischen Ideenbegriffs schreibt Schlegel der Mystik „zwar keine konstitutive, wohl aber *regulative* Gültigkeit" zu.[15]

Schlegel verdankt seine Bestimmungen von Mystik oder Mystizismus zunächst kaum der Lektüre mystischer Schriften des Mittelalters, sondern nimmt sie aus den zeitgenössischen Diskussionskontexten auf. So verwundert es auch

---

7   Fr. Schlegel, *Phil. LJ: Phil. Frag., 1,3*, KSA, Bd. 18, S. 123,28 f. (Nr. 8).
8   Fr. Schlegel, *Phil. LJ: Phil. Frag., 1,1*, KSA, Bd. 18, S. 5,7 f. (Nr. 11).
9   Fr. Schlegel, *Phil. LJ: Phil. Frag., 1,1*, KSA, Bd. 18, S. 14,30 f. (Nr. 112).
10   Fr. Schlegel, *Phil. LJ, 11,12: Zur Philosophie 1806, 2*, KSA, Bd. 19, S. 208,18 f. (Nr. 62).
11   Fr. Schlegel, *Anhang zur Logik: Kritik der philosophischen Systeme*, KSA, Bd. 13, S. 384,18 f.
12   Fr. Schlegel, *Phil. LJ: Phil. Frag., 1,1*, KSA, Bd. 18, S. 13,30–37 (Nr. 104).
13   Fr. Schlegel, *Phil. LJ: Phil. Frag., 1,1*, KSA, Bd. 18, S. 4,24 f. (Nr. 7).
14   Fr. Schlegel, *Phil. LJ: Phil. Frag., 1,1*, KSA, Bd. 18, S. 7,35 (Nr. 40).
15   Fr. Schlegel, *Phil. LJ, Beil. 2: Zur Logik und Philosophie*, KSA, Bd. 18, S. 507,23 f. (Nr. 23).

nicht, dass Schlegel in diesen frühen Fragmenten vor allem Fichte einem solchen Mystizismus zuordnet. „Fichte ist so sehr φσ [Philosoph] als es d[er] Mystiker nur sein kann".[16] Gerade anhand der Charakterisierung von Fichtes Wissenschaftslehre als mystisch lassen sich einige von Schlegels Bestimmungen des Mystischen noch etwas weiter verdeutlichen.

„Die *Mystik* offenbar d[ie] Grundlage der Transc[endental] φ[philosophie]".[17] Schlegel spielt hier darauf an, dass die von der Transzendentalphilosophie vorausgesetzten apriorischen Grundlagen des Erkennens und Handelns nicht empirisch ermittelt, sondern nur durch reines Denken aufgefunden werden können. „Wahr ists, *Fichte* hat d[ie] gemeine Ansicht mystificirt",[18] d.h. er hat gezeigt, dass die gemeine, unreflektierte und unkritische Ansicht, also das alltägliche Erfahrungsbewusstsein, durch eine transzendentale Sichtweise zu übersteigen (in dem Sinne könnte man sagen: zu mystifizieren) sei, dass also das Empirische und das Transzendentale (Mystische) als zwei verschiedene funktionale Ebenen geistiger Tätigkeit unterschieden werden müssen.

Wenn das Mystische im Setzen eines Absoluten besteht, sieht Schlegel dies gegeben in Fichtes erstem Grundsatz der *Wissenschaftslehre*, d.h. dem „*Setzen eines absoluten Ich* – wodurch Form und Inhalt d[er] absoluten Wissenschaftsl[ehre] zugleich gegeben wird".[19] In der Wissenschaftslehre liege damit das eigentliche Gebiet der Mystiker.[20]

Doch Schlegel sieht auch problematische Seiten der Mystik, insbesondere bezogen auf den Umgang mit dem Absoluten. Wenn ausgegangen wird, so Schlegel, vom willkürlichen Setzen eines Absoluten, dann „ist nichts leichter als *alles zu erklären*",[21] denn das Absolute prädisponiere die gesamte davon abgeleitete Theorie. Und wenn sich in der Mystik alles um das Absolute als alleinigen Inhalt und Bezugspunkt drehe, abgehoben von aller empirischen Realität und den konkreten Lebensvollzügen, sei dieses Absolute letztlich leer. Ein nur auf sich selbst bezogener Mystizismus sei in sich selbst abgeschlossen, „*ein Spiel mit leeren Abstractionen*".[22] Er könne sich selbst nicht kritisch begrenzen: „Es fließt alles unaufhaltbar und Schrankenlos in ewigem Kreislauf fort".[23] Wenn vom Höchsten, Absoluten kein Weg zurück zum Leben gefunden

16   Fr. Schlegel, *Phil. LJ: Phil. Frag., I,1*, KSA, Bd. 18, S. 4,21 (Nr. 7).
17   Fr. Schlegel, *Phil. LJ: Phil. Frag., I,2*, KSA, Bd. 18, S. 93,9 (Nr. 762).
18   Fr. Schlegel, *Phil. LJ, II,7: Zur Philosophie, 2 (Paris 1802/03)*, KSA, Bd. 18, S. 498,15 (Nr. 267).
19   Fr. Schlegel, *Phil. LJ: Phil. Frag., I,1*, KSA, Bd. 18, S. 7,7 f. (Nr. 32).
20   Fr. Schlegel, *Phil. LJ: Phil. Frag., I,1*, KSA, Bd. 18, S. 5,35–37 (Nr. 19).
21   Fr. Schlegel, *Phil. LJ: Phil. Frag., I,1*, KSA, Bd. 18, S. 3,17 (Nr. 2).
22   Fr. Schlegel, *Phil. LJ: Phil. Frag., I,1*, KSA, Bd. 18, S. 8,28 f. (Nr. 50).
23   Fr. Schlegel, *Phil. LJ: Phil. Frag., I,1*, KSA, Bd. 18, S. 10,22 (Nr. 70).

werde, bleibe das Mystische in sich selbst verschlossen. „Die Mystiker endigen mit dumpfem Hinbrüten in s[ich] selbst".[24]

Dem Mystizismus hafte immer etwas Unverständliches an, so auch Fichtes Philosophie.[25] Diese Unverständlichkeit rühre daher, dass das Absolute nicht erkennbar und nicht mitteilbar sei. „Das Absolute selbst ist indemonstrabel".[26] „Der konsequente Mystiker muß die *Mittheilbarkeit* ALLES!!! *Wissens* nicht bloß dahin gestellt seyn lassen: sondern geradezu läugnen".[27] Das Absolute lässt sich bestenfalls mittelbar darstellen in der Form von Gleichnissen und Allegorien. Und gerade darin sieht Schlegel die produktive Leistung und Kompetenz des Mystischen.[28] „Die Lehre von d[en] Allegorien gehört zur Mystik. [...]. Die Allegorie ist ein mystisches Kunstwerk".[29] Schlegel entwickelt mit Bezugnahme auf Poesie, Allegorie, Witz, den höchsten Ideen, die inhaltlich unendlich deutbar bleiben, bei aller Kritik doch ein offenes und weites Verständnis von Mystik, auf das er im Folgenden weiter aufbauen kann.

2 Jahrhundertwende

Ende der 1790er Jahre lässt sich bei Schlegel eine deutliche Aufwertung der Bedeutung des Mystischen konstatieren. So findet sich ab 1799 bei ihm eine erste intensivere Beschäftigung mit Jacob Böhme. Die Anregung dazu kann durchaus von Tieck ausgegangen sein, mit dem Schlegel seit seinem Umzug nach Berlin 1797 in engerer Beziehung steht. Auch Novalis wurde zur Böhme-Lektüre wohl von Tieck motiviert. Er schreibt z. B. in einem Brief an Tieck am 23. Februar 1800: „Jakob Böhm les ich jetzt im Zusammenhange, und fange ihn an zu verstehn, wie er verstanden werden muß. [...]. Es ist mir sehr lieb ihn durch Dich kennen gelernt zu haben".[30] In seinen Tagebüchern erwähnt er Böhme ab 1799.[31]

---

24   Fr. Schlegel, *Phil. LJ: Phil. Frag., I,1*, KSA, Bd. 18, S. 4,10 f. (Nr. 6).
25   Fr. Schlegel, *Phil. LJ, II, 10: Zur Philosophie 1805, 2*, KSA, Bd. 19, S. 102,12–15 (Nr. 186).
26   Fr. Schlegel, *Phil. LJ, Beil. 2: Zur Logik und Philosophie*, KSA, Bd. 18, S. 512,15 (Nr. 71).
27   Fr. Schlegel, *Phil. LJ, Beil. 1: Phil. Frag. 1796*, KSA, Bd. 18, S. 505,24 f. (Nr. 4).
28   Fr. Schlegel, *Lyceums-Fragmente*, KSA, Bd. 2, S. 153,31–33 (Nr. 53).
29   Fr. Schlegel, *Phil. LJ: Phil. Frag., I,2*, KSA, Bd. 18, S. 81,25–27 (Nr. 621).
30   Novalis, *Brief an Ludwig Tieck vom 23. Februar 1800*, ed. Samuel, *Schriften*, Bd. 4, S. 322,32–323,2.
31   Novalis, *Tagebücher*, ed. Samuel, *Schriften*, Bd. 4, S. 52,7: „Jakob Böhm. Schleiermacher". Zum Thema siehe: Günther Bonheim, „Die Aurora, die Europa: Novalis' Böhme-Lektüre und seine religionsgeschichtliche Konstruktion", in diesem Band, S. 268; Andrés Quero-Sánchez, „[...] daß die Liebe durch den Zorn möchte durchbrechen': Die Präsenz Jacob

Böhme wird aus verschiedenen Gründen geschätzt: wegen seiner Natur-
vorstellung, seiner Theosophie, vor allem aber wegen seiner immer wieder
neuen Versuche der sprachlichen Fassung des Göttlichen, denen die Romantiker hohe poetische Qualitäten zusprechen. Unter anderem stellt Schlegel
Böhme in Relation zu Spinoza und Fichte, aber auch Platon. „Ohne π[Poesie]
wird hinführo niemand d[en] Eingang zum Spinosa und Plato finden und zum
Böhme. Diese enthalten d[ie] eigentl[iche] Religionsφσ[philosophie]".[32]

Das Mystische in seiner Beziehung auf ein Absolutes, das als Absolutes
unzugänglich und geheimnisvoll bleibt, hat für Schlegel jetzt eine deutlich
positive Funktion. Das „schöne alte Wort Mystik" betreffe „die absolute Philosophie, auf deren Standpunkt der Geist alles als Geheimnis und als Wunder betrachtet, was er aus andern Gesichtspunkten theoretisch und praktisch
natürlich findet".[33] Dabei referiert Schlegel auch auf die etymologische Bestimmung des griechischen μυστήριον (*mystêrion*) als ‚Geheimnis', ‚Geheimlehre'
oder auch innerstes Wesen einer Religion. Und es wird auch der Enthusiasmus
als eine Art transzendierendes Vermögen benannt: „Geheimnis und Mysterie
ist alles was nur durch Enthusiasmus und mit philosophischem poetischem
oder sittlichem Sinn aufgefaßt werden kann".[34]

Immer wieder wird aber auch darauf hingewiesen, dass die Mystik unverständlich sei:

> Der Pantheismus oder *Realismus* ist der Tod der höhern φσ[Philoso-
> phie]. – Der vollendete Mystizismus (in Jak[ob] *Böhme*, wo unendliche
> Fülle, und Freiheit ausgedrückt, und alles in Leben und Geist aufgelöst
> ist) hat nur d[en] einzigen Fehler, daß er unverständlich ist; die vollendete
> und die werdende Welt sind darin vermischt.[35]

Es ist die Zeit Ende der 1790er Jahre, als Schlegel darüber nachdachte, eine neue
Mythologie zu schaffen, um dem Zeitalter eine neue Vision zu geben, in der
alle geistigen Fäden zusammenlaufen. Auch hiermit bringt er die Mystik in Verbindung: „Die Mystik ist gar nicht bloß in d[er] Theologie einheimisch; sollte
sie etwa d[ie] moderne Mythologie sein?".[36] Diese neue Mythologie oder neue

　　　Böhmes in Novalis' *Die Christenheit oder Europa*", in: *Coincidentia: Zeitschrift für europäi-
　　　sche Geistesgeschichte* 10 (2019) (im Druck).

32　Fr. Schlegel, *Phil. LJ: Phil. Frag., II,2*, KSA, Bd. 18, S. 391,19–21 (Nr. 848).
33　Fr. Schlegel, *Athenäums-Fragmente*, KSA, Bd. 2, S. 184,22–25 (Nr. 121).
34　Fr. Schlegel, *Athenäums-Fragmente*, KSA, Bd. 2, S. 249,8–10 (Nr. 427).
35　Fr. Schlegel, *Phil. LJ, II, 10: Zur Philosophie 1805, 2*, KSA, Bd. 19, S. 102,31–34 (Nr. 190).
36　Fr. Schlegel, *Phil. LJ: Phil. Frag., I,3*, KSA, Bd. 18, S. 123,25 f. (Nr. 7).

Mystik ist wohl zu denken als eine synthetisierende und sinnstiftende Instanz, die die Grundlage für die Orientierungssysteme bereitstellt: „Ohne Mystik noch nie π[Poesie], φ[Philosophie], Mor[al] Rel[igion]".[37]

Es ist deutlich, dass Schlegel mit dem Versuchsfeld Mythologie-Mystik eine nicht mehr nur in der Philosophie verankerte Idee des Absoluten entwirft, die alle geistigen Bereiche zusammenführt. Immer wieder bringt Schlegel in den Fragmenten Mystik, Moral, Religion und Philosophie in Zusammenhang: „Echte Mystik ist Moral in der höchsten Dignität".[38] Oder auch: „Alle Mystik ist moralisch und religiös".[39]

In seinem Aufsatz *Literatur* von 1803 blickt Schlegel auf die späteren Teile seiner Zeitschrift *Athenäum*, die unter dem Titel ‚Ideen' erschienen sind, und hebt den ‚Geist des *Mystizismus*' hervor. Er erläutert dazu: „Man scheue dieses Wort nicht; es bezeichnet die Verkündigung der Mysterien der Kunst und Wissenschaft, die ihren Namen ohne solche Mysterien nicht verdienen würden".[40] Im *Lessing*-Aufsatz von 1804 greift Schlegel diesen Gedanken wieder auf:

> Der Begriff schon, der Name selbst der Philosophie und auch ihre ganze Geschichte lehren es uns, sie sei ein ewiges Suchen und Nichtfinden können; und alle Künstler und Weise sind darin einverstanden, daß das Höchste unaussprechlich ist, d.h. mit andern Worten: alle Philosophie ist notwendigerweise mystisch. Wie natürlich; denn sie hat keinen andern Gegenstand, und kann keinen andern haben, als denjenigen, der das Geheimnis aller Geheimnisse ist; ein Geheimnis aber kann und darf nur auf eine geheimnisvolle Art mitgeteilt werden.[41]

Es heißt dann noch ähnlich in diesem Sinne: „Ein schönes Geheimnis also ist die Philosophie; sie ist selbst Mystik, oder die Wissenschaft und die Kunst göttlicher Geheimnisse".[42]

In dieser Phase von ca. 1799 bis 1804 hat Schlegel den Begriff des ‚Mystischen' adaptiert für eine Idee von Philosophie, die sich mit Poesie und Religion verbindet, die in ihrer Ausrichtung auf die Idee des Unendlichen oder Absoluten immer in der Schwebe bleibt und zu neuen Auslegungen des Absoluten anregt. Dieses Unendliche bzw. Absolute markiert als regulative Idee mit

---

37 Fr. Schlegel, *Phil. LJ: Phil. Frag., I,1*, KSA, Bd. 18, S. 249,34 f. (Nr. 673).
38 Fr. Schlegel, *Athenäums-Fragmente*, KSA, Bd. 2, S. 210,11 (Nr. 263).
39 Fr. Schlegel, *Phil. LJ: Phil. Frag., II,1*, KSA, Bd. 18, S. 228,12 (Nr. 409).
40 Fr. Schlegel, *Literatur*, KSA, Bd. 3, S. 10,9–11.
41 Fr. Schlegel, *Ernst und Falk*, KSA, Bd. 3, S. 99,16–23.
42 Fr. Schlegel, *Ernst und Falk*, KSA, Bd. 3, S. 100,24 f.

nichtreferentieller Funktion den nie zu fixierenden Sinnhorizont der geistigen Tätigkeit, der immer wieder neu gedeutet werden muss. Das Unendliche übersteigt alle Fähigkeit des Menschen, es zu denken, es zu sagen, es zu realisieren. Es kann nur indirekt, symbolisch-allegorisch, gefasst werden. Von hier ist der endgültige Schritt zu einer religiös ausgerichteten Philosophie nicht mehr weit.

3   Die Vorlesungen 1804–1806

Die beiden in Köln gehaltenen Vorlesungen sind für die Beurteilung von Schlegels Mystik-Bild von besonderem Interesse, weil sie umfassende philosophiehistorische Einordnungen vornehmen, in denen auch die Mystik aufgenommen ist. Im ersten Teil der Kölner Vorlesung *Die Entwicklung der Philosophie in zwölf Büchern* (1804/1805) gibt Schlegel eine umfassende Darstellung der Philosophiegeschichte. Als systematische Rasterung dient ihm jetzt die Unterscheidung in Empirismus, Materialismus, Skeptizismus, Pantheismus und Idealismus. Die Mystik wird als Teil des Pantheismus behandelt. Der Pantheismus erkläre alle Dinge aus der Idee einer unendlichen Einheit. Die Erkenntnis sei gerichtet auf diese höchste Einheit und nur möglich als eine negative Erkenntnis des Unendlichen.[43] Nun aber kritisiert Schlegel, dass der Pantheismus nur eine „negative Idee der Gottheit" kenne.[44] Da diese Idee aber kein Prädikat, keine Qualität besitze, sei sie *„das unendliche Nichts"*.[45] Der Pantheismus verliere deshalb den Bezug zum realen Leben: „Der reine Pantheist bleibt bei der ersten Idee – der höchsten, welcher der Mensch fähig ist, bei der Idee der *Gottheit* stehen, er versenkt sich ganz darin, vor ihr verschwindet ihm alles andere".[46] Der Pantheismus sei also „eine negative Theologie" bzw. „eine negative Religion" und darin „ein gefährliches System".[47]

Eine andere Art der Mystik sieht Schlegel bei Autoren wie Marsilius Ficinus, Giovanni Pico della Mirandola, Johannes Reuchlin und Jacob Böhme. Die Mystik sei zwar wie die Scholastik als intellektuelle Philosophie anzusehen, aber im Unterschied zur letzteren ließen sich die Mystiker nicht durch Orthodoxie und Autorität binden, „sondern setzen an deren Stellen die innere Anschau-

---

43   Fr. Schlegel, *Die Entwicklung der Philosophie*, KSA, Bd. 12, S. 115,28–31.
44   Fr. Schlegel, *Die Entwicklung der Philosophie*, KSA, Bd. 12, S. 132,16.
45   Fr. Schlegel, *Die Entwicklung der Philosophie*, KSA, Bd. 12, S. 133,2.
46   Fr. Schlegel, *Die Entwicklung der Philosophie*, KSA, Bd. 12, S. 132,11–13.
47   Vgl. Fr. Schlegel, *Die Entwicklung der Philosophie*, KSA, Bd. 12, S. 132,11–19.

ung und Freiheit".[48] Solche Mystiker sähen die „lebendige, innere Anschauung" als „höchste Erkenntnisquelle", im Gegensatz zu den toten Abstraktionen der Scholastik.[49]

Vor allem Jacob Böhme wird von Schlegel als der bedeutendste Mystiker gewürdigt, weil er am umfassendsten versucht hat, die verschiedenen geistigen Elemente und Aspekte der philosophischen Ansichten zu einer Einheit zu bringen. Bei ihm fänden sich Pantheismus, Realismus, Idealismus, Naturphilosophie und Philosophie der Offenbarung. Vor allem legt Schlegel großen Wert darauf, Böhme als Religionsphilosophen zu lesen, nicht nur als Religionsstifter, obwohl eine philosophische Rezeption durch die religiöse Form von Böhmes Schriften erschwert werde. Der Inhalt seiner Lehre sei *„Wissenschaft von Gott"*.[50] Die Lehre Jacob Böhmes sei „das größte, tiefste, eigentümlichste, vortrefflichste Werk des Idealismus".[51] „Bei keinem anderen Philosophen der neueren Zeit finden wir so viel Aufschlüsse über die verschiedenen Kräfte der Gottheit, über die inneren Verhältnisse derselben so viele Bestrebungen, gleichsam ihr Werden, ihre Geschichte, ihre mannigfaltigen Veränderungen und Verwandlungen darzulegen, als eben hier".[52] Aber daraus entstehe kein endgültiges Bild, sondern es sei „nur noch ein Ringen um vollständige Gotteserkenntnis".[53] Dem entspricht auch die Öffnung für vielfältige Ausdrucksmittel, die poetische Elemente in die Philosophie integrieren. Schlegel fasst seine Sicht auf Böhmes Philosophie so zusammen: „die Form derselben ist religiös, der Inhalt philosophisch, der Geist poetisch".[54]

Auch in seiner in Köln gehaltenen *Logik-Vorlesung* (1805/1806) beschäftigt sich Schlegel mit dem Mystizismus. Dieser leite alle Erkenntnis der Gottheit aus übernatürlicher Offenbarung oder übersinnlicher Anschauung her.[55] Der spekulative, philosophische Mystizismus gehe davon aus, dass alle Wesen aus der Gottheit hervorgegangen seien und jedes von ihnen das göttliche Wesen enthalte, aber verhüllt und verdunkelt durch die körperliche Hülle.[56] In dieser Körperlichkeit und Materialität sehe der Mystizismus „ein Unglück und ein Übel", denn die irdischen Wesen befänden sich „durch diese Entfernung

---

48   Fr. Schlegel, *Die Entwicklung der Philosophie*, KSA, Bd. 12, S. 253,39.

49   Vgl. Fr. Schlegel, *Die Entwicklung der Philosophie*, KSA, Bd. 12, S. 254,1–7.

50   Fr. Schlegel, *Die Entwicklung der Philosophie*, KSA, Bd. 12, S. 259,13 f.

51   Fr. Schlegel, *Die Entwicklung der Philosophie*, KSA, Bd. 12, S. 259,29 f.

52   Fr. Schlegel, *Die Entwicklung der Philosophie*, KSA, Bd. 12, S. 259,14–18.

53   Fr. Schlegel, *Die Entwicklung der Philosophie*, KSA, Bd. 12, S. 259,18 f.

54   Fr. Schlegel, *Die Entwicklung der Philosophie*, KSA, Bd. 12, S. 260,31 f.

55   Vgl. Fr. Schlegel, *Anhang zur Logik: Kritik der philosophischen Systeme*, KSA, Bd. 13, S. 365,6– 36.

56   Fr. Schlegel, *Anhang zur Logik: Kritik der philosophischen Systeme*, KSA, Bd. 13, S. 368,21–28.

in einem Zustande der höchsten Unvollkommenheit und Erniedrigung".[57] Ein
Zugang zu Gott wäre demnach nur durch Abwendung vom Materiellen möglich. Der Begriff der Gottheit könne weder aus der Vernunft noch aus der Sinnenwelt stammen, sondern nur durch Offenbarung gegeben werden.[58]

In den Darstellungen Schlegels von Philosophie, der Rolle von Glauben und
Offenbarung, der Deutung des Absoluten als Gott, lässt sich seine eigene Wendung zur Religion gut nachzeichnen. Diese Richtung seines Denkens wird
von nun an nicht mehr verlassen, sondern weiter verstärkt. Schlegels Philosophie in seiner zweiten Lebenshälfte, vor allem aber die Spätphilosophie lassen
sich selbst vielleicht als Hinwendung zu einer Art ‚Mystik' charakterisieren,[59]
begleitet von einer Kritik der idealistischen Vernunftphilosophie von Kant bis
Hegel als abstrakte, lebensferne und gottvergessene Systeme.

4   Bemerkung zur Spätphilosophie

Schlegels Spätphilosophie erreicht ihren Höhepunkt in der einzig von ihm
selbst publizierten Vorlesung zur *Philosophie des Lebens* (gehalten 1827, erschienen 1828). Viele Gedanken reifen schon Jahre vorher und lassen sich an Zeit-
schriftenaufsätzen ablesen. Eine inhaltliche Verdichtung erfolgt aber erst in
dieser Vorlesung. Ihr Anliegen charakterisiert Schlegel als „Spiritualismus".[60]
Es gehe um das höhere Bewusstsein, d. h. das Bewusstsein von Gott, und das
davon geprägte „innere geistige Leben, und zwar in seiner ganzen Fülle".[61]
Schlegel nennt diese Philosophie der höchsten Geistigkeit auch „eine innere
Erfahrungswissenschaft der höheren Ordnung"[62] oder „göttliche Erfahrungswissenschaft".[63]

Seine Darlegungen kreisen um die Gegenüberstellung von einerseits einem
diagnostizierten „Zwiespalt des menschlichen Bewußtseins", der eine „Verfins-
terung der Seele" bewirkt habe;[64] und andererseits dem Nachdenken darüber,
wie diese Zerklüftung überwunden und eine wahre innere Einheit gefunden
werden könne. Diese alles überwölbende Einheit sei nur in der Einheit mit
Gott möglich, und so sei auch die Aufgabe der Philosophie darauf gerichtet,

---

57   Fr. Schlegel, *Anhang zur Logik: Kritik der philosophischen Systeme*, KSA, Bd. 13, S. 367,1 f.
58   Fr. Schlegel, *Anhang zur Logik: Kritik der philosophischen Systeme*, KSA, Bd. 13, S. 369,24–27.
59   Vgl. Ernst Behler, *Friedrich Schlegel*, Reinbek bei Hamburg 1996, S. 131.
60   Fr. Schlegel, *Philosophie des Lebens*, KSA, Bd. 10, S. 56,21.
61   Fr. Schlegel, *Philosophie des Lebens*, KSA, Bd. 10, S. 7,9 f.
62   Fr. Schlegel, *Philosophie des Lebens*, KSA, Bd. 10, S. 56,27 f.
63   Fr. Schlegel, *Philosophie der Sprache und des Wortes*, KSA, Bd. 10, S. 358,4.
64   Vgl. Fr. Schlegel, *Philosophie des Lebens*, KSA, Bd. 10, S. 88,3–23.

auf Gott hin zu orientieren.[65] Wie also könne der Mensch in seinem vergänglichen Dasein sich „zu Gott erheben, sich ihm annähern und ganz mit ihm vereinigt werden"?[66] Um diese Frage zu beantworten, entwickelt Schlegel eine Bewusstseinstheorie, die auf vier Grundelementen beruht: Vernunft und Phantasie (sie bilden zusammen die Seele), Verstand und Wille. Diese Elemente seien in eine grundsätzliche Harmonie zu bringen, in eine Einheit, die den Weg zu Gott öffne.

Ursprünglich sei das Bewusstsein zu denken als Einheit aus Verstand, Seele und Willen. Aber mit der Entfernung von Gott seien die Grundkräfte auf verkehrte Ziele gerichtet worden. Der Verstand strebe nur noch nach abstrakten Formeln und Begriffen, die Vernunft komme in ihren dialektischen Zergliederungen nie zu einem verbindlichen Resultat, die Fantasie lasse sich von zu vielen Leidenschaften täuschen und der Wille strebe nach den falschen Zielen. Der Irrtum laste also auf allen diesen Formen menschlicher Bewusstheit. Das Heilmittel könne nur in einer Neuausrichtung des ganzen Menschen auf Gott hin gesehen werden. Diese Hinwendung zu Gott sei aber weniger eine Sache des Verstandes. Vielmehr bedürfe es der Ausrichtung des Willens, d. h. seines Strebens und seiner tiefsten inneren Bejahung. Es sei „jene freiwillige Einwilligung und innere Zustimmung, die uns allein selbst und persönlich mit Gott verbinden und Ihm annähern kann".[67]

Dezidiert hält Schlegel hierbei an der Bestimmung des Menschen durch seine Freiheit fest. Dementsprechend könne der Weg zu Gott auch nur über die freie Willensentscheidung führen, und darum bezeichnet Schlegel „den Willen und nicht den Verstand als den eigentlichen Gottes-Sinn im Menschen".[68] Hierfür müsse der Wille sich ein Stück weit von der Sinnenwelt zurückziehen, nötig sei eine gewisse Weltentsagung und Selbstaufopferung,[69] wie sie auch durch die Mystik gefordert wurde. Entscheidend bleibe aber, dass zur „Sehnsucht nach dem Ewigen und Göttlichen" die „innere stille Einwilligung" kommen müsse, die verbunden sei mit Glauben, Liebe und Hoffnung. Diese drei Grundvermögen seien es, die die Gespaltenheit des Bewusstseins zu überwinden vermögen.[70]

Es ist unter dem Aspekt der Freiheitsbestimmung weiterhin interessant, dass Schlegel hinsichtlich der Ausrichtung der geistigen Tätigkeit des Men-

---

65 Vgl. Fr. Schlegel, *Philosophie des Lebens*, KSA, Bd. 10, S. 89,4–23.
66 Fr. Schlegel, *Philosophie des Lebens*, KSA, Bd. 10, S. 85,28 f.
67 Fr. Schlegel, *Philosophie des Lebens*, KSA, Bd. 10, S. 100,39–101,1.
68 Fr. Schlegel, *Philosophie des Lebens*, KSA, Bd. 10, S. 99,6 f.
69 Vgl. Fr. Schlegel, *Philosophie des Lebens*, KSA, Bd. 10, S. 99,18–23.
70 Vgl. Fr. Schlegel, *Philosophie des Lebens*, KSA, Bd. 10, S. 102,24–29.

schen in einer wichtigen Hinsicht an seine frühe Philosophie anknüpft. Er sieht
das Wesentliche des Geistigen in der Kraft zum Symbolischen: „die symboli-
sche Natur und Anlage des Menschen" zeige sich „schon in seiner frühesten
Entwicklung ebensosehr als in den höchsten Hervorbringungen der genialischen Kunst".[71] Nicht nur die Erkenntnis der Welt sei symbolisch vermittelt,
sondern auch sein Zugang zum Göttlichen. Die hervorragendste menschliche
Symbolkraft finde sich in der Sprache. Nur in der Sprache habe der Mensch
Zugang zur Welt. „Es ist die Sprache, welche die Seele dem erkennenden Geiste,
zum Ausdruck seines Wissens leiht, und das ist eben das charakteristische
Kennzeichen alles menschlichen Wissens, daß es an die Sprache gebunden
ist, und daß diese einen wesentlichen Bestandteil und das Organ derselben
bildet".[72] Die Hauptfunktionen der Sprache seien Fantasie, Vernunft und Verstand. Die Fantasie erfasse den Gegenstand mit ihrer bildlichen Kraft, Vernunft
ordne den Gegenstand ein in eine Gesamtordnung: „Das Verstehen desselben
aber, die innere höhere Bedeutung und Erklärung, die hinzugefügte oder darin
erkannte Beziehung desselben auf Gott, muß eben, weil es ein Verstehen ist,
dem Verstande zugeschrieben werden".[73] Die geistige Tätigkeit besteht demnach darin, die Sinndimensionen der geistigen Gehalte, wie sie in der Sprache
manifestiert werden, zu erschließen und in ihrer Bedeutung zu interpretieren.
Vergegenwärtigt man sich an dieser Stelle noch einmal einige frühere Gedanken Schlegels zur Einordnung Jacob Böhmes, ist doch eine deutliche Nähe zu
spüren. Um 1802/03 schreibt Schlegel in sein Philosophisches Notizheft: „Das
Wort ist das Wesen des Menschen Böhme's φσ[Philosophie] ist die φσ[Philo-
sophie] des *Wortes*".[74] Oder er schreibt 1805: „Im J[acob] B[öhme] ist der Kern
der christl[ichen] Poesie und Mythologie. *Er hat die Poesie erfunden*".[75] Obzwar
in einer früheren Phase geschrieben, zeigen sich in der Bewertung der Mystik
Böhmes Elemente, die auch für die Spätphilosophie beibehalten werden.

Ohne dass Schlegel sich in dieser Vorlesung näher mit der Mystik beschäftigt, sind dennoch einige inhaltliche Parallelen zu finden, die vielleicht auf
eine verwandte innere Grundhaltung zurückzuführen sind: die Unergründlich-
keit Gottes, die Idee der Einheit von Gott und Schöpfung, die Annäherung an
Gott bzw. das Bedürfnis nach Einheit mit Gott durch die liebende und hof-
fende Seele als diesseitiges Geschehen, die Betonung eigener geistiger Aktivität
als sinnerschließendes Tun, aber auch die Bedeutung von innerlicher Versen-

---

71   Fr. Schlegel, *Philosophie des Lebens*, KSA, Bd. 10, S. 237,1–3.
72   Fr. Schlegel, *Philosophie des Lebens*, KSA, Bd. 10, S. 41,13–17.
73   Fr. Schlegel, *Philosophie des Lebens*, KSA, Bd. 10, S. 47,28–31.
74   Fr. Schlegel, *Phil. LJ, II,7: Zur Philosophie, 2 (Paris 1802/03)*, KSA, Bd. 18, S. 490,6 f. (Nr. 180).
75   Fr. Schlegel, *Phil. LJ, II,10: Zur Philosophie 1805, 2*, KSA, Bd. 19, S. 136,8 f. (Nr. 459).

kung und Sammlung, der Weg von der Finsternis zum Licht, die Betonung der menschlichen Freiheit und auch des freien Willens im Glauben, um nur einige Aspekte zu nennen.

5 Schlussbemerkungen

Abschließend ist nun zu fragen, welchen philosophischen Beitrag Schlegels Überlegungen zum Mystischen leisten. Auf drei Punkte möchte ich hinweisen:

1. Zeitgeschichtlich lässt sich an Schlegels Beschäftigung mit dem Thema ‚Mystik' die Adaption der Denk- und Glaubensfigur der Mystik an die Kontexte der Diskussion von Transzendentalphilosophie und Idealismus nachzeichnen. Dabei beruht in seinen früheren Jahren Schlegels Mystik-verständnis weniger auf einer Beschäftigung mit mystischen Schriften, sondern ist eher den zeitgenössischen Diskursen entnommen. Gerade deswegen ist es ihm auch möglich, relativ frei und experimentell mit dem Begriff des Mystischen umzugehen, wie sich dies insbesondere in den Fragmenten findet.

2. Im Zuge seines Werdegangs verändert Schlegel mit den inhaltlichen Um-schichtungen in seiner Philosophie auch sein Verständnis und seine Be-wertung der Mystik. Umgekehrt kann an den Verschiebungen in Schlegels Umgang mit dem Thema sein eigener Entwicklungsweg nachgezeichnet werden, der auf eine gewisse Weise symptomatisch ist für die konser-vative Wende Anfang des 19. Jahrhunderts. Im Verlaufe seiner Entwick-lung lässt sich eine deutliche Umwertung ersehen, für die grob vier Pha-sen unterschieden werden können: Ausgehend von einer zunächst eher neutralen, äußerlich-typologisierenden Begriffsverwendung von ‚Mysti-zismus' als Zugang zum Absoluten tritt um die Jahrhundertwende eine Verbindung des Mystischen (neue Mythologie) mit der Suche nach einem neuen geistig-kulturellen Mittelpunkt und Sinnhorizont ins Zentrum. Insbesondere in den beiden Kölner Vorlesungen 1804–1806 wird nun der Pantheismus als Form der Mystik kritisiert, die spirituelle Ausrichtung der Mystik vor allem bei Jacob Böhme gewürdigt. In seinem weiteren Denken entwickelt Schlegel ein umfassendes religiös-geistiges Mystik-Verständnis, das sich in seinen letzten beiden Lebensjahrzehnten ver-tieft und konsolidiert. Schlegels Spätphilosophie nähert sich selbst einer spirituell-mystischen Philosophie an.

3. Übergreifend über alle Phasen seines Schaffens ist ‚Mystik' aber auch einer derjenigen Begriffe oder Zuordnungen, die die Spezifik höchster geistiger Fähigkeiten zum Ausdruck bringen. Im Begriffsumfeld finden

sich auch Bestimmungen wie: das Absolute, das Unendliche, das Göttliche, höchste Bildung, höchste Einheit usw. Philosophisch gesehen
besteht das Problem solcher Begriffe darin, dass sie nicht mehr erläutert
werden können, wie dies auch aus der Negativen Theologie bekannt ist:
„Vom Mysticism ist es klar, daß er s[ich] selbst erzeugt. Sein WESEN und
auch sein ANFANG ist d[as] willkührl[iche] Setzen d[es] Absoluten".[76] Er
ist damit immer auf sich selbst bezogen. Denn: „Alle mystischen *Gedanken*" seien „höchste vollendete Gedanken".[77] Sie kreisen in sich selbst.
„Mystik eine *innere* Mythologie".[78]
Eine Möglichkeit, dieser abgehobenen Funktion zu entsprechen, besteht darin,
literarische Mittel zu Hilfe zu nehmen: Allegorien, Mythen, prosaische und
poetische Formen. Sie bilden offene Interpretationsräume, ohne den mystischen Gedanken zu fixieren. „Der Mystiker hat Sinn für allen Geist, und haßt
wie jeder Virtuose im Geist den Buchstaben".[79] Der kreative Geist schafft sich
immer neue Deutungen des eigentlich Unsagbaren und Undenkbaren, das losgelöst ist von der Empirie, von den lebensweltlichen Evidenzen. „Der Mystiker
muß immer als Erfinder erscheinen".[80] Mit dieser Korrelation von Mystik und
schöpferischer Kreation ist umgekehrt jede Form geistiger Aktivität von mystischen Elementen geprägt: „Alle π[Poesie] und φ[Philosophie] ist Mystik, Mysterien als K[unst] und W[issenschaft]".[81] Diese enge Verbindung von Mystik
mit Poesie und Philosophie wird von Schlegel dann ja wieder gelöst und Mystik
näher an die Religion herangeführt. Dann erscheint das Offene und Interpreta-
tive der Mystik als Defizit: „Der eigentl[iche] Fehler des Myst[izismus] ist, daß
er zu *fragmentarisch* ist [...] eine *Stufe* als das Ganze ansieht – alle Offenbarungen sind nur einzelne Visionen – selbst die älteste nicht ganz ausgenommen".[82]
    In der späten Lebensphilosophie ist dann der Weg zu Gott als eine unend-
liche Bewegung vorzustellen, die nicht nur ständiges Streben sondern auch
die poetisch-bildliche Kraft der Phantasie und die hermeneutische Fähigkeit
des Deutens erfordert. Auf modifizierte Weise hält Schlegel dabei an seinem
frühen Programm einer Synthese von Philosophie und Poesie, Wissenschaft,
Kunst und Religion fest.

---

76   Fr. Schlegel, *Phil. LJ: Phil. Frag., I,1,* KSA, Bd. 18, S. 4,23–25 (Nr. 7).
77   Fr. Schlegel, *Phil. LJ: Phil. Frag., I,3,* KSA, Bd. 18, S. 161,14–16 (Nr. 455).
78   Fr. Schlegel, *Phil. LJ: Phil. Frag., II,1,* KSA, Bd. 18, S. 206,33 (Nr. 119).
79   Fr. Schlegel, *Phil. LJ: Phil. Frag., I,1,* KSA, Bd. 18, S. 12,24 f. (Nr. 90).
80   Fr. Schlegel, *Phil. LJ: Phil. Frag., II,2,* KSA, Bd. 18, S. 352,25 (Nr. 383).
81   Fr. Schlegel, *Phil. LJ: Phil. Frag., II,1,* KSA, Bd. 18, S. 248,24 f. (Nr. 658).
82   Fr. Schlegel, *Phil. LJ, II,10: Zur Philosophie 1805, 2,* KSA, Bd. 19, S. 131,5–7 (Nr. 418).

3

Friedrich Schlegels Mystik-Rezeption im Kontext seiner Idealismus-Kritik

Dorit Messlin

1   Einleitung

An Friedrich Schlegels Verhältnis zur Mystik lässt sich die Eigensinnigkeit seiner intellektuellen Entwicklung insgesamt studieren. Seine Mystik-Rezeption ist zudem ein Schlüssel zum Verständnis des weltanschaulichen Wandels, der sich in den Jahren von 1804 bis 1808 vollzieht, einer noch immer zu wenig erforschten und zahlreiche Deutungsprobleme aufwerfenden Entwicklungsphase seines Denkens, deren wesentliches Element Schlegels Kritik an der Philosophie des deutschen Idealismus ist. Diese Kritik, so lässt sich zeigen, erfolgte *sui generis* auf der Grundlage seines Mystik-Verständnisses. Darüber hinaus kann gezeigt werden, dass Friedrich Schlegel trotz einer anfangs oftmals kritischen Haltung zum Mystizismus eine frühe Affinität zur Mystik besaß, die – bei allen sonst leicht zu identifizierenden Unterschieden zwischen Früh- und Spätwerk – eine untergründige Verbindungslinie zwischen frühem und spätem Denken herstellt.

Beim jungen Friedrich Schlegel kommt der Begriff der ‚Mystik' noch kaum vor, erscheint höchstens in der Form des ‚Mystizismus' und wird in polemischer Weise verwendet, durchaus auch auf der Linie aufklärerischer Religionskritik im Sinne des Schwärmerischen, Unkritischen und Irrationalen auf eine nicht-sprachliche Sphäre religiös-überhöhter Erfahrung verweisend. Mystizismus, so schrieb Schlegel in diesem Verständnis, sei „philosophierende[...] Unphilosophie".[1]

Die kritische Verwendung des Begriffes ändert sich deutlich um das Jahr 1800, als sich Schlegel, angeregt durch Schleiermacher und Novalis, die in ihren Schriften den Religions- und Offenbarungsbegriff aus den engen Grenzen der traditionellen Dogmatik herausführen,[2] für die Mystik als „Moral in

---

1 Fr. Schlegel, *Phil. LJ: Phil. Frag., I,1*, KSA, Bd. 18, S. 13,24 (Nr. 101).

2 Vgl. etwa Novalis, *Anekdoten*, ed. Samuel, *Schriften*, Bd. 2, S. 594,17 f.: „Alles, was wir erfahren ist eine *Mittheilung*. So ist die Welt in der That eine *Mittheilung* – Offenbarung des Geistes".

der höchsten Dignität" zu begeistern beginnt.[3] Schlegel selbst charakterisierte
diese Phase rückblickend als Zeit des „Uebergang[s] zur Religion aus dem
blos Poetischen".[4] Die Fragment-Sammlung der *Ideen* aus dem Jahr 1800 ist
diesem neu erwachten Interesse an der Religion gewidmet, die mit Anspielung auf Schelling als „allbelebende Weltseele der Bildung" exponiert wird,[5] als
notwendiges Element der Bildung, und noch weit mehr als das: Religion, so
Schlegel, sei „überall das Erste und Höchste, das schlechthin Ursprüngliche".[6]
Dabei erscheint die Religion losgelöst von allen konfessionellen und dogma-
tischen Bindungen allein der subjektiv-individuellen Gefühlssphäre des Menschen zugehörig, sie wird von Schlegel verstanden als freie und individuelle
Anschauung des Universums. Dass ein solcher Religionsbegriff eine gewisse
Affinität zur Mystik aufweist, scheint plausibel und tatsächlich wird Schlegels
Interesse an der Mystik in seinen *Ideen* von einem religiösen Pluralismus getra-
gen, dem ein „bestimmtes Verhältnis zur Gottheit [...] dem Mystiker so uner-
träglich" ist „wie eine bestimmte Ansicht, ein Begriff derselben".[7]
   Die Mystik erscheint nicht nur als Bezugspunkt des subjektiv-individuellen
Religionsverständnisses Schlegels, sie wird von ihm in feierlich-prophetischer
Weise zugleich auch als Reservoir einer auf die Wiederbelebung aller Religio-
nen gerichteten kulturellen Erneuerungsbewegung verstanden:

> Was tun die wenigen Mystiker die es noch giebt? – Sie bilden mehr oder
> weniger das rohe Chaos der schon vorhandnen Religion. Aber nur ein-
> zeln, im Kleinen, durch schwache Versuche. Tut es im Großen von allen
> Seiten mit der ganzen Masse, und laßt uns alle Religionen aus ihren Grä-
> bern wecken, und die unsterblichen neu beleben und bilden durch die
> Allmacht der Kunst und Wissenschaft.[8]

---

3 Fr. Schlegel, *Athenäums-Fragmente*, KSA, Bd. 2, S. 210,11 (Nr. 263). Das Diktum stammt *nicht*
   von Friedrich Schleiermacher, wie Novalis gelegentlich – fälschlich – anführt; vgl. Hans Dier-
   kes, „,Schleyermacher hat Eine Art von Liebe, von Religion verkündigt'. Hat er das? Novalis'
   Rezeption der Reden *Über die Religion*", in: *200 Jahre ,Reden über die Religion': Akten des ersten
   Internationalen Kongresses der Schleiermacher-Gesellschaft, Halle, 14.–17. März 1999*, hg. von
   Ulrich Barth und Claus-Dieter Osthövener, Berlin/New York 2000, S. 534–558, hier S. 549.
4 Vgl. Dorothea Schlegel, *Brief an Fr. Schlegel vom 8. und 9. März 1807*, KSA, Bd. 26,2, S. 188,2.
   Dorothea leitet diese Aussage mit den Worten, ebd., S. 188,1, ein: „Du sagst ganz recht [...]".
   Vgl. Ernst Behler und Ursula Struc-Oppenberg, ,Einleitung', in: Fr. Schlegel, KSA, Bd. 8, S. XV–
   CCXXXII, hier S. CVIII.
5 Fr. Schlegel, *Ideen-Fragmente*, KSA, Bd. 2, S. 256,11 (Nr. 4).
6 Fr. Schlegel, *Athenäums-Fragmente*, KSA, Bd. 2, S. 257,22 f. (Nr. 14).
7 Fr. Schlegel, *Ideen-Fragmente*, KSA, Bd. 2, S. 259,24 f. (Nr. 40).
8 Fr. Schlegel, *Athenäums-Fragmente*, KSA, Bd. 2, S. 258,12–17(Nr. 22).

Die spekulativ weit ausgreifende Erwartung religiöser Erneuerung, die sich hier mit dem Begriff der ‚Mystik' verbindet, wird von Schlegel sehr bald schon aufgegeben. Nach dem Auseinanderbrechen des frühromantischen Autorenkollektivs konnte das Sendungsbewusstsein eines prophetisch Sprechenden im Kreis der mystisch eingeweihten Freunde nicht aufrechterhalten werden und damit verflog auch die sich an die Mystik knüpfende religiöse Spekulation.

In Schlegels philosophiehistorischen Vorlesungen der Kölner Zeit, die einige Jahre später entstehen, ist die spekulative Faszinationskraft der Mystik einer deutlich nüchterneren Bestandsaufnahme mystischer Traditionen in der Philosophiegeschichte gewichen.

Die Kölner Vorlesung *Die Entwicklung der Philosophie in zwölf Büchern* (1804/05), in der Friedrich Schlegel seine eigene Philosophie aus einer historischen „*Kritik* aller vorhergegangenen Philosophien" zu entwickeln beabsichtigt,[9] widmet der Mystik ein eigenes Kapitel.

Darin beklagt Schlegel die schlechte Überlieferung und Erschließung mystischer Texte, die eine philosophiehistorische Einschätzung und Würdigung der Mystik erschweren würden. Zur Quellenlage mystischer Texte konstatiert er:

> Brucker hat nur Bruchstücke gesammelt und nicht aus den Originalquellen; Tiedemann ist, wiewohl sehr mangelhaft, doch noch der beste und einzige, auch ist Cramers Abhandlung über die scholastische Philosophie als Anhang zu Bossuets Universalgeschichte interessant.[10]

Dass Schlegel ausgerechnet Dietrich Tiedemanns Philosophiegeschichte *Geist der spekulativen Philosophie* als die noch beste Informationsquelle nennt, sagt einiges aus über die ungenügende Erforschung der Mystik um 1800, denn in Tiedemanns mehrbändigem Werk werden gerade Autoren der neuplatonisch-mystischen Tradition in einem oft despektierlichen Modus verhandelt. So beschränkt sich Schlegel hinsichtlich dieser Frage auch auf den lapidaren Befund, dass für die wissenschaftlich-textkritische Erschließung mystischer Quellen bislang „überhaupt sehr wenig geschehen" sei.[11]

Die dürftige Quellenlage mystischer Texte begründet Schlegel zudem mit dem Umstand, dass zahlreiche Werke der mystischen Philosophie aufgrund der „Verfolgungen, welche die Mystiker ausstehen mussten", verloren gegangen seien.[12] Offenbar mit Bedauern urteilt er an anderer Stelle über die „Intoleranz

---

9   Fr. Schlegel, *Die Entwicklung der Philosophie*, KSA, Bd. 12, S. 110,38.
10   Fr. Schlegel, *Die Entwicklung der Philosophie*, KSA, Bd. 12, S. 253,17–20.
11   Fr. Schlegel, *Die Entwicklung der Philosophie*, KSA, Bd. 12, S. 253,16 f.
12   Fr. Schlegel, *Die Entwicklung der Philosophie*, KSA, Bd. 12, S. 253,10 f.

gegen die Mystiker", die aus „Mangel an wahrer $\varphi\sigma$ [Philosophie]" entspringe
und so die Mystiker gezwungen habe, „Sektirer [...] zu werden".[13] Dennoch, so
Schlegel, schreibe sich seit dem frühen Mittelalter eine „Kette von Mystikern
her, welche originelle, auf innere Anschauungen und geheime Offenbarungen und Traditionen gegründete, immer sich auf das Höchste und Göttliche
beziehende Meinungen vortrugen".[14] Die Charakterisierung insbesondere der
mittelalterlichen Mystik verbleibt damit allerdings auf einem sehr allgemeinen Niveau; eine namentliche Nennung einzelner herausragender mystischer
Autoren des Mittelalters erfolgt nicht.

In starker Kontrastierung setzt Schlegel die Mystik von einer als ein abstrak-
tes und einförmiges System verstandenen Scholastik ab, die „aller Mannigfaltigkeit [...] entbehre". Gegenüber dieser „toten", „seelenlosen" Scholastik rühmt
Schlegel die „lebendige, innere Anschauung", die „Bildlichkeit des Ausdrucks"
und die „größte Mannigfaltigkeit" religiöser Erfahrung bei den Mystikern.[15]
Friedrich Schlegel begründete mit diesen Ausführungen zum Gegensatzver-
hältnis von Mystik und Scholastik ein bis weit in das 20. Jahrhundert einfluss-
reich bleibendes philosophiehistorisches Konstrukt, das jedoch nach Kennt-
nisstand der heutigen Mystik-Forschung überholt ist. Es ist deshalb weniger
als wissenschaftliche Informationsquelle für die historische Mystik des Mittelalters und der Neuzeit interessant, sondern vielmehr als Zeugnis der eigenen
Positionierung Schlegels auf dem philosophischen Feld in den Pariser und Kölner Jahren nach der Jahrhundertwende.

Klar erkennbar korrespondiert die gegenüber einem angeblich starren scholastischen „Systemdenken" ausgesprochene Bevorzugung der als „fruchtbarer",
„lebendiger" und „freier" angesehenen Mystik mit Schlegels freiem, auf Originalität und Individualität gerichtetem Religionsverständnis der *Ideen*. Darüber
hinaus verweist der in den Kölner Vorlesungen vorgebrachte Gegensatz von
Mystik und Scholastik auf Schlegels Entwicklung eines systemkritischen Philosophiekonzeptes[16] und eine damit verbundene Vernunft- und Idealismuskritik,
die wesentliches Element seines späteren Denkens sein wird.

---

13   Vgl. Fr. Schlegel, *Phil. LJ, II, 9: Zur Philosophie 1805, 1*, KSA, Bd. 19, S. 43,27–29 (Nr. 23).

14   Fr. Schlegel, *Die Entwicklung der Philosophie*, KSA, Bd. 12, S. 253,22–25.

15   Vgl. Fr. Schlegel, *Die Entwicklung der Philosophie*, KSA, Bd. 12, S. 253,35–254,7.

16   Vgl. Bärbel Frischmann, „Friedrich Schlegels Beschäftigung mit der Mystik", in diesem
      Band, S. 39–52.

2   Friedrich Schlegels Pantheismus- und Idealismus-Kritik

Friedrich Schlegels Philosophiekonzept entwickelte sich aus einer Systemkritik, die sich zum einen gegen die rationalistische Populärphilosophie des 18. Jahrhunderts richtete, die zum anderen aber auch zu einer Umwertung des Pantheismus und der Philosophie des Idealismus als Bestandteile seines eigenen frühromantischen Denkens führte. Ausgangspunkt war eine schon früh artikulierte Ablehnung des rationalistischen Systemdenkens, das philosophische Vernunftkonzepte auf die Form systematischer Einheit fixierte. Schlegel scheint dabei Grundgedanken einer bereits in der ersten Hälfte des 18. Jahrhunderts sich formierenden Systemkritik aufgenommen zu haben,[17] die die Geschlossenheit des rationalistischen Systemdenkens als ein Verfehlen der Wirklichkeit desavouierten. Gegen die rationalistische Fixierung des Denkens in der Einheit eines Vernunftsystems wurde das Argument geltend gemacht, dass sich die Wirklichkeit nicht in einer starren Begriffsstruktur fassen lasse.

Für Schlegel führten die begrifflich fixierten Systeme der Philosophie in die Irre und reduzierten Prozesse des Denkens und des Wissenserwerbs auf starr festgefügte Mechanismen.[18] Bereits in den *Athenäums-Fragmenten* finden sich systemkritische Überlegungen Schlegels in pointierter Form. Über die Wirklichkeitsferne des theoretischen Systemdenkens heißt es dort, dass es mit den „Aussprüchen des Gefühls und Gemeinsinnes im Widerspruch steht" und „das Wirkliche in Schein verwandelt; oder sich aller Entscheidung enthält".[19] Das Ideal eines vollkommenen Systems wird von Schlegel als „lähmende Idee des Unverbesserlichen" umschrieben, als ein „Unding", wobei eine Anwendung dieser Idee auf die Wirklichkeit für den Gebrauch der Vernunft sogar gefährliche, schädliche Wirkung erwarten lasse.[20] Aus diesen Gründen gehöre zur Vielseitigkeit „nicht allein ein weitumfassendes System", sondern immer auch „Sinn für das Chaos außerhalb desselben".[21] Der aus diesen Einsichten entwickelte Anspruch des Unsystematischen reklamiert das Wissen um die Unvollendbarkeit allen Wissens über die Welt, das von keinem philosophischen Sys-

---

17   Vgl. Christian Strub, „System", in: *Historisches Wörterbuch der Philosophie*, hg. von Joachim Ritter, Karlfried Gründer und Gottfried Gabriel, Bd. 10, Basel 1998, Sp. 824–856. Die Kritik am Systemdenken im 18. Jahrhundert entsteht nach Strub, ebd., Sp. 845, in einem unübersichtlichen Feld verschiedener philosophischer Ansätze.

18   Vgl. Fr. Schlegel, *Lessings Gedanken und Meinungen*, KSA, Bd. 3, S. 47,12–14: „Denn das Wissen ist, wie bekannt, nicht ein bloßer Mechanismus, sondern geht nur aus dem eigenen freien Denken hervor".

19   Vgl. Fr. Schlegel, *Athenäums-Fragmente*, KSA, Bd. 2, S. 191,23–192,6 (Nr. 168).

20   Vgl. Fr. Schlegel, *Georg Forster*, KSA, Bd. 2, S. 96,26–32.

21   Fr. Schlegel, *Athenäums-Fragmente*, KSA, Bd. 2, S. 262,1–3 (Nr. 55).

tem erschöpfend gefasst werden kann. „Auch das größte System", so Schlegel
über diese prinzipielle Uneinholbarkeit der Wirklichkeit durch das Denken,
„ist doch nur Fragment".[22] Eben in ihrer fragmentarischen Form demonstrieren die Fragmente des *Athenaeum* in performativer Weise die frühromantische
Systemkritik. Zugleich sind sie in ihren blitzartigen Vorgriffen auf den unein-
holbaren Zusammenhang des Ganzen „fragmentarische Mystik".[23] Schon hier
also, in den Fragmenten des *Athenäum*, wird die Mystik als Alternative zum
Denken in festgefügten Vernunftsystemen in Stellung gebracht.

Wie früh diese Kritik an der starren Einheitlichkeit des rationalistischen
Systemdenkens bei Schlegel angelegt war, wie tiefgreifend sie sein Denken zeit-
lebens bestimmt hat, erhellt sich aus einem frühen Brief Friedrich Schlegels aus
dem Jahr 1793, in dem der 21-Jährige seinem Bruder August Wilhelm, der gegenüber dem Systemdenken der Philosophie ebenfalls kritisch eingestellt war, eine
Unterscheidung zwischen ‚System' und ‚Geist des Systems' vorträgt, die eine
Grundintuition seines Denkens ist:

> Ich muß zwey Dinge gegen Dich in Schutz nehmen die Du verkennst, das
> System und das Ideal. Ich weiß, der schändliche Mißbrauch sinn- und
> seelenloser Vernünftler hat diese Namen für Dich sehr besudelt; aber Du
> siehst nur darauf und verkennst, verachtest ungerechter Weise die köstli-
> chen [...] Urkunden unsres göttlichen Adels. – Was wir in Werken, Hand-
> lungen und Kunstwerken Seele heißen (im Gedichte nenne ichs gern
> Herz) im Menschen Geist und sittliche Würde, in der Schöpfung Gott, –
> lebendigster Zusammenhang – das ist in Begriffen System. Es giebt nur
> Ein wirkliches System – die große Verborgene, die ewige Natur, oder die
> Wahrheit. – Aber denke Dir alle menschliche Gedanken als ein Ganzes, so
> leuchtet ein, daß die Wahrheit, die vollendete Einheit das nothwendige
> obschon nie ganz erreichbare Ziel alles Denkens ist. [...]. Und laß michs
> hinzusetzen, daß der Geist des Systems, der etwas ganz anders ist als ein
> System, allein zur Vielseitigkeit führt – welches paradox scheinen kann,
> aber sehr unläugbar ist.[24]

Ethos (Sittlichkeit), Gott, Natur und Wahrheit erscheinen als uneinholbare
Ganzheit, die nicht als begriffliches System erfassbar und erreichbar ist, deren
allumfassender „lebendigster Zusammenhang" aber dennoch erfahren und im
Denken und Handeln des Menschen wirksam wird. *In nuce* enthält dieser

---

22   Fr. Schlegel, *Fragmente zur Litteratur und Poesie*, KSA, Bd. 16, S. 163,31 (Nr. 930).
23   Fr. Schlegel, *Phil. I.J: Phil. Frag., 1,2*, KSA, Bd. 18, S. 90,21 (Nr. 730).
24   Fr. Schlegel, *Brief an A.W. Schlegel vom 28. August 1793*, KSA, Bd. 23, S. 129,34–130,9.

Gedanke bereits Grundzüge der späteren systemkritischen Philosophie Friedrich Schlegels, die auch bei der Abwendung vom pantheistischen Monismus eine Rolle spielen wird.[25]

Auch wenn der junge Friedrich Schlegel ein glühender Verfechter pantheistischer Naturphilosophie im mystischen Sog des ἕν καὶ πᾶν (hén kaí pán) war und insbesondere in der Athenaeum-Zeit einem naturreligiösen Pantheismus anhing, der Spinozas Philosophie für eine vollkommene Charakteristik der Gottheit hielt,[26] begann Schlegel nach 1800 den Pantheismus als den „Geist des Rationalismus" vehement abzulehnen.[27] Ohne Berücksichtigung der systemkritischen Überlegungen, die dieser Ablehnung zugrunde liegen, bliebe unverständlich, warum sich Schlegel trotz seiner Neigung zur pantheistisch inspirierten, frühromantischen Alleinheitsmystik zum maßgeblichen Kritiker pantheistischer Lehren entwickelte.

Die Distanzierung vom spinozistischen Pantheismus baut auf einer Problematisierung auf, die als Kritik am Vernunftmonismus des rationalistischen Systemdenkens vorgebracht wird. Als dessen historische Grundlage erkannte Schlegel den Pantheismus: „Der Pantheismus ist das System der reinen Vernunft".[28] Systematisch dargestellt wurde die Beurteilung des Pantheismus als einer Philosophie, die „sich einzig und allein auf eine vorgebliche Vernunfterkenntnis gründet",[29] erstmals in Schlegels Buch Über die Sprache und Weisheit der Indier (1808). Sie ist das Ergebnis der ausgedehnten religionshistorischen Studien seiner Pariser und Kölner Jahre und hält sich durch bis in die Vorlesungen der Spätphilosophie Friedrich Schlegels, wo sie zu einer umfassenden Kritik am „Geist des Rationalismus" erweitert wird.[30]

In den Kölner Vorlesungen erscheint der Pantheismus als eine Denkform, der zufolge es „durchaus nur ein einziges, absolut notwendiges, reelles, allervollkommenstes Wesen" gäbe,

> in dem alle Verschiedenheit, alle Absonderung und Trennung gänzlich wegfällt, alles in die eine höchste Realität sich auflöst und außer dem alleinigen göttlichen Sein kein anderes möglich ist. Hier kann also auch weder Böses, noch Übel, noch Unvollkommenheit stattfinden, denn alles wahrhaft Wirkliche ist ja eines und dasselbe, gleich notwendig und absolut.[31]

---

25 Vgl. Behler / Struc-Oppenberg, Einleitung [Anm. 4], KSA, Bd. 8, S. XLf.
26 Vgl. Fr. Schlegel, Phil. LJ: Phil. Frag., I,2, KSA, Bd. 18, S. 90,6f. (Nr. 724).
27 Fr. Schlegel, Philosophie des Lebens, KSA, Bd. 10, S. 220,31.
28 Fr. Schlegel, Über die Sprache und Weisheit der Indier, KSA, Bd. 8, S. 243,25f.
29 Fr. Schlegel, Anhang zur Logik: Kritik der philosophischen Systeme, KSA, Bd. 13, S. 365,11f.
30 Fr. Schlegel, Philosophie des Lebens, KSA, Bd. 10, S. 220,31.
31 Fr. Schlegel, Anhang zur Logik: Kritik der philosophischen Systeme, KSA, Bd. 13, S. 366,22–28.

Dies, so argumentiert Schlegel weiter, sei gleichbedeutend mit einer „Vernichtung aller Mannigfaltigkeit und Verschiedenheit".[32] Zudem könne die pantheistische Philosophie nur einen bloß abstrakten und negativen Begriff des Unendlichen geben.[33]

In den späten Vorlesungen wird Schlegel die pantheistische Naturphilosophie als eine nur scheinbare Hinwendung zur Natur kritisieren. In dieser Philosophie, so Schlegel, ginge es eben „nicht [um] die Natur, sondern [um] jenes ihr zugrunde gelegte Vernunftphantom, welches auf das Höchste aufgestellt und vergöttert wurde".[34] Zwar versuche der Pantheismus durchaus, die Fülle des Lebens in der Natur in den Blick zu nehmen, doch letztlich führe der pantheistische Monismus in seiner Anwendung auf lebendige Formen in das „alte metaphysische Einmaleins"[35] und in den „leeren Raum des absoluten Denkens"[36]. Der „absolute Vernunft-Abgott"[37] als das pantheistische Grundprinzip stellt für Schlegel eine abstrakte Verirrung der Vernunft dar, die sich selbst vergöttere und eine metaphysische Lüge anstelle der lebendigen Fülle der Wirklichkeit setze.

Die kritische Umwertung der philosophischen Positionen des Pantheismus bedingt auch Schlegels Kritik an der Philosophie des Idealismus, der nach Schlegels Argumentation ebenso wie der pantheistische Monismus mit der Annahme im Irrtum war, dass die vollkommene Form der Philosophie in der systematischen Einheit bestehe.[38]

In Schlegels Spätphilosophie lassen sich zwei verschiedene Verwendungen des Begriffes der ‚Einheit' unterscheiden. In dem einen ist die ‚Einheit' als Totalität und Vernunftmonismus gedacht, eine Vorstellung, die Schlegel ablehnt. Auf diesen monistischen Begriff von Einheit zielt seine Kritik an den Formen des Idealismus, welche die „Gottheit aus der Ichheit oder dem Gesetz der Vernunft hervorgehen" lassen.[39] Für diesen Begriff von Einheit verwendet Schlegel die Bezeichnung ‚System'. Die Rede ist von „den abstract leeren, eigentlich nichts sagenden Begriffen der gewöhnlichen Vernunftsysteme" und von der „todten Metaphysik des Nichts",[40] in der alles Denken „lebendig begra-

32   Fr. Schlegel, *Die Entwicklung der Philosophie*, KSA, Bd. 12, S. 239,15 f.
33   Fr. Schlegel, *Über die Sprache und Weisheit der Indier*, KSA, Bd. 8, S. 217,3–9.
34   Fr. Schlegel, *Philosophie des Lebens*, KSA, Bd. 10, S. 16,21–23.
35   Fr. Schlegel, *Philosophie des Lebens*, KSA, Bd. 10, S. 16,24.
36   Fr. Schlegel, *Philosophie des Lebens*, KSA, Bd. 10, S. 16,35.
37   Fr. Schlegel, *Philosophie des Lebens*, KSA, Bd. 10, S. 16,36.
38   Fr. Schlegel, *Lessings Gedanken und Meinungen* KSA, Bd. 3, S. 100,13–23.
39   Fr. Schlegel, *Über die Sprache und Weisheit der Indier*, KSA, Bd. 8, S. 207,16 f.
40   Fr. Schlegel, *Philosophie der Sprache und des Wortes*, KSA, Bd. 10, S. 344,1 f.

ben" werde.[41] Diese negativ bestimmte Einheit ist für Schlegel „jenes reine, abstracte und vom Leben abgesonderte Denken",[42] das „allein von sich selbst aus[geht]".[43] Damit formuliert er Kritik an einer „Gewaltsamkeit" des Systemdenkens, das alle Unterschiede einebnet. Es ist, so Schlegel, dem System zu eigen, „daß ihm gewaltsam alles angepasst und es weit über die Gränzen der Wahrheit hinaus ausgedehnt und überall angewendet" wird.[44] Einem solchen Systemdenken, in dem der Begriff der ‚Einheit' ohne Verschiedenheit gedacht sei, entspreche zudem eine „seichte und ungenügende Vernunftmoral",[45] in der alles

> zu der bloß empirischen Denkart herabsinkt, wo der Gedanke der Gottheit, wenn auch dem Namen nach stehen bleibt, doch im Grunde vernichtet wird, überhaupt die Idee ganz verschwindet, und der Mensch unter dem Vorwand einer vernünftigen Beschränkung auf den allein nützlichen Erfahrungskreis, den höheren Geist [...] als ein falsches Streben aufgibt.[46]

Alternativ versucht Schlegel einen Begriff von ‚Einheit' zu entwerfen, der die gewaltsam-identitätslogischen Anpassungen und Einebnungen des Systemdenkens vermeidet. Ein solcher alternativer Begriff der ‚Einheit' soll offenbar nicht auf das Prinzip der Identität gerichtet sein (oder, wie Hegel es nannte, auf das Bestreben, allein in der Auflösung aller Gegensätze Befriedigung zu suchen[47]) und auch nicht darauf, Gegensätze und Differenzen aufzuheben. Bereits in der Vorlesung über *Propädeutik und Logik* (Köln 1805/1806) hat Schlegel den für ihn zentralen und bis in die Spätphilosophie maßgeblich bleibenden Gedanken formuliert: „Der eigentliche Punkt, worauf es bei der Bestimmung des wahren Begriffes der Gottheit ankommt, ist, daß dieser außer der Idee der unendlichen Einheit vor allem die Idee der unendlichen Fülle in

41 Fr. Schlegel, *Philosophie der Sprache und des Wortes*, KSA, Bd. 10, S. 316,20.
42 Fr. Schlegel, *Philosophie der Sprache und des Wortes*, KSA, Bd. 10, S. 323,17.
43 Fr. Schlegel, *Philosophie der Sprache und des Wortes*, KSA, Bd. 10, S. 323,21.
44 Fr. Schlegel, *Philosophie der Sprache und des Wortes*, KSA, Bd. 10, S. 315,33–35.
45 Fr. Schlegel, *Von der wahren Liebe Gottes*, KSA, Bd. 8, S. 544,13 f.
46 Fr. Schlegel, *Über die Sprache und Weisheit der Indier*, KSA, Bd. 8, S. 303,26–32.
47 Vgl. Hegel, *Solger-Rezension*, ed. Walter Jaeschke, *Berliner Schriften (1818–1831)*, Hamburg 1997, S. 204,12–19: Es sei das „*spekulative* Bedürfnis der Vernunft" „der Mut, dieselben [scil. die höchsten Gegensätze und der Widersprüche, die daraus entspringen] nicht mit Klagen und Demut auf die Seite zu stellen, sondern ihnen in ihrer ganzen Bestimmtheit und Härte ins Angesicht zu sehen und allein in ihrer Auflösung die Befriedigung des Geistes zu suchen und zu gewinnen".

sich enthält".[48] Eine solche Einheit, die Gott in der „Fülle des Lebens und der
Liebe in ihm" erkennen will,[49] beruhe als „lebendige[...] Erkenntnis"[50] nicht
auf der Begründung von Identität, sondern auf dem Gefühl „inneren Zusammenhang[s]",[51] auf dem Durchdrungen-Sein aller Dinge von diesem Zusammenhang, in dem „alles [...] in einander[greift]"[52] und in gegenseitigem Verhältnis steht. In diesem „Gefühl oder Vorgefühl [der] göttlichen Fülle"[53] liegt
für Schlegel „Offenbarung, wo alles ineinandergreift und innig verbunden"
ist.[54]

3 Friedrich Schlegels Idealismuskritik und die Unterscheidung zwischen ‚falscher' und ‚wahrer' Mystik

Schlegels Entwicklung eines systemkritischen Philosophiekonzeptes, das sich
vor allem gegen einen Begriff monistischer Einheit richtet, korrespondiert mit
einer Unterscheidung zwischen ‚falscher' und ‚wahrer' Mystik, die für das Verständnis seiner späten Philosophie ebenso grundlegend ist. Diese Unterscheidung findet sich in Schlegels Schrift *Anfangspunkte des christlichen Nachdenkens* aus dem Jahr 1820 und sie markiert für Schlegel eine Differenz, die von ihm
auf das Gesamtgefüge religiöser Vorstellungen und Inhalte seiner Zeit bezogen wird.[55] Sie dokumentiert zum einen, wie sehr sich seine weltanschauliche
Haltung in seiner Spätphilosophie gewandelt hat, denn mit dem religiösen
Pluralismus der *Athenäum*-Zeit hat diese Mystik-Auffassung kaum noch etwas
zu tun. Hinsichtlich des systemkritischen Grundgedankens stellt diese Unterscheidung gleichwohl eine Verbindungslinie zwischen dem frühen und dem
späten Denken her.

Die Entgegensetzung von wahrer und falscher Mystik entspricht der Gegenüberstellung eines positiv bewerteten Idealismus des Glaubens (Mystik) und
eines Idealismus der „Ichheit",[56] den Schlegel ablehnt. Bei letzterem hat er
insbesondere die Philosophie Fichtes im Auge. In den Aufzeichnungen der

48 Fr. Schlegel, *Anhang zur Logik: Kritik der philosophischen Systeme*, KSA, Bd. 13, S. 370,13–16.
49 Fr. Schlegel, *Von der wahren Liebe Gottes*, KSA, Bd. 8, S. 539,35 f.
50 Fr. Schlegel, *Von der wahren Liebe Gottes*, KSA, Bd. 8, S. 539,35.
51 Fr. Schlegel, *Philosophie der Sprache und des Wortes*, KSA, Bd. 10, S. 316,26.
52 Fr. Schlegel, *Gespräch über die Poesie*, KSA, Bd. 2, S. 313,9 f.
53 Fr. Schlegel, *Von der wahren Liebe Gottes*, KSA, Bd. 8, S. 539,37.
54 Fr. Schlegel, *Von der wahren Liebe Gottes*, KSA, Bd. 8, S. 540,27 f.
55 Vgl. Fr. Schlegel, *Anfangspunkte des christlichen Nachdenkens*, KSA, Bd. 8, S. 565,38–566,8
    (einschl. Anm.).
56 Vgl. Fr. Schlegel, *Phil. LJ, II,12: Zur Philosophie 1806, 2*, KSA, Bd. 19, S. 244,21 (Nr. 331).

Philosophischen Lehrjahre wird Fichtes Wissenschaftslehre auch als „*Bildungslehre d[er] reinen Ichheit*" angeführt.[57]

Im Wesentlichen sind es drei Irrtümer, die Friedrich Schlegel der von ihm so genannten ‚falschen' Mystik zum Vorwurf macht:

> 1) Das Feststellen der Ichheit in sich selbst, woraus der eigentliche Idealismus hervorgeht. 2) Das Versinken in das Nichts und die leere Verneinung oder einen solchen Begriff von allgemeiner Einheit, durch welchen alle Unterschiede (auch der zwischen Schöpfer und Geschöpf) völlig aufgehoben und vernichtet werden; und in diesem Extrem solcher Ansicht ist es Pantheismus. 3) Die Zerstreuung in den leeren Schein.[58]

Die ‚falsche' Mystik wurzelt Schlegel zufolge in einem leeren Begriff allgemeiner Einheit, der als monistisch abgelehnt wird, weil er in einseitiger Weise allein vom Prinzip der ‚Ichheit' ausgeht, was für ihn eine Verfälschung der objektiven Wirklichkeit darstellt: „Indem sie [scil. die idealistische Philosophie] von der abgeleiteten Ichheit aus die Welt rekonstruieren will, verfälscht sie die Welt, deren eigentlicher objektiver Zusammenhang nicht im Ich, sondern in Gott liegt".[59] Zudem führe der „falsche Mystizismus" zu einer „leere[n] Verneinung" des Seins.[60] Insbesondere die durch die ‚falsche Mystik' vermittelte Gottesvorstellung weist Schlegel zurück, insofern sie eine einseitige und bloß negative Ansicht Gottes als starre und ewige Einheit vermittle und von der „Einerleiheit seines Wesens" ausgehe.[61]

Das Vorbild für die ‚wahre Mystik', das von diesen negativen Bestimmungen abgesetzt wird, findet Schlegel dagegen in den „mystischen Schriften der frühern Jahrhunderte, besonders auch unsers deutschen Mittelalters", die für ihn „einen wahren Schatz von vortrefflichen Lehren und auch von der tiefsten wissenschaftlichen Erkenntnis" enthalten.[62]

---

57   Fr. Schlegel, *Phil. LJ: Phil. Frag., I,1*, KSA, Bd. 18, S. 35,22 (Nr. 175).
58   Vgl. Fr. Schlegel, *Anfangspunkte des christlichen Nachdenkens*, KSA, Bd. 8, S. 567,31–36 (Fußnote).
59   Benno von Wiese, *Friedrich Schlegel: Ein Beitrag zur Geschichte der romantischen Konversionen*, Berlin 1927, S. 144.
60   Fr. Schlegel, *Anfangspunkte des christlichen Nachdenkens*, KSA, Bd. 8, S. 566,17f. (Anm.).
61   Fr. Schlegel, *Von der wahren Liebe Gottes*, KSA, Bd. 8, S. 536,32f.
62   Fr. Schlegel, *Anfangspunkte des christlichen Nachdenkens*, KSA, Bd. 8, S. 567,22–25.

4   Friedrich Schlegels Mystik-Begriff

Ernst Behler veranlassten die eben zitierten sowie weitere im späten Werk nachweisbare Aussagen zu der Überzeugung, dass es in Schlegels Spätphilosophie vor allem „um eine Begründung der Theologie aus der mystischen Tradition des späten Mittelalters, der Neuzeit und der Sokratisch-Platonischen Philosophie" gehe.[63] In der Einleitung zum achten Band der Kritischen-Friedrich-Schlegel-Ausgabe (KSA), der Schlegels zu Lebzeiten veröffentlichte philosophische und theologische Schriften enthält, betont Behler, dass Friedrich Schlegels „Metaphysik einer inneren Erfahrung der Gottheit" durchaus *nicht* mit dem zeitgenössischen Katholizismus im frühen 19. Jahrhundert übereinstimme, weil, so Behlers Begründung, Schlegels spätes Denken sich aus historischen Quellen speise, die in der mystischen Tradition des späten Mittelalters, der Neuzeit und darüber hinaus des Platonismus lägen.[64] Inwiefern Schlegels Positionen als „Weiterbildung dieser Strömungen zu einer modernen Form des Katholizismus" aufgefasst werden können, so fügt Behler hinzu, ist eine Frage, die eine „Untersuchung, [...] in umfassenderen theologischen Zusammenhängen" erforderlich machen würde.[65]

Festzuhalten bleibt jedoch die Relevanz mystischer Traditionen des Mittelalters und der Neuzeit für Schlegels Spätphilosophie. Abgesehen aber von der allgemein bleibenden Hervorhebung der Bedeutung mittelalterlicher und neuzeitlicher Mystik findet sich in diesem Band kein Hinweis darauf, auf welche Vorbilder und Quellen der mittelalterlichen Mystik Schlegel konkret zurückgegriffen hat. So wird Meister Eckhart weder in diesem noch in den übrigen Bänden der Kritischen-Friedrich-Schlegel-Ausgabe erwähnt, so dass man den Eindruck gewinnt, dass Schlegel die Schriften mittelalterlicher Mystiker kaum rezipiert hat. Das jedoch wirft die Frage auf, wieso Schlegel seine Vorstellung ‚wahrer Mystik' in den „mystischen Schriften der frühern Jahrhunderte, besonders auch unsers deutschen Mittelalters" verortet hat, das für Schlegel, wie es an der oben bereits zitierten Stelle hieß, „einen wahren Schatz von vortrefflichen Lehren und auch von der tiefsten wissenschaftlichen Erkenntnis" enthielt.[66]

---

63   Ernst Behler, „Schlegels späte Idealismuskritik und das Thema der ‚Göttlichen Dinge'", in: *Religionsphilosophie und spekulative Theologie: Der Streit um die göttlichen Dinge (1799–1812)*, hg. von Walter Jaeschke, Hamburg 1994, S. 174–194, hier S. 193. Behler vertritt in diesem Zusammenhang die These, dass sich Schlegels Position nicht in Übereinstimmung mit dem Katholizismus befunden habe.

64   Vgl. Behler / Struc-Oppenberg, *Einleitung* [Anm. 4], KSA, Bd. 8, S. CLIf.

65   Vgl. Behler / Struc-Oppenberg, *Einleitung* [Anm. 4], KSA, Bd. 8, S. CLII.

66   Siehe oben, S. 63.

Ein ganz anderes Bild ergibt sich, wenn man die Ausgabe der Briefe von und an August Wilhelm Schlegel durch Josef Körner in den Blick nimmt,[67] die durch die digitale Edition der Korrespondenz August Wilhelm Schlegels seit Juni 2014 wieder einer breiten wissenschaftlichen Öffentlichkeit zugänglich gemacht werden.[68] Für jene Lebensphase, die Schlegel selbst rückblickend als Zeit des „Übergang[s] zur Religion aus dem bloß Poetischen"[69] bezeichnete und in der sich die Neubewertung des Pantheismus und der idealistischen Philosophie vollzog, zeigen diese Briefe die Auseinandersetzung mit bedeutenden Autoren der mittelalterlichen Mystik und dokumentieren ein intensives Interesse an den Schriften Meister Eckharts, Heinrich Seuses und Johannes Taulers. Am 22. Dezember 1807 etwa, wenige Monate vor seiner katholischen Konversion, schrieb Friedrich Schlegel aus Köln an seinen Bruder August Wilhelm:

> Des *Mittelalters* bitte ich Dich in München u in Wien so sehr eingedenk zu sein, als Deine übrigen Absichten nur immer erlauben. [...]. Ferner frage doch nach Handschriften von Meister Eccardus – ein Theolog u Philosoph des 14ten Jahrhunderts der außer seinen lateinischen auch *Deutsche* Schriften u Predigten geschrieben hat – er lebte u blühte besonders in Oesterreich – er war sehr berühmt nach Urtheilen u Anführungen späterer zu urtheilen – vielleicht der tiefsinnigste Philosoph den Deutschland je gehabt hat.[70]

Ähnlich heißt es in einem Brief vom 6. Januar 1808: „Vergiß nicht für mich auf der Wiener Bibl. nach *Deutschen* Handschriften oder alten Editionen von *Henricus Suso* (Henrich Süß) besonders aber von *Maister Eckart* (Magister Eccardus) zu fragen".[71]

---

67   *Briefe von und an August Wilhelm Schlegel*, hg. von Josef Körner, Zürich/Leipzig/Wien 1930 (2 Bde.); siehe auch: *Krisenjahre der Frühromantik: Briefe aus dem Schlegelkreis*, hg. von Josef Körner, Bern/München 1958; ²1969 (3 Bde.). Im Folgenden werden die Briefe Friedrich Schlegels freilich nach KSA zitiert (III. Abteilung: *Briefe von und an Friedrich und Dorothea Schlegel*: Bd. 23 [1788–1799], Bd. 24 [1797–1799], Bd. 25 [1799–1802], Bd. 26 [1802–1808], Bd. 27 [1809–1810] [noch in Vorbereitung], Bd. 28 [1811–1814] [noch in Vorbereitung], Bd. 29 [1814–1818], Bd. 30 [1818–1823], Bd. 31 [1823–1827] [noch in Vorbereitung] und Bd. 32 [1827–1838] [noch in Vorbereitung]).

68   *Digitale Edition der Korrespondenz August Wilhelm Schlegels* (Philipps-Universität Marburg; Trier Center für Digital Humanities; Sächsische Landesbibliothek – Staats- und Universitätsbibliothek Dresden [SLUB]; Deutsche Forschungsgemeinschaft); aufrufbar unter: http://august-wilhelm-schlegel.de/briefedigital/.

69   Behler / Struc-Oppenberg, *Einleitung* [Anm. 4], KSA, Bd. 8, S. CVIII.

70   Fr. Schlegel, *Brief an A. W. Schlegel vom 22. Dezember 1807*, KSA, Bd. 26,2, S. 294,6–15.

71   Fr. Schlegel, *Brief an A. W. Schlegel vom 6. Januar 1808*, KSA, Bd. 26,2, S. 303,32–34.

Und nochmals richtet Friedrich Schlegel sich einige Monate später, im März 1808 mit diesem Anliegen an seinen Bruder: „Frage doch auf der Bibl. nach *Deutschen* Mscrpten von *Meister Eckard* und *Henricus Suso*".[72]

Wohl aufgrund dieser anhaltenden und hartnäckigen Anfragen Friedrich Schlegels an den Bruder, in österreichischen Bibliotheken vor allem nach Handschriften und Drucken von Schriften Meister Eckharts zu suchen, steht Friedrich Schlegel in dem Ruf, die wissenschaftliche Wiederentdeckung Meister Eckharts im 19. Jahrhundert initiiert zu haben.[73]

Zeitweise publizierte Schlegel zudem unter dem Pseudonym ‚Meister Eckardt', so zum Beispiel seinen Text *Rückkehr des Gefangenen* aus dem Jahr 1807, in dem er das Programm einer sozial-religiösen, kulturellen Erneuerung entwirft.[74] Ob Schlegel tatsächlich Schriften Meister Eckharts ausfindig machen konnte und gelesen hat, ist fraglich. Seine dem Bruder gegenüber geltend gemachte Auffassung, es handle sich bei Eckhart um den „vielleicht tiefsinnigste[n] Philosoph[en]" Deutschlands, stammt vermutlich aus der Philosophiegeschichte Bruckers.[75] In den Briefen an den Bruder erwähnt Schlegel vor allem Trithemius *De scriptoribus ecclesiasticis*, ein Werk, das Eckharts lateinische Schriften auflistet.[76]

Es gibt jedoch durchaus Parallelen zwischen Gedanken der mittelalterlichen Mystik, insbesondere Meister Eckharts, und Schlegels Vorstellung ‚wahrer' Mystik, die in diesem Zusammenhang nicht unerwähnt bleiben sollen. Sie betreffen wohl weniger Schlegels Kritik an der idealistischen Philosophie unter dem Aspekt der ‚Ichheit' als Verfälschung des objektiven Wirklichkeitszusammenhanges, der für Schlegel nicht im Ich, sondern in Gott liegt. Zwar greift Schlegel damit auf einen zentralen Gedanken der Mystik zurück, der gerade eine Abkehr von sich selbst,[77] von der eigenen Ichheit zur Voraussetzung der Erkenntnis macht, doch freilich ist dieser Gedanke auch der neuzeitlichen

---

72   Fr. Schlegel, *Brief an A.W. Schlegel vom 18. März 1808*, KSA, Bd. 26,2, S. 325,37–39.

73   Vgl. Rudolf Vierhaus (Hg.), *Deutsche Biographische Enzyklopädie*. Zweite, überarbeitete und erweiterte Ausgabe, Bd. 2: Brann–Einslin, München 2005, S. 827.

74   Fr. Schlegel, *Rückkehr des Gefangenen*, KSA, Bd. 5, S. 392,1–397,186 (erstmals in: *Prometheus: Eine Zeitschrift*, hg. von Leo von Seckendorf und Josef Ludwig Stoll, Wien: in Geistingers Buchhandlung, 1808, 3. Heft, S. 49–57 [Gezeichnet ‚Meister Eckardt']).

75   Vgl. Jakob Brucker, *Historia Critica Philosophiae*, Leipzig 1742, Bd. 3, S. 844,8 f.: *Maxime vero notabilis est seculo XIV ECCARDVS Saxo-Teutonicus, Ordinis Praedicatorum.*

76   Vgl. Johannes Trithemius, *Liber de scriptoribus ecclesiasticis*, Basel, nach dem 28. August 1494, fol. 78v,12–35; hier fol. 78v,12–15: *Eckardus natione teutonicus: ordinis ut quidā uolunt prædicatorū: uir in diuinis scripturis eruditus & in philosophia aristotelica omniū suo tempore doctissimus: ingenio subtilis & clarus eloquio.* Vgl. Ingeborg Degenhardt, *Studien zum Wandel des Eckhartbildes*, Leiden 1967, S. 75–78.

77   Vierhaus, *Deutsche Biographische Enzyklopädie*, Bd. 2 ([2]2005) [Anm. 73], S. 48.

Mystik geläufig. Vielmehr geht es um Schlegels Kritik an der ‚falschen' Mystik des Idealismus als einer bloß negativen und verneinenden Ansicht göttlicher Dinge, die einen einseitigen und starren Einheitsbegriff vertritt, der den für Schlegel zentralen Aspekt der Fülle vernachlässigt.

In seinem Text *Von der wahren Liebe Gottes und dem falschen Mystizismus* von 1819 verortet Friedrich Schlegel die Ursachen des ‚falschen', von ihm abgelehnten Mystizismus in der Vorstellung einer starren und ewigen Einheit Gottes, da ein solcher Begriff nicht hinreichend sei und man mit der Einheit zugleich auch die „wundervolle Fülle der Herrlichkeit Gottes und seiner Offenbarungen" annehmen müsse.[78] Die falsche Vorstellung starrer Einheit bringt Schlegel mit dem Prinzip leerer Verneinung in Verbindung, das von ihm als eine „bloß negative[ ] Ansicht" Gottes abgelehnt wird.[79]

Obwohl bei Meister Eckhart positive Aussagen über Gott als unangemessen zurückgewiesen werden, weil etwa die Aussage, Gott ist gut, Gott etwas hinzufügt,[80] unterwirft Eckhart auch das Prinzip der Verneinung einer Kritik, die den Grundsatz der Verneinung unter dem Aspekt der ‚Fülle' ablehnt. Positive Aussagen über Gott schließt Eckhart aus, da sie Gott mit etwas Geschaffenem in Beziehung bringen; negative Bestimmungen hingegen sind unter dem Gesichtspunkt der ‚Fülle' unzutreffend, weil sie etwas ausschließen, obwohl das Göttliche nichts verneint und ausschließt. Da Gott keine Begrenzungen aufweist, gibt es nichts, was er nicht ist; somit ist er „ein Verneinen des Verneinens":

> Eins ist ein Verneinen des Verneinens. Sage ich, Gott ist gut, so fügt das [Gott] etwas zu. Eins [dagegen] ist ein Verneinen des Verneinens [...]. Was meint ‚Eins'? Eins meint das, dem nichts zugelegt ist. [...]. Eins ist ein Verneinen des Verneinens. Alle Kreaturen tragen eine Verneinung in sich; die eine verneint, die andere zu sein. [...]. Gott aber hat ein Verneinen des Verneinens; er ist Eins und verneint alles andere, denn nichts ist außerhalb Gottes. [...].
>
> [...].
>
> Daraus, dass Gott Eins ist, daraus schöpft er alles, was er wirkt in den Kreaturen und in der Gottheit. Ich sage weiterhin: Einheit hat allein Gott. Gottes Eigenart ist die Einheit; daraus entnimmt Gott, dass er Gott ist, er

---

78   Vgl. Fr. Schlegel, *Von der wahren Liebe Gottes*, KSA, Bd. 8, S. 536,24–537,10.

79   Fr. Schlegel, *Von der wahren Liebe Gottes* KSA, Bd. 8, S. 536,31f.

80   Vgl. Meister Eckhart, *Pr. 21*, DW, Bd. 1, S. 363,1–3: *Ein meister sprichet: ein ist ein versagen des versagennen. Spriche ich, got ist guot, daz leget etwaz zuo.* [...]. *Waz meinet ein? Daz meinet ein, dem niht zuogeleget enist* („Sage ich, Gott ist gut, so fügt das [Gott] etwas zu. [...]. Was meint ‚Eins'? Eins meint das, dem nichts zugelegt ist").

wäre sonst nicht Gott. [...]. Gottes Reichtum und Weisheit und Wahrheit sind ganz und gar Eins in Gott; es ist nicht nur Eins, es ist Einheit. Gott hat alles, was er hat, im Einen, es ist Eins in ihm. [...]. Gott hat alle Fülle als Eins, und Gottes Natur hängt daran, und es ist der Seele Seligkeit, daß Gott Eins ist; es ist ihre Zier und ihre Ehre.[81]

In dieser gedanklichen Fassung Gottes als ‚Verneinen des Verneinens‘, der nichts ausschließt und verneint, liegt eine Kritik der traditionellen negativen Theologie, die Friedrich Schlegels Ablehnung bloß negativer oder verneinender Rede von Gott als Charakteristikum der ‚falschen‘ Mystik entspricht. Indem Gott bei Eckhart wie auch bei Schlegel nicht nur als Einheit sondern auch als Fülle begriffen wird, wird er zugleich auch als ‚Relation‘ begriffen.[82] Aus der Kritik am starren Einheitsdenken der traditionellen Metaphysik unter dem Gesichtspunkt der Fülle hat Schlegel eine dynamische Prozessontologie entwickelt, die auf die Relationalität des Ganzen als ‚lebendigster Zusammenhang‘ abzielt und damit eine frühe systemkritische Einsicht des jungen Schlegel fortentwickelt.[83] Diese Einsicht, die den dynamisch-relationalen Charakter der Philosophie des Lebens bei Schlegel prägte, begründet die starke Faszinationskraft der Mystik in Schlegels Denken.

81   Vgl. Meister Eckhart, *Pr. 21*, DW, Bd. 1, S. 361,10–363,8; S. 368,21–369,5: *[E]in ist ein versagen des versagennen. Spriche ich, got ist guot, daz leget etwaz zuo. Ein ist ein versagen des versagennes und ein verlougen des verlougenes. Waz meinet ein? Daz meinet ein, dem niht zuogeleget enist. [...]. Ein ist ein versagen des versagennes. Alle crêatûren hânt ein versagen an in selben; einiu versaget, daz si diu ander niht ensî. [...]. Aber got hât ein versagen des versagennes; er ist ein und versaget alle ander, wan niht ûzer gote enist. [...]. // [...]. // In dem daz got ein ist, in dem nimet er allez, daz er würket an crêatûren und an gotheit. Ich spriche mê: einicheit hât got aleine. Gotes eigenschaft ist einicheit; an dem nimet got, daz er got ist, er enwære anders got niht. [...]. Gotes rîchtuon und wîsheit und wârheit ist alzemâle ein in gote; ez enist niht ein, ez ist einicheit. Got hât allez, daz er hât, in einem; ez ist ein in im. [...]. Got hât alle vüllede als ein, und gotes natûre hanget daran und ist der sêle sælicheit, daz got ein ist; ez ist ir gezierde und ir êre.*

82   Vgl. Dietmar Mieth, *Meister Eckhart*. München 2014, S. 63–73.

83   Vgl. Dorit Messlin, *Antike und Moderne: Friedrich Schlegels Poetik, Philosophie und Lebenskunst*, Berlin/New York 2011, S. 286–391.

4

Friedrich Schlegel and the Mystical Kingdom of God

Asko Nivala

1   Introduction: The Power of Keys

Friedrich Schlegel's relationship to mysticism was ambivalent, but it changed over time like many of his views. 'Mysticism' has indeed a crucial place in his personal notebook *Philosophische Lehrjahre* (*Philosophical Apprenticeship*, 1796–1806), but in the 1790s Schlegel often gives it a negative meaning. For example, he emphasises that – together with one-sided scepticism and naïve empiricism – mysticism is among the three varieties of "logical sicknesses" (*logischen Krankheiten*).[1] He defines mysticism as an arbitrary positing of the absolute:

> If one has permission to arbitrarily posit something absolute, then nothing is easier than *to explain everything*. This is why the mystic really acquires the *positive part of philosophical endeavour*. Nobody has comprehended this as well as the Greek sophists, the recent mystics and among them Fichte. – This is a new reason why mysticism is incurable. Actually, he has definitely no interest in technical and historical issues. [...]. In fact, he is *Pope* in his domain, and has infallible power to open and to close heaven and hell with his keys.[2]

---

1   Fr. Schlegel, *Phil. LJ: Phil. Frag., I,1*, KSA, Vol. 18, p. 4,22 (no. 7). All translations are mine, if not indicated otherwise. See also Frederick C. Beiser, *German Idealism: The Struggle Against Subjectivism, 1781–1801*, Cambridge, Mass., 2002, p. 453.

2   Fr. Schlegel, *Phil. LJ: Phil. Frag., I,1*, KSA, Vol. 18, p. 3,16–27 (no. 2): "Hat man d[ie] Erlaubniß etwas Unbedingtes willkür[ich] zu setzen; so ist nichts leichter als *alles zu erklären*. Der Mystiker erreicht daher wirklich d[en] *positiven Theil der philosophischen Aufgabe*. Das hat niemand so gut begriffen als die Griech[ischen] Sophisten und d[ie] neuern Mystiker und unter ihnen Fichte. – Dieß ist ein neuer Grund warum d[er] My[stizis]mus unheilbar ist. Er hat eigentl[ich] durchaus kein Interesse für das Technische und Historische. [...]. Er ist eigentl[ich] *Pabst* in s.[einem] Gebiete, und hat d[ie] unfehlbare Macht, Himmel und Hölle durch s[einen] Schlüssel zu öffnen und zu schliessen". I am assuming that 'er' refers to Fichte; cf. Elizabeth Millán-Zaibert, *Friedrich Schlegel and the Emergence of Romantic Philosophy*, New York 2007, p. 88; Beiser, *German Idealism* (2002) [note 1], p. 440.

Schlegel was interested in the new wave of mystical philosophy in Germany, arguing that Johann Gottlieb Fichte's *Grundlage der gesammten Wissenschafts-lehre* (*Foundations of the Science of Knowledge*, 1794/95) was a sort of culmination point of this tendency. Schlegel suggested that Fichte's foundationalist idea of the Self (*Ich*) positing itself was in fact mystical.[3]

If we follow Elizabeth Zaibert's reading here, and assume that Schlegel developed his own antifoundationalism as a criticism of Fichte's position, it is easier to contextualise Schlegel's critique of mysticism: he thought that it was based on the arbitrary positing of the absolute foundation for philosophy.[4]

Schlegel's theological metaphor that Fichte is declaring things capriciously like the 'Pope' is often simply read as a witty comparison. However, in this essay, I suggest that this reference is related to Schlegel's early (in other words pre-Catholic) concept of the Kingdom of God. Schlegel is referring here to the Gospel of Matthew, where Jesus gives Peter the Power of the Keys: "Whatever you bind on earth shall be bound in heaven, and whatever you loose on earth shall be loosed in heaven." (Matt. 16:19). Similarly, Fichte's science of knowledge reclaims the right to decide who are considered to be free agents and who are not. If this is phrased in the terminology of Kant's philosophy of religion, it is a question about who belong to the noumenal kingdom and who are merely mechanical automata, that is to say either animals or conditioned machines.[5]

Although young Schlegel criticised Fichte's theoretical philosophy because of its foundationalism, he emphasised the need for a modern progressive 'culturation' (*Bildung*). Schlegel agreed with Fichte that in contrast with the cyclical history of Greek culture (which still belonged more to organic nature that properly human history), modern history was based on the endless approximation of an ideal.[6] According to Fichte, the Self strove to modify the Not-Self based on its moral ideal, but the essence of this task was infinite. Hence the principle of modern history was an endless approximation of the ideal.[7]

---

3 Cf. Fichte, *Grundlage der gesammten Wissenschaftslehre*, GA, Bd. I,2, p. 261,2 f.: *"Das Ich sezt ursprünglich schlechthin sein eignes Seyn"*.

4 About Schlegel's antifoundationalism, see Millán-Zaibert, *Friedrich Schlegel* (2007) [note 2], pp. 18–20.

5 Cf. Fr. Schlegel, *Phil. LJ: Phil. Frag., I,2*, KSA, Vol. 18, p. 20,31–34 (no. 24); id., *Phil. LJ: Phil. Frag., II,1*, KSA, Vol. 18, p. 296,10–13 (no. 1210).

6 Cf. Fr. Schlegel, *Phil. LJ: Phil. Frag., I,2*, KSA, Vol. 18, p. 29,26–32 (no. 119).

7 Cf. Hans-Joachim Krämer, "Fichte, Schlegel und der Infinitismus in der Platondeutung", in: *Deutsche Vierteljahrsschrift für Literaturwissenschaft und Geistesgeschichte* 62 (1988), pp. 583–621.

Messianic eschatology and the idea of progressive culturation played an important role in the emergence of Schlegel's philosophy of history; he writes in the *Athenäum* fragment no. 222 (1798):

> The revolutionary desire to realize the kingdom of God on earth is the elastic point of progressive civilization [*Bildung*] and the beginning of modern history. Whatever has no relation to the kingdom of God is of strictly secondary importance in it.[8]

The fragment can be traced to *Philosophische Lehrjahre*, where Schlegel explains its link with mysticism:

> When it comes to history, it has been clear to me for a long time that mysticism is the beginning of progressive cultivation and a mystical idea would be its aim. Now, however, progressive culturation is that, through which history reaches *unity*.[9]

In Schlegel's view, the merit of mystical thought was to be found in its tendency towards unity, whereas scepticism and empiricism were only capable of analytical decomposition in the area of history and politics.

It thus appears that Schlegel criticised mysticism as a foundationalist position of theoretical philosophy, but, at the same time, he exploited mystical ideas in practical philosophy, especially in his early Romantic philosophy of history. As the above given conflicting quotations show, there is an urgent need to clarify Schlegel's view on mysticism that appears to be either incoherent or at least fluctuating. This essay will analyse Schlegel's ambivalent stance to mysticism: if Schlegel first argued that mysticism is "a logical sickness", why he later maintained that realising a "mystical idea" (the Kingdom of God) would even

---

8   Fr. Schlegel, *Athenäums-Fragmente*, KSA, Vol. 2, p. 201,7–10 (no. 222): "Der revolutionäre Wunsch, das Reich Gottes zu realisieren, ist der elastische Punkt der progressiven Bildung, und der Anfang der modernen Geschichte. Was in gar keiner Beziehung aufs Reich Gottes steht, ist in ihr nur Nebensache" (transl. by Peter Firchow, in: Fr. Schlegel, *Philosophical Fragments*, Minneapolis 1991, p. 48). Firchow's translation of *Bildung* as 'civilization' is problematic. Cf. Asko Nivala, "Catastrophic Revolution and the Rise of Bildung", in: *Travelling Notions of Culture in Early Nineteenth-Century Europe*, ed. by Hannu Salmi, Asko Nivala and Jukka Sarjala, New York 2016, pp. 19–37.

9   Fr. Schlegel, *Phil. LJ: Phil. Frag., I,1*, KSA, Vol. 18, p. 6,12–15 (no. 23): "Was die Historie betrifft, so ist es mir schon lange klar gewesen, daß Mysticism der Anfang der progreßiven Bildung und eine mystische Idee, Ziel derselben sei. Nun ist aber die progreßive Bildung eben dasjenige wodurch *Einheit* in die Geschichte kommt".

be the aim of modern history? I will start by describing the context, explaining young Schlegel's criticism of mysticism in the 1790s and then discuss the development that led to the mystical Kingdom of God as the key principle of modern history.

2   Mysticism in the Context of German Public Sphere

In addition to *Philosophische Lehrjahre*, Schlegel commented on mysticism in an essay *Der deutsche Orpheus: Ein Beitrag zur neuesten Kirchengeschichte* about Johann Georg Schlosser.[10] Although Schlosser was associated with the German Enlightenment movement, he was a stubborn opponent of Kant's critical philosophy. Schlosser's book *Schreiben an einen jungen Mann, der die kritische Philosophie studiren wollte* (1797) criticised Kant by telling the cautionary story about the education of a young man who is interested in Kant's critical philosophy. Schlegel defended Kant's philosophy against Schlosser's representation in *Der deutsche Orpheus*. What is interesting for my argument, Schlegel also introduced the theme of mysticism in the text – Schlosser being a well-known Freemason.[11]

Throughout the essay, Schlegel makes fun of Schlosser's bombastic references to Greek antiquity and especially Orphic mysteries. For instance, Schlosser's narrator compares the young boy to Ulysses who must be tied to the mast of ship to protect him for the singing of the critical Sirens. However, when the boy becomes a young man, Schlosser compares his situation to Orpheus encountering Argonauten: he must now sing higher songs than the deceptive Kantians.[12] Moreover, Schlosser refers to the juxtaposition between mysticism and Kantian criticism, but Schlegel inverts this reference again against Schlosser, by arguing that if he is not a philosopher, he must then be a mystic. Furthermore, Schlegel suggests that Schlosser is a *Schwärmer*, an 'enthusiast',

---

10 Fr. Schlegel, *Der deutsche Orpheus*, KSA, Vol. 8, pp. 3–11; cf. Beiser, *German Idealism* (2002) [note 1], p. 452 and p. 676. For some reason Beiser claims that the ironic title of Schlegel's essay refers to a book called *Der deutsche Orpheus* that would have been written by Schlosser, but I have not found any references to such a book. However, the title of Schlegel's essay might be inspired by a poem published in Schiller's *Die Horen* in the same year; cf. Samuel Gottlieb Bürde, "Der neue Orpheus", in: *Die Horen: Monatschrift* 6 (1796), pp. 103 f.

11 Cf. Fr. Schlegel, *Rezension von Schlossers Schreiben an einen jungen Mann*, KSA, Vol. 8, pp. 33–37.

12 Cf. Schlosser, *Schreiben an einen jungen Mann*, Lübeck/Leipzig 1797, pp. 3,19–20,11; cf. Fr. Schlegel, *Der deutsche Orpheus*, KSA, Vol. 8, p. 3,5–27.

because he is guilty of hypostatisation of the products of imagination. According to this position, only 'intellectual intuition' (of which origin Schlosser traces
to Plato) is able to grasp the absolute.[13] Nevertheless, Schlegel argues that this
leaves open the possibility that there are also better, more coherent, mystics,
like Fichte's case indeed exemplifies.

It is important to emphasise that Schlegel's criticism of mysticism was
related to his idea of Kantian criticism, which implied a public scrutiny of
old opinions and dogmatic prejudices in the literary forum of magazines and
books. According to Schlegel, it is typical of mysticism that it has a non-
discursive idea of knowledge, which contradicts the very essence of philosophy: "The most consistent sceptics[,] mystics [and] empiricists are those who
in fact stop to philosophise. The genuine mystic will not communicate his opinion, until the extinction of humanity".[14]

Schlegel's own understanding of philosophy was based on *Symphilosophie*,
that is to say a Platonic ideal of unending dialogue and common quest for
the truth.[15] The mystic's assumed ability to posit a final solution for philosophical problems was obviously in contradiction with Schlegel's dialogic and
processual ideal of philosophising among a group of friends. As I have argued
elsewhere, Schlegel's idea of public criticism is not that far from the Enlightenment.[16]

In his essay about Lessing, Schlegel defines the criteria of public criticism:
"Inquiry, frank and careful inquiry of the opinions of the others, refutation
of many widely prevailing prejudices".[17] As Dirk von Petersdorff has shown,

---

13   Cf. Schlosser, *Schreiben an einen jungen Mann* (1797) [note 12], pp. 15,1–16,21; cf. Fr. Schlegel,
      Der deutsche Orpheus, KSA, Vol. 8, pp. 9,5–10,11. See also Dirk von Petersdorff, *Myste-
      rienrede: Zum Selbstverständnis Romantischer Intellektueller*, Tübingen 1996, pp. 149 f.

14   Fr. Schlegel, *Phil. LJ: Phil. Frag., I,1*, KSA, Vol. 18, p. 4,17–20 (no. 7): "Die aller consequentesten
      σκ [Skeptiker] My [Mystiker] Empiriker sind also die welche wirklich und in der That
      aufhören zu philosophiren. Der ächte Mystiker will seine Meinung gar nicht mittheilen,
      bis zur Vernichtung d[er] Humanität".

15   Cf. Fr. Schlegel, *Athenäums-Fragmente*, KSA, Vol. 2, p. 226,23 (no. 344): "Philosophieren
      heißt die Allwissenheit gemeinschaftlich suchen"; id., *Phil. LJ: Phil. Frag., I,1*, KSA, Vol. 18,
      p. 13,20–24 (no. 101). Cf. Krämer, *Fichte, Schlegel und der Infinitismus in der Platondeutung*
      (1988) [note 7].

16   Cf. Asko Nivala, "Friedrich Schlegel's early Romantic notion of religion in relation to two
      presuppositions of the Enlightenment", in: *Approaching Religion* 1/2 (2011), pp. 33–45; id.,
      "Critique and Naturalism: Friedrich Schlegel and the Principles of the Enlightenment",
      in: *The Enlightenment: Critique, Myth, Utopia. Proceedings of Symposium Arranged by the
      Finnish Society for Eighteenth-century Studies in Helsinki, 17–18 October 2008*, ed. by Char-
      lotta Wolff, Timo Kaitaro and Minna Ahokas, Frankfurt a.M. 2011, pp. 203–219.

17   Fr. Schlegel, *Lessings Gedanken und Meinungen*, KSA, Vol. 3, p. 52,8–10: "Prüfung, freimütige

Schlegel's criticism of mysticism is related to the underdeveloped 'public sphere'[18] (*Öffentlichkeit*) in Germany.[19]

   Although Schlegel criticised Schlosser's Orphic mode of knowledge, he was himself interested in the ancient tradition of Orphism. His interpretation of Orphism, and its historical sources, are documented in *Geschichte der Poesie der Griechen und Römer* (*History of Greek and Roman Poetry*, 1798). Schlegel introduces there a period called 'Orphic Prehistory' (*Orphische Vorzeit*) that was assumed to predate the Homeric age of epics.[20] This mystic poetry was believed to be ancient and founded by a mythical poet called Orpheus, although Schlegel himself doubted both assumptions based on philological arguments about the relatively young age of Orphic poems. Moreover, the Orphic mysteries presupposed the ideas of the Absolute and free individual, and in this sense they were a beginning of a completely new level of development after the epic poetry. Because of that, Schlegel argued that the Orphic mysteries were founded to protect the multitude of ordinary people from these new discoveries that were considered dangerous by the clerical elite. Finally, von Petersdorff has proposed that the textual findings related to Orphism were significant for the development of Schlegel's own early Romantic position at the turn of the nineteenth century; the Orphic poetry had many similarities with his new concepts of Romantic poetry. For example, Schlegel argued that the Greek mystics were mediators between philosophy and poetry who maybe inspired his own idea of universal poetry.[21] Thus, Schlegel's studies on the tradition of Orphic poetry were significant for the later experiments with the mystical style published in *Athenäum* magazine (1798–1800), as I will next show.

   The aim of a magazine, like *Athenäum*, edited by Friedrich and August Wilhelm Schlegel, was to participate in the construction of a German public

---

und sorgfältige Prüfung der Meinungen andrer, Widerlegung manches gemeingeltenden Vorurteils".

18   It must be noted here that English lacks a proper translation for German *Öffentlichkeit*, because 'publicity' denotes advertisement. Following the standard English translation of Jürgen Habermas' major work, I will use the word 'public sphere' to refer to *Öffentlichkeit*, meaning a public area in social life where individuals are able to discuss social and political problems. Cf. Jürgen Habermas, *The Structural Transformation of the Public Sphere: An Inquiry Into a Category of Bourgeois Society*, transl. by Thomas Burger, Cambridge, Mass., 1989.

19   Von Petersdorff, *Mysterienrede* (1996) [note 13], pp. 148 f.; Fr. Schlegel, *Die Griechen und Römer*, KSA, Vol. 1, pp. 360,19–361,17.

20   Cf. Asko Nivala, *The Romantic Idea of the Golden Age in Friedrich Schlegel's Philosophy of History*, New York 2017, ch. 2; von Petersdorff, *Mysterienrede* (1996) [note 13], pp. 142–148.

21   Cf. Fr. Schlegel, *Geschichte der Poesie der Griechen und Römer*, KSA, Vol. 1, pp. 399,1–411,25 and p. 549,17–29; von Petersdorff, *Mysterienrede* (1996) [note 13], pp. 144 f.

sphere and thereby to provide a platform for literary, philosophical and political criticism. However, the hostile reception of *Athenäum* changed Schlegel's mind in relation to the possibilities of journalism.[22] For example, August von Kotzebue wrote the mock play *Der hyperboreeische Esel* (*The Hyperborean Ass*, 1799) about the Romantic movement and presented Friedrich Schlegel as its figurehead.[23] Especially the essay *On Incomprehensibility* (*Über die Unverständlichkeit*, 1800) – that was published in the end of the last number of *Athenäum* as a sort of summary of the whole project – reflects this disappointment. Schlegel now asks, elaborating his earlier definition of mysticism as a standpoint that was conscious about the limits of communicating profound ideas publically:

> Concerning this reciprocal communication of ideas, what can be more compelling than the question whether such communication is even possible? And what could be more suitable than to experiment with this possibility by either writing a journal like *Athenäum* oneself or taking part in it as a reader?[24]

Schlegel's introduction of the hermeneutical problem of incomprehensibility has been often read in connection with the later development of poststructuralism in the twentieth century.[25] His essay appears to indicate a revision of Schlegel's earlier position that was still inspired by the ideals of the Enlightenment: a free public discussion of philosophical ideas would certainly be a condition of critical thought, but such a communication could not be a transparent process because of the constant possibility of misunderstandings related to linguistic meanings, which could make too radical philosophical views sound ridiculous in the front of the wider audience. Moreover, we have to also take

---

22   This reception is documented in an anonymous review: "Athenäum, eine Zeitschrift von A.W. Schlegel und F. Schlegel", in: *Berlinisches Archiv der Zeit und ihres Geschmacks* 1 (1800) (May), pp. 366–373.

23   Cf. Rainer Schmitz, *Die ästhetische Prügeley: Streitschriften der antiromantischen Bewegung*, Göttingen 1992.

24   Fr. Schlegel, *Über die Unverständlichkeit*, KSA, Vol. 2, p. 363,15–20: "Was kann wohl von allem, was sich auf die Mitteilung der Ideen bezieht, anziehender sein, als die Frage, ob sie überhaupt möglich sei; und wo hätte man nähere Gelegenheit über die Möglichkeit oder Unmöglichkeit dieser Sache mancherlei Versuche anzustellen, als wenn man ein Journal wie das Athenaeum entweder selbst schreibt, oder doch als Leser an demselben teilnimmt?" (cf. *On Incomprehensibility*, in: *Theory as Practice: A Critical Anthology of Early German Romantic Writings*, transl. by Jochen Schulte-Sasse et al., Minneapolis 1997, p. 119).

25   Cf. Eckhard Schumacher, *Die Ironie der Unverständlichkeit: Johann Georg Hamann, Friedrich Schlegel, Jacques Derrida, Paul de Man*, Frankfurt a.M. 2000.

account its historical context and especially the potential difficulties with censorship that still demanded an introduction of arcane images as camouflage for too radical religious or political opinions.[26] Especially the case of atheism controversy (*Atheismusstreit*) around Fichte and Friedrich Karl Forberg had clearly indicated the narrow limits of the German public sphere to Schlegel.

Schlegel's new Romantic stance was more conscious of this difficulty. Already in 1798 Schlegel argued in his notebook that even Kant's critical idealism was not meant for laymen: "Critical philosophy itself is a mystery; this is why it is right to remove the profanes".[27] On the other hand, in *Über die Unverständlichkeit* Schlegel argued that one should construct a new – more cultivated – reader, reminding explicitly that he meant this seriously, but "not without my old inclination towards mysticism".[28] This new future reader would be able to decode the mysteries of the Romantic 'cipher language' (*Chiffernsprache*).[29]

In other words then, the writer and the readers would belong to "secret societies among philosophical words, words that, like a host of spring sprung forth too early, confuse everything".[30] A few years before that, Schlegel had made fun of Schlosser's affiliation with the freemasons, but now he describes the rhetorical powers of this mysterious language in more detail by referring to the tradition of kabbalah:

> The great frenzy of such a cabala, where the human spirit would learn to transform itself [...] I would not now be able to present such a holy mystery in so naïve and naked manner as in, rashness of youth, I presented the nature of love in *Lucinde* as an eternal hieroglyph.[31]

---

26   Cf. Asko Nivala, "Chemical Age: Presenting History with Metaphors", in: *They Do Things Differently There: Essays on Cultural History*, ed. by Bruce Johnson and Harri Kiiskinen, Turku 2011, pp. 81–108.

27   Fr. Schlegel, *Phil. LJ: Phil. Frag., II,1*, KSA, Vol. 18, p. 321,10 f. (no. 1547): "Die ϰφ [kritische Philosophie] ist selbst ein Mysterium; daher ists recht, die Profanen zu entfernen". Cf. von Petersdorff, *Mysterienrede* (1996) [Note 13], p. 152.

28   Fr. Schlegel, *Über die Unverständlichkeit*, KSA, Vol. 2, pp. 363,31–364,1: "nicht ohne den alten Hang zum Mystizismus" (cf. *On Incomprehensibility* [1997] [note 24], p. 119).

29   Fr. Schlegel, *Über die Unverständlichkeit*, KSA, Vol. 2, p. 366,26 (cf. *On Incomprehensibility* [1997] [note 24], p. 124).

30   Fr. Schlegel, *Über die Unverständlichkeit*, KSA, Vol. 2, p. 364,9–12: "[...] daß es unter den philosophischen Worten, die oft in ihren Schriften wie eine Schar zu früh entsprungener Geister alles verwirren [...] geheime Ordensverbindungen geben muß" (cf. *On Incomprehensibility* [1997] [note 24], pp. 119–122).

31   Fr. Schlegel, *Über die Unverständlichkeit*, KSA, Vol. 2, p. 364,23–28: "Die große Raserei einer solchen Kabbala, wo gelehrt werden sollte, wie des Menschen Geist sich selbst verwan-

Schlegel appears to believe that words have the potential to change the world, if only they are read in the right way. However, he expresses again his disappointment related to the reception of *Lucinde*: he feels that almost nobody was able to interpret his presentation of the mysteries of Romantic love in the popular medium of the novel.

In the ending of the same paragraph, Schlegel returns to his diagnosis about the public sphere of the Enlightenment. He refers to Kant's concept of 'Critical Age' presented in the beginning of his *Critique of Pure Reason*:

> At the same time, I had observed the progress of our nation with ardent pleasure [...] that age which has, in a word, earned the modest but highly suggestive name of the Critical Age, so that soon everything will have been criticized – except the age itself – and everything will become more and more critical, and artists can entertain the justified hope that humanity will finally arise en masse and learn to read.[32]

While the young Schlegel had advocated the ideal of public communication, he now realised the limits of a naïve communication theory and reflected the hermeneutical problems of interpretation and incomprehensibility.[33] This did not meant that he would have simply abandoned his earlier ideal of criticism, but that he now acknowledged a new need for the application of criticism to the ideal of critical age itself in order to show the limits of the Enlightenment's ideal of public criticism. According to Schlegel's view, the skills of an ordinary reader were not at the level of critical public discussion yet, which necessitated a new Romantic programme of *Bildung*, cultivation, to form a more open-minded literary audience in the future. In the next section I will discuss what kind of connection there was between Schlegel's changing atti-

---

deln und dadurch den wandelbaren ewig verwandelten Gegner endlich fesseln möge, ein dergleichen Mysterium durfte ich nun nicht so naiv und nackt darstellen, wie ich aus jugendlicher Unbesonnenheit die Natur der Liebe in der LUCINDE zur ewigen Hieroglyphe dargestellt habe" (cf. *On Incomprehensibility* [1997] [note 24], p. 120).

32   Fr. Schlegel, *Über die Unverständlichkeit*, KSA, Vol. 2, pp. 364,34–365,2: "Zugleich hatte ich mit innigem Vergnügen die Progressen unsrer Nation bemerkt; und was soll ich erst von dem Zeitalter sagen? Dasselbe Zeitalter, in welchem auch wir zu leben die Ehre haben; das Zeitalter, welches, um alles mit einem Worte zu sagen, den bescheidnen aber vielsagenden Namen des kritischen Zeitalters verdient, so daß nun bald alles kritisirt sein wird, außer das Zeitalter selbst, und daß alles immer kritischer und kritischer wird, und die Künstler schon die gerechte Hoffnung hegen dürfen, die Menschheit werde sich endlich in Masse erheben und lesen lernen" (cf. *On Incomprehensibility* [1997] [note 24], p. 120).

33   Cf. Schumacher, *Die Ironie der Unverständlichkeit* (2000) [note 25].

tude towards mysticism and the Kingdom of God as the centre point of modern progressive history, based on the ideal of progressive *Bildung*.

3   The Political and Historical Relevance of Mysticism

Although Schlegel had criticised the dogmatic aspects of mysticism in the 1790s, he also found something positive in its epistemological model. According to Schlegel's definition, mysticism always strives for unification and exceeding any divisions – this was related to his new interest in monism as a solution for the problematic dualism of Kantian philosophy. The mystical experience described in the classical sources about the Eleusian mysteries and Orphic ceremonies is characterised by the dissolution of the subject to the Absolute, to all-unity.[34] Although the return to dogmatic philosophy was impossible after Kant's transcendental idealism, there was a need for a new kind of critical monism to solve the Enlightement's tension between humans as mechanical beings of nature and free moral agents.

This positive aspect of mysticism was connected especially with Baruch de Spinoza's monism that was gaining a new actuality after Jacobi's *Über die Lehre des Spinoza* (1785) had launched the Pantheism Controversy around Lessing's heritage. Already in *Philosophische Lehrjahre*, Schlegel connected Spinoza with the mystical tradition, and this time in positive tone: "The mystics are actually now those, of whom we have to learn philosophy. – *Spinoza* is the best-known mystic for us before Fichte".[35] In Schlegel's view, Spinoza was intoxicated of the Absolute that he – more or less arbitrarily – posited in the beginning of *Ethics* (*Ethica*, 1677). Moreover, Spinoza analysed the affect of love in the end of *Ethics*, which provided an inspiration for Schlegel's own efforts to disclose the mysteries of Romantic love in *Lucinde*. Finally, Spinoza's monism played an important role for the project of new mythology as presented by the character Ludovico in Schlegel's *Dialogue on Poetry* (*Gespräch über die Poesie*, 1800).[36]

---

34   See for example Fr. Schlegel, *Phil. LJ: Phil. Frag.*, *I,1*, KSA, Vol. 18, p. 7,27–34 (no. 39).

35   Fr. Schlegel, *Phil. LJ: Phil. Frag.*, *I,1*, KSA, Vol. 18, p. 5,7f. (no. 11): "Die Mystiker sind es eigentl[ich], von denen wir jetzt die φ[Philosophie] lernen müssen"; ibid., p. 5,9 (no. 12): "*Spinosa* [sic] der beste uns bekannte Mystiker vor Fichte".

36   Cf. Fr. Schlegel, *Gespräch über die Poesie*, KSA, Vol. 2, pp. 316,1–317,20. Ludovico argues there, ibid., p. 321,1–7: "Und wenn ich einen so großen Accent auf den Spinosa lege, so geschieht es wahrlich nicht aus einer subjektiven Vorliebe [...] sondern weil ich an diesem Beispiel am auffallendsten und einleuchtendsten meine Gedanken vom Wert und der Würde der Mystik und ihrem Verhältnis zur Poesie zeigen konnte".

Schlegel understood the relevance of mysticism for politics and history early on. In *Philosophische Lehrjahre* he suggests: "The mystics have ingenuity and inclination mostly to those studies [*Wissenschaften*] that aim *at unification*. – For politics then and for history – as paradoxical as it sounds".[37] This is significant, because Schlegel also argues that mystics are not able to deal with technical and historical facts as well as empiricists, but on the other hand mystics still understand the unity in historical development better than empiricists. Moreover, because the aim of politics would be exceeding the divisions separating people, Schlegel maintains that politics is fundamentally an area of mystical knowledge: "Also *politics* is mystical scholarship [*Wissenschaft*] – secret society".[38] When it comes to secret societies, we have to keep in mind what Reinhart Koselleck has shown: the Freemasons and other secret societies had an important function in the closed political system of the late eighteenth century.[39] As said in the previous section, Schlegel implemented this idea of extended but closed 'semi-public sphere' in *Athenäum* as a secret society of words consisting of cryptic mystical references that only a few readers were able to decode.

When Schlegel was writing his fragment collection *Ideen* (*Ideas*, 1800), he was already working deeply inside the tradition of mysticism: his new mystic inspirations are most clearly articulated there. In a letter to his brother August Wilhelm, Friedrich quotes Dorothea Veit's characterisation, according to which *Ideen* is "Caviar of mysticism – partly because of form, like small frogspawn, partly caviar for folk".[40] The frogspawn is an apt organic metaphor for the fragment form: similarly as Novalis's *Blüthenstaub* (*Grains of Pollen*, 1798), it refers to a monadic system, where every isolated part recursively refers to the idea of the whole and is a even potentially a seed for a new book. Moreover, Veit suggests that *Ideen* is indeed intended for a large audience, albeit there is a risk that it is little bit too much for their under-developed taste.

The sudden introduction of the mystical terminology in *Ideen* must be seen in this context. As is well-known, its opening fragment refers to the unveiling of mysteries: "It's time to tear away the veil of Isis and reveal the mystery".[41]

---

37   Fr. Schlegel, *Phil. LJ: Phil. Frag., I,1*, KSA, Vol. 18, p. 6,5–7 (no. 22): "Die My[stiker] haben Genie und Neigung am meisten für solche Wissens[chaften] die *auf Vereinigung* hinzielen. – Für die *Politik* also und für die *Historie* – so paradox dieß klingt".

38   Fr. Schlegel, *Phil. LJ: Phil. Frag., I,1*, KSA, Vol. 18, p. 9,3 f. (no. 53): "Auch die *Politik* ist eine mystische Wissenschaft – geheime Gesellschaft pp.".

39   Cf. Reinhart Koselleck, *Kritik und Krise: Eine Studie zur Pathogenese der bürgerlichen Welt*, Freiburg i.Br./Munich 1959; Nivala, *Chemical Age* (2011) [note 26], pp. 99–102.

40   Fr. Schlegel, *Brief an A.W. Schlegel vom August 1799*, KSA, Vol. 24, pp. 308,36–309,1: "*Kaviar der Mystik* – theils wegen der Form, wie kleiner Froschlaich, theils Kaviar fürs Volk".

41   Fr. Schlegel, *Ideen-Fragmente*, KSA, Vol. 2, p. 256,4 f. (no. 1): "Es ist Zeit den Schleier der Isis

Because of that, Dirk von Petersdorff has maintained that *Ideen* is directed only for a small circle of devoted specialists.[42] On the other hand, Schlegel assumes that the turn of the nineteenth century is a *kairos* moment when mysteries will be *revealed* for the larger audience and a completely new religion will be formed that will replace the function of Christianity.[43] Schlegel explicates this situation further by speaking from the point of view of mystics:

> What are the few remaining mystics doing? More or less ordering the raw chaos of already extant religion, but only in isolation, on a small scale, in ineffectual attempts. Let us do it on a large scale everywhere and in every possible way; let us awaken all religions from their graves and through the omnipotence of art and science reanimate and reorganize those that are immortal.[44]

The problem is that the new religion has not arrived yet, although Schlegel appears to believe that it could be produced through the rhetorical effect of written words; in this case a public speech delivered at the right moment. It is the very intention of *Ideen* to prepare the way for that. Schlegel's text tries to accelerate this development by preparing people for a new Romantic religion. The possibility of new religion is still only an unformed chaos (potential, not actual), but it is the responsibility of contemporary mystics to form it and to guide its development.

Although Schlegel is speaking about a new mystical religion, this religion, like all mysticism, has also important political implications related to the unification of people. He now boldly refers to the mystical elements appearing in the French Revolution:

> The few revolutionaries who took part in the Revolution were mystics as only Frenchmen of our age could have been mystics. They legislated their

---

zu zerreißen, und das Geheime zu offenbaren" (cf. *Philosophical Fragments* [1991] [note 8], p. 94).

42   Cf. von Petersdorff, *Mysterienrede* (1996) [note 13], p. 151.

43   On the formulation '*Es ist Zeit*' as a reference to a *kairos* moment, see Nivala, *The Romantic Idea of the Golden Age in Friedrich Schlegel's Philosophy of History* (2017) [note 20], ch. 9.

44   Fr. Schlegel, *Ideen-Fragmente*, KSA, Vol. 2, p. 258,12–17 (no. 22): "Was tun die wenigen Mystiker die es noch giebt? – Sie bilden mehr oder weniger das rohe Chaos der schon vorhandnen Religion. Aber nur einzeln, im Kleinen, durch schwache Versuche. Tut es im Großen von allen Seiten mit der ganzen Masse, und laßt uns alle Religionen aus ihren Gräbern wecken, und die unsterblichen neu beleben und bilden durch die Allmacht der Kunst und Wissenschaft" (cf. *Philosophical Fragments* [1991] [note 8], p. 96).

characters and their actions into religion. But future historians will consider it the greatest honor and destiny of the Revolution that it was the strongest stimulus to a slumbering religion.[45]

It is a little bit unclear which of the French revolutionaries were those 'few' who had been authentic mystics. Being the 'future historians', we know from French history that new religions indeed were established during the French Revolution. Maximilien Robespierre founded the Cult of the Supreme Being (*Culte de l'Être suprême*), which was based on deism and intended to be the state religion of the French Republic, replacing not only Roman Catholicism but also its rival, the atheistic Cult of Reason. Schlegel was probably referring to this striking development in the neighbouring country, the founding of the new religion for modernity.

Nevertheless, Schlegel was not advocating atheism or even deism, because he also maintains: "There is no greater need of the age than the need for a spiritual counterweight to the Revolution and to the despotism which the Revolution exercises over people by means of its concentration of the most desirable worldly interests".[46] The new Romantic religion is revolutionary, and cannot be reduced to any orthodox form of Christianity, but neither is it pragmatic religion invented to appeal to the masses. In his notebook Schlegel analyses the French Revolution as an event where the multitude has become 'crazy' (*verrückt*), which indicated an urgent need for a wider cultural revolution, also in Germany, based on the Romantic ideals of progressive *Bildung*.[47]

The criticism of French materialism and British empiricism in *Ideen* were also based on the background work in *Philosophische Lehrjahre*: Schlegel argues there that the empiricists and the eclecticists are the real enemies of philosophy.[48] This is because Schlegel assumed that from the point of view of a consequent empiricist, everything divine, valuable, holy, sublime or beautiful

---

45   Fr. Schlegel, *Ideen-Fragmente*, KSA, Vol. 2, p. 265,8–12 (no. 94): "Die wenigen Revolutionärs, die es in der Revolution gab, waren Mystiker, wie es nur Franzosen des Zeitalters sein können. Sie konstituirten ihr Wesen und Tun als Religion; aber in der künftigen Historie wird es als die höchste Bestimmung und Würde der Revolution erscheinen, daß sie das heftigste Incitament der schlummernden Religion war" (cf. *Philosophical Fragments* [1991] [note 8], p. 104).

46   Fr. Schlegel, *Ideen-Fragmente*, KSA, Vol. 2, p. 259,26–28 (no. 41): "Nichts ist mehr Bedürfniß der Zeit, als ein geistiges Gegengewicht gegen die Revoluzion, und den Despotismus, welchen sie durch die Zusammendrängung des höchsten weltlichen Interesse über die Geister ausübt" (cf. *Philosophical Fragments* [1991] [note 8], p. 97).

47   Cf. Fr. Schlegel, *Phil. LJ: Phil. Frag., II,2*, KSA, Vol. 18, p. 383,20–22 (no. 750).

48   Cf. Fr. Schlegel, *Phil. LJ: Phil. Frag., I,1*, KSA, Vol. 18, p. 10,3–8 (no. 65).

appeared as nonsense: "All of that is in fact *mystical*".[49] If empiricists are only consistent, argues Schlegel, they are in fact sceptical reductionists who cannot appreciate anything divine or beautiful, because these phenomena are simply beyond their level of observation. This quotation shows the epistemological motivation explaining why 'mysticism' became later the actual domain of cultural development for Schlegel: he did not believe that one could really 'prove' or deduce aesthetic or religious judgements empirically, but still wanted to preserve their possibility, which led him to defend mysticism or religiosity as a relevant standpoint.[50]

Similarly, politics was a mystical domain for Schlegel, because it would be difficult to empirically observe and prove the existence of a political unit, be that a republic or a nation. If one were to be asked to prove the existence of the English, French or German nation, where would one start to collect empirical data? Schlegel thought that this kind of strictly empirical study of politics would be senseless, and only lose the very phenomenon it studies, and thus he argued that the essence of politics is mystical and 'spiritual' (*geistig*). Moreover, the political identification to a group resembles the mystical experience where one's own identity is dissolved to a larger whole. Therefore, he argued that since the beginning of Christianity in Late Antiquity, the central point of modern history had been to implement the Kingdom of God, which would surpass the divisions between people.[51] The discussion of this mystical argument will be the theme of the last section in this essay.

4   Kingdom of God and the Mystical Principle of History

I have analysed Schlegel's Kingdom of God concept widely in my recent monograph *The Romantic Idea of the Golden Age in Friedrich Schlegel's Philosophy*

49   Fr. Schlegel, *Phil. LJ: Phil. Frag., I,1*, KSA, Vol. 18, p. 8,23–25 (no. 48): "Alles Göttliche, Würdige, Heilige, Große, Erhabne, Schöne usw ist aus d[em] Gesichtspunkt des consequenten Empirikers *Unsinn*. Alles dieß ist eigent[lich] *mystisch*".

50   Schlegel developed this argument further in *Reise nach Frankreich* (*Journey to France*, 1803), KSA, Vol. 7, pp. 56–79, arguing now that the contemporary inability to religion was an expression of materialist reductionism and an analytic spirit of division that had made humans either automatons or animals. We can already note here a view resembling his later Catholic views, although Schlegel is not taking an explicit stance here, on which religious confession the modern age should embrace.

51   On the universality of Christianity, see Alain Badiou, *Saint Paul: La fondation de l'universalisme*, Paris 1997 (transl. by Ray Brassier: *Saint Paul: The Foundation of Universalism*, Stanford 2003).

of History (2017).[52] In this essay, I limit my focus to the connections between mysticism and Schlegel's work with 'the Kingdom of God' concept. Although there is a well-established tradition of Christian mysticism, it could be argued that Christianity in general is not a mystery religion. The Great Commission includes the idea that the teachings of the Bible must be disseminated to everybody and, especially in Protestantism, the Bible is seen as accessible to all. Even when St. Paul writes about the mystery of the sacraments, he does not claim that their meaning would be esoterical but that they are not understandable to reason alone.[53] The Catholic Schlegel appears to agree with this interpretation, because he writes in his notebook in 1808: "The mysteries of Christianity (even its physical mystery) are very publicly disseminated in the Catholic church and established in the adoration of Maria".[54] Around the same time, he also criticises the Protestant tradition of mysticism, including Jacob Böhme.[55]

However, Schlegel's earlier understanding of Christianity was different. He argued in the beginning of *Philosophische Lehrjahre*: "Christ was a pure mystic".[56] The area of mysticism covers all that which is not reducible to the causally explainable, although young Schlegel still proposed Kant's idealism as a solution for the tension between faith and knowledge: "The mysteries of Christianity necessarily led, because of those unceasing struggles which entangled reason with faith, either to a skeptical resignation of all nonempirical knowledge, or else to critical idealism".[57]

As said in the first section, the Orphic age was an important historical stage in the development of ancient culture. Schlegel assumed that the discovery of the Absolute and the unlimited sphere of consciousness were quickly camouflaged to religious mysteries in order to protect the common people from these potentially confusing views, and this development was a necessary condition for the development of Attic philosophy. Schlegel determined the essential cri-

---

52   Cf. Nivala, *The Romantic Idea of the Golden Age* (2017) [note 20], ch. 8–11.

53   Cf. von Petersdorff, *Mysterienrede* (1996) [note 13], p. 25.

54   Fr. Schlegel, *Phil. LJ, II, Beil. 10: Zur Philosophie u. Theologie*, KSA, Vol. 19, pp. 346,12–14 (no. 290): "Die Mysterien des Christenthums [eben jenes physische Geheimniß] sind in der katholischen Kirche ganz öffentlich verbreitet und bekannt in der Verehrung Mariä".

55   Fr. Schlegel, *Phil. LJ, II, Beil. 10: Zur Philosophie u. Theologie*, KSA, Vol. 19, pp. 395,6–296,13 (no. 7–9).

56   Fr. Schlegel, *Phil. LJ: Phil. Frag., I,1*, KSA, Vol. 18, p. 6,16 (no. 24): "Χρ [Christus] war ein reiner Mystiker".

57   Fr. Schlegel, *Athenäum-Fragmente*, KSA, Vol. 2, p. 202,26–29 (no. 230): "Die Mysterien des Christianismus mußten durch den unaufhörlichen Streit, in den sie Vernunft und Glauben verwickelten, entweder zur skeptischen Resignazion auf alles nicht empirische Wissen, oder auf kritischen Idealismus führen" (cf. *Philosophical Fragments* [1991] [note 8], p. 49).

terion for the beginning of modernity to be the introduction of Christianity in
Late Antiquity. He even argued that Jewish and Christian mysticism had played
the analogous role for the modern culture that the Orphic age had for the classical culture: "Scholasticism and mysticism of the Jews and the Christians [are]
the Orphic prehistory of modern philosophy".[58]

When we consider the conceptual history of *Bildung*, Schlegel's suggestion
that the Kingdom of God should be realised through progressive *Bildung* is not
too surprising. As is well-known, *Bildung* was originally a Christian concept
related to the shaping (*formatio*) of human subject following the likeness of
God's image (*Bild, Imago Dei*). *Bildung* was used in a mystical sense by the German Pietists. Moreover, its meaning was secularised after the *Sattelzeit* and it
started to refer to the dynamic development of the individual.[59] This is also
exemplified in Johann Wolfgang von Goethe's *Wilhelm Meisters Lehrjahre* (*Wilhelm Meister's Apprenticeship*, 1795/96) that Schlegel analysed in his famous
review.[60] Schlegel was probably conscious about this earlier religious and mystical context of the term.

But how can this change in Schlegel's assessment of mystical tradition be
explained? In his review of Jacobi's *Woldemar* (1779, 2nd edition 1796) he writes:
"What servitude is more dreadful than the mystical? Every formal servitude has
indeed limits, but this one is a bottomless depth, infinite like the aim that it
strives, and the perversity from which it originates".[61] Schlegel is clearly here
criticising Jacobi's polemical solution to the aporia between nature's causal
necessity ('Spinozism') and the freedom of will "with a *salto mortale* to the abyss
of divine kind-heartedness".[62]

Schlegel thus maintained in the 1790s that mysticism, as exemplified by
Jacobi's position, was based on the shapeless depth of subjective feeling. In
Ideen, however, Kant's critical idealism is no more suggested as a solution for
the either–or choice between knowledge and faith, and religion is now pre-

---

58   Fr. Schlegel, *Phil. LJ: Phil. Frag., I,2*, KSA, Vol. 18, p. 80,5 f. (no. 607): "Die Scholastik und Mys-
      tik d[er] Juden und Christen die orphische Vorzeit d[er] modernen φ[Philosophie]".

59   Cf. Rudolf Vierhaus, "Bildung", in: *Geschichtliche Grundbegriffe: Historisches Lexikon zur
      politisch-sozialen Sprache in Deutschland*, Vol. 1, ed. by Otto Bruner, Werner Conze and
      Reinhart Koselleck, Stuttgart 1972, pp. 508–551.

60   Cf. Fr. Schlegel, *Über Goethes Meister*, KSA, Vol. 2, pp. 126–146.

61   Fr. Schlegel, *Jacobis Woldemar*, KSA, Vol. 2, p. 74,12–15: "[W]elche Knechtschaft ist gräß-
      licher als die mystische? Jede förmliche Knechtschaft hat doch Grenzen; jene ist eine
      bodenlose Tiefe, unendlich wie das Ziel, nach dem sie strebt, und die Verkehrtheit, aus
      der sie entspringt".

62   Fr. Schlegel, *Jacobis Woldemar*, KSA, Vol. 2, p. 77,12 f.: "mit einem Salto mortale in den
      Abgrund der göttlichen Barmherzigkeit".

sented as the fourth essential element of *Bildung* – in addition to philosophy, morality and poetry.[63] Nevertheless, we need to keep in mind that religion is not the *only* element of *Bildung* for Schlegel and the other three elements are necessary for the formation of the Romantic subject. This is explained in Schlegel's *On Philosophy* (*Über die Philosophie*, 1799) which is his most articulated presentation about the process of *Bildung* and its economical distribution of work between the areas of poetry, philosophy, morality and religion. He tries to explain why his reading audience, especially women, should not fear that developing their intellectual skills related to science, arts and scholarly matters would damage their 'moral innocence' (*sittlichen Unschuld*). In fact, according to Schlegel, philosophy is indispensable to women: although they are – in Schlegel's view – superior to man in the realm of religion, they can gain access to religion only by making progress in philosophy and science first.[64]

Thus, contextualising Schlegel's cryptic statements related to religion in the *Athenäum* and *Ideen* fragments with *On Philosophy* essay helps us to gain a reading that is not so much in tension with Schlegel's earlier criticism of Jacobi's mystical position. The theme of mysticism is also discussed in this text, and Schlegel connects it now with written discourse and the contemporary distinction between *Geist* and *Buchstabe*. He assumes that Dorothea Veit, to whom the philosophical love letter is formally addressed, would have preferred an oral discussion about this, because she despises writing and the world of letters (*Buchstabenwesen*):

> The silent characters seem to me a more proper cloak for these most profound, most immediate expressions of the mind than the sound made by lips. I would almost like to say, in the somewhat mystical language of our H.: Life is writing; the sole purpose of mankind is to engrave the thoughts of the divinity on the tablets of Nature with the stylus of the formative spirit.[65]

Similarly as in *Über die Unverständlichkeit* essay, Schlegel's mystical solution appears to be elaborated as a new hermeneutical theory of language. In con-

---

63   Cf. Fr. Schlegel, *Ideen-Fragmente*, KSA, Vol. 2, p. 256,11–14 (no. 4).
64   Cf. Fr. Schlegel, *An Dorothea*, KSA, Vol. 8, p. 41,10–31.
65   Fr. Schlegel, *An Dorothea*, KSA, Vol. 8, p. 42,20–25: "Die stillen Züge scheinen mir eine schicklichere Hülle für diese tiefsten unmittelbarsten Äußerungen des Geistes als das Geräusch der Lippen. Fast möchte ich in der etwas mystischen Sprache unsers H. sagen: Leben sei Schreiben; die einzige Bestimmung des Menschen sei, die Gedanken der Gottheit mit dem Griffel des bildenden Geistes in die Tafeln der Natur zu graben" (cf. *On Philosophy: To Dorothea*, in: *Theory as Practice* [1997] [note 24], p. 420).

trast with Jacobi's model, where mysticism is (at least in Schlegel's view) an irrational jump to the endless abyss of dogmatic religiosity, mysticism should be implemented in the medium of literary discourse; it should take the articulated form of *Buchstaben*. The new Romantic religion is implemented as reading texts with a devotional, quasi-religious attitude. Moreover, as the project for new 'bible' and Ludovico's demand for new mythology in *Gespräch über die Poesie* exemplified, the Romantic Kingdom of God had also to be implemented by writing a new 'bible', a canonical collection of texts for the emerging Romantic movement.

Finally, Schlegel's new Romantic religion had imminent political implications. As is clear from *Philosophische Lehrjahre*, the *Athenäum* fragment no. 222 referring to the 'revolutionary' desire to realise the Kingdom of God was related to contemporary political development in France. Schlegel explains there: "The *revolution* is the key to the whole of modern history; the reformation and partial civil wars in Europe [are] only its prefigurations, and in relation to it".[66] But his understanding about the aims of German revolution was already somehow different than his earlier republican position would let us assume: the German Revolution meant founding a more spiritual and hierarchical community.[67] Following the tradition of political theology, Schlegel argues that the mystical essence of religion is deeply political:

> The most raw religion was completely *mysterious* – Ceres[,] Isis Bachus, orgy – the cultivated [religion] was thoroughly political [–] Jewish, Christian[,] Indian [–] the *new* religion must be completely *magical*. Is not all arts *magic*? All politics is religious, all science *mysticism*, all *culturation* orgy?[68]

This magic had to be fixed to the form of written discourse, from which it could be invoked by the magical act of hermeneutical interpretation.[69]

---

66   Fr. Schlegel, *Phil. LJ: Phil. Frag., II,1*, KSA, Vol. 18, p. 259,24–26 (no. 790): "Die *Revoluzion* ist d[er] Schlüssel zur ganzen modernen Geschichte; die Reformation und d[ie] partiellen bürgerl[ichen] Kriege in Europa wohl nur Vorbilder von ihr, und Beziehung auf sie".

67   Cf. Fr. Schlegel, *Phil. LJ: Phil. Frag., II,1*, KSA, Vol. 18, pp. 259,35–260,4 (no. 793).

68   Fr. Schlegel, *Phil. LJ: Phil. Frag., II,1*, KSA, Vol. 18, p. 265,5–9 (no. 844): "Die roheste Relig[ion] war ganz *Mysterien* – Ceres Isis Bakchus, Orgien – die gebildete war durchaus *Politik* die jüd[ische], χρ[christliche] (indische) die *neue* Relig[ion] muß ganz *Magie* sein. Ist nicht alle K[unst] *Magie*? Alle Politik ist religiös, alle Wss[Wissenschaft] *Mystik*, alle *Bildung* Orgien?".

69   Cf. Fr. Schlegel, *Phil. LJ: Phil. Frag., II,1*, KSA, Vol. 18, p. 297,25 f. (no. 1229): "Buchstabe ist fixirter Geist. Lesen heißt, gebundenen Geist frei machen, also eine magische Handlung".

5   Epilogy: The Esoterism of High Romanticism

Developing a mystical notion of written discourse was Schlegel's solution to save religion, mysticism, artistic beauty and other non-empirical phenomena from the material reductionism of the Enlightenment, but at the same to avoid the earlier solution of the pietists and *Sturm und Drang* generation, which had led to an equally blind jump to the divine abyss of personal feelings and amorphous emotions. In modern words, the Romantic religion of *Bildung* had to have a specific medial manifestation in the form of printed letters published in *the* 'public sphere', although this posited relatively high demands for progressive *Bildung*, in other words, developing and constructing new readers being capable of admiring and interpreting the Romantic texts and their intentionally ambiguous images and ironic references. If Schlegel criticised Fichte of being a Pope who holds the power of keys to the noumenal kingdom, it is not immediately clear whom Schlegel himself would let in to the inner circle of the Romantic mysteries.

The tension between popularity and mysticism was thus a significant contemporary problem for the public agency of early Romanticism, and it appears to have a similar status in high Romanticism as well. For example, Adam Müller discussed the problem in his article *Popularität und Mysticismus* (*Popularity and Mysticism*, 1808) that he edited together with Heinrich von Kleist and published in *Phöbus*. Trying to find a middle ground between the contradictory demands of wide understandability and developing profound ideas, Müller writes: "False mysticism and false popularity are corresponding, mutually dependent defects of the same time and of the same persons"[70]

Similarly, Schlegel's later efforts in the German public sphere encountered the same tension. Probably conscious of the hermeneutical difficulties related to the short-lived *Athenäum* project, Schlegel's new *Europa* magazine (1803–1805) was declared to be popular and easy to understand, but reserved still the hermeneutical right to apply different registers when addressing multiple types of readers with the same linguistic expressions:

> In this magazine, it is not my intention to set up works of art for presentation, but it is only a question of communicating and publicly disseminating new ideas or useful news. / For this purpose, it is enough and even best to write only as one would speak, if it is only clear. / To be sure, one

---

70   Adam Müller, "Popularität und Mysticismus", in: *Phöbus* 1 (1808) (January), pp. 52 f.: "Falsche Mystik und falsche Popularität sind correspondirende, einander bedingende Gebrechen derselben Zeit und derselben Personen".

speaks differently to an almost like-minded friend, a stranger to whom one would like to approach, and differently in the front of a mixed society. This will necessitate many different kinds of tone, as we always have the one or the other in view. But we will never speak to those who we see as our opponents.[71]

The new magazine did not include the earlier mystical references anymore, like the tearing of the Veil of Isis, in the beginning of *Ideen*. Despite that, Schlegel still worried about the rudimentary difficulty of operating in the relatively closed public sphere of a German press, which made using an esoteric tone, now and then, a practical necessity to be able to address the same-minded audience in an exoteric forum of the literary magazine.

71   Fr. Schlegel, *Vorrede* [zur *Europa*], KSA, Vol. 3, p. 329,19–30: "Es ist in dieser Zeitschrift nicht meine Absicht, Kunstwerke der Darstellung aufzustellen, sondern es kommt nur darauf an, neue Ideen oder nützliche Nachrichten mitzutheilen und allgemein zu verbreiten. // Für diesen Zweck ist es hinreichend und sogar am besten, nur so zu schreiben, wie man sprechen würde, wenn es nur deutlich ist. // Freilich redet man anders zu einem fast gleichgesinnten Freunde, anders zu einem Fremden, dem man sich nähern möchte, und anders vor einer gemischten Gesellschaft. Dies wird manche Verschiedenheit des Tons nötig machen, je nachdem wir jedesmal den einen oder den andern im Auge haben. Mit denen aber, die sich für unsre Gegner halten, werden wir nie reden". On Schlegel's intentions for gaining a bigger readership see Hans Eichner, 'Einleitung', KSA, Vol. 3, pp. XII–XCVI, here pp. XIVf.

5

„... wie ein Kind, das heim will": Clemens Brentano zwischen Erotik und Mystik

Peter Nickl

1   Einleitung

Wenn wir Clemens Brentano fragen könnten, was wohl sein wichtigstes Werk sei – was würde er antworten? Sicher werden hier die Einschätzungen auseinander gehen, doch nach den Forschungen der letzten Jahrzehnte dürfte sich eine Antwort, die im Diskurs der ersten hundert Jahre Brentano-Rezeption undenkbar schien, als gut begründet herauskristallisieren: im Mittelpunkt von Brentanos Leben und Werk steht das christliche Weltepos, das er als ‚Schreiber' am Krankenbett der stigmatisierten Nonne Anna Katharina Emmerick aus deren Visionen entwickelt hat.

Lange stand die Literaturwissenschaft ratlos vor diesem Ereignis, dem sog. ‚Emmerick-Erlebnis' Brentanos.[1] Sollte sie diesen Zug ins Fromme und damit das Spätwerk ignorieren, oder ließ sich dem ungeachtet doch noch eine Kontinuität in der poetischen Produktion des Dichters feststellen – hat Brentano doch 1837 noch einmal eine große Umarbeitung des Märchens *Gockel, Hinkel und Gackeleia* vorgelegt, und nach der Auffindung der vernichtet geglaubten Briefe an die Malerin Emilie Linder wissen wir um seine „erotische Alterspoesie, in der Brentano noch einmal den Reichtum seiner poetischen Möglichkeiten entfaltet".[2]

Beide Alternativen sind falsch. Dabei hat, so darf man behaupten, Brentano nur den von der Romantik gezeigten Weg konsequenter beschritten als die meisten seiner Zeitgenossen. Sollten nicht Leben und Poesie verschmelzen?[3] Wollte die Romantik nicht zurück ins Mittelalter, und darüber hinaus zu

---

1   Vgl. Joseph Adam, *Clemens Brentanos Emmerick-Erlebnis*, Freiburg i.Br. 1956.

2   Hartwig Schultz, *Schwarzer Schmetterling: Zwanzig Kapitel aus dem Leben des romantischen Dichters Clemens Brentano*, Berlin 2000, S. 441.

3   Vgl. Bernhard Gajek, ‚Vorwort', in: *Clemens und Christian Brentanos Bibliotheken: Die Versteigerungskataloge von 1819 und 1853*, hg. von Bernhard Gajek, Heidelberg 1974, S. 12: „... kein Romantiker hat die Kunst und das Leben so aufreibend, ja ausschweifend gleichgesetzt wie Brentano".

© PETER NICKL, 2022 | DOI:10.1163/9789004498648_007

dessen Quelle, der christlichen Religion? Novalis hatte „neue Evangelien" verlangt und Friedrich Schlegel das Wort vom ‚Historiker als rückwärts gekehrten
Propheten' geprägt.[4] Beides hat Brentano verwirklicht, als er in Dülmen (West-
falen) die Rolle des Schreibers der visionären Nonne zu seiner Lebensaufgabe
machte.

Dabei bedeutet diese Wendung aber keineswegs einen Verzicht auf die
Ästhetik, denn gerade die Präsenz des Göttlichen ist höchste Schönheit, ja
man kann aus ihr sogar einen ästhetischen Imperativ herleiten, wie Brentano
im Juni 1834 an seine Schwester Bettine schreibt: „[...] ein wirklicher Dichter,
und wäre es ein Kind gewesen, der das Loos der Schönheit und Wahrheit im
Menschen und aller Creatur hätte besingen wollen, hätte die Geschichte der
Erlösung und die Mittel der Theilhaftigwerdung dichten müssen!".[5]

2   Die Vorgeschichte

Bei seinem ersten Besuch in Dülmen im September 1818 hat Brentano allerdings Erfahrungen hinter sich, die zwar nicht zu einem Bruch, wohl aber
einem Wendepunkt seines bisherigen Lebens geführt haben: der Reversion,
d.h. der Rückkehr zum katholischen Glauben, nach einer Generalbeichte in
der Berliner St. Hedwigs-Kirche im Februar 1817.[6] Man wird allerdings stut-
zig, wenn man die Vorgeschichte weiter zurückverfolgt: denn die Vorgeschichte
hört eigentlich an keinem bestimmten Punkt auf, oder man könnte sagen,
Brentano war, wenn schon nicht immer, doch sehr lange unterwegs zu seiner –
um mit Tauler zu sprechen – ‚Kehre'.

Zunächst teilt er die typisch romantische Anbetung der geliebten Frau, die
nicht als gewöhnliche Sterbliche erscheint, sondern als Retterin, als Göttin. An
Sophie Mereau, mit der er von 1803 bis zu ihrem frühen Tod 1806 verheiratet
war, schreibt er: „ich fühle die innigste Begierde mein ganze[s] Leben in einen
Punckt zu treiben, mich nicht mehr auszubreiten, und wie ein Eremit in Dich
wunderbare romantische Wildniß hin zu ziehen. Ich bin ein Christ geworden,
und will nur einem Gott dienen, dich nur will ich lieben, beten, dichten".[7] Oder

---

4   Vgl. Novalis, *Fragmente und Studien 1799–1800*, ed. Samuel, *Schriften*, Bd. 3, S. 561,8 (Nr. 39);
    Friedrich Schlegel, *Athenäums-Fragmente*, KSA, Bd. 2, S. 176,22 (Nr. 80).

5   Lujo Brentano, „Der jugendliche und der gealterte Clemens Brentano über Bettine und Goe-
    the", in: *Jahrbuch des Freien Deutschen Hochstifts*, 1929, S. 325–352, hier S. 339.

6   Daten zum Leben Brentanos nach der *Chronik* bei Schultz, *Schwarzer Schmetterling* (2000)
    [Anm. 2], S. 471–484.

7   Brentano, *Brief an Sophie Mereau vom 8. September 1803*, SWB, Bd. 31, S. 178,18–22. Vgl. Gabriele
    Brandstetter, *Erotik und Religiosität: Zur Lyrik Clemens Brentanos*, München 1986, S. 164.

aber ähnlich: „[...] o Sophie, führe mich ins Leben, führe mich in die Ordnung, gieb mir ein Hauß, ein Weib, ein Kind, einen Gott".[8] Umgekehrt heißt es allerdings in Sophies letztem Brief an Clemens:

> Eine heilige Flut von glauben, hofen und lieben drang so gewaltig in mein Herz, daß ich in süßer Wehmut vergehn zu müßen glaubte. Ich weis nicht, wie ich das nennen soll, was zuweilen aus Dir spricht, mit wunderbarer Stimme aus Dir heraus schreit, aber es mag wohl etwas göttliches sein, weil es so viel Gewalt hat, und man so viele Schmerzen darum vergeßen kann.[9]

In die Zeit von 1802 bis 1811 fällt die Arbeit an den (unvollendeten) *Romanzen vom Rosenkranz* – ein Titel, der den religiösen Bezug überdeutlich zeigt. Besonders springt ins Auge die Anfang 1811 in Terzinen verfasste Selbstbiographie, die als Einleitung gedacht war. Brentano erinnert sich:

> Ich konnte oft den Abend nicht erwarten
> Wenn sie die Wundervollen Mährchen gesungen
> Daß rings die Kinder in Erstaunen starrten.
> Und keines ist mir so ins Herz gedrungen,
> Als von des süßen Jesus schweren Leiden,
> [...].[10]

Dann kommt eine Szene, in der der kleine Clemens in der Kirche das *Salve Regina* hört und sich dabei direkt angesprochen fühlt:

> Die Seele sich in meine Ohren drängte,
> Als laut im Chor sie meinen Namen sangen
> Entzücken sich mit tiefer Angst vermengte,
> Die Worte mir wie Feur zur Seele klangen
> O Clemens o pia, o dulcis Virgo Maria.
> Ein Ewiges Gefühl hatt ich empfangen,
> Ruft man mich Clemens, sprech ich still o pia,
> In meiner lezten Stund dich mein erbarme

---

8   Brentano, *Brief an Sophie Mereau vom 4. September 1803*, SWB, Bd. 31, S. 169,26–28.
9   Sophie Mereau, *Brief an Clemens Brentano vom 20. Juli 1806*, in: *Briefwechsel zwischen Clemens Brentano und Sophie Mereau*, hg. von Heinz Amelung, Leipzig 1908, Bd. 2, S. 195,4–12.
10 Brentano, *Anfang einer Selbstbiographie*, SWB, Bd. 10, S. 6,70–74.

O Clemens, pia, dulcis virgo, Maria.
Empfange meine Seel in deine Arme.[11]

Brentano hat die Romanzen gelegentlich im Freundeskreis vorgetragen und dabei von einem so nüchternen Zuhörer wie Varnhagen höchstes Lob erhalten: „das Mystische ist so rein, so gar nicht abgeschmackt, das Katholische so fromm und geschichtlich, daß kein gestörtes Gefühl [...] vor dieser Behandlung bestehen kann. Ich habe lange so Großes nicht gesehen".[12]

Als Brentano viele Jahre später eine durch einen Freund angefertigte, prachtvoll gebundene Abschrift des Romanzenfragments zu Gesicht bekommt, kann er sich nicht mehr damit identifizieren.[13] Dass hier gegenstrebige Tendenzen am Werk waren, muss ihm schon zur Zeit der Abfassung bewusst gewesen sein, denn er möchte unbedingt Philipp Otto Runge dafür gewinnen, den Text mit Randzeichnungen zu versehen und weist dem christlich gefestigten Maler die Aufgabe zu: „die Geister welche durch ihre Feder am Rande erscheinen werden, sollen die meinen erlösen".[14] Wir brauchen die literarischen und biographischen Stationen von Brentanos Krise nicht im einzelnen durchzugehen (das Scheitern als Theaterdichter in Wien 1814 bezeichnet hier einen Tiefpunkt[15]); die spirituelle Not manifestiert sich deutlich in einem Brief an Wilhelm Grimm im Februar 1815. Brentano schildert dem Freund

das tiefe Bedürfniß an einem katholischen Orte zu sein, denn meine Sündenkluge Vernunft ist niedergeworfen von dem Glauben und ich schmachte nach vollem geistlichem Trost. Meine dichterischen Bestre-

---

11   Brentano, *Anfang einer Selbstbiographie*, SWB, Bd. 10, S. 9,142–151.

12   Karl August Varnhagen, *Brief an Rahel Robert vom 24. Oktober 1811*, in: *Briefwechsel zwischen Varnhagen und Rahel*, hg. von Ludmilla Assing-Grimelli, Bd. 2, Leipzig 1874, S. 170,35–39.

13   Vgl. Brentano, *Brief an Johann Friedrich Böhmer vom 3. Juli 1826*, SWB, Bd. 35, S. 249,30–33: „Ich habe keinen Zusammenhang mehr mit diesen Dingen, als das tragische Gefühl aller Vergeblichkeit und eine leise Beschämung, daß ich hineinblickend so vieles Seichte und ungründliche darin finde".

14   Brentano, *Brief an Philipp Otto Runge vom 21. Januar 1810*, SWB, Bd. 32, S. 205,29 f. Brentano schickt dann im März 1810 die ersten sieben Romanzen in eigener Abschrift an Runge, der jedoch noch im selben Jahr stirbt. Vgl. Julia Afifi, *Brentano / Runge – Schrift / Bild: Clemens Brentanos ,Romanzen vom Rosenkranz' und sein Briefwechsel mit Philipp Otto Runge*, Frankfurt a.M./Basel 2013.

15   Vgl. Brentano, *Brief an Rahel vom 9. August 1813*, in: *Biographische Portraits von August Varnhagen von Ense. Nebst Briefen von Koreff, Clemens Brentano, Frau von Fouqué, Henri Campan und Scholz*, hg. von Ludmilla Assing, Leipzig 1871 [ND: Bern 1971], S. 102,3–6: „Ich bin versichert, daß es jedem Menschen rathsam sei, sich zu Gott zu wenden, aber Ihnen ist nicht zu helfen, und mir auch nicht, als durch Gott und seine geoffenbarte Religion".

bungen habe ich geendet, sie haben zu sehr mit dem falschen Wege meiner Natur zusammengehangen, es ist mir alles mislungen, denn man soll das Endliche nicht schmücken mit dem Endlichen um ihm einen Schein des Ewigen zu geben. [...] manchmal sitze ich mit Thränen auf dem Schutte meiner Thorheit und weine das verlohrne Leben. Ich habe keinen Grund und Boden in nichts, und muß ihn im Leben und in Jesus zugleich suchen.[16]

Bezeichnenderweise ist es dann eine junge Frau – die achtzehnjährige, dichtende Pastorentochter Luise Hensel (ihr Abendgebet *Müde bin ich, geh zur Ruh* stammt aus dieser Zeit) –, die ihm den letzten Anstoß gibt, sein Leben neu zu orientieren. Kurz nach der ersten Begegnung in einem Berliner Salon im Herbst 1816 lassen Clemens und Luise einander tief in ihre Herzen schauen; auch sie ringt um eine Glaubensentscheidung (Luise Hensel wird im Dezember 1818 katholisch), Luise ist es, die ihm den Weg zur immer wieder aufgeschobenen Beichte weist.

In dieser Zeit höchster spiritueller Sensibilität erreicht die Nachricht von einer stigmatisierten westfälischen Nonne Berlin. Clemens' jüngerer Bruder Christian fährt im April 1817 für drei Monate nach Dülmen, Clemens im September 1818 (auch hier soll Luise Hensel ihm den entscheidenden Anstoß gegeben haben[17]). Nun findet er seine neue Aufgabe. Er möchte die Visionen von Anna Katharina Emmerick aufzeichnen und diesem Projekt all seine Kräfte widmen. Er tut es mit erstaunlicher Konsequenz: seine große Bibliothek, die er sich vor allem für die Herausgabe von *Des Knaben Wunderhorn* aufgebaut hatte, lässt er in Berlin versteigern und stiftet den Erlös für wohltätige Zwecke. Allerdings bleiben die meisten geistlichen Werke in Brentanos Besitz, ja es kommt im Lauf der Zeit zu einer intensiven neuen Sammeltätigkeit in dieser Richtung. Der Auktionskatalog der nachgelassenen Bibliotheken der Gebrüder Christian und Clemens Brentano vom April 1853 verzeichnet mehrere Editionen der Predigten Taulers (die Baseler Ausgabe von 1522 doppelt, daneben zwei Kölner Ausgaben von 1549 und 1660) sowie, unter der Rubrik ‚Leben und Leiden Christi', *J. Tauleri exercitia super vita et passione salvatoris nostri Jesu Christi*, Lyon 1556.[18]

---

16   Vgl. Brentano, *Brief an Wilhelm Grimm vom 15. Februar 1815*, SWB, Bd. 33, S. 142,28–143,3; S. 145,4–6.

17   Vgl. Klaus Hohmann, *Luise Hensel in ihrer Zeit: ein Lebensabriß*, Berlin 1998, S. 23.

18   Vgl. Gajek, *Clemens und Christian Brentanos Bibliotheken* (1974) [Anm. 3], S. 187 (Nr. 751q im Katalog von 1853). Hier findet sich, S. 186 (Nr. 751F) auch Martin von Cochems *Leben*

Wenn Luise Hensel 1852 im Rückblick auf Clemens schreibt, „daß ein religiöser Faden von Kindheit an durch sein ganzes Leben geht",[19] kann man ihr beistimmen.

3   Die Dülmener Jahre und ihre Verarbeitung

3.1   *Skepsis in der Literaturwissenschaft*
Nicht alle Brentano-Forscher können mit diesem religiösen Faden etwas anfangen. Die mehr oder weniger überzeugend rekonstruierbare spirituelle Kontinuität scheint ja – und Brentano bezeugt es selbst, etwa in dem zitierten Brief an Wilhelm Grimm[20] – erkauft durch einen jähen Abbruch der dichterischen Produktion. Wenn man dagegenhält, dass gerade in der Zeit, als Brentano sich von seiner Dichterexistenz verabschiedet, „noch einmal eine Schaffensperiode höchster Produktivität" einsetzt,[21] bzw. wenn man, wie der hochverdienstvolle Brentano-Forscher und -Herausgeber Hartwig Schultz, zwar den religiösen Werken literarische Qualitäten bescheinigt, dann aber achselzuckend bemerkt, „zur Geschichte der deutschen Literatur im 19. Jahrhundert [...] tragen sie jedoch nicht viel bei" – denn, so fährt Schultz fort, „es bleibt festzuhalten, daß die Leidensgeschichte Jesu trotz Brentanos perfektem Stil und seiner großen Kunstfertigkeit kaum als bedeutender ‚Roman' verstanden werden kann"[22] –, reproduziert man wieder das Klischee, dass religiöse Neuorientierung und schöpferische Ader nicht auf einen Nenner zu bringen seien.

An einer Stelle seiner großen Brentano-Biographie berichtet Schultz von einer bayerischen Erweckungsbewegung, in deren Umfeld ein offenbar psy-

---

   Christi. Neben ca. 280 Titeln ‚Marienliteratur' ist die Sparte ‚Leben der Heiligen und Seligen, besonders Leben heiliger Frauen' mit ca. 370 Titeln besonders reichhaltig.

19 Hubert Schiel, *Clemens Brentano und Luise Hensel*, Frankfurt a.M./Aschaffenburg 1956, S. 61.

20 Siehe oben, S. 92f., Anm. 16.

21 Schultz, *Schwarzer Schmetterling* (2000) [Anm. 2], S. 349.

22 Hartwig Schultz, *Clemens Brentano*, Stuttgart 1999, S. 149. Immerhin hat Hugo von Hofmannsthal in seinem erstmals 1923 herausgegebenen *Deutschen Lesebuch*, den Prosaisten Clemens Brentano ausgerechnet mit dem Text *Ein Gesicht der Anna Katharina Emmerich* zu Wort kommen lassen (vgl. *Deutsches Lesebuch*, hg. von Hugo von Hofmannsthal, Frankfurt a.M. 1952, S. 190–194). Der Text ist dem „Lebensumriß der Erzählerin" entnommen, den Brentano dem „Bitteren Leiden unseres Herrn Jesu Christi" vorangestellt hat (vgl. *Einleitung und Lebensumriß der Anna Katharina Emmerich*, SWB, Bd. 26, S. 11–63, hier S. 48,14–52,16).

chisch Gestörter vorkommt, „der von einem Rede- und Laufzwang beherrscht wird"[23] und ruft dann aus: „Hätte Brentano sich doch dieses Fantasten angenommen [...]! Denn Erscheinungen dieser Art faszinieren ihn, lassen seine dichterischen Qualitäten [...] aufblühen. Statt nach Bayern zieht es ihn jedoch ins westfälische Dülmen, wo es weniger spektakulär [...] zugeht".[24] Das heißt, die Literaturwissenschaft ist bereit, der Religion eine Rolle als poetisches Stimulans zuzuweisen, tut sich aber schwer, hier einen eigenen, über-poetischen Wert anzuerkennen.

Auch Wolfgang Frühwald, dessen epochemachende Habilitation über *Das Spätwerk Clemens Brentanos* gerade der Neubewertung der späten Schriften gilt, greift m. E. zu einer Verlegenheitslösung, wenn er das Emmerick-Erlebnis als Beispiel für „den Übergang von der Autonomie- zur Zweckästhetik" behandelt,[25] und es dürfte auch nicht das letzte Wort in dieser Sache sein, wenn Frühwald an anderer Stelle meint, Brentano sei „mit seinem 16000 Folioseiten umfassenden Entwurf eines christlichen Weltepos [...] gescheitert".[26]

In diesem Zusammenhang entschlüpft Frühwald auch das Epitheton „Clemens Brentano, der vielleicht unphilosophischste Dichter der deutschen Romantik"[27] – eine Bemerkung, die Brentano selbst zu bestätigen scheint, wenn er einmal an Runge schreibt, er sei „vielleicht der unwissenschaftlichste Mensch [...], den die Sonne bescheint".[28] Aber hätte ein so durch und durch unwissenschaftlicher Mensch sich mit akribischem Sammlerfleiß zweimal eine große Bibliothek aufgebaut, hätte er das Durchhaltevermögen zum Verfassen der 16000 Folioseiten besessen, und wäre er den ungemein schwierigen Arbeitsbedingungen am Krankenbett von Anna Katharina Emmerick gewachsen gewesen?

3.2   *Fünf Jahre als ‚Schreiber'*

Die neue Lebensstation, das sollten unsere Vorbemerkungen zeigen, enthüllt uns nicht einen ganz anderen, sondern einen gewandelten Brentano (mit Aristoteles gesagt: eine κίνησις [*kínêsis*], keine ἀλλοίωσις [*alloíôsis*]).

Schon bei seinem ersten Besuch in Dülmen am 24. September 1818 findet er freundliche Aufnahme. Das Tagebuch hält fest:

---

23   Schultz, *Schwarzer Schmetterling* (2000) [Anm. 2], S. 377.
24   Schultz, *Schwarzer Schmetterling* (2000) [Anm. 2], S. 378.
25   Wolfgang Frühwald, *Das Spätwerk Clemens Brentanos* (1815–1842), Tübingen 1977, S. XIV.
26   Wolfgang Frühwald, „Schelling und die Dichter", in: *Philosophisches Jahrbuch* 96 (1989), S. 328–342, hier S. 339.
27   Frühwald, *Schelling und die Dichter* (1989) [Anm. 26], S. 334.
28   Brentano, *Brief an Philipp Otto Runge vom Januar 1810*, SWB, Bd. 32, S. 213,21 f.

Wesener [scil. der Arzt] kündigte mich der Emmerich an, damit Sie nicht
zu sehr erschrecken möge, sie freute sich mich zu sehen, [...] wir klopften,
die Schwester, als Magd öfnete, durch die kleine Küche traten wir in die
Eckstube, wo sie liegt, sie streckte mir die stigmatisirten Hände freudig
entgegen, und sagte freudig, nu sieh, man kann doch den Bruder[29] nicht
in ihm verkennen.[30]

Dann reflektiert Brentano sein eigenes Empfinden und kommt unvermittelt
auf eine ästhetische Schlussfolgerung:

ich war gleich zu Hauß, ich verstand und empfand Alles um mich her,
ich war ruhig, ich war wie damals, als ich ein andres gutes Wesen kennen
lernte. Ich empfand mit jedem Worte, das Sie sprach, daß aller Kampf,
alles Leid um Jesu willen schöner macht, daß alle die demüthig und ein-
fältig sind, sich ähnlich werden, und daß das Leben guter Menschen unter
einander ein Leben, wie im Himmel ist.[31]

Anna Katharina war am Tag von Mariä Geburt – am 8. September – geboren,
auch Clemens feierte seinen Geburtstag an diesem Tag, obwohl die offiziellen
Register dafür den 9. September festhalten. Die Maria-Bindung war bei ihm so
eng, dass er seinen ersten Roman (*Godwi*) unter dem Pseudonym ‚Maria‘ veröffentlichte.

Seine Aufgabe in Dülmen ist nicht von Anfang an klar. Erst einmal möchte
er Material über die Biographie der Stigmatisierten sammeln, dann stellt sich
heraus, dass deren Visionen offenbar einem inneren Plan gehorchen, und zwar
zeigen sich ihr die drei Lehrjahre Jesu in umgekehrter Reihenfolge. Brentano
bringt etwa fünf Jahre am Krankenbett von Anna Katharina zu, oft unter für
ihn demütigenden Umständen – offenbar ist ihr Beichtvater nicht gut auf ihn
zu sprechen; im bäuerlichen Haushalt muss die bettlägerige Anna Katharina,
so weit ihr das möglich ist, Küchenarbeiten übernehmen; sie ist häufig von
Besuchern umgeben, die sie teils mit ihrer Neugierde, teils mit Gebetsanliegen
verfolgen. Brentano droht im Klein-Klein des Alltags unterzugehen: Er hat sein
Leben radikal umgestellt, um die kostbaren Gesichte der Begnadigten festzuhalten, und doch muss er um seinen Platz kämpfen und vor allem um die Zeit,
die er dazu braucht.

---

29   Damit ist die Ähnlichkeit mit Christian Brentano, der bereits in Dülmen gewesen war,
      gemeint.
30   Brentano, *Tagebuch*, SWB, Bd. 28,1, S. 13,3–9.
31   Brentano, *Tagebuch*, SWB, Bd. 28,1, S. 13,15–21.

So sammelt er in mühsamer Tag- und Nachtarbeit den Stoff nicht nur für die Lebensgeschichte der Nonne, sondern auch für ein Marienleben, für die drei Lehrjahre Jesu und für *Das bittere Leiden unseres Herrn Jesu Christi*. Das ist der einzige Teil des christlichen Weltepos, den Brentano noch selber veröffentlichen konnte; es beruht auf der „Mittheilung" der „Betrachtungen, welche vom 18ten Februar bis zur Woche nach Ostern, 6ten April 1823 gedauert hat".[32]

„Mein Herz ist sehr zerschmettert, ich Gescheiterter war gerettet an die einsame Höhle der wundervollsten, begnadigsten, ärmsten Seele; sie ist ausgeflogen, und singt nicht mehr, und bannt den Sturm nicht mehr", schreibt Brentano verzweifelt einen Tag nach dem Tod von Anna Katharina, am 10. Februar 1824.[33]

3.3   Ko-Autorschaft?

Es ist immer wieder die Frage aufgeworfen worden, ob Brentano nur getreuer Aufzeichner der Visionen war, oder ob er Eigenes mit eingewoben hat. Besser gesagt: es stellt sich die Frage, welche Anteile von Brentanos schriftlicher Fixierung auf ihn und welche auf Anna Katharina Emmerick zurückgehen. Dieses Problem hat für Verwirrung gesorgt; um den Seligsprechungsprozess der Nonne in Gang zu setzen, meinte man, man müsse vorsichtshalber alle Verbindungen zu Brentano kappen, da er kein vertrauenswürdiger Gewährsmann sei.[34]

Wenn ich die Kontroverse richtig beurteile, wächst die Einsicht, dass man Brentano und die Emmerick-Visionen nicht trennen kann.[35] Die fromme Nonne diktierte ja nicht einen fertigen Text, sondern sie lieferte Material, das der Gestaltung bedurfte. Wie sonst hätte Brentano nach den fünf Dülmener Jahren noch einmal knapp zwei Jahrzehnte seines restlichen Lebens gebraucht, um seine Notizen zu ordnen, zu überarbeiten und in eine druckreife Fassung zu bringen. Emmerick und Brentano haben in einer dialogischen Beziehung

---

32   Brentano, *Das bittere Leiden unsers Herrn*, SWB, Bd. 26, S. 445,14–16.

33   Brentano, *Brief an Johann Michael Sailer und Melchior Diepenbrock vom 10. Februar 1824*, SWB, Bd. 35, S. 56,5–9; vgl. Hans Rupprich, „Clemens Brentano und die Mystik", in: *Deutsche Vierteljahrsschrift für Literaturwissenschaft und Geistesgeschichte* 4 (1926), S. 718–746, hier S. 739.

34   Vgl. Winfried Hümpfner, *Clemens Brentanos Glaubwürdigkeit in seinen Emmerick-Aufzeichnungen*, Würzburg 1923; korrigiert durch: Adam, *Brentanos Emmerick-Erlebnis* (1956) [Anm. 1].

35   Lapidar schreibt Elmar Klinger, „Die Leben-Jesu-Mystik der Anna Katharina Emmerick: Der Beweis des Geistes und der Kraft", in: *Die besondere Mystik der Anna Katharina Emmerick: 2. Symposion nach der Seligsprechung am 15./16. Februar 2013 im Franz-Hitze-Haus in Münster*, hg. von Clemens Engling, Hermann Flothkötter und Peter Nienhaus, Dülmen 2013, S. 35–59, hier S. 35: „Anna Katharina Emmerick! Was ist das Besondere an ihrer Mystik? Meine Antwort auf diese Frage [...] lautet: Das Besondere ist Clemens Brentano. Er hat den Schlüssel zu ihrer Mystik".

gestanden – auch hier lässt sich ein Bogen zu einem romantischen Prinzip, nämlich der ‚Symphilosophie' bzw. ‚Sympoesie' schlagen.

4   Wahrheit und Schönheit

Brentanos *Religiöse Werke*, wie die entsprechende Abteilung der Frankfurter Ausgabe heißt, werden gern als ‚Erbauungsliteratur' bezeichnet – im Wissenschaftsbetrieb ist das eine Art Todesurteil. Kein Literaturwissenschaftler, kein Philosoph und im Grunde auch kein Theologe muss sich darum kümmern. Erbauungsliteratur ist Nahrung für schöne Seelen. Ja, zweifellos ist sie das – aber nicht nur.

Brentano hat seine Lebensaufgabe dahingehend verstanden, dass er berufen war, an der mystischen Quelle zu sitzen – einer Quelle, die stets zu versiegen drohte, und die er sozusagen immer auch neu in Gang bringen musste (etwa durch Vorlesen inspirierender Texte, z. B. von Tauler, den Anna Katharina auch aus eigener Lektüre kannte[36]) – und „Vermittler der Offenbarungen und geistlichen Betrachtungen der Emmerich für die übrige Menschheit zu sein".[37]

Ein Mystiker kann seine Wahrheit nicht beweisen. Allenfalls lässt sich die Schönheit als Wahrheitszeugin aufrufen. Dass „alles Leid um Jesu willen schöner macht", war eine Beobachtung, die Brentano schon am Tag seiner ersten Begegnung mit Anna Katharina notiert hatte. Im *Bitteren Leiden* schildern Emmerick und Brentano den Gekreuzigten kurz vor dessen Tod, da heißt es: „Trotz aller dieser gewaltigen Entstellung erschien der Leib unsers Herrn am Kreuze unaussprechlich edel und rührend, ja der Sohn Gottes, die ewige sich in der Zeit opfernde Liebe war schön, rein und heilig in dem zertrümmerten [...] Leibe".[38] Und ähnlich lesen wir in den überarbeiteten Tagebuchaufzeichnungen zur Emmerick-Biographie: „Ich habe keine Erscheinung im Leben, kein Bild

---

36   Vgl. Brentano, *Anna Katharina Emmerick-Biographie*, SWB, Bd. 28,1, S. 239,3–9: „In den Plattdeutschen Predigten Taulers lese ich gern, es ist Eins von den wenigen Büchern, mit denen ich gut sprechen kann, ich verstehe es und es versteht mich, aber ich lese auch nicht viel drinn, ich habe nur einigemahl draus gehört und bin dabei in recht schöne Betrachtung gekommen".

37   Rupprich, *Clemens Brentano und die Mystik* (1926) [Anm. 33], S. 718–746, hier S. 732: „Brentano hat während der ganzen Zeit seines Aufenthaltes in Dülmen eifrig mystische Studien betrieben und sucht in Frauenklöstern nach seltnen alten Werken. Auch der Nonne liest er häufig daraus vor. Schon damals ist er eifrig bemüht, die Dülmener Seherin in die große mystische Tradition einzureihen". Siehe auch ebd., S. 734; vgl. Brentano, *Anna Katharina Emmerick-Biographie*, SWB, Bd. 28,1, S. 492,9–20.

38   Brentano, *Das bittere Leiden unsers Herrn*, SWB, Bd. 26, S. 327,8–12.

alter oder neuer Kunst gesehen, was diesem elenden kranken Leibe an Schönheit der Form, diesem reinen Antlitz an Jugend, Blüthe, Klarheit und Lieblich-
keit in diesem Momente gleich kam".[39] Man kann aus diesen Texten ersehen,
dass Brentano zu einem neuen Schönheits-Ideal gelangt ist – zur Schönheit der
Heiligkeit. Der Dichter hat also nicht der Ästhetik entsagt, sondern er hat eine
neue, integrale Ästhetik entdeckt, in deren Dienst er sich für den Rest seines
Lebens stellt.

5   Schluss

„[...] wie ein Kind, das heim will". So charakterisiert sich Anna Katharina in
einem längeren Zitat, das Brentano in den *Lebensumriß der Erzählerin* einge-
baut hat.[40] Er hätte es auch von sich selber sagen können. Alle Romantiker
verstehen sich so. „Wo gehn wir denn hin?", heißt es in Hardenbergs *Heinrich
von Ofterdingen*. Und die überaus bekannte Antwort lautet ja: „Immer nach
Hause".[41]
    Ich habe für eine neue Einschätzung von Clemens Brentano plädiert, die
nicht nach bereitliegenden Etiketten Ausschau hält, sondern ihn selber ernst
zu nehmen versucht (dazu würde vielleicht auch einmal gehören, die 16000
Folioseiten der zum Teil noch unveröffentlichten religiösen Werke als Scan
zugänglich zu machen – man könnte dann eher nachvollziehen, dass in dem
gigantischen christlichen Weltepos mit seinen verschiedenen Bearbeitungsstu-
fen wirklich der Schwerpunkt von Brentanos Arbeit liegt). Wenn Brentano am
Ende nicht mehr Dichter, sondern ‚Schreiber', damit aber – wegen der Einzig-
artigkeit seiner Mission – zugleich mehr als Dichter ist, so mag das genügen.
    Lassen wir ihn noch einmal selbst zu Wort kommen, mit einem Brief (Ende
1833), in dem er durchaus selbstkritisch und in einer Art Generalabrechnung
mit dem eigenen Leben zu dem Vorwurf Stellung nimmt, dass

ich mein Talent der Poesie entzogen hätte. [...]. Es ist nie etwas von mir
gedruckt worden, dem ich volle Anerkennung gebe, Alles erschienen in
verwirrter Stimmung mir entrissen. Ich habe die Gabe nicht, auszuspre-

---

39   Brentano, *Anna Katharina Emmerick-Biographie*, SWB, Bd. 28,1, S. 521,26–29. Der Text fährt
      fort, S. 521,30–33: „Ich sah und ward mit Erschütterung überzeugt, daß Jesus allein gut und
      schön ist, daß er allein lieben kann, daß nur aus ihm die Schönheit wiederscheinen kann
      und zwar in seinen Heiligen!".
40   Brentano, *Einleitung und Lebensumriß der Anna Katharina Emmerich*, SWB, Bd. 26, S. 24,12.
41   Novalis, *Heinrich von Ofterdingen*, ed. Samuel, *Schriften*, Bd. 1, S. 325,16.

chen, was ich fühle und die Tugend nicht, richtig zu fühlen. [...]. Mein
Leben ist das wundervollste Gedicht, das je gedichtet worden, es hat
weder meinen, noch der Menschen, noch Gottes Beifall.[42]

Etwas versöhnlicher schreibt Eichendorff:

> Nach allem diesen könnte in der That nur eine sehr beschränkte Beur-
> theilung, die für unsichtbare Geisteskämpfe überhaupt kein Verständniß
> hat, Brentano zu den Zerrissenen zählen wollen. Denn was bei ihm wohl
> zuweilen so erscheint, beruht keineswegs, wie bei den Zerrissenen, auf
> Unglauben, auf einer bloßen Negation oder Blasirtheit, mit Einem Worte:
> nicht auf einem geistigen Bankerott, sondern vielmehr auf einem geis-
> tigen Ueberschusse, der in den hergebrachten Formeln der Poesie nicht
> aufgehen will.[43]

Fassen wir zusammen. Brentano ist in der zweiten Hälfte seines Schaffens dem
Rahmen der Literaturwissenschaft entwachsen. Sowohl der Verdacht, er habe
nun dichterisch nichts mehr Eigenes zu sagen, als auch der Nachweis, selbst
in der Zeit der religiösen Werke sei die poetische Ader nicht versiegt, werden
dem Autor, der die Jesus-Visionen der mystisch begnadeten Nonne zu Papier
gebracht und vervollständigt hat, nicht gerecht. In einer gigantischen, mehrstu-
figen Übersetzungsarbeit hat er ihre mystische Schau nachvollziehbar gemacht
und dabei auch an sich selbst gearbeitet – wie fragwürdig ihm (und anderen)
das sichtbare Ergebnis dieses Prozesses auch immer geschienen haben mag.
Im letzten dokumentierten Brief an Emilie Linder schreibt er: „[...] und endlich gab mir Gott die Thränen, da hattest du kein Lexicon mehr nötig".[44]

---

42   Brentano, *Brief an eine unbekannte Person (vermutlich Ende 1833)*, SWB, Bd. 36, S. 281,20–
     282,1.

43   Eichendorff, *Geschichte der poetischen Literatur Deutschlands*, SW, Bd. 9, S. 394,30–395,3.

44   Brentano, *Brief an Emilie Linder, zwischen 1834/35 und dem 12. Juli 1842*, SWB, Bd. 37,2,
     S. 251,9 f.

6

Von den Mythen Asiens zur christlichen Mystik: Der Weg des Joseph Görres

Monika Fink-Lang

1   Die Mystik – Irrweg eines alten Mannes?

„Unwillkürlich wurde [...] Görres durch seine Christliche Mystik [...] seinem eigentlichen Berufe entfremdet und bei Seite geschoben. [...]. Nichts Böses ahnend war Görres von seinem Lebensziele abgekommen".[1] So schreibt der Görres-Schüler Johann Nepomuk Sepp im Rückblick über dessen Alterswerk, die *Christliche Mystik*.[2] Für Sepp, der seinen Lehrer als den Held der Freiheitskriege verehrte, als Herold der Deutschen im *Rheinischen Merkur*, als großartigen Seher, der die Geschichte in genialer Zusammenschau überblickte, waren die Schuldigen an der traurigen Verirrung seines Meisters schnell gefunden: verderbliche Einflüsse, allen voran Clemens Brentano mit seinem laut Sepp typisch romantischen Hang zur Überschwänglichkeit, zum Aberglauben und zum Mythischen. Er, der viele Jahre seines Lebens mit den „zweifelhaften Revelationen" der Katharina Emmerich vertändelt habe,[3] habe Görres, der „bei seiner überwiegenden Einbildungskraft und Gemüthstiefe [...] fremden Einflüssen nicht unzugänglich war", in seinen „Brentanischen Wunder- und Mythenkreis" hineingezogen.[4]

Doch Sepp, der sich gern als Lieblingsschüler stilisierte, verkennt seinen Lehrer hier. Er hat nicht verstanden, dass die *Christliche Mystik* nicht der Irrweg

---

1   Johann Nepomuk Sepp, *Görres und seine Zeitgenossen*, Nördlingen 1877, S. 382. Zu Sepp siehe Monika Fink-Lang, „Dem Geiste nach verpflichtet: Die Görres-Schüler J.N. Sepp und Michael Strodl", in: *Schule, Universität und Bildung: Festschrift für Harald Dickerhof*, hg. von Helmut Flachenecker und Dietmar Grypa, Regensburg 2007, S. 243–293.

2   Görres, *Christliche Mystik*, Bd. 1, Regensburg/Landshut 1836; Bd. 2, Regensburg 1837; Bd. 3, Regensburg 1840; Bd. 4/1 und Bd. 4/2, Regensburg 1842 (erste Auflage in vier Bänden, nach welcher der Text im Folgenden zitiert wird). Es wird darüber hinaus ebenso auf die Stelle in der Ausgabe von Ranke-Heinemann in Klammern verwiesen (*Die Christliche Mystik*, Frankfurt a.M. 1989), welche den Text der zweiten Auflage des Werkes, erschienen im Jahre 1879 in München/Regensburg (in fünf Bänden), enthält.

3   Vgl. Peter Nickl, „‚... wie ein Kind, das heim will': Clemens Brentano zwischen Erotik und Mystik", in diesem Band, S. 89–100.

4   Sepp, *Görres und seine Zeitgenossen* (1877) [Anm. 1], S. 375.

---

eines alten Mannes war, der ihn von seiner eigentlichen Sendung ablenkte, sondern vielmehr logische Weiterführung und Vollendung seiner bisherigen Studien, keine Alterstorheit, sondern konsequenter Abschluss, in vieler Hinsicht
die Summe seiner lebenslangen Arbeiten. Schon immer haben sich bei Görres
naturwissenschaftliche, philosophische, historische, mythologische und altdeutsche Studien und, wo er ein klares Wort für nötig hielt, politische Stel-
lungnahme und journalistische Tätigkeit abgewechselt und durchdrungen. All
diese Beschäftigungen, für die er freilich gern „ein halbes Dutzend Nebenle-
ben" gehabt hätte, um „Sanskrit zu treiben in der einen Kammer, Persisch in der
andern, Mathematik in der dritten, Physik, Chemie, Poesie, Geschichte, jedes
im eigenen Behälter",[5] bilden für ihn von jeher eine untrennbare Einheit.

2 Erste naturwissenschaftliche Studien

Als im Jahr 1836 der erste Band der *Christlichen Mystik* erschien, war Görres 60
Jahre alt. Nicht ganz neun Jahre zuvor hatte er, wie er selbst sagte, sein sechstes
oder siebentes Leben begonnen, mit der Berufung auf den Lehrstuhl für *Allgemeine und Litterärgeschichte* in München, der letzten Station seines Lebens.[6]

1776 in Koblenz geboren, am dortigen Gymnasium mit Kant und den Schriften der Aufklärung sozialisiert, wird er zum begeisterten Anhänger der Ideale
der Französischen Revolution. Sehr früh begreift er die Bedeutung der Presse
und der öffentlichen Meinung und setzt sich voller Enthusiasmus für seine
politischen Ideale ein, gegen das Schreckgespenst einer Wiederkehr des alten
Despotismus, für die Vision eines „litterarisch-republikanischen Vielvölker-
staats".[7] Er gründet seine erste Zeitung, das *Rothe Blatt*, und verschreibt sich
dem politischen Journalismus, der eines der Continua seines Lebens bleiben
wird: in jeder Phase seines Lebens wird er später eine Zeitung als Sprachrohr
nutzen. Schon 1800 kommt dann die Desillusionierung, als er nach Paris reist,
um als Führer einer Koblenzer Deputation die Vereinigung des von Frankreich
besetzten linksrheinischen Gebiets mit dem Mutterland des Republikanismus

---

5 Vgl. Görres, *Brief an Karl J. Windischmann vom 12. Februar 1813*, GB, Bd. 2, Nr. 114, S. 382–384.

6 Vgl. Görres, *Brief an seine Tochter Sophie Steingaß vom 24. Dezember 1827*, GS. Briefe, Bd. 1, Nr. 3,
   S. 8–10. Zu Görres' Vita sei grundsätzlich verwiesen auf Monika Fink-Lang, *Joseph Görres: Die
   Biographie*, Paderborn/München/Wien/Zürich 2013; dies., *Joseph Görres: Ein Leben im Zeital-
   ter von Revolution und Restauration*, Kevelaer 2015.

7 So schon in: Görres, *Der allgemeine Frieden: ein Ideal*, Koblenz 1798 (vgl. GS, Bd. 1, S. 11–63).
   Zum Folgenden, dem *Rothen Blatt* und Görres' Revolutionsjahren, siehe Fink-Lang, *Joseph
   Görres: Die Biographie* (2013) [Anm. 6], S. 31–62.

zu erwirken, und dort feststellen muss, dass sich mit dem Staatsstreich Bonapartes im November 1799 ein Umbruch vollzogen hat, der dem revolutionären Traum von Freiheit und Gleichheit ein Ende bereiten wird. Mit dem Ende dieses Traums erfolgt der Rückzug aus der Politik. Stattdessen wirft sich Görres – inzwischen junger Familienvater – in naturwissenschaftliche und physiologische Studien. Am Koblenzer Gymnasium unterrichtet er Physik, Chemie und physikalische Erdkunde, die Naturwissenschaften, die ihn schon seit seiner Kindheit faszinieren. Schon während seiner Schulzeit hatte er chemische und physikalische Experimente durchgeführt und in einem wissenschaftlichen Tagebuch aufgezeichnet, besonders faszinieren ihn die damals modernen Phänomene Magnetismus und Elektrizität. Sein Wunsch wäre eigentlich ein Medizinstudium gewesen, doch daran war in den Wirren der Zeit nicht zu denken. So beschäftigt er sich nun neben seinem Brotberuf intensiv mit Medizin und Naturwissenschaften und mit der Naturphilosophie Schellings, er liest die Fachliteratur in all diesen Disziplinen und schreibt seine ersten naturphilosophischen Werke.

3   Die frühen naturphilosophischen Schriften: Die große Einheit von Makrokosmos und Mikrokosmos, von Mensch und Natur

Bereits 1802 erscheinen die *Prinzipien einer neuen Begründung der Gesetze des Lebens durch Dualism und Polarität*, in denen Görres selbstbewusst sein eigenes „medizinisches System" vorstellt,[8] und die *Aphorismen über die Kunst*.[9] Sein Anspruch in diesen ersten Werken ist nicht mehr und nicht weniger als ein selbständiges naturphilosophisches System zu entwickeln. Er versucht in ihnen, Mikrokosmos und Makrokosmos, die Organe des menschlichen Körpers und die Sterne im All, Mensch und Natur in einer großen Einheit zusammenzufassen, setzt alles miteinander in Beziehung, ausgehend vom ewigen Dualismus von männlichem und weiblichem Prinzip, vom Gegensatz von aktiv und passiv, von positiven und negativen Polen, von Körper und Geist. In den *Aphorismen über die Kunst* sucht Görres zudem das ganze Feld der Kunst – Sprache, Poesie, Malerei, Musik und Schauspiel – in sein System einzugliedern

---

8   Görres, „Prinzipien einer neuen Begründung der Gesetze des Lebens durch Dualism und Polarität", in: *Allgemeine Medizin: Annalen des Jahres 1802* (vgl. GS, Bd. 2,1, S. 21–43 und S. 45–56). Zu den naturwissenschaftlichen Werken 1802–1805 siehe Fink-Lang, *Joseph Görres: Die Biographie* (2013) [Anm. 6], S. 71–83. Das Zitat: Görres, *Brief an Jean Claude von Lassaulx vom 21. Juli 1802*, GB, Bd. 2, Nr. 1, S. 1f.

9   Görres, *Aphorismen über die Kunst*, Koblenz [1802] (vgl. GS, Bd. 2,1, S. 61–164).

und mit Natur und Kosmos in Beziehung zu setzen, schafft Analogien zwischen der Kunst und den Naturwissenschaften, der Politik und der Physiologie. Als Ziel der Schrift bezeichnet er es, das „höchste Ideal der höchsten Kunst" zu suchen.[10] Am Ende postuliert er die Einheit von Organismus, Kunst und Wissenschaft, die für die Dreiheit von Leben, Liebe und Erkennen stehen: nur wo diese drei Fäden, aus denen „das Geflechte unserer Existenz sich zusammenwebt", „im reinsten Unison gestimmt sind", da tritt in dem ‚ganzen Menschen' ‚die Gottheit' hervor.[11]

Auch in den *Aphorismen über die Organonomie* von 1803, die, ausgehend von der Einheit von Natur und menschlichem Geist allgemeine Lebensgesetze aufstellen wollen, beruht wieder alles auf Dualismus und Polarität.[12] Da ist der ewige Dualismus, der sich in den positiven und negativen Potenzen, in Männlichkeit und Weiblichkeit zeigt: hier Vernunft, Phantasie und Bewegungskraft, die – ebenso wie Sonne, Licht, Elektrizität und Sauerstoff – dem männlichen Prinzip entsprechen, dort, dem weiblichen zugeordnet, Sinn und Erregbarkeit, Gravitation, Magnetismus, die Planeten sowie die Elemente Kohlenstoff und Wasserstoff. Den drei Feuermeeren, die um die Erde wogen – Lichtmeer, elektrisches Meer und Sauerstoffmeer – entsprechen drei Kräfte im Innern des Menschen: Vernunft, Gemüt und Bewegungskraft.

Die Idee des Dualismus und der Polarität schuldet Görres natürlich der romantischen Naturphilosophie Schellings.[13] Dieser Einfluss ist in Görres' frühen Werken der Jahre 1802–1805 unübersehbar. Görres bedient sich der Schellingschen Terminologie, doch die Methode ist anders: Mehr als Schelling ist Görres in den Naturwissenschaften und der Medizin zu Hause, er lebt stärker vom naturwissenschaftlichen Experiment, von der Empirie, wendet in vieler Hinsicht praktisch an, was Schelling philosophisch abgeleitet hatte. Görres definiert seine Begriffe nicht, arbeitet mit Analogien statt mit philosophischen

---

10   Görres, *Aphorismen über die Kunst*, ed. 1802, S. 178,25 (vgl. GS, Bd. 2,1, S. 136,40 f.).

11   Vgl. Görres, *Aphorismen über die Kunst*, ed. 1802, S. 239,1–240,16 (vgl. GS, Bd. 2,1, S. 163,30–164,18).

12   Görres, *Aphorismen über die Organonomie*, Koblenz 1803 (vgl. GS, Bd. 2,1, S. 169–333). Siehe darin insbes. Robert Stein, ‚Allgemeine Einleitung', S. XI–XXVII, hier S. XII–XV.

13   Zu Görres und Schelling siehe Reinhardt Habel, *Joseph Görres: Studien über den Zusammenhang von Natur, Geschichte und Mythos in seinen Schriften*, Wiesbaden 1960, S. 39–47; Leonardo Lotito, „Die Allegorie des Überschwenglichen: Überlegungen über die Interpretation des Schellingschen Absoluten und des Creuzerschen Symbols im Denken Görres' (1805–1810)", in: *Görres-Studien: Festschrift zum 150. Todesjahr von Joseph von Görres*, hg. von Harald Dickerhof, Paderborn/München/Wien/Zürich 1999, S. 89–103; Adolf Dyroff, „Görres und Schelling", in: *Görres-Festschrift: Aufsätze und Abhandlungen zum 150. Geburtstag von Joseph Görres*, hg. von Karl Hoeber, Köln 1926, S. 65–97.

Kategorien. In jedem Dualismus sucht er dabei ein versöhnendes Drittes, die harmonische Mitte, und er setzt damit der abstrakten Duplizität Schellings eine konkrete Triplizität von Intelligenz, Organismus und Natur entgegen.[14] Noch in der *Christlichen Mystik* wird der Einfluss der Naturphilosophie Schellings greifbar sein: sie lieferte ihm den wissenschaftlichen Apparat, auf dem er seine Lehre aufbaut, die Grundlage, die seine mystische Lehre zu einem wissenschaftlichen System machen sollte.[15]

Doch Görres widerstrebt es zutiefst, einer Partei oder Schule zugerechnet zu werden. Schon 1805 distanziert er sich entschieden:

> Schellings kreftige Natur hat mich erregt, wie ihn Plato erregte; was Jeder ist, ist sein eignes Product und das seiner ganzen Vergangenheit. Ich habe seine Sprache gesprochen, weil sie zu dieser Zeit noch nicht viel gesprochen wurde, aber meine eccentrische Natur hat mich aus seinen Formen hinausgetrieben; ich musste mir meine Eignen schaffen, denn in ihren geschlossnen Kreissen konnte mich die Schule nicht dulden.[16]

Absolute Selbständigkeit des Denkens nimmt er für sich in Anspruch, keinem Parteiführer will er huldigen. Er sei, so schreibt er, „keiner aus dem Geschlechte der Bernhardskrebse", die „fremde Schaalen aufsuchen, um den nackten Hintern darinn zu verstecken". Er wolle sich vielmehr mit seinem „geistige[n] Gefieder [...] frey nach eigner Willkühr in den Aether" erheben.[17]

4   *Exposition der Physiologie* und *Glauben und Wissen*: Auf der Suche nach dem Göttlichen

Die beiden Schriften *Exposition der Physiologie* und *Glauben und Wissen* von 1804 und 1805, die Görres als den Endpunkt eines geistigen Entwicklungs- und Erkenntnisprozesses ansieht, als die Summe seiner Philosophie und seines Weltbildes, markieren bereits die Wendung vom Schellingschen Natursystem zur mythischen Kosmologie.[18] Der Blick weitet sich, schließt nun das ganze

---

14   Vgl. Habel, *Studien* (1960) [Anm. 13], S. 19–23; S. 39; S. 48. Siehe auch Adolf Dyroff, ‚Einführung in die Aphorismen über die Kunst', in: GS, Bd. 2,1, S. XXVIII–XL, hier S. XXXVII.

15   Vgl. Georg Bürke, *Vom Mythos zur Mystik: Joseph Görres' Mystische Lehre und die romantische Naturphilosophie*, Einsiedeln 1958, S. 171.

16   Görres, *Exposition der Physiologie*, ed. 1805, S. XXV,1–9 (vgl. GS, Bd. 2,2, S. 12,35–40).

17   Vgl. Görres, *Exposition der Physiologie*, ed. 1805, S. XXVI,22–XXVII,5 (vgl. GS, Bd. 2,2, S. 13,18–22).

18   Görres, *Exposition der Physiologie* (1805) [Anm. 16]; ders., *Glauben und Wissen*, München:

Universum ein: „Die Aufgabe der Physiologie ist: die Projection des Weltbau's
in den Organism nachzuweisen, und die individuellen Lebensverhältnisse in
die grossen Cosmischen zu übersetzen".[19]

Makrokosmos und Mikrokosmos, die irdische Natur und der menschliche
Geist, die organische und die anorganische Welt stehen miteinander in vielfältiger Beziehung. Görres behandelt hier die Schöpfung des Alls, die Planeten,
die Erde, physikalische und chemische Phänomene, sowie den menschlichen
Organismus als Spiegelbild des Universums. In seinem Kosmos hat nun auch
das Göttliche seinen Platz. An der Spitze seines Gebäudes steht das Absolute,
das höchste Seiende.[20] Das Göttliche, so führt Görres aus, greife tief in die
Materie ein und treibe die Gestirne an, das All sei von „durchgängiger Göttlichkeit", jedes Einzelne darin besitze als „ein Organ der Ganzheit" einen „inneren
Kern von Göttlichkeit, durch den es mit dem Höhern zusammenhängt".[21]

Schon in seiner Einleitung sucht Görres, möglichen Kritikern vorab den
Wind aus den Segeln zu nehmen. Man werde sich darüber ereifern, dass er „die
Astronomie in die Physiologie übertragen wolle",[22] werde ihn verdächtigen,
dass er den alten Aberglauben wieder aufwärmen wolle, den Mystizismus unter
dem Namen des Romantischen und mit ihm jede Art von religiöser Schwärmerei, Geisterseherei, Alchemie und Astrologie. Das alles liege ihm fern, so betont
er, überhaupt könne er „alle Arten von Aberglauben nicht leiden".[23] Und er verweist auf den von den Aufklärern verketzerten Paracelsus, der gesagt habe, vier
Dinge brauche ein Arzt: Philosophie, Astronomie, Alchemie und Medizin. Der
zweite Vorwurf, den man ihm machen werde, sei, dass er „das philosophische
Lehrgebäude auf den Musenberg setze" und „Poesie in die Wissenschaft ein-
menge". Er denke aber,

> was der Himmel verbunden hat, soll der Mensch nicht trennen; wenn
> es eines Baumes Natur ist, dass er Früchte und Blüthen zugleich trägt,
> warum soll man ihn ängstigen, dass er Eines oder das Andere fallen lasse,
> und jedes schön zu seiner Zeit thue [...]. [...] wo [...] der Strom wie eine
> Quelle aus dem Berge so aus der innersten Natur hervorquillt [...] wo

        Scherersche Buchhandlung, 1805 (vgl. GS, Bd. 3, S. 3–70). Siehe dazu Habel, *Studien* (1960)
        [Anm. 13], S. 30 f.; Fink-Lang, *Joseph Görres: Die Biographie* (2013) [Anm. 6], S. 77–83.

19   Görres, *Exposition der Physiologie*, ed. 1805, S. 1,1–4 (vgl. GS, Bd. 2,2, S. 17,1–3).

20   Siehe dazu die Schautafel ‚L'Absolu' in seiner französisch geschriebenen Abhandlung
        *Exposition d'un système sexuel d'ontologie, extrait et traduit de l'ouvrage du professeur
        Goerres*, Paris oder Koblenz 1804 (oder 1805) (vgl. GS, Bd. 2,2, S. 203–225).

21   Vgl. Görres, *Exposition der Physiologie*, ed. 1805, S. 2,24–5,2 (vgl. GS, Bd. 2,2, S. 17,25–18,16).

22   Görres, *Exposition der Physiologie*, ed. 1805, S. III,1–3 (vgl. GS, Bd. 2,2, S. 5,24 f.).

23   Görres, *Exposition der Physiologie*, ed. 1805, S. IX,8 (vgl. GS, Bd. 2,2, S. 7,30 f.).

die heitern Spiele der Phantasie dem Ernste der geistigen Kräfte keinen Abbruch thun, und die Untersuchung an Tiefe nicht verliert, weil das Gemüth mit an ihr Antheil nimmt; da hat die Wissenschaft keine weiteren Ansprüche zu machen, und die Poesie wird mit der Philosophie sich eben so wohl vertragen, wie der Scherz mit dem Pathos im Shakespeareschen Drama, oder die Laune mit der Sentimentalität im Romantischen [...]. Man lasse mir daher immerhin meine Art, und sehe nur ob ich etwas Tüchtiges darinn hervorbringe! Meine Bilder, ich suche sie nicht; ich treibe sie nicht zusammen, um affectirt mit ihnen mich zu schminken; sie kommen mir ungefodert, und ich weiss nicht, warum ich sie abweisen sollte.[24]

Mit der Frage nach der Gottheit und dem richtigen Weg der Gotteserkenntnis beschäftigt sich Görres in der zweiten Schrift dieser Zeit, in *Glauben und Wissen*. Wie der individuelle Mensch, so durchläuft auch die Menschheit als Ganzes verschiedene Altersstufen. In ihren Kindertagen hatte die Menschheit, durch die direkte Offenbarung der Götter, noch ein unschuldig naives Wissen um die göttlichen Geheimnisse. In späteren Zeiten ging immer mehr von diesem Wissen verloren. Nur in den heiligen Mythen der Völker wurden die Offenbarungen „wie ein heiliges Feuer" weitergetragen durch die Zeiten.[25] Ziel der Schrift ist es daher, den verborgenen Sinn der Mythen zu ergründen. Am ursprünglichsten zeigten sie sich in der indischen Mythologie, denn „am Ufer des Ganges und des Indus" stand die Wiege des Menschengeschlechts, lag der Ursprung aller Geschichte und aller Religion, die Quelle jenes „stillen Stroms", „der in Sagen und heiligen Gesängen durch die Zeiten fliesst".[26]

Görres erklärt nun die Schöpfung der Welt und entwickelt ausführlich, auf welche Weise die Polarität alles Seins bereits im Schöpfungsakt wurzelt, denn die Gottheit habe sich, um sich selber erkennen zu können, in ein Erkennendes und ein Erkanntes spalten müssen, in das männliche und weibliche Prinzip,

---

24 Vgl. Görres, *Exposition der Physiologie*, ed. 1805, S. IX,17–XI,21 vgl. GS, Bd. 2,2, S. 7,37–8,24. Ohne ihn namentlich zu nennen, greift Görres damit die Kritik auf, die Jean Paul, den er aufrichtig bewunderte, in einem Brief an ihn geäußert hatte; vgl. Jean Paul, *Brief an Görres vom 25. März 1805*, in: *Denkwürdigkeiten aus dem Leben von Jean Paul Friedrich Richter: zur Feier seines hundertjährigen Geburtstages*, hg. von Ernst Förster, München 1863, Bd. 3, S. 124f.: „das Bilder-Erstürmen, das ganze Bilder wieder zu Farben größerer macht" passe nicht in die Philosophie. „Warum sperren Sie denn so romantisch-schillernde Flügel wie Ihre in die Eisgrube der Transzendenz? Warum machen Sie Ihrem poetischen Herzen nicht Luft und Aether?".

25 Görres, *Glauben und Wissen*, ed. 1805, S. 15,15f. (vgl. GS, Bd. 3, S. 9,3f.).

26 Görres, *Glauben und Wissen*, ed. 1805, S. 14,6f. (vgl. GS, Bd. 3, S. 8,21f.).

das Aktive und Passive, das Materielle und das Geistige. Positives und nega-
tives, männliches und weibliches Urprinzip verbinden sich mit einem dritten
Vermittelnden zur Trimurti der indischen Mythologie. Trimurti – das ist die
Vereinigung der drei kosmischen Funktionen der Erschaffung, Erhaltung und
Zerstörung, personifiziert in den großen Göttern Brahma, Vishnu und Shiva.
Diese heilige Trias ist aber, im Unterschied zur christlichen Dreifaltigkeit, nur
„Projektion des obersten Gottes in die Wirklichkeit".[27] Über ihr schwebt der
ewig unergründliche geheimnisvolle höchste Schöpfer.

Eine andere Trias, jene von Wissenschaft, Glauben und Sittlichkeit muss
sich zusammenfinden, um den Menschen zur höchsten Höhe der Offenbarung zu erheben, „höher und höher steigend bis zum Urprinzipe", zur höchsten
Gottheit. Ihr gilt das letzte Sehnen der menschlichen Seele, das Sehnen nach
einem Zustand der Absorption in der Gottheit, nach der reinen Anschauung,
dem Sich-Verlieren in der Liebe.[28] Dieser Urtrieb, ein „Durst nach der Vereinigung mit der höchsten Gottheit", „[e]in allerhöchster göttlicher Instinkt",
der sie in die Abgründe der Gottheit treibt, ist der Seele des Menschen ein-
gepflanzt:

> aller Sterne Stern, und wieder dieses Sternes Himmel, jeglicher Idee schaf-
> fende Vernunft, und dieser Allvernunft selber wieder Schöpfer, und jeder
> Schönheit Meister, so steht das Geheimniss über allen Himmeln, und der
> unendliche Lichtraum ist nur das äußere Aug, und alles was ist, ist in dem
> Auge, und nicht im Bilde blos wie im sterblichen, und ein heisser Drang
> zieht uns nach dem hohen Geiste hin, der hinter jenem Auge wohnt, das
> von der unermessenen Höhe durch die dreykräftige Wirklichkeit auf uns
> niederschaut, und uns zugleich lockend mit sanfter Schwermuth in seine
> Tiefen zieht, und zugleich feuerflammend mit den Schauern der göttli-
> chen Erhabenheit uns füllt. Und wenn die Persönlichkeit im höchsten
> Aufflammen aller Kräfte in reiner Hingebung dem Ueberendlichen sich
> opfert, dann ist sie im Zustande der Heiligung; eine wahre Gottbesessen-
> heit ist über sie gekommen, sie ist in der Gottheit absorbirt, sie verliert
> sich ganz an sie mit der reinen Anschauung des Verlorenseyns wie der Lie-
> bende an seine Liebe, sie zerfliesst um sich ganz in das Ewige zu ergiessen,
> nicht sie selber lebt, sondern die Gottheit lebt in ihr.[29]

---

27   Görres, *Glauben und Wissen*, ed. 1805, S. 23,26 f. (vgl. GS, Bd. 3, S. 13,14).
28   Görres, *Glauben und Wissen*, ed. 1805, S. 140,20 f. (vgl. GS, Bd. 3, S. 66,44).
29   Görres, *Glauben und Wissen*, ed. 1805, S. 140,26 f.; S. 141,7; S. 141,20–142,12 (vgl. GS, Bd. 3,
       S. 67,3; S. 67,11; S. 67,20–35).

Dieser Zustand aber, „den die morgenländischen Weisen als die Fülle der reinsten irdischen Glückseligkeit bezeichnen", sei im irdischen Leben nur unvollkommen und für kurze Augenblicke zu erreichen, erst der Tod mache „die ununterbrochene Fortdauer der göttlichen Gemeinschaft möglich", „und am höchsten zwar der Tod und die Himmelfahrt der realen Welt".[30] Es heißt dann:

> [A]usser dem Durst des Göttlichen ist keine Begierde in der Seele mehr, in allen Kräften nur ein und dasselbe gespannte Streben [...] das ist die Vorbereitung zur Feyer jener Mysterien, und eine heitere Ruhe, eine unaussprechliche Zufriedenheit, wie sie auch nur im schwächern Abdruck, dem schöpferischen Genius zu Theile wird, ein Entschlaffen alles Selbstbewusstseyns bezeichnet den Eintritt der heiligen Agonie, die geistigen wie die materiellen Schleyer sinken vor dem Gottheitssinn, und der entzückten Seele öffnet sich der Feuerhimmel [...] eine gänzliche Transformation in das Wesen der Gottheit geht in ihr vor, und der Strahl des Göttlichen der in ihr ist, der Funken der schöpferischen Thätigkeit, der sich in ihren Tiefen birgt, kehrt von allem Irdischen entkleidet, in das Strahlenmeer zurück, und eine Welle selber mit den Fluthen der Ewigkeit zusammenfliessend, geniesst sie in der hohen Apotheose der Gottheit Freuden [...]. Das ist daher der Zeiten grosses Ziel, daß die Endlichkeit, wie sie uns verbunden ist, Theil nehme an der Seligkeit des Unendlichen [...] dann feyert die Menschheit ihre Auferstehung, und alles Irdische kehrt von der Sünde frey und makellos zum Paradies in Gott zurück. [...]. Alle wird die Gottheit sie in ihrem Schooße sammeln.[31]

Was Görres hier beschreibt, das ist bereits die *unio mystica* – der Menschheit als Ganzes und des individuellen Menschen – partiell erreichbar im Leben des Individuums, in Fülle aber erst mit dem Tod, und schließlich am Ende als Wieder-Vereinigung der kosmischen Geschichte mit dem Göttlichen. Noch sucht Görres die Antwort auf die letzten Fragen in der asiatischen Mythe, doch zeigt sich hier bereits das Sehnen eines begeisterungsfähigen, nach dem höchsten Ideal und dem letzten Urgrund allen Seins suchenden, zutiefst religiösen Geistes, manifestiert sich Görres' „fast instinktive Neigung" zu mystischen Fragen,[32] viele Jahre bevor er zur katholischen Kirche zurückkehrte.

---

30 Görres, *Glauben und Wissen*, ed. 1805, S. 144,23–26 (vgl. GS, Bd. 3, S. 68,39–41).
31 Görres, *Glauben und Wissen*, ed. 1805, S. 143,4–27; S. 147,7–9; S. 147,17–20; S. 148,27 (vgl. GS, Bd. 3, S. 68,5–21; S. 70,3 f.; S. 70,10 f.; S. 70,37).
32 Bürke, *Vom Mythos zur Mystik* (1958) [Anm. 15], S. 23 f.

Den Mythen nun kommt bereits in diesen frühen Werken eine zentrale
Bedeutung zu. Denn sie sind Träger der Ur-Offenbarung, sind der Königsweg
zur Gotteserkenntnis, und damit der Weg zur Mystik. In ihnen ist „das Geheimniss des Alls, die Räthsel der Schöpfung [...] beschlossen".[33]

5   Annäherung an die Romantik

Ein erstes Plädoyer für die Mystik hält Görres ebenfalls 1805 in der Literatur-
Zeitschrift *Aurora*, in einem Beitrag zu Novalis,[34] in dem er sich zum Anwalt des
als „Haupt einer falschen, unächten, schädlichen Mystik" verlästerten Dichters
macht:

> Was ist die Mystik anderes, als das Leben in einer zweiten, höheren Welt,
> die uns ja von außen schon entgegen glänzt, wenn wir den Blick zum Fir-
> mamente heben? Und diese Steigerung unserer höchsten geistigen Kräfte,
> warum soll sie die Sphäre des Reinmenschlichen übersteigen? Steht nicht
> die Erde, und alles was schwer ist auf ihr, mit fernen Welten im Verkehr, ist
> unser Körper nicht mit den entlegensten Gestirnen in Wechselwirkung,
> und haben nicht alle Constellationen Einfluß auf das Leben, das unten in
> der Tiefe glimmt, und sind nicht die großen organischen Epochen, selbst
> der Wechsel zwischen Schlaf und Wachen von oben herab vermittelt;
> und der Geist sollte dumpfer, abgeschlossener in seinem Kerker gefes-
> selt liegen, keine höheren Mächte sollten in ihm herüber greifen, über
> den Zenith seiner höchsten Kräfte sollte nur eine öde Leere brüten, ein
> schaudervolles Nichts, in dem die Idee erstarrt? [...]. Lichtgeister wandeln
> unter den dunkeln Gebirgen dort herum, und gießen Leben über sie aus
> und Ueberfluß, und diese Geister, sie sind auch uns befreundet; wie die
> Erde der Sonne in ihren Bahnen folgt, so schlingen sich die inneren Kreise
> um sie her, und eine höhere Einheit verkettet in sich die Geisterwelt. [...].
> Und diese Ueberzeugung tief der Seele einzuprägen, die Quelle von allem
> menschlichen Streben und seine höheren Beziehungen nachzuweisen,
> auf die höheren Principien alles Seyns und Werdens hinzudeuten, und die
> Aussicht ins Unendliche in die moralische Natur einzuführen, das ist der

---

33   Görres, *Glauben und Wissen*, ed. 1805, S. 15,24–26 (vgl. GS, Bd. 3, S. 9,10 f.).
34   Görres, „Mystik und Novalis", in: *Aurora* 40 (Mittwoch 3. April 1805), S. 157a–158a; ebd. 41
      (April 1805), S. 161a–162b.

Zweck der Mystik, dahin geht ihr Bemühen, und daher soll sie Jedem, der nach Anderem als der bloßen Befriedigung des Bedürfnisses ringt, heilig seyn.[35]

In den Aufsätzen für die in München erscheinende *Aurora*, in denen sich Görres stärker der Poesie und der Literatur widmet, die er ja schon früher in den Kunst-Aphorismen in seinen Kosmos mit einbezogen hatte, wird deutlich, wie sehr er sich bereits der Romantik angenähert hat.[36] Von ihr verspricht er sich eine Revolution in der Literatur, als die entscheidende Wendemarke betrachtet er die romantische Poesie eines Novalis, vor allem aber die Wiederentdeckung eines Jacob Böhme und Paracelsus, und die Hinwendung zur Vergangenheit, zur Volkspoesie und zum Mittelalter. So lobt er Tiecks *Volksmärchen* und Novalis' *Hymnen an die Nacht*, zeigt sich begeistert von Schlegels Shakespeare-Übersetzungen und seinen Übertragungen spanischer und portugiesischer Lyrik, ist fasziniert von den „fremden Zauberern", die nun ins Land gewandert seien und „wunderliche Träume der Mitternacht", Märchen und Fabeln, sprechende Bäume und singende Blumen, „ungesehene Vögel aus dem Süden", voller Phantasie und „ausschweifender Gemüthskraft" mit sich brächten.[37]

Wir stehen damit an der Schwelle zu Görres' Heidelberger Zeit. 1806 erhält er eine Lehrerlaubnis an der Universität am Neckar. Nur zwei Jahre sind es, die er dort verbringt, doch es werden für ihn zwei außerordentlich wichtige Jahre. Sie bringen die Freundschaft mit Clemens Brentano – die, obwohl die beiden einige Jahre in Koblenz die gleiche Schule besucht hatten, erst hier ihren Anfang nimmt – mit Achim von Arnim und mit dem Mythenforscher

---

35   Görres, *Mystik und Novalis*, ed. 1805, Bd. 40, S. 157,a,8–158,a,19.

36   Vgl. Görres, „Korruskationen", ab *Aurora* 71 (1804). Eine lückenlose Liste der *Aurora*-Beiträge findet man in: GS. Ergänzungsband 2, S. 33–38. Siehe dazu Franz Schultz, *Joseph Görres als Herausgeber, Literaturhistoriker, Kritiker im Zusammenhang mit der jüngeren Romantik*, Berlin 1902, S. 16–46.

37   Zur philosophischen, poetischen und politischen Revolution siehe Görres, *Aurora-Beiträge (Korruskationen)*, n. 16 (*Aurora* 117; GS, Bd. 3, S. 88,8–91,11) und 16a (*Aurora* 121; GS, Bd. 3, S. 91,12–93,38); zum Mittelalter v. a. *Aurora-Beiträge (Korruskationen)*, n. 10 (*Aurora* 89; vgl. GS, Bd. 3, S. 81,22–83,23); zu Herder: *Aurora-Beiträge (Korruskationen)*, n. 17 (*Aurora* 123; vgl. GS, Bd. 3, S. 93,39–95,7); zu *Mystik und Novalis* siehe *Aurora-Beiträge (Korruskationen)*, n. 34 (*Aurora* 40, vom 3. April 1805, und *Aurora* 41, vom 5. April 1805; vgl. GS, Bd. 3, S. 120,12–123,17). Siehe dazu Friedrich Strack, „Historische und poetische Voraussetzungen der Heidelberger Romantik", in: *200 Jahre Heidelberger Romantik*, hg. von Fr. Strack, Berlin/Heidelberg 2008, S. 24–40; Fritz Peter Knapp, „Der Beitrag von Joseph Görres zum Mittelalterbild der Heidelberger Romantik", ebd., S. 265–280.

Georg Friedrich Creuzer. Mit ihnen wird er zum Hauptvertreter der Heidelberger Romantik.[38]

Görres selbst versteht sich nicht als Romantiker. Die Romantiker, das sind für ihn die Poeten. So nimmt er mit einiger Verwunderung zur Kenntnis, dass der Antiromantiker Johann Heinrich Voß ausgerechnet ihn zu seinem Gegenspieler erkoren hat: „seine Feldzüge gegen die Romantiker sollen hauptsächlich mir gelten, was wieder so unendlich lächerlich ist, weil ich kein Dichter bin".[39] In der Tat ist Görres weit entfernt von der schwärmerischen Romantik mancher seiner Heidelberger Schüler, die in gefühlsseligen Bünden ihre Freundschaft zelebrieren und sich an Dichtungen, Versen und Dramen versuchen, von der überschwänglichen, hüteschwenkenden nationalen Euphorie anderer, die ihn zu ihrem Held erklärt haben[40], von Clemens Brentanos heißer Leidenschaftlichkeit, seinen Gefühlsschwankungen und egozentrischen Eskapaden, auch von Arnims gefühlvollen, zarten, unschuldigen Erzählungen. Mehr verbindet ihn mit dem Gelehrten Friedrich Creuzer, der sich auf dem Lehrstuhl für klassische Philologie mit der Bedeutung alter Symbolik beschäftigt und Görres' Begeisterung für die Mythen der Völker Asiens und des Orients teilt.[41]

Schon bevor er nach Heidelberg kam, war Görres längst bei den Themen der Romantiker angekommen. Das Bewusstsein, dass im Universum alles mit allem zusammenhänge, das Ideal einer Einheit von Gefühl und Reflexion, die Sehnsucht nach der versunkenen Vergangenheit, die Beschäftigung mit den dunklen Mythen des Orients, all das deckt sich mit dem Gedankengut der Romantik. Mit seiner bilderreichen Sprache, seiner überbordenden Phantasie und seinem Sinn fürs Phantastische, seinem mutwilligen Witz und seinem satirischen Talent fand er sich ohnehin ganz selbstverständlich an der Seite der Romantiker. Dass er die Kämpfe der romantisch-mythologischen gegen die rationalistisch-klassizistische Partei um den Homerübersetzer Johann Hein-

---

38   Zu Görres in Heidelberg siehe Fink-Lang, *Joseph Görres: Die Biographie* (2013) [Anm. 6], S. 89–121, mit weiterer Literatur; wichtig v.a. Strack, *200 Jahre* (2008) [Anm. 37], sowie folgende Sammelbände: *Heidelberg im säkularen Umbruch*, hg. von Friedrich Strack, Stuttgart 1987; *Heidelberger Romantik: Mythos und Symbol*, hg. von Theodore Ziolkowsky, Heidelberg 2009.

39   Görres, *Brief an Charles Villers vom 1. August 1808*, AWB, Bd. 2, Nr. 55, S. 107–111.

40   Zu den Studenten Eichendorff, Loeben und Budde siehe Fink-Lang, *Joseph Görres: Die Biographie* (2013) [Anm. 6], S. 110 f.; zu den national gesinnten Landshuter Studenten, unter ihnen Johann Nepomuk Ringseis siehe deren *Brief an Görres vom 22. August 1808*, GB, Bd. 2, Nr. 18, S. 31–34. Siehe noch: *Erinnerungen des Dr. Johann Nepomuk v. Ringseis*, hg. von Emilie Ringseis, Bd. 2, Regensburg 1886, S. 269–292.

41   Zu Creuzer siehe Fink-Lang, *Joseph Görres: Die Biographie* (2013) [Anm. 6], S. 106–110 mit weiterer Literatur.

rich Voß mitfocht und sich mit in den Kleinkrieg warf, der in Heidelberg zwischen erbitterten Gegnern und glühenden Anhängern der Romantik tobte, entsprang nicht zuletzt seinem unbändigen Kampfgeist und seiner angeborenen Freude an der Konfrontation, der Freude an der Satire und dem skurrilen Humor, die ihn seit Jugendtagen ausgezeichnet hatten. Sie ließen ihn die „Sonettenschlacht" schlagen, Partei ergreifen für die geschmähten Herausgeber der *Wunderhorn*-Sammlung, zu Felde ziehen gegen die „Philister" und die pedantischen Rationalisten.[42]

Brentano kann dabei keineswegs ein entscheidender Einfluss auf Görres' Entwicklung hin zur Romantik beigemessen werden, wohl aber fungierte er – wie so oft – als einer, der Menschen zusammenbrachte: er begründete Görres' Freundschaft mit Arnim und den Brüdern Boisserée, den fruchtbaren wissenschaftlichen Kontakt mit den Brüdern Grimm, so wie er Jahre später die Bekanntschaft mit Johann Michael Sailer, Melchior Diepenbrock und mit den Redakteuren des *Katholik* vermitteln wird.

Schon Görres' Vorlesungsankündigung am Beginn der Heidelberger Zeit zeugt von der großen Bedeutung, der er in seinem Kosmos der Mythe und auch bereits mystischen Themen beimisst: Er wolle die Erschaffung der Welt und das Wesen der Gottheit erklären, den inneren Zusammenhang des ganzen Universums vom Kleinsten bis zum Größten behandeln.[43] Was ihm vorschwebt ist eine universale Darstellung der gesamten Geistes- und Naturwissenschaften, eine mythische Weltdeutung, eine Synthese von Philosophie und Physiologie, da das ganze Universum, vom Kleinsten bis zum Größten in innerstem Zusammenhang miteinander stehe und sich „des Himmels Abglanz im Tropfen" finde. So hält er nun Vorlesungen über Philosophie und Kunst, über Natur und Kosmos, über Physiologie, Medizin und Ästhetik, ‚über den Bau des Himmels', über Psychologie und Anthropologie, über die Polaritätslehre. Schon hier behandelt Görres jene Phänomene, die ihn noch in der *Christlichen Mystik* beschäftigen werden: Tag- und Nachtseite des menschlichen Daseins, Ekstase, Magnetismus, Hypochondrie, Hysterie, Somnambulismus.[44]

---

42 Zu Görres' Rezension von Arnim/Brentano, *Des Knaben Wunderhorn* für die *Heidelberger Jahrbücher*, 2. Jahrgang (1809) (vgl. GS, Bd. 4, S. 24–45), der Philistersatire *Wunderbare Geschichte von BOGS dem Uhrmacher* (vgl. GS, Bd. 3, S. 139–166) und zur *Sonettenschlacht* siehe Fink-Lang, *Joseph Görres: Die Biographie* (2013) [Anm. 6], S. 97–117.

43 Görres, *Vorlesungsankündigung vom Herbst 1806*, GS, Bd. 2,2, S. 177–180.

44 Zum Inhalt der Vorlesungen siehe Leo Just, „Görres in Heidelberg", in: *Historisches Jahrbuch* 74 (1955), S. 416–431, hier S. 420–425; ders., „Görres' Heidelberger Vorlesungen", in: *Kultur und Wirtschaft im rheinischen Raum*, hg. von Anton Felix Napp-Zinn, Mainz 1949, S. 65–76.

Görres erweitert das Spektrum seiner Beschäftigung mit der Mythologie nun durch die Hinwendung zu altdeutschen Quellen und zum Mittelalter. Für Arnims kurzlebige *Zeitung für Einsiedler*, die Raum für Sagen, Mythologie, Lieder und Poesie geben und durch die Neubelebung des Volksguts wieder ein nationales Bewusstsein im Volk erwecken helfen wollte, schreibt Görres mehrere germanistische Beiträge.[45] Den gemeinsamen Stunden mit Brentano und Arnim ist Görres' Sammlung der *Teutschen Volksbücher* geschuldet, die als Pendant zu deren *Wunderhorn*-Sammlung gedacht waren und epische Texte aus „schönen Historien-, Wetter- und Arzneybüchlein", „aus dem dunklen Staub der Jahrhunderte" zu neuem Leben erwecken wollen, eine eher willkürliche Mischung aus Gebrauchstexten, Heldensagen und Heiligenlegenden.[46] Im Epilog zu den *Volksbüchern*, in dem er den Weg der Kultur – wie schon in *Glauben und Wissen* – von Indien über Persien, Ägypten, Griechenland und Rom beschreibt, rühmt Görres nun das Mittelalter als das große Vorbild für eine neu zu schaffende Zukunft, für die nationale und politische Wiedergeburt Deutschlands, als jene „wunderseltsame Zeit", in der die Völker noch jung und kraftvoll waren, in der alle europäischen Nationen Teil einer gemeinsamen Kultur waren und eine einzige Kirche unter Führung des Papstes alle einte.[47]

Seine zweibändige *Mythengeschichte der asiatischen Welt*, erst nach seinem Weggang aus Heidelberg 1810 erschienen und sicher der wichtigste Ertrag der Heidelberger Jahre, hat Görres Professor Creuzer und den ehemaligen Zuhörern in Heidelberg zugeeignet, ist sie doch weitgehend aus den Heidelberger Vorlesungen und dem fruchtbaren wissenschaftlichen Austausch mit den dortigen Kollegen erwachsen.[48]

---

45   Vgl. *Zeitung für Einsiedler: In Gemeinschaft mit Clemens Brentano herausgegeben von Ludwig Achim von Arnim bei Mohr und Zimmer, Heidelberg 1808.* Mit einem Nachwort zur Neuausgabe von Hans Jessen, Stuttgart 1962; Arnim Schlechter, *Die Romantik in Heidelberg*, Heidelberg 2007, S. 34; S. 53 f. Siehe auch Görres' wichtigsten Beitrag: „Der gehörnte Siegfried und die Nibelungen", in: *Zeitung für Einsiedler* 5 (15.4.1808); 8 (26. April 1808); 12 (11. Mai 1808); 21 (11. Juni 1808) (vgl. GS, Bd. 3, S. 304–335).

46   Görres, *Die teutschen Volksbücher*, Heidelberg 1807 (vgl. GS, Bd. 3, S. 169–293). Vgl. Friedrich Strack, „Zukunft in der Vergangenheit? Zur Wiederbelebung des Mittelalters in der Romantik", in: *Heidelberg im säkularen Umbruch: Traditionsbewußtsein und Kulturpolitik um 1800*, hg. von Fr. Strack, Stuttgart 1987, S. 252–281.

47   Görres, *Die teutschen Volksbücher*, ed. 1807, S. 272,23 f. (vgl. GS, Bd. 3, S. 278,43).

48   Görres, *Mythengeschichte der asiatischen Welt*, Heidelberg 1810 (vgl. GS, Bd. 5, S. 1–157 [Bd. 1]; S. 159–303 [Bd. 2]).

6 Die *Mythengeschichte der asiatischen Welt*: Auf der Suche nach dem Ursprung der Geschichte

Die *Mythengeschichte* ist eine vergleichende Religionsgeschichte, die, aus einer ungeheuren Fülle an Material und Quellen schöpfend, die Wanderung der Kultur von Osten nach Westen nachzeichnet, die verschiedenen Schöpfungsmythen und Gottesvorstellungen, von den indischen Veden, den Göttern Ägyptens über die Propheten Israels bis hin zu den nordischen Sagen der *Edda* und zum *Asgard* der nordischen Mythologie. Grundthese ist dabei die Rolle der Religion als Movens der Geschichte – „alle Historie ist eben Religionshistorie"[49] – und die wesenhafte Einheit aller Religionen. Eine Linie, so konstatiert Görres, lasse sich ziehen von den ersten einfachen Kulthäusern über die Tempel der Inder, Perser, Ägypter und Juden, der Griechen und Römer bis zu den gotischen Domen:

> [*E*]*ine* Gottheit nur wirkt im ganzen Weltall, *eine* Religion auch nur herrscht in ihm, *ein* Dienst und *eine* Weltanschauung in der Wurzel, *ein* Gesetz und *eine* Bibel nur durch alle, aber ein lebendiges Buch wachsend wie die Geschlechter, und wie die Gattung ewig jung.[50]

In den Untersuchungen zum Ursprung der Geschichte spürt Görres einen „ganz eigenen Reiz", er fühlt sich „wie im Zauberschiffchen von unsichtbarer Macht stromaufwärts fortgetrieben".[51] Diese besondere Faszination findet er kurz darauf noch einmal in der Arbeit an einem neuen Projekt, für das er sogar die persische Sprache erlernt, einer Übertragung des großen persischen Nationalepos, dem *Schahnameh* des Abu 'l-Qasim Firdausi, das sich mit der Geschichte Persiens vor der islamischen Eroberung befasst, einem Heldenepos, vergleichbar mit Homers Epen, der *Edda* oder dem *Nibelungenlied*.[52] Für Görres bedeutet es ein ästhetisches, sinnliches Vergnügen, sich diesen alten Text zu erobern. In ihm findet er „Feuer und Glanz" des südlichen Himmels,[53]

---

49 Görres, *Mythengeschichte der asiatischen Welt*, ed. 1810, S. 6,3f. (vgl. GS, Bd. 5, S. 19,14 f.).
50 Görres, *Mythengeschichte der asiatischen Welt*, ed. 1810, S. 649,3–7 (vgl. GS, Bd. 5, S. 298,5–8).
51 Görres, *Brief an Charles de Villers vom 4. Mai 1810*, in: *Briefe an Charles de Villers von Benjamin Constant, Görres, Goethe, Jacob Grimm, Guizot, F.H. Jacobi, Jean Paul, Klopstock, Schelling, Madame de Staël, J.H. Voss und vielen Anderen: Auswahl aus dem handschriftlichen Nachlasse des Ch. de Viller*, hg. von Meyer Isler, Hamburg 1879, S. 86–89.
52 Görres, *Heldenbuch von Iran*, Berlin 1820 (2 Bde.) (vgl. GS, Bd. 12).
53 Görres, *Brief an Charles de Villers vom 20. November 1811*, in: *Briefe an Charles de Villers* (1879) [Anm. 51], S. 91–93.

und „den ganz reinen unverfälschten Charakter der Volkssage, der wahren
Stimme Gottes auf Erden".[54] Wieder steht für Görres die Suche nach dem Ur-
Mythos im Vordergrund, denn der *Schahnameh*, der mit der Erschaffung der
Welt beginnt, verspricht, ganz nah an diese uralten Wurzeln heranzureichen,
er lasse, so schreibt Görres, „bis zum tiefen Grunde der Vergangenheit nie-
dersehen, wo die Brunnen des Lebens quellen".[55] Görres kommt es auf die
Zusammenhänge der Urmythen an, auf die Ähnlichkeiten und Gemeinsam-
keiten von Nibelungensage und *Edda* mit den indischen Mythen.[56] Mehr und
mehr widmet er sich nun auch dem altdeutschen und altnordischen Sagen-
kreis, glaubt er doch an „die Einheit aller mythischen Grundanschauungen
bei allen Völkern".[57] Auch die Beschäftigung mit den deutschen und nordischen Volkssagen hat nach wie vor letztlich diese historisch religiöse Motivation, die Spuren der Religion in der Geschichte aufzufinden, die Existenz
eines ursprünglichen, allen Völkern gemeinsamen religiösen Epos nachzuweisen, dem Geheimnis des allen Religionen zugrunde liegenden Ur-Mythos nach-
zuspüren.

7   Das Projekt einer christlichen Mythengeschichte

Zu diesem Zeitpunkt beginnt Görres mit den Vorarbeiten zu einem Projekt,
das ihn noch Jahre später beschäftigen wird, und das als natürliche Folge und
Synthese seiner mythologischen und altdeutschen Studien erwachsen ist: eine
allgemeine Sagengeschichte als Fortsetzung seiner *Mythengeschichte der asiatischen Welt* „ins Christenthum hinüber", in der er die Evangelisten, die Kirchenväter, die Mystiker und Heiligen des Mittelalters „anschaulich, für das große
Publikum" behandeln will. Sie soll seine „vorigen mythischen Untersuchungen
erst recht ins Leben eingreifend erscheinen" lassen.[58] Schon 1824 ist das Ziel
dieses Projekts ein dezidiert apologetisches:

> Das Werk ist auch in letzter Instanz theologischen Zweckes, denn es will
> die Bibel aus den Urkunden und Ueberlieferungen aller Völker gegen die

---

54   Görres, *Brief an Johann Heinrich von Dalberg vom 19. Januar 1812*, AWB, Bd. 2, Nr. 79, S. 183–
       185.
55   Görres, *Heldenbuch von Iran*, ed. 1820, Bd. 1, Einleitung, S. I,11–13 (vgl. GS, Bd. 12, S. 10,8 f.).
56   Görres, *Brief an Jakob Grimm vom 2. Juni 1812*, GB, Bd. 2, Nr. 93, S. 320–330.
57   Görres, *Brief an Wilhelm Grimm vom 1. März 1811*, GB, Bd. 2, Nr. 57, S. 183–195.
58   Görres, *Brief an Jacob und Wilhelm Grimm vom 23. September 1811*, GB, Bd. 2, Nr. 70, S. 240–
       254.

Angriffe der Seichtigkeit vertheidigen, und ihr aus den Angriffswaffen selbst eine Trophäe bereiten.[59]

Doch der Aufwand für dieses Werk ist erheblich größer als gedacht, immer wieder muss es zu Gunsten anderer Arbeiten aufgeschoben und schließlich, nach jahrelangen Vorarbeiten, ganz aufgegeben werden.[60] Teile des umfangreichen Materials werden später in die *Christliche Mystik* einfließen.

Mit dem Neujahrstag 1814, als die Truppen der anti-napoleonischen Allianz den Rhein überschreiten und der französischen Herrschaft links des Rheins ein Ende bereiten, drängt sich die Politik wieder in Görres' Leben. Für ihn ist damit, nach Jahren unpolitischer Studien, die Möglichkeit politischer Meinungsäußerung und journalistischer Tätigkeit gegeben. Noch im Januar 1814 gründet er den *Rheinischen Merkur*, der zwei Jahre lang dem Kampf gegen Napoleon und für Einheit und Verfassung eine Stimme geben wird. Kollisionen mit den Mächtigen, vor allem mit dem preußischen Staat, konnten bei Görres' kompromissloser Art, Journalismus zu betreiben, nicht ausbleiben. Im Januar 1816 wurde die Zeitung, die mächtig wie keine andere vor ihr gewirkt hatte, verboten. Jahre der Konfrontation mit Preußen folgten, bis die Schrift *Teutschland und die Revolution* Görres den Haftbefehl durch den preußischen König einbrachte und ihn zur Flucht nach Straßburg zwang.[61]

8   Erste Arbeiten zu christlichen Mystikern: Präludien zur
     Christlichen Mystik

Im Exil wieder stärker zum politischen Rückzug genötigt, hat Görres nun Zeit für wissenschaftliche und historische Studien, vor allem zu der geplanten Sagengeschichte – auch wenn er immer wieder ein Wort in die Zeit hinein sprechen zu müssen glaubt. Im Exil vollzieht sich für Görres nun die endgültige Rückkehr zur katholischen Kirche. Seit 1824 schreibt er für die Zeitschrift *Der Katholik* – der Name ist Programm – die ersten Aufsätze zu Themen der christlichen Mystik. Der Aufsatz *Der Heilige Franziskus, ein Troubadour* behan-

---

59   Görres, *Brief an Andreas Räß vom 29. November 1824*, GB, Bd. 3, Nr. 287, S. 142–146.
60   Siehe dazu Fink-Lang, *Joseph Görres: Die Biographie* (2013) [Anm. 6], S. 201; Karl Alexander von Müller, *Görres in Straßburg, 1819–1820: Eine Episode aus dem Beginn der Demagogenverfolgungen*, Stuttgart 1926, S. 109 f.; Heribert Raab, Einleitung zu: Görres, *Schriften der Straßburger Exilszeit 1824–1827*, GS, Bd. 14, S. XIX.
61   Zum *Rheinischen Merkur* und den Jahren der Konfrontation mit Preußen mit weiterer Literatur siehe Fink-Lang, *Joseph Görres: Die Biographie* (2013) [Anm. 6], S. 145–164.

delt vor allem den Heiligen als Dichter, thematisiert den engen Zusammenhang von Mystik und Poesie, wo „Dichtung Leben geworden und Leben in Dichten aufgegangen" ist, versucht aber auch schon erstmals Erklärungen für Ekstase und Stigmatisierung.[62] In seinem Aufsatz über den von den Aufklärern als „Erzphantasten" verrufenen und von den Romantikern wiederentdeckten evangelischen Mystiker Emmanuel Swedenborg beschäftigt sich Görres mit dem Wesen des Prophetentums.[63] Bereits hier skizziert er das Schema der heiligen, natürlichen und dämonischen Mystik als der drei Wege, die aus dem Mittelpunkt des Menschen herausführen: „der eine hinauf zu Gott, der zweite hinaus in die Natur, der dritte hinunter in den Abgrund zum Vater der Lüge".[64] Die Aufsätze über Swedenborg und Franz von Assisi waren bereits als Teil eines größeren Arbeitsprojekts zu den Mystikern gedacht, eines Projekts, das ebenfalls später aus Zeitmangel über den Pflichten der historischen Lehre in München aufgegeben werden musste. 1828 schrieb Görres rückblickend:

> Ich hatte allerdings, als ich über den H. Franziskus und über Swedenborg schrieb, ein größeres zusammenhängendes, mehrgliederiges Ganze im Auge, das allmählich aus vielem Einzelnen sich gestalten sollte. Darin sollten einerseits mehrere andere Heilige in ähnlichen Verhältnißen, dann aber andererseits den ausgezeichnetesten Mystikern des Mittelalters gegenüber, auch Jacob Böhm aufgenommen werden.[65]

Als das „großartige Präludium" zur *Christlichen Mystik* ist Görres' Einleitung zur Ausgabe der Schriften Heinrich Seuses durch Melchior Diepenbrock bezeichnet worden.[66] Görres gibt darin einen Aufriss der Geschichte der Mystik, behandelt ihre Voraussetzungen, Erscheinungen und Gesetze, und zeichnet die drei Stufen mystischer Erfahrung nach, von der niedrigsten Stufe der sinnlichen Wahrnehmung bis zur höchsten, der Vereinigung mit Gott und dem Eintauchen in unzugängliches Licht:

---

62   Görres, *Der heilige Franziskus*, ed. 1826, S. 50.

63   Görres, *Nachschrift über Swedenborg*, in: *Der Katholik* 22 (1826), S. 96–127; S. 222–256; S. 337–365; 23 (1827), S. 302–352 (vgl. GS, Bd. 14, S. 297–363).

64   Görres, *Nachschrift über Swedenborg*, ed. 1826/1827, Nr. 22 (1826), S. 116,17–19 (vgl. GS, Bd. 14, S. 306,15 f.). Siehe dazu Bürke, *Vom Mythos zur Mystik* (1958) [Anm. 15], S. 54.

65   Görres, *Brief an Anton Günther vom 20.April 1828*, GS, Briefe, Bd. 1, Nr. 11, S. 24–28.

66   *Heinrich Suso's, genannt Amandus, Leben und Schriften: nach den ältesten Handschriften und Drucken mit unverändertem Texte in jetziger Schriftsprache herausgegeben von Melchior Diepenbrock. Mit einer Einleitung von Joseph Görres*, Regensburg 1829 (vgl. GS, Bd. 15, S. 162–230), das Zitat hier S. 31 f. (aus Deuerleins Einleitung).

Auf dieser Höhe ist die Seele nun dem andern Quellbrunn des natürlichen Lichtes, das nur ein trüber Abglanz ist, jenes Urlichts, welches in dem Krystall erstarrten Lichtwasser sich eingeschlossen, – so fern entrückt, daß kaum ein bleicher Schimmer noch in ihre Nachtseite hinüberfällt. Nicht bloß also die äußeren Sinne, und was mit ihnen sich zusammen-knüpft, sind in das Dunkel eingetreten [...]. Der ganze äußere Mensch, von der Mitte bis zum äussersten Umfang in Nacht und Schlaf getaucht, ist nun seiner selbst und aller äussern Dinge in ihrer Nichtigkeit nackt und bloß geworden. Dagegen ist nun der innere, Gott zugewendete Mensch ganz erwacht und ins Vollicht der Gottesnähe eingetreten [...] und die Liebe [...] hat zur höchsten Reinheit sich hinaufgeläutert. In ihrem höchs-ten Gipfel und in ihrem innersten Zentrum streben Intelligenz und Willen sich dem unbekannten Gott zu einen, im klarsten, tiefsten Schauen und in der allervollkommensten Liebe; aller Wahrnehmungen und Affekte, aller Einsichten und alles Eigenwillens, selbst aller Gesichte und Tröstun-gen haben sie sich entschlagen, damit ihnen eine reine und offne Vision Gottes werden möge und das volle Gefühl der tiefsten und innigsten Ver-einigung [...]. Im Abgrunde des ewigen Lichtes untertauchend [wird die Seele] vom Feuer der einströmenden Liebe wie verzehrt und in Gott absorbirt.[67]

Von zentraler Bedeutung in der Einleitung zu *Susos Schriften* ist das Plädoyer für eine Synthese von Glauben und Wissenschaft, und für eine Wissenschaft aus dem Glauben. Neben der Klage über die Säkularisierung der Welt, die „sich ausschließlich gegen das Zeitliche hingewendet" habe,[68] steht jedoch für Gör-res gleichrangig die Forderung nach gründlicher Forschung. Dass die moderne Wissenschaft die Kometen und ihre Bahnen erforscht und den Mond vermes-sen, alle Naturkräfte und Elemente zu enträtseln gesucht habe, sei „ohne Zwei-fel gut und löblich":

Aber wie dies Leben sich nicht selber Zweck seyn kann [...] so kann auch dieser ganze wissenschaftliche Apparat nicht seine Bestimmung in sich selber tragen. [...]. Da alle Wissenschaft sich säkularisirt, hat ihr das Säkulum auch seinen Charakter aufgeprägt; sie ist profan, knechtisch und wandelbar geworden [...]. Gott hat die Natur nicht sich und dem Men-

---

67 Görres, Einleitung zu *Heinrich Suso's Schriften*, ed. 1829, S. LXIX,17–24; S. LXX,6–22; S. LXXI,24–26 (vgl. GS, Bd. 15, S. 185,39–43; S. 186,11–23; S. 187,4–6).

68 Görres, Einleitung zu *Heinrich Suso's Schriften*, ed. 1829, S. LXXVIII,8 (vgl. GS, Bd. 15, S. 190,36 f.).

schen als Spiegel hingestellt, damit dieser nur sein Bild selbstgefällig wie-
derfinde, sondern damit er in ihr und durch sie in sich Gott gewahre, und
in Liebe zu ihm neige. [...]. Wie Leib und Seele sich der höhern Psyche,
so fügen dann Naturwissenschaft und Geschichte sich der höhern Mystik an, sie erklären und bewähren sich gegenseitig [...]. Gott hat dann
seine Ehre und die Natur ihr Recht; die gründlichste Forschung wird in
keine Weise ausgeschlossen, ja, sie wird vielmehr unbedingt gefordert,
weil sie allein, und nimmer eine seichte oder auch phantastische Ansicht
zum Ziele führt [...]. Aus diesem Standpunkte genommen kann nun die
Mystik, zur Deutung und Erklärung der Zustände, die ihre werkthätige
Uebung hervorgerufen, sich ohne Bedenken auf die Physik berufen, die
in ihrem Gebiete verwandte Zustände kennt und anerkennt.[69]

Damit hat Görres bereits Anliegen und Grundgedanken seiner *Christlichen
Mystik* vorweggenommen.

9   *Die Christliche Mystik* – Endpunkt einer Entwicklung

Mit dem Wintersemester 1827 beginnt Görres seine Tätigkeit als Professor für
Allgemeine und Litterärgeschichte an der Münchner Universität, durch den Ruf
König Ludwigs I. nach acht Jahren endlich aus dem Exil erlöst. Er hält nun Vor-
lesungen zur Weltgeschichte, von den frühesten Zeiten bis in die neueste Zeit.
Auch hier bleibt er seinem Hang, alles vom Ursprung her zu betrachten, treu:
Geschichte beginnt für ihn mit der Erschaffung der Welt. Er will das innerste
Wesen der Geschichte lehren, einer Geschichte, die „in ihrem innersten Grunde
eine religiöse seyn" müsse.[70] Daneben bezieht er auch immer wieder Position
in politischen Fragen, ergreift Partei im Kampf zwischen Liberalen und Konservativen im bayerischen Landtag, meldet sich zu Wort in dem als existentiell
empfundenen Kampf gegen den die christlichen Werte bedrohenden Zeitgeist,
gegen die „revoluzionären Lügenblätter".[71] 1838 ruft ihn das „Kölner Ereignis",
die Gefangennahme des Kölner Erzbischofs durch die preußische Regierung

---

69   Görres, Einleitung zu *Heinrich Suso's Schriften*, ed. 1829, S. LXXX,9–3; S. LXXX,28–LXXXI,2;
      S. LXXXI,23–33; S. LXXXII,6–10 (vgl. GS, Bd. 15, S. 191,44–192,2; S. 192,12–20; S. 192,35–43;
      S. 193,4–7).

70   Görres, *Über die Grundlage, Gliederung und Zeitenfolge der Weltgeschichte*, Breslau 1830,
      S. 116,1 (vgl. GS, Bd. 15, S. 292,44).

71   Görres, *Brief an NN, o.O.o.D.* (München, wahrscheinlich Ende April/Anfang Mai 1831 [zwi-
      schen dem 25. April und dem 4. Mai 1831]), GS. Briefe, Bd. 1, Nr. 51, S. 97 f.

im Verlauf des Streits um die Frage der Mischehen, unwiderstehlich auf den Plan, in seiner Streitschrift *Athanasius* wird er zum Sprecher des katholischen Deutschland und zum Anwalt der Freiheit der Kirche. Das Ereignis trifft ihn mitten in der Arbeit am dritten Band der *Christlichen Mystik*, reißt ihn aus der Gesellschaft seiner „Teufel und Teufeleyen".[72]

Denn auch in München hatten ihn die mystischen Themen nicht losgelassen. Im südlichen Tirol, wo er seit 1829 regelmäßig die Semesterferien verbrachte, hatte er überdies nun Gelegenheit, das Phänomen der Stigmatisation und der mystischen Ekstase unmittelbar zu beobachten. Damals machte in Kaltern die junge Maria von Mörl von sich reden, eine der Tiroler „ekstatischen Jungfrauen", die seit 1833 auch Stigmata trug. Görres beobachtete ihre freitäglichen Ekstasen und war tief beeindruckt, bemühte sich aber wie in all diesen Fällen um ein vorsichtiges Urteil.[73]

In der *Christlichen Mystik* bündeln und vereinigen sich nun die verschiedensten Stränge aus lebenslangen Arbeiten und Studien: die naturwissenschaftlichen, naturphilosophischen, medizinischen und anatomischen Studien der frühen Jahre, die katholische Apologie und Verteidigung des Glaubens gegen den Zeitgeist, die mythologischen Arbeiten, die Sammlung für das Projekt der Sagengeschichte, die Aufsätze zur Geschichte christlicher Heiliger und Mystiker.

9.1   *Was ist Natur und was ist Gnade?*

All diese Vorarbeiten machten Görres in den Augen Vieler in der Tat zum berufenen Anwalt der mystischen Überlieferung der Kirche, der Wunderberichte in den Evangelien und in den Heiligenviten. Keiner schien besser geeignet, Licht ins Dunkel zu bringen angesichts der vielen grassierenden Erweckungsgeschichten, der überall aus dem Boden sprießenden Wunderheiler, Magnetiseure und falschen Stigmatisierten. „Das Licht von der Finsterniß" zu scheiden, das ist es, was Görres' Freunde von ihm erwarten.[74] Er soll Orientierungshilfe geben in einem schwer durchschaubaren Gebiet, Unkundigen, auch unter den

---

72   Görres, *Brief an Josef von Giovanelli vom 30. Januar 1838*, GS. Briefe, Bd. 1, Nr. 152, S. 256 f. Siehe Heinz Hürten, Einleitung zu: Joseph Görres, *Athanasius*, in: GS, Bd. 17,1, S. XI–XIX, hier S. XI.

73   Vgl. Nicole Priesching, *Maria von Mörl*, Brixen 2004, insbes. S. 102–150; S. 301–318. Vgl. Monika Fink-Lang, Einleitung zu GS. Briefe, Bd. 1, S. CXXXI–IV. Siehe auch: Görres, *Brief an Bischof Tschiderer von Trient, Bozen, vom 19. Oktober 1835*, ebd., Nr. 119, S. 201–203.

74   Melchior Diepenbrock, *Brief an Joseph Görres vom 13. März 1827*, GB, Bd. 3, Nr. 329, S. 294–299; im gleichen Tenor Frh. Josef von Giovanelli, *Brief an Joseph Görres vom 31. Dezember 1834* (vgl. GS. Briefe, Bd. 1, S. 496 f.): es sei ungemein wichtig, „daß die Gränzlinie genau gezogen werde, welche die Naturkraft in Verbindung mit bloß menschlicher Willkür nicht

Theologen, einen Kompass an die Hand geben zur Unterscheidung paranormaler Phänomene von echten Wundern, „überall scharfe Grenzlinien" ziehen, wie er es bereits im Herbst 1829 in der Einleitung zu *Susos Schriften* in Aussicht gestellt hatte.[75] Eine der zentralen Fragen, die Görres sich in der *Mystik* stellt, ist daher die Frage, „was ist Sache der Natur und was ist die Gabe der Gnade? Wo endet die eine und wo hebt die andere an?".[76] Es heißt dann: „Es liegt aber nun in der Mystik Alles daran [zu setzen], eine Verwechslung beider Zustände und ihre Verwirrung durcheinander zu verhindern".[77]

Nicht alle paranormalen Phänomene sind für Görres übernatürlichen Ursprungs oder gar ein Zeichen von Heiligkeit. Viele erklären sich durch Einbildungskraft, Krankheit oder Manie, manche lassen sich physikalisch, etwa durch Magnetismus oder Somnambulismus, erklären. Görres unterscheidet hier genau zwischen dem magnetischen Hellsehen, das er mit dem Somnambulismus gleichsetzt, und der Vision des heiligen Sehers, zwischen der magnetischen und der mystischen Ekstase.[78] Das Wunder geht für Görres nach traditionellem katholischem Verständnis mit der Heiligkeit einher und entsteht durch mittelbares oder unmittelbares Eingreifen Gottes. Es erklärt sich immer aus dem Zusammenwirken von Natur und Gnade, also physiologischer Grundlagen und göttlicher Einwirkung.[79] Dabei müssen die Naturgesetze nicht grundsätzlich außer Kraft gesetzt sein, vielmehr bleibt die Gebundenheit an die Naturgesetze grundsätzlich bestehen, die Möglichkeiten des Menschen, im Einklang mit der Natur Wirkungen hervorzubringen, erweitern sich lediglich. Dies gilt etwa für die Bilokation oder das Schweben von Heiligen, auch für die Stigmatisation. Immer gibt es einen natürlichen Untergrund, der sich etwa aus der Elektrizität, dem Magnetismus oder der Polarität wissenschaftlich erklä-

überspringen kann. [...]. Sie sind der Mann, der es zur Ehre Gottes durchführen kann, oder keiner"; zit.: Fink-Lang, Einleitung, ebd, S. CXLVI.

75   Görres, Einleitung zu *Heinrich Suso's Schriften*, ed. 1829, S. CXLVIII,26–31 (vgl. GS, Bd. 15, S. 230,38–40): „Diese Erörterung soll daher auf eine andere Gelegenheit, die mich, was noch mehr als einmal geschehen mag, zu diesem Gegenstande zurückführen wird, verschoben seyn".

76   Görres, *Christliche Mystik*, Bd. 1, ed. 1836, Vorrede, S. XVI,19–21 (vgl. ed. Ranke-Heinemann, Bd. 1, S. 27,18 f.).

77   Görres, *Christliche Mystik*, Bd. 2, ed. 1837, S. 298,24–26 (vgl. ed. Ranke-Heinemann, Bd. 2, S. 252,21 f.).

78   Görres, *Christliche Mystik*, Bd. 2, ed. 1837, S. 114,1–27 und S. 297,6–298,23 (vgl. ed. Ranke-Heinemann, Bd. 2, S. 108,5–28 und S. 251,13–252,20).

79   Görres, *Christliche Mystik*, Bd. 3, ed. 1840, S. 106,5–30 (vgl. ed. Ranke-Heinemann, Bd. 3, S. 101,1–26); Bd. 1, ed. 1836, Vorrede, S. XVI,13–23 (vgl. ed. Ranke-Heinemann, Bd. 1, S. 27,13–20).

ren lässt. All diese Erscheinungen sind „außerhalb der Geleise des natürlichen Lebens, jedoch nach ihrer Weise wirksam".[80]

9.2   *Wider den Zeitgeist: Kampf gegen den Rationalismus mit naturwissenschaftlichen Waffen*

Die *Christliche Mystik* steht ganz im Kontext der großen Auseinandersetzung der Zeit zwischen dem alten Glauben und dem säkularisierten Zeitgeist. Sie ist eine Kampfansage an die Philosophie der Hegelianer, die moderne Bibelkritik, wie sie sich in dem 1835 erschienenen *Leben Jesu* des David Friedrich Strauß manifestierte, gegen den Rationalismus außerhalb und innerhalb der Kirche, gegen jene Strömungen in der Theologie, die „die Entdeckung gemacht: Pentateuch und Evangelien seyen Mythen, so eine Art von universalhistorischen Kindermärchen".[81] In der Zurückdrängung und Leugnung alles Mystischen, Übernatürlichen, sieht Görres ein Kernproblem der Zeit:

> Gebt die Mystik auf, und die Heiligen schwinden euch dahin, die Wolke von Zeugen, die ihre wunderbaren Wirkungen bezeugt, zieht wie ein Rauch davon, alle Wahrheit in der kirchlichen Tradition untergrabend; aller historisch gesicherte Grund ist euch dann unter den Füßen weggezogen.[82]

Görres ist dabei bemüht, den Rationalismus mit seinen eigenen Waffen zu schlagen, „den Ansprüchen der Wissenschaft ihr Recht zu thun".[83] Deshalb die genaue Aufarbeitung der physiologischen Grundlagen der Mystik und die immer wiederkehrenden anatomischen oder physikalischen Erklärungen der einzelnen Phänomene. Im ersten Band der *Mystik*, der sich mit der natürlichen Unterlage der Mystik, also mit ihren physiologischen Voraussetzungen befasst, kehrt Görres zurück zu seinen Wurzeln, zu seinen medizinischen und naturwissenschaftlichen Studien, zu anatomischen Untersuchungen, zu den Gegenständen seiner frühen Experimente, zu Magnetismus, Galvanismus und Elektrizität, zu den frühen naturphilosophischen Arbeiten, die von der Einheit von Mikrokosmos und Makrokosmos, von organischer und anorganischer

---

80   Görres, *Christliche Mystik*, Bd. 2, ed. 1837, S. 469,1f. (vgl. ed. Ranke-Heinemann, Bd. 2, S. 382,13 f.).

81   Görres, *Christliche Mystik*, Bd. 1, ed. 1836, Vorrede, S. v,15–17 (vgl. ed. Ranke-Heinemann, Bd. 1, S. 20,19–21).

82   Görres, *Christliche Mystik*, Bd. 1, ed. 1836, Vorrede, S. xiv,2–7 (vgl. ed. Ranke-Heinemann, Bd. 1, S. 25,34–38).

83   Görres, *Christliche Mystik*, Bd. 1, ed. 1836, Vorrede, S. xvii,9f. (vgl. ed. Ranke-Heinemann, Bd. 1, S. 27,34f.).

Welt, von Natur und Geist ausgingen. Besonderes Gewicht legt er dabei auf
die Wechselwirkung des organischen Lebens mit den elementaren Substanzen,
den Schwingungen und Flutungen, elektrischen, magnetischen und chemischen Strömungen. Diese Strömungen aber, die den ganzen Kosmos in vielfältiger Weise miteinander verbinden, haben für Görres ihren ersten und tiefsten
Grund in Gott.[84]

Mit den Wunderberichten der Heiligen muss nach Görres' Verständnis auch
der totgesagte Satan wieder ins Bewusstsein gerufen werden, ist der Glaube an
den Teufel doch Teil seines katholischen Credos. Gerade die Behandlung dieses *Revenant* soll dem leugnenden Zeitgeist ein besonderes Ärgernis bereiten.[85]
So kämpft sich Görres „durch alle Subterranea der menschlichen Natur", „denn
die Lüge muß mit allen ihren Mäulern Zeugniss von der Wahrheit geben".[86]
Vergleichsweise breiten Raum, nämlich die beiden stattlichen Bände 3 und 4,
nimmt daher die Behandlung der dämonischen Mystik ein. Görres führt hier
unzählige Beispiele von Geisterspuk und Besessenheit, vom Pakt mit dem Teufel, vom Hexen- und Zauberwesen vor, bringt aber auch eine durchaus kritische
Behandlung der Hexenprozesse. Gerade im Hexenwesen sieht er Anzeichen
organischer Krankheit oder Zustände, die sich aus dem Magnetismus erklären
lassen. Immer wieder weist er auch auf die Notwendigkeit einer Scheidung von
historisch Überliefertem und Legenden hin.[87]

9.3   *Eine Summe zur Verteidigung des Glaubens*

Die *Christliche Mystik* will eine große Summe zur Verteidigung des Glaubens
und seiner Traditionen gegenüber dem modernen Nihilismus sein, will eine
„ganze bedeckte, längst bekannte aber ignorirte, neue Welt"[88] ans Tageslicht
fördern und „dem dummen, frechen, brutalen Abläugnen der Thatsachen für
allezeit ein Ende" machen.[89] Deshalb ruft Görres „tausende und abermal tau-

---

84   Siehe dazu Monika Fink-Lang, „Zwischen Magnetismus und Mystik: Erklärung des Uner-
      klärlichen bei Joseph Ennemoser und Joseph Görres", in: *„Für Freiheit, Wahrheit und
      Recht!": Joseph Ennemoser und Jakob Philipp Fallmerayer*, hg. von Ellen Hastaba und Sieg-
      fried Rachewiltz, Innsbruck 2009, S. 151–166.

85   Görres, *Brief an Franz Leopold Liebermann vom 7. Juli 1837*, GS. Briefe, Bd. 1, Nr. 144, S. 243 f.

86   Görres, *Brief an Josef von Giovanelli vom 14. Juli 1837*, GS. Briefe, Bd. 1, Nr. 146, S. 245–248.

87   Görres, *Christliche Mystik*, Bd. 4,1, ed. 1842: ‚Besessenheit'; Bd. 4,2, ed. 1842: ‚Hexen- und
      Zauberwesen', darin S. 507–533 (vgl. ed. Ranke-Heinemann, Bd. 5, S. 408–533) zu den
      Hexenprozessen; S. 585,1–586,15 (vgl. ed. Ranke-Heinemann, Bd. 5, S. 471,8–472,12) kritisch
      zum *Malleus maleficarum*; S. 649–663 (vgl. ed. Ranke-Heinemann, Bd. 5, S. 522–533) zum
      ‚Unfug der Hexenprozesse'.

88   Görres, *Christliche Mystik*, Bd. 1, ed. 1836, Vorrede, S. XII,9 f. (vgl. ed. Ranke-Heinemann, Bd.
      1, S. 24,29 f.).

89   Görres, *Christliche Mystik*, Bd. 1, ed. 1836, Vorrede, S. XV,12 f. (vgl. ed. Ranke-Heinemann,
      Bd. 1, S. 26,27 f.).

sende von Zeugen, nicht Gestalten aus der Fabelwelt, sondern wahrhaftige, wirkliche Menschen, und zwar von der allerglaubwürdigsten Art" auf,[90] sammelt eine Fülle an Material, unzählige einzelne Mosaiksteinchen, die zusammen ein Bild des Triumphs der kirchlichen Überlieferung und der Wahrheit gegenüber dem leugnenden Zeitgeist ergeben sollen, und die mit ihrer Wucht die Zweifler überzeugen sollen: „Es ist eine schlagende, Alles vor sich niederwerfende unwiderstehliche Masse von Thatsachen, und ich will den sehen, der die Stirne hat, dabey noch von Pfaffentrug zu reden".[91] Diese schlagende Masse von Material wuchs schließlich in den Jahren 1836 bis 1842 auf stattliche vier Bände an, die Natur, Himmel und Hölle – Physiologie, Hagiologie und Dämonologie – abdecken.[92] Die einigende Mystik als eigentlicher Gipfelpunkt der *unio mystica* blieb dabei unbearbeitet. Noch in der Vorrede des zweiten Bands hatte Görres angekündigt, die einigende Mystik neben der dämonischen im dritten Band behandeln zu wollen.[93] Doch spätestens 1842 hat der 66-Jährige von dem Vorhaben Abstand genommen.[94] Stattdessen verweist er auf die Behandlung des Gegenstands, die er mehr als zehn Jahre zuvor in seiner Vorrede zum *Suso* geliefert hatte:

> die vierte höchste Mystik steht also über den drei Andern; sie ist in der Einen, die Andere ist um sie her, die Dritte ist tief unter ihr. Sie steht also in abgesonderter Einsamkeit für sich [...]. Die drei bilden also ein abgeschlossenes Ganze für sich, und sie wieder gleicherweise, und doch wieder jenem sich keineswegs ganz entziehend. Darum betrachten wir, nun die Trilogie zu ihrem Schluß gekommen, das Werk in sich gerundet und abgeschlossen, und werden, nachdem andere nöthige Vorarbeiten geendet sind, wenn uns dann vergönnt ist, zum Gegenstand zurückzu-

---

90 Görres, *Christliche Mystik*, Bd. 1, ed. 1836, Vorrede, S. VI,12–15 (vgl. ed. Ranke-Heinemann, Bd. 1, S. 21,1–4).

91 Görres, *Brief an Josef von Giovanelli vom 8. Januar 1837*, GS. Briefe, Bd. 1, Nr. 136, S. 226–231.

92 Görres, *Christliche Mystik*, Bd. 1, ed. 1836: 1. Buch: ‚Natürliche Unterlage der Mystik'; 2. Buch: ‚Der religiöse und kirchliche Grund der Mystik'; 3. Buch: ‚Die reinigende Mystik'. – Bd. 2, ed. 1837: 4. Buch: ‚Eintritt in die Kreise höheren Zuges und Triebes, so wie höherer Erleuchtung'; 5. Buch: ‚Fortstreben zum Ziele in Liebe und höherer Erleuchtung durch die Ecstase'. – Bd. 3, ed. 1840: 6. Buch: ‚Die historische, sagenhafte, physische und psychische Begründung der dämonischen Mystik'; 7. Buch: ‚Die dämonische Vorbereitung und Ascese'. – Bd. 4,1, ed. 1842: 8. Buch: ‚Die Besessenheit' – Bd. 4,2, ed. 1842: 9. Buch: ‚Das Hexen- und Zauberwesen'.

93 Görres, *Christliche Mystik*, Bd. 2, ed. 1837, Vorrede S. XII,15–30 (vgl. ed. Ranke-Heinemann, Bd. 2, S. 19,10–22).

94 Siehe dazu Görres, *Christliche Mystik*, Bd. 4,2, ed. 1842, S. XXII,19–XXIV,8 (vgl. ed. Ranke-Heinemann, Bd. 4, S. 24,38–25,38).

kehren, auch den Spuren jener Höheren nachgehend, sie gleichfalls in eine Gesamtanschauung zu fassen uns bemühen. Einstweilen halten wir mit den drei Disciplinen das Werk geschlossen und vollendet; das Andere, dessen allgemeinste Grundlinien schon in der Einleitung zum Suso enthalten, könnte auf dem Grunde jener Dreiheit leicht auch allenfalls ein Anderer vollenden, und es fehlt, auch in neueren Zeiten, nicht an zum Theil schätzbaren Vorarbeiten.[95]

Anders als in seiner Jugend, als er über die asiatischen Religionen das mystische Erleben für sich entdeckt hatte und in hymnischen Worten die *unio mystica* der Seele mit der Gottheit beschrieben hatte, scheint ihm nun die dringlichste Aufgabe die Verteidigung der vom Zeitgeist geleugneten mystischen Phänomene, also der eigentlichen Begleiterscheinungen des mystischen Erlebens, nicht dieses selbst, und des ebenfalls geleugneten dämonischen Reichs. Überdies war sich Görres immer bewusst, dass die Theologie nicht sein Metier sei. Schon gegenüber Brentano, der ihn gern auf kirchliche Themen reduziert hätte, hatte er sich dagegen verwahrt und betont, er sei „einmal kein Theolog".[96] Folgerichtig beschränkte er sich auf seine Spezialgebiete: die medizinisch-physiologische Seite der mystischen Phänomene und auf die historische Aufarbeitung aus den Quellen. Sein Blick ist darin – im Unterschied etwa zu Brentanos Blick auf Katharina Emmerich – der nüchtern beschreibende, leidenschafts- und emotionslose Blick des Arztes.

9.4   *Wirkung*

Die durchschlagende Wirkung, die Görres sich von seiner *Mystik* erhofft hatte, blieb aus. Das Buch war für einen weiten Leserkreis gänzlich ungeeignet. Schon sein Umfang und der breite Raum, den die komplizierten naturwissenschaftlichen Abhandlungen einnahmen, wirkten abschreckend, weswegen Görres auch über eine einbändige Volksausgabe „ohne all den gelehrten Quark" nachdachte.[97] Der katholische Klerus hat das Werk kaum wahrgenommen, die Amtskirche reagierte reserviert.[98] Zu einer Neuauflage oder einer gekürzten

---

95   Görres, *Christliche Mystik*, Bd. 4,2, ed. 1842, S. XXIII,17–XXIV,5 (vgl. ed. Ranke-Heinemann, Bd. 4, S. 25,20–36).

96   Görres, *Brief an Andreas Räß vom 22. Juli 1825*, GB, Bd. 3, Nr. 296, S. 172 f. (über Brentanos Aufforderung, Görres solle einmal ein ganzes Bild der katholischen Kirche schreiben).

97   Görres, *Brief an J. Giovanelli vom 8. Januar 1837*, GS. Briefe, Bd. 1, Nr. 136, S. 226–231. Über das Problem der schweren Verständlichkeit siehe auch Görres, *Christliche Mystik*, Bd. 1, ed. 1836, Vorrede, S. XVI,23–XVII,32 (vgl. ed. Ranke-Heinemann, Bd. 1, S. 27,21–28,13).

98   *Brief von Anton Josef Binterim an Michelis vom 9. März 1837*, in: GS. Ergänzungsband 1, Nr. 523, S. 359,10–17; Josef von Giovanelli, *Brief an Görres vom 14. November 1836* (vgl. GS. Briefe,

Volksausgabe ist es nicht gekommen. Immerhin scheint die *Christliche Mystik* in Frankreich ein interessiertes Publikum gefunden zu haben. Eine Übersetzung des Laientheologen Eloi Jourdain, der in den 30er Jahren mit einer Reihe katholischer französischer Studenten und Gelehrter aus dem Kreis um Lamennais nach München gekommen war und Görres' Vorlesungen gehört hatte, erlebte sogar eine zweite Auflage.[99] In Deutschland wurde und wird das Werk zumeist als Steinbruch für Blütenlesen missbraucht[100] oder als Musterbeispiel einer längst überwundenen vorwissenschaftlichen, wundergläubigen Epoche gehandelt.

Damit müsste die *Christliche Mystik* letztlich als Fehlschlag gesehen werden – wäre da nicht Görres' großartige poetische Sprache und der einzigartige Versuch einer gigantischen Synthese von Naturwissenschaft und Glauben, das Bemühen, Medizin, Naturphilosophie, Mythologie, Geschichte und Theologie zu einem einheitlichen Kosmos zusammenzufassen, „eine Naturgeschichte der Mystik vom theologisch-philosophisch und anthropologisch-medizinischem Standpunkt zugleich zu geben".[101] Görres' *Christliche Mystik* ist nicht nur Summe und Vermächtnis seines persönlichen Arbeitslebens, sie ist auch Summe und Spiegelbild einer ganzen geistigen Epoche und „zusammenfassende Krönung der spätromantischen Bestrebungen [...] gerade in all dem Rätselhaften und Geheimnisvollen, das ihr innewohnt und bis auf heute seine Anziehungskraft bewahrt hat".[102]

Bd. 1, S. 508). Nur König Ludwig hat, laut Johann Nepomuk Sepp, *Görres*, Berlin 1896, S. 384, verhindert, dass die *Mystik* auf den Index kam. Eine kurze Zusammenfassung der Rezeption des Werks von der zeitgenössischen Kritik bis heute bringt Martina Neumeyer, „Joseph Görres' Lehrgebäude auf Musenberg", in: *Von der Dämonologie zum Unbewussten: Die Transformationen der Anthropologie um 1800*, hg. von Maren Sziede und Helmut Zander, Berlin/München/Boston 2015, S. 203–232, hier S. 214–228.

99 Görres, *La Mystique divine, naturelle et diabolique*, Paris 1854–1855; ²1861–1862 (5 Bde.).
100 Zu den diversen Auszügen siehe: GS. Ergänzungsband 2, S. 16 f.
101 Alois Dempf, *Görres spricht zu unserer Zeit: Der Denker und sein Werk*, Freiburg i.Br. 1933.
102 Bürke, *Vom Mythos zur Mystik* (1958) [Anm. 15], S. 243.

7

Unheimliches: Satire und Mystik bei Joseph Görres

Thomas Isermann

> Der alte gott verlor sein zutrauliches wesen, seine nahen züge, und
> gieng in den begrif einer finsteren, schrecklichen gewalt über, wel-
> cher immer noch gewisse einwirkung verblieb. Den menschen und
> ihrem dienste gleichsam abgestorben irrte und schwebte er in den
> lüften, teuflisch und gespenstisch.
>
> JACOB GRIMM

∴

1   These

Die frühen Satiren (um 1807/08) und die späte *Christliche Mystik* (1836–1842)
weisen eine Verwandtschaft auf. Sie liegt für beide Werkphasen in einer
demonstrativen und aggressiven Abwehrhaltung, wie an Beispielen dargetan
wird. Die frühen Satiren übersteigen das Humoreske zum Sarkastischen, die
Christliche Mystik strahlt eine dunkle Faszination aus, jenseits von Wissenschaft oder Konfession. In der Wirkung des ‚Unheimlichen‘ liegt die ästhetische
Kraft dieser Verwandtschaft.

2   Urnatur

An den Schriften und am Lebensgang des Joseph Görres kann studiert werden, wie schwierig es ist, Begriffe wie ‚Mystik‘ und ‚Poesie‘ zusammen zu denken.[1] Sein Leben beginnt 1776 dreizehn Jahre vor der Französischen Revolu-

---

1 Zur Biographie bietet erste Orientierung Monika Fink-Lang, *Joseph Görres: Ein Leben im
   Zeitalter von Revolution und Restauration*, Kevelaer 2015. Zur Heidelberger Zeit siehe Armin
   Schlechter, *Die Romantik in Heidelberg*, Heidelberg 2007.

© THOMAS ISERMANN, 2022 | DOI:10.1163/9789004498648_009

tion, deren aktiver Anhänger er bis zu ihrem Ende, von 1795 bis 1799, gewesen ist, und endet 1848, kurz vor der europäischen Revolution, vor der er warnte. Dazwischen lagen Kriege, die napoleonischen, die Befreiungskriege, dazwischen lagen Umschwünge, auf deren Wechsel aller Dinge Görres samt Familie mit teilweise erzwungener Mobilität antwortete, mit Exil, publizistischer Angriffslust, mit Rückzügen, bis er endgültig in München sesshaft werden konnte. Nach ersten politischen Schriften beschäftigt er sich mit Physiologie, in der Heidelberger Zeit zwischen 1806 und 1808 schreibt er zusammen mit Clemens Brentano und Achim von Arnim an Jean Paul erinnernde wilde Poesie, widmet sich altdeutscher Literatur, wodurch er zu den Gründungsgestalten der Germanistik zu zählen ist, beschäftigt sich mit altorientalischer Mythologie, wird 1814 Mitbegründer des erfolgreichen *Rheinischen Merkur*. Er schreibt über Emanuel Swedenborg genauso engagiert wie gegen die restaurative Demagogenverfolgung. Anfang der zwanziger Jahre kehrt er in die Katholische Kirche zurück, wie sein Freund Clemens Brentano ein Re-Konvertit, der seinen Glauben recht eigentlich nie ganz verlassen hat. Er lebt ab 1827 in München, an die neue Universität berufen von Ludwig I. Auf seiner Professur für *Allgemeine und Litterärgeschichte* befasst er sich nicht nur mit derselben, die Themen greifen tief in die Kirchengeschichte, und ab 1836 erscheint jenes monumentale, fünfbändige Werk über die *Christliche Mystik*. Bis zu seinem Tod kämpft er für einen starken und von staatlichen Einflüssen freien Katholizismus.

Nur ein solches Leben verzeiht die faustische Geste des jugendlich Allwissenden, der sich 1806 mit folgender Ankündigung der *Philosophischen und physiologischen Vorlesungen* vor die Heidelberger Studenten wagt:

> Wie das All in seinem Wesen wurde, war und ist; wie in der uralten Nacht die ewige Sphynx in tiefe dunkle Verschwiegenheit hingelagert liegt, und des Daseins Rätsel tief in der starren Brust verschließt, wo der Tod in stiller Verborgenheit sie hütet; [...] wie *ein* allgewaltig, unzerstörbar, nie veraltend Leben dann im Universum wirkt, und blitzt und brennt und flammt; und wie ein Geist als aller Geister Geist, und eine Natur als aller Naturen Natur im Innersten des Alls wirkt, und wie der Urgeist der Urnatur eingewohnt erscheint, und über diesem sichtbaren offenbarten Gotte, das wahre primum existens [erstes Seiendes], der höhere Unerforschliche, die urschaffende Kraft, die setzende Gottheit selber wohnt, und wie alles verloren in diese erste und einzige Wesenheit erscheint, und alle Individualität untergegangen in der Wesenheit, der alles eins und das Eine alles ist, darüber und über noch ein mehreres giebt die *Philosophie* uns Zeugnis, die das Göttliche, das die *Religion* in seiner *Idealität*

anschaut, in seiner *Realität* ergreift, und in diesem Eingreifen sich subjektiv als *Kunst*, objektiv als *Wissenschaft* darstellt.[2]

Es ist auf die Situation hingewiesen worden, in der Görres sich mental befand: Er hat sich von seinem politischen Engagement für die Französische Republik unter dem Eindruck des Totalitarismus Napoleons abgekehrt.[3] In Koblenz ist Görres, der eine jesuitische, aufgeklärte, auch naturwissenschaftlich aktuelle Bildung genoss, um das Projekt einer Eisenweiß-Fabrik zur Blechverarbeitung gebracht worden. Er war in Koblenz um 1800 Lehrer der Physik, kurz: Den Umzug nach Heidelberg 1806, das damals außerhalb der französischen Hegemonie lag, unternahm ein Flüchtender, der auch die etablierten Wissensdisziplinen seiner Zeit mit der kosmischen Poesie der radikalen Romantik tauschte.

Vor diesem Hintergrund mutet der übermütige Ankündigungstext trotzig an. Er ist weniger der hybride Fehlgriff eines akademischen Neulings, der sich überschätzt, als eine Provokation gegenüber dem rationalistisch-absolutistischen Establishment, das er an der Universität Heidelberg antraf, die, Armin Schlechter zufolge, als Stätte des Brotstudiums juristische und kameralistische Nüchternheit ausstrahlte. Mit dem Bewusstsein von Aussteigern lebten er, Clemens Brentano und, nach der preußischen Niederlage gegen Napoleon, auch Achim von Arnim in Heidelberg das Leben von Einsiedlern, die der ‚unschuldigen' Poesie nachgingen wie die alten Eremiten ihrer inneren Reinigung.[4] Görres schrieb für Arnims *Zeitung für Einsiedler* sowie an der bemerkenswerten *Geschichte von Bogs dem Uhrmacher*, einer gelungenen Gemeinschaftsarbeit mit Brentano, bei der bis heute nicht die jeweiligen Anteile der Freunde auszumachen sind. 1807 erschien sie als Büchlein, und es ist nicht übertrieben zu sagen, dass es als eine frühe Zukunftsvision gegen Totalitarismus gelten kann, und darüber hinaus als Programmschrift eines romantischen Anarchismus und dessen poetischer Widersetzlichkeit.

3   Satire

Aber es gibt auch die zynische Seite des Joseph Görres. In der *Zeitschrift für Einsiedler* erschienen im Maiheft 1808 seine *Correspondenznachrichten aus Bädern*

---

2   Görres, *Ankündigung philosophischer und physiologischer Vorlesungen* (WS 1806/07), AW, Bd.1, S. 138,4–139,23 (vgl. GS, Bd. 2,2, S. 177,5–178,7) [Herbst 1806].

3   Vgl. Robert Schmitt, „Zur Biographie von Joseph Görres für die Jahre 1802 bis 1808: Nach bisher unbekannten Briefen und Akten", in: *Jahrbuch für Geschichte und Kunst des Mittelrheins und seiner Nachbargebiete* 10 (1958), S. 67–95, hier S. 82.

4   Vgl. Görres, *Achim von Arnim*, GS, Bd. 15, S. 300,41f.

und Brunnenorten, eine Satire auf zeitgenössische Reiseberichte und auf einen weiteren berühmten Bewohner jener Stadt, den Homer-Übersetzer Johann Heinrich Voss, mit dem die Romantiker literarische bis hochpersönliche Fehden ausgetragen hatten. In seinem Rollenspiel als Reisereporter schreibt Görres:

> Nachdem er seine Reverenz gemacht, muß Concipient des Gegenwärtigen sogleich bemerken, daß seine Vorgänger im Amte, sogar Hauptcorrespondenten übel unterrichtet sind. Einer, ein Schneider von profession, hat jüngst einen kleinen Verdruß mit der literarischen Polizey gehabt, die ihn ausgestäupt, und einige Fractur in Unzialbuchstaben ihm an die Stirne geschrieben; darauf ist das Schelmchen so scheu und blöde geworden, daß es nur auf den Bergen herumschleicht, und von weitem aufschnappt, was seine Freunde inwendig ihm zugeigen oder krähen. Neulich haben sie ihm ein confuses Gerede von Hundsschnautzen, Kindermährchen, gefrorner Musik, Indien, Mystik u. s. w. zugekrischen, das hat er ins Maul gefaßt und hat's gleich der Expedition apportirt.[5]

Die Rolle des ‚Concipienten‘, also eines kanzleisprachlichen Verfassers gestelzter Schriftstücke, etwa mit Gutachten-Charakter, verdreht die Perspektive. Diese wenig ironische, mehr schon sarkastische Art versteckt Angriffe, hier auf Voss, der sich Hunde hielt,[6] über die sich die Freunde lustig gemacht haben. Die Parteinahme für romantische Gegenstände, von Märchen, Mystik und Musik, die als ‚gefrorene‘ zentrale Themen der Satire sind, wirkt seltsam verkehrt. Der performative Trick einer Perspektiven-Umkehr blickt mit dem Auge des Gegners auf die eigene Sache. Die wird künstlich desavouiert (‚confuses Gerede‘), in Worten, die sich dem Leser als Zynismus des Gegners vermitteln. Die solcherart aus ‚gefrorner Musik‘ erstarrte Stadt Heidelberg und ihre umgebende Landschaft malt Görres metaphorisch aus:

---

5   Görres, *Correspondenznachrichten aus Bädern und Brunnenorten,* in: Brentano / Görres, *Uhrmacher, Bärnhäuter und musikalische Reisen. Satiren der Heidelberger Romantik,* hg. von Michael Glasmeier und Thomas Isermann, Berlin 1988. Diese Edition ist 2016 überarbeitet worden und erneut erschienen, ergänzt u. a. durch Zeichnungen des Künstlers Jonathan Meese, Hamburg 2016, S. 107–113, hier S. 108,1–12.

6   Siehe z. B. den Kommentar von Hans Jessen im Anhang zu seiner Neuausgabe der *Zeitung für Einsiedler,* Heidelberg 1808: *Zeitung für Einsiedler: In Gemeinschaft mit Clemens Brentano herausgegeben von Ludwig Achim von Arnim bei Mohr und Zimmer, Heidelberg 1808.* Mit einem Nachwort zur Neuausgabe von Hans Jessen, Stuttgart 1962, S. 8a–21b (‚Inhaltsverzeichnis mit Randbemerkungen‘), hier S. 11b (‚May-Heft‘, Einleitung).

Zuerst ist es allerdings an dem, daß man hiesigen Ortes von gefrorner Musik einige Nachricht hat. Der gemeine unwissende Pöbel hier herum meynt, die Berge weit und breit seyen wirklich solche gefrorne himmlische Gesänge; wo guter Wein wächst und alles schön fruchtbar ist, da haben die Engel gesungen, wo aber rauhe wilde Klippen sind, da hat der Teufel hineingebrüllt. Sie beweisen es ihrer Meynung nach damit, die Berge steigen allmählig auf, das ist crescendo, sie fallen ab, decrescendo [...]. Daraus folgt: die Erde ist mit lauter großen steinernen Noten bedeckt, die Flüsse sind die Rastrirung, in der Schweiz aber hat der Kapellmeister gestanden und den Tact dirigirt und geschlagen.[7]

Diese Metapher, die Friedrich Schlegel allerdings für Architektur, nicht für Landschaft in einem Vortrag 1803 in Paris verwendet haben soll, wird von der aufklärungsnahen Zeitschrift der *Neuen allgemeinen deutschen Bibliothek* 1803 zitiert.[8] Die Metapher erlangte – außerhalb eines satirischen Bezugs – in der Architekturtheorie jener Zeit einige Berühmtheit. In der bissigen Variante von Görres ist sie einmalig in der deutschen Literatur. Und was hat es mit der ,Fractur in Unzialbuchstaben' auf sich? Görres spielt wohl auf seine *Schriftproben von Peter Hammer* (ebenfalls 1808) an, die der Aufklärung und der Literaturliga um Johann Heinrich Voss romantische Textekstasen gegen die Denkerstirn hämmern sollen. Diese *Schriftproben* sind eine Sammlung von Textmustern verschiedener Drucktypen, wie sie um 1800, aber auch bis heute in digitalen Gestaltungsverfahren als Dummytexte üblich sind. Semantisch bewusst bedeutungslos gehalten, sollen sie nur Layout und Optik einer Buchseite demonstrieren. Diese Druckmuster nutzt Görres für seinen Sprachspieltrieb aus und ersetzt die semantische Bedeutungslosigkeit durch surreal anmutende Montagen disparater Sinneinheiten. Sie wirken wie im Wahn geschrieben. Unter dem Stichwort ,Tarantultanz' und der Schrifttype Petit Romain schreibt er:

Den Weltlauf sollen wir mimisch euch bilden, so merket denn auf, im Vorüberziehn wollen wir's schnell und verständlich euch geben! [...]. So tanzt denn fort, es ist viel sündige Materie in euch, es wird die Anstrengung beweglich sie machen, und sie transpirirt dann im Schweiße davon. [...]. So haben wir mimisch den Weltlauf gebildet: das wußten die gelehr-

---

7 Görres, *Correspondenznachrichten*, hg. von Glasmeier / Isermann (2016) [Anm. 5], S. 109,26–110,4 (vgl. GS, Bd. 3, S. 312,18–30).

8 Vgl. Khaled Saleh Pascha, ,*Gefrorene Musik': Das Verhältnis von Architektur und Musik in der ästhetischen Theorie*, Berlin 2004, S. 25.

ten Astronomen wohl nicht, daß, weil die Erde eine Tarantul gebissen, sie darum die Sonne so rüstig umtanzt.[9]

Unter der Schrifttype ‚Nonpareille' in Fractur heißt es am Schluss programmatisch: „Alle Tollhäuser sollen aufgeschlossen werden, es ist lauter Neid von dem Bettelvolk, daß es die Reichsten einsperrt, dann sollt ihr Wunder sehen, wie Alles so verständig wird und so klug".[10]

Historischer Ironie mag entsprechen, dass genau 1808 der Begriff ‚Psychiatrie' zum ersten Mal in der deutschen Sprache auftaucht,[11] im Kontext medizinisch qualifizierter Irrenanstalten, die sich von den Gefängnissen und Tollhäusern erst zu differenzieren hatten. Das Wort vom ‚Tarantultanz' entspricht der Vorstellung, dass ein von der Tarantel Gestochener immerfort tanzen muss, um das Gift des Tieres auszuscheiden. Die ‚Tarantella' als schneller Tanz erinnert noch an diese Vorstellung. Einen Tarantulisten beschreibt Görres auch in der *Christlichen Mystik*.[12] Dass das paroxystische Tanzen eine ‚Chur' gegen das Gift im Körper sei, wird sehr ausführlich in Athanasius Kirchers *Neue Hall- und Thon-Kunst* von 1684 behandelt.[13] Die *Zeitung für Einsiedler* scheint Kircher, der jesuitische Universalgelehrte des Barock, auch in den Illustrationen beerbt zu haben.[14]

Dieser kaum noch witzige, eher Verzweiflung ausstrahlende Text von den *Schriftproben* zeigt einen verletzlichen Görres, der sich einem performativen Diskurs des Wahnsinns hingibt. „Teutsche Treue, teutscher Biedersinn, teut-

---

9   Peter Hammer [= Joseph Görres], *Schriftproben*, [Heidelberg] 1808, S. 9a,3–6, S. 9b,33–10a,4 und S. 10b,3–8. Beste Textgrundlage mit Erläuterungen: *Schriftproben von Peter Hammer [Joseph Görres]*, Faksimile des Erstdrucks, hg., eingeleitet und kommentiert von Roland Reuß und Caroline Socha. Mit einer Bemerkung zu Schriftproben und Blindtexten von Erik Spiekermann, Heidelberg 2011.

10   [Görres], *Schriftproben* (1808) [Anm. 9], S. 24a,11–14.

11   Bei Johann Christian Reil. Vgl. Dietrich Geyer, *Trübsinn und Raserei: Die Anfänge der Psychiatrie in Deutschland*, München 2014, S. 15.

12   Vgl. Görres, *Christliche Mystik*, ed. Ranke-Heinemann, Bd. 3, S. 218,7–219,15. Die Ausgabe Ranke-Heinemanns enthält bekanntlich den Text der zweiten Auflage des Werkes, erschienen im Jahre 1879 in München/Regensburg [in fünf Bänden]. Es wird im Folgenden darüber hinaus ebenso auf die Stelle in der ersten Auflage des Werkes [in vier Bänden] verwiesen: Görres, *Die Christliche Mystik*, Bd. 1, Regensburg/Landshut 1836; Bd. 2, Regensburg 1837; Bd. 3, Regensburg 1840; Bd. 4,1 und Bd. 4,2, Regensburg 1842; die zitierte Stelle: Bd. 3, S. 258,7–259,25.

13   Vgl. Athanasius Kircher, *Neue Hall- und Thon-Kunst*, Faksimile der Ausgabe 1684, Hannover 1983, S. 144–152.

14   Vgl. Christoph Hust, „Robert Fludd und Athanasius Kircher in der *Zeitung für Einsiedler*", in: *Athenäum: Jahrbuch der Friedrich Schlegel-Gesellschaft* 19 (2009), S. 109–127.

sche Kraft, teutscher Muth, teutsche Jungfrau, teutsches Weib, teutsches Mut-
terweib, hätten wir doch zum mindesten nur auch teutschen Sarcasm".[15]
Gerade letzterer ersetzt bei Görres die Komik, die im Lachen gefriert. Der Text,
der so entsteht, wirkt wie ‚gefrorne' Poesie.

4   Baum

In dem fiktiven Plakat, mit dem der *Uhrmacher Bogs* beginnt und das die ‚Bürgerliche Schützengesellschaft' aushängt, werden alle Menschen aufgefordert,
sich als Bürger registrieren zu lassen. Es wird angekündigt, die Romantiker
dabei zu eliminieren. Gelingt dieses tyrannische Vorhaben,

> so dürfen wir doch nicht verzweifeln, daß der ungeschickte Baum, den
> auszurotten bis jetzt alle Forstbeile ermüdeten, der in der Erde wurzelt
> und den Himmel trägt, und in dessen unendlichem Gezweige sich jene
> losen Vögel, Zifferfeinde und Ungeziefer eingenistet, mit seinem dump-
> fen mistischen Schatten uns die Sonne gänzlich entziehen und die Quar-
> tiere in Land und Staat ungesund und unbequem machen möge, denn
> es ist noch ein Gott da, der alle Morgen ein Blatt fallen läßt, damit ein
> Stral nachfalle, und so werden wir nächstens jenes Gesindel schußrecht
> bekommen, in den Baum werden sodann einige geblendete und getäubte
> privilegirte Singevögel, nach der besten Klassifikation in geschmackvol-
> len Käfigten klassisch aufgehängt werden, die Nachtigallen aber kön-
> nen des verbotenen Einfangens wegen nicht in Person geliefert werden,
> doch werden ihre Werke auf Pränumeration [Subskription] nicht allein
> in Druck und Papier, sondern auch in Druckpapier zu haben seyn. Statt
> lebendiger Nachtigallen wird, sobald der Baum etwas gereinigt, und ihm
> das fatale Nachwachsen abgewöhnt worden, eine Kompagnie getaufter
> Juden hineingesetzt und gehängt werden, welche die Nachtigallen perfect
> nachmachen können. Zu solchem Vogelschießen läßt eine löbliche Schüt-
> zengesellschaft, mit Erbietung alles billigen Plaisirs, Herren und Damen
> höflich einladen. Hunde mitzubringen, ist erlaubt.[16]

---

15   [Görres], *Schriftproben* (1808) [Anm. 9], S. 16a,9–15.
16   Brentano / Görres, *BOGS der Uhrmacher*, in: *Uhrmacher, Bärnhäuter und musikalische Rei-*
      sen (2016) [Anm. 5], S. 9–43, hier S. 10,19–11,5 (vgl. GS, Bd. 3, S. 139–166, hier S. 143,5–24).
      Möglich sind Textanteile von Clemens Brentano an dieser Allegorie.

Diese Satire *Uhrmacher Bogs* enthält in jeder Zeile Anspielungen und Finessen, die den Text zu einem festen Gewebe verdichten, das kaum aus seiner Zeit abgelöst werden kann, um verständlich zu bleiben. Die Baum-Allegorie steht in alter Tradition. Im Barock entstehen mannigfaltige Ständebaum-Darstellungen, auf denen die soziale Schichtung eines Staatswesens abgebildet wird.[17] Auf eine solche wird sich dieser Baum beziehen. Jacob Böhmes *Morgenröthe im Aufgang* beginnt mit einer allegorischen Baum-Erzählung.[18] Joseph Görres selbst leitet, wie noch zu besprechen ist, seine *Christliche Mystik* mit einer Baum-Allegorie ein, die den dekadenten Zustand des Christentums abbilden soll. Der letzte Satz, demnach Hunde beim Romantiker-Schießen mitzubringen erlaubt sei, zielt auf den Hundebesitzer Voss. ‚Alle Morgen ein Blatt‘, das fällt, meint das *Morgenblatt für gebildete Stände*, jene Zeitung der Aufklärer um den Stuttgarter Verleger Cotta. Die ‚Kompagnie getaufter Juden‘ ist mir in ihrem Bezug unklar, diese sollen im gereinigten Baum von der Schützengesellschaft aufgehängt werden, damit sie von den staatlichen Schützen anstelle der Vögel abgeschossen werden können. Der ‚mistische Schatten‘ stört in der Sonne der Aufklärung. Romantiker sind mit jenen losen Vögeln, Zifferfeinden oder mit dem starken Wort ‚Ungeziefer‘ belegt. Auch in dieser Satire ist die Perspektive verdreht, Brentano und Görres sprechen über sich in der Redeweise des Gegners, in sarkastischer Polemik.

5 Bühne

Von Joseph Görres stammt ein handgeschriebenes Fragment zu dem *Uhrmacher Bogs*, das 1807 nicht in die Druckversion Eingang fand, weil es erzähllogisch nicht in jene Konstruktion eines fingierten Selbstbekenntnisses passt, mit dem sich der treue Uhrmacher Bogs einer bürgerlichen ‚Schützengesellschaft‘ andienen muss, um im Staat geduldet zu werden. Im Vergleich mit den Kapiteln des kleinen Werkes wirkt das Fragment zu wuchtig, hätte der Erzählung eine andere Richtung gegeben, so dass sich die Freunde entschlossen haben werden, den Text nicht zu verwenden, der somit im handschriftlichen Nachlass von Joseph Görres verschwand, bis er erst 1926 wieder entdeckt wurde.[19]

---

17 Vgl. Jörg Jochen Berns, „Baumsprache und Sprachbaum", in: Ders., *Die Jagd auf die Nymphe Echo*, Bremen 2011, S. 271–301.

18 Vgl. Böhme, *Morgen Röte im auffgang*, ed. Buddecke, *Urschriften*, Bd. 1, S. 9,1–21,19 (vgl. SS, Bd. 1, S. 3–19; [*Vorrede des Autoris*, nn. 1–83]).

19 Vgl. Görres, [*Fragment zum ‚Uhrmacher BOGS‘*]. Der Text, der im Original keine Überschrift trägt, ist in GS, Bd. 3, S. 451–463, zum ersten Mal von Günther Müller ediert worden, danach

Nachdem der Uhrmacher Bogs, um als Bürger aufgenommen zu werden, eine Untersuchung über seinen Gehirnzustand über sich hat ergehen lassen müssen, wird er nun, im Fragment von Joseph Görres, vor eine ‚Gesellschaft' zitiert, deren ‚Schützenkönig' ihn auffordert, sich über das bedenklich ausgefallene Ärztegutachten zu rechtfertigen. Das Ärzteteam, Dr. Schnauznas, Dr. Gamaliel und Dr. Sphex – eine Figur aus Jean Paul's *Titan* – fand nämlich zu viele unordentliche Gedanken und romantische Poesien im Kopf des armen Uhrmachers:

> O ja meine Herren, sagte der Uhrmacher, ich kann Sie viele Zauberkünste lehren, wie man Vögel mit Wasser schießt, und mit einem Unschlittlichte [Kerze aus Talgfett] ein daumendickes Brett durchbohrt. Das sind Stücke die jeder Jäger [der Schützengesellschaft] kann, brummte die Versammlung, nein ob er Hexen und Teufel zu bannen, und dergleichen gottlose Dinge zu vollbringen im Stande ist, darauf soll er inquirirt werden. Ich habe, entgegnete der Inculpat [Angeklagter] immer nur mit der weißen niemals mit der schwarzen Magie mich abgegeben, wenn die Herren fuhr er fort indem er nach seiner Uhr sah, ein halbes Stündchen mir vergönnen wollten, ich mögte sie wohl ein Stückchen meiner Geschicklichkeit in dem Fache sehen laßen. Die versammelten Herren sahen etwas verzagt sich untereinander an, und erbleichten beynahe über die weiße Kunst, und meynten sie hätten sich mit dem fatalen Gaukler in verdrüßliche Affairen hineingerannt, indessen nachdem sie lange miteinander zu Rath gegangen, entschloßen sie sich endlich doch das Abentheuer zu bestehen, sie setzten sich nieder, und baten den Meister sein Werk zu beginnen.[20]

Was nun folgt, sucht in der Romantik seinesgleichen. In völliger Entfesselung lässt Görres seinen Phantasien freien Lauf, unzensiert, changierend zwischen apokalyptischen Parforce-Ritten, durchaus phallischen Phantasien und kollektiven Overkill-Bildern, die zum Ende hin sich in zarte Szenen wandeln, die – eine Prosa in Metren – das Sprachmaterial zu Hymnen abgeben könn-

---

erst wieder in: Brentano, *Werke*, ed. Frühwald/Kemp, Bd. 2, S. 910–929. Mit der Edition von Michael Glasmeier und mir im Jahre 1988 im Kreuzberger Sirene-Verlag wurde dieser Text erneut zugänglich gemacht. Ich zitiere nach dieser letztgenannten Edition (nach deren erweiterter Neuauflage: Hamburg 2016); vgl. Brentano / Görres, *Uhrmacher, Bärnhäuter und musikalische Reisen* (2016) [Anm. 5], S. 49–72.

20   Görres, [*Fragment zum ‚Uhrmacher BOGS'*], ed. Glasmeier / Isermann (2016) [Anm. 19], S. 49,26–50,13 (vgl. GS, Bd. 3, S. 451,43–452,14).

ten, um eine Auferstehung von den Toten in romantischer Poesie zu singen. Der Erzählstruktur der Johannes-Apokalypse entspricht daher die Gesamtanlage des Textes, zu dessen Faszination eine Atemlosigkeit gehört, die hier nicht wiedergegeben werden kann. Das „halbe Stündchen", das sich der Uhrmacher ausbedingt, entspricht – schnell gelesen – ungefähr der Lesezeit. Aber dann versteht man nicht viel, während der rauschhafte Charakter des Textes sich in dieser Zeit am besten vermittelt. Das Verständnis der Mikrostruktur, die voller Zitate, Anspielungen und reizvoller Kombinationen steckt, nimmt dem Text seine Geschwindigkeit. Die kleine Demonstration findet vor einer Prüfungskommission statt, eine konfrontative Situation, die zur Aggressivität der Phantasien beiträgt. Sehen wir uns einige Bilder etwas genauer an:

> Ich will zuerst die Kunst Sie lehren dies Manuscript im Drucke zu vervielfältigen, so oft und so wiederhohlt als Sie immer wollen. Merken Sie auf ich der Uhrmacher Bogs denke in diesem Moment mich selbst recht anschaulich und fest, und sehen Sie dort steht der gedachte Kerl vor mir auf ein Haar wie Ich der Denker selbst. Die Versammlung sah auf und zu ihrem Erstaunen standen zwey Uhrmacher, wie zwey Tropfen Wasser einander gleichend vor ihr da. Ehe sie aber von ihrem Erstaunen wieder zu sich kommen konnten, vollbrachte der Uhrmachercodex noch einmal den Act, und ein Dritter, trat den Ersten bey, und so ein Vierter und ein Fünfter, und der Hexenmeister drehte sich bey jedem Acte um sich selbst herum, und jedesmal wenn eine Rotation vollendet, fuhr ein neuer Abdruck aus ihm hervor, und immer schneller wirbelte er sich umher, schnalzend, sausend, schnurrend, heulend wie ein Kreisel drehte er sich fort und fort und wie von einem Feuerrad stoben die Gestalten von ihm weg, und nachdem sie einmal sich gedehnt und sich umgesehen, fiengen sie gleichfalls sich an zu drehen, und wieder andere Ebenbilder von sich wegzuschleudern, und wie Sturmessausen braust' es durch den Saal, und die geschleuderten taumelten durcheinander, die Wirbel kreuzten sich, in wildem Tanze schwang sich Alles umeinander und durcheinander und störte sich nimmer schwindelnd aber sahen die Meister in den krausen Sturm hinein, und vermogten sich von der Stelle nicht zu rühren.[21]

Dieses Bild einer Vervielfältigung des Uhrmachers vor dem Zeitalter seiner technischen Reproduzierbarkeit wird mehreren Quellen entstammen, jedoch

---

21 Görres, [*Fragment zum ‚Uhrmacher BOGS'*], ed. Glasmeier / Isermann (2016) [Anm. 19], S. 50,20–51,6 (vgl. GS, Bd. 3, S. 452,19–37).

nicht, wie wir vermuten könnten, industriellen Vorbildern der Reproduktions-
technik. Die erste Rotationsmaschine gab es ab 1846, die erste Zylinderdruck-
presse ab 1811. Die technische Provenienz dieser Phantasie ist zweifelhaft. In
den physiologischen Schriften jener Zeit gilt ihm die ‚Rotation' jedoch als ein
Lebensprinzip im Kosmos.[22] Die ersten ‚Exemplare' des Uhrmachers entstanden, genau gelesen, nicht durch Drehung, sie bilden sich als der ‚gedachte Kerl'
vom ‚Denker'. Sein Denken ist ein Schöpfungsakt, und die durch Rotation entstandenen Kopien sind bloße Reproduktionen. So heißt es in der *Exposition der
Physiologie* von 1805 bei Görres: „Mit der Centrirung der Natur durch den ersten Act des Selbstbewusstseyns, den sie übt, ist daher auch der Keim befruchtet,
aus dem sie in organischer Entwickelung sich gestaltet; mit der Rotation reissen
sich als beschraenkte Abbilder von dem hohen Gotte die Untergœtter ab".[23]

6   Böhme

Die sieben Stufen der Schöpfung werden bei der apokalyptischen Beendigung
wieder rückwärts herab geschritten. Die Satzglieder verbindet ein prophetisch
hastig stammelndes ‚und'. In anderen Sätzen reihen sich Wortkaskaden aneinander, wieder andere wirken spontan metrisch gebaut, und so lautet der Kul-
minationspunkt:

> [...] und alle Qualitäten rasten in wüthendem Kampfe gegeneinander,
> und wie ein drehend Rad sich am Rade reibt, sie rieben sie zornig sich
> aneinander, und ein wilder Aufruhr tobte durch das Haus der Sünde und
> hin und her wurden die Geängsteten vom Sturm geschleudert und ihr
> ganzer Leib ward ein weinend, starrend, gebrochen Auge und weinte
> brennende Feuerthränen, und zwischen die Räder, und die Hebel und
> die Wellen wurden sie geschleudert und es begann ein Reißen, Stechen,
> Reiben, tobend hitzig Wüthen, zornig Krallen, Brechen, Giftbrennen und
> Zermalmen, hartes hartes Wehe, und alle Quelladern der Sünde waren
> aufgerißen und alle Quellgeister der Hölle schwarze, finstere, kalte,
> fressende Teufel tobten losgelaßen, und der Geifer umkroch die Zer-
> fleischten, und die scharfe, bittre Galle brach aus allen Schlünden und mit
> ihr der Quaalgeist der ewigen Verzweyfelung, und die Stacheln der Bitter-
> keit lekten an den Verzweyfelnden, und tausend und tausend Nattern und

---

22   Vgl. Görres, *Exposition der Physiologie*, ed. 1805, S. 14,5–20,26 (vgl. GS, Bd. 2,2, S. 21,18–23,27);
       ebd., ed. 1805, S. 112,20–113,10 (vgl. GS, Bd. 2,2, S. 53,31–39).
23   Görres, *Exposition der Physiologie*, ed. 1805, S. 23,5–11 (vgl. GS, Bd. 2,2, S. 24,15–18).

Polypen legten sich an die zermalmte, zerriebne Masse an, und sogen gierig, was der Hölle ist und des Teufels Tinctur weg. Und nachdem sie Alles weggesogen, da befieng ein tiefer Schlaf das Ungethüm, und die rasenden Geister ruhten, und das wilde Toben und innen auf der scharfen Herbigkeit, da schwamm, was von den Verschlungenen geblieben, eine Mumie, heiter, schimmernd, strahlend, in Asbest geschlagen, mit Zaubercharacteren beschrieben, eine Wasserlilie auf der Stirne blühend, den heiligen Ibis auf den Händen tragend, schwebend um, und der Grimm der Hölle vermogte nichts wieder sie.[24]

Auf die Projektionsfläche der Johannes-Apokalypse wirft Joseph Görres durchaus eigene, bibelferne Bilder – ich zitierte die Rotation – und zieht wenn auch schwer erkennbare Anleihen aus anderen Kontexten, der Kosmologie oder der Physiologie. Die soeben zitierte Passage leitet den Übergang zur Auferstehung von den Toten ein.[25] In ihr taucht ein im Fluss der bisherigen Wortwahl recht seltsam anmutendes Vokabular auf: ‚Qualitäten‘, ‚Quellengeister‘, ‚Herbigkeit‘, ‚Grimm‘ und weitere. Die Identifikation scheint mir eindeutig: Görres zitiert hier den Naturphilosophen und Mystiker Jacob Böhme (1575–1624), so ausführlich wie keinen zweiten Gewährsmann in diesem Uhrmacher-Fragment.

Für Jacob Böhme besteht die Gottheit aus Gut und Böse, aus einem energetischen Prozess, in den der Mensch eingebunden ist. Die Schöpfung der Welt steht am Ende eines Prozesses aus sieben ‚Gestalten‘ oder ‚Qualitäten‘, ein Wort, das Böhme mit ‚Qual‘ im negativen und ‚Quellen‘ im positiven Sinn verbindet.[26] Diese sieben ‚Quellgeister‘ wirken simultan stets ineinander wie sieben Räder, die gemeinsam eine Kugel bilden und in jede Richtung rollen können. Böhme ordnet ihnen sinnliche Eigenschaften zu, auch das Herbe, die zitierte ‚Herbigkeit‘.[27] Die Begriffe ‚Galle‘ und ‚Tinctur‘ könnten aus anderen, zeitgenössischen Quellen stammen, oder von Paracelsus. Ihn hat Görres in seiner Einleitung zur

---

24   Görres, [*Fragment zum ‚Uhrmacher BOGS'*], ed. Glasmeier / Isermann (2016) [Anm. 19], S. 59,36–60,24 (vgl. GS, Bd. 3, S. 458,26–46).

25   Vgl. Offb. 21.

26   Zu Böhme siehe Thomas Isermann, *O Sicherheit, der Teufel wartet deiner*, Jacob-Böhme-Lektüren, Görlitz 2017.

27   Die Theoreme oder Termini Böhmes, die Görres verwendet, lassen sich folgendermaßen nachweisen (Auswahl): *Morgen Röte im auffgang*, ed. Buddecke, *Urschriften*, Bd. 1, S. 25,16–26,30 (vgl. SS, Bd. 1, S. 24,22–26,2 [Kap. 1, nn. 1–9] [*Von beiden qualiteten*]); ebd., ed. Buddecke, *Urschriften*, Bd. 1, S. 26,31–27,5 (vgl. SS, Bd. 1, S. 26,3–21 [Kap. 1, nn. 10–12] [*Von der Kelte qualificirung*]); ebd., ed. Buddecke, *Urschriften*, Bd. 1, S. 137,8–21 (vgl. SS, Bd. 1, S. 177,29–178,4 [Kap. 13, n. 71] [‚drehend Rad‘]); ebd., ed. Buddecke, *Urschriften*, Bd. 1, S. 98,38–99,4 (vgl. SS, Bd. 1, S. 123,19–26 [Kap. 10, n. 47] [‚Quellengeister‘]), ebd., ed. Buddecke, *Urschriften*, Bd. 1, S. 27,1–5 (vgl. SS, Bd. 1, S. 26,16–21 [Kap 1, n. 12] [‚Grimm‘, ‚Grimmigkeit‘]); *De*

Exposition der Physiologie (1805) hervorgehoben, jedoch fällt der Name Böhmes in seinem Gesamtwerk, soweit ich sehe, an keiner Stelle. Auch im Kontext
der Zusammenarbeit mit Clemens Brentano an der Erzählung vom *Uhrmacher Bogs* kommt Böhme nicht weiter vor, zumal Brentano dem Werk Jacob
Böhmes eher skeptisch gegenüber stand.[28] Welchen Sinn hat diese Anleihe bei
Jacob Böhme im Fragment? Vielleicht gibt dieser Satz etwas Aufschluss, und
vielleicht auch das Wort von der Mumie im zitierten Absatz:

> Da trieb die Wasserlilie auf dem Haupte der schwebenden Gestalt Wur-
> zel in die Klarheit und sog die Lebenstinctur in sich, und keimte, sproßte
> und trieb freudig in dem süßen Quelle, und erwuchs zur großen Blu-
> menglocke, und schlafend lag der Mai junge Frühling in der Glocke, und
> da er erwachte, da stäubten die Antheren [Staubbeutel der Blütenpflan-
> zen] und wie eine Morgenröthe lag der Blüthenstaubduft auf dem Far-
> bensee, und da der Staub niederflockte, da trank er gleichfals die klare
> Lebensnaphte, und erblühte in aller Blumen Formen, und wie Kränze und
> Fruchtschnüren zogen die Blüthen schwebend und schwimmend sich
> über den ganzen See.[29]

Mit dem Auftritt der Böhme'schen Begriffe wird die Wiederauferstehung eingeleitet, und was zuvor in Gewaltphantasien tobte, erholt sich nun in lieblichen
Bildern. Es sind jene der Romantik. Die Wendung ,wie eine Morgenröthe lag der
Blüthenstaubduft auf dem Farbensee' klingt, vor dem Hintergrund der Böhme-
Nachweise, wie eine Anspielung auf dessen berühmte *Morgen Röte im auffgang*
(1612) sowie auf Novalis' *Blüthenstaub*, jene zu Lebzeiten publizierte Aphoris-
mensammlung von 1798.[30] Und die Mumie, die, in Asbest feuersicher verpackt,

---

     tribus principiis, ss, Bd. 2, S. 135–136, (Kap 12, nn. 25–31) (,Tinctur'); ebd., ss, Bd. 2, S. 23,29–
     34 (Kap 3, n. 14) (,Herbigkeit'); ebd., ss, Bd. 2, S. 275,29–35 (Kap. 18, n. 19) (,Qual').

28   Im Gegensatz zu fast allen Romantikern findet man Böhme bei Brentano nicht beachtet.
    Vgl. Clemens Brentano, *Brief an Arnim vom 23. August 1803*, in: Achim von Arnim und Cle-
    mens Brentano, *Freundschaftsbriefe*, hg. von Hartwig Schultz, Frankfurt a.M. 1998, Bd 1,
    S. 163,1–16. Zu Brentanos Verhältnis zu ,Mystik' überhaupt siehe Peter Nickl, „,… wie ein
    Kind, das heim will': Clemens Brentano zwischen Erotik und Mystik", in diesem Band,
    S. 89–100.

29   Görres, [*Fragment zum ,Uhrmacher BOGS'*], ed. Glasmeier / Isermann (2016) [Anm. 19],
    S. 61,31–62,4 (vgl. GS, Bd. 3, S. 459,36–44).

30   Ein Bezug auf den Maler Philipp Otto Runge, wie in der Literatur vermutet wurde, ist an
    dieser Stelle unwahrscheinlich, auch wenn die Bildassoziation nahe liegt: Runges Zyklus
    der *Zeiten*, den alle Romantiker sehr verehrt haben, lernte Görres wohl erst im August 1807
    durch Clemens Brentano kennen. Der *Uhrmacher Bogs* ist jedoch im April 1807 gedruckt
    worden. Das Fragment wird kaum deutlich nach dem August entstanden sein.

im apokalyptischen Inferno unbeschadet durch die Phantasiewellen des Textes treibt: was hat es mit ihr auf sich? Es heißt nämlich:

> Da ergriffen zwey der stärksten Wellen die schwimmende Mumie und schwangen sie wild und kräftig über sich, und sie ward plötzlich von des Lebens Blitz durchzuckt, und stand auf dem Haupt der Wellen ein leichter zierlicher Harlekin schwebend und wiegend da. [...].[31]
> [...].
> [...] da stieg ein Chor gottbegeisterter Dichter aus den Tönen auf, und sie sangen die Wunder der Vergangenheit den Untergang des Bösen die Vernichtung der Hölle und die neue Zeit, in die die Alte sich verklärt.[32]

Das Fragment zum *Uhrmacher Bogs* endet in einer rätselhaft irritierenden Atmosphäre. Die Prüfungskommission wirkt weniger überzeugt als überwältigt, „[...] und sie sahen verwundert sich und den Zauberer an und gingen still nach Hause und raisonnirten über das was sie gesehen hatten".[33] Zu viele Elemente des Textes dementieren seine Ernsthaftigkeit, obwohl er alles andere als witzig ist. Die Situation vor der Prüfungskommission lässt den Uhrmacher, dessen Beruf eine rationalistische Aufklärung versinnbildlicht, zum romantischen Harlekin, fatalen Gaukler und Zauberer werden, eine Benennung, die auf eine Skepsis des Autors zu schließen erlaubt, der sich in seiner Rolle als auftrumpfender Mystiker im nüchternen Heidelberg nur bedingt gefällt. Der letzte Satz des Fragments, demzufolge die Herren nach Hause gingen und still über das Gesehene räsonnierten, wobei sie eigentlich autoritäre Obrigkeiten sind, zeigt sie eingeschüchtert. Ihnen ist wie unheimlich zumute. Als Zuschauer des Geschehens sitzen sie an Lesers statt, mit dem sie die Übereinstimmung von kosmisch erzählter Zeit und dreißigminütiger Erzählzeit teilen. Am Ende könnte genau dieses Unheimliche des Textes, das ein Schweigen statt Lachen zurücklässt, die Freunde Görres und Brentano bewogen haben dieses Fragment nicht in das Werk vom *Uhrmacher Bogs* aufzunehmen.

---

31 Görres, [*Fragment zum ‚Uhrmacher BOGS'*], ed. Glasmeier / Isermann (2016) [Anm. 19], S. 64,16–20 (vgl. GS, Bd. 3, S. 461,21–25).

32 Görres, [*Fragment zum ‚Uhrmacher BOGS'*], ed. Glasmeier / Isermann (2016) [Anm. 19], S. 66,10–13 (vgl. GS, Bd. 3, S. 462,30–32).

33 Görres, [*Fragment zum ‚Uhrmacher BOGS'*], ed. Glasmeier / Isermann (2016) [Anm. 19], S. 67,33–35 (vgl. GS, Bd. 3, S. 463,32 f.).

7   Novalis

Noch in Koblenz, 1805, erscheint *Glauben und Wissen* von Joseph Görres, ein
Essay, der sich im Gegensatz zu seinen Heidelberger Satiren eher unpolemisch
liest, und der erste Einblicke in das, was bei ihm Mystik ist, gewährt. In Formeln
spitzt sich die Argumentation zu, die im Prosafluss etwas schwerfällig die Stichworte des Zeitgeistes umwälzt, dreht und wendet. Dann findet sich darin der
Satz: „Das Reich der Mystik ist daher das Reich der *Gnade*, wie das Gebiet der
Kunst und Wissenschaft das Reich des Genies ist".[34]
      Gnade, als theologischer Begriff, können wir als eine Gabe des Gottes ver-
stehen, durch die wir etwas erhalten, für das es keine Gegengabe zu leisten
gibt, insofern ist Gnade unverdient, nicht im moralischen Sinn als unrechtmä-
ßig, sondern als nicht kalkulierbares oder bezahlbares Geschenk. Die Gnade
behält sich der Gott als souveränes Recht vor, sie zu gewähren, unabhängig
von der Führung und vom Verhalten des Beschenkten. Dieses Erlebnis des
Einsseins mit dem Gott, eben das Gnadenerlebnis, heißt ein mystisches. Da
es außerhalb sprachlicher oder ethischer Begründung eintritt, ist es numinos,
geheimnisvoll, schweigend und nonverbal. Das ,Reich der Mystik' mag hier zu
verstehen sein als die nach außen hin wahrnehmbare Seite der Mystik, ihre
Versuche, sie dennoch zu erfassen und zu beschreiben, kurz ihre nachträgliche
Verbalisierung und Wiedergabe. Erst durch die Parallele zum zweiten Halbsatz
erschließt sich dieses Verhältnis von erlebter Gnade zu ihren Äußerungsfor-
men im Reich der Mystik: Indem auch die Entstehung oder das Ereignis des
Genies nicht an Bedingungen geknüpft ist, sondern von der Natur geschenkt
wird, erhalten Kunst und Wissenschaft ihren Wert erst durch das Genie. Diese
Paralleldefinition arbeitet mit gegenseitiger Spiegelung aus religiösem und pro-
fanem Bereich. Eine ähnliche Unterscheidung führt Görres zu einer weiteren,
die kulturphilosophische Dimensionen auf eine Formel bringt und eine Parallele geographischer Art behauptet. Görres schließt in *Glauben und Wissen*:

> Glaube und Religion gehört daher insbesondre dem Süden an [...]. [...].
> Eine lichte, klare Vernunft ist der Antheil nördlicher Naturen [...]. Der
> Gott des Südens ist daher ein poetischer Gott. [...]. Der Gott des Nordens
> ist hingegen jener erhabene Ideengott [...].[35]

---

34   Görres, *Glauben und Wissen*, ed. 1805, S. 111,16–18 (vgl. GS, Bd. 3, S. 53,40 f.).
35   Görres, *Glauben und Wissen*, ed. 1805, S. 117,3 f.; S. 117,25–27; S. 118,13 f.; S. 118,28 f. (vgl. GS,
      Bd. 3, S. 56,19; S. 56,35 f.; S. 57,1; S. 57,11).

Diese regionale Differenzierung religiöser Dignitäten wiederholt sich indirekt in einem weiteren Text der *Korruskationen* (Wetterleuchten),[36] den Görres in der gleichen Zeit verfasste. Er lautet *Mystik und Novalis* und beginnt mit einer Verteidigung des jung gestorbenen Dichters:

> Frommer, gutmütiger, harmloser Novalis, was hast denn du verschuldet, daß sie dich lästern und dich als das Haupt einer falschen, unechten, schädlichen Mystik verklagen? Was ist die Mystik anderes als das Leben in einer zweiten, höheren Welt, die uns ja von außen schon entgegenglänzt, wenn wir den Blick zum Firmamente heben? Und diese Steigerung unserer höchsten, geistigen Kräfte, warum soll sie die Sphäre des Reinmenschlichen überfliegen? [...]. Es gibt einen zwiefachen Mysticism, den der Anschauung und den der Liebe, der erste ist der des Novalis.[37]

Halten wir uns an die Trennung religiöser Ausdrucksformen in Süd und Nord, denen Görres an anderer Stelle Katholizismus und Protestantismus zuordnet,[38] so bemerken wir hier eine Anwendung dieses Rasters auf den Protestanten Friedrich von Hardenberg, der als ‚Novalis‘ freilich weit über derlei konfessionellen Trennungen stand. Um das Genie des Novalis, konfessionsübergreifende religiöse Dichtung zu schreiben, weiß Görres, indem er indirekt mit einer weiteren Umschreibung, was Mystik sei, auch hervorhebt, wer Novalis sei:

> Und diese Ueberzeugung tief der Seele einzuprägen, die Quelle von allem menschlichen Streben und seine höheren Beziehungen nachzuweisen, auf die höheren Prinzipien alles Seyns und Werdens hinzudeuten, und die Aussicht ins Unendliche in die moralische Natur einzuführen, das ist der Zweck der Mystik, dahin geht ihr Bemühen, und daher soll sie Jedem, der nach anderem als der bloßen Befriedigung des Bedürfnisses ringt, heilig seyn.[39]

An Novalis hat Görres gezeigt, dass Mystik durch Poesie vergegenwärtigt werden kann, wenn hinter ihren diaphanen Formen Mystik wie ein inneres Licht

---

36   Unter dem Titel hat Görres in der Zeitschrift *Aurora* Feuilletons publiziert (vgl. GS, Bd. 3, S. 71–128).

37   Görres, *Aurora-Beiträge (Korruskationen)*, n. 34: *Mystik und Novalis*, in: *Aurora* 40, vom 3. April 1805, und *Aurora* 41, vom 5. April 1805 (vgl. GS, Bd. 3, S. 120,12–123,17; hier S. 120,14–19; S. 121,27 f.).

38   Vgl. Görres, *Aurora-Beiträge (Korruskationen)*, n. 19: *Nord- und Süddeutschland*, GS, Bd. 3, S. 97,1–34.

39   Görres, *Aurora-Beiträge (Korruskationen)*, n. 34: *Mystik und Novalis*, GS, Bd. 3, S. 121,12–17.

hindurch schimmert. Indem jedoch der Protestant Novalis nicht der poetische Mystiker der Liebe, sondern nur der einer Anschauung sei, zeigt sich bereits eine ideologische Reserviertheit in Görres' Denken, die auch die spätere *Christliche Mystik* prägen wird: eine rein katholische Angelegenheit zu sein.

8 Schwefeldampf

Joseph Görres war kein Mystiker. Er war ein glänzender Stilist. Er referiert über Mystik mit einer Distanz, die ihn zu einer Kompensation nötigt. Er ist zum Phänomen der Mystik vom Hörensagen abhängig, von seinen Funden in Kirchenarchiven, allenfalls von Besuchen bei entrückten Nonnen.[40] Er kann über Mystik kaum aus eigener Erfahrung sprechen, wenn nach ihrem Erleben gefragt wird. Er versucht auch nicht, zu Beginn seines Werkes über die *Christliche Mystik*, diese mythologisch oder philologisch oder überhaupt historisch herzuleiten. Er verankert vielmehr, das ist seine originäre Leistung, durch Anleihen bei der Physiologie die Mystik in unseren Nerven und Gehirnwindungen, argumentiert mit ‚Ganglien‘, mit dem gesamten Körper und seinem Nervennetz. Dieser Körperkontakt mit der Mystik trägt dazu bei, dass dieses Alterswerk die Aura des Verrufenen umgibt.

Ohne sie zu nennen, legt Görres eine geistige Verwandtschaft mit Gotthilf Heinrich Schubert und anderen romantischen Naturphilosophen nahe. Während aber die psychologische Zunft längst den Weg in die naturwissenschaftliche Fundierung der säkularen Psychologie eingeschlagen hat,[41] begibt sich Görres auf einen dunklen Pfad. Seine naturkundliche Grundlegung physiologischer Phänomene rätselhafter Art verwendet er, um dem menschlichen Körper seine Mystik wie eine Tätowierung einzuschreiben. Er unterteilt exoterische von esoterischer Mystik, eine gefährlich körperliche und eine geistliche „zum Wohle der ganzen Kirchengemeinschaft“.[42] Dem Leser wird sodann, nach dieser Vorbereitung, die erzählte Mystik des frühen Christentums und seiner Märtyrer geradezu auf den Leib gebrannt, indem – genussvoll? – grausam und supranaturalistisch deren Martern unter den Römern ausgemalt werden.[43] Ich werde es nicht zitieren.

---

40   Vgl. Fink-Lang, *Joseph Görres* (2015) [Anm. 1], S. 114 f.

41   Vgl. Stefano Poggi, „Neurologie, *sensorium commune*, Seele: Romantische Neurologie – Romantische Psychiatrie“, in: *Achim von Arnim und sein Kreis*, hg. von Steffen Dietzsch und Ariane Ludwig, Berlin 2010, S. 291–326.

42   Görres, *Christliche Mystik*, ed. Ranke-Heinemann, Bd. 1, S. 169,1 f. (vgl. ed. 1836, S. 177,28 f.).

43   Vgl. Görres, *Christliche Mystik*, ed. Ranke-Heinemann, Bd. 1, S. 194,21–203,28 (vgl. ed. 1836, S. 210,8–221,26).

Das Werk ist – obwohl es oft im Präsenz referiert – der Vergangenheit zuge-wandt. Die Kontexte seiner ‚Mystik' fühlt er durch ein polemisches Umfeld bedroht, und erstaunlich nun ist die Aggressivität, mit der Görres sein Werk in die säkulare Zeit der industriellen Revolution setzt. So schreibt er in seiner Vorrede:

> Warum denn diese Mystik jetzt, zu so ungelegener Zeit, erscheint, da doch dieser Artikel längst erledigt ist, und die Delinquentin auf der Biblio-thek in Dresden unter der abschreckenden Rubrik: *Philosophia falsa et fanatica*, seit des seligen Adelungs Zeiten im Zuchthaus sitzt? Der Ursa-chen sind vielerlei, wovon ich hier einige melden will. Zuerst: es läßt seit geraumer Zeit ein so fataler Höllenstank von Schwefeldampf und arse-nikalischem Knoblauchduft auf Erden sich verspüren, daß die Mofetta [Ausdünstung] allen honetten Christenmenschen den Athem versetzen will.[44]

Geradezu beleidigt wirkt der Ton, in dem er vor der Naturwissenschaft das Kreuz schlägt:

> So hält die wissenschaftliche Anschauung die Kreise der Erscheinungs-welt geordnet und geschlossen, und in ihren Radien um die Mitte wohl gefestet. Aber die Mystik weiß Nichts von Radien und Achsen und Angel-punkten, desto besser aber kennt sie eine nahe verwandte Figur, die des *Kreuzes* nämlich.[45]

Das wunderbar polemisch gesetzte ‚nämlich', das wie unser ‚basta' klingt, gleicht der Haltung eines indignierten Lehrers, der seine Schüler zurechtweist, sie hätten den Glauben verloren. Kaum gelingt es ihm, sachlich zu bleiben, und zuweilen kippt der Stil nach wenigen Zeilen moderater Ausführungen in die übliche Polemik:

> Die Mystik ist ein Schauen und Erkennen unter Vermittlung eines höhe-ren Lichtes, und ein Wirken und Thun unter Vermittlung einer höheren

---

44 Görres, *Christliche Mystik*, ed. Ranke-Heinemann, Bd. 1, S. 19,2–9 (vgl. ed. 1836, Vorrede, S. 111,2–7). Mit ‚Adelung' ist gemeint: Johann Christoph Adelung, *Geschichte der mensch-lichen Narrheit, oder Lebensbeschreibungen berühmter Schwarzkünstler, Goldmacher, Teu-felsbahner, Zeichen- und Liniendeuter, Schwärmer, Wahrsager, und anderer philosophischer Unholden*, Leipzig 1785–1789.

45 Görres, *Christliche Mystik*, ed. Ranke-Heinemann, Bd. 1, S. 56,21–25 (vgl. ed. 1836, S. 36,30–34).

Freiheit; wie das gewöhnliche Wissen und Thun durch das dem Geiste
eingegebene geistige Licht, und die ihm eingepflanzte persönliche Freiheit sich vermittelt findet. Das ist kürzester rationaler Ausdruck dessen, was die folgenden Blätter zu begründen und in annähernder Reihe
in allen seinen Gliederungen darzustellen sich vorgesetzt. Spricht man
aber, wie jetzt die Zeiten laufen, solche Worte aus, sogleich wird aus der
Ferne dumpfer, immer näher kommender Schall der Lärmtrommel vernommen; wie der Staub auf den Wegen, so wird ein zahlreich Volk vom
geschlagenen Wirbel aufgerührt; Väter und Älterväter und ihre Kinder
und Kindeskinder kommen in Hast herbeigelaufen, alle rufend: Mystik,
Aberglauben, Pfaffentrug, Mönchsbethörung, nieder mit der Mystik! Mit
Gründen lassen die Rufenden sich nicht bedeuten, so will ich ihnen zum
Eingang ein Gesicht erzählen, ob sie etwa, wenn sie sich in ihm erkennen,
ihren Ungestüm mäßigen wollen, und dem, was unsterblich ist, fortan das
Leben gönnen.[46]

Dieses Gesicht ist eine Baum-Allegorie, in der Görres den Baum des Glaubens,
als Paradiesbaum, bedroht von ekelhaftem Geziefer beschreibt, Schädlinge, die
ihm den Rest zu geben drohen, nachdem er innerlich hohl und schlecht ver-
wurzelt seine eigene Fäulnis verantwortet.

So war es um dies Gesicht gethan, dessen Anwendung auf die Frage der
Mystik sich leicht ergibt. Keine Mystik! ruft es unten aus dem Schlamme;
keine Mystik! tönt es aus dem Mulm und Moder des hohlen Baumes; ver-
flucht sei alle Mystik! wüthet die edle Schaar der Gottesmänner oben
in der Höhe: denn die unten und oben stehen durch die Mühseligkeit
der Mittleren verbunden, sind in eine große Genossenschaft verkehrter
Lehre, schlechten Triebes und verkehrten Thuns geeint, und Alle insge-
sammt jedem höheren Streben gleich gehässig, sind gesenkten Hauptes,
gebeugten Rückens und schlangenfüßig gleich den alten Erdgebornen in
der gleichen Niedertracht einverstanden.[47]

Kaum unterscheiden sich diese Donnerworte vom Stil der – oben erwähnten –
Baum-Allegorie im *Uhrmacher Bogs* oder des Uhrmacher-Fragmentes, und was
dort die Prüfungskommission war, vor der der Uhrmacher seine Apokalypse
tanzte, scheint hier, um 1840, ein als ignorant unterstellter Zeitgeist, dem sich
Görres berufen fühlt entgegen zu gehen und ihm das Kreuz entgegen zu halten.

---

46   Görres, *Christliche Mystik*, ed. Ranke-Heinemann, Bd. 1, S. 29,2–18 (vgl. ed. 1836, S. 3,2–20).
47   Görres, *Christliche Mystik*, ed. Ranke-Heinemann, Bd. 1, S. 35,10–19 (vgl. ed. 1836, S. 9,7–18).

9 Strom

Harmlosere Dämonie beobachtet Görres an den Rändern Europas, wenn es um Wahrsagerei geht. Die Schotten zitiert er wegen ihrer Gabe des *Zweiten Gesichts*, des *Second Sight*, das in Reiseberichten und einschlägigen Untersuchungen um 1800 beliebt gewesen sein muss. Der Aufklärer Samuel Johnsen machte das *Second Sight* mystischer, auf einsamen Inseln hausender Schotten, die zukünftige oder entfernt liegende Dinge sehen, in Europa populär. Ein gelehrter Schotte, Martin sein Name, war, so Görres in einer Anmerkung, „selbst auf den Inseln, und die dortigen Seher hatten ihn schon erblickt, als er noch 200 Meilen von ihnen entfernt war".[48]

In einem umfangreichen Kapitel beschreibt Martin dieses telepathische Phänomen genauer. Sehr schön wird die Physiognomie eines Menschen, der das ‚Zweite Gesicht' hat, von Martin gezeichnet:

> Während der Vision sind die Augenlider aufgerollt, und die Augen starren fest bis das Objekt verschwindet. Dies ist offenkundig für andere, die dabei sind, wenn die Person plötzlich eine Vision hat, und das geschah mehr als ein Mal durch meine eigene Beobachtung, und die anderer, die dabei waren.
>
> Da gibt es einen auf Skye, bei dem ein ihm Bekannter beobachtete, dass bei ihm während einer Vision die innere Seite der Augenlider so weit nach oben klappte, dass er, nachdem die Gegenstände wieder verschwunden waren, die Augenlider mit seinen Finger wieder herunter ziehen musste, ja manchmal andere bitten musste, dies für ihn zu tun, wenn er selber dazu nicht in der Lage war.[49]

Vor diesem Hintergrund klingt die Aufnahme der Wahrsagekunst bei Joseph Görres poetisiert. Für ihn gehört die Deuteroskopie zur psychischen Dämonie, die körperverhaftet bleibt, und noch diesseits der Geisterwelt, die jedoch mit

---

48 Görres, *Christliche Mystik*, ed. Ranke-Heinemann, Bd. 3, S. 595 (Anm. 189) (vgl. ed. 1840, S. 347,33 f.).

49 Martin Martin, *A Description of the Western Islands of Scotland circa 1695*, Edinburgh 2002, S. 180: „At the sight of a vision, the eyelids of the person are erected, and the eyes continue staring until the object vanishes. This is obvious to others who are by, when the persons happen to see a vision, and occurred more than once of my own observation, and to others that were with me. // There is one in Skye, of whom his acquaintance observed, that when he sees a vision, the inner part of the eyelids turn so far upwards, that after the object disappears, he must draw them down with his fingers, and sometimes employs others to draw them down, which he finds to be much the easier way".

dem ‚Zweiten Gesicht' gefährlich „in das gewöhnliche Leben hineinzuscheinen beginnt".[50] Görres beschreibt eine Szene, in der mehrere Menschen mit ‚zweiten Gesichtern' sich treffen:

> Auch das ist merkwürdig, daß, wenn mehrere solcher Seher beisammen sind, sie keineswegs alle dasselbe Gesicht zu gleicher Zeit erblicken; wenn aber einer unter ihnen Sehend wird, und nun den andern berührt, oder seinen Fuß auf den des andern setzt, dann sieht auch dieser sein Gesicht, was sohin die Mittheilbarkeit der Gabe beweist. Man muß daher urtheilen, daß, wenn viele solcher Schauenden durch gegenseitige Fassung bei den Händen einen Kreis bilden wollten, das Gesicht durch sie Alle durchlaufen würde, was wieder darauf schließen läßt, daß es ihnen in der Herzgrube und den solarischen Geflechten zur Wahrnehmung gelangt.[51]

Dieses schöne Bild einer telepathischen Übertragung durch Fußberührung mutet wie das Schließen eines Stromkreises an, und der Strom schaltet in einem Netzwerk aus Körpern die Bilder gleich. Ohne Berührung untereinander wären die Gesichter unordentlich, und jeder hätte seins. Durch die Berührung beginnt so etwas wie eine spiritistische Sitzung. Das Wörtchen ‚merkwürdig' erhöht die Spannung und taucht solche Beispiele in die Tonart des raunenden Magiers. Durchaus gehören solche Bilder in die Wissenschaftsmythen jener Zeit, in denen elektrischer Magnetismus als Lebensenergie angenommen wurde. Mehr noch, die romantische Wissenschaft in ihren neuen Paradigmen, Elektrizität und Psychologie, *erlaubt* das Interesse an Erzählungen paranormaler Erscheinungen, da die neuen Wissenschaften für *möglich* halten, was der mechanischen Aufklärung unmöglich war zu konzedieren.

10   Mystik

‚Mystik' umfasst – auf einer basalen Begriffsebene gesehen – zwei religiöse Erfahrungsweisen, einmal die Erfahrung einer *unio mystica*, als Einheitserlebnis der Liebe Gottes, ferner die *cognitio dei experimentalis*, als erfahrene Gottes-Erkenntnis. Die Geschichte der Mystik spiegelt beide in einem Ergänzungsverhältnis stehenden Definitionen wider.[52] Sie gilt für das Phänomen mystischer

---

50   Görres, *Christliche Mystik*, ed. Ranke-Heinemann, Bd. 3, S. 290,21 f. (vgl. ed. 1840, S. 353,2 f.).

51   Görres, *Christliche Mystik*, ed. Ranke-Heinemann, Bd. 3, S. 282,5–14 (vgl. ed. 1840, S. 341,33–342,6).

52   Vgl. Alois M. Haas, „Mystik als Theologie", in: Ders., *Mystik als Aussage: Erfahrungs-, Denk-*

Erfahrung. Zu Literatur wird Mystik erst durch die Bemühungen der Adepten, diese Erlebnisse wiederzugeben, in welchen Gattungen auch immer. Eine fundamentale Differenz zwischen unsagbarem Erleben und als dürftig empfundener Wiedergabe als Text durchzieht die Geschichte der – abendländischen – Mystik.[53]

Sie war um 1840 noch ein durchaus schwimmender Begriff. Der Kanon mystischer Schriften etwa des Spätmittelalters war noch nicht gesichert, weder definitorisch noch textuell. Die von konfligierenden Kontroversen begleiteten Grundlegungen von Wilhelm Preger, Heinrich Suso Denifle um 1875, weitere wären zu nennen,[54] leiteten erst das nähere Interesse für die Tradition und Begriffsbestimmung einer ‚Mystik‘ ein.[55] Seitdem gilt die Mystik unseres Sprachraumes zwischen Meister Eckhart und – sagen wir: Jacob Böhme als eine Gattung, die textuell und historisch unter der Bezeichnung ‚deutsche Mystik‘ einigermaßen abgrenzbar ist. Unter ‚christlicher Mystik‘ versteht Görres ausschließlich die *katholische*. Die Schnittmengen überlagern sich auch bei Görres derart, dass terminologische Zurückhaltung erst noch die Begriffe näher umschreiben müsste.

Diese Vorsicht, die wir dem Spätwerk von Joseph Görres gutschreiben müssen, können wir den Einwänden von Uta Ranke-Heinemann als fehlende Nachsicht in Rechnung stellen. Die Herausgeberin der Neuedition der *Christlichen Mystik* begründet, warum sie diesen spätromantischen Monolithen aus Heiligenviten und heimlich-obsessiver Dämonensehnsucht noch einmal der Öffentlichkeit preisgibt, mit der Absicht, ein abschreckendes Beispiel vorzuführen:

> Man muß die *Christliche Mystik* von Görres, die weder den Namen ‚christlich‘ noch den Namen ‚Mystik‘ verdient, von rechts nach links, d. h. gegen ihre eigene Tendenz lesen, um die Lektüre zu überstehen. Diese un-

---

und Redeformen christlicher Mystik, Frankfurt a. M. 1996 [ND (Verlag der Weltreligionen): 2007], S. 28–61, hier S. 42 f.; ders., „Das mystische Paradox", ebd., S. 110–133 (erstmals in: *Das Paradoxon: Eine Herausforderung abendländischen Denkens*, Tübingen 1992, S. 273–294), hier S. 114 f.

53 Vgl. Josef Quint, „Mystik und Sprache: Ihr Verhältnis zueinander, insbesondere von der spekulativen Mystik Meister Eckharts", in: *Altdeutsche und Altniederländische Mystik*, hg. von Kurt Ruh, Darmstadt 1964, S. 113–151, hier S. 113 f., sowie Kurt Ruh, „Vorbemerkungen zu einer neuen Geschichte der abendländischen Mystik im Mittelalter", in: *Bayerische Akademie der Wissenschaften, Sitzungsberichte 1982*, Heft 7, S. 3–32. Siehe meine Ausführungen zum Thema in Isermann, *Jacob Böhme-Lektüren* (2017) [Anm. 26], dort weitere Hinweise.

54 Vgl. pars pro toto: Ruh (Hg.), *Altdeutsche und Altniederländische Mystik* (1964) [Anm. 53].

55 Vgl. Kurt Ruh, *Vorbemerkungen* (1982) [Anm. 53], S. 4 f. sowie Preger, *Geschichte der deutschen Mystik*, Bd. 1, S. 1–10; Ingeborg Degenhardt, *Studien zum Wandel des Eckhartbildes*, Leiden 1967, S. 179–181.

menschliche Pseudomystik bedeutet den tiefen Fall eines Christen und vieler Christen mit ihm in eine Hölle des Wahns. Als Dokument solchen Falles, als Menetekel für alle, die es in falsch verstandener Frömmigkeit zum Rande solcher und ähnlicher Höllen zieht, verdient sie jedoch aufgehoben und aufbewahrt zu werden. [...]. Richtig verstanden kann auch dieses Werk seinen Beitrag zur Aufhebung und Überwindung von Aberglauben und Fanatismus leisten und damit zu einer menschlicheren Kirche und zu einer menschlicheren Welt. Die *Christliche Mystik* kann ein Spiegel sein, in dem sich die Kirche erkennt als eine, die fehlgegangen und schuldig geworden ist.[56]

Die Autorin dieses Vorworts hat in engagierter Form klargestellt, dass derlei Kirchenlehren die Gläubigen strapazieren, weil in diesem Werk, das offenbar Hexeninquisitoren rechtfertigt und Exorzismus als soziale und notwendige Option beschreibt, Hilfesuchende und Schutzbefohlene irritiert und seelischen Nöten ausgesetzt würden. Gegen den Vorwurf jedoch, es handele sich nicht um Mystik, könnte Görres' Werk recht einfach mit dem Hinweis verteidigt werden, dass ihm Ranke-Heinemann keinen eigenen Begriff von ‚Mystik‘ entgegensetzt, weil es womöglich keinen konsensfähigen gibt und zu Görres Zeiten schon gar nicht. So polemisiert Uta Ranke-Heinemann etwas unhistorisch:

> Es geht Görres in seiner *Christlichen Mystik* nicht um das eigentliche Anliegen der christlichen Mystiker, nämlich um die seelische Bewegung des Individuums in einem stufenweisen Aufstieg bis hin zu der Begegnung und Vereinigung mit Gott. Er ist viel mehr an allem interessiert, was man die außerordentlichen Phänomene des mystischen Lebens nennt wie Stigmatisation, Elevation und dergleichen. [...] er verläßt den eigentlichen Boden christlicher Mystik überhaupt.[57]

Über die theologische Rechtmäßigkeit, das Werk eine ‚Mystik‘ zu nennen, ist in der Görres-Literatur trefflich gestritten worden.[58] In der Tat wird in dem Werk keiner der Mystiker zitiert, wie wir sie unter der Bezeichnung zumindest im spätmittelalterlichen deutschen Sprachraum kennen und die unseren

---

56   Uta Ranke-Heinemann, ‚Vorwort‘, in: Görres, *Christliche Mystik*, ed. Ranke-Heinemann, Bd. 1, S. 9–17, hier S. 16.

57   Ranke-Heinemann, *Vorwort* [Anm. 56], S. 12.

58   Vgl. Georg Bürke, *Vom Mythos zur Mystik: Joseph von Görres' mystische Lehre und die roman-*

Begriff von ‚Mystik' geprägt haben, kein Meister Eckhart, kein Johannes Tauler, keine Mechthild von Magdeburg. Heinrich Seuse wird an einer Stelle wegen seiner befremdlichen brutalen Leibes-‚Abtötungen' zitiert.[59] Kaum zu erwarten wäre nach all dem, dass protestantische Mystik zu Wort käme. Ausschließlich aus katholischem oder frühchristlichem Kontext werden die Lebensläufe und Legenden der Heiligen wie der Hexen, der Besseren wie der Besessenen, das also, was von außen referierbar an ihnen ist, auf eine Weise erzählt, als lebten sie noch heute.

Die vielleicht immer noch deutlichste These zu dieser Entschiedenheit fasst Georg Bürke 1956 zusammen: „Man kann das Leben Görres' in zwei große Abschnitte teilen: der erste endet beim Mythos, der zweite bei der Mystik".[60] Dass Bürke in der Tat das ‚Leben' und nicht das ‚Werk' von Görres zweigeteilt sieht, deutet auf die für Katholiken wichtige Zäsur einer Re-Konversion (1824), die wie eine Trennung der Lebensabschnitte wirkt. Sie erst erlaubt, von einem Vorher und Nachher zu sprechen. Georg Bürke, von dem die bis heute umfangreichste Untersuchung zur *Christlichen Mystik* stammt, kommt zu einem harmonistisch klingenden Resultat: „Die *Christliche Mystik* ist der gewaltige Versuch, Mystik und Dämonie: Naturphilosophie, Mythos und Theologie in einer universalen Synthese zusammenzufassen".[61] Doch die Verbindung von religiöser Mystik und Naturphilosophie konfrontiert diese in christlich und dämonisch, gut und böse, hell und dunkel, Gott und Satan. Die semantische Unschärfe des Begriffs ‚Mystik' lässt sich in dem Werk *en detail* beobachten:

> Eine alte mystische Allegorie erzählt: es sei dem Teufel einst eingefallen, ein Weib zu nehmen, um sein Geschlecht zu mehren. Mit ungemeiner Liebe habe er daher [sie] zur *Gottlosigkeit* gewendet, und nachdem er sie zur Gattin sich erwählt, habe sie ihm sieben Töchter geboren. Als die nun mannbar geworden, wurde er Rathes, sie den Menschen zu verbinden, um sie in seine Freundschaft aufzunehmen. Darum gab er die älteste,

---

tische Naturphilosophie, Einsiedeln 1958, S. 8; Martina Neumeyer, „Joseph Görres' Lehrgebäude auf Musenberg: Die Christliche Mystik als Skandalon für methodische Wissenschaft", in: *Von der Dämonologie zum Unbewussten*, hg. von Maren Sziede und Helmut Zander, Berlin/München/Boston 2015, S. 203–232, insbes. S. 214–219.

59   Vgl. Görres, *Christliche Mystik*, ed. Ranke-Heinemann, Bd. 1, S. 349,2–38 (vgl. ed. 1836, S. 405,15–406,21).

60   Bürke, *Vom Mythos zur Mystik* (1958) [Anm. 58], S. 34.

61   Bürke, *Vom Mythos zur Mystik* (1958) [Anm. 58], S. 227.

die *Hochmüthigkeit*, den Mächtigen auf Erden, den Adeligen und Solchen, die durch Ansehen, ein Amt oder ihren Besitzstand vor den Andern ausgezeichnet sind, zur Ehe. Die nächstfolgende, die *Geizigkeit*, wurde von ihm den Geldreichen, Kaufleuten und Wechslern vermählt. Die dritte, die *Untreue*, fiel den Bauern, Tagwerkern, Söldlingen und dem gemeinen Volke, die *heuchlerische Gleißnerei* aber den Priestern, die durch Heiligkeit glänzen wollen, zu Theil. Die *Neidigkeit* theilte er darauf den Künstlern zu, damit sie dieselben zu stetem Streit und Zank verhetze. Die *Eitelkeit*, die Schmuckste unter allen, die sechste in der Ordnung, hielt sich, wie natürlich, zu den Frauen. Die siebente, die *Hurerei*, war nun noch allein im Vaterhause zurückgeblieben. Er dachte nach, wem er sie am liebsten gönnen wolle; wurde aber zuletzt des Rathes, sie keinem zuzutheilen, sondern sie lieber bei sich zu behalten, und sie Allen gemein zu machen; so daß, wenn jemand sie wolle, er sie bei ihm zu suchen habe. Er hatte bei dieser Anordnung auf ungemeinen Zuspruch und großen Andrang mit Gewißheit gerechnet, und irrte sich nicht, wie die Erfahrung seither ausgewiesen.[62]

Derlei Legenden ‚mystisch‘ zu nennen, kann freilich nur als Flüchtigkeit konzediert werden und muss nicht überbewertet werden, doch ist diese Benennung symptomatisch. Als Allegorien dämonischer Kräfte überhaupt treten die Heiligen und Besessenen auf. In Ihrer ständigen Beanspruchung mit göttlich Bedeutungsvollem, das auf ihren Schultern lastet, geben sie dem Leser wenig Freiheit, sich den Erzählungen selbst zu widmen, hier der anregenden Allegorese einer Sozialkritik, die auch unfreiwillig komisch wirkt. Johann Peter Hebels *Hausfreund* oder zahlreiche Sagen der Brüder Grimm erzählen nicht kurzweiliger als Joseph Görres in seiner *Christlichen Mystik*.

11   Qualen

Zuweilen bleiben drängende Fragen. Wie hat Joseph Görres es gemeint, wenn er beispielsweise den Hergang von nachgesagten Kindestötungen durch Juden recht distanzlos referiert, obwohl sein Gesamtwerk – im Unterschied zu manchen Zeitgenossen – eher wenig Ausfälligkeiten gegenüber Juden aufweist:

---

62   Görres, *Christliche Mystik*, ed. Ranke-Heinemann, Bd. 3, S. 555,13–35 (vgl. ed. 1840, S. 698,6–32).

In dem Jahrhundert, das von 1394, wo auch Carl VI. sie [die Juden] abermals aus Frankreich ausgetrieben, bis zu dieser Catastrophe [ihrer Vertreibung aus Spanien] verfloß, finden wir nun auch wieder neuerdings die Kindermorde mit Macht auftauchen, und jetzt durch gerichtliche Untersuchung einen mehr urkundlichen Charakter annehmen. Ausgezeichnet darunter vor vielen andern ist die Geschichte des Knaben Simon, der im Jahre 1472 in Trient von armen Eltern geboren, im Jahre 1475 unter den Händen von Juden seinen Tod gefunden. Auf den Antrieb des alten Moyses, der im Rufe stand, ein Seher, Tag und Stunde der Zukunft des Messias zu kennen, hatten ihre Ältesten, Tobias, Angelus und Samuel, in dessen Hause die Synagoge war, beschlossen, zum Osterfeste einen Christenknaben zu opfern. Da ihre Knechte aber den angesonnenen Raub eines solchen weigern, übernimmt ihn endlich Tobias, dessen ärztlicher Beruf die beste Gelegenheit gibt, den Auftrag auszuführen. Der Knabe wird eingebracht, eine Zeitlang in der Synagoge verborgen, und am bestimmten Tag aufs grausamste ermordet. Die Leiche wird von den Mördern einige Zeit versteckt, da die Eltern das Kind allerwärts mit bewaffneter Mannschaft suchen; und endlich, da die Gefahr bei dem erwachten Verdacht allzunahe drängt, dann in das nahe vorbeifließende Wasser geworfen, und der Fund dann bei der Behörde declarirt. Der Bischof ordnet die genaueste Untersuchung an [...].[63]

Der Erzähler in solchen und schlimmeren Passagen überprüft keine Aussagen oder Dokumente, sondern verlässt sich auf deren authentische und typische Überlieferung. Was entsteht, ist eine Nacherzählung, keine kritische Durchsicht. Uns ergreift an solchen Textpassagen, was deren Autor nicht begreift. Im Frühwerk erzeugte eine sarkastische Ironisierung, eine Ästhetisierung ekstatischer Phantasien die Distanz zu deren Inhalten. Im Spätwerk der *Christlichen Mystik* verschiebt sich die ästhetische Performanz in eine wissende Unmittelbarkeit, die das Mystische wie Legenden, mysteriöse Sagen, kurz: wie ein Mysterium erzählt, weil Görres darunter, was eher etwas Mysteriöses ist, das Mystische versteht.

Das zweiteilige Werk behandelt in der ersten Hälfte die Leiden und Selbstkasteiungen der Heiligen, der Märtyrer, Opfer, kurz der Guten, und in der zweiten Hälfte, ab Band III, die dämonisch besessenen Menschen, die dem Exorzismus ausgesetzt wurden, Hexen und Hexer, kurz die Bösen, oder anders gesagt:

---

63   Görres, *Christliche Mystik*, ed. Ranke-Heinemann, Bd. 5, S. 63,17–36 (vgl. ed. 1842, Bd. 4,2, S. 63,31–16).

die vom Bösen affizierten, von Obsessionen Befallenen, Opfer auch sie. Auffallend ist, dass die Bösen einen fast doppelt so großen Umfang an Darstellung
beanspruchen als die Guten. Aber das ist zunächst nicht so wichtig. Denn in der
ersten Hälfte, in der die Guten Erwähnung finden, geht es nicht eben harmo-
nisch zu, man ist angewidert über die Praktiken der Heiligen, heilig zu werden,
und über die moralischen Rechtfertigungen ihres teils eitel, teils masochistisch
wirkenden Leidens. Gelobt wird eine vom Ehemann misshandelte Frau, die es
erduldete, wie

> er ihr mit einem Dolch den Arm [durchstach], und drängte ihr ein Tuch
> mit siedendem Öle in die Wunde. [...]. Sie wurde [...] aus dem Hause
> gestoßen, nackt an einen Baum gebunden und blutig geschlagen, und
> blieb dann acht Tage in einer Kirche, ohne irgend etwas zu essen: Nie-
> mand wagte, ihr Einiges zu geben, weil er jeden bedräut, der dessen sich
> unterfange. [...]. Sie selber sagt in einem Abrisse ihres Lebens, den sie
> eigenhändig aufgeschrieben hinterlassen: Ich kann mit aller Wahrheit
> sagen, wie gar übel mich mein Mann gehalten hat, und wie viel Böses er
> mir zugefügt, so hat mich dennoch niemals gedäucht, daß er solches ohne
> Ursache thue [...]. Nach vierzigjähriger Ehe überfiel ihn zuletzt eine harte
> Krankheit, und Johanna wich nun, wie ein Schutzengel, nicht von seiner
> Seite. Obgleich die Ärzte die Krankheit für unbedenklich erklärt, hatte
> sie in ihrem Schauen die Tödtlichkeit derselben erkannt, und ließ nicht
> ab, bis er die Sacramente empfangen. Als er dann sogleich die Sprache
> verloren, ging sie vier Tage und Nächte nicht von seiner Seite; erweckte
> ihn, tröstete ihn, sprach ihm zu in der Todesnoth, und so starb er unter
> ihrem eifrigen Beistand 1622. Sie zweifelte nicht an seinem Heile; die hei-
> lige Theresia hatte ihr vor seinem Tode in einer Erscheinung verkündet,
> durch ihr heroisches Leiden habe sie ihres Mannes Seele zugleich gewon-
> nen.[64]

Auffallend bei all diesen Episoden, die mitunter auf novellistischem Niveau
erzählt werden, ist die durchgängige Negativität sämtlicher Beispiele, es leiden
alle zitierten Männer und Frauen, gleich ob heilig oder verhext. Darin ähneln
sich Teufel und Gott, dass sie ihre Anhänger quälen:

---

64   Görres, *Christliche Mystik*, ed. Ranke-Heinemann, Bd. 1, S. 366,36 f.; S. 367,1–5, S. 367,38–
      368,2 und S. 368,23–33 (vgl. ed. 1836, S. 428,13–15, S. 428,20–24, S. 429,26–30 und S. 430,18–
      30).

Bei jener seltsamen Hexenverschwörung, die sich gegen ihn [Jacob I] gebildet, fand er großen Gefallen daran, bei allen Untersuchungen und Proceduren persönlich zugegen zu sein. Die Hauptperson in der ganzen Geschichte war Cuningham, in den Acten gewöhnlich D. Fian genannt, ein Schullehrer, ohnfern von Tranent, wie es scheint, ein ausschweifender Mensch, aber wie sich ergab, ein Mann von großer Seelenstärke und festen Nerven. Der knotige Strick wurde ihm zuerst um den Kopf gelegt, und er bekannte nicht, gütliches Zureden führte eben so wenig zum Ziele, die spanischen Stiefel wurden zuletzt ihm angelegt, und als man nach dreimaligem Zuge auf das Geständnis drang, versagte die Zunge ihm den Dienst. Später unterschrieb er ein Bekenntniß, worin er sich schuldig gab, den Zauber gegen den König gewendet zu haben, und die Scandale seines Lebens aufdeckte. In der nächsten Nacht aber machte der scheinbar Reuige einen Versuch zu entkommen, wurde zwar wieder eingeholt, versuchte aber nun alles früher Eingestandene zu läugnen. Jacob, in Betracht seiner widerspenstigen Hartnäckigkeit, gab selber eine neue Folter für ihn an: die Nägel wurden ihm mit einer Zange gerissen, und unter jeden zwei Nadeln bis zu den Köpfen eingetrieben. Bei diesen Peinen aber zückte er nicht, und bekannte nicht, ihm wurden die Stiefel wieder angelegt, und so stark angezogen, daß die Beine bersteten und Blut und Mark ausspritze, so daß sie auf immer verkrüppelten.[65]

Äußerst selten, deutlich erst am Ende des fünften Bandes, bewertet Görres den „Unfug des Hexenprozesses",[66] dessen Ablauf und Instrumentarium er zuvor ausgiebig wiedergibt.

12   Wissenschaft

Seit einigen Jahren bemühen sich Kommentare zur *Christlichen Mystik*, die Nähe dieses Werks zu zeitgenössischer Wissenschaft, zur romantischen Naturphilosophie und der aus ihr entstehenden Psychiatrie aufzuweisen. So schreibt Heinz Schott 1998:

---

65   Görres, *Christliche Mystik*, ed. Ranke-Heinemann, Bd. 5, S. 473,30–474,10 (vgl. ed. 1842, Bd. 4,2, S. 588,7–30).

66   Vgl. Görres, *Christliche Mystik*, ed. Ranke-Heinemann, Bd. 5, S. 522,1–533,6 (vgl. ed. 1842, Bd. 4,2, S. 649,29–663,23).

Als Medizinhistoriker habe ich den Eindruck, dass der Hauptschlüssel für
ein Verständnis der Christlichen Mystik gerade im Kontext der zeitgenössischen mesmeristischen Literatur zu finden ist. Offenbar war Görres von
dem zeitgenössischen Diskurs über den so genannten Somnambulismus
und das damit verknüpfte Geistersehen stark beeinflusst.[67]

Der Rettungsversuch Schotts liegt im Ausweis einer kreativen Wissenschafts-
poesie, die „Kunst und Wissenschaft in Einklang bringen möchte".[68] Am Beispiel des frühpsychiatrischen Interesses an Ekstasen im 19. Jahrhundert gibt
dem Simone Schimpf recht, wobei sie treffsicher den Umschlagpunkt von
christlicher Deutungshoheit in konfessionsbefreite medizinische Psychiatrie
benennt:

> Der Versuch einer Unterscheidung zwischen einer mystischen und einer
> magnetischen Ekstase verstärkte die Widersprüche in Görres' Ausfüh-
> rungen. Er schrieb, dass die eine von Gott komme, die andere dagegen
> ein Naturzustand sei, in den man auch künstlich versetzt werden könne.
> Dem äußeren Erscheinungsbild nach ließen sich die beiden Formen nicht
> unterscheiden, nur ihr Auslöser sei ein anderer. Genau an diesem Punkt
> setzten die zeitgenössischen französischen Mediziner ein, um die Ekstase
> zu profanieren. Für sie war die göttliche Ekstase eine Fiktion des Kle-
> rus.[69]

Die *Christliche Mystik* mit dem Nachweis zeitgenössischer Medizin oder Psychologie in ihr aufzuwerten, birgt jedoch eine Gefahr. Das umfangreiche Werk
bricht methodisch auseinander in poetisch-epische Anteile und einen Anspruch auf Wissenschaft:

> Romantiker waren überzeugt: Losgelöst von der Poesie gibt es keine echte
> Erkenntnis. Konsequenterweise unterzogen sie den seinerzeit gängigen
> Wissenschaftsbegriff einer eigentümlichen Ausweitung und einer be-

---

67   Heinz Schott, „Joseph Görres (1776–1848) und die Medizin zwischen romantischer Natur-
      forschung, Mesmerismus und Mystik", in: *Medizin, Okkultismus und Parapsychologie im 19.
      und frühen 20. Jahrhundert*, hg. von Barbara Wolf-Braun, Wetzlar 2009, S. 8–21, hier S. 16.
68   Schott, *Medizin* (2009) [Anm. 67], S. 19.
69   Simone Schimpf, „Heilig oder verrückt: Die Visualisierung von Ekstase in Kunst und Medi-
      zin im Frankreich des 19. Jahrhunderts", in: *Sichtbarkeit und Medium: Austausch, Verknüp-
      fung und Differenz naturwissenschaftlicher und ästhetischer Bildstrategien*, hg. von Anja
      Zimmermann, Hamburg 2005, S. 47–71, hier S. 53 f.

zeichnenden Füllung. Sie stellten Wissenschaft unter das Primat der Poesie, verstanden als Erkennungs- und Ausdrucksmittel des Allerrealsten wie des Absoluten.[70]

Das Werk mit dem Hinweis auf ein frühromantisches Verständnis von poetischer Wissenschaft zu retten, wie jüngst Martina Neumeyer in ihrem anregenden Portrait der *Christlichen Mystik* erwägt, kann nicht greifen, weil weder das Wissen hier poetisch wird, noch die Poesie etwas weiß. Das Raster der Systematik, das sich wissenschaftlich gibt, ist in eine nicht zu rettende Ideologie von guter und böser Mystik degeneriert, und das Epische, die Poesie, lebt sich in den Beispielen, Legenden und Histörchen getrennt davon aus. Das Werk zerfällt in die zwei Teile aus Poesie und Wissenschaft. Die Romantik aber träumte von einem Wissen, das aus Poesie besteht, hinter der die Mystik hindurch schimmert und das Vergangene, von dem jene erzählt, als ästhetische Erfahrung vergegenwärtigt.

Die Wissenschaftsgeschichte zeigt, dass die beginnende Psychologie und Psychiatrie um 1840 weiter fortgeschritten war, als die Dämonologie von Görres suggeriert. Theorien des Unbewussten benötigten keine mythische Gestalten wie Kobolde, Dämonen oder Poltergeister mehr, um seelische Nöte zu verstehen.[71] Beispiele von Konkurrenz zwischen Kirche und Wissenschaft um die Heilungskompetenz markieren die Loslösung.[72] Der Wert der *Christlichen Mystik* liegt nicht in ihrer ‚Wissenschaft‘, mit deren Sprache sie sich in den systematischen Kapiteln kleidet, indem sie mehr imponiert als überzeugt. Das theoretische Raster bemühter Einordnungen der beschriebenen ‚mystischen‘ oder dämonischen Phänomene an kleinen Mädchen, die sich von Exorzisten quälen lassen müssen, ist nachgerade das falscheste, was dieses Werk zu bieten hat.

13 Unheimliches

Beängstigend komisch wirken Sätze wie dieser, mit dem Görres über das ekstatische Schweben von Heiligen sagt:

---

70 Neumeyer, *Joseph Görres' Lehrgebäude auf Musenberg* (2015) [Anm. 58], S. 221 f.
71 Vgl. Poggi, *Neurologie* (2010) [Anm. 41].
72 Vgl. Stephanie Gripentrog, „Vom Mesmerismus zur Hypnose", in: Sziede / Zander (Hg.); *Von der Dämonologie zum Unbewussten* (2015) [Anm. 58], S. 233–253, hier S. 242.

So schließt sich dem ecstatisch gelösten Wandeln über die Erde hin, als
nächst verwandte Erscheinung, das Wandeln über die Wasser an. Es fehlt
in der Geschichte der Heiligen und Mystischen nicht an Beispielen eines
solchen Wandel[n]s. [...]. Ähnliches hat sich oft genug auch mit andern
Heiligen zugetragen.[73]

Kaum ist in dem Werk zu unterscheiden, ob solche Erzählhaltung der Verbreitung einer geheimnisvollen Atmosphäre dient, oder ob allen Ernstes Görres
das glaubt, was er dem Leser zumutet. Görres wird dadurch selbst zu einem
numinosen und rätselhaften Erzähler, um dessen Geisteszustand zwischen
Genie und Wahn wir an manchen Stellen beginnen, uns Sorgen zu machen.
Dabei ist er kein Geistlicher, der aus der Praxis berichten würde, und dem man
gebannt zuhören könnte, wenn er aus eigenem Erfahrungsschatz berichtet. Ob
der Autor als Exorzist genau so die Nerven behalten würde, wenn ihm aus dem
Gesicht einer psychisch kranken Frau die Fratze eines Incubus mephitisch entgegen haucht, hat er in der Praxis schließlich nie bewiesen.

Dennoch weiß er immer alles. Das gerade ist das Unheimliche, dass er
darüber aufklären will, es gebe Geister, Dämonen und Kobolde. Indem das
‚Unheimliche' nun immer auch durch das Unbekannte, das Bedrohliche, das
Unerklärliche zur Wirkung kommt, kann es als Kategorie Joseph Görres zur
Reflexion der mystischen Phänomene nicht zur Verfügung stehen, da ihm –
dem Auftritt als Kenner der Materie entsprechend – nichts unbekannt, bedrohlich oder unerklärlich ist. Er weiß alles über mystische und dämonische Phänomene, belehrt uns, kann alles kategorisieren, weiß über historische Zusammenhänge zu berichten und scheint bestens informiert, was des Gottes oder was des
Teufels ist. Görres wird dem Leser selbst umso unheimlicher, je unglaubwürdi-
ger das wirkt, was er zu wissen meint.

Nicht um solch obsessives theoretisches Kontrollverhalten einer Psychoana-
lyse auszusetzen, sondern um das Unheimliche dieses Autors zu verstehen, sei
an einen Gedanken bei Sigmund Freud erinnert, der hier, angesichts des Para-
doxes einer Aufklärung über die Existenz von Dämonen weiterhelfen kann.
In seiner Studie über das Unheimliche (1919) entwickelt Freud – unter anderem – den Gedanken, dass das Unheimliche aus dem Bereich der Fiktionen,
der Einbildungen komme, sei's aus psychischen oder sei's aus ästhetischen
Gründen, jedoch als Fiktion nicht unheimlich wirken könne. Es wirkt nur,
wenn wir es als Realität nehmen. So ergreifen uns simple Geister, die thea-

---

73   Görres, *Christliche Mystik*, ed. Ranke-Heinemann, Bd. 2, S. 417,15–18; S. 418,18 (vgl. ed. 1837,
      S. 515,7–10; S. 516,20).

tralisch als solche auftreten – die Seelen in Dantes Inferno, Hamlets Vater, Mephisto wären zu nennen – nicht als unheimliche Gestalten. Wohl aber dann beschleicht uns die Aura des Unheimlichen, wenn Dichter diese Phantasien als aus dem realen Leben wie wahre Erlebnisse erzählen. Als Beispiel dient ihm E.T.A. Hoffmanns *Sandmann*-Novelle. So kommt Freud zu dem ‚paradoxen' Ergebnis,

> *daß in der Dichtung vieles nicht unheimlich ist, was unheimlich wäre, wenn es sich im Leben ereignete, und daß in der Dichtung viele Möglichkeiten bestehen, unheimliche Wirkungen zu erzielen, die fürs Leben wegfallen.*[74]

Diese paradoxale Struktur findet sich bei Görres wieder. Zahlreiche Beispiele des Übernatürlichen wirken wie kuriose Phantasien, die etwas Bedrohliches bekommen, stellen wir sie uns real vor. Die Eindringlichkeit und supranaturalistische Erzählkunst erzeugt eine Spannung, die durch den para-dokumentarischen Charakter auf den Leser wirkt. Seine zahlreichen Beispiele beanspruchen Wirklichkeit, obwohl sie als Literatur wirken. Sowohl Details des als Wirklichkeit ausgegebenen Aberglaubens als auch die Gestalt des mystischen Autors Görres strahlen daher etwas Unheimliches aus, weil Realitätsanspruch und Aberglaube sich überschneiden. Literargeschichtlich würde sich die ästhetische Wirkung des ‚Unheimlichen', die in der Romantik von mystischen Schriften ausgeht, in das Interesse der Rezipienten jener Zeit an Schauergeschichten nahtlos einfügen, angefangen bei der *Gothic Novel*, ferner bei Edgar Allan Poe, endend in der kunstvollen Novellistik etwa bei Jeremias Gotthelfs *Schwarzer Spinne* oder noch in Theodor Storms *Schimmelreiter*. Eine der ersten Novellen, die das numinos Schauervolle eindringlich erzählt, stammt von Joseph Görres' Freund, Clemens Brentano, der seine *Geschichte vom braven Kasperl und dem schönen Annerl* auf leserführende Effekte des Unheimlichen aufbaut.

Die *Christliche Mystik*, so mein Leseeindruck, kann gegen ihre Einwände – als ästhetische Fiktion einer religiösen Phantasie gelesen werden. Dass das Werk heute auf konfessionsbefreite Leser trifft, muss das Werk aushalten. Die Belastungsprobe besteht es vielleicht, wenn darauf verzichtet wird, in ihm Wissenschaft zu suchen. Nicht empirische Kasuistik, sondern Tatsachenphantasie; nicht Quellenphilologie, sondern Nacherzählung; nicht Konfession, sondern Faszination; nicht ein Programm heimlichen Wissens, sondern eine Poetik des Unheimlichen lässt dem Werk eine geistesgeschichtliche Gravität.

---

74 Sigmund Freud, *Das Unheimliche* (zuerst 1919), SA, Bd. 4, S. 271,38–272,2 (Zitat im Original kursiv).

Misshandelte Frauen in entsetzlichen Ehen, sich selbst quälende Männer, die sich zur obsessiven Steigerung deformieren, gibt es bis heute, und staatliche wie ideologische Institutionen, die diktatorisch herrschen, manipulieren, foltern, haben die Inquisition beerbt. Die Kirche war nie besser als ihre Gegner, und ihre Praktiken, mit denen sie aus den Leibern deren Mystik herausfolterte, ist nur typisch für totalitäre Systeme, die Görres bereits in seinen Satiren prognostizierte. Für den Terror der Moderne hatte die Romantik ein *Second Sight*. Joseph Görres erzählt uns von Abgründen, davon, was Menschen anderen Menschen und sich selbst antun können. Er erzählt vom Aberglauben, der die Menschen kujonieren kann wie nur jeder Fundamentalismus. Das haben wir ernst zu nehmen. Unter dieser Perspektive hätte die Rezeption des unheimlichen Autors und seiner mystischen Werke erst noch zu beginnen.

8

"Never will I Forget Seeing Him" (*Nie werde ich seinen Anblick vergessen*): The Influence of Philipp Matthaeus Hahn on Schelling's Philosophy

Andrés Quero-Sánchez

One day, on Saturday afternoon, when I was twelve years old and coming back home from Esslingen, a dreadful thunderstorm approached. Since I feared thunderstorms a lot, when I was coming up the hill, I started then to pray inwardly for forgiveness of my sins, over and over, and for the thunderstorm not to begin before I arrive home. Suddenly, a low but audible voice breezed into my ears, 'Am I not able to preserve you in the fields as well as at home?' I was shocked; I kept on going my way – and the storm did not break out.[1]

• • •

Old things, even those that are good, do not affect man so powerfully as new things do. Every teacher should [therefore] be committed to the proposal of presenting old truths in a new dress, so that everyone hearing them would think he were learning something new, which he never in his life had heard before. Only a teacher can do so, though, who, experiencing God's revelation in his own spirit and seeking and praying every day, daily renews the accustomed doctrine, for a reinforcement and revival of his own soul, looking for a reason and for conviction, with regard to what he had believed so far, seeking for certainty, to himself as well as to others.[2]

---

1 Hahn, *Lebenslauf*, in: *Hinterlassene Schriften*, Vol. 1, pp. 2,22–3,2: "Als ich nun einstmals in meinem 12ten Jahre, an einem Samstag Abend, von Eßlingen nach Hause gieng, zog ein fürchterliches Donnerwetter auf. Da ich nun die Donnerwetter sehr fürchtete, so betete ich im Stillen den Berg hinauf wiederholt um Vergebung meiner Sünden, und um die Zurückhaltung des Donnerwetters, bis ich vorher zu Hause seyn möchte. Plötzlich aber saußte eine leise, aber vernehmliche Stimme an meinem Ohre vorbei: 'kann ich dich auf dem Felde nicht eben so wohl erhalten, als zu Hause?' Ich erschrack, gieng meines Wegs, und das Wetter brach nicht aus". My translations unless otherwise stated.

2 Hahn, *Sammlung von Betrachtungen*, Foreword (by Ph.M. Hahn himself), pp. I,12–II,10: "Das

..

1   Introduction

As is well known, Schelling's very first publication – this was his *Elegy Sung at Hahn's Grave*, of 1790[3] – was dedicated to Philipp Matthaeus Hahn. This *Elegy* was actually not sung at Hahn's Grave,[4] although it is true that the young Schelling did know him in person, as he himself confirms in a letter to his friend Gotthilf Heinrich von Schubert, from the 4th of April 1811: "I saw that big man [i.e. Philipp Matthäus Hahn] with a secret and incomprehensible veneration, also already as I was a little boy; curiously, my first poem, of which I have composed just some few ones in my life, was dedicated to him. Never will I forget seeing him".[5]

Philipp Matthaeus Hahn (1739–1790) was, together with Johann Albrecht Bengel (1687–1752) and Friedrich Cristoph Oetinger (1702–1782), one of the most famous representatives of the so-called 'Swabian Pietism'.[6] He was not only famous as an evangelical pastor and Theologian, but also – maybe partic-

---

Alte, ob es schon gut ist, rühret nicht, wie das Neue. Ein jeder Lehrer sollte für seine Pflicht ansehen, die alte Wahrheiten in einem neuen Kleide vorzutragen: damit einem jeden der es höret, es also auffallen möchte, als höre er etwas neues, das er sein Lebtage noch nie gehört hat. Das kann aber nur der, der durch Offenbahrungen GOttes in seinem Geist, und durch tägliches Suchen und Bitten, die gewohnte Lehre, zur Stärkung und Erweckung seiner eigenen Seele in sich täglich erneuert, und um seiner eigenen und andrer Gewißheit willen, auch selbsten einen Grund und eine Ueberzeugung sucht von dem, was er bisher geglaubt".

3   Schelling, *Elegie bei Hahn's Grabe gesungen*, AA, Vol. I,1, pp. 43–45.

4   Jörg Jantzen, 'Editorischer Bericht', in: AA, Vol. I,1, pp. 33–39, here p. 37.

5   Schelling, *Letter to Schubert from the 4th of April 1811*, ed. Plitt, *Aus Schellings Leben*, Vol. 2, pp. 251,31–252,3: "Ich habe diesen großen Mann auch als kleiner Knabe mit geheimer, unverstandener Ehrfurcht gesehen; und sonderbar genug, mein erstes Gedicht, deren ich in meinem Leben wenige gemacht, war auf seinen Tod. Nie werde ich seinen Anblick vergessen". In his diary, on 6th October 1784, Hahn himself refers to Schelling's parents visiting him in Echterdingen, bringing with them the young Friedrich Wilhelm Joseph; cf. Hahn, *Die Echterdinger Tagebücher*, p. 148,21f.: "Professor [Joseph Friedrich] Schelling, his wife [Gottliebin Marie Schelling, born Cleß], his son [Friedrich Wilhelm Joseph] and Miss Volzin came at midday" ("Mittags kamen Professor Schelling und seine Frau und Sohn und Jungfer Volzin"). At that time, Schelling was 9 years old.

6   On Hahn's life see his autobiography (see above, p. 161, note 2); see also Ernst Philipp Paulus, *Philipp Matthäus Hahn: ein Pfarrer aus dem vorigen Jahrhundert nach seinem Leben und Wirken aus seinen Schriften und hinterlassenen Papieren*, Stuttgart 1858; Max Engelmann, *Leben und Wirken des württembergischen Pfarrers und Feintechnikers Philipp Matthäus Hahn*, Berlin 1923; Martin Brecht and Rudolf F. Paulus, "Einleitung", in: Hahn, *Die Kornwestheimer Tagebücher*, pp. 9–37.

ularly – as a watchmaker – of 'sundials' (also called 'heliochronometers') – and as the inventor of some other technical apparatus, including some of the earliest mechanical calculators. In fact, Hahn's promotion within the evangelical Church in Swabia was not due to the Evangelical Consistory in his homeland, with which he often had some problems because of his writings and teaching, but rather to the interest of the (Catholic) Duke Karl Eugen of Württemberg in his mechanical achievements. Nevertheless, the clearest profile one could supply of Philipp Matthaeus Hahn would be that he was an evangelical pastor in Swabia. For both – his evangelical pastoral ministry and his homeland Swabia – were crucial factors in the context in which he grew up and lived. His father had also been a pastor in Swabia (first in Scharnhausen, then in Onstmettingen); his mother was the daughter of the previous pastor of Scharnhausen. Hahn studied Theology at the University of Tübingen (until 1760), a city, of course, in Swabia, where he learnt some important aspects of Jacob Boehme's thought. He also knew both Bengel's and Oetinger's writings, having been for some months in 1762, vicar of Oetinger, who was at that time Superintendent (*Spezialsuperintendent*) in Herrenberg (in Swabia).[7] Hahn's first wife was the daughter of the mayor of Schorndorf (in Swabia); just a year after her death in 1775, Hahn married the daughter of Johann Friedrich Flattich, a pietistic pastor in Münchingen (in Swabia). Hahn himself became pastor first in Onsmettingen, from 1764 until 1770, then in Kornwestheim (until 1781), and finally in Echterdingen (until his death in 1790, when he was only fifty years old). All these villages are, of course, in Swabia, not far from Stuttgart.

The letter to Schubert with Schelling mentioning Hahn that I quoted at the beginning of my article is, as I said, from 4th April 1811. Schelling was actually reading Hahn's writings very intensively by that time and even earlier, as some entries in his diary, which originated between the 22nd and the 24th January 1810, clearly show. On 22nd January, Schelling notes: "Hahn's writings – in the afternoon a darksome time and heartfelt tears".[8] A day later, he writes in a similar manner: "Started working on philosophy and read Hahn's

---

7   See Hahn, *Lebenslauf*, in: *Hinterlassene Schriften*, Vol. 1, p. 27,8–12: "[I had to go] to Herrenberg for being at disposal of the Superintendent there, Oetinger, [...], because he was sick at that time. I remained there for half a year, reading during that time all his chemical and alchemistic writings, from which I took some notes" ("[Ich musste] nach Herrenberg [gehen und dort] Herrn Spezial Oetinger mich [...] verfügen [...], da er krank sey. Hier blieb ich ein halbes Jahr, und durchlas alle seine chemischen und alchymistischen Schriften, und machte Anmerkungen daraus").

8   Schelling, *Philosophische Entwürfe und Tagebücher*, ed. Sandkühler / Knatz / Schraven, Vol. 1, pp. 44,17–45,1: "Hahn's Schriften – Nachmittags trübe Stunde und herzliche Tränen".

writings".[9] He is *probably* referring there to Hahn's edition of 1779–1780 (*Eines ungenannten Schriftforschers vermischte Theologische Schriften*), published in Winterthur (Switzerland) in four volumes (In Commission Herrn Heinrich Steiners und Comp.), as Vicki Müller-Lüneschloss has recently, in her historico-critical edition of Schelling's *Stuttgart Private Lectures*, written,[10] although I am quite sure that Schelling had also read Hahn's *Meditations and Sermons for the Dominical and Feast Days Gospels*,[11] that are *not* contained in this Winterthur-edition. Finally, on 24th January, Schelling notes in his diary: "In the morning, I moved out to Seyboldsdorf, Wergo, Wangenheim – I read Hahn".[12]

2   Hahn's Influence on Schelling's Philosophy of Identity

As we will see below, Hahn – as was also the case with Boehme and Oetinger – played a determining role in the development of Schelling's thought after having moved to Munich in 1806, particularly in Schelling's *Philosophical Investigations into the Essence of Human Freedom* – the so-called *Freiheitsschrift* –, of 1809, and the *Stuttgart Private Lectures*, of 1810.[13] However, Schelling had, as we have seen before, come to know Hahn – even in person and surely also his writings – at a very early stage of his life, when he, as he himself expresses in the letter to Schubert that I quoted above, "was a little boy", who some years later, in 1790, when he was 15 years old, published his first work precisely on this man: the aforementioned *Elegy Sung at Hahn's Grave*. All these facts raise the question as to whether Hahn's Theology was already influential on Schelling *before he came to Munich in 1806*.

Now, which aspect of Hahn's Theology was of particular importance to Schelling? It is not difficult to answer this question by considering his *Elegy* on Hahn, particularly the following verses:

---

9   Schelling, *Philosophische Entwürfe und Tagebücher*, ed. Sandkühler / Knatz / Schraven, Vol. 1, p. 45,2 f.: "Angefangen mit der philosophischen Arbeit und Hahns Schriften gelesen".

10   Vicki Müller-Lüneschloss, 'Editorischer Bericht', in: Schelling, *Stuttgarter Privatvorlesungen*, AA, Vol. II,8, pp. 3–60, here pp. 36 f. There are some other editions of the different works of Hahn, but only some of his Diaries have been edited in a historico-critical manner (cf. Hahn, *Die Kornwestheimer Tagebücher*; id., *Die Echterdinger Tagebücher*).

11   Hahn, *Sammlung von Betrachtungen*. See below, p. 189–191.

12   Schelling, *Philosophische Entwürfe und Tagebücher*, ed. Sandkühler / Knatz / Schraven, Vol. 1, p. 45,3 f.: "Vormittags ausgefahren zu Seyboltsdorf, Wergo, Wangenheim. – Hahn gelesen".

13   See below, pp. 177–191.

Sleep a silken slumber, you, rotting bones,
Dust of this biggest man – be at rest here!
Noble souls of my homeland: Each of you
Should shed a tear for him! Lament with me!
 We find here just the shell – but the Mind (*Geist*)
soars over all [material] realms –
Mind from God – wrested from mortality,
Arrived in the realm where the veil of mankind falls!
Transfigured, he is now walking in light,
Standing, dressed as an angel, before the throne of God,
He is looking now in a freer manner through all the
 worlds – although the Creator had
Already granted him some glance here on earth.[14]

The crucial concept here is undoubtedly '*Geist*', which is not easy to translate into English. 'Spirit' would surely not be as good as 'mind'. Now, what does this mean – '*Geist*'? The mind is, as Schelling writes, "soared over all [material] realms" (*Ueber alle Sphären*), it is "from God" (*Geist von Gott*) and therefore "wrested from mortality" (*der Sterblichkeit entrungen*) as well as "free" (*Blikt izt freier durch die Welten*), "noble", "sublime" and "elevated over the mere shell" (*Edle meines Landes!* [...]. / [...]. / *Hier die Hülle – aber aufgeschwungen / Ueber alle Sphären ist der Geist*). '*Der Geist*' is therefore not depending – at any rate depending – from any kind of *given* or *finite* reality: it is an *infinite* power, that is to say: a power that is not determined by any merely *given* or *finite* reality, or, as idealistic philosophers normally express it: it is an *absolute* power. I will try to show in what follows that this concept of '*Geist*' plays the crucial role in Schelling's earlier philosophical achievements, particularly in his Philosophy of Identity.[15] Hahn's Theology will enable us to better understand Schelling's use

---

14   Schelling, *Elegy*, AA, Vol. I,1, p. 43,4–15: "Schlummert sanft ihr modernde Gebeine, / Staub vom größten Manne – ruhe hier! / Edle meines Landes! Jeder weine / Eine Zähre Ihm! Wehklagt mit mir! / Hier die Hülle – aber aufgeschwungen / Ueber alle Sphären ist der Geist – / Geist von Gott – der Sterblichkeit entrungen, / Hin dort wo der Menschheit Schleier reißt! / Ha, im Lichte wandelt der Verklärte, / Steht im Engelskleid vor Gottes Thron / Blikt izt freier durch die Welten – zwar gewährte / Manchen Blik' ihm hier der Schöpfer schon!".

15   On Schelling's (and Hegel's) concept of '*Geist*' as being originally related to Platonism see Jens Halfwassen, "No Idealism Without Platonism: On the Origins of German Idealism at the *Tübinger Stift*", in: *Mystik und Idealismus: Eine Lichtung des deutschen Waldes*, ed. by Andrés Quero-Sánchez, Leiden/Boston 2020 [SMIP 1], pp. 144–158. Of course, I am not contradicting Halfwassen here, since I think that there is no distinction in the way how

of the so-called ontological argument for God's existence, which surely constitutes the heart of his Philosophy of Identity.

2.1   Schelling's Philosophy of Identity

Now, what is Schelling's Philosophy of Identity?[16] The classical answer to this
question is a historical one, by stating that this term designates Schelling's
philosophical achievements from 1801 – that is to say: from his *Description of
the System of My Philosophy* – up to 1809, when, after moving from Würzburg
to Munich in 1806, he started a (at least to some extent) new period in his
philosophical development with his *Philosophical Inquiries into the Essence of
Human Freedom*. Now, what are the central theses or even the one central thesis
of this philosophical period (1801–1809)? This is, of course, not easy to encapsu-
late in just a few words. Nevertheless, I think it is not an impossible task and one
I approach in what follows by analysing some central passages in Schelling's
so-called *Würzburg Lectures*, that is, his *System of the Whole of Philosophy and
of Philosophy of Nature in Particular*, written in 1804 and first published, after
Schelling's death, in 1860, and which surely constitutes the better and more systematic expression of the Philosophy of Identity. Here, Schelling defines the
Absolute, which he explicitly identifies with God ("the Absolute or God"),[17]
as a reality which "is because [or 'in virtue'] of its own affirmation".[18] By contrast, what is non-absolute – that is to say: 'what is not *God*' or, at least, 'what is
not *divine*' – is, as Schelling points out, "what is brought into [a particular way
of] existence by something which is not this thing itself, having its affirmation
[therefore] outside of itself".[19] According to Schelling, *particular* things are –
insofar as they are *particular* – non-absolute, since he always identifies *particularity* with non-*absoluteness*: "Everything which is a particular one (*Jedes
Besondere*) does not have the reason for its existence in itself, but it exists [or

the young Schelling understood 'Mysticism' and 'Platonism'. See on this Andrés Quero-
Sánchez, " 'The Head and Father of True Philosophy': Schelling's Philosophy of Identity,
Meister Eckhart's Mysticism, and Plato's Understanding of Being", in: *Religiöse Selbstbes-
timmung – Anfänge im Spätmittelalter*, ed. by Dietmar Mieth und Regina D. Schiewer,
Stuttgart 2020 (MEJb.B 5), pp. 201–238; id., 'Zur Einleitung', in: Quero-Sánchez, *Mystik und
Idealismus* (2020) [note 15], pp. 1–39, here pp. 9–11.

16   Cf. Quero-Sánchez, *Head and Father* (2020) [note 15], 204–217; id., "Die 'mystische' Voraussetzung der Identitätsphilosophie Schellings", in: *Allgemeine Zeitschrift für Philosophie*
43 (2018), pp. 21–48, here pp. 27–43.

17   Schelling, *System of the Whole of Philosophy*, sw, Vol. 6, p. 148,19 f.: "das Absolute oder Gott".

18   Schelling, *System of the Whole of Philosophy*, sw, Vol. 6, p. 148,22 f.: "durch seine eigne Affirmation".

19   Schelling, *System of the Whole of Philosophy*, sw, Vol. 6, p. 148,25 f.: "dasjenige [...], welches
durch ein anderes zum Daseyn bestimmt, dessen Affirmation außer ihm selbst liegt".

'is'] [merely] because [or 'in virtue'] of something else [in virtue of something which is different from this thing itself]".[20] Schelling's Philosophy of Identity thus states that things are *really* if – and only if – they are *absolute, divine* or *non-particular* things in the sense that I have just explained, that is, if – and only if – they are because (or in virtue) of their own affirmation.

But how should we understand Schelling's crucial distinction between absolute (or divine), and non-absolute (non-divine, particular) being? The best way to do this is, I would think, by presenting a concrete example, one particularly that I have already discussed in some recent papers on Schelling's Philosophy of Identity.[21] Let us suppose a judge (*J*) who in a concrete context or situation (*S*) needs to decide whether someone (*X*) is guilty or innocent of having committed some crime; let us say: whether *X* has murdered *Y*. Let me express the thesis now provocatively: I would actually expect of *J* – and even hope – that he takes his decision in an *absolute* or *divine* way, that is to say: that his judgement is an absolute or divine, not a merely *particular* one. Of course, I am here using this expression – 'absolute or divine judgement' – in the sense that is characteristical of Schelling's Philosophy of Identity, which is clearly not the same sense that the expression holds nowadays. What does this expression, taken in the sense of Schelling's philosophy of Identity, thus mean? It means that *J* has to declare *X* innocent (or guilty) if – and only if – *X* is innocent (or guilty). By contrast, if *J* makes his decision yielding to – say – political pressure, or in the expectation of getting some reward or avoiding some punishment, then *J*'s judgement would not be an *absolute* or *divine* but merely a *non-absolute* or *particular* one.

An absolute or divine judgement – or, more generally speaking, *statement* – is, Schelling says, an *immediate* one, that is, one being not based on any *mediation* at all. What does such 'immediateness' mean? How should we understand the concept of 'mediation' here? It is anyway, as I have discussed in some recent papers, an essentially *mystical* – but, of course, not thereby *irrationalistic* – concept, which is crucial in authors like Meister Eckhart and Johannes Tauler as well as in the Pseudo-Taulerian *Book of Spiritual Poverty* (but not in Bengel, Hahn nor Oetinger).[22] Absolute statements express an *immediate* relationship

---

20   Schelling, *System of the Whole of Philosophy*, sw, Vol. 6, p. 148,26–28: "Jedes Besondere überhaupt ist nicht die Ursache von sich selbst, sondern hat seine Ursache in einem andern".

21   Cf. Quero-Sánchez, *Head and Father* (2020) [note 15], 204–217; id., "'Go from your country and your kindred and your father's house!' (Gen. 12:1): Schelling's Boehmian Redefinition of Idealism", in: *Religious Individualisation: Historical Dimensions and Comparative Perspectives*, ed. by Jörg Rüpke, Martin Fuchs, Bernd-Christian Otto, Antje Linkenbach and Rahul Bjorn Parson, Berlin/New York 2019, Vol. 1, pp. 223–241, here pp. 223–226.

22   Cf. Andrés Quero-Sánchez, "Schellings neuzeitliche Repristination der 'mystischen' Ver-

between a thought (or a concept) and existence (or being). And this is the reason why they express how things *really* are. For things are *really* if – and only if – they exist in an *immediate* dependence on their own concept; that is to say: if – and only if – they exist by themselves, i.e. not being merely dependent on anything else than on their own concept:

> Absolute is what is immediately [= without mediation at all, that is, in an immediate way], in virtue of its own concept; [absolute is] a reality, whose concept involves *being*, whose concept is thus the immediate affirmation of being (it is [therefore] neither the concept [of the thing] [alone] nor the being [of the thing] [alone]). – This same thought has also been expressed as follows: With regard to the Absolute, ideality is immediately [= without mediation at all, that is, in an immediate way] also reality.[23]

If *J* declares *X* – say – innocent not *because he is innocent*, but just because of *J*'s having accepted some money for doing so, or just because *X* belongs to *J*'s party or to *J*'s family or for some similar reason, *J* would be thereby destroying the immediate relationship that exists between concept and being or existence, namely insofar as such a *corrupted* judgement would not have come about in virtue of the own power of the concept alone or *immediately*, but only because – or in virtue – of the existence of something else – in this case because (or in virtue) of the accepted money – *mediating* between ideality (concept) and reality (being or existence). In this case, that is to say: because of its being based upon such a *mediation*, *J*'s judgement would be a *non-absolute*, *non-divine* or a *particular* one, establishing a false reality as a reality not being by itself nor being in God:

---

nunft – als Kritik an der 'modernen' Ansicht", in: *Bochumer Philosophisches Jahrbuch für Antike und Mittelalter* 17 (2014), pp. 166–220, here pp. 212–219; id., "Schellings philosophische Rezeption des *Buchs von der geistigen Armut* (auch *Buch von der Nachfolgung des armen Lebens Christi* genannt)", in: *Freiburger Zeitschrift für Philosophie und Theologie* 62 (2015), pp. 240–280, here pp. 257–262; id., *Head and Father* (2020) [note 15], 205–213; id., "Edles Wissen: Schellings Philosophie und die Deutsche 'Mystik' (Meister Eckhart, Johannes Tauler und das Pseudo-Taulerische *Buch von der geistigen Armut*", in: *Meister Eckhart: Subjekt und Wahrheit: Meister Eckharts dynamische Vermittlung von Philosophie, Offenbarungstheologie und Glaubenspraxis*, ed. by Martina Roesner, Leuven 2018, pp. 127–177, here pp. 162–173).

23   Schelling, *System of the Whole of Philosophy*, sw, Vol. 6, p. 149,4–9: "Das Absolute ist dasjenige, welches unmittelbar durch seine Idee auch *ist*, oder es ist dasjenige, zu dessen Idee es gehört zu seyn, dessen Idee also die unmittelbare Affirmation von Seyn ist [weder Idee noch Seyn insbesondere]. – Dasselbe ist auch so ausgedrückt worden: In Ansehung des Absoluten ist das Ideale unmittelbar auch das Reale".

In the case of those realities which are non-absolute, *being* is not originated in virtue of the concept alone. There must then exist something
independent from thinking [i.e. from the concept of the thing] which
brings the thing into existence. If I conceive a thing *A*, then I am conceiv-
ing [thereby] *A* alone, but not *A* in relation with something else (because
A would then be [merely] respectively to this additional non-*A*). If this *A*
is now something non-absolute, it is then determined [to be in a certain
way] by something else constituting its affirmation. In this case, I need to
look for something outside of my thinking – which is as such a pure conception of *A* [alone] – in order to find something different from *A*, namely
a *B* [e.g. some accepted money or a political link to my own party] bringing *A* into existence [or 'maintaining' *A*]; and in the same way, I have to
find some *C* [e.g. some factual political power] supporting the existence
of *B*, etc.[24]

We must see Schelling's understanding of the so-called 'ontological argument'
for – not *God's existence* but rather – *necessary being of divine things* precisely in
this light. As it is well known, this argument had already been used by Anselm
of Canterbury in the Middle Ages. He notes that one can prove the existence of
God without attending to experience at all, that is just by analysing the *concept*
of God. For God is, by definition, the most perfect being one can ever imagine;
however, one would be able to imagine a more perfect being than God, if one
did not admit that God exists, namely a being *like* God which, in addition, also
exists. This argument was – although Thomas Aquinas had criticized it in the
13th century – also used in modern times, for instance, by Descartes and other
rationalist thinkers like Leibniz and Wolff. Kant holds against such an argument that 'existence' is not a predicate (which would as such mean a property
of a thing, such as, for example, in the sentence 'Martin *is old*'), but the absolute position of the thing ('Martin *is* [i.e. *exists*]').[25] Of course, the argument by

---

24   Schelling, *System of the Whole of Philosophy*, sw, Vol. 6, p. 149,11–20: "In Ansehung des
      Nichtabsoluten ist das Seyn nie mit dem bloßen Begriff desselben schon gesetzt. Es muß
      hier immer etwas von dem Begriff, von dem Denken Unabhängiges hinzukommen, damit
      der Gegenstand sey. Indem ich irgend einen Gegenstand = A denke, so denke ich nur A,
      ich denke nichts anderes, welches in dieser Qualität non A wäre. Aber ist dieses A ein
      Nichtabsolutes, so ist es durch ein anderes bestimmt – ein anderes ist sein Affirmiren-
      des – ich muß also auf etwas von meinem Denken, welches ein bloßes Denken von A ist,
      Unabhängiges, auf ein anderes als A, auf B hinausgehen, um A als reell zu setzen, von B
      wieder auf C u.s.f.)".

25   Cf. Kant, *Critique of Pure Reason*, B620–630, ed. Timmermann, p. 668,10–676,23 cf. AA,
      Vol. 3, pp. 397,9–403,22.

Anselm (respectively Leibniz and Wolff), which Thomas Aquinas (respectively Kant) criticises, is not exactly the same we find in Schelling, who is not trying to prove that *there is* God, but just to define what *divine* being – which constitutes, he says, what things are *really* – is.

But how do we have to understand Schelling's Philosophy of Identity as it is expressed by his particular conception of the ontological argument? Schelling is actually telling us that the divine being of things constituting what they are *really* is fully independent from – or *indifferent with regard to* – factual existence or mere reality. This means now: if a concept is a *divine* or an *absolute* one – if it is *really* –, it *should* then also exist: it *should* then also be *real* – no matter whether it *factually* exists, that is: no matter whether is – not merely *really* but also – *real*: it *should* be *real* because it is *really*. I think this is actually the thesis that Schelling was defending at that time, that is to say: the primarily platonic or idealistic thesis – which is also a 'mystical' one (in the sense of Meister Eckhart's [and Tauler's] 'mysticism') – that constitutes his Philosophy of Identity. This is anyway the interpretation of Schelling's early philosophy which I myself have been arguing in some recent studies for.[26] However, this thesis is *not merely* an *idealistic* one, since it also involves an important *realistic* aspect, namely insofar as Schelling is, at the same time, maintaining that those concepts which are *really* – and as such indifferent with regard to factual existence or to mere reality – have – precisely *as such*, i.e. insofar as they are *really* – a *real* or *factual* power. What is *really* is – as such – *effective* or *efficient*; or, to put it in German words: *Das Wirkliche wirkt*, i.e. it *works*. The concept – if it is *really*, i.e. a *divine* or an *absolute* one – has then a *real* power *on its own*; "it is", as Schelling expresses in the passage that I have quoted before, "because (in virtue) of its own affirmation".[27] That is why the absolute or divine concept – it alone or *immediately* (without any *mediation* at all) – *will* bring its object – sooner or later – into factual existence or reality. The absolute or divine concept – not merely *should* but – *will* be *real* (because it is – as such – *really*). Schelling's Philosophy of Identity is therefore *not merely* an *idealistic* position,

---

26   Cf. Andrés Quero-Sánchez, "Über die Nichtigkeit des Gegebenen: Schellings und Hegels Verteidigung des ontologischen Arguments und der deutsche Idealismus im Spätmittelalter", in: *Bochumer Philosophisches Jahrbuch für Antike und Mittelalter* 14 (2009–2011), pp. 191–232, here pp. 212–231; id., "*Libertas enim filiorum non excludit accipere filios et Deum dare*: Eine philosophische Darlegung des in Eckharts Prozess beanstandeten Freiheitsverständnisses", in: *Mystik, Recht und Freiheit: Religiöse Erfahrung und kirchliche Institutionen im Spätmittelalter*, ed. by Dietmar Mieth and Britta Müller-Schauenburg, Stuttgart 2012, pp. 135–172, here pp. 134–148; id., *Über das Dasein: Albertus Magnus und die Metaphysik des Idealismus*, Stuttgart 2013, pp. 389–411 and pp. 511–516.

27   See above, p. 166.

but it also involves an important *realistic* aspect, which is to be seen, as I will try to show in what follows, in connection with Hahn's Theology.

2.2   Hahn's Understanding of the Infinite Power of a Divine Will

Divine things, being as such *really*, will also become *real*, for, as Schelling writes, "the Absolute is real in virtue of its own mere possibility alone (this is the true meaning of the ontological argument)".[28] By contrast, *non-absolute* things, i.e. *finite* or *particular* things, are as such *contingent*, that is to say: there is here a differentiation between their mere *possibility* and their actual *reality*, with the latter depending not just upon the possibility – upon the concept – itself but also – in addition – upon some other *contingencies* needed as *mediation*.[29] This cannot, of course, be the case with God and divine things or actions. For they are not dependent on anything else as their condition, but just on the *infinite* – or even *absolute* – power of God. And precisely this aspect is the most important one – or at least one of the most important aspects – in Hahn's Theology: his emphasis of God's infinite or absolute power, namely that there is nothing – any reality, any circumstance, any condition at all – powerful enough to prevent God carrying out his will. That is the reason why divine things *will* happen: sooner or later. As he writes in his *Edification Lectures on Paul's Epistle to the Ephesians*: "We are also aware of the power of God's will, which is not [just] like the will of man, [namely inasmuch as] that what God wants to be, will [always actually] happen".[30] "For God", Hahn says, "is not like a man who intends to do something but cannot implement his intention because of some interfering and [for him] insuperable impediments

---

28   Schelling, *System of the Whole of Philosophy*, sw, Vol. 6, p. 528,22–24: "das Absolute ist eine durch die bloße Möglichkeit gesetzte Wirklichkeit (dieß der wahre Sinn des ontologischen Arguments)".

29   Schelling, *System of the Whole of Philosophy*, sw, Vol. 6, p. 529,5–9: "In the case of absolute being, anything is possible that it would, even because of that [i.e. because its being in an absolute manner], not be [at the same time] real. There is an opposition between possibility and reality only in the case of a finite knowledge, for, in this case, concept and object are separate from each other (or: the concept in the soul as in the subject goes beyond that which is real in the object). Im Absoluten ist [...] nichts möglich, was nicht eben deßwegen auch wirklich wäre. Der Gegensatz von Möglichkeit und Wirklichkeit ist nur im endlichen Erkennen, weil hier Begriff und Objekt getrennt (oder der Begriff in der Seele als Subjekt allerdings das Wirkliche im Objekt übertrifft)". See also ibid., p. 529,18–27.

30   Cf. Hahn, *Erbauungs-Stunden über den Brief an die Epheser*, in: *Theologische Schriften*, Vol. 1, p. 2,5–8: "Wir sehen aber auch die Stärke des Willens GOttes, welcher nicht ist wie eines Menschen Willen. Was GOtt will, das geschiehet".

(obstructions, obstacles, barriers)".[31] These are by no means exceptional passages in Hahn's writings. "God's will is", he says, "powerful: whatever He wants to happen, cannot be impeded by any enemy at all".[32] No thinkable 'obstruction', 'obstacle', 'barrier' or 'hurdle' (in German no *Hindernis*) can impede God carrying out His will. *God's* thoughts – that is to say: *right* or *absolute* thoughts as those which are *really* – will therefore succeed in the *real* world; for God is, Hahn says, "the highest power to which there is nothing impossible".[33] Hence, there will be no difference between the *concept* originally intended by God, and the *reality* that comes finally about as the result of God's action: the concept *will* succeed in virtue of God's *will*. There is thus no difference between God's concept as the right *concept* and the finally actualized *reality*, since there is no real force capable of impeding God in carrying out his conceptions. God's power is thus not dependent upon any condition at all; it is an absolute power: the infinite power of Identity, 'breaking through' any kind of mere circumstantiality or any kind of mere given conditionality: the infinite or absolute power of righteousness itself, establishing an analytical relationship between what is right – or even rational – and what is real: between thinking and reality.

It is the power of God as the infinite or absolute power of righteousness which defines what is (really) possible. The *real* situation, e.g. actual political or financial conditions, does not define or determine what is (*really*) possible in a given situation, but the other way round: the power of God alone as the power of truth or righteousness is even capable of determining the real given conditions. The one who really believes in God, also believes in the infinite power of God, becoming, as Hahn explicitly says, in a certain sense, a divine being himself. He speaks of the possibility of man becoming 'one with God', also using the expression 'birth of God in man' in this context, which is, as is well known, characteristic of Meister Eckhart, who uses it particularly in some German sermons that by that time had been often edited as Tauler's works, which Hahn surely knew, probably in the Tauler-edition by Philipp Jakob Spener.[34] Having become one with God, the divinised man also has himself – 'in a certain sense', as Hahn stresses (*auf gewisse Art*) – such an infinite power that enables him to

---

31   Hahn, *Sammlung von Betrachtungen*, p. 231,15–18: "Dann GOtt ist nicht wie ein Mensch, der etwas sich vorsetze und dasselbe wegen dazwischen gekommenen unübersteiglichen Hindernissen nicht auszuführen im Stande sey".

32   Hahn, *Erbauungs-Stunden über den Brief an die Epheser*, p. 118,20–22: "GOttes Wille ist mächtig. Das, was er will, kann kein Feind hindern".

33   Hahn, *Sammlung von Betrachtungen*, p. 134,7 f.: "die höchste Macht [...], deren nichts ohnmöglich sey".

34   See Weigand / Benzinger, *Sprösslinge* (2020), pp. 60 f.

live in the realm of Identity, in which there *will* be no difference at all between the concept – if it is *really* – and reality (what is *real*):

> A person [namely that person who has become one with God] will, in a certain sense, become himself omnipotent. For Jesus says: "Everything is possible for the one who [really] believes" (Mark 9:23). [...]. For in God is the source of all possibility/potentiality/capacity/power. Even those things that, from our [merely human] perspective considered, seem to be very difficult or even impossible to be achieved, would appear to us, if they could be considered from the perspective of God, as possible things [...].[35]

As long as we think that a given factual situation determines what is *really* possible, we do not believe in God *really*, since the belief in God involves, if it is *really*, the being convinced or even the certainty that God's power – as the power of Identity or righteousnesss itself – is superior to the power of mere circumstantiality, so that it will – sooner or later – prevail. Let me quote a crucial passage by Hahn in this context:

> We are [often] too comfortable and too weak [of character], we are [often] not ready to risk anything for the Kingdom of God; we are [often] afraid about the possibility of losing our health, our life, our honour and similar things. [But that is not the right attitude for a Christian, since] the Father in heaven will not abandon anyone in need who faithfully (or truly) serves the Father by serving Jesus Christ. For He is powerful and great enough [for that purpose]. What we feel as something impossible is an easy thing for Him to do. If we are in need and still think that it is impossible in such a given situation to do what is right to do [i.e. what is morally right to do], then we are still lacking the right quality of faith/belief [i.e. we are not *really* a believer].[36]

---

35   Hahn, *Sammlung von Betrachtungen*, p. 55,15–29: "Man wird also auf gewisse Art allmächtig: denn JEsus sagt: alle Dinge sind möglich dem, der da glaubet, Marc. 9,23. [...]. Denn bey GOtt ist die Quelle aller Möglichkeit, was auch in unsern Augen noch so schwer und unmöglich scheint; wenn wir die Sache nur mit GOttes Augen ansehen könnten, so würde uns alles so möglich vorkommen".

36   Hahn, *Sammlung von Betrachtungen*, pp. 65,30–66,7: "Wir sind zu bequem und weichlich: wir wagen nichts für das Reich GOttes, wir scheuen unsere Haut, Leben, Ehre, und allerhand Verlust. Wer dem Vater in Christo treu dienet, den verläßt hinwiederum der Vater im Himmel in keiner Noth. Er ist mächtig genug, und groß genug: was uns unmöglich dünkt,

There is therefore an absolute knowledge only for the one who (*really*) believes. The reason of the believer is the (absolute) knowing reason, not just a *wavering or uncertain reason* but a *certain* one:

> You are then like a rock, namely an impregnable (invincible, inexpugnable) man, whom the gates of hell cannot overcome. Jesus is the main rock and the headstone of God's house, on which the Providence of the Father has built (based) everything. Also his disciples, among them Peter as the main one, were like an impregnable rock, because (in virtue) of God's truth, which was in him (in Peter). For God's Providence, from which the promises and the beginning of their accomplishment in Jesus Christ came, in which Peter believed, are based on the reliability, the firm (determined) and irrevocable (immutable, irreversible, inalterable) will and highest power of God. All those who, because of the revelation of the Father in heaven, have in themselves the unadulterated words of Jesus Christ [...] are and will become like such an impregnable rock, which the gates of hell cannot overcome. For in the words of Jesus Christ are life and mind (*Geist*); they are the only true antidote against the death of flesh. The whole power of the enemies is not able to defeat God's Providence and to impede the decisions of His love and wisdom; just as little as they can overcome the knowledge that is born and grown in a man from the Word of Truth. In the still small, almost invisible source of the mind [*Quelle des Geistes*] is a divine power for overcoming and resisting (opposing) against everything [that is not right or true]. Jesus Christ is based on God as on a true rock as well as united with Him; and all those who are based on His words are also like a rock, on which again some other men can be based, in a similar manner as Peter and the other apostles were based on Jesus Christ, and on them again also the believers coming to faith from the Jews, and [finally] also the believers coming to faith from the pagans.[37]

---

ist ihm die allerleichteste Sache; und so lange uns etwas unmöglich dünkt, so haben wir die rechte Größe des Glaubens noch nicht".

37   Hahn, *Sammlung von Betrachtungen*, pp. 743,10–744,15: "Man ist ein Fels, nämlich ein unüberwindlicher Mensch, den die Pforten der Hölle nicht überwältigen können. JEsus ist der Hauptfels und der Grundstein des Hauses GOttes, worauf der Vater in seinem Rathschluß alles gebauet. Seine Jünger, und davon Petrus als der erste, war auch ein unüberwindlicher Fels, wegen der Wahrheit GOttes, welche in ihm lag: weil GOttes Vorsatz, aus welchem die Verheissungen und die angefangene Erfüllung und Ausführung derselben durch JEsum, herkamen, welche Petrus glaubte, auf der Zuverläßigkeit, festem unabänderlichem Willen, und höchster Macht GOttes beruhet. Alle, welche die unverfälschte Worte JEsu durch die Offenbarung des Vaters im Himmel in sich haben [...] sind und

By contrast, the '*die ungläubige Vernunft*' as the characteristic of those who do not (really) believe contains nothing but mere *opinions*, lacking any kind of

werden dergleichen unüberwindliche Felsen, welche die Pforten des Todtenbehältnisses nicht überwältigen können. Dann in JEsu Worten ist Leben und Geist: und das einige wahre Gegenmittel gegen den Tod des Fleisches. Alle Macht der Feinde ist vergebens, den Vorsatz GOttes umzustosen, und den Rath seiner Liebe und Weisheit zu hindern. Und eben so wenig können sie auch das überwältigen, was aus dem Wort der Wahrheit in einem Menschen gebohren und gewachsen ist. In der noch kleinen fast unsichtbaren Quelle des Geistes, liegt eine göttliche Ueberwindungskraft und Widerstand gegen alles: JEsus ist auf GOtt, als auf den wahren Felsen gebauet, und mit demselben vereiniget; alle die auf ihn und seine Worte gebauet sind, sind auch Felsen, auf welche Felsen wieder andere gebauet werden: gleichwie auf JEsum, den Haupt-Grundstein, Petrus und seine Mitapostel, und auf solche, zuerst die Glaubigen aus den Juden; alsdann aber auf solche, die Glaubigen aus den Heyden gebauet worden". See, in a similar way, Baader, *Ueber Divinations- und Glaubenskraft*, ed. 1822, pp. 31,4–35,6 (cf. SW, Vol. 4, pp. 76,23–78,2): "For the fact that the one who really believes has no doubt about his future succeeding, means that he divines it, and the fact that you expect of him to have no doubt about this at all, proves again that the one who really believes cannot only provide and see [what really happens] but he can partly also bring it about. For you expect of him that he will adhere to his divination, which he certainly has not got by himself, resisting all sort of both subjective and objective influencies against his efforts, until he gets a complete accomplishment of his purposes. You are therefore also convinced of the fact that his inward divination and the happenings in the outer world will [ultimately] be related to each other, in virtue of a given *pre-established harmony* depending on a third agent as the author of the real causality. We must understand in even this sense that famous passage stating that Jesus Christ is not only the origin of faith in our inward world but also the confirmer (performer) of faith in the outer world. In foreseeing the success of his action, namely that he will achieve what he is aiming for (i.e. that his prayer will be heard), the acting believer is, as a believer, receiving [the grace of God] which he then passes to other people, also bringing himself consciously into the set of factors influencing the success of the action, so that he is not only anticipating the success of the action but also presupposing that he himself, at least partly, has the power needed for being successful in that action. The one who has not merely a desire for something, who is not merely presuming to believe but who really believes, is, even because of his being, *really* a believer, capable of succeeding in his actions. This is not only true of man's belief in God but also, generally speaking, of his belief in some other person, whoever they may be. This is the reason why people rightly demand of those who want to achieve a certain goal, that they also have courage (heart) as the condition needed for being successful (for succeeding). Incidentally, in a similar way, we also expect of those who want to jump over a ravine, that they have the power needed for doing so, being conscious of their capacity for doing so. Belief (faith) is as important for successful action as breathing is for the movement of the muscles. I am therefore bewildered by, and [even] hate all those who doubt, for they are as such smothering my faith" ("Denn daß der wirklich Glaubende an dem Erfolg nicht zweifelt, sagt ja eben nur, daß er solchen divinirt, und daß man ihm zumuthet, daran nicht zu zweifeln, beweiset wieder nur, daß der Glaubende nicht blos das Vor- und Zusehen, sondern auch theilweise das Mitwirken hat. Man muthet ihm nämlich zu, daß er diese zwar ohne sein Zuthun ihm gewordne Divination durch sein Thun gegen alle subjektiv und objektiv störende Einflüsse

certainty or certitude, namely in as much as they are all – as such – depending upon the current situation which is – again: as such – variable.[38]

---

festhalten soll, damit die Fortpflanzung bis zur vollendeten Ausführung nicht aufgehalten werde; und man ist folglich bereits überzeugt, daß jenes innre Diviniren und das äußre zwar durch den Gläubigen fortgeleitete Geschehen, durch eine *Harmonia praestabilita*, d.h. in Einem dritten Agens als der wahren Kausalität, zusammenhangen, und in diesem tiefern Sinne hat man jene Schriftstelle zu verstehen, welcher gemäß der Christ, wie der Anfänger des Glaubens in uns, so auch dessen Bestättiger [Vollbringer] ausser uns ist. Das Vorhersehen des gläubigen Operators oder dessen auf den operirt wird [die Gebets-Erhörung] unterscheidet sich deßhalb nur darin von jeder andern Divination, daß der Gläubige als Mitwirker [im Empfangen und Fortgeben] mit Bewußtseyn in die Reihe der Faktoren eintritt, sohin ausser dem Vorsehen des Erfolgs wenigst zum Theil noch das Bewußtseyn oder Gefühl der Kraft hat, wodurch jener bewirkt wird. Wer glaubt (und nicht etwa nur wünscht, oder sich einbildet zu glauben) der ist darum schon [theilweise] im Besitze des Vermögens der Ausführung, und dieses gilt nicht minder vom Glauben an sich, als an einen Andern; weswegen das Volk mit Recht zum Gelingen jeder Sache, Muth [Herz] vom Unternehmer als die nothwendige Bedingung dieses Gelingens (Glückens) verlangt; beiläufig aus demselben Grunde, aus welchem derjenige, der über einen Graben setzen will, die zum Sprunge nöthige Kraft erst in sich gesammelt haben, und sich ihres Besitzes bewußt seyn muß. Was der Athem zur Muskelbewegung, das ist der Glaube zum Wirken, und darum scheue und hasse ich den Zweifler, wie jenen, der mich zu ersticken droht"). Cf. Baader, *Letter to Gotthilf Heinrich von Schubert of 10th April 1815*, SW, Vol. 15, p. 259,13–16: "I am now studying the writings of Paracelsus. It is not possible to understand J. Boehme rightly without having read them. I am now also enjoying Hahn's writings" ("Ich bin nun mit dem Studium von Paracelsus Schriften beschäftigt, ohne die man wirklich J. Böhme grösstentheils nicht versteht. Auch Hahn's Schriften haben mich diese Zeit über erfreuet"). See also Baader, *Ueber das durch die franz. Revolution herbeigeführte Bedürfniss*, SW, Vol. 6, pp. 24 f. (footnote, containing some important quotations taken from both Hahn's *Erbauungs-Reden über den Brief an die Kolosser* and *Erbauungs-Stunden über den Brief an die Epheser*; remarkably enough, all these quotations and even the whole footnote were not contained in the original edition of 1815. See also Baader, *Ueber das durch die französische Revolution herbeigeführte Bedürfniß einer neuern und innigern Verbindung der Religion mit der Politik*, Nürnberg 1815, p. 23,17); Baader, *Ueber die Ekstase*, ed. 1818, p. 28 (footnote, with Baader explicetly referring to Hahn, *Theologische Schriften*, Vol. 3, p. 306) (cf. Baader, SW, Vol. 4, p. 28, footnote). Cf. Andrés Quero-Sánchez, "Hilflose Abstraktheit: Die Böhme-Rezeption Franz von Baaders und dessen Kritik an Schellings Idealismus", in this volume, pp. 376–481.

38   See Hahn, *Sermon on Is. 50:4*, in: *Hinterlassene Schriften*, pp. 96,28–97,20: "[...] that is the reason why no one could understand how it could be possible, that they [i.e. the Jews as narrated in the Bible], having no power at all, were able to emancipate themselves from the powerful dominion of the king of Babylon. In a similar way, the believers are sometimes, in hours of temptation, not able to notice God's love and eternal fidelity, His resolution of loving mankind, His words and promises, His omnipotence and His capacity of overcoming any other given power, so that it seems to them as if they could not really believe any more in God, even if they wanted to. When spiritual and physical suffering persists and even becomes twice so intense as it used to be, we then see insuperable

3 The Role of Hahn's Theology in Schelling's 'Delogification of Idealism' after 1809/1810

As is well known, the later development of Schelling's philosophy after moving to Munich in 1806, particularly from 1809 (*Philosophical Investigations into the Essence of Human Freedom*) and 1810 (*Stuttgart Private Lectures*) onwards, can, and maybe *should* be seen as an attempt to philosophically recover the value of particular existence. He is now trying to present a conception of God or the Absolute – or generally speaking: of anything that is *really* – as including particular existence, that is to say: as being not only absolute but, at the same time and paradoxically, a conditional or contingent being:

> Now, God is primarily the essential being of all things, but He Himself must still, as such, exist, i.e. He Himself, as the essential being of all things, must have a basis, a foundation for His being. God is eminently the general (abstract, universal) being of all things, but such a general (abstract, universal) being is not floating in the air, but it is founded and, as it were, carried by God as *an individual* being – *the individual being of God is thus the basis or substratum of general (abstract, universal) being.*[39]

mountains and obstacles, not being able to perceive anything but just what is now present to us, understanding it [merely] in accordance with a criterion of shortsightedness and with a kind of reason that does not believe really, so that we then, even having in us the oil and the lighting lamp of faith, miss the advent of God, as those five wise virgins in Matthew 27 [cf. Matthew 25:1–11]. The Lord, in verse 10 [cf. John 8:12], calls this condition 'a walking in darkness', when no light shines" ("[...] so könnte ja kein Mensch begreifen, wie das möglich seyn könne, aus einer so starken Hand wie die des Königs zu Babel sey, der damals der größte König auf der Welt war, sie zu befreien, seine Hand sey zu kurz und keine Kraft sey da, sie zu retten. Also verschwindet zuweilen den Glaubigen alles vor ihren Augen, Gottes Liebe, ewige Treue, Liebesvorsatz, Worte und Verheißung, seine Allmacht und über alles gehendes Vermögen in der Stunde der Anfechtung, daß man nimmer glauben kann, wenn man auch wollte. In der Stunde, wenn geistliches und leibliches Leiden lange anhält, und sich noch dazu verdoppelt, da stellen sich unübersteigliche Berge und Hindernisse vor unsere Augen, daß wir auf weiter nichts sehen können, als auf das, was vor unsern Augen ist, alles nach dem Maß der Kurzsichtigkeit und ungläubigen Vernunft schützt, daß wenn man auch Glaubensöl in seinem Gefäße und noch dazu brennende Lampen des Glaubens hat, man doch in Unmuth und Müdigkeit verschläft, wie die fünf klugen Jungfrauen. Matth. 27. Diesen Zustand nennt der Herr Vers 10 ein Wandeln im Finstern, da einem kein Licht scheint").

39 Schelling, *Stuttgart Private Lectures*, AA, Bd. 11,8, p. 106,8–14: "Nun ist [...] Gott [...] zuvördest Wesen aller Wesen, aber als dieses muß er doch auch selbst existiren, d.h. er muß als Wesen aller Wesen einen Halt, ein Fundament für sich haben. Also: Gott ist in seiner höchsten Dignität allgemeines Wesen aller Dinge, aber dieses allgemeine Wesen schwebt

Clearly, Schelling was reacting with such a development at a typically realistic critique as we can find in Jacobi's treatise *On Divine Things and Their Revelation*, of 1811, as I have recently shown on the basis of a discussion of an important passage on friendship in this work.[40] Of course, he was not reacting at *this* passage, but at *a kind of critique* as the one we find in it. For his attempt to philosophically recover the value of *particular* existence or to find an Absolute that is nevertheless – at the same time and paradoxically – conditional or contingent – this is his 'Delogification of Idealism', as I have called it elsewhere[41] –, Schelling undoubtedly took the fundamental basis not only, as is well known, from Jacob Boehme[42] and Friedrich Christoph Oetinger,[43] but also, as I will try to show in what follows, from Philipp Matthaeus Hahn.

3.1   *Embodying the Mind – Spiritualizing the Body*

As Oetinger does emphatically, Hahn, likewise, again and again points out that the true being of man – what man is *really* – involves a crucial reference to the body. The highest kind of existence is therefore, according to Hahn (as to Oetinger, Johann Michael Sailer and even Franz von Baader),[44] not an *abstract*, but an *embodied* one, which as such necessarily *presupposes bodily*, i.e. through the body particularised and as such particular, existence. Now, what does the concept of 'body' (*Leib*) really mean according to Hahn (as to Oetinger, Sailer and Baader)? It does not merely concern a category in Philosophy of Nature – that is to say: the body is not merely something that 'there-is' or that 'is' merely 'there' – but rather a metaphysical category, meaning even 'particularity' or rather the 'particularising element' of reality. According to Hahn (as to Oetinger, Sailer and Baader), to be *really*, a thing has also to be *real*: it needs to be a *factually, in some particular manner existing* thing.

---

nicht in der Luft, sondern ist begründet und gleichsam getragen durch Gott als *individuelles Wesen – das Individuelle in Gott also die Basis oder Unterlage des Allgemeinen*".

40   See Quero-Sánchez, *Go from your country* (2019) [note 21], pp. 230–232. There are some other important critics of Schelling in this context, such as Johann Michael Sailer and even Franz von Baader himself. See on this: Quero-Sánchez, *Hilflose Abstraktheit* (2021) [note 37], pp. 376–414.

41   Quero-Sánchez, *Go from your country* (2019) [note 21], 232–238.

42   Quero-Sánchez, *Go from your country* (2019) [note 21], 232–238.

43   Cf. Andrés Quero-Sánchez, "Oetingers Kritik am Platonismus und deren Einfluss auf Schellings Wende um 1809/1810", in: Id., *Mystik und Idealismus* (2020) [note 15], pp. 325–389, here pp. 342–351.

44   Cf. Quero-Sánchez, *Oetingers Kritik am Platonismus* (2020) [note 43], pp. 351–357; id., *Hilflose Abstraktheit* (2021) [note 37].

The body is thus crucial for a thing to be a *real* thing, however, only after having been elevated to a noble kind of existence. The body therefore, being – as such – *real*, is not – as such – *really*, unless it, Hahn says by using some expressions characteristic of both Boehme and Oetinger, becomes a 'divine' one, i.e. unless it is elevated or nobilified to an absolute existence, which designates a life in opposition to a state in which one still lives in the flesh, without having achieved the victory of the higher life over the flesh. Nothing is therefore *really* that were not, at the same time and because of its being embodied, *real*; but a thing is not *really real* if its body were merely *real* – i.e. if it were mere 'flesh' – but not *really*: This is the point that Hahn is defending. "The body of his flesh", Hahn says referring thereby to Jesus Christ as well as to every divinised man, "was nobilified by the spirit of the Word [...], it was anointed, permeated (Hebr. 1:9; 2:10), transfigured (John 13:31 f.) and prepared for incorruptibility".[45] Hahn speaks in this context of *both* a 'resurrection' (*Auferweckung*) of the body – which was before nothing but a dead thing merely 'being-there' and lacking true existence or true life – *and* of a 'new birth' (or 'rebirth') as of a second, more noble birth of man (*Wiedergeburt*), often using in this context the expression 'birth from God' (*Geburt aus Gott*): "The resurrection is a second, more elevated stage of life; it concerns the body, only the one, though, that has been reborn to an imperishable existence".[46] Such an imperishable existence, to which the body should be elevated in order to be – not merely *real* but also – *really*, is the one characteristic of the 'mind' (*Geist*). We have to distinguish the *Geist*, as Hahn emphasises, not only from the 'body' but also from the 'soul', which is – as such – as perishable as the body itself is, as long as they both – body and soul – has not yet been 'spiritualised':

> What is the mind [*Geist*]? This is the transfigured humanity, i.e. [it occurs] when man is risen from the death. He is then mind [*Geist*], having nevertheless also a tangible body. Mind [*Geist*] is what is born from God [...]. [...]. [...] the soul is not the mind [*Geist*], but it [i.e. the soul] also belongs to the bodily existence of man, so that also the soul has to be elevated to a

---

45 Hahn, *Sammlung von Betrachtungen*, p. 213,19–24: "Also wurde der Leib seines Fleisches veredelt, und durch den Geist des Worts [...], gesalbet und durchdrungen, Ebr. 1,9. C. 2,10. verkläret, Joh. 13,31.32. und fähig gemacht zur Unverweßlichkeit".

46 Hahn, *Erbauungs-Stunden über Brief an die Epheser*, p. 52,24–27: "Die Auferweckung ist die zweite höhere Lebensstufe. Diese geht den Leib an; wenn auch der zur unvergänglichen Welt wiedergebohren wird".

spiritual existence (to an existence in – or through – the [*Geist*]) [in order
to become a true, imperishable thing].[47]

To express such a spiritualisation of the bodily existence or such an existence
in *Geist*, Hahn normally uses some other characteristic terms of the Christian
tradition, by speaking of a 'transfiguration' (*Verklärung*) or 'glorification' (*Verherrlichung*) of the bodily existence as well as its 'immortalisation' (or 'eternal-
isation') (*Verewigung*), which is the result of its having been 'informed', 'permeated' (*durchdrungen*) or 'enlightened' by the power of God:

> [...] the inner, more elevated power of life then permeates all the forces of
> the outer man, so that there is then not a twofold will any more nor a fight-
> ing [of the spirit] against bodily existence. Man is then thoroughly reborn,
> and the inner, latent power of God is then revealed [or manifested]. [...].
> Jesus Christ did not feel ashamed of having accepted a bodily existence
> in time by his dressing our sick body as a hovel for finally glorifying it. All
> the believers will finally be reborn from his [i.e. Jesus Christ's] body and
> blood, and they will be brought back to [true] life in virtue of the life of
> the more elevated power or of the future life.[48]

Such an interest in embodied existence, that, as I said, is not only characteristic of Hahn but also of Oetinger, Sailer and Franz von Baader, is crucial in
Schelling's *Stuttgart Private Lectures* (1810), who speaks here of a 'transfiguration of nature to a divine being' (*Verklärung der Natur ins Göttliche*) – which is,
as Schelling points out, the proper task for the philosopher as such[49] – as well
as of an 'essentialisation' of the physical reality:

---

47   Hahn, *Erbauungs-Stunden über den Brief an die Epheser*, pp. 80,23–81,4: "Was ist der Geist?
      Das ist die verklärte Menschheit, wenn der Mensch auferstanden ist von den Todten. Da ist
      er Geist, ob er schon einen greiflichen Leib hat. Geist ist dasjenige, was aus GOtt gebohren
      ist [...]. [...]. [...] die Seele ist nicht der Geist, sondern gehört zum Fleisch, und muß auch
      im Geist erhoben werden".

48   Hahn, *Erbauungs-Stunden über den Brief an die Epheser*, pp. 52,27–53,4 and p. 54,6–12: "[...]
      wenn die innere höhere Lebenskraft alle Kräfte des äussern Menschen durchdringt, daß
      kein zweyfacher Wille, kein Streit gegen den Geist mehr statt hat: da ist der Mensch durch
      und durch wiedergebohren, und die innere verborgene GOttes-Kraft offenbar worden. [...]
      er [scil. Jesus] auch durch seine Fleischwerdung in der Zeit, sich nicht geschämet, unser
      krankes Fleisch zur Hütte anzuziehen, um dasselbe herrlich zu machen: und endlich,
      weil alle Gläubige aus seinem verklärten Fleisch und Blut wiedergebohren und lebendig
      gemacht werden mit dem Leben der höheren Kraft, oder der zukünftigen Welt". See also
      ibid., pp. 207,27–208,9; id., *Erbauungs-Reden über den Brief Pauli an die Kolosser*, in: *Theo-
      logische Schriften*, Vol. 4, p. 55,11–21; id., *Sammlung von Betrachtungen*, p. 492,10–27.

49   Cf. Schelling, *Stuttgart Private Lectures*, AA, Vol. II,8, p. 168,19–26: "We say of the most beau-

Death does not mean therefore an absolute separation of the mind [*des Geistes*] from the body, but just a separation of the *Geist* from that element in the body that is in opposition to it [i.e. to the *Geist*], as well as the separation of *both* good from evil *and* evil from good (this is the reason why we do not call the body of a dead man just his 'body' [*Leib*] but his 'corpse' [*Leichnam*]). It is thus not the case that just *a part* of man is immortal, but only the whole man existing in accordance to his true *Esse* [to his true being] is immortal; death is then a *reductio ad essentiam* [a return to essence]. I like to call that being that does not just remain as a corpse after death (for this is the *caput mortuum* [the worthless remains]) but rather is arisen in death and is neither only spiritual nor only physical but both a spiritualised physical being and a physicalised spiritual being, a 'demonic being', so that we distinguish it [by that name] from a purely spiritual being. This [alone] is what is immortal in man: this demonic being, which is therefore not a negation of physical existence but rather an essentialised physical existence itself. This demonic being is thus in an eminent sense real, even much more real than a man is in this [earthly] life; it is what the ordinary language – *vox populi vox Dei* [the voice of the people is the voice of God] (also in this case is this phrase true) – does not call *the* spirit but *a* spirit [*nicht den Geist, sondern einen Geist*]; for example when one says: '*a* spirit is appeared to someone', he means thereby such an essentialised, in an eminent sense real, being.[50]

---

tiful works that they are doing with love; we say that even love itself did them. Now, also science is, considered in its most elevated form, a work of love. That is the reason why we rightly call it with the beautiful name of 'philosophy', i.e. 'love of wisdom'. Those who are born to become philosophers, experience such a divine love in themselves; they do therefore not want to abandon the expelled and excluded nature, striving for a transfiguration of it in the divine essence, conflating all things in the universe into a unique big work of love" ("Wir sagen von den schönsten Werken, sie seyen mit Liebe gemacht, ja die Liebe selbst habe sie gemacht. – Aber die Wissenschaft in ihrer höchsten Potenz ist ein Werk der Liebe, und trägt darum mit Recht den schönen Namen Philosophie, d.h. Liebe der Weisheit. Der Mensch, der zum Philosophen geboren ist, empfindet dieselbe Liebe in sich, welche die göttliche empfindet, nämlich die ausgestoßene und ausgeschlossene Natur nicht in dieser Verstoßung zu lassen, sie geistig wieder ins Göttliche zu verklären und das ganze Universum zu Einem großen Werk der Liebe zu verschmelzen").

50   Schelling, *Stuttgart Private Lectures*, AA, Vol. II,8, p. 172,14–30: "Der Tod ist daher keine absolute Trennung des Geistes von dem Leib, sondern nur eine Trennung von dem dem Geist widersprechenden Element des Leibs, also des Guten vom Bösen und des Bösen vom Guten [daher auch das Zurückbleibende nicht der Leib genannt wird, sondern der Leichnam]. Also nicht ein bloßer Theil des Menschen ist unsterblich, sondern der ganze Mensch seinem wahren *Esse* nach, der Tod eine *reductio ad essentiam*. Wir wollen das Wesen, das im Tode nicht zurückbleibt – denn dieß ist das *caput mortuum* –, sondern

3.2   God's Revelation

Hahn uses a concept of 'Revelation' that is also, as we will immediately see, characteristic of Schelling. He differentiates *between* God as Father, as a 'latent', 'hidden' or an 'occult' being – in German: *ein verborgenes Wesen* –, that is, God as an *abstract* being lacking any kind of particular existence in time and space: lacking thus any bodily – limited, restricted, bounded or even finite – existence, *and* Jesus Christ, that is God as Son or as the particular real existence of absolute being – of God the Father – under particular given conditions:

> God, who is without beginning, form and time and does not live in any concrete place (location), who neither speaks to anyone nor deliberate about any question at all – for He sees everything without being limited by any bounds –, and can produce everything in virtue of His inner will [...], would not have any community with the created world nor any impact on earthly things, without the outer figure of his hidden being, [namely] without the incarnation of the speaking Word.[51]

For, as Hahn writes in a similar manner: "The invisible God wants to make Himself visible in man, He likes to show His hidden, infinite and glorious being as a visible, finite and tangible one in man".[52]

Now, such a revelation or manifestation of God the Father – this is namely Jesus Christ as God's Son – can, or maybe *should* occur *in every man*. Existing in a noble way, man is manifesting or revealing God and thereby existing as

---

gebildet wird, und das weder bloß geistig noch bloß physisch, sondern das Geistige vom Physischen und das Physische vom Geistigen ist, um es nie mit dem rein Geistigen zu verwechseln, das Dämonische nennen. Also das Unsterbliche des Menschen ist das Dämonische, nicht eine Negation des Physischen, sondern vielmehr das essentificirte Physische. Dieses Dämonische ist also ein höchst-wirkliches Wesen, ja weit wirklicher, als der Mensch in diesem Leben ist; es ist das, was wir in der Volkssprache (und hier gilt es eigentlich: *vox populi vox Dei*) nicht den Geist, sondern einen Geist nennen; wenn z.B. gesagt wird, es sey einem Menschen ein Geist erschienen, so wird darunter eben dieses höchst-wirkliche, essentificirte Wesen verstanden".

51   Hahn, *Erbauungs-Reden über den Brief an die Kolosser*, p. 37,6–16: "GOtt, der ohne Anfang, Form, und Zeit ist, und an keinem besondern Ort wohnet, auch weder spricht noch ratschlaget, weil er alles ohne Grenzen durchsieht und mit seinem bloßen innern Willen hervorbringen kan, indem er selbst keine Grenzen hat und alles erfüllt; hätte mit der Schöpfung keine Gemeinschaft haben und nicht in die irrdischen Dinge würken können, ohne die äusserliche Gestalt seines verborgenen Wesens, ohne die Fleischwerdung des sprechenden Worts".

52   Hahn, *Sammlung von Betrachtungen*, pp. 645,31–646,1: "Der unsichtbare GOtt will sich in der Menschheit sichtbar machen, und sein verborgenes, unbegränztes, herrliches Wesen, in der Menschheit sichtbar, begränzt und greiflich darstellen".

a particular instantiation of God, as Jesus Christ himself did and does. Such a manifestation or revelation of God occurring in the noble or 'transfigured' man comes about, according to Hahn, by his fighting against evil as against the (pretended) dominion of 'not-transfigured' particularity, i.e. against the (pretended) dominion of the 'flesh'. 'Not-transfigured' particularity is therefore required for true existence, however, only *as a mere condition or supposition to be overcome*: "Without struggle [or fighting] [against] and prevailing [over temptation] no one can reach the triumph and get crowned as an overcomer [or conqueror]".[53] And this is by no means an exceptional sentence in Hahn's works, for, as he also says: "Without struggle and temptation, we cannot be glorified".[54]

We also find this position in Schelling, who in his *Stuttgart Private Lectures* writes: "Life necessarily presupposes opposition ['contrast', 'contradiction', 'antithesis', 'antagonism', 'conflict' (*Gegensatz*)]".[55] A year before, Schelling had written something similar in his *Philosophical Investigations into the Essence of Human Freedom*: "for, where there is no struggle [or 'no fighting'], there is no life".[56] Precisely in this context, Boehme had defined a concept of 'Revelation' (*Offenbarung*) that is the same I have just discussed in Hahn. "For the Eternal Nature", Boehme writes in his treatise *De signatura rerum*,

> has produced nothing in its Desire, except a Likeness out of itself; and if there were not an everlasting Mixing, there would be an eternal Peace in Nature, but so Nature would not be revealed and made manifest, in the Combat it becomes manifest; so that each Thing elevates itself, and would get out of the Combat into the still Rest, and so it runs to and fro, and thereby only awakens and stirs up the Combat.[57]

---

53 Hahn, *Erbauungs-Stunden über den Brief an die Epheser*, p. 290,15 f.: "ohne Kampf und Sieg wird niemand zum Triumf aufsteigen, und als Ueberwinder gekrönt werden".

54 Hahn, *Sammlung von Betrachtungen*, p. 120,27 f.: "Ohne Kampf und Versuchung können wir nicht verherrlicht werden".

55 Schelling, *Stuttgart Private Lectures*, AA, Vol. II,8, p. 98,32: "Ohne Gegensatz kein Leben".

56 Cf. Schelling, *Philosophical Investigations*, AA, Vol. I,17, p. 165,11 f.: "denn wo nicht Kampf ist, da ist nicht Leben" (English transl. by Jeff Love and Johannes Schmidt, Albany, New York, 2006, p. 63). See also, in a similar manner: Schelling, *The Ages of the World* (*Third Version*), SW, Vol. 8, p. 219,17–27 (English by Frederick de Wolfe Bolman, *The Ages of the World*, New York 1942, p. 105 [see also the English transl. by Jason M. Wirth, New York 2000, p. 12]); *The Ages of the World* (*Second Version*), ed. Schröter, pp. 123,27–124,4.

57 Boehme, *De signatura rerum*, SS, Vol. 6, p. 9,14–21 (ch. 2, no. 4): "Dann die ewige Natur hat nichts, als nur eine Gleichheit aus sich mit ihrer Begierde geboren: und so nicht eine immerwährende Vermischung wäre, so wäre in der Natur ein ewiger Friede; aber also würde die Natur nicht offenbar, im Streit wird sie offenbar, daß sich ein iedes Ding erhe-

It is not dificult to find some similar sentences in Oetinger.[58] This is undoubtedly the concept of 'Revelation' (*Offenbarung*) which is crucial for a right understanding of Schelling's latest developments in philosophy, even under this title: *Philosophy of Revelation (Philosophie der Offenbarung)*: it is clearly a central concept in Boehme as well as in the representatives of Swabian Pietism, particularly in Oetinger and Hahn, which Schelling already uses in his *Philosophical Investigations*:

> Since it is undeniably real [i.e. evil], at least as general opposite, there can indeed be no doubt from the outset that it was necessary for the revelation of God; exactly this, results from what has been previously said as well. For, if God as spirit in the inseverable unity of both principles, and this same unity is only real in the spirit of man, then, if the principles were just as indissoluble in him as in God, man would not be distinguishable from God at all; he would disappear in God, and there would be no revelation and mobility of love. For every essence can only reveal itself in its opposite, love only in hate, unity in conflict. Were there no severing of principles, unity could not prove its omnipotence; were there no discord, love could not become real.[59]

The Absolute is not something being in a merely *abstract* way, but by its particular fighting against a particular instantiation of (non-transfigured) particularity, a thing – e.g. a man – *becomes* a factually existent or real instantiation of

---

bet, und will aus dem Streit fliehen in die stille Ruhe, und damit nur aus sich selber in ein anders lauft, und den Streit nur dadurch erwecket" (English by John Ellistone, in: *The Works of Jacob Behmen, The Teutonic Theosopher*, ed. by William Law, Vol. 4, London 1781, p. 12,27–32).

58   See Quero-Sánchez, *Oetingers Kritik am Platonismus* (2020) [note 43], p. 350. For Baader's interpretation of this crucial aspect in Boehme's Theology see id., *Hilflose Abstraktheit* (2021) [note 37].

59   Schelling, *Philosophical Investigations*, AA, I,17, p. 143,3–14 (English by J. Love and J. Schmidt [note 56], p. 41): "Da es unläugbar, wenigstens als allgemeiner Gegensatz, wirklich ist, so kann zwar zum voraus kein Zweifel seyn, daß es zur Offenbarung Gottes nothwendig gewesen; ebendieses ergiebt sich auch aus dem früher Gesagten. Denn wenn Gott als Geist die unzertrennliche Einheit beyder Prinzipien ist, und dieselbe Einheit nur im Geist des Menschen wirklich ist: so würde, wenn sie in diesem eben so unauflöslich wäre, als in Gott, der Mensch von Gott gar nicht unterschieden seyn; er ginge in Gott auf, und es wäre keine Offenbarung und Beweglichkeit der Liebe. Denn jedes Wesen kann nur in seinem Gegentheil offenbar werden, Liebe nur in Haß, Einheit in Streit. Wäre keine Zertrennung der Prinzipien, so könnte die Einheit ihre Allmacht nicht erweisen; wäre nicht Zwietracht, so könnte die Liebe nicht wirklich werden".

the Absolute: a particular thing existing – paradoxically – in an absolute manner. This is the way how God or the Absolute is revealed and made manifest: 'in the combat'. A condition, that is to say, a ground or foundation (ὑποκεί-μενον) (*hypokeímenon*), is therefore required for something to be a particular thing existing in an absolute manner. This is Schelling's correction of his original strict idealistic position to avoid a typically realistic critique as the one we find in Jacobi, Sailer and Baader. Every particular judge, for example *J*, is both denying his (non-transfigured) particular existence and precisely thereby *performing* his *true* particular existence by (under the assumption that both Peter Smith did actually kill his neighbour and *J* knows it) uttering the following (*identical*) sentence: 'Mr. Smith is guilty (of killing his neighbour)'. Particularity – I mean: 'not-transfigured' particularity – should be then presupposed as a mere foundation or condition to be denied for performing man's *true* – *transfigured* – particular existence. Hahn also insists again and again on this point: "[...] for without the earth as body, that is, without the lower or inferior life of the soul, which is also a birth, namely the birth of the flesh, God, as invisible mind [*Geist*], would not have any throne for the revelation [or manifestation] of His glorious being or likeness in us".[60] Earthly existence as the particular existence in flesh is therefore, Hahn says, nothing but "the ground or floor of a more elevated spiritual life".[61] For, as he adds to this, "the flesh is nothing but an arable field for the mind [*Geist*]".[62]

3.3 On Evil as a Real Principle

We have to understand Hahn's conception of evil in the light of what I have just explained. Evil is a real principle, existing just as a temptation for us to be overcome in order to perform thereby – by overcoming evil – our own *true* particular existence. For "if the good is to be triumphant, then evil must be overcome".[63] We clearly find the same conception of evil – not as a mere privation but – a real principle also in Oetinger, as well as in Schelling himself, who

---

60   Hahn, *Sammlung von Betrachtungen*, p. 904,1–6: "[...] weil ohne den Leib der Erde, ohne das niedre oder untere Leben der Seele, welche auch eine Geburt des Fleisches ist, GOtt, als ein unsichtbarer Geist, keinen Thron zur Offenbarung seines herrlichen Wesens oder Ebenbildes in uns hätte". See also ibid., p. 833,7–19.

61   Hahn, *Erbauungs-Stunden über den Brief an die Epheser*, p. 68,13f.: "der Fußboden des geistlichen höhern Lebens".

62   Hahn, *Erbauungs-Reden über den Brief an die Kolosser*, p. 117,13f.: "Das Fleisch ist nur der Acker des Geistes".

63   Hahn, *Erbauungs-Reden über den Brief an die Kolosser*, pp. 700,33–701,2: "Soll also das Gute zum Sieg kommen, so muß das Böse überwunden werden".

in this aspect is surely depending upon both Oetinger and Hahn,[64] although Hahn's influence on Schelling's understanding of evil began, as we will see, at a much more earlier time than in the case of Oetinger.[65]

Evil as a real principle is, according to Hahn, the result of man's original sin; but it is nevertheless a necessary condition – one to be overcome – for God's revelation: "For the [original] sin as the lapse of man as a result of his own choice also belongs to God's manifestation [or revelation]".[66]

Because of original sin, absolute being is not merely a *given* being for man but one he has to *perform by his own choice*:

> Why did God not give him (i.e. to man) immediately such a highest degree of perfection? Answer: Such a degree of perfection that he has to dress in virtue of his own right behaviour, can only be achieved by a wise use of the faculty of free choice; for not the bounded but only the free will constitutes our divine nobility.[67]

This is the reason why we do not have to see the original state of man in paradise before his lapse as the best state of man: because such an original state was not the result of the free choice of man; it was rather a merely *given* state and not one that the *individual* has achieved himself by his free choice and own labour:

> It would be a mistake to see the state of innocence before the lapse as a far too perfect one. The most perfect state of man should rather be grown from the life of the soul and the body to the life of mind (*ins Geistliche*); Adam was [therefore] nothing but the initial state for such a process of growing.[68]

---

64   See Quero-Sánchez, *Oetingers Kritik am Platonismus* (2020) [note 43], pp. 347–351. For Baader's theory of evil, which is also crucial in Schelling's *Freiheitsschrift*, see Quero-Sánchez, *Hilflose Abstraktheit* (2021) [note 37].

65   See below, p. 187.

66   Hahn, *Erbauungs-Reden über den Brief an die Kolosser*, p. 48,11 f.: "Denn auch die Sünde und der freywillige Verfall der Menschen gehörte zur Offenbarung GOttes".

67   Hahn, *Sammlung von Betrachtungen*, p. 202,20–27: "Warum hat ihm GOtt nicht gleich diesen höchsten Grad der Vollkommenheit gegeben? Antw. dieser Grad der Vollkommenheit, den er durch gutes Verhalten hätte anziehen sollen, kan ohnmöglich anders, als auf dem Weg des klugen Gebrauchs des freyen Willens erhalten werden: weil der freye, und nicht der gebundene Wille, unser eingedruckter göttlicher Adel ist".

68   Hahn, *Sammlung von Betrachtungen*, pp. 233,32–234,4: "Man verfehlt einen grossen Blick, wenn man den Stand der Unschuld vor dem Fall allzuvollkommen ansiehet. Es sollte alles

This was already the position maintained by the young Schelling in his philosophical dissertation at the *Tübinger Stift*, in 1792, as he was just 17 years old: *On the First Origin of Human Evil* (*De prima malorum humanorum origine*).[69] This clearly shows that Hahn's influence on Schelling – in contrast to which is the case with regard to both Boehme and Oetinger[70] – began at a very early stage of his philosophical career, namely at his time in the *Tübinger Stift* or – maybe – even earlier.

3.4 *Particular Performances of genuine or true Existence*

According to Hahn, God has, as we have seen, created (non-transfigured) particular existence or flesh just as an arable field, in which man himself – *every man* for himself – has *to perform* his genuine or true particular existence: "He [i.e. God] created the arable field, that is, He fashioned the body from the earth [...], but He did not create the seed that should be sown in this field".[71] The 'mind' (*Geist*) as the true or genuine existence of any particular being is not merely a certain *given* one but it is to be *performed*, namely *by every single man* in overcoming the 'non-transfigured body'. By a *particular* decision of a *particular* individual in some given *particular* situations against the dominion of the mere 'fleshly existence' absolute existence – being not *given* as such – is *performed*. In virtue of such a performance – or, more precisely said: in virtue of some different particular performances by some different particular individuals – God or the Absolute ceases to be a latent or hidden *abstractum*, becoming 'revealed' or 'manifested' in a particular history or in a concrete biography of a particular man. Hahn is thereby stressing the unicity, singularity, uniqueness or

---

aus dem seelischen und irrdischen Leben ins Geistliche wachsen: da stund nun Adam im Anfang dieses Wachsthums".

69   Cf. Schelling, *De prima malorum humanorum origine*, AA, Vol. I,1, p. 98,13–17: "Now, if someone set against our thesis that it would also be thinkable to admit the possibility of achieving a dignified existence without admitting the existence of so many evil events, it seems to me that he is then presupposing either that we are not human beings, or that we had not acquired such a dignified existence because of our own efforts but just by chance, so that it would then not be right to speak of a *dignified* existence" (*Qui vero nobis id obvertit, potuisse nos absque tot tantisque malis ad eandem altitudinem evehi, videtur is mihi, aut ut homines non simus, aut ut non nostris illam altitudinem viribus, sed immeritæ tantum alicui fortunæ benignitati debeamus, h.e. ut omnis illius dignitas pereat, postulare* [See also the German transl. by Reinhold Mokrosch, ibid., p. 146,7–12]).

70   Cf. Quero-Sánchez, *Go from your country* (2019) [note 21], pp. 232–234; id., *Oetingers Kritik am Platonismus* (2020) [note 43], pp. 336–342.

71   Hahn, *Sammlung von Betrachtungen*, pp. 828,30–829,3: "Er schuf den Acker, den aus der Erde gebildeten Leib [...]. Den Saamen, der in diesen Acker sollte gesät werden, schuf er nicht".

even distinctness of *each* – true or genuine – existence or of *each* – both really
and real – existing man, whose *absolute* existence is, he says, at the same time, a
particular one: the particular existence of a particular individual in a particular
situation: "Everyone has to suffer his own difficulties; that is what the Saviour
calls everyone's own cross. [...]. [...] everyone should therefore be resolved to
overcome his own temptations".[72]

A particular fighting against some particular difficulties in some particular
circumstancies of a particular life is the crucial aspect, according to Hahn, for a
true or genuine individual life as the life of a particular – and, at the same time,
absolute – being whoever. Hahn explicitly speaks in this context of a 'heroic'
attitude of man: "Now, Jesus Christ himself says: 'If you heroically overcome
these particular temptations in the particular opposition of the devil that you
have to suffer in your particular place in which you might live, then I will do
something extraordinary for you'".[73]

These are by no means exceptional passages in Hahn's works, but there are
some others in which he, again and again, stresses this fundamental aspect of
his Theology: Absolutness *is to be performed by the single person on his own particular way*. "It is not possible", he writes,

> to produce some light without presupposing an inner struggling striving.
> The light must be produced in every man. In everyone must occur his
> own birth, which can only happen with struggle and pain in every kind
> of living being. How could it be useful if we knew something about the
> revelation of God in Jesus Christ, having clear evidence of it, but never-
> theless without any personal experience of such a revelation in our own
> flesh? [...]. No one can find anything, unless by his own striving and by
> his own efforts, or, to express it more properly: no one can find anything,
> unless by his own striving and by his own efforts.[74]

---

72   Hahn, *Funeral Sermon on Rev. 2:17*, in: *Hinterlassene Schriften*, p. 156,20–22 and p. 157,19–21:
      "ein jeder Mensch hat etwas Eigenes zu leiden, welches der Heiland bei einem jeden sein
      eigenes Kreuz nennt. [...]. [...] so muß ein jeder doch in seinem Theil bei seinen eigenen
      Ueberwindungproben dazu entschlossen seyn".

73   Hahn, *Funeral Sermon on Rev. 2:17*, in: *Hinterlassene Schriften*, p. 160,1–7: "Nun sagt Jesus:
      wenn ihr diese besonderen Ueberwindungs-Proben bei dem besondern Widerstand und
      Versuchung des Teufels, den ihr an eurem Ort, wo ihr wohnet, zu dulden habt, helden-
      müthig überwindet; so will ich bei euch etwas außerordentliches thun".

74   Hahn, *Sammlung von Betrachtungen*, pp. 650,26–651,17: "Ohne innerliches, kämpfendes
      Suchen wird doch kein Licht erzeuget. Das Licht muß in jedem Menschen selbst erzeuget
      werden. Es muß in jedem eine eigene Geburt vorgehen, welche in keinem Geschöpf ohne
      Kampf und Schmerzen geschiehet. Was würde uns nutzen, die Offenbarung GOttes in

3.5 *"The sadness that clings to all finite life": On Hahn's Influence in Schelling's Philosophical Investigations into the essence of Human Freedom'*

As we have seen, the most important aspects in Schelling's philosophy as we find in both his *Philosophical Investigations* (1809) and his *Stuttgart Private Lectures* (1810) that can be considered in relationship with Hahn's Theology are also characteristic of both Boehme and Oetinger. Since the entries in Schelling's diary concerning Hahn are all from January 1810,[75] one could question whether Schelling's reading of Hahn did actually play a role in the so-called *Freiheitsschrift*. However, I think, there is a passage in this work, in which the influence of Hahn becomes particularly clear, namely the following one:

> All existence demands a condition so that it may become real, namely personal, existence. Even God's existence could not be personal without such a condition except that he has this condition within and not outside himself. He cannot abolish the condition because he would otherwise have to abolish himself; he can come to terms with the condition only through love and subordinate it to himself for his glorification. There would also be a ground of darkness in God, if he had not made the condition into his own, bound himself to it as one and for the sake of absolute personality. Man never gains control over the condition, although in evil he strives to do so; it is only lent to him, and is independent from him; hence, his personality and selfhood can never rise to full actuality. This is the sadness that clings to all finite life: and, even if there is in God at least a relatively independent condition, there is a source of sadness in him that can, however, never come into actuality, but rather serves only the eternal joy of overcoming. Hence, the veil of dejection that is spread over all nature, the deep indestructible melancholy of all life. Joy must haver suffering, suffering must be transfigured in joy.[76]

JEsu zu wissen, und davon die deutlichste Beweise haben, wenn nicht auch eben diese Offenbarung GOttes in unserem Fleisch geschähe? [...]. Damit nun niemand ohne eignes suchen finde, oder eigentlicher: weil ohne eignes suchen und bemühen nichts gefunden werden kan". See also ibid, p. 604,2–5; *Funeral Sermon on Rev. 2:17*, in: *Hinterlassene Schriften*, p. 155,26–30.

75   See above, pp. 163 f.
76   Schelling, *Philosophical Investigations*, p. 164,16–32 (English by J. Love and J. Schmidt [note 57], pp. 62 f.): "Alle Existenz fodert eine Bedingung, damit sie wirkliche, nämlich persönliche Existenz werde. Auch Gottes Existenz könnte ohne eine solche nicht persönlich seyn, nur daß er diese Bedingung in sich, nicht ausser sich hat. Er kann die Bedingung nicht aufheben, indem er sonst sich selbst aufheben müßte; er kann sie nur durch Liebe

It is not difficult to recognize this passage as depending on Schelling's reading of Hahn, who in his *Meditations and Sermons for the Dominical and Feast
Days Gospels* writes in a similar manner: "The true birth of the mind [*des
Geistes*] cannot occur without birth pang, fear and sadness".[77] And that is by no
means an isolated sentence but there are some others stressing such an aspect.
"The light", Hahn writes, "is born from the fear".[78] In another sermon of this
same collection – which Schelling, I would suggest, read (at least *again*) by the
time as he composed his *Philosophical Investigations* –, Hahn states in a similar manner: "It is very surprising that even sadness, fear, doubt and a feeling of
darkness should be the way to light and joy".[79] There might be some similarities
between these passages by Hahn and some others by Jacob Boehme. Schelling
is surely depending upon Boehme, when he, in his *Stuttgart Private Lectures*,
speaks both of a 'dreadful' and an 'awful reality': *eine schreckliche Realität*;

---

bewältigen, und sich zu seiner Verherrlichung unterordnen. Auch in Gott wäre ein Grund
der Dunkelheit, wenn er die Bedingung nicht zu sich machte, sich mit ihr als Eins und
zur absoluten Persönlichkeit verbände. Der Mensch bekommt die Bedingung nie in seine
Gewalt, ob er gleich im Bösen danach strebt; sie ist eine ihm nur geliehene, von ihm unabhängige; daher sich seine Persönlichkeit und Selbstheit nie zum vollkommenen Aktus
erheben kann. Dieß ist die allem endlichen Leben anklebende Traurigkeit: und wenn auch
in Gott eine wenigstens beziehungsweise unabhängige Bedingung ist, so ist in ihm selber
ein Quell der Traurigkeit, die aber nie zur Wirklichkeit kommt, sondern nur zur ewigen
Freude der Ueberwindung dient. Daher der Schleyer der Schwermuth, der über die ganze
Natur ausgebreitet ist, die tiefe unzerstörliche Melancholie alles Lebens. Freude muß Leid
haben, Leid in Freude verklärt werden". The editors are, so it seems, not particularly famil-
iar with Hahn's Theology, since this new edition of Schelling's *Freiheitsschrift*, which we
should expect as being authoritative for the next decades, unfortunately contains no reference to Hahn whatsoever. See also Schelling, *The Ages of the World* (*Third Version*), SW,
Vol. 8, p. 319,22–29 (English by de Wolfe Bolman [note 57], p. 209 [cf. also the translation
by Wirth [note 57], p. 89]); ibid., p. 335,16–32 (English by de Wolfe Bolman [note 57], p. 225;
English by Wirth [note 57], p. 101).

77   Hahn, *Sammlung von Betrachtungen*, p. 276,22–24: "Die eigentliche Geburts-Stunde des
        Geistes gehet nicht ohne Geburtsschmerzen vorüber [...] Angst und Traurigkeit [...]".

78   Hahn, *Sammlung von Betrachtungen*, p. 643,5 f.: "Das Licht wird aus der Angst gebohren".

79   Cf. Hahn, *Sammlung von Betrachtungen*, p. 278,7–23: "God produces light from the dark-
        ness even now. Every truth that one merely knows by narration must now be elevated
        to [real] light and life through a birth from the sadness. There are some certain truths
        that involve the most important light, but they also require the most difficult struggle and
        annoyance. [...]. It is surprising that even sadness, fear and a feeling of darkness should
        be the way to light and joy" ("[...], so ruft GOtt doch auch jezo noch, das Licht aus der Fin-
        sterniß hervor. Jede Wahrheit, die man nur durch Erzählung gehört hat, muß durch eine
        Geburt der Traurigkeit zu Licht und Leben werden; und es sind gewisse Wahrheiten, die
        das gröste Licht bringen, aber auch den meisten Kampf und Aergerniß vor sich hergehend
        haben. [...]. Das wunderbahreste ist, daß just Traurigkeit, Angst, Zweifel, und das Gefühl
        der Finsterniß, der Weg zum Licht und zur Freude seyn solle").

eine furchtbare Realität.[80] In the just quoted passage of his *Freiheitsschrift*, by speaking of "the sadness that clings to all finite life" (*die allem endlichen Leben anklebende Traurigkeit*), "the source of sadness [...] that serves only the eternal joy of overcoming" (*ein Quell der Traurigkeit, die aber [...] nur zur ewigen Freude der Überwindung dient*), as well as of "the deep indestructible melancholy of all life" (*die tiefe unzerstörliche Melancholie alles Lebens*), Schelling seems to me to be rather depending on the reading of Hahns works, particularly his *Meditations and Sermons for the Dominical and Feast Days Gospels*.

Schelling's *later* – as well as his *latest* – developments in philosophy are clearly to be seen in the light of Boehme and the main representatives of the so-called 'Swabian Pietism', not only Oetinger and Hahn, but surely also Bengel. Does this mean that his later philosophy is to be considered rather as a kind of Theology or even as a kind of regression to an irrationalistic form of thinking? I do not think so. Schelling, rather, was looking for the rational structure underlying the so-called 'German mysticism'; and he was doing so, not only from 1806 onwards, but from even before that, when he was a young student in Tübingen.[81]

---

80 Cf. Schelling, *Stuttgart Private Lectures*, AA, Vol. II,8, pp. 100,24–102,2. See on this Quero-Sánchez, *Go from your country* (2019) [note 21], pp. 232–238.

81 Cf. Quero-Sánchez, *Schellings neuzeitliche Repristination* (2014) [note 22], pp. 194–219; id., *Head and Father* (2020) [note 15]; id., *Die 'mystische' Voraussetzung* (2018) [note 16].

9

Mystik bei Franz von Baader (1765–1841)

Alberto Bonchino

Que l'on ne saurait trop répéter que
la théologie n'est que la physiologie de l'éternité,
et la physiologie la théologie du temps.[1]

∵

1 Einleitung

In der philosophiegeschichtlichen Forschung der Gegenwart setzt sich mehr und mehr der Gedanke durch, dass Epochen- und Gesamtbegriffe wie ‚Deutsche Romantik‘ oder ‚Deutscher Idealismus‘, die in der geistesgeschichtlichen wissenschaftlichen Praxis beständig verwendet werden, zu problematischen Verkürzungen führen können. So werden ideengeschichtliche Sachverhalte und wichtige Hintergründe (Zusammenhänge, Abhängigkeiten, Konflikte, Aus- und Einwirkungen) im geistigen Geschehen des jeweils in den Blick genommenen ‚Denkraums‘ beinahe unvermeidlich ausgeblendet.[2] Deshalb ist den herkömmlichen Methoden der ‚Begrenzung‘, die eine implizite „monumentalisierende Tendenz" in der Aufarbeitung des ideengeschichtlichen Geschehens haben, die Einführung von historischen Verfahrensweisen vorzuziehen, die ‚Öffnung‘ bzw. „Erweiterung des Horizonts"[3] intendieren und so die jeweiligen Möglichkeitsbedingungen und Zusammenhänge mit in den Blick nehmen.[4] Auf diese Weise versucht man unangemessene Vereinfachungen zu

---

1 Franz von Baader nach einer Mitschrift von August Sougey-Avisard; vgl. „Mes Entretiens avec François Baader (le 16 novembre 1840)", in: Eugène Susini, *En marge du Romantisme: Portrait et correspondance d'Auguste Sougey-Avisard (1818–1889)*, München 1975, S. 650.

2 Vgl. Dieter Henrich, *Konstellationen: Probleme und Debatten am Ursprung der idealistischen Philosophie (1789–1795)*, Stuttgart 1991, S. 220 f.

3 Vgl. Dieter Henrich, „Konstellationsforschung zur klassischen deutschen Philosophie", in: *Konstellationsforschung*, hg. von Martin Mulsow und Marcelo Stamm, Frankfurt a.M. 2005, S. 15–30, hier S. 26.

4 Vgl. ‚Vorwort‘, in: Mulsow / Stamm, *Konstellationsforschung* (2005) [Anm. 3], S. 7.

vermeiden, die den Anschein haben, dass eine historische Epoche ein monolithischer Gegenstand und nicht ein vielseitiger und lebhafter ‚Denkraum' wäre.[5] „Es gibt die Gefahr", wie Hans Jörg Sandkühler betont, „das Ganze komplexer und widersprüchlicher *Konstellationen* aus den Augen zu verlieren" und sich auf wenige Hauptautoren (die sogenannten ‚großen Meister') zu fixieren, „gerade so, als hätten sie nicht in einer Zeit außerordentlich aktiver philosophischer Diskussionen geschrieben, die von vielen mittlerweile fast vergessenen, aber jedenfalls damals wichtigen Gesprächsteilnehmern mit getragen wurden".[6] Diese Gefahr ist im innerkatholischen Modernitätsdiskurs jüngst von Georg Essen exemplarisch veranschaulicht worden.[7] Dabei wurde unter anderem dargelegt, wie und namentlich welche Theologiekonzepte und Theologietraditionen, „sich konstruktiv auf eine Auseinandersetzung mit Positionen der Klassischen Deutschen Philosophie einließen", durch dergleichen historische Verkürzungen bzw. Fehldeutungen weithin marginalisiert und dann dem Vergessen preisgegeben und somit der Bedeutungslosigkeit ausgeliefert wurden. Neben den Namen Hermes, Günther, Sailer, Drey und Kuhn wird dort auch Franz von Baader zitiert.[8] Der folgende Beitrag versucht, der vielschichtigen Figur des Münchener Privatgelehrten und universal ausgerichteten Philosophen und Theologen Baader gerecht zu werden, die in den damaligen Auseinandersetzungen und Debatten um sachlich gewichtige „Streitsachen um göttliche Dinge"[9] mit dem Geist und den Entwicklungen seiner Zeit auch bei Hegel, Schelling und Jacobi eine wichtige Rolle spielt. Spezifischer soll dabei Baaders Begriff der ‚Mystik' herausgearbeitet werden, mit dem er sich Zeit seines Lebens sowohl systematisch als auch historisch – hier greift er auf Saint-Martin, Böhme und Eckhart zurück – konfrontiert hat und mit derer Hilfe er

---

5   Zum Denkraumbegriff siehe Marcelo R. Stamm, „Konstellationsforschung – Ein Methodenprofil: Motiv und Perspektiven", in: Mulsow / Stamm, *Konstellationsforschung* (2005) [Anm. 3], S. 31–73, hier S. 35 f.

6   Hans Jörg Sandkühler, „Idealismus", in: *Enzyklopädie Philosophie*, hg. von Hans Jörg Sandkühler unter Mitwirkung von Dagmar Borchers, Armin Regenbogen, Volker Schürmann, Pirmin Stekeler-Weithofer, Hamburg 2010 (3 Bde. und CD-ROM), Bd. 2, S. 1026–1040, hier S. 1028.

7   Georg Essen, „Die philosophische Moderne als katholisches Schibboleth", in: *Gott – Selbst – Bewusstsein: Eine Auseinandersetzung mit der philosophischen Theologie Klaus Müllers*, hg. von Saskia Wendel und Thomas Schärtl, Regensburg 2015, S. 139–156.

8   Essen, *Die philosophische Moderne* (2015) [Anm. 7], S. 144. Siehe auch Georg Essen, „Moderne –Katholische Theologie", in *Handbuch Moderneforschung*, hg. von Friedrich Jaeger, Wolfgang Knöbl und Ute Schneider, Stuttgart 2015, S. 309–318.

9   Vgl. *Philosophisch-theologische Streitsachen. Pantheismus – Atheismus – Theismusstreit*, hg. von Georg Essen und Christian Danz, Darmstadt 2012.

seine Alternative einer religiösen Philosophie aus dem Geist des Christentums den idealistischen Denksystemen eines Kant, Hegel, Jacobi und Schelling entgegenstellt.[10]

2   Philosophie und Mystik

Baaders Verhältnis zur Mystik ist im Wesentlichen der Versuch, seine Philosophie als Synthese von christlichem Dogma und idealistischer Spekulation zu etablieren. Baader will das Christentum und die moderne Philosophie der Freiheit und Vernunft systematisch zusammenführen bzw. eine Philosophie der Religion errichten, die sich nicht nur als christliche Philosophie im Sinn des Spätidealismus, sondern zugleich als Philosophie des Christentums präsentiert. Dabei sollen Gegenstand und Aussagen der religiösen Offenbarung des Christentums und Judentums spekulativ erfasst werden und philosophisch zur Darstellung kommen.

Eine solche Einheit von offenbarendem Denken und Denken der Offenbarung ist für Baader keineswegs unmöglich, wenn man denkt, dass „so [...] auch anfangs die Theologie und die Philosophie nur eine und dieselbe Wissenschaft" waren.[11] Diese ist aber in Baaders Perspektive nicht mit einer Religionsphilosophie zu verwechseln, die bloß über das Faktum der Religion redet.[12] Es handelt sich dabei vielmehr um eine Philosophie, welcher selbst „religiöser Sinn und Bedeutung" innewohnen.[13] Verstanden wird darunter eine Spekulation, bei der Glauben und Wissen nicht unversöhnlich auseinanderfallen, sondern der Glauben zum Wissen führt und das Wissen im Glauben steht.

Dabei ist, wie Peter Koslowski betont hat, zu beachten, dass die Unterscheidung von Religion und Philosophie bei Baader keine inhaltliche, sondern allein eine methodische ist: „Der Inhalt beider ist das sich offenbarende Sein, das Sein Gottes und die Offenbarungsgeschichte von Schöpfung, Fall und Erlösung

---

10   Vgl. Albert Franz, „Franz von Baader (1765–1841)", in: *La théologie: Une anthologie*, hg. von Bernard Lauret, Bd. 5: *La modernité*, hg. von Albert Franz und Peter Neuner, Paris 2016, S. 163–165, hier S. 164.

11   Baader, *Vorlesungen über speculative Dogmatik*, erstes Heft, Münster 1828, S. 45,31 f. (vgl. SW, Bd. 8, S. 54,30 f.).

12   Vgl. Baader, *Fermenta cognitionis*, viertes Heft, Berlin 1823, S. 10,17–13,23 (§ 5) (vgl. SW, Bd. 2, S. 280,24–284,21).

13   Vgl. Baader, *Vorlesungen über religiöse Philosophie*, erstes Heft, München 1827, S. 9,7–21 (§ 6) (vgl. SW, Bd. 1, S. 169,1–170,21).

der Welt".[14] Während aber die Religion aus der Menschen- und Welterkenntnis die Inhalte der Offenbarung gewinnt, rekonstruiert die Philosophie – ausgehend von dem theologischen Fundamentalsatz „der Mensch sei Bild Gottes" und Telos von dessen Schöpfung[15] – die Erzählung der vor- und übergeschichtlichen christlichen Offenbarung.[16] Bezeugt wird damit die Gegenwart einer Ordnung über dem Menschen, deren objektive Gestalt im Menschen und in der Natur widerscheint.[17] Baaders religiöse Spekulation steht also im Glauben. Dieser aber wird – als Glaube daran, dass etwas geschehen ist – gerade nicht ‚gefühlt' oder ‚gespürt', sondern von vornherein als positives Wissen, welches die menschliche Ratio durchdringen kann, anerkannt.[18] In diesem Sinn ist nach Baader alle Offenbarung als Erzeugnis des göttlichen Gedankens ein dem Menschen Gegebenes, somit aber zugleich ein dem Menschen Aufgegebenes.

---

14   Peter Koslowski, *Philosophien der Offenbarung: Antiker Gnostizismus, Franz von Baader, Schelling*, Paderborn 2001, S. 293.

15   Baader, *Vorlesungen über speculative Dogmatik*, erstes Heft, Münster 1828, S. 51,26–52,5 (vgl. sw, Bd. 8, S. 61,22–62,2). In diesem Sinn hängen Anthropologie und Theologie unmittelbar zusammen, denn die anthropologischen Aussagen über den Menschen als Bild Gottes verweisen *per analogiam* auf das Original des Bildes, auf Gott. So könnte Baader als Vorläufer der *analogia-entis*-Lehre der Neuscholastik gelten.

16   In diesem Zusammenhang soll ‚Erzählung' begrifflich im Sinn von Wilhelm Schmidt-Biggemann, *Geschichte wissen: Eine Philosophie der Kontingenz im Anschluss an Schelling*, Stuttgart-Bad Cannstatt 2014, aufgefasst werden; vgl. z.B. ebd., S. 22: „Nur die Erzählung kann das Vergangene als Vergangenes gegenwärtig machen, die Unwiederbringlichkeit des Geschehenen als der Gegenwart inhärent darstellen und daraus die Erwartung an das Zukünftige gewinnen. So erblüht die Hoffnung, dass sich die Zukunft vollende und an ihr Ziel, die Vereinigung des Geschiedenen gelange – und solange das nicht geschieht, ist die Zukunft eine Tragödie. Das wäre die Tragödie der Weltgeschichte ohne die Wiederkunft des Herrn"; ferner S. 51: „Wenn das Ereignis des Zu-kommenden oder Zukünftigen sich nur ertragen lässt, indem es als Vergangenheit begrifflich qualifiziert und in diesem Prozess verzeitlicht wird, dann kann vom Ereignis nur erzählt werden. Die Erzählung ist die einzige Sprachform, in der sich Zeit zur Erscheinung bringen lässt. Das Erzählen eines Ereignisses entfaltet die Struktur der Ereigniszeit. Diese Zeit ist durch die Differenz zwischen Ereignis und Benennen gekennzeichnet. Das ist eine Einsicht, die Derrida von Heidegger gewonnen und ‚différance' genannt hat. Man kann erst vom Ereignis reden, wenn es vorbei ist. Im Erzählen wird evident, wie das Ereignis zeitliche Folgen konstituiert".

17   Vgl. Ernst Benz, „Baader und der abendländische Nihilismus", in: *Archiv für Philosophie* 3 (1949), S. 29–52, hier S. 43: „Für Baader [...] ist die christliche Religion, die Offenbarung der göttlichen Wahrheit und der göttlichen Seinsordnungen, also nicht ein Komplex menschlicher Vorstellungen, sondern die objektive Welt der göttlichen Ordnungen und Kräfte, die das Universum im Gang erhalten".

18   Vgl. Stefan Koslowski, *Idealismus als Fundamentaltheismus: Die Philosophie I.H. Fichtes zwischen Dialektik, positiver Philosophie, theosophischer Mystik und Esoterik*, Wien 1994, S. 117 f.

Auf diese Weise beabsichtigt Baader die Trennung von ‚spekulativen und historischen oder empirischen Elementen' bzw. von Transzendenz und Faktizität
zu überwinden.[19]

In dieser Perspektive bildet das Dogma den Ausgangspunkt des Philosophierens.[20] Nach Baader ist die Irreligiosität all jener Philosopheme offensichtlich,
die diese Prämisse nicht berücksichtigen.[21] Demgegenüber ist es die unmittelbare, im Voraus postulierte Präsenz des Absoluten, des Seins Gottes, die es
Baaders Philosophie ermöglicht, das Verhältnis von subjektivem Denken und
objektivem Offenbarungswissen miteinander zu vermitteln.[22] Ohne diese Präsenz wäre seine Philosophie nicht denkbar. Insofern stellt Baader dem Car-
tesischen Axiom *cogito, ergo sum* sein *cogitor (a deo) ergo sum* entgegen, das
programmatisch lautet: „ich werde gedacht, darum bin ich".[23] Nur von dieser
Dimension aus, in der – nach der scholastischen Formel – *totum in toto, et totum*

---

19 Vgl. Baader, *Vorlesungen über speculative Dogmatik*, zweites Heft, Münster 1830, S. 13,11 f.
    (vgl. SW, Bd. 8, S. 204,27 f.).

20 Denn dies ist allein „*das eigentlich Positive weil Gegebene*" und nur davon ausgehend ist es
    möglich, zum wahren Wissen zu gelangen und mithin die Gewissheit der Unmöglichkeit
    des Wissens selbst zu meiden; vgl. Baader, *Vorlesungen über speculative Dogmatik*, erstes
    Heft, Münster 1830, S. 14,17 (vgl. SW, Bd. 8, S. 17,4).

21 Jeglicher philosophische Versuch, der nicht mit Gott anfängt bzw. sich als selbstgenügsam
    versteht, ist für Baader unvermeidlich dazu bestimmt, auch den Menschen zu negieren.
    Denn indem er sich nicht auf die Kreatur als Geschöpf gründet, entzieht er *in facto* der-
    selben ihr eigenes Fundament und lässt sie dabei in einen theophobischen Nihilismus
    abfallen. Vgl. Benz, *Baader und der abendländische Nihilismus* (1949) [Anm. 17], S. 33 und
    S. 37, und Otto Pöggeler, „‚Nihilist' und ‚Nihilismus'", in: *Archiv für Begriffsgeschichte* 19/1
    (1975), S. 197–210.

22 Die christliche Offenbarung, vor allem das Dogma der Dreieinigkeit als vorausgesetzte
    Wahrheit zu akzeptieren, heißt nach Baader nicht, dass die göttliche Kunde nicht speku-
    lativ genug durchdacht werden kann, denn in Übereinstimmung mit Thomas von Aquin
    gilt hier für Baader das Prinzip: *Deum trinum esse non creditur, sed scitur*, wenngleich vom
    Standort des Menschen aus, das heißt nur bildlich oder kreatürlich gemäß dem scholas-
    tischen Satz: *quidquid concipitur secundum modum concipientis concipitur*. Vgl. Baader,
    Revision der Philosopheme der Hegelschen Schule, Stuttgart 1839, S. 148,9–25 (vgl. SW, Bd.
    9, S. 415,19–416,5) (vgl. Thomas von Aquin, *Quaestiones disputatae de veritate*, q. 12, art. 6,
    arg. 4, ed. Leonina, Bd. 22, Rom 1970, S. 385b,35 f.: *Quidquid recipitur in aliquo, est in eo
    per modum recipientis*; *Summa Theologiae*, I, q. 12, art. 4, ed. Leonina, Bd. 4, Rom 1888,
    S. 120b,47–49: *Cognitum [...] est in cognoscente secundum modum cognoscentis*).

23 Baader bezieht sich dabei auf Paulus. Wiederholt verweist er auf Gal. 4,9 und 1 Kor. 13,12
    und hebt hervor, dass Paulus dort auf das „Wissen seines [des Menschen] Gewusstseins
    von Gott" rekurriert und in diesem Sinn „von unserer dermaligen unvollkommenen und
    indirecten Erkenntniss (als im Spiegel) im Unterschiede einer künftigen vollständigen
    Erkenntniss, wo wir erkennen werden, wie wir erkannt sind, von Angesicht zu Angesicht"
    spricht; vgl. Baader, *Socialphilosophische Aphorismen*, Nr. 1: *Aus meinem Tagebuche*, SW, Bd.

in qualibet parte,[24] wird das „*Gewissen*" zum Ort der „*Gewissheit*".[25] „Wenn [...]
der Mensch von Gott gedacht ist und ohne dieses von Gott Gedachtwerden
nicht wäre, so kann er auch seines Seins nur gewiss sein, indem er sich von
Gott gedacht weiss".[26]

Von diesem Standpunkt aus kann Baaders philosophische Methode als ‚mystisch' bezeichnet werden, denn sie schließt „von dem, was einmal in der äußeren Welt geschah, auf das Innere des Menschen und vom Inneren des Menschen auf das, was einmal in der Geschichte geschah".[27] Diese innere Erfahrung kann den Glauben an die historischen Ereignisse der Schriften als Offenbarung Gottes weder erzeugen noch beweisen, dennoch kann sie nach Baader lehren, den Glauben zu verstehen bzw. ihn zu bestätigen und zu erweisen. In diesem Zusammenhang dürfen Philosophie und Mystik sogar als Synonyme gelten, denn zwischen beiden besteht für Baader inhaltlich kein Unterschied:

> Es ist ein verwirrender Mißverstand, mit den Rationalisten von einer
> (doktrinellen) Mystik zu sprechen, welche etwas Andres wäre als Specu-
> lation, und man thut darum sehr Unrecht daran, diese auf einem Miß-
> verständnisse beruhende Benennung einer mystischen Erkenntniß noch

      5, S. 259,12–17. Ferner siehe Josef Blank, „Gnosis und Agape: Zur christologischen Struk-
tur paulinischer Mystik", in: *Grundfragen christlicher Mystik*, hg. von Margot Schmidt in
Zusammenarbeit mit Dieter R. Bauer, Stuttgart-Bad Cannstatt 1987, S. 1–13.

24   Siehe dazu etwa Thomas von Aquin, *Summa contra gentiles*, IV, Kap. 67, ed. Leonina, Bd.
15, Rom 1930, S. 217a,3–b,2.

25   Dies lässt sich, so Baader, *Vorlesungen über speculative Dogmatik*, drittes Heft, Münster
1833, S. 56,18–25 (einschl. Anm. 2) (vgl. sw, Bd. 8, S. 360,17–23 [einschl. Anm. 3]), auch
etymologisch nachweisen, insofern das ‚Ge-' „nämlich mit dem griechischen *syn* und lateinischen *con* gleichbedeutend" ist, so dass dieses *Ge-* eben „ein Mitwissen" (*con-scientia*)
ausdrückt.

26   Vgl. Baader, *Erläuterungen zu sämmtlichen Schriften Louis Claude de Saint-Martin's*, sw, Bd.
12, S. 238,8–11 (zu *Le nouvel homme*). Aus dieser geschöpflichen Selbstgewissheit in Gott,
die sich erst recht als eine Wechselseitigkeit dialektischer bzw. dialogischer Vermittlung
zwischen Erkennen und Erkanntwerden profiliert und die Einseitigkeit einer monologi-
schen Reduktion in der Reziprozität des Gebens und Nehmens ausschließt (vgl. *Vorlesungen über speculative Dogmatik*, zweites Heft, Münster 1830, S. 14,11–15,6 [vgl. sw, Bd. 8,
S. 206,2–28]), kann eine hierarchische Ableitungsbeziehung entstehen, die das absolute
Sein Gottes gewährleistet, ohne die menschliche Existenz zu leugnen (ebd., S. 38,15–42,29
[vgl. sw, Bd. 8, S. 230,22–234,26]).

27   Peter Koslowski, *Die Prüfungen der Neuzeit*, hg. von Peter Engelmann, Wien 1989, S. 143.
Siehe auch Heinz-Jürgen Görtz, *Franz von Baaders ‚Anthropologischer Standpunkt'*, Freiburg i.B. 1977, S. 122–132; Lidia Proceси, *La dogmatica speculativa di Franz von Baader*, Turin
1977, S. 7 f.

beizubehalten, wonach man ein Christ und Theolog seyn könnte, ohne ein mystischer Christ und Theologe zu seyn.[28]

Sowohl die Philosophie als auch die Mystik beanspruchen also kein höheres Wissen, sie machen indes, in Baaders Perspektive, die metaphysische Erfahrbarkeit der von der Offenbarung als geschehen behaupteten Ereignisse geltend. Allerdings unterscheidet Baader zwischen einer ,doktrinellen' und einer ,nicht doktrinellen Mystik': Während die erste, wie die religiöse Philosophie, das Sein Gottes und die Offenbarungsgeschichte von Schöpfung, Fall und Erlösung der Welt spekulativ erkennen und somit dem Menschen die Erfahrung des Göttlichen in der theoretischen Behandlung der Gotteslehre und der Offenbarungsgeschichte eröffnen will, strebt die zweite die Erfahrung der Verbundenheit des göttlichen und des endlichen Selbst an:

> Womit [ist] denn auch der Irrthum mehrerer Mystiker widerlegt, welche [...] dieses Ich selbst [...] im mystischen Tode zu Grunde gehen lassen möchten, gerade als ob das Geschöpfgewordenseyn die Sünde selber wäre, und als ob das Geschöpf durch seinen Selbstmord seinen Schöpfer zu entsündigen hätte.[29]

Zwar teilt Baader mit dieser Art ,Gefühlsmystik'[30] die Überzeugung von der Erfahrbarkeit des Lebens Gottes im Menschen, doch gibt er zugleich zu bedenken, dass die Modi ihres Wirkens darin ebenso wie in der „abstracten Begriffsphilosophie" schlecht eingelöst sind.[31] Mystik soll für Baader kein Sonderwissen oder keinen Sonderweg zum Absoluten darstellen. Sie besteht allein in der Erkenntnis des Gegründetseins des endlichen Bewusstseins (als Partizipation durch sein Abbildsein) im absoluten Selbstbewusstsein. Von daher soll sie nach Baader die Grenze zwischen Gott und Menschen nie aufheben oder

---

28   Baader, *Ueber die Incompetenz unsrer dermaligen Philosophie*, in: *Blätter aus Prevorst, Neunte Sammlung*, Stuttgart 1827, S. 1–31, hier S. 26,5–12 (Anm. 12) (vgl. SW, Bd. 4, S. 314,20–25 [Anm. 1]).

29   Baader, *Fermenta cognitionis*, fünftes Heft, Berlin 1824, S. 64,3–65,19 (§ 23) (vgl. SW, Bd. 2, S. 354,1–355,5).

30   Baader, *Vorlesungen über speculative Dogmatik*, zweites Heft, Münster 1830, S. 15,30–16,8 (vgl. SW, Bd. 8, S. 207,19–28); ebd., S. 51,22–52,34, Anm. (vgl. SW, Bd. 8, S. 243,21–38).

31   Baader, *Ueber Religions- und religiöse Philosophie*, in: *Kirchenzeitung für das Katholische Deutschland*, Jahrgang 1831, Nr. 13, S. 49–52 und Nr. 14, S. 50–55, hier S. 50a,37–50b,51 (Anm.) (in: PSA, ed. Baader, Bd. 2, S. 440,37–441,40 [Anm.]) (vgl. SW, Bd. 1, S. 324,29–325,37 [Anm. 2]).

auch bloß verwischen. Es geht dabei nicht um eine überzogene theistische Gottesvorstellung, sondern um Gott als göttliche Person. Die „Selbstkenntniß des Menschen", schreibt Baader, ist „keine Selbsterfindung und kein Selbstgemächte".[32] Nur durch „Theilhaftwerden und Seyn des göttlichen Urselbstbewußtseyns (des absoluten Geistes)" können wir zum Selbstbewusstsein gelangen. Das heißt, mit anderen Worten, „daß *wir uns nur wissen, in soferne wir Gott, und unser [...] Gewußtseyn von ihm wissen*".[33] Es heißt dann:

> Mehrere Mystiker irren darin, dass sie dieses ‚Sich verlieren des Menschen in Gott' als den *Zwek* uns vorstellen, wonach solche mystische Confusion zu einer wahren Mystification unsers eignen Seyns ausschlagen würde (eine Irrlehre, die öfters zur Willens- und Verstandes-Faulheit führte) wogegen gezeigt werden muss, wie jenes Sich verlieren nur [als] *Mittel* und Uebergangsmoment zu einem Anderst sich wieder finden ist, aus einem Falschen sich gefunden haben.[34]

Der Grund aller Erkenntnis liegt somit für Baader nicht in der „Confusion" des Gefühls, sondern in der „Tiefe des Gemüts".[35] Für solche ‚spekulierende Mystik' werden die „sogenannten Mystiker vergangner Zeiten" respektive Meister Eckhart, Tauler und Böhme fruchtbar gemacht.[36]

3   Religion und Philosophie: Lebendiger Organismus, heilige Physik, Geheimnis

Die Tagebuchnotiz vom 26. Dezember 1786, in welcher der einundzwanzigjährige Baader, Herder beipflichtend, schreibt: „Erste und letzte Philosophie ist und bleibt doch immer Religion",[37] enthält *in nuce* die Deutung der Mystik,

---

32   Baader, *Vorlesungen über speculative Dogmatik*, zweites Heft, Münster 1830, S. 10,9 f. (vgl. sw, Bd. 8, S. 202,4 f.).

33   Baader, *Recension von M. Bonald, ‚Recherches philosophiques'*, in: *Jahrbücher der Literatur* 1825, Bd. 30, S. 1–24; Bd. 31, S. 70–99; hier Bd. 31, S. 81,34–82,2 (vgl. sw, Bd. 5, S. 95,27–96,2).

34   Baader, *Fermenta cognitionis*, zweites Heft, Berlin 1823, S. 53,3–15 (§ 21) (vgl. sw, Bd. 2, S. 227,17–24).

35   Baader, *Vorlesungen über speculative Dogmatik*, zweites Heft, Münster 1830, S. 14–17 und S. 21 f. (vgl. sw, Bd. 8, S. 207,25–208,14).

36   Vgl. Baader, *Vorlesungen über speculative Dogmatik*, zweites Heft, Münster 1830, S. VII,27–VIII,16 (vgl. sw, Bd. 8, S. 199,23–200,4).

37   Baader, *Jugendtagebücher*, ed. Baumgardt, *Seele und Welt*, S. 105,16 (26. Dezember 1786) (vgl. ed. Bonchino / Franz, S. 80,43 f.).

wie sie hier anhand von Baaders späteren Schriften und Vorlesungen erläutert wurde. Es handelt sich um eine Auffassung, die ihm derart präsent und seit seiner Jugend selbstverständlich ist, dass er sie in all seinen Schriften voraussetzt und je neu, selbständig und originell expliziert. Insofern hat Xavier Tilliette recht, wenn er Baader als „religiösen Schriftsteller und Denker" definiert.[38] Baaders *Jugendtagebücher*, in denen er auf Herder, Claudius, Lavater, Jacobi und Hemsterhuis Bezug nimmt, legen ausgiebig Zeugnis dafür ab.

Baaders Hauptanliegen ist und bleibt Zeit seines Lebens die Vereinigung von Philosophie und Religion. In der Vorrede des 1813 an der Münchener Akademie der Wissenschaften gehaltenen Vortrags, der programmatisch den Titel *Ueber die Begründung der Ethik durch die Physik* trägt, schreibt Baader:

> Die Absicht und Tendenz dieser [...] Rede ist keine andre, als, einerseits die Einstimmigkeit der Schrift- und Naturlehre ([...] die *Harmonia luminis Naturae et Gratiae*) wieder in Erinnerung zu bringen, anderseits das Unwesen jener neueren Moral zu beleuchten, welche [...] immer unverhohlner sich von Religion und Physik, von Gott und Natur lossagt.[39]

Baaders Ziel ist es, eine „heilige Physik" zu errichten,[40] die das Sein nicht in zwei entgegengesetzte Bereiche (Natur und Geist) trennt, sondern sich auf eine sich prozessual erzeugende Einheit gründet. „Die sogenannte sinnliche, materielle Natur" – schreibt er in seinem Tagebuch – „ist Symbol und Kopie der inneren, geistigen Natur. [...]. Alles ist in diesem All eins und Mittelpunkt, und alles ineinander verschlungen und auseinander sich schlingend".[41] Alles ist lebendiger Organismus, heilige Physik, Geheimnis:

> Im Leben jeder einzelnen Pflanze ist das Leben des Ganzen sichtbar, im physischen Leben der Tierseele, des Menschen das geistige Leben des Menschengeistes. Im Leben des Menschenkörpers sieht Paulus das Leben

---

38   Xavier Tilliette, *Untersuchungen über die intellektuelle Anschauung*, Stuttgart-Bad Cannstatt 2015, S. 376.

39   Baader, *Ueber die Begründung der Ethik durch die Physik*, München 1813, S. 1,2–9 (vgl. SW, Bd. 5, S. 3,2–9).

40   Baader, *Jugendtagebücher*, ed. Baumgardt, *Seele und Welt*, S. 105,24 (26. Dezember 1786) (vgl. ed. Bonchino / Franz, S. 81,6); ed. Baumgardt, *Seele und Welt*, S. 117,2 (31. Januar 1787) (vgl. ed. Bonchino / Franz, S. 89,31); ed. Baumgardt, *Seele und Welt*, S. 121,10 (31. Januar 1787) (vgl. ed. Bonchino / Franz, S. 92,24).

41   Baader, *Jugendtagebücher*, ed. Baumgardt, *Seele und Welt*, S. 73,30–72,4 (5. November 1786) (vgl. ed. Bonchino / Franz, S. 58,14–18).

Christi in seinem Körper. Erhabenes Geheimnis! Wer für dies Sinn hat, nur der sieht alles im wahren, *einen*, hellen Lichte![42]

Es ist der Begriff des Organismus, den Baader als Geheimnis des Lebens, als Schlussstein der Philosophie ansieht. Das Organische ist für ihn die Grundform des Seins. Gott, der Urquell des Lebens, ist auch der Urtypus des Organischen. Durch das *in personis proprietas, et in essentia unitas* ist in Gott das Problem, wie Vieles Eines, und Eines Vieles sein kann, am vollkommensten gelöst.[43] Dementsprechend ist die göttliche Trinität für Baader die Ur-Idee für jedes andere Denken: für den Wesensgehalt der Philosophie (Gott, Geist, Natur), für die Wesenheit des Geschöpflichen (Geist, Natur, Leib), für die Relation des Geschöpfes zum Schöpfer (Alleinwirker, Mitwirker, Werkzeug), des Menschen zu Gott (Gottinnigkeit, Gottwidrigkeit, Gottlosigkeit). In allen Regungen des Lebens findet Baader einen heiligen Ternar oder eine trinitarische Bewegung wieder, so dass Gott und sein innergöttliches Leben das ursprüngliche Modell („das Original"[44]) für Mensch und Natur sind.

In dieser Idee des Organismus, die deutlich von einer religiösen Sehnsucht durchtränkt ist, lässt sich die Verwandtschaft Baaders mit der Geschichtstheologie der *Philosophia perennis* erfassen.[45] Es handelt sich dabei um die Erkenntnis und Interpretation der positiven Offenbarung der biblischen Wahrheit als Heilsgeschichte: Der Kern ist die Sündenfallsgeschichte sowohl der Engel als auch der Menschen, und der Weg zur Wiederherstellung des sündenfreien Zustandes.[46] Dieses Denkmuster lernt Baader sehr früh am Beispiel der Philosophie Louis Claude de Saint-Martins kennen, dessen erste Schriften er im Original und in der Zusammenfassung Kleukers in *Magikon* liest.[47]

---

42 Baader, *Jugendtagebücher*, ed. Baumgardt, *Seele und Welt*, S. 72,5–10 (5. November 1786) (vgl. ed. Bonchino / Franz, S. 58,19–23).

43 Baader, *Ueber Divinations- und Glaubenskraft*, Sulzbach 1822, S. 40,24–42,20 (Anm.) (vgl. sw, Bd. 4, S. 81,34–82,33 [Anm. 2]).

44 Baader, *Vorlesungen über speculative Dogmatik*, erstes Heft, Stuttgart/Tübingen 1828, S. 65,2 (vgl. sw, Bd. 8, S. 90,12 f.).

45 Wilhelm Schmidt-Biggemann, „Philosophia perennis", in: *Der Neue Pauly: Enzyklopädie der Antike*, Bd. 15,2, Stuttgart/Weimar 2002, Sp. 331–339; ders., *Philosophia perennis: Historische Umrisse abendländischer Spiritualität in Antike, Mittelalter und früher Neuzeit*, Frankfurt a.M. 1998.

46 Wilhelm Schmidt-Biggemann, „Franz von Baader: Ein Orthodoxer der Philosophia perennis", in: *Politische Theologie der Gegenaufklärung: De Maistre, Saint-Martin, Kleuker, Baader*, Berlin 2004, S. 109–141.

47 Vgl. Baader, *Jugendtagebücher*, ed. Baumgardt, *Seele und Welt*, S. 116,7–117,3 (31. Januar 1787) (vgl. ed. Bonchino / Franz, S. 89,6–90,20) und dazu Wilhelm Schmidt-Biggemann, „Baader und Saint-Martin", in: *Aufklärung und Romantik als Herausforderung für katholisches Denken*, hg. von Alberto Bonchino und Albert Franz, Paderborn 2015, S. 150–170.

Letzteres beinhaltet im ersten Teil eine analytische Synthese der beiden ersten Schriften Saint-Martins (*Des erreurs et de la verité*, Edimbourg [i.e. Lyon] 1775, und *Tableau naturel des rapports entre Dieu, l'homme et l'univers*, 2 Teile. Edimbourg [i.e. Lyon] 1782), im zweiten Teil ihre Einbettung innerhalb eines umfassenderen historisch-religiösen Kontextes.[48] Der Text ist ein für die Verbreitung der ersten martinistischen Lehren ausschlaggebendes Werk der Deutung und nicht nur der Darstellung. Bemerkenswert ist, dass Kleuker in dieser Schrift, wenn auch nur verhalten, auf Jacob Böhme anspielt und ihn somit in den Kontext der martinistischen Theosophie einführt. Er zitiert den ,*Philosophus Teutonicus*' als einen der Ringe jener Kette der theosophischen Weisheit, die in der frühen Neuzeit die Namen von Salwigt, Pordage und Weigel aneinanderreiht:[49] Das heißt, noch bevor Saint-Martin selbst eine Leidenschaft für den Mystiker aus Görlitz entwickelt und fünf seiner bedeutendsten Schriften ins Französische übersetzt.[50]

---

48   Johann Friedrich Kleuker, *Magikon oder das geheime System einer Gesellschaft unbekannter Philosophen unter einzelne Artikel geordnet* [...], in zwei Theilen, Frankfurt a.M./Leipzig 1784. Die Entstehung dieser Schrift verdankt sich der Forderung nach Klarheit, bedingt durch die Vervielfachung der Freimaurerlogen, vor welcher der Ausrichter des Freimaurerkonvents in Wilhelmsbad 1782, Herzog Ferdinand von Braunschweig-Wolfenbüttel, warnte. Um die uneinheitlichen Einstellungen der einzelnen Logen näher zu bestimmen, bat er den Religionswissenschaftler und Philologen Johann Friedrich Kleuker (einen Protegé Herders und Freund von Jacobi) darum, Rechenschaft über den Martinismus abzulegen. Das in diesem Zusammenhang entstandene Werk Kleukers wurde später dank der Bemühung des Herzogs in Druck gegeben. Hierzu siehe: Kleuker, *Brief an Hamann vom 9. Dezember 1785*, hg. von Arthur Henkel, in: Hamann, *Briefwechsel*, Bd. 6, Frankfurt a.M. 1975, S. 175,21–29, worin er schreibt: „Durch eben dieses Studium [...] bin ich vor 3 Jahren mehr von anderen, als aus eigenem Triebe dahin gebracht worden, das System der neuesten Franz. (und auch Englischen) Theosophie [...] in einem *magikon* zu erläutern, wozu gewisse ,Bemerkungen[...]' die ich für Herz. Ferdin. und einige andere schrieb, den ersten Grund legten. Ich habe das Buch aber nicht selbst herausgegeben". Siehe noch Kleuker, Brief an den Kabbalisten, Bürgermeister von Frankfurt sowie Freund von Baader, Johann Friedrich von Meyer (zitiert in Jacques Fabry, *Le théosophe de Francfort Johann Friedrich von Meyer (1772–1849) et l'ésotérisme en Allemagne au XIXe siècle*, Bern/Frankfurt a.M./New York/Paris 1989, Bd. 1, S. 489, Anm. 815).

49   Kleuker, *Magikon* (1784) [Anm. 48], Teil 2, S. 293–303, S. 315, S. 347 und S. 363. Dieselbe Namenfolge erscheint genau wie bei Kleuker im in Baaders Nachlass aufbewahrten und auf ca. 1794 datierbaren Studienheft 25a; hierzu vgl. Sebastian Helberger-Frobenius, *Macht und Gewalt in der Philosophie Franz von Baaders*, Bonn 1969, S. 175 f., und Dieter Kudorfer, *Die deutschen Handschriften der Bayerischen Staatbibliothek München: Die neuzeitlichen Handschriften aus Cgm 5155–5500*, Wiesbaden 2000, S. 156. Ferner vgl. Antoine Faivre, „De Saint-Martin à Baader: le Magikon de Kleuker", in: *Mystiques, Théosophes et Illuminés au Siècle des Lumières*, Hildesheim 1976, S. 1–30, besonders S. 10–22.

50   Saint-Martin entdeckt Böhme erst nach 1788 dank Charlotte von Böcklin; vgl. Antoine Fai-

4 Philosophie und Religion als „wahre Gnosis"

Bei Saint-Martin findet Baader „eine wahre Gnosis", einen „sehr vernünftigen Kommentar der Worte unseres Heilandes [...]: ,Ohne mich könnet ihr nichts tun'",[51] und widmet von nun an allen Schriften, die er erreicht und mit Noten und Marginalien versieht, ein eingehendes Studium.[52] Den einstigen literarischen Leitbildern, die Baaders Lehrjahre geprägt haben, gesellt sich nunmehr die reaktionäre und düstere Theosophie des französischen Schriftstellers hinzu. Unter dem Einfluss von dessen spiritueller Naturphilosophie[53] geht Baader endgültig über Herder und Jacobi hinaus. Insbesondere im Hinblick auf Jacobi kommt dies zum Ausdruck. Baaders „doktrinelle Mystik" erhebt dem praktischen bzw. subjektiven Mystizismus Jacobis gegenüber den Anspruch auf objektive Erkenntnis. Es wird Baader immer deutlicher, dass bescheidenes Philosophieren bzw. spekulatives Resignieren weder seinem religiösen noch seinem wissenschaftlichen Anspruch genügen kann.[54] Baader will seine religiösen Gedanken spekulativ ausbauen.

Während Baader seine Geschichtsphilosophie auf dem Martinistischen Deutungsmodell der doppelten Vereinigung von Natur und Religion bzw. der Urgeschichte von Sündenfall und innerer Erlösungssehnsucht aufbaut, orientiert sich sein spekulativer Gottesbegriff an der Trinitätstheologie, die er anhand der Böhmeschen Sophienmystik quaternarischer Konstitution weiterentwickelt.[55]

Baaders Weg zu Böhme lässt sich freilich nicht genau skizzieren. Wie bisher gezeigt wurde, kann man davon ausgehen, dass ihm Böhme durch die Lektüre Kleukers und Saint-Martins bekannt ist und für ihn von daher keine unbekannte Quelle ist. Mit gutem Recht kann man zudem annehmen, dass er sich

---

vre, *Kirchberger et l'Illuminisme du dix-huitième siècle*, La Haye 1966, S. 102 f. und Faivre, *De Saint-Martin à Baader* (1976) [Anm. 49], S. 29 f.

51 Baader, *Jugendtagebücher*, ed. Baumgardt, *Seele und Welt*, S. 117,9; S. 116,22–24 (31. Januar 1787) (vgl. ed. Bonchino / Franz, S. 89,37; S. 89,19–21).

52 Baader, *Erläuterungen zu sämtlichen Schriften von Louis Claude de Saint-Martin*, sw, Bd. 12.

53 Hierzu Schmidt-Biggemann, *Politische Theologie* (2004) [Anm. 46], S. 127–132, und Florian Mehltretter, *Der Text unserer Natur: Studien zu Illuminismus und Aufklärung in Frankreich in der zweiten Hälfte des 18. Jahrhunderts*, Tübingen 2009, S. 474–479 und S. 492–501.

54 Wilhelm Lütgert, *Die Religion des deutschen Idealismus und ihr Ende*, 4 Bde., Gütersloh 1923–1930, Bd. 2, S. 11–114 und Bd. 3, S. 166–182.

55 Schmidt-Biggemann, *Baader und Saint-Martin* (2015) [Anm. 47], S. 165. Ferner Jean-Claude Wolf, „Motive der Mäßigung des Egoismus – religiös und säkular", in: *Natur des Menschen: Brauchen die Menschenrechte ein Menschenbild?*, hg. von Daniel Bogner und Cornelia Mügge, Freiburg (Schweiz) 2015, S. 109–129.

mit ihm spätestens seit 1800 systematisch auseinandergesetzt hat.[56] Wenngleich der Name „Böhme" in seinen Druckschriften erst 1812 explizit fällt,[57]
ist den erhaltenen Korrespondenzen der Jahre 1799 bis 1805 zu entnehmen,
dass sich Baader, neben seiner ausgedehnten Amtsarbeit in der bayerischen
Bergbau- und Hüttenverwaltung, dem intensiven Studium theosophischer und
mystischer Autoren widmet.[58] Hierzu gehört unzweifelhaft die eingehende
Lektüre von Böhmes Werken, anhand derer Baader jetzt besonders den theosophischen Gedanken von der Entstellung und Verderbtheit alles materiellen
zeitlichen Lebens vertieft. Als Bestätigung dafür gilt unter anderem der Reise-
bericht von Ludwig Tieck, der im Jahr 1804 bei einem persönlichen Gespräch
mit ihm den Eindruck gewonnen hat, Baader zeige eine umfassende und einzigartige Gelehrsamkeit im Hinblick auf mystische und theosophische Literatur.[59] Darüber hinaus erwähnt der schwedische Dichter Per Daniel Atterbom in

---

56   Vgl. Johannes Sauter, *Baader und Kant*, Jena 1928, S. 573; Schmidt-Biggemann, *Politische
      Theologie* (2004) [Anm. 46], S. 119. Marie-Elise Zovko weist darauf hin, dass Baader „mög-
      licherweise schon zur Zeit der Verfassung von *Über das pythagoreische Quadrat*", und
      zwar im Jahr 1798, Jacob Böhme kennengelernt habe. Das Motiv der vier Weltgegenden,
      das Baader in seiner Abhandlung gebraucht, findet sich „in auffallend ähnlicher Form" in
      Böhmes Schrift über die *Drei Prinzipien göttlichen Wesens* wieder (vgl. Böhme, *De tribus
      principiis*, ss, Bd. 2, S. 13,24–30 [Kap. 1, n. 14] und S. 18,38–19,20 [Kap. 2, n. 13]); vgl. Marie-
      Elise Zovko, *Natur und Gott: Das wirkungsgeschichtliche Verhältnis Schellings und Baaders*,
      Würzburg 1996, S. 77. Zovkos Hinweis bekräftigt, was Helberger-Frobenius in seiner Dis-
      sertation anhand einiger Skizzen, Notizen und Exzerpte aus zwei Studienheften resp. Heft
      56 (Bl. 52r und 56v), Heft 25a und 69 bereits ermittelt hat, nämlich, dass die ersten Beschäf-
      tigungen Baaders mit Böhme und anderen theosophischen Begriffen ca. auf die Jahre um
      1792/1794 zurückzuführen bzw. belegbar sind. Vgl. Helberger-Frobenius, *Macht und Gewalt*
      (1969) [Anm. 49], S. 175 f., und Kudorfer, *Die deutschen Handschriften* (2000) [Anm. 49],
      S. 156 und S. 159.

57   Vgl. Baader, *Vorrede zu der Schrift: Vom Geist und Wesen der Dinge*, Leipzig 1812, S. v,27
      (Anm.) (vgl. sw, Bd. 1, S. 60,34) („Philosophus teutonicus") und S. xv,17 (vgl. sw, Bd. 1,
      S. 69,3 f.) („Philosophus teutonicus").

58   Vgl. David Baumgardt, *Franz von Baader und die philosophische Romantik*, Halle (Saale)
      1927, S. 38 f. Vgl. Baader, *Brief an Jacobi vom 24. Februar 1799*, sw, Bd. 15, S. 184,6–187,7;
      Johann Wilhelm Ritter, *Brief an Baader vom 14. März 1803*, sw, Bd. 15, S. 187,8–188,9; Baader,
      Brief an Kleuker vom 6. November 1804, sw, Bd. 15, S. 188,10–190,7; ders., *Brief an v. Stransky
      vom 5. Juni 1805*, sw, Bd. 15, S. 190,8–191,6. Siehe insbes. Baaders *Brief an Sailer vom 22. März
      1805*, ed. Susini, *Lettres inédites*, Bd. 1, S. 241,28–242,26 (Kommentar in: Susini, *Lettres iné-
      dites*, Bd. 2, S. 118 f.); hier schreibt Baader, dass er Sailer „Böhms Mysterium" (gemeint ist
      Böhmes Werk *Mysterium Magnum*) nicht zurückschicken kann, denn er habe „seit eini-
      ger Zeit" eine mühevolle Arbeit begonnen, mit der er eine Parallele zwischen Böhme und
      Saint-Martin ziehen wolle.

59   Rudolf Köpke, *Ludwig Tieck: Erinnerungen aus dem Leben des Dichters nach dessen münd-
      lichen und schriftlichen Mittheilungen*, Bd. 1, Leipzig 1855, S. 311 f.: „Zunächst beschloß Tieck,
      mit der Schwester nach München zu reisen, wo man dem ersehnten Lande des Südens

seinen Aufzeichnungen, dass Baader „nach seinen eigenen Worten kein Kompliment mehr geschmeichelt, als das von August Wilhelm Schlegel, der ihn
einst ‚Bohemius redivivus‘ nannte".[60]

In der folgenden Zeit erhält Baaders Beschäftigung mit mystischen Themen
und Autoren neue Anregungen und Impulse auf verschiedenen Niveaus. Dabei
spielt die Berufung des Philosophen Schelling an die Königliche Akademie der
Wissenschaften in München im Jahr 1806 eine wesentliche Rolle.[61] Beide widmen sich in regem Austausch einem intensiven Studium der mystischen Literatur, vor allem der Schriften Böhmes und Oetingers[62] und erforschen zusammen

---

soviel näher war. Hier verschlimmerte sich ihr Zustand seit dem Herbste 1804. Ihr Leben
war in Gefahr, eine weitere Reise unmöglich; man mußte sich, so gut es gehen wollte,
heimisch zu machen suchen. Manche Bekanntschaft ward indeß angeknüpft, mit Radlof,
dem wunderlichen Sprachforscher, mit Sailer, dem frommen Bischofe, endlich mit Franz
Baader, der für Tieck durch seine theosophische Weisheit der Merkwürdigste war. [...].
Selten mag Jemand ein größeres Talent für die augenblickliche Rede besessen haben
als Baader, und niemals trat es glänzender hervor, als wenn es Gegenstände tiefsinniger Wissenschaft, der Religion, der Philosophie betraf. Unaufhaltsam flossen dann seine Worte,
jeden Einwurf brachte er zum Schweigen, die Gewalt seiner Ueberredung riß mit sich fort.
Das nächste Thema, was beiden am Herzen lag, war Jacob Böhme. In einem dreistündi-
gen Monologe ergoß sich Baader; die Unterhaltung hörte auf. Alles Verwandte aus andern
Mystikern, was er sonst über sie gelesen hatte, war ihm gegenwärtig. Er zeigte eine umfassende Gelehrsamkeit in dieser Literatur, und Fülle der Gedanken, mystischen Tiefsinn.
Doch war es selbst für Tieck's damalige Ansichten des Geheimnisses, der orakelmäßigen
Dunkelheit zu viel. Er vermochte ihm in die verschlungenen Gänge seiner Speculation
nicht zu folgen. Später zeigten sich auch Schwächen, Widersprüche und Sonderbarkeiten.
Er war ein erregbarer, schwer zu fassender Charakter, der oft unerklärlichen Einflüssen
unterlag. Philosophischer Tiefsinn und Aberglaube, Haß und Liebe verbanden und durch-
kreuzten sich".

60   Vgl. Per Daniel Amadeus Atterbom, *Aufzeichnungen des schwedischen Dichters P.D.A. Atter-*
      bom über berühmte deutsche Männer und Frauen nebst Reiseerinnerungen aus Deutschland
      und Italien aus den Jahren 1817–1819, aus dem Schwedischen übersetzt von Franz Maurer,
      Berlin 1867, S. 141,27–142, (vgl. Per Daniel Amadeus Atterbom, *Minnen från Tyskland och*
      Italien, in Samlade Skrifter i obunden Stil, Bd. 1, Örebro 1959, S. 155,2–5: „Enligt hans egna
      ord har ingen compliment mera smickrat honom, än då A.W. Schlegel engång sagt honom,
      att han vore ‚Boehmius redivivus‘").

61   Baumgardt, *Franz von Baader* (1927) [Anm. 58], S. 230; Zovko, *Natur und Gott* (1996)
      [Anm. 56], S. 86 f.

62   Allerdings lässt sich, wie Friedhelm Kemp betont hat, nicht leicht ausmachen, welche ver-
      mittelnde Rolle Oetinger bei der Beschäftigung Baaders mit Böhme gespielt haben dürfte.
      Von ihm, dem ebenso wie Baader, aber zuvor, über die Vermittlung der Böhmeschen Mys-
      tik den idealistischen und romantischen Philosophen Deutschlands ein herausragender
      Platz zukommt, besaß Baader mehrere Werke, zum Teil auch durch Schelling beschaffen.
      Er hat sie wiederholt studiert und mit zahlreichen Randglossen versehen, wie an Einzel-
      bänden, die sich noch erhalten haben, zu sehen ist; hierzu siehe Friedhelm Kemp, „Ver-
      zeichnis des nachweisbaren Restbestandes der Bibliothek Franz von Baaders (*libri cum*

mit dem Physiker Johann Wilhelm Ritter, dessen Berufung nach München auf
Baaders Einfluss zurückzuführen ist, die Phänomene des Magnetismus und
des Somnambulismus.[63] 1810 merkt Friedrich Schlegel in einem Brief an Sulpiz Boisserée aus Wien an:

> Baader lebt ganz in Jacob Böhme; und ich glaube auch, daß Keiner so
> mit Allem ausgerüstet ist, diesen zu verstehen, als er. Könnte er die vie-
> len Arbeiten darüber, die er liegen hat, einmal ins Licht und ans Licht
> bringen, gewiß der Sprung würde eben so groß seyn von der jetzigen Con-
> struktionsspielerei bis dahin, wie von unsern jetzigen Gartenhäusern und
> Brückenbau zur Erkenntniß der gothischen Baukunst.[64]

Baader bezeichnet sich selbst als Schüler Böhmes[65] und trägt sich tatsächlich
mit dem Plan, einzelne seiner Schriften zu bearbeiten und herauszugeben.[66]

---

notis manuscriptis)“, in: *Varia Antiquaria. Festschrift für Karl Hartung zum 80. Geburtstag,*
4. September 1994, hg. von Felix Hartung, München 1994, S. 63–78, hier S. 71. Die hier von
Kemp verzeichneten Bücher Oetingers befinden sich jetzt in der Herzogin Anna Amalia
Bibliothek Weimar.

63   Ritters Münchener Jahre sind vor allem bestimmt von seinen aufsehenerregenden, ins
     Okkulte übergehenden Experimenten mit dem Rutengänger Campetti, an denen Baader
     und Schelling nicht nur lebhaftes Interesse zeigten, sondern auch praktisch teilnahmen;
     hierzu Klaus Richter, *Das Leben des Physikers Johann Wilhelm Ritter: Ein Schicksal in der*
     Zeit der Romantik, Weimar 2003, S. 138–144.

64   Vgl. Fr. Schlegel, *Brief an Sulpiz Boisserée vom 19. Dezember 1810*, in: Sulpiz Boisserée,
     Lebensbeschreibung: Briefwechsel, hg. von Mathilde Boisserée, Bd. 1, Stuttgart 1862,
     S. 94,28–95,10: „Jetzt ist Baader hier. Das ist freilich eine andere Art von Menschen. Er
     spricht ungleich besser als er schreibt, oder vielmehr sehr gut. Wenn er nur schreiben
     könnte, es würde doch viel aufgeräumt werden in der deutschen Philosophie. Es ist ihm
     aber bei einer sehr großen Thätigkeit so wohl für sich, daß er noch nicht sehr den Willen
     dazu hat. Von Schelling urtheilt er mit Güte, trotz des großen Abstandes der Ansicht und
     der Kraft. Er hat mir sogar einen Gruß von Schelling gebracht, auch behauptet er, Schel-
     ling habe neuerdings etwas Gemüth bekommen, über welche späte Gnade ich dann hart
     genug gewesen, etwas zu lachen. Ich denke mir aber, es wird dieses wohl darin bestehen,
     daß er seit einiger Zeit Baader sehr nach dem Munde redet; in welchen Punkten auch
     die Vorzüglichsten unter denen, welche vom Adam abstammen, etwas schwach zu sehn
     pflegen. Baader lebt ganz in Jacob Böhme; und ich glaube auch, daß Keiner so mit Allem
     ausgerüstet ist, diesen zu verstehen, als er. Könnte er die vielen Arbeiten darüber, die er
     liegen hat, einmal ins Licht und ans Licht bringen, gewiß der Sprung würde eben so groß
     seyn von der jetzigen Constructionsspielerei bis dahin, wie von unsern jetzigen Garten-
     häusern und Brückenbau zur Erkenntniß der gothischen Baukunst“.

65   Baader schreibt an den Freund und Arzt Franz von Stransky am 9. Juli 1815, SW, Bd. 15,
     S. 267,31 f., zu seiner Schrift *Über den Blitz als Vater des Lichtes*: „Mein Meister Jacob Böhme
     wird mit dieser ersten Probe: dass ich einen Zipfel seines Mantels ergriffen, zufrieden
     sein“.

66   Baader, *Brief an Franz Otto von Stransky vom 8. September 1812*, SW, Bd. 15, S. 244,29–35:

Er erwartet von der mystischen Lehre Böhmes eine religionsphilosophische Erneuerung, wie er im Vorwort des zweiten Heftes der *Fermenta cognitionis* erklärt:

> Der sachkundige Leser dieses 2ten Heftes der *Ferm[enta] Cogn[ognitionis]* wird finden, daß ich in selbem dem Titel dieser Schrift nicht nur sattsam entsprach, sondern auch meinem Hauptzwecke näher gerückt bin, nämlich: eine ernstere Aufmerksamkeit auf die noch wenig bekannten, und die noch häufiger verkannten Schriften unseres *Jakob Böhm*, dieses wahren *Philosophus per Ignem* und Reformators der Religionswissenschaft, zu fixiren, und wenigst einige tüchtige Köpfe zu überzeugen, daß gerade bei der damaligen idealen Richtung der Philosophie in Deutschland ein ferneres ‚Ignoriren‘ dieser Schriften nur – dem Ignoranten hingehen kann. Wenn ich übrigens hier unsern *Philosophus Teutonicus* den Reformator der Religionswissenschaft nenne, so anticipire ich hiermit freilich eine jedoch nicht mehr ferne Zukunft, und behaupte nur, daß bei einer solchen rein wissenschaftlichen Reformation *Jak. Böhms* Schriften und Principien den Deutschen vorzüglich Dienste leisten werden.[67]

Selbst wenn Baader „alle Ausgaben der Werke Böhmes und jede in mehreren Exemplaren samt den englischen und den französischen Übersetzungen" besaß,[68] ist seine Beschäftigung mit dem Mystiker aus Görlitz von keinem philologischen Interesse motiviert. „Nach seiner ganzen Geistesart" – berichtet der

---

„So eben bearbeite ich J. Böhme's erstes Werk, die Morgenröthe, zur neuen Ausgabe. – Alle Declamationen, alle Wiederholungen etc. bleiben bei mir weg, und ich gebe bloss das Doctrinelle im Zusammenhang, aber wie werden Sie und Mehrere sich wundern über diese Gabe? Wie werden Sie sich freuen über den lebendigen Zusammenhang der Religion und Physik?". Siehe auch: *Brief an v. Stransky vom 26. Januar 1813*, sw, Bd. 15, S. 250,17–21; *Brief an Schubert vom 21. Oktober 1814*, sw, Bd. 15, S. 254,33–255,3; *Brief an Schubert vom 27. Januar 1815*, sw, Bd. 15, S. 257,10–16; und nochmals später im Jahr 1828: *Brief an v. Stransky vom 27. Juni 1828*, sw, Bd. 15, S. 446,16–449,15; *Brief an Dr. S. vom 29. Februar 1833*, sw, Bd. 15, S. 491,25–35. In Baaders Nachlass befindet sich eine beträchtliche Anzahl von Studienheften, die meist Auszüge und Anmerkungen aus und zu Böhmes Schriften enthalten.

67 Baader, *Fermenta cognitionis*, zweites Heft, Berlin 1823, S. III,1–IV,13 (vgl. sw, Bd. 2, S. 199,22–200,4).

68 So Franz Hoffmann, ‚Einleitung‘, in: Baader, sw, Bd. 3, S. I–LXVIII, hier S. XXVI, Anm. Bei den Böhme-Ausgaben, die Baader besaß, handelt es sich um die *Theosophischen Wercke* (Amsterdam 1682), *Theosophia revelata* (1715 und 1730), *De signatura rerum* (1635), *Bedencken Uber Esaiae Stiefels Büchelien: Von Dreyerley Zustandt des Menschen unnd dessen Newen Geburt* (1639), *Mörgenröte im Aufgang* (1780). Siehe dazu Kemp, *Verzeichnis der Bibliothek Franz von Baaders* (1994) [Anm. 62], S. 68.

Philosoph und Altertumswissenschaftler, Ernst von Lasaulx, Neffe von Görres
und Schwiegersohn von Baader (nicht ohne Polemik gegen den Herausgeber
der *Sämtlichen Werke* Baaders, Franz Hoffmann) – „war Baader zum Exegeten
nicht gemacht".[69] Sein Ziel ist vielmehr die Erneuerung der katholischen Kirche durch die Integration des Christentums in die Philosophie. Ihm geht es
in einer Epoche, „in der die offizielle Theologie zu einer Art Offenbarungspo-
sitivismus erstarrt war und darauf verzichtete, den Gehalt der theologischen
Aussagen verstehend zu durchdringen",[70] in erster Linie darum, die theologische Dogmatik philosophisch auf den Begriff zu bringen. Dafür spielt, wie
Robert Spaemann hervorhebt, der Rückgriff auf frühere, auch der evangelischen Reformation entsprungene theosophische Spekulationen wie die Lehre
Böhmes deshalb eine zentrale Rolle, weil darin „eine besondere Form des Denkens, die zwischen einer Philosophie neuplatonischer Provenienz einerseits
und der Offenbarungstheologie andererseits", angesiedelt ist.[71]

In diesem Sinn hat Baader nicht nur an Böhme, sondern auch an seinen
Geistesverwandten großes Interesse. In seinen Schriften wie in seinen Briefen
finden sich nicht selten Hinweise auf die Lektüre solcher Autoren, deren Bände
er selbst in seiner Bibliothek besessen oder in der damaligen *Bibliotheca Regia
Monacensis* eingesehen hat.[72] 1809 teilt Schelling dem Philosophen Karl Joseph
Windischmann mit, Baader habe „viele seltene Bücher über Theosophie und

---

69   Dann setzt er fort: „Es war ihm niemals darum zu tun, den Sinn eines anderen Denkers
      objektiv klar zu machen – er las alle Bücher mit dem Bleistift in der Hand und notierte
      am Rande seine Einfälle; zu Verständnis des Schriftstellers tragen diese Glossen nur selten
      etwas bei, nicht, was *dieser* gedacht, sondern was *er* sich bei der Lektüre gedacht, dar-
      auf kam es ihm an. Diejenige dieser Einfälle, welche er für treffend hielt, und er verstand
      sich darauf, verarbeitete er dann in seinen eigenen Abhandlungen, dieselben Gedanken
      bekanntlich sehr oft, bald so, bald anders gewendet und kombiniert, selten ganz rein krys-
      tallisiert, da er sein Leben lang in einem vulkanischen Gährungsprozess begriffen war";
      vgl. Remigius Stoelzle, „Zwei Briefe Ernst von Lasaulx' Charakteristik des Philosophen Dr.
      Baader", in: *Philosophisches Jahrbuch* 17 (1904), S. 446–448.

70   Robert Spaemann, „Christentum und Philosophie der Neuzeit", in: *Das unsterbliche Ge-
      rücht: Die Frage nach Gott und die Täuschung der Moderne*, Stuttgart 2007, S. 65–91, hier
      S. 85 (urspr. in: *Aufklärung durch Tradition: Symposion der Josef-Pieper-Stiftung zum 90.
      Geburtstag von Josef Pieper*, hg. von Hermann Fechtrup, Friedbert Schulze und Thomas
      Sternberg, Münster 1995, S. 123–138).

71   Spaemann, *Christentum und Philosophie der Neuzeit* (2007) [Anm. 70], S. 85.

72   Baumgardt, Sauter und Kemp weisen unter anderen auf folgende Autoren hin: Alcuin,
      Paracelsus, Agrippa von Nettesheim, Campanella, Ficino, Patrizi, Cusano, Kunrath, Wei-
      gel, J.B. van Helmont, Pordage, Gichtel, Schretinger, Hiel (Hendrick Jansen), Aegidius Gutt-
      man, Schelver, Adam Reussner, Postel, Sandäus, Sclei, Silesius. Vgl. Baumgardt, *Franz von
      Baader* (1927) [Anm. 58], S. 33; Sauter, *Baader und Kant* (1928) [Anm. 56], S. 579; Kemp,
      Verzeichnis der Bibliothek Franz von Baaders (1994) [Anm. 62], S. 63–78.

Magie" in seiner privaten Bibliothek gesammelt.[73] Allerdings ist eine sehr große Anzahl dieser kostbaren Bände nach dem Tod des Philosophen „nach allen Richtungen hin, meist in das Ausland zerstreut" worden.[74] Ein beträchtlicher Teil dieses Bestandes wurde dank der leidenschaftlichen und verdienstvollen Forschungsleistungen des Baader-Forschers Eugène Susini wieder ausfindig gemacht und konnte somit 1984 nach Deutschland zurückkehren.[75] Vereinzelte Stücke sind noch im November 2012 versteigert worden.[76]

5   Mystik und Spekulation: Baader und Hegel

Neben dem Studium magischer und theosophischer Literatur widmet sich Baader eingehend der scholastischen Philosophie und begeistert sich für den dominikanischen Strang dieser Tradition. Er liest die Predigten Taulers, die er aus dem Basler Taulerdruck von 1522 zitiert, und entdeckt darin auch einige Predigten Meister Eckharts, die in dieser Ausgabe enthalten sind.[77] Er erkennt sofort dessen überragende Bedeutung und vertieft sich in ein intensives Quellenstudium.

Auf Anregung Baaders hatte dessen Schwiegersohn Ernst von Lasaulx angefangen, eine Ausgabe der Schriften Meister Eckharts vorzubereiten.[78] Gemeinsam mit den Vorarbeiten Baaders fanden die von Lasaulx gesammelten Textstücke letztlich Eingang in die Ausgabe Franz Pfeiffers.[79] Baaders Beschäftigung mit diesen Texten lässt sich auch an verschiedenen Orten seiner erhaltenen

---

73   Schelling, *Brief an Karl Joseph Windischmann vom 7. August 1809*, ed. Plitt, *Aus Schellings Leben*, Bd. 2, S. 166,24–27.

74   So Anton Lutterbeck, Vorwort zu seiner Edition von Baaders *Erläuterungen, Randglossen und Studien*, in: sw, Bd. 14, S. 163–196, hier S. 194 f.

75   Kemp, *Verzeichnis der Bibliothek Franz von Baaders* (1994) [Anm. 62], S. 64 f.

76   Vgl. Auktionskatalog von Zisska & Schauer: „Auktion 60. Freiwillige Versteigerung, München, 7.–9. November 2012", S. 106 (Nr. 383), S. 148 (Nr. 573), S. 157 (Nr. 621, 624, 625), S. 274, (Nr. 1171), S. 361 (Nr. 1712, 1713, 1714), S. 421 f. (Nr. 2146, 2147 und 2149), S. 424 f., (Nr. 2161, 2166), S. 434 f. (Nr. 2253 und 2263), S. 436 (Nr. 2273 und 2274), S. 478 (Nr. 2497), vgl. https:// de.zisska.de/vergangene-auktionen (abgerufen am 12.05.2021).

77   Vgl. etwa Baader, *Ueber den Urternar*, München 1816, S. 6,7–13 (vgl. sw, Bd. 7, S. 36,3–37,1); *Brief an Schubert vom 22. November 1815*, sw, Bd. 15, S. 276,20–35. Auf die Bedeutung dieses Basler Taulerdruckes (1522) bezüglich der Rezeption Eckharts hat schon Kurt Flasch, der u. a. auch für dessen Nachdruck im Jahr 1966 verantwortlich ist, hingewiesen; vgl. Kurt Flasch, *Meister Eckhart: Philosoph des Christentums*, München 2010, S. 28–30.

78   Vgl. Hyacinth Holland, *Erinnerungen an Ernst von Lasaulx*, München 1861, S. 6 f. und Franz Hoffmann, *Philosophische Schriften*, Bd. 2, Erlangen 1869, S. 70; auch Siegbert Peetz, *Die Wiederkehr im Unterschied: Ernst von Lasaulx*, Freiburg i.B. 1989, S. 26 und S. 138–143.

79   Franz Pfeiffer, *Deutsche Mystiker des 14. Jahrhunderts*, Bd. 2, Leipzig 1857, S. XIII. Auf die

Korrespondenzen feststellen. Dabei ist der Brief an Gotthilf Heinrich Schubert vom 6. März 1810 besonders erwähnenswert, denn darin bedankt sich Baader bei diesem für „die gefällige Übersendung Taulers und des Cherubinischen Wandersmanns" des Angelus Silesius.[80] Zu nennen ist auch der Brief an Franz von Stransky vom 1. Februar 1813, in dem Baader auf Jan van Ruysbroek hinweist: „Kennen Sie den Vater Russbroch nicht? Er ist eigentlich ein Meister in der himmlischen Minne, und zum Teil Lehrer des Taulerus".[81]

Baaders Interesse für Meister Eckhart ist rezeptionsgeschichtlich wichtig, da er ihn, nachdem vom 16. bis zum 18. Jahrhundert „trocken-bibliothekarisch über ihn" geschrieben wurde, „mit Überraschung und Respekt" als „großen Denker" wiederentdeckt.[82] Allerdings ist dabei – wie bereits bei der Erschließung Böhmes – zu beachten, dass er von keiner philologischen oder historischen Motivation getrieben ist. Baader betrachtet ihn vielmehr als einen jener „sogenannten [doktrinellen] Mystiker vergangener Zeiten",[83] welchen

---

Bedeutung der Vorarbeiten von Baader und Lasaulx weist auch I. Degenhardt hin, leider wird aber der Name Lasaulx in dieser Studie irrtümlicherweise immer mit dem Namen ‚Lascaulx' wiedergegeben; vgl. Ingeborg Degenhardt, *Studien zum Wandel des Eckhartbildes*, Leiden 1967, S. 130 und S. 133.

80 Baader, *Brief an G.H. Schubert vom 6. März 1810*, SW, Bd. 15, S. 238,25–35. In diesem Sinn ist das, was Wolfram Malte Fues, *Mystik als Erkenntnis? Kritische Studien zur Meister-Eckhart-Forschung*, Bonn 1981, S. 34, über Baader schreibt, kritisch zu hinterfragen, wenn er etwa sagt, dass „Baader sich lebenslang mit Eckhart" beschäftigte und „den Meister in seinen Schriften zum ersten Mal 1797" nannte. Fues liest und zitiert Baader nach der unkritischen Ausgabe Hoffmanns, ohne offensichtlich zu ahnen, dass die Anmerkung in den dreimal verlegten (1797, 1809 und 1830) *Beiträgen zur Elementar-Physiologie* (Baader, SW, Bd. 3, S. 245,22–24 [Anm. 1]), wo Eckhart genannt wird, erst in der dritten Auflage dieser Schrift im Jahr 1830 hinzugefügt wurde. Ähnliches ist der Fall, wenn Fues schreibt, Baader habe Seuse nie erwähnt. Fues ist offenbar nicht bekannt, dass Baader den Dominikaner Heinrich Seuse mit der Namenvariante ‚Suso' zitiert; siehe etwa Baader, *Revision der Philosopheme der Hegelschen Schule*, SW, Bd. 9, S. 325,16; nicht jedoch in der Originalausgabe: Stuttgart 1839 (vgl. S. 27,2). Auch die von Baader benutzte Ausgabe (Basler 1522) wird von Fues, ebd., mit dem Kölner Taulerdruck von 1543 verwechselt.

81 Baader, *Brief an v. Stransky vom 1. Februar 1813*, Bd. 15, S. 251,14–17. Baader empfiehlt ihm die von Johann Gottfried Arnold herausgegebene Ausgabe im Quartband (Offenbach 1701).

82 Flasch, *Meister Eckhart* (2010) [Anm. 77], S. 193.

83 Vgl. Baader, *Vorlesungen über speculative Dogmatik*, zweites Heft, Münster 1830, S. VII,17–VIII,6 (vgl. SW, Bd. 8, S. 199,15–32). Baader schreibt über Eckhart in einer Zeit, als sein lateinisches Werk noch unbekannt war. Ehe dieses von Heinrich Denifle im Jahr 1880 wiederentdeckt wurde, hatte man aber schon die Namen Eckhart, Tauler und Seuse (wohl bewegt von nationaler und reformatorischer Ahnensuche) zu einer Gruppierung unter dem Titel ‚deutsche Mystik' zusammengefasst. Diese Sammelbezeichnung wurde scheinbar zum ersten Mal von Karl Rosenkranz im ersten Band der *Berliner Jahrbücher für wissenschaftliche Kritik* in einer Besprechung von Diepenbrocks Seuse-Ausgabe (1. Januar

nun eine entscheidende Bedeutung für die Erneuerung der gegenwärtigen Religionsphilosophie zukommt:

> Hätte sich der Geist der Spekulation in neuern Zeiten in Deutschland an diesem und ihm verwandten Theologen des Mittelalters entzündet, anstatt an *Spinoza* u. s. g., so stünde es allerdings besser mit der religiösen Philosophie.[84]

Freilich gilt Eckhart für Baader im Vergleich zu anderen Autoren dieses theosophischen bzw. mystischen Traditionsstrangs als „der Meister",[85] ja der „Centralgeist der Mystik des Mittelalters"[86] und „der erleuchtetste aller Theologen",[87] denn in ihm findet sich in seinen Augen „die Vollendung der metaphysischen Erkenntnisse der zeitgenössischen idealistischen Philosophie vorweggenommen".[88] Nunmehr beschäftigt sich Baader systematisch mit diesem Verfasser und scheut nicht davor zurück, eine Verbindung zwischen Eckhart und der Sophienlehre Böhmes herzustellen.[89] Zu Beginn des Jahres 1830 plant er eine

---

1831, Nr. 19, Sp. 147–152 und Nr. 20, Sp. 153–160) geprägt; der Nachweis wurde zuerst von Herbert Grundmann, „Die geschichtlichen Grundlagen der Deutschen Mystik", in: *Deutsche Vierteljahrsschrift für Literaturwissenschaft und Geistesgeschichte* 12 (1934) S. 400–429, hier S. 401, erbracht; vgl. Degenhardt, *Studien zum Wandel des Eckhartbildes* (1967) [Anm. 79], S. 143 f., und Kurt Flasch, „Meister Eckhart: Versuch, ihn aus dem mystischen Strom zu retten", in: *Gnosis und Mystik in der Geschichte der Philosophie*, hg. von Peter Koslowski, Zürich/München 1988, S. 94–110, hier S. 103 f.

84   Baader, *Aus meinem Tagebuche*, in: *Eos: Münchener Blätter für Literatur und Kunst* n. 156 (30. September 1829), S. 628b,37–42 (vgl. PSA, Bd. 2, S. 388,33–36 [Anm.]) (vgl. SW, Bd. 5, S. 263,32–35 [Anm. 1]).

85   Baader, *Gespräche*, SW, Bd. 15, S. 159,27 f.

86   Baader, *Brief an Dr. S. vom 2. Januar 1830*, SW, Bd. 15, S. 457,24 f.

87   Baader, *Elementarbegriffe über die Zeit*, SW, Bd. 14, S. 93,10.

88   Ernst Benz, „Die Mystik in der Philosophie des deutschen Idealismus", in: *Schelling: Werden und Wirkens seines Denkens*, Zürich 1955, S. 7–27, hier S. 10 (urspr. in: *Euphorion* 46 [1952], S. 280–300). Ähnlich schreibt Ingeborg Degenhardt, „Meister Eckhart unpolemisch? Zur wissenschaftlichen Bedeutung von Josef Quints Ausgabe der deutschen Schriften Meister Eckharts", in: *Kant-Studien*, 1 (1975), S. 466–482, hier S. 470: „Idealistische Religionsphilosophen und protestantische Theologen fanden bei Eckhart ihren Wunschtraum, Glauben und Wissen in Einklang zu bringen, bereits vorgeprägt".

89   Vgl. Benz, *Die Mystik in der Philosophie des deutschen Idealismus* (1955) [Anm. 88], S. 21: „Damit deutet sich ein Problem an, [...] nämlich die eigentümlich unhistorische Vereinheitlichung der Mystik, die die idealistischen Philosophen vorgenommen haben. Mit einem kühnen Griff werden die verschiedenen mystischen Systeme eines Eckhart, eines Tauler, eines Böhme, Paracelsus und Oetinger auf einen einzigen Nenner gebracht, was nicht ohne verwegene Umdeutungen und produktive Missverständnisse vor sich geht. Vor allem die Angleichung der Eckhartschen an die Böhmesche Mystik bedürfte einer besonderen Untersuchung".

Edition der Predigten Eckharts,[90] die jedoch nicht zustande kommt. Ein Jahr
später denkt er sogar an eine Herausgabe der Werke von Jacob Böhme „mit
Erläuterungen und Parallelisierung des älteren Mystikers Meister Eckharts in
Straßburg, sowie des neuern St. Martin in Paris".[91]

Der philosophischen Bedeutung dieser Autoren bewusst, reicht Baader seine Quellen auch weiter. Bekannt ist etwa die von ihm selbst erzählte Anekdote,
wie er Hegel während seines Berlinaufenthaltes vom 30. November 1823 bis
zum Sommer 1824 auf Meister Eckhart aufmerksam machte:

> ‚Ich war mit Hegel in Berlin sehr häufig zusammen' – erzählt Baader –
> ‚Einstens las ich ihm nun auch aus Meister Eckart vor, den er nur dem
> Namen nach kannte. Er war so begeistert, dass er den folgenden Tag eine
> ganze Vorlesung über Eckhart vor mir hielt und am Ende noch sagte: Da
> haben wir es ja, was wir wollen'.[92]

Ob Hegel vor diesem Gespräch die Schriften Eckharts kannte oder ob seine
Bekanntschaft mit dem mittelalterlichen Philosophen auf die Vermittlung Baaders zurückgeht, kann hier nicht beantwortet werden.[93] Es muss genügen, zur
Kenntnis zu nehmen, dass es in den *Vorlesungen über die Philosophie der Religion* (1824) eine Stelle gibt, in der Hegel Meister Eckhart erwähnt:

> Ältere Theologen haben diese Tiefe auf das Innigste gefaßt, besonders
> aber katholische; in der protestantischen Kirche sind Philosophie und
> diese Wissenschaft ganz auf die Seite gesetzt worden. Meister Eckhart,
> ein Dominikanermönch des 14. Jahrhunderts, sagt unter anderem in einer
> seiner Predigten über dies Innerste: ‚Das Auge, mit dem mich Gott sieht,
> ist das Auge, mit dem ich ihn sehe; mein Auge und sein Auge ist eins. In
> der Gerechtigkeit werde ich in Gott gewogen und er in mir. Wenn Gott
> nicht wäre, wäre ich nicht; wenn ich nicht wäre, so wäre er nicht. Dies ist

---

90   Baader, *Brief an S[chlüter] vom 2. Januar 1830*, SW, Bd. 15, S. 457,19–21: „Ein wichtiges Werk
     habe ich unter der Feder – die sämtlichen Predigten von Meister Eckhart, dem Lehrer Tau-
     lers, von dem letzterer alle speculativen Schätze hat". Siehe hierzu Degenhardt, *Studien
     zum Wandel des Eckhartbildes* (1967) [Anm. 79], S. 133. Die Briefe Baaders an Christoph
     Bernhard Schlüter werden innerhalb des 15. Bandes der Gesamtausgabe als „Baader an
     Dr. S." betitelt. Hierzu vgl. Eugène Susini, *Lettres inédites de Franz von Baader: Notes et com-
     mentaires*, 3 Partie, Wien 1951, S. 165–168.
91   Baader, *Brief an Fräulein Emilie Linder vom 20. Oktober 1831*, SW, Bd. 15, S. 477,23–25.
92   Baader, *Gespräche*, SW, Bd. 15, S. 159,22–27.
93   Hierzu vgl. Otto Pöggeler, *Hegels Kritik der Romantik*, München 1999, S. 190–196.

jedoch nicht Not zu wissen, denn es sind Dinge, die leicht mißverstanden werden und die nur im Begriff erfaßt werden können.'[94]

Es ist wahrscheinlich, dass Hegel auf die hier zitierten Stellen Eckharts im Gespräch mit Baader hingewiesen wurde und sich dazu Notizen gemacht hatte.[95] Walter Jaeschke hat diese Stellen in der kritischen Ausgabe der *Vorlesungen* Hegels erschlossen[96] und dabei festgestellt, dass es sich um die folgenden Predigten Eckharts handelt, nämlich die 12. *Qui audit me*, die 39. *Iustus in perpetuum vivet* und die 52. *Beati pauperes spiritu*. Es ist nicht von ungefähr, dass alle auch in dem Taulerdruck von 1522, den Baader für seine Studien benutzt hat, enthalten sind.[97] Nachher hat sich Hegel zu diesen Sätzen nicht mehr geäußert, dennoch hat er kurz darauf die aus dem Jahr 1827 stammende Vorrede zur zweiten Auflage der *Enzyklopädie* zum Anlass genommen, Baaders tief spekulative Deutung der Mystik und Theosophie rühmend hervorzuheben.[98]

6　Franz von Baader: Herausfordernde Synthese von Religion und Philosophie

Es scheint abschließend durchaus sachgerecht in Baaders Verhältnis zur Mystik als Erstes ein geschichtliches Verdienst zu erkennen, nämlich jenes, die begrifflichen Abstraktionen der historischen Mystik auf die Begriffsform des Deutschen Idealismus gebracht und damit rezeptionsgeschichtlich wieder zugänglich gemacht zu haben. Doch mindert dies gerade nicht die sachliche, philosophische und theologische Bedeutung dieses Verhältnisses. Baader präsentiert die Mystik als eine Erkenntnis, die an der Grenze von Glauben und Vernunft angesiedelt ist und schließt damit das mystische Denken an die Tradition des Christentums als Philosophie der Offenbarung an. Neben der biblischen Offen-

---

94　In der von Heinrich Gustav Hotho ausgearbeiteten Nachschrift dieser Vorlesung wurde nach dem Namen ‚Eckhart' „(nach Baader)" hinzugefügt; vgl. Hegel, *Vorlesungen über die Philosophie der Religion*, Teil 1: *Einleitung. Der Begriff der Religion*, ed. Jaeschke, *Vorlesungen*, Bd. 3, S. 248 (Anm. zu Zeilen 389 f.).

95　So die Hypothese auch von Karl Albert, *Mystik und Philosophie*, Sankt Augustin 1986, S. 164 f.

96　Siehe Hegel, *Vorlesungen über die Philosophie der Religion* (1983) [Anm. 94], S. 402.

97　Vgl. Tauler, BT, ed. 1522 (bzw. BT, ed. 1523), fol. 313v (*Pr. 12*); fol. 244r (*Pr. 39*); fol. 308r (*Pr. 52* [sog. ‚Armutsrede']).

98　Hierzu Alberto Bonchino, „‚Der Mensch als Postscript der Schöpfung': Baaders Verhältnis zu Hegel", in: *Freiburger Zeitschrift für Philosophie und Theologie* 65/1 (2018), S. 112–131.

barung und der Offenbarung Gottes in der äußeren Natur existiert nach Baader
eine göttliche Offenbarung auch im Inneren des Selbstbewusstseins des Menschen. Selbst wenn diese mystische Erfahrung keine Sondermethode bzw. keinen Sonderweg zum Absoluten beanspruchen kann,[99] führt in Baaders Augen
eine vollständige Trennung von philosophischer Spekulation und Mystik zum
einen zu einer Verflachung der Spekulation und zum anderen zu einer Mystifi-
zierung der Mystik.[100] Diese Diagnose Baaders ernst zu nehmen und philoso-
phiegeschichtlich weiter zu erproben, eröffnet eine zweifache wissenschaftliche Aufgabe, die trotz aller Schwierigkeiten, die in der Sache selbst eingewur-
zelt sind, heutzutage unumgänglich zu sein scheint. Zum einen gilt es, sich auf
eine philosophische Spurensuche zu machen bzw. die noch nicht verarbeitete
Rezeptions- und Wirkungsgeschichte des Denkens Baaders und dessen Deu-
tungsfähigkeit im religionsphilosophischen und theologischen ‚Denkraum' des
späten 19. und 20. Jahrhunderts zu erforschen und zu beurteilen. Zum anderen aber handelt es sich um die Aufgabe, die herausfordernde Befindlichkeit
der christlichen Religion in der postmodernen Gegenwart und die damit verbundene Wiederkehr neognostischer, mystischer, teilweise quasi ‚esoterischer'
Religiosität,[101] die (nach dem Streit um Gott und Religion in der philosophischen Moderne[102]) mehr denn je ein inständiges Bedürfnis nach dem ‚Ganzen
der Wirklichkeit' verrät und in der nicht zuletzt vorausgesetzte und oszillie-
rende Konzepte, Metaphern sowie theologische Leitbegriffe der abendländischen mystischen Tradition eine wichtige Rolle zu spielen scheinen, ideenge-
schichtlich zu untersuchen.

---

99   Denn, wie Koslowski, *Philosophien der Offenbarung* (2001) [Anm. 14], S. 762, feststellt: „die
      mystische Erfahrung kann nur ihre Wahrheit erweisen, wenn sie sich mit dem Spekulati-
      ven des Begriffs und der geschichtlich berichteten Offenbarung in Konkordanz befindet".

100   Baader, *Vorlesungen über speculative Dogmatik*, zweites Heft, Münster 1830, S. 107,11–111,8
      (vgl. SW, Bd. 8, S. 300,1–304,19); ebd., viertes Heft, Münster 1836, S. 18,21–19,15 (vgl. SW, Bd.
      9, S. 37,9–38,16).

101   Hierzu vgl. *Diesseits des Schweigens: Heute von Gott sprechen*, hg. von Albert Franz und
      Clemens Maaß, Freiburg i.B. 2011.

102   Mit direkter Anspielung auf die Beiträge von Georg Essen, *Die philosophische Moderne als
      katholisches Schibboleth* (2015) [Anm. 7], und Albert Franz, „Streit um Gott und Religion:
      Endlos?", in: Schärtl / Wendel, *Gott – Selbst – Bewusstsein* (2015) [Anm. 7], S. 159–173.

TEIL 2

Jacob Böhme und die Romantik

∵

10

Zur Typologie vorromantischer Böhme-Rezeption

Sibylle Rusterholz

Die Geschichte der Rezeption Jacob Böhmes zeigt ein außerordentlich facetten- und perspektivenreiches Gesicht. Ich werde im Folgenden einige Aspekte dieser Rezeption vorstellen und werde dabei weniger auf einzelne Inhalte eingehen als vielmehr versuchen, eine Typologie vorromantischer Böhme-Rezeption zu entwerfen.

1

Zunächst sind es vor allem lutherische Theologen, die sich mit dem Görlitzer Schuster und seinen Schriften öffentlich auseinandersetzen, und diese Auseinandersetzung steht von Beginn weg unter dem Unstern des Streits. Im Rahmen der Kontroverstheologie, für die im 17. Jahrhundert eigene Lehrstühle an diversen Universitäten eingerichtet wurden, gilt Streit als Pflicht, geht es doch um die Wahrung der *reinen* Lehre nach Maßgabe der *Confessio Augustana invariata* (1541) und der *Konkordienformel* von 1577 und – damit in engstem Zusammenhang – um die Wahrung der Einheit innerhalb des Protestantismus. Um dieser Ziele willen ist das Recht zum „Schmähen" ebenso wie das Recht der „Gegen-Schimpfung" gewährleistet.[1] Sorgfältiges Abwägen der Argumente ist nicht gefragt; die paulinische Devise des ‚Prüfet aber alles, das Gute behaltet‘ (1 Thess. 5,21) wird von der lutherischen Orthodoxie ausdrücklich abgelehnt; die Reaktion auf Böhmes Schreiben folgt von Anfang an der von der Kontroverstheologie geforderten Verketzerung des Gegners.[2] Davon zeugt das in Böhmes Todesjahr gedruckte dreiteilige, in lateinischen Versen abgefasste ver-

---

1 Vgl. Martin Gierl, *Pietismus und Aufklärung: Theologische Polemik und die Kommunikationsreform der Wissenschaft am Ende des 17. Jahrhunderts*, Göttingen 1997, S. 158. Zur ‚Praxis des Elenchus‘ siehe ebd., S. 93–192.

2 Ich stütze mich im Folgenden in einigen Aspekten auf meine ausführlichere Darstellung in: Sibylle Rusterholz, „Jacob Böhme im Licht seiner Gegner und Anhänger: Die zentralen Argumente der Streitschriften von ihren Anfängen zu Lebzeiten Böhmes bis zum Ende des 17. Jahrhunderts", in: *Offenbarung und Episteme: Zur europäischen Wirkung Jakob Böhmes im 17. und 18. Jahrhundert*, hg. von Wilhelm Kühlmann und Friedrich Vollhardt, Berlin/Boston 2012, S. 7–32.

© SIBYLLE RUSTERHOLZ, 2022 | DOI:10.1163/9789004498648_012

nichtende *Judicium* des Görlitzer *Pastor primarius* Gregor Richter, mit dem dieser auf die (gegen das Böhme auferlegte Schreibverbot verstoßende) anonyme Veröffentlichung dreier kleiner Schriften unter dem Titel *Der Weg zu Christo* von 1624 reagierte. Während Richters Pasquill noch keine eigentliche Streitschrift darstellt, sondern gleichsam mit einem rhetorischen Axtschlag unter üblen Verleumdungen auf die Vernichtung der Person des schreibenden Schusters zielt, doppelt Peter Widmann, Pfarrer einer benachbarten Gemeinde, mit einer im Sommer desselben Jahres (mit Approbation der Leipziger theologischen Fakultät) gedruckten Predigt unter dem Titel *Christliche Warnung / Für einem new auß-gesprengeten Enthusiastischen Büchlein* nach, in der er mithilfe der syllogistischen Methode beweisen will, dass *Der Weg zu Christo* nicht nur „gantz verdächtig", „unschrifftmäßig" und „ketzerisch" sei, sondern überdies – und damit verwendet er ein von der Kontroverstheologie ausdrücklich propagiertes Argument – keineswegs neu wäre, sondern auf altbekannten Häresien (z. B. Valentin Weigels und anderer) beruhe.[3]

Der Rezeptionstypus der Böhme-Streitschrift ist im weiteren Verlauf des 17. Jahrhunderts im Zusammenhang zu sehen mit der Publikationsgeschichte von Böhmes Werk. Ich erinnere die wichtigsten Stationen: 1634 erscheint der Erstdruck der *Aurora*, 1635 *De signatura rerum*, 1640 der Erstdruck des *Mysterium magnum*, 1682 die erste Böhme-Gesamtausgabe – und zwar alles in Amsterdam, was den Böhmegegner Erasmus Francisci 1685 zu dem vernichtenden Gesamturteil veranlasst:

> Diß ist einmal gewiss/ dass die Böhmische Schrifften/ so/ wie sie jetzo/ aus Holland/ eine Zeit hero/ wie die Kröten aus dem Morast/ wieder hervor gekrochen/ nichts anders/ als ein Missbrauch heiliger Schrifft/ Auslöschung ihres wahren und heilsamen Verstandes/ und rechtes Ertzgifft der Seelen seyn [...].[4]

In Holland hatte bereits 1643/44 ein Schlagabtausch stattgefunden zwischen dem orthodoxen Theologen David Guilbert und dem zu dieser Zeit ebenfalls in Holland weilenden schlesischen Böhmeanhänger Johann Theodor von Tschesch (1595–1649), und zwar in holländischer Sprache.[5] Als besonders fol-

---

3 Widmann, *Christliche Warnung*, ed. 1624, S. 3,20–22.
4 Erasmus Francisci, *Gegen-Stral Der Morgenröte*, ed. 1685, S. 759,1–8.
5 Vgl. Guilbertus, *Christelijke Waerschouwing*, ed. 1643. Die Entgegnung des Johann Theodor von Tschesch erschien ebenfalls zunächst in holländischer Sprache unter dem Titel: *Eerste Apologie ende Christelycke Voorberecht*, ed. 1644, ihrerseits zurückgewiesen durch eine zweite Schrift Guilbertis: *Eerste Apologia ofte Verantwoordinge der Heylige waerheydt*, ed. 1644, die

genreich aber sollte sich das Erscheinen von Quirinus Kuhlmanns *Neubegeistertem Böhme* 1674 in Leiden erweisen, mit dem sich der Streit um den Görlitzer Schuster-Philosophen, 50 Jahre nach seinem Tod, schwerpunktmäßig zurück nach Deutschland verlagerte. Der berühmt-berüchtigte Schlesier Kuhlmann (1651–1689) hatte von 1670–1673 in Jena Jurisprudenz studiert, dieses Studium aber infolge seiner Begegnung mit Böhmes Werk 1674 in Leiden und seiner daraus resultierenden weltlichen und geistlichen Neuorientierung abgebrochen. Mit dem rund 500 Druckseiten umfassenden *Neubegeisterten Böhme*, darin (wie es im Titel heißt) „zugleich der so lang verborgene Luthrische Antichrist abgebildet wird", hatte Kuhlmann die Vertreter des orthodoxen Luthertums an den deutschen Universitäten direkt herausgefordert.[6] Einer der einflussreichsten unter ihnen, der Wittenberger Universitätstheologe Abraham Calov (1612–1686), nahm den Fehdehandschuh in seiner 1684 unter dem Titel *Anti-Boehmius, in quo docetur, quid habendum de Secta Jacobi Böhmen* [...] veröffentlichten lateinischen Schrift auf.[7] Auffallend ist die Gleichsetzung von Böhme mit den sog. Böhmisten (*Secta Jacobi Böhmen*), als deren prototypischer Vertreter Kuhlmann erscheint. Indem Calov originale Böhmezitate und Kuhlmannbelege hart nebeneinander stellt – Böhme so mit Kuhlmann identifizierend und zugleich überbietend –, entwickelt er eine äußerst wirksame Argumentationsstrategie. Zum Exempel: Böhmes von Calov breit zitierte Darstellung und Kritik am innerprotestantischen Abendmahlsstreit in der Schrift *Von Christi Testament des H. Abendmahls*, den Böhme als Streit um „buchstabische Meinung", um die Zusammensetzung „künstliche[r] Buchstaben" im Geist irdisch-

---

von Tschesch mit einer weiteren *Apologie* konterte, die erst postum (1676) in deutscher Übersetzung gedruckt wurde (*Zwiefache Apologia*, ed. 1676). Zur komplizierten Entstehungs- und Überlieferungsgeschichte der *Zwiefache[n] Apologia* von Tscheschs siehe Tünde Beatrix Karnitscher, *Der vergessene Spiritualist Johann Theodor von Tschesch (1595–1649): Untersuchungen und Spurensicherung zu Leben und Werk eines religiösen Nonkonformisten*, Göttingen 2015, S. 223–227. Bereits 1632, sechzehn Jahre vor dem Erstdruck von Böhmes Schrift *Viertzig Fragen von der Seelen* (1648) wurde diese in lateinischer Übersetzung (*Psychologia vera*) von Johann Angelius Werdenhagen in Amsterdam herausgegeben und 1643 in der ebenfalls in Amsterdam erschienenen lateinischen Streitschrift des Christian Becman (*Exercitationes Theologicae*, ed. 1644) zum Gegenstand der Kritik.

6 Vgl. Kuhlman, *Neubegeisterter Böhme*, ed. 1674 (vgl. *Neubegeisterter Böhme*, ed. Clark [1995]). Mit der Zusammenstellung von „JACOB BEHMENNS [...] *Hundert und Funffzig* Weissagungen und Offenbahrungen der güldenen LILIEN- und ROSENZEIT [...]", bringe er, so Kuhlmann, den von seinem Vaterland so übel ‚verschmähten' Böhme nach Deutschland zurück (vgl. *Neubegeisterter Böhme*, ed. Clark, Bd. 1, S. 142 f.), was ihm, wie die Wirkungsgeschichte zeigt, durchaus gelungen ist (vgl. Jonathan Clark, ‚Einleitung', in: Quirinus Kuhlmann, *Neubegeisterter Böhme*, ed. Clark, Bd. I, S. XLIII–XLVIII).

7 Vgl. Calov, *Anti-Böhmius*, ed. 1684. Erst seit 1682 war das Werk Böhmes in einer Gesamtausgabe greifbar, aus der Calov ausgiebig zitiert.

akademischen Machtstrebens beklagt hatte,[8] folgt als scheinbar direkter Kommentar das folgende Kuhlmann-Zitat: „O durchaus verdorbener Antichrist im Lutherthum! Wer mag mit Seuffzen beseuffzen die erschreckliche Abgötterey/ welche die Lutherischen Schrifft-*Doctores* mit der heiligen Schrifft treiben?" – womit diese, so Kuhlmann, ein „grammaticalisches Evangelium/ eine grammaticalische Bibel" verursachten, und er fährt fort:

> Wachet auff! [...] um GOttes willen/ ihr Lutherische Obrigkeiten! Wachet
> auf/ ihr Städte! [...] Eure Schulen und Hohschulen/ eure Kirchen und
> Rathhäuser sind zu Mördergruben worden/ und dem GOTTES Gerichte
> überantwortet/ [...]. Hebet eure Häupter auff! Sehet! Eure Erlösung nahet
> sich! der Antichristenthums Winter hat meist ausgewintert! Der Christenthums Früling befrülinget sich schon [...]. Ich posaune fort/ und wil
> posaunen in Krafft meines GOttes/ das gantz Europe sol erzittern. Ich
> werffe ein Feuer von nun an im Namen des Herrn Zebaoth unter eure
> Hohschulen [...].[9]

Damit ist Böhme desavouiert, sein Anliegen unter der Hybris des ‚Böhmisten' Kuhlmann begraben, ja in sein Gegenteil verkehrt, hatte es doch andernorts, unmittelbar vor dem von Calov zitierten Passus in Böhmes Abendmahlsschrift geheißen: „Ist Christus bey und in einem Menschen offenbar, so hat er keinen Zanck noch Streit mit iemanden um die Erkenntniß und Wissenschaft [...]".[10]

Gegen die von Calov vorgenommene Gleichsetzung von Böhme mit den Böhmisten hat der mystische Spiritualist Friedrich Breckling (1619–1711) mit seiner Gegenschrift *Anticalovius* (1688) protestiert, allerdings ohne Kuhlmann zu verteidigen, den er als nicht ernst zu nehmenden ‚Fladdergeist' beurteilt.[11]

In diesem Zusammenhang stärker ins Gewicht jedoch fallen Bestrebungen Philipp Jakob Speners (1653–1705), des wichtigsten Vertreters des kirchlichen Pietismus, der eine Differenzierung zwischen Böhme und seiner Anhängerschaft fordert und vor direkten Rückschlüssen von den Böhmisten auf Böhme ausdrücklich warnt.[12] Vor dem Hintergrund des sog. Hamburger ‚Revers' von

---

8   Vgl. Calov, *Anti-Böhmius*, ed. 1684, S. 94,29–95,5. Vgl. Böhme, *De testamentis Christi*, ss, Bd. 6, Pars XVI, S. 112,29–113,3 (Kap. 5, n. 6) und S. 113,30–114,3 (Kap. 5, n. 10).

9   Calov, *Anti-Böhmius*, ed. 1684, S. 96,27–98,10.

10   Böhme, *De testamentis Christi*, ss, Bd. 6, Pars XVI, S. 112,12–14 (Kap. 5, n. 4).

11   Breckling, *Anticalovius*, ed. 1688, S. 7v,6–19. Zum *Anticalovius* siehe Johann Anselm Steiger, „Jacob Böhmes Rettung: Friedrich Brecklings *Anticalovius* (1688) als Apologie des mystischen Spiritualismus", in: Kühlmann / Vollhardt, *Offenbarung und Episteme* (2012) [Anm. 2], S. 283–294.

12   Vgl. Helmut Obst, „Jakob Böhme im Urteil Philipp Jakob Speners", in: *Zeitschrift für Religi-*

1690, der von der Hamburger Theologenschaft eine eidesstattlich zu bekräftigende Verwerfung Jacob Böhmes verlangte und diesen damit zum Prüfstein der Rechtgläubigkeit machte, hatte Spener zudem eine Kommunikationsreform theologischen Streitens angemahnt, welche statt bedingungsloser Verketzerung des Gegners ein besonnenes Abwägen der Argumente pro und contra forderte.

Der Hamburger Hauptpastor und Orientalist Abraham Hinckelmann (1659–1698), der sich trotz kritischer Einstellung zu Böhme geweigert hatte, den ‚Revers‘ zu unterschreiben, nahm die Anregung Speners auf und legte 1693 *Viertzig Wichtige Fragen/ betreffende die Lehre/ so in Jacob Böhmens Schrifften enthalten/ Allen deroselben Liebhabern zu Christlicher Beantwortung* vor. Die Fragen beziehen sich auf so ziemlich alle strittigen Punkte von Böhmes Lehre. Ziel des Fragenstellers sei (so das Vorwort) eine „unpassionirte Untersuchung der Warheit".[13] Die Fragen haben eine Reihe von Antworten und Gegenantworten, in einem Fall sogar von Gegenfragen provoziert und eine sich über Jahre erstreckende große Debatte um Böhme ausgelöst, an der mindestens acht Theologen sich beteiligten. Als Hinckelmanns hartnäckigster Gegner und potentester Kritiker erweist sich der unter dem Pseudonym Johannes Matthäus auftretende Pfarrer Johann Jacob Zimmermann, der bereits 1691 eine als *Orthodoxia Theosophiae Teutonico-Böhmianae contra Holtzhausium defensa*, im Untertitel als *Gründliche Vertheidigung der Alt-Evangelischen Lehre des hocherleucht[eten] J. Böhmens* betitelte Schrift veröffentlicht hatte, in welcher er einen Zusammenhang der „tieffe[n] Erkäntüß" Böhmes mit der „uhrältesten Theologie" – gemeint ist die Kabbala – herstellt, d. h.: unter der Prämisse ‚fortschreitender Offenbarung‘, die das orthodoxe Luthertum strikt ablehnt, erscheint Böhmes Lehre als hellere Version uralter Theologie.[14] Hinckelmann reagiert auf die von Zimmermann 1693 anonym vorgelegte *Verlangete Beantwortung* seiner Fragen unter Einbezug von dessen *Orthodoxia Theosophiae Teutonico-Böhmianae* 1693 mit einer umfangreichen weiteren Schrift: *Detectio Fundamenti Böhmiani, Untersuchung und Widerlegung der ‚Grund-Lehre‘ / Die in Jacob Böhmens Schrifften verhanden.*

---

ons- und Geistesgeschichte 23 (1971), S. 22–39, hier S. 32; Gierl, *Pietismus und Aufklärung* (1997) [Anm. 1], S. 266–324 (‚Der Streit um den Elenchus‘). Gierl, ebd., S. 271–281, zeichnet Speners Entwicklung hinsichtlich seiner Stellung zum Religionsstreit anhand mehrerer seiner Schriften nach.

13   Hinckelmann, *Viertzig Wichtige Fragen*, ed. 1693, Vorwort, S. A2r,6 f.

14   Matthaeus, *Orthodoxia Theosophiae Teutonico-Böhmianae*, ed. 1691 (ND: 1698), S. 78,1 f. Dazu meine detaillierte Darstellung in: Rusterholz, *Jacob Böhme* (2012) [Anm. 2], S. 13–17.

„Ob Jacob Böhme nicht beständig lehre/ daß alle Dinge aus dem göttlichen Wesen geschaffen seyn?".[15] So hatte die sechste seiner *Viertzig Fragen* gelautet, die Hinckelmann nun in der *Detectio* ins Zentrum stellt und zugleich verschärft mit der Formulierung, Böhme mache das „Göttliche Wesen" zur „Materie aller Dinge".[16] Der Widerlegung dieser der orthodoxen Lehre von der *creatio ex nihilo* zuwiderlaufenden *Grundlehre* Böhmes, die Hinckelmann aus heidnisch-orientalischen Quellen herleitet und in der späteren Platonisierung des Christentums bestätigt sieht, gilt seine *Detectio fundamenti Böhmiani*.[17] Hinckelmann will beweisen, dass sich aus Böhmes irriger Grundlehre, die das göttliche Wesen zur Materie aller Dinge mache, nicht nur alle anderen in den *Viertzig Fragen* angesprochenen Irrtümer herleiten ließen, sondern dass – umfassender – der „Ursprung alles Fanaticismi und Abgötterey" (Untertitel) in dieser Grundlehre verborgen liege. Ein analoges Ziel hatte bereits Hinckelmanns Greifswalder Kollege Ehre Gott Daniel Colberg 1690/1691 mit seiner umfangreichen zweibändigen Schrift *Das Platonisch-Hermetisches* [sic] *Christenthum/ Begreiffend Die Historische Erzehlung vom Ursprung und vielerley Secten der heutigen Fanatischen Theologie, unterm Namen der Paracelsisten/ Weigelianer/ Rosencreutzer/ Quäcker/ Böhmisten/ Wiedertäuffer/ Bourignisten/ Labbadisten/ und Quietisten* verfolgt. Mit diesem modifizierten Streitschriftentypus und seiner Reduktion vielfältiger Lehrinhalte auf eine alles umfassende Grundlehre, die die Differenzierung zwischen Böhme und Böhmisten erneut aufhebt,[18] war am Ende des Jahrhunderts der Typus der Böhmerezeption via Streitschrift, abgesehen von wenigen Ausnahmen, an sein Ende gelangt.

Während der Radikalpietist und Frühaufklärer Johann Konrad Dippel (1673–1734) – eine der bemerkenswertesten der genannten Ausnahmen – in seinen Streitschriften die zukunftsweisenden Aspekte bei Böhme, etwa dessen religiöse Toleranz gegenüber Juden, Heiden und Türken, hervorhob,[19] wurde

---

15   Hinckelmann, *Viertzig Wichtige Fragen*, ed. 1693, S. [A4]r,26–28.

16   Hinckelmann, *Detectio Fundamenti Böhmiani*, ed. 1693, S. 4,24f.

17   Vgl. Martin Mulsow, „Abraham Hinckelmann und die Genealogie von Böhmes *Grund-Irrtum*", in: Kühlmann / Vollhardt, *Offenbarung und Episteme* (2012) [Anm. 2], S. 295–312.

18   Das gilt selbst für Colbergs Böhme-Kapitel, wo Böhme als Produkt seiner Lektüren erscheint, die sich mit den Häresien seiner Anhänger bunt vermischen. Siehe Colberg, *Das Platonisch-Hermetisches Christenthum*, ed. 1690/1691, hier Bd. 1, S. 307–328 (Kap. 8: *Von Jacob Böhmen Schwärmerey*). Zu Colbergs Böhme-Kapitel siehe: Friedrich Vollhardt, „‚Pythagorische Lehrsätze': Schwärmerkritik und Konsensdenken bei Daniel Colberg, Heinrich Wilhelm Clemm und Friedrich Christoph Oetinger", in: Kühlmann / Vollhardt, *Offenbarung und Episteme* (2012) [Anm. 2], S. 363–383, hier S. 369–372.

19   Siehe dazu Kristine Hannak, „Streitbare Irenik: Religiöse Toleranz, poetische Kritik und die Reflexion religiöser Diversität bei Jakob Böhme und Johann Conrad Dippel (1673–1734)", in: Kühlmann / Vollhardt, *Offenbarung und Episteme* (2012) [Anm. 2], S. 387–409.

Böhme gegen Ende des aufgeklärten Jahrhunderts vom Scharfrichter Johann Christoph Adelung (1732–1806) in die „historische Galerie gemeingefährlicher Narren" verwiesen.[20]

2

In einem zweiten Abschnitt möchte ich nach der Böhme-Rezeption durch die Barockdichter Czepko, Scheffler und Kuhlmann fragen, wobei ich mich im Falle Czepkos und Kuhlmanns vor allem auf einen zentralen Punkt konzentrieren werde: die poetische Umsetzung von Böhmes Natursprachenlehre, während die Böhme-Rezeption Schefflers anhand der Interpretation eines der Person Böhmes gewidmeten Gedichts erläutert werden soll.

In der Vorrede zu seiner frühen Gedichtsammlung *Das innwendige Himmel-Reich* (1633) hat der 28jährige Daniel Czepko von Reigersfeld (1605–1660) sein hochgestecktes poetisches Ziel formuliert: „Es sind Reime, welche wir Deutschen itzo schreiben lernen, Reime, sage ich, mehr nach dem WinckelMaaß der Warheit als der künstlichen Tichterey zusammen gesetzet".[21] Und in seiner *Consolatio ad Baronissam Cziganeam* (1633) heißt es im Blick auf die Möglichkeit der Erkenntnis von Gott und Natur durch den Menschen: „Was Menschlich, muß er gantz ablegen, und beynahe Gott und die Natur seyn, wil er sie erkennen. Denn die Wahrheit aller Erkäntnüs lieget im Empfinden".[22] ‚Empfinden' meint eine Form der Erkenntnis, in der die Bedingung von Erkenntnis überhaupt: der Abstand zwischen Subjekt und Objekt (beinahe) aufgehoben wäre. Bezogen auf die poetische Form heißt das für Czepko: gefordert wäre ein ‚wesentliches' Sprechen. ‚Wesentlich' wäre eine bildlose Sprache, die ihre Inhalte nicht begrifflich vermittelte, sondern im Sinne des ‚empfindenden' Erkennens mittels der Zeichenhaftigkeit der sprachlichen Gestalt unmittelbar zur Anschauung brächte.

Den Hintergrund der Konzeption des ‚wesentlichen' Sprechens als Gegenentwurf zur barockhumanistischen Bildungspoesie der „künstlichen Tichterey" bildet Böhmes Lehre von der adamischen oder ‚Natur-Sprache', die so beschaffen war, „wie Adam hat allen Dingen Namen gegeben"[23] –, „[d]enn er

---

20   Wilhelm Kühlmann, „Vernunftdiktatur und Sprachdiktatur: Jakob Böhme bei Gottsched und Adelung", in: Kühlmann / Vollhardt, *Offenbarung und Episteme* (2012) [Anm. 2], S. 579–603, hier S. 595.

21   Czepko, *Das Innwendige HimmelReich*, sw, Bd. 1,1, S. 59,8–11.

22   Czepko, *Consolatio ad Baronissam Cziganeam*, sw, Bd. 5, S. 172,17–20.

23   Böhme, *De triplici vita hominis*, ss, Bd. 3, Pars III, S. 109,21f. (Kap. 6, n. 1).

formet das Wort des Namens eines Dinges im Munde, wie das Ding in der Schöpfung ist worden"[24], d.h. seine Sprache ist fähig, das Wesen der Dinge nicht bildlich-metasprachlich, sondern direkt zu bezeichnen, so dass Wort und Ding, Zeichen und Bezeichnetes eine wesenhafte Einheit bilden. Das namengebende Sprechen Adams ist zwar nicht identisch mit dem schaffenden Sprechen Gottes, sondern ist vielmehr ein ‚Nachschaffen' des Wesens der Dinge durch „Wiederaussprechen" – „auf Art der zeitlichen Creaturen", wie Böhme in der Vorrede zum *Mysterium Magnum* formuliert.[25]

Besonders anschaulich zeigt sich Czepkos Konzeption des wesentlichen Sprechens und dessen poetische Umsetzung dort, wo er (im Gefolge Abraham von Franckenbergs) kabbalistische Sprachtechniken anwendet, etwa das *Notarikon*, das den tieferen Sinn eines Wortes ermittelt, indem es zu jedem Buchstaben entsprechend anlautende neue Wörter bildet.[26] Ein Beispiel aus der Epigrammsammlung *Sexcenta Monodisticha Sapientum* (entstanden 1642–1648):

> M. ENS. CH.
> Mensch, das Wort MENSCH sagt dir: was vor ein MENSCH du bist: Im Wort, in dir ist MENS: ist ENS: was mehr? ein CHrist.[27]

Im Wort, in der Bezeichnung ‚Mensch' ent-deckt Czepko mithilfe des Notarikons das Abbild des im Schöpfungswort gewirkten Prozesses. Der dreifache Bezug des Wortes Mensch zu ‚mens', ‚ens' und ‚Christus' bildet im Wortkörper sichtbar ab, was die besondere Würde des Menschen als *imago dei* ausmacht: die Teilhabe an allen drei Prinzipien, wobei ‚mens' und ‚ens' den Menschen mit dem ersten und dritten Prinzip verbinden, während die Chiffre ‚CH' auf das zweite Prinzip des Lichts, auf Christus verweist, womit Czepko sich auch inhaltlich direkt an Böhme anschließt.[28] Das Wort ‚Mensch' ist damit nicht bloßes Gefäß für einen beliebigen Inhalt, vielmehr gehören Wort und Wesen, Zeichen und Bezeichnetes im Sinne wesentlichen Sprechens untrennbar zusammen.

Während Czepko meines Wissens den Namen Böhme nie genannt hat, hat Johannes Scheffler alias Angelus Silesius (1624–1677), der mit seiner berühm-

24   Böhme, *De triplici vita hominis*, ss, Bd. 3, Pars III, S. 109,40 f. (Kap. 6, n. 3).

25   Böhme, *Mysterium Magnum*, ss, Bd. 7, S. 2,3–7 (Vorrede, n. 6).

26   Vgl. Sibylle Rusterholz, „Elemente christlicher Kabbala bei Abraham von Franckenberg", in: *Christliche Kabbala*, hg. von Wilhelm Schmidt-Biggemann, Ostfildern 2003, S. 183–197.

27   Czepko, *Sexcenta Monodisticha Sapientum*, VI,50, sw, Bd. 1,2, S. 662,19–21.

28   Böhme, *Von der Gnaden wahl*, ed. Buddecke, *Urschriften*, Bd. 2, S. 45,25–32: „im mens wirt die lebendige wesenheit welche geistlich ist verstanden / als ein gantz Geistlich wesen / [...]. vnd im Ens wirt das leben der Siben eigenschaften der Natur verstanden / [...] Das

ten Epigrammsammlung *Cherubinischer Wandersmann* in unmittelbarer Nach-
folge Czepkos steht, Jacob Böhme ein (nicht zum *Cherubinischen Wandersmann* gehörendes) vierzeiliges Epigramm gewidmet, das unter der wenig aus-
sagekräftigen Bezeichnung ‚Gelegenheitsgedicht' überliefert ist:

> *Unter einem Bildnis Jakob Böhmes*
> Im Wasser lebt der Fisch, die Pflanzen in der Erden,
> Der Vogel in der Luft, die Sonn im Firmament.
> Der Salamander muß im Feur erhalten werden:
> Und Gottes Herz ist Jakob Böhmens Element.[29]

Das leuchtet zunächst ganz unmittelbar ein im Sinne der umgangssprachli-
chen Wendung: jemand fühlt sich wohl, er ist in seinem Element. Doch, ist
es wirklich so einfach? Die ersten drei Zeilen evozieren die seit der Antike
bekannten vier Elemente Wasser, Erde, Luft und Feuer, wobei der Leser das
Wort ‚Element', das erst in der letzten Zeile auftaucht, stillschweigend ergänzt.
Bei genauerem Hinsehen fällt allerdings auf, dass die vierte Halbzeile irgendwie aus dem Rahmen fällt. Die ‚Sonne' im ‚Firmament' unter den Elementen?
Das ‚Firmament' (Himmel) als fünfter Lebensraum? Und wie verhält es sich
mit der letzten Zeile: ‚Gottes Herz' (im Gesamtzusammenhang des Gedichts)
als weiteres, nun ebenfalls fünftes Element? Demjenigen, der sich mit Böhme
auskennt, wird sich anhand dieser Fragen eine ganze Reihe von Assoziationen und Verknüpfungen aufdrängen, wie sie Jacob Böhme selbst in seinem
Bild der ‚Philosophischen Kugel' dargestellt und in allen Einzelheiten erläutert
hat.[30]

Ich nenne einige Stichworte: Das ‚Herz', das Böhme ins Zentrum seiner ‚Philosophischen Kugel' gesetzt hat, mitten auf die senkrechte Zentralachse, die
erstes und zweites Prinzip (die dunkle und die helle Halbkugel zur Linken und
zur Rechten) trennt und gleichzeitig verbindet, bedeute, so Böhmes Kommentar, „das *Centrum* der Gottheit", welches den „*Sohn*" ausgebiert. Letztlich gehe
es ihm darum, „daß die Christen lernen verstehen die *Wiedergeburt*, wie uns
GOtt in Christo aus seinem *Hertzen* am Creutze hat wiedergeboren: Um wel-

---

mens aber ligt im Ens / wie die Seel im leibe / das mentalische wortt spricht aus das En-
talische [...]". (Vgl. SS, Bd. 6, Pars XV, S. 51,24–33 [Kap. 5, nn. 2–4])

29   Angelus Silesius, SpW, ed. Held, Bd. 2, S. 27,9–13.

30   Vorlage in Böhme, *Psychologia vera*, SS, Bd. 3, Pars IV, Bild zwischen S. 30 und S. 31, Abb.
     hier S. 227; vgl. Böhmes *Erklärung* der ‚Philosophischen Kugel', ebd., S. 31,8–47,8 (nn. 106–
     189).

ches willen diese Figur ist also entworfen worden [...]".[31] Das wird verständlicher, wenn wir die auf der Mittelachse platzierten Begriffe oberhalb und unterhalb des zentralen Herzens betrachten. Unterhalb: ‚Mysterium' – ‚Vier Elementa' – ‚Erde' – ‚Irdisch Mensch'. – Oberhalb: ‚Todt' – ‚Rein Element' – ‚Himmel' – ‚Sohn': Der vierelementischen irdischen Welt des gefallenen Adam wird hier die dem *reinen* (fünften) Element zugeordnete himmlische Welt Christi gegenüber gestellt, jene Welt, die es in der Wiedergeburt neu zu gewinnen gilt.

Vor diesem Hintergrund wird deutlich, dass Angelus Silesius den Begriff ‚Element' (unausgesprochen) in dem erläuterten Böhme'schen Doppelsinn gebraucht und dass die Schlusszeile seines Böhme gewidmeten Gedichts – *Und Gottes Herz ist Jakob Böhmens Element* – auf dessen zentrales Anliegen zielt: die Wiedergeburt des gefallenen Menschen. Die Sonne als eine Ausgeburt des Herzens Gottes im dritten Prinzip verweist ihrerseits auf Christus, das Mensch gewordene Herz selbst, dessen Tod die Wiedergeburt des gefallenen Menschen ermöglicht.[32]

Wie gut hat Johannes Scheffler Böhme gekannt? Scheffler, der nach eigener Aussage bereits während seines zweijährigen Medizinstudiums in Leiden (1644–1646) Böhmes Schriften gelesen hat,[33] lernte nach seiner Promotion zum *Doctor philosophiae et medicinae* 1648 in Padua und der anschließenden Rückkehr nach Breslau (Ende 1648) den begeisterten Böhmeanhänger Abraham von Franckenberg (1593–1652) kennen, mit dem ihn in der Zeit von 1650 bis zu Franckenbergs Tod eine intensive Freundschaft verband.[34] Franckenberg, der sich mit der Sammlung und Weitergabe von Handschriften und Abschriften um den Nachlass Böhmes und dessen Drucklegung verdient gemacht hat, hat Scheffler zu Lebzeiten zahlreiche Bücher geschenkt und weitere testamentarisch vermacht. Dass Scheffler Böhmes Bild der *Philosophischen Kugel* bekannt gewesen ist, davon ist mit Sicherheit auszugehen.[35] Das Epigramm *Unter einem Bildnis Jakob Böhmes* ist sehr wahrscheinlich in der Zeit der Freundschaft mit

---

31 Böhme, *Psychologia vera*, SS, Bd. 3, Pars IV, S. 32,25–33 (Die 1. Frage, n. 114) (Hervorhebungen S.R.).

32 Vgl. Böhme, *De incarnatione verbi*, SS, Bd. 4, Pars V, S. 13,4–8 (I. Theil, Kap. 2, n. 9): Um des gefallenen Adam willen habe sich das „Hertze GOttes" bewegt und sei Mensch geworden.

33 Nachweis bei Hans Ludwig Held, ‚Das Leben des Angelus Silesius', in: Silesius, SpW, ed. Held, Bd. 1, S. 13–60, hier S. 22 und S. 121 (Anm. 25).

34 Davon zeugt das 28strophige Gedicht *Christliches Ehrengedächtnis des Herrn Abraham von Franckenberg auf Ludwigsdorf*, in: Silesius, SpW, ed. Held, Bd. 2, S. 23,21–27,8, das Scheffler 1652 dem verstorbenen Freund widmete.

35 Böhmes Schrift *Viertzig Fragen von der Seelen* (*Psychologia vera*) mit der ‚Philosophischen Kugel' war bereits 1632 in lateinischer Übersetzung von Johann Angelius Werdenhagen in Amsterdam herausgegeben worden (deutsch: Amsterdam 1648).

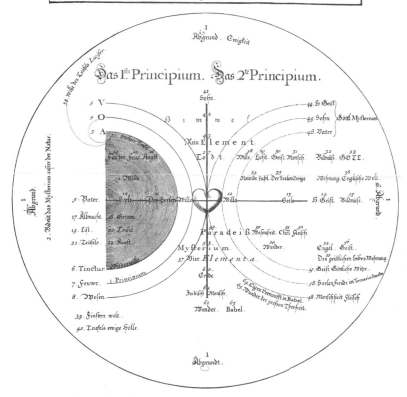

ABB. 10.1 Philosophische Kugel in: Jacob Böhme: Vierzig Fragen von der Seele. In: Sämtliche Schriften 1682, 1715, 1730 und öfter
PRIVATBESITZ

Abraham von Franckenberg entstanden. Wie aber ist der Titel zu verstehen? Gibt es ein Böhme-Bildnis aus der Zeit um 1650, das mit den zur Rede stehenden Gedichtzeilen unter-schrieben ist? Meine Recherchen haben ergeben, dass es ein solches Böhme-Bildnis weder aus der Zeit um 1650 noch überhaupt zur Lebenszeit des Angelus Silesius gegeben hat. – Dass ein authentisches Böhme-Bildnis nicht existiert, ist bekannt. Das früheste der bisher bekannten (fiktiven) Böhme-Bilder stammt von 1677, dem Todesjahr des Angelus Silesius, und wurde von Nicolaus Häublin (1645–1687) entworfen als ‚Bildnis Jacob Böhmes mit allegorischer Rahmung'.[36] Das Böhme-Porträt Häublins bildet einen ers-

---

36 Der großformatige Kupferstich ist reproduziert bei Lucinda Martin, „Mythos und Wirkl-

ten Typus, nach dem eine Reihe weiterer Böhme-Bildnisse entstanden. Ein
zweiter Typus, der ebenfalls zahlreiche Nachahmer fand, wurde von dem nie-
derländischen Künstler Pieter van Gunst (1659–1732) gegen Ende des Jahrhunderts geschaffen. Während der pseudonym veröffentlichte Stich Häublins
Böhme im Zentrum des Bildes mit gekreuzten Armen, schmalgliedrigen Händen und edlem, hochstirnigen Kopf zeigt, ist Böhme in dem gleichermaßen
idealisierten Porträtstich van Gunsts als „wohlhabender, gut gekleideter Bürger [...] von robuster Gesundheit" dargestellt.[37] 1678, ein Jahr nach dem Tod
des Angelus Silesius, wird die Überschrift seines Böhme gewidmeten Gedichts
erstmals wörtlich umgesetzt: In der zweiten, nach dem sog. ‚Handexemplar'
des Abraham von Franckenberg verbesserten Amsterdamer Ausgabe des *Mysterium Magnum* erscheint der vierzeilige Text, gezeichnet mit „Joh. Angelus",
erstmals unter einem dem Typus Häublin entsprechenden Böhme-Porträt.[38]
[Abb. 10.2, S. 230]

---

ichkeit: Jacob Böhme in seinen Porträts", in: *Alles in Allem: Die Gedankenwelt des mystischen Philosophen Jacob Böhme. Denken – Kontext – Wirkung*, hg. von Claudia Brink und
Lucinda Martin, Dresden (Staatliche Kunstsammlungen) 2017, S. 18–31 (Abbild 1, S. [18]).
Zu Häublin und der „allegorische[n] Rahmung" seines Böhme-Bildnisses vgl. ebd., S. 27–
31.

37   So in der Beschreibung Lucinda Martins, *Mythos und Wirklichkeit* (2017) [Anm. 36], zu
     Abb. 10: vgl. ebd., S. 26. Das Porträt van Gunsts, das sich am weitesten von der Beschrei-
     bung der äußeren Gestalt Böhmes durch Abraham von Franckenberg (‚Gründlicher und
     wahrhafter Bericht von dem Leben und Abscheid [...] Jacob Böhmens', in: SS, Bd. 10, Pars I,
     S. 5–31, hier S. 20 f.) entfernt, wurde als Frontispiz für die zweite Böhme-Gesamtausgabe
     von 1715 verwendet.

38   Schon Werner Buddecke, *Die Jakob Böhme-Ausgaben: Ein beschreibendes Verzeichnis*, Bd.
     1: *Die Ausgaben in deutscher Sprache*, Göttingen 1937 (ND: Vaduz 1981), S. 194 (Nr. 165),
     vermutete, der Stich „auf dem er [Böhme] einen ruhigen und edlen Ausdruck hat", gehe
     auf Nicolaus Häublin zurück. Allerdings zeigt die Kleidung Böhmes hier eine signifikante
     Veränderung: statt im bürgerlichen Gewand ist Böhme im Talar abgebildet, und dieses
     Böhme-Bildnis erscheint 1691 ein weiteres Mal als Frontispiz der oben (S. 221) bespro-
     chenen, pseudonym veröffentlichten Streitschrift des Pfarrers Johann Jacob Zimmermann
     gegen den Theologen Johann Christoph Holtzhausen und dessen abschätzige Bemerkun-
     gen zu Böhmes *Aurora*. Das Böhme-Porträt ist dort jedoch nicht unterschrieben mit dem
     Scheffler'schen Epigramm, sondern so:
        Wenn Peter Juden Fischt, der Weber Wirbt die Heyden
        Beginnt der Schuster Jetz sie beyderseits zu Weyden
        Weil er die Heylge Schrifft mit der Natur verfasst
        Doch ist er eine last die Amasias hasst.
     Dieser zunächst schwer verständliche Text erhellt sich durch folgende, dem Haupttitel der
     Schrift *Orthodoxia Theosophiae Teutonico-Böhmianae contra Holtzhausium defensa* (s.o.,
     S. 221, Anm. 14) beigefügten Zeilen:
        „Gründl. Vertheidigung der Alt-Evangel. Lehre des hocherleucht. J. Böhmens/ eines in
     seinen jungen Jahren gewesenen *Viehhirten* seines Vaters/ und nachmahls gewordenen

Handelt es sich hier möglicherweise um ein Missverständnis, das auf einem bis heute tradierten falschen oder doch zumindest unzulässig eingeschränkten Verständnis der Überschrift des Gedichts beruht, das der wohl kalkulierten Komplexität des Texts nicht gerecht wird?

Nach dem Grimm'schen Wörterbuch hatte *Bildnis* „ehmals alle bedeutungen des einfachen *bild*, wird aber heute nur in der eines künstlichen abbildes genommen".[39] Letzteres aber geschieht in Bezug auf die Überschrift des Scheffler'schen Gedichts bis ins heutige Heute.[40]

Kehren wir nochmals zur ‚Philosophischen Kugel' zurück. Das Wort ‚*Bildnüß*' erscheint hier gleich zweimal (Nr. 15 und 32). Es geht in beiden Fällen, so der Kommentar Böhmes, um die „edle Bildniß" der Seele, die vor dem Fall in der „Temperatur" stand, was bedeutet: das Seelen-Feuer war stets im Liebe-Licht [der fünften Qualität] aufgehoben – „gleich als verschlungen" – und damit nicht offenbar, ein Zustand, der in der Wiedergeburt, von Böhme als Erneuerung der Ebenbildlichkeit verstanden (Gen. 1,27), von neuem gewonnen werden kann.[41] Das in der letzten Gedichtzeile evozierte fünfte Element

---

Schusters zu Görlitz/ gegen Joh. Christoph Holtzhausen/ *verordneten Predigern* in [...] Franckfurt/ welcher [...] mit übelständigen Anmerckungen dessen Buch AURORAM genandt/ *Gleichwie Amasias der verordnete Priester im Königl. Stifft Bethel die Weissagungen des Propheten AMOS/ des gewesenen Kühhirten* [...] *Ohne wahrer-Erkäntnüß seiner Göttl. Mysterien* [...] *zu beschmützen sich unternommen".* (Die die Parallelen [‚gleichwie'] kennzeichnenden *Hervorhebungen* S.R.) Das bezieht sich auf die alttestamentarische Klage des Amasias, Priester zu Bethel, gegen den Propheten Amos (vgl. Am. 7,10–17), der hier in metaphorischer Vergleichung als (Prophet) Böhme, der Theologe Holtzhausen als Priester Amasias erscheint. Die Einbettung in den biblischen Kontext verleiht dem aktuellen Streitschriftendisput besondere Würde und Gewicht. *Böhme im Talar* regte andererseits auch zur Verspottung an, so in einem von unbekannter Hand gefertigten, undatierten (vermutlich nach 1678 entstandenen) Stich, der in leichter vertikaler Verzerrung Böhme als *Fanaticus* darstellt (siehe Martin, *Mythos und Wirklichkeit* [2017] [Anm. 36], S. 24 [Abb. 8]).

39   Jacob und Wilhelm Grimm, *Deutsches Wörterbuch*, Bd. 2, Leipzig 1860, Art. ‚Bildnis', Sp. 20,19–21 (Hervorhebung im Zitat S.R.).

40   Selbst eine so ausgezeichnete Kennerin und Interpretin der Scheffler'schen Dichtung wie Louise Gnädinger, ‚Nachwort' zu Silesius, *Cherubinischer Wandersmann*, ed. Gnädinger, S. 365–414, hier S. 370, formuliert: „Unter ein Bildnis von Jakob Böhme schrieb Scheffler folgende Verse [...]".

41   Siehe Böhme, *Psychologia vera*, SS, Bd. 3, Pars IV, S. 35,5–11 (Die 1. Frage, n. 126) (zu Nr. 15); ebd., SS, Bd. 3, Pars IV, S. 37,23–31 (Die 1. Frage, n. 137) (zu Nr. 32). Zum Terminus ‚Temperatur' vgl. Böhme, *Von der Gnaden wahl*, ed. Buddecke, *Urschriften*, Bd. 2, S. 51,24–26, wo es vom *Leib* des ersten Menschen heißt: „Den ver stehet es recht / die irdischen Creaturen der zeit / seint mit dem Corpus aus den 4 Elementen / Aber der leib des Menschen ist aus der Temperatur / da alle 4 Elemente in einander in einem wesen ligen [...]". (Vgl. SS, Bd. 6, Pars XV, S. 59,17–20 [Kap. 5, n. 28])

als das Lebenselement Böhmes entspricht dem Lebensraum des wiedergeborenen Menschen, der wieder Bildnis im Herzen Gottes ist.

Wenn Angelus Silesius in der Überschrift seines Gedichts, grammatisch durchaus doppeldeutig, vom ‚Bildnis Jakob Böhmes' spricht – dies meine abschließende These –, hat er kaum ein von Künstlerhand gefertigtes materielles Abbild Böhmes im Sinn gehabt; möglicherweise aber mag er an jenes von Böhme selbst gefertigte Bild(nis) der ‚Philosophischen Kugel' gedacht haben, mit dem Böhme dem Betrachter/Leser den Weg zur Wiedergeburt im Herzen Gottes weist. Das Gedicht des Angelus Silesius entwirft ein inneres Bildnis der geistigen Person des mystischen Philosophen Jacob Böhme.[42]

Und damit nochmals zu Quirinus Kuhlmann (1651–1689), dem hochbegabten Poeten, dessen Sprachkunst auch heute noch unmittelbar faszinieren kann.

Das poetische Werk Kuhlmanns zeigt eine außerordentlich breit gefächerte Böhme-Rezeption. Diese betrifft nicht nur einzelne Inhalte, sondern prägt auch den formalen Aufbau des sog. ‚Kühlpsalters', dessen Anfänge in die Jenaer Studienzeit ab 1670 zurückreichen und der erst mit dem Feuertod des Dichters in Moskau (1689) ein gewaltsames Ende fand. Das ganze Werk hätte zehn Bücher umfassen sollen, wovon jedoch nur acht überliefert sind. Jedes einzelne Buch hat Kuhlmann mit einer Vorrede versehen, jeden Psalm mit einer Prosaüberschrift, die über Ort, Zeit und Umstände der Entstehung Auskunft gibt, eine Anlage, die uns einen recht genauen Einblick in das abenteuerliche Leben des schlesischen Dichters vermittelt. Ich zitiere aus der Vorrede zum fünften Buch: „Unerträgbare Angstnoth ist in disem fünfftem Buch, nach eigenschafft der virdten Gestalt, ehe si in das fünffte wesen eingehet, welches auch mit derselbigen nun sehrherrlichst [sic] zugleich ausgebohren".[43] Das bezieht sich auf Böhmes Gestalten- bzw. Qualitätenlehre: Voraussetzung der (Wieder-) Geburt zum Leben als Wandlung des verzehrenden Feuers ins Licht am Übergang der vierten zur fünften Qualität ist der Durchgang durch die „Angst-Cammer" der dritten Qualität.[44] Böhmes Qualitätenlehre erweist sich somit als wesentliches Strukturelement des streng kalkulierten Gesamtaufbaus des *Kühlpsalters*.[45] Der dreiteilige, je zehn Strophen umfassende 62. Kühlpsalm, der zweite

42 Günther Bonheim, „Zur literarischen Rezeption Jacob Böhmes im Allgemeinen und zur dadaistischen im Besonderen", in: *Daphnis* 25 (1996), S. 307–367, hier S. 309, hat – aus anderer Perspektive – eine Interpretation des Scheffler'schen Epigramms vorgelegt, die wie der hier vorgestellte neue Versuch ebenfalls von einer „durchaus hintergründige[n] Konstruktion" des Gedichts ausgeht.

43 Kuhlmann, *Der Kühlpsalter*, ed. Beare, Bd. 2, S. 3,23–25 (§ 6).

44 Siehe Böhme, *De incarnatione verbi*, ss, Bd. 4, Pars V, S. 120,26–37 (II. Theil, Kap. 1, n. 7).

45 Inwiefern Kuhlmann den *Kühlpsalter* „von der einzelnen Silbe bis zur Großform akribisch kalkuliert" habe, hat Johann Nikolaus Schneider, „Kuhlmanns Kalkül: Kompositionsprin-

des genannten fünften Buches, gibt dem entscheidenden Übergang von der vierten zur fünften Qualität, von der Finsternis zum Licht, sprachliche Gestalt. Dieser Übergang gewinnt im Sinne Kuhlmanns heilsgeschichtliche Qualität als Beginn des tausendjährigen Reiches und Restitution des verlorenen Paradieses, zu dessen Bringer und Offenbarer sich Kuhlmann/Jesuel als „Sohn des Sohnes Gottes" beauftragt und berufen weiß. Hier ein Ausschnitt aus dem zweiten Teil des Psalms, der den wachsenden Prozess des Übergangs vom irdischen Dunkel ins paradiesische Licht sprachlich evoziert:

> Recht dunkelt mich das dunkel
> Weil Wesenheit so heimlichst anbeginnt!
> O seltner Glükkskarfunkel!
> Es strömt, was euserlich verrinnt,
> Und wird ein Meer, was kaum ein bächlein gründt. (Str. 11)
> [...]
> O unaussprechlichst Blauen!
> O lichtste Röth! O übergelbes Weis!
> Es bringt, was ewigst, schauen,
> Beerdt di Erd als Paradeis;
> Entflucht den fluch, durchsegnet iden reis. (Str. 15)
>
> O Erdvir! Welches Strahlen?
> Der finsterst ist als vor die lichtste Sonn. Krystallisirtes Prahlen!
> Di Welt bewonnt die Himmelswonn:
> Si quillt zurükk, als wäre si der Bronn. (Str. 16)[46]

Die drei emphatischen Ausrufe zu Beginn der 15. Strophe sind – als Anrufe der Dreifaltigkeit – wiederum nur vor dem Hintergrund von Böhmes Theologie der Farben zu verstehen, wie er sie im *Mysterium Magnum* erläutert: „Denn das Bilde der ArchaNoae ist auch im Regenbogen, so wir nicht blind wären, auch so ist die Dreyheit der Gottheit darinnen abgebildet; denn die rothe Farbe bedeutet den Vater, die gelbe und weisse den Sohn, und die blaue den Geist".[47]

---

zipien, sprachtheoretischer Standort und Sprechpraxis in Kuhlmanns *Kühlpsalter"*, in: *Daphnis* 27 (1998), S. 93–140, hier S. 95, akribisch und überzeugend untersucht.

46   Kuhlmann, *Der 62. Kühlpsalm*, in: *Der Kühlpsalter* [Anm. 43], Bd. 2, S. 10–15, hier S. 12,6–35.

47   Böhme, *Mysterium Magnum*, ss, Bd. 7, S. 308,29–32 (Kap. 33, n. 39). Die Doppelfarbigkeit weiß/gelb entspricht der Doppelnatur Christi als Gott und Mensch. Zur detaillierten Interpretation des gesamten 62. Kühlpsalms siehe Sibylle Rusterholz, „Klarlichte Dunkelheiten: Quirinus Kuhlmanns 62. Kühlpsalm", in: *Deutsche Barocklyrik: Gedichtinterpretationen von*

Auch Kuhlmann knüpft an Böhmes Konzept der schöpferischen adamischen Sprache an, die in enger Verbindung zum Wesen der Dinge steht. Hier
aber geht es nicht mehr ‚nur‘ um das *Nachschaffen* der Dinge im *Wiederaussprechen auf Art der zeitlichen Creaturen*,[48] hier geht es um mehr: es geht um die
Evokation der wirkenden, der *schaffenden* Kraft des göttlichen Worts, es geht
um den Beginn des tausendjährigen Reichs im Vollzug der poetischen Sprache,
und damit geht Kuhlmann über das Konzept des ‚wesentlichen‘ Sprechens hinaus. Kuhlmanns Dichtung nimmt für sich in Anspruch, selbst Offenbarung zu
sein. Mit diesem Anspruch ist er gescheitert; der Anbruch des tausendjährigen
Reiches steht noch immer aus, diese unsere vierelementische Erde entbehrt
noch immer der kristallinen Pracht des fünften Elements. Was bleibt, ist die
Faszination einer expressiven, von den herkömmlichen Bedeutungen weitgehend losgelösten ‚heiligen‘ Sprache, deren in sich logischer Sinn sich nur in
Kenntnis des gesamten Kuhlmann’schen Werks, inklusive der zahlreichen Pro-
saschriften erschließt und eine genaue Kenntnis sowohl der Heiligen Schrift
wie Jacob Böhmes voraussetzt.

3

Zum Abschluss möchte ich noch einen besonderen Typus der Böhme-Rezeption vorstellen: ‚Freunde bitten Freunde in Sachen Böhme um Rat und Urteil‘.

Diesem Typus entspricht etwa Henry Mores (1614–1687) lateinische Schrift
Philosophiae teutonicae Censura (1670) – untertitelt als *epistola privata ad ami-
cum* [...] –, mit der der englische Philosoph fünf Fragen eines ungenannten
Freundes zu Böhme beantwortet, sowie Abraham von Franckenbergs frühe
Schrift *Theophrastia Valentiniana* (1627), in der dieser Fragen seines Freundes
Ehrenfried Hegenitz (1604–1680) zur Lehre des Gnostikers Valentinus (2. Jh.),
insbesondere zur Herkunft des Bösen, mit Böhme erläutert.[49]

Spee bis Haller, hg. Martin Bircher und Alois M. Haas, Bern/München 1973, S. 225–264. Wilhelm Schmidt-Biggemann, „Erlösung durch Philologie: Der poetische Messianismus Quirinus Kuhlmanns (1651–1689)“, in: *Studien zur Literatur des 17. Jahrhunderts: Gedenkschrift
für Gerhard Spellerberg (1937–1996)*, hg. von Hans Feger, Amsterdam 1997, S. 243–284, hier
S. 277, hat den 62. Kühlpsalm als das „vielleicht intensivste Gedicht des Kühlpsalters“
bezeichnet sowie, ebd., S. 277–284, unter dem Zwischentitel „Poetische Apokalypse“ – in
willkommener Ergänzung meiner Interpretation – einzelne Motive des zweiten Teils des
62. Kühlpsalms in einen weiteren historisch-philosophischen Horizont gestellt.

48   Vgl. oben S. 224, Anm. 25.

49   Zu Mores *Censura*, die ihrerseits zum Gegenstand von Streitschriften wurde, siehe Eric
Achermann, „Fromme Irrlehren: Zur Böhme-Rezeption bei More, Newton und Leibniz“,

Dem Rezeptionstypus ‚Freunde fragen Freunde' entspricht noch eine weitere Schrift, die ich etwas ausführlicher vorstellen will. Es handelt sich um
die vom bereits genannten Schlesier Johann Theodor von Tschesch auf Bitten seines Freundes Heinrich Prunius Anfang der vierziger Jahre (1641/1642),
also noch vor dem oben erwähnten holländischen Streitschriftendisput verfasste *Einleitung in dem Edlen Lielien-Zweig des Grundes und der Erkäntniß der
Schrifften* [...] *Böhmens*,[50] um deren Drucklegung er sich zu Lebzeiten vergeblich bemühte. Es geht um eine Verständnishilfe und Anleitung zur Böhme-
Lektüre, und dies in der intimen Form eines neunzig Druckseiten umfassenden, den Empfänger wiederholt direkt anredenden Briefes.[51] Dessen Intimität
wird unterstrichen durch mehrfach eingestreute Berichte von des Autors eigener Lektüreerfahrung. Er sei zeitweise von Zweifeln befallen worden und habe
1637 seine Böhmelektüre für einige Zeit ausgesetzt.[52] Mithilfe intensiver Bibel-
und erneuter Böhme-Lektüre habe er durch die Gnade „von Gott erleuch-
tete[r] Augen" seine Zweifel schließlich besiegt;[53] so ist denn auch die wieder-
holte Demonstration der Übereinstimmung Böhmes mit dem Evangelium ein
Hauptanliegen der gesamten Schrift. Als Schlüssel zum Verständnis Böhmes
betrachtet von Tschesch die *Drei-Principien-Lehre*, denn: „wer die drey Principia recht verstehet/ der wird die gantze Theosophiam Jacob Böhmen leicht-
lich erkennen mögen".[54] Allerdings versteht von Tschesch Böhmes drei Prinzipien allein „nach dem Gleichnis der Offenbahrung der Heiligen Dreyheit",[55]
d. h. in ihrem Trinitätsbezug und damit in einem eingeschränkten, einzig auf
die Wiedergeburt zielenden erbaulich-mystagogischen Sinn. Entsprechend gilt
von Tschesch die Wiedergeburt als alleiniges Ziel von Böhmes Schreiben und
die Hinführung zur Wiedergeburt als Ziel der eigenen Bemühungen: „[D]er
Mensch muß zuvor durch das I. Principium/ und Geburth hindurch geführet

---

in: Kühlmann / Vollhardt, *Offenbarung und Episteme* (2012) [Anm. 2], S. 313–361; zum Echo
der *Censura* in der Streitschriftenliteratur vgl. ebd., S. 315–325. Zur *Theophrastia Valentiniana* vgl. Sibylle Rusterholz, „Abraham von Franckenbergs Verhältnis zu Jacob Böhme",
in: *Kulturgeschichte Schlesiens in der Frühen Neuzeit*, hg. von Klaus Garber, Tübingen
2005, S. 205–241, hier S. 233–235, sowie Rusterholz, *Elemente christlicher Kabbala* (2003)
[Anm. 26], S. 186–189.

50   Von Tschesch, *Einleitung in dem Edlen Lielien-Zweig*, ed. 1679 (²1684).

51   Karnitscher, *Der vergessene Spiritualist* (2015) [Anm. 5], insbes. S. 221 f., konnte nachwei-
     sen, dass die im Titel angedeutete Briefstruktur nicht fingiert ist, sondern dass der Schrift
     tatsächlich zwischen von Tschesch und Heinrich Prunius gewechselte Briefe zugrunde
     liegen.

52   Von Tschesch, *Einleitung in dem Edlen Lielien-Zweig*, ed. 1679, S. 41,27–42,9.

53   Von Tschesch, *Einleitung in dem Edlen Lielien-Zweig*, ed. 1679, S. 26,11.

54   Von Tschesch, *Einleitung in dem Edlen Lielien-Zweig*, ed. 1679, S. 43,3–5.

55   Von Tschesch, *Einleitung in dem Edlen Lielien-Zweig*, ed. 1679, S. 32,11 f.

werden/ in die zuschellung/ in die Zubrechung/ in die Todtung/ ja in die Helle selbst/ biß der Edle Lielien-Zweig des 2. Principii herfür grüne [...]".[56] Diese die Stufen der *mors mystica* beschreibende Stelle ist die einzige, die noch etwas von der Dynamik der Böhme'schen Gestaltenlehre aufscheinen lässt. Von der Dialektik der Gestalten- respektive Qualitätenlehre ist im Übrigen ebenso wenig die Rede wie von der Theogonie, von der *ewigen Natur* Gottes und dem komplementären Verhältnis der beiden *ewigen* Prinzipien in Gott sowie derer beider Ausgeburt in das dritte *zeitliche Principium*. Von Tschesch versteht alle drei Prinzipien in rein geistlichem Sinn, wobei dem zweiten Prinzip als dem „edlen Lielien-Zweig" der Wiedergeburt in Christo eine Vorrangstellung zukommt,[57] woraus sich so etwas wie eine (Böhme nicht entsprechende) Rangordnung der Prinzipien ergibt. Der allein gott-gelehrte, ungebildete Handwerksmann Böhme, den Gott dazu erwählt habe, „den Grund der Natur und aller Dinge sambt ihrem Erkändnis auß Gott/ durch Gott/ und in Gott zur neuen Geburth in uns zu offenbahren",[58] erscheint als Werkzeug und Medium *fortschreitender Offenbarung*, Johann Arndt als sein „Edler Vorstern",[59] die spätmittelalterliche *Theologia mystica* (*Theologia Deutsch*) als „Vorbereitung" zu Böhmes *theologia principii secundi* als „der recht Geistlichen *Theologiae passivae*".[60] Aus umgekehrter Perspektive trage die Böhme-Lektüre bei zum besseren Verständnis nicht nur der christlichen Theologie insgesamt, sondern auch der alten heidnischen Philosophie eines Zoroaster, Hermes, Phythagoras und Platon.[61] Was die Natur angehe, heißt es mit Blick auf Böhme, so sei „dergleichen Weite und Tieffe der Erkäntnus und Eröffnung der Natur durch alles [...] noch nicht offenbar worden [...]".[62] Man könne Böhme einen „recht Theologischen Theophrastum" nennen: „Sintemal er das Erkäntnuß der Natur gereiniget/ [während] der Theophrastum [Paracelsus] gegen ihm zu rechnen gleich samb noch ein halber Heyd" gewesen.[63] Diese Aussage erhellt sich durch von Tscheschs Einschätzung der Böhme-Schrift *De signatura rerum*, die er für „eines seiner tieffsten und geistlichsten Bücher" hält.[64] Obwohl der Titel der Schrift zunächst vermuten lasse, dass sie „nur von natürlichen Dingen" handle, so sei sie „doch

56 Von Tschesch, *Einleitung in dem Edlen Lielien-Zweig*, ed. 1679, S. 66,25–30.
57 Zum „Lilien-Zweig" der Wiedergeburt siehe Böhme, *Mysterium Magnum*, ss, Bd. 8, S. 684,16–21 (Kap. 64, n. 7).
58 Von Tschesch, *Einleitung in dem Edlen Lielien-Zweig*, ed. 1679, S. 19,12–14.
59 Von Tschesch, *Einleitung in dem Edlen Lielien-Zweig*, ed. 1679, S. 79,5.
60 Von Tschesch, *Einleitung in dem Edlen Lielien-Zweig*, ed. 1679, S. 60,12 f.
61 Von Tschesch, *Einleitung in dem Edlen Lielien-Zweig*, ed. 1679, S. 53,18–30.
62 Von Tschesch, *Einleitung in dem Edlen Lielien-Zweig*, ed. 1679, S. 11,20–23.
63 Von Tschesch, *Einleitung in dem Edlen Lielien-Zweig*, ed. 1679, S. 13,24–27.
64 Von Tschesch, *Einleitung in dem Edlen Lielien-Zweig*, ed. 1679, S. 90,19 f.

durch aus gantz geistlich und voller Geheimnus [...] des Geistlichen Lebens der Wiedergebuhrt in Gott/ gleichsam als wie in einer Parabel [...] nach dem Proceß der Natur/ und Theophrastischen Philosophy [dem alchemistischen Prozeß] außgesprochen".[65] Ob die Geringschätzung der ‚natürlichen Dinge‘ durch die Abwertung des alchemistischen Prozesses zum bloßen Mittel der Veranschaulichung des geistigen Prozesses der Wiedergeburt Böhme tatsächlich gerecht wird oder ob mit diesem historischen Rückwärtssalto nicht gerade das Neue und Zukunftweisende bei Böhme verkannt wird, steht auf einem andern Blatt.[66]

Der *Lielien-Zweig* wurde, nachdem sich von Tschesch (wie erwähnt) in den 40er Jahren vergeblich um dessen Druck bemüht hatte, erst 1679 – 30 Jahre nach seinem Tod – erstmals in Amsterdam gedruckt. 1731 hat der schwäbische Theosoph Friedrich Christoph Oetinger (1702–1782) unter dem Pseudonym ‚Halatophilus Irenaeus‘ eine mehrteilige Schrift mit dem Titel *Aufmunternde Gründe zu Lesung der Schrifften Jacob Boehmens* veröffentlicht und darin von Tscheschs *Lielien-Zweig* (ohne Titel und Vorwort) erneut abgedruckt und mit einigen Anmerkungen respektive Fußnoten versehen.[67] In einer sehr persönlichen Anmerkung zum elften Kapitel macht Oetinger deutlich, dass er das, was er selbst später als „Summe" Böhme'scher Philosophie bezeichnet hat – den Gedanken der Leiblichkeit (nicht Materialität) des Geistigen –, bereits im

---

65 Von Tschesch, *Einleitung in dem Edlen Lielien-Zweig*, ed. 1679, S. 90,5–11.

66 Es gibt bei Böhme einige Stellen, die der verkürzten Sicht von Tscheschs widersprechen, etwa *De signatura rerum*, ss, Bd. 6, S. 142,7–16 (Kap. 11, n. 6): „Damit ich aber den Liebhaber möge gründlich verständigen, wie es mit Christo ist zugegangen, und wie es ingleichen im Philosophischen Wercke [dem alchemistischen Prozeß] zugehe, ist es gantz Ein Prozeß: Christus hat den Grimm des Todes überwunden in menschlicher Eigenschaft, und den Zorn des Vaters in eine Liebe in menschlicher Eigenschaft verwandelt: Also hat auch der *Philosophus* einen solchen Willen; Er will die grimme Erden zum Himmel machen, und den giftigen *Mercurium* in Liebe verwandeln: So mercke er uns recht, wir wollen alhie nichts parabolisch schreiben, sondern gantz sonnenklar". Der Prozess Christi, der Prozess der Wiedergeburt und der alchemistische Prozess sind für Böhme in ‚struktureller Analogie‘ miteinander verbunden, wodurch das ‚Buch der Natur‘ ein gewisses, in die Zukunft vorausweisendes Eigengewicht erhält, wie es sich bereits bei Johann Arndt beobachten lässt, wenn er in der Vorrede zum 3. Buch seiner Abhandlung *Vom wahren Christenthum* (1610), ed. Schaffhausen 1737, S. 682,22–24 (vgl. ed. Stuttgart 1860, S. 462,18 f.), erklärt, er habe den vierten Teil (*Liber naturae*) darum hinzugefügt, um zu zeigen, „wie die Heilige Schrift, Christus, Mensch und gantze Natur übereinstimme". Dazu ausführlicher Sibylle Rusterholz, „Zum Verhältnis von ‚Liber Naturae‘ und ‚Liber Scripturae‘ bei Jacob Böhme", in: *Gott, Natur und Mensch in der Sicht Jacob Böhmes und seiner Rezeption*, hg. von Jan Garewicz und Alois Maria Haas, Wiesbaden 1994, S. 129–146, hier S. 139 f.

67 Vgl. Oetinger, *Aufmunternde Gründe*, ed. 1731. Zu weiteren von Oetinger vorgenommenen Veränderungen siehe Karnitscher, *Der vergessene Spiritualist* (2015) [Anm. 5], S. 220.

Lielien-Zweig ausgedrückt fand, die „Wahrheit" nämlich, „daß diese grobe sichtbare Welt ein würcklich *Contrafait* und empfindlicher Ausdruck der inwendi-
gen ewigen, unter dieser äussern Decke verborgenen Licht-Welt sey [...]".[68] In
einem wesentlichen Punkt gehen Oetingers Anmerkungen über von Tschesch
hinaus: indem sie nämlich einen Zusammenhang andeuten zwischen Böhmes
Lehre und der „uralten" Kabbala.[69] Diesen Zusammenhang erläutert Oetinger ausführlicher in seinen *Aufmunternden Gründen*, bzw. in seinem darin
enthaltenen Beitrag: *Halatophili Irenaei Vorstellung, wie viel J.B. Schrifften zur
lebendigen Erkänntniß beytragen.* Hier nun holt Oetinger einiges nach, was
von Tschesch aufgrund seiner einseitig mystagogischen Perspektive ausgespart
hatte: Böhmes Gestaltenlehre etwa (um nur einen Punkt zu nennen), die er
(in Verbindung mit der Drei-Principien-Lehre) in den Horizont der kabbalisti-
schen Lehre von den zehn Sefirot stellt. Unter der Perspektive fortschreitender
Offenbarung erscheint so der „dunkle" *Sohar* (die zentrale Schrift mittelalterlicher Kabbala) dank Böhme in hellerem Licht,[70] womit er (unausgesprochen)
an die Streitschriften-Kontroverse in den 90er Jahren des 17. Jahrhunderts
anknüpft.[71] Oetinger hat eine eigentliche Böhme-Renaissance im 18. Jahrhundert eingeleitet. Der zweite große Vermittler der spekulativen Grundgedanken
Böhmes an den deutschen Idealismus des späten 18. und frühen 19. Jahrhunderts war der Katholik Franz von Baader (1765–1841), dessen intensive Beschäf-

---

68   Oetinger, Anmerkung *b* im elften Kapitel von J.Th. von Tschesch, *Schreiben an Henricum
     Brunnium*, in: Oetinger, *Aufmunternde Gründe*, ed. 1731, S. 40,24–27.

69   Vgl. Oetinger, Anmerkung *a* im fünften Kapitel von J.Th. von Tschesch, *Schreiben an Henri-
     cum Brunnium*, in: Oetinger, *Aufmunternde Gründe*, ed. 1731, S. 20,24–29: „Obwol die uralte
     Männer [die Kabbalisten] schon vor Christo, aber in dunckeln Rätzeln, wie im Buch *Sohar*
     stehen, dergleichen erkannt, welche aber deutlich vorangesagt, daß in den letzten Tagen
     Meßiae das Geheimniß, so sie damahl höchstens [sehr hoch] verborgen, soll den Kin-
     dern auf den Gassen kund werden". Siehe auch Oetingers erläuternde Fußnote zu Böhmes
     Begriff der *ewigen Natur Gottes*, Anmerkung *a* zum achten Kapitel, ebd., S. 30,30 f.: „Das ist,
     wesentlicher *Schechina* und Lichtskleid, worinn er wohnet".

70   Siehe [Oetinger], *Halatophili Irenaei Vorstellung*, ed. 1731, S. 139–142 (Kap. 1, n. 16) sowie
     ebd., S. 187–190. Oetinger, ebd., S. 190,26–30, ist überzeugt, dass die Schriften Böhmes
     auch zur Erhellung schwerverständlicher Schriftstellen beitragen können: „Und so kön-
     ten noch 1000. Knoten gefunden werden bey Lesung der H. Schrift, die mit keinem *Sys-
     temate* können aufgelöset werden, als mit diesem *Systemate Magico Cabbalistico*, darzu
     J. Böhm den Grund und Schlüssel gegeben". Dass Oetinger kabbalistisches Gedankengut
     gelegentlich sogar von Böhme her interpretiert hat, zeigt seine Auslegung der kabbalisti-
     schen *Lehrtafel der Prinzessin Antonia* (1763). Siehe dazu Friedrich Häussermann, „Theolo-
     gia Emblematica: Kabbalistische und alchemistische Symbolik bei Fr. Chr. Oetinger und
     deren Analogien bei Jakob Boehme", in: *Blätter für Württembergische Kirchengeschichte*
     68/69 (1968/1969), S. 207–346, hier S. 294–297.

71   Siehe oben, (S. 217–222).

tigung mit Böhme durch zahlreiche Vorlesungen belegt ist.[72] Soviel einleitend
(in exemplarischen Ausschnitten) zur vor-romantischen Böhme-Rezeption –
und damit nun zur Böhme-Rezeption der Romantik selbst!

---

72   Vgl. Alberto Bonchino, „Mystik bei Franz von Baader (1765–1841)", in diesem Band S. 192–
        214, Andrés Quero-Sánchez, „Hilflose Abstraktheit: Die Böhme-Rezeption Franz von Baa-
        ders und dessen Kritik an Schellings Idealismus", in diesem Band S. 376–481.

11

Zitat und Inspiration: Böhme bei Tieck und Runge

Thomas Isermann

Wenn ich im Folgenden einige zum Teil locker gefügte Beobachtungen mitteile, wie unterschiedlich Jacob Böhme auf zwei unserer Romantiker gewirkt hat, so mit der Vorläufigkeit eines Entwurfs zu einer rezeptionsästhetischen Akzentuierung. Der Grund, warum ich *zwei* Romantiker, zumal einen Dichter und einen Maler gewählt habe, liegt in der These, dass Böhmes Wirkung in der Romantik sehr differenziert war, und dies nur im Vergleich gezeigt werden kann. Es soll mir nicht auf eine Vollständigkeit von Zitaten und deren Nachweis aus Böhmes Werken bei Tieck und Runge ankommen, um zu wiederholen, was die Forschung bereits zum Teil geleistet hat,[1] sondern auf einen schlichten Vergleich der Rezeptionsweisen, die von der je verschiedenen Individualität der Romantiker bestimmt ist, von den Gattungen, die sie vertreten – Dichtung und Malerei –, und schließlich vom metaphysischen Hintergrund, vor dem die Böhme'schen Motive eine Strahlkraft erhalten, die in der Romantik mehr zur inkommensurablen Inspiration statt zur nachweisbaren, zitierenden Rezeption geführt hat.

1   Ludwig Tieck

Ludwig Tieck (1773–1853) entstammt einem nüchternen preußischen Elternhaus in Berlin. Dichtung und Kunst musste er sich mehr ertrotzen als dass sie ihm familiär nahegelegt wurden. Dies gilt auch für Tiecks frühe Beschäftigung mit Jacob Böhme. Wie aus einer anderen Welt klingt die späte Erinnerung Tiecks von 1829 an seine frühe Böhme-Begeisterung:

> Indem ich, von selbst getrieben, nach Vollständigkeit, oder Umsicht strebte, entwirrte sich aus der Liebe zur Poesie eine Sehnsucht zum Religiö-

---

1   Vgl. Edwin Lüer, *Aurum und Aurora: Ludwig Tiecks ‚Runenberg' und Jacob Böhme*, Heidelberg 1997; Karl Möseneder, *Philipp Otto Runge und Jacob Böhme*, Marburg/Lahn 1981. Möseneder untersucht schwerpunktmäßig den Einfluss Böhmes auf *Quelle und Dichter* sowie auf den *Kleinen Morgen*. Siehe auch Siegfried Krebs, *Philipp Otto Runge und Ludwig Tieck*, Diss., Königsberg 1909; Edgar Ederheimer, *Jakob Boehme und die Romantiker, I. und II. Teil: Jakob Boehmes Einfluß auf Tieck und Novalis*, Heidelberg 1904.

---

sen, ein Zufall gab mir den Böhme in die Hand, und ich ward geblen-
det von dem Glanz des innigsten, blühendsten Lebens, von der Fülle der
Erkenntniß, erschüttert ward ich von dem Tiefsinn, und von dem Auf-
schluß beglückt, der sich aus diesem neuentdeckten Reiche über alle Rät-
sel des Lebens und des Geistes verbreitete.[2]

Es steht zu vermuten, wenn man nicht an Zufälle glaubt, dass Tieck bereits in
der Gymnasialzeit in Berlin auf den Namen Böhmes stieß, so die These von
Edwin Lüer, der über das Verhältnis Tiecks zu Böhme eine Untersuchung vorgelegt hat.[3] Tiecks Lehrer Friedrich Gedike, Direktor des Friedrichgymnasiums
auf dem Werder, das Tieck seit 1782 besuchte, „veröffentlichte 1783 einen Artikel
über den Gelehrsamkeitswillen der Schuster und setzte sich darin explizit mit
Böhme auseinander".[4]

Der Text Gedikes, auf den Lüer nicht weiter eingeht, liest sich etwas sonderbar, wenn es bei ihm heißt:

So hatte ich [...] bei meiner Lektüre sowol als durch meine und durch andrer Erfahrung schon oft mit Verwunderung die Bemerkung gemacht, daß
man bei keinem bürgerlichen Gewerbe so viele über ihre Sphäre hinaus
vernünftelnde Köpfe findet, als unter den Schustern.[5]

Schuster seien „besonders in theologische Grübeleien vertieft",[6] und er referiert
ironisch: „Lavater erklärt es für eine der Menschheit äußerst wichtige Frage,
woher es komme, dass man bei keinem Gewerbe mehr missgebildete Men-
schenfiguren finde als unter den Schustern?".[7] Gedike übt lobende Erwähnung
des Hans Sachs und anderer Schuster, die gerne politisieren, z. B. gegen die

---

2   Tieck, ,Vorbericht zur dritten Lieferung' (1829), *Schriften*, Bd. 11, S. LXXIII,20–LXXIX,6.
3   Lüer untersucht hauptsächlich einen Einfluss Böhmes auf die Novelle *Der Runenberg*. Die
    Ergebnisse beruhen manchmal auf Annahmen Lüers, die aus meiner Sicht Assoziationen
    bleiben. So sei ein Einfluss dadurch angezeigt, dass der Name des Helden, Christian, an
    eine Deutung des Namens Christus bei Böhme erinnert (vgl. Lüer, *Aurum und Aurora* [1997]
    [Anm. 1], S. 107 f.). Dass der Name ,Runenberg', so Lüer, ebd., S. 98 f. und S. 147, auf Böhmes
    Natursprachen-Lehre fußt, klingt bestechend, bleibt letztlich jedoch ohne Beleg. Unbestreit-
    barer Wert dieser Arbeit liegt im Materialreichtum, im Panorama der vielen zeitgenössischen
    Böhme-Leser sowie in den Hinweisen zum oppositionellen Verhalten der Romantik gegen-
    über der Aufklärung.
4   Lüer, *Aurum und Aurora* (1997) [Anm. 1], S. 35. Vgl. Gedike, *Über das Studium der Litterarhis-
    torie*, S. 277–297.
5   Gedike, *Über das Studium der Litterarhistorie*, S. 284,20–25.
6   Gedike, *Über das Studium der Litterarhistorie*, S. 285,5.
7   Gedike, *Über das Studium der Litterarhistorie*, S. 285,6–9.

deutsche Kleinstaaterei. Ihren theologischen Spekulationen gegenüber verhält er sich reserviert: „Ich nenne itzt nur Jakob Böhme und Georg Fox. [...]. (Quäker), der im Lande umherzog und das innere Licht predigte".[8] Mit der typischen Geste einer Überforderung des Fachmanns gesteht der Lehrer Ludwig Tiecks in diesem Aufsatz:

> Für mich wenigstens ist er [Jacob Böhme] im Ganzen zu hoch, so oft ich es auch versucht habe, mich in den etwannigen Zusammenhang seiner Ideen hineinzustudieren. Seine Morgenröthe ist für mich nicht einmal Dämmerung, sondern mehr als egyptische Nacht. Aber diese Nacht wird doch zuweilen von einem plötzlichen ungewöhnlich hellem Blitz des Scharfsinns und der Phantasie erleuchtet [...] der mich in Erstaunen setzte, wie soviel und so helle Vernunft neben soviel Unvernunft und Unsinn in Einem Kopfe wohnen könne.[9]

Er spricht ferner „von diesem unvernünftigvernünftigen Philosophen", und setzt eine aufschlussreiche Anmerkung:

> Ich habe eine neue Auflage seines Buchs: Von der neuen Wiedergeburt 1779 und von seiner Morgenröthe im Aufgang vom Jahr 1780 vor mir liegen. [...]. Und diese neuen Auflagen sind – rathe lieber Leser: wo? – zu BERLIN herausgekommen!! O medici, medici, mediam pertundite venam![10]

Auf solche Stimmungen in der aufgeklärten Alltags-Denkweise der Berliner mag der junge Ludwig Tieck gestoßen sein. In einer frühen Literatur-Satire Tiecks, im *Prinz Zerbino* von 1796, tritt ein ‚Nestor' auf, also ein Ratgeber oder Lehrer, der ganz deutlich das Bildungsgut der Antike und der Klassik verteidigt, während Tieck in einem verwilderten Garten der Poesie im fünften Akt Naturfiguren wie Blumen, Bäume, ganze sprechende Wälder auftreten lässt, und eben Dichter, der Reihe nach: Dante, Petrarca, Ariost, Cervantes, Jacob Böhme und Goethe sowie weitere, was den armen Nestor, der durchaus Züge im Stil eines Volksaufklärers wie Friedrich Gedike trägt, völlig verwirrt:

---

8   Gedike, *Über das Studium der Litterarhistorie*, S. 292,19 f.; S. 294,4–6.
9   Gedike, *Über das Studium der Litterarhistorie*, S. 293,4–17.
10   Gedike, *Über das Studium der Litterarhistorie*, S. 293,26–36 (Anm. *). Vgl. Juvenal, *Satura VI*, n. 46, ed. Sven Lorenz, Juvenal, *Satiren / Saturae. Lateinisch-deutsch*, Berlin/Boston 2017, S. 188,19 („O ihr Ärzte, lasst ihn zur Ader!" [d. h. bringt ihn zur Vernunft]).

Nestor. [...] Der Boccaz lief mir noch nach, um über mich zu lachen,
und ein gewisser Benjamin Jonson schrie mir unaufhörlich lateinische Satiren nach. – Ist denn das wahr, daß der eine Träumer in dem
dunkeln Gange der berüchtigte Jakob Böhm war?
Erster Genius. Du sagst es.
Nestor. Ja ich sage aber auch, daß Euer Garten der Poesie dann ein Garten für Schlingel und Bärenhäuter ist.
Erster Genius. Erzürn Dich nicht, Du magst ihn bald verlassen.[11]

In jugendlicher Opposition zur offenbar trockenen Berliner Aufklärung, wie
sie sich auf dem Niveau gymnasialen Alltags befunden haben mochte, und
aus gewissem Trotz auch könnte Tieck in Böhme eine Oppositionsfigur gesehen haben. Aus den Quellen schließt der Tieck-Forscher Edwin Lüer, dass
Tiecks Böhme-Begeisterung weniger aus nachvollziehbaren „Glaubensinhalten" bestehe, „sondern [dass] möglicherweise die Lust an einer Demütigung
der Vernunft der Grund für die Abwendung von protestantischen Leitbildern"
sei.[12] Dies wäre noch zu vertiefen, indem wir den Impuls, als junger Mensch
zu Böhme zu greifen, auch als eine Lust zur Kritik der Väterwelt lesen können. Von dieser auch unbewussten Motivlage könnte später zeugen, dass Tieck
sich daran wie an einen ‚Zufall' erinnert, der ihn zu Jacob Böhme geführt habe.
Diese These hätte zunächst spekulative Anteile, die Jacob-Böhme-Begeisterung
wäre noch genauer und biographistisch im Vergleich der Bildungsgänge der
Romantiker-Generation heraus zu verstehen, als es hier geschehen kann. Dass
aber gerade bei Tieck und Runge, auf den ich noch zu sprechen komme, die
Lehrer des Gymnasiums Böhme ausdrücklich kritisch sehen, ist ein Befund.
Anfang 1800 schreibt Tieck aus Jena an seine Schwester Sophie Bernhardi:

Du aber lies den Jakob Böhm mit Andacht, und wir werden einen neuen
Ort haben, wo wir uns begegnen. Du wirst einen neuen Sinn, ich möchte
sagen, eine neue Seele bekommen, mir erscheint die Welt anders, ich
weiß seitdem von Gott.[13]

Ostern 1800 heißt es wiederum an die Schwester, die offensichtlich an einer
Missstimmung litt:

---

11 Tieck, *Prinz Zerbino*, in: *Schriften*, Bd. 10, S. 283,25–284,7.
12 Lüer, *Aurum und Aurora* [1997] [Anm. 1], S. 37.
13 Tieck, *Brief an seine Schwester Sophie Bernhardi, Anfang 1800*, ed. Krebs, *Philipp Otto Runge
    und Ludwig Tieck* (1909) [Anm. 1], S. 46,23–27.

> Sei nicht so trübsinnig [...] lies wenn es Dich anwandelt den Jakob Böhm,
> da ist Lebensfülle, da ist der ewige Frühling, wie er nirgends mehr blüht.
> Dieser Mann ist durchaus mit Gott angefüllt, und keiner kann so wie er,
> die Seele unmittelbar zu Gott führen, besonders in der Morgenröthe. [...]
> im J. Böhm ist die gröste Ansicht der Sprache, ich bekehre hier alle Leute
> zu ihm und bin sein Prediger.[14]

Tieck besaß einen gewissen performativen Habitus in der Bekanntmachung
Böhmes unter den Romantikern, und erntete auch Skepsis. Man sah Tiecks
angebliche Oberflächlichkeit auch in seiner Böhme-Begeisterung. Clemens
Brentano, der nie mit Ludwig Tieck klar kam, lehnte die „Jacob-Böhmische[n]
Naturansichts-Rezepte" ab, wie er abfällig in einem Brief schrieb.[15] *Für* Böhme,
gegen Tieck schreibt Friedrich Schlegel an Schleiermacher 1800:

> Fast möchte ich Dir zur Pflicht machen den Jak. Böhme zu studiren. Es
> muß noch viel von ihm die Rede [seyn], weil in ihm grade das Christen-
> thum mit zwey Sphären in Berührung steht, wo jetzt der revolutionäre
> Geist fast am schönsten wirkt – Physik und Poesie. Ritter hat ihn sehr stu-
> dirt und will auch über seine Physik schreiben; das ist aber nur eine Seite.
> Tieck legt sich gewaltig auf ihn und wird ihn hinlänglich tieckisiren; denn
> in einen andern Geist einzudringen, das ist diesem Menschen nicht gege-
> ben. Also wird Böhme vielleicht für den Tieck etwas thun, Tieck für den
> Böhme aber gewiß sehr wenig.[16]

Soweit Friedrich Schlegel. Auch hier fällt weniger das Stichwort von der Religion. Mit dem Namen Böhmes verbindet sich ‚revolutionärer Geist', Physik und
Poesie. Mit dem Namen Ritters – gemeint ist Johann Wilhelm Ritter, der Physiker in der Generation der Jenaer Frühromantiker – verbindet sich das Projekt, die neuen Entdeckungen der Elektrizität in ein ganzheitliches Weltbild
zu überführen, das nicht mehr mechanischer Aufklärung folgt, sondern bereit
ist, auf die unbekannten Nachtseiten der Naturwissenschaft einzugehen. Dazu
gehören neue Seelenkonzepte und eben die Vermutungen über den geheimnis-

---

14   Tieck, *Brief an seine Schwester Sophie Bernhardi, Ostern 1800*, ed. Krebs, *Philipp Otto Runge
     und Ludwig Tieck* (1909) [Anm. 1], S. 48,15–28.
15   Brentano, *Brief an Achim von Arnim vom 23. August 1803*, in: Achim von Arnim und Cle-
     mens Brentano, *Freundschaftsbriefe*, hg. von Hartwig Schultz, Frankfurt a.M. 1998, Bd 1,
     S. 163,10.
16   Fr. Schlegel an Schleiermacher, ohne Datum, in: Friedrich Schleiermacher: Aus Schleier-
     machers Leben, hg. v. Ludwig Jonas und Wilhelm Dilthey, Berlin 1861, Band 3, S. 192 f.

vollen Galvanismus, von dem Ritter annahm, er sei buchstäblich der Nerven-
strom des Lebewesens Erde. In diesem Kontext, wie auch immer gerechtfer-
tigt, rezipieren einige Avantgardisten der neuen romantischen Wissenschaften
Jacob Böhme.

1797 erwarb Ludwig Tieck seine erste *Aurora*-Ausgabe und begann mit der
Lektüre 1799, so berichtet es uns sein Biograph zu Lebzeiten, Rudolf Köpke,
1855.[17] Tiecks Freund Hermann Freiherr von Friesen erinnert sich aus weiter
Rückschau:

> Den großen und gebieterischen Einfluß, welchen auf die Bearbeitung
> der Genoveva das Studium der Schriften von Jakob Böhme gehabt habe,
> bekennt Tieck selbst an mehreren Orten [...]. Ja man darf wohl behaup-
> ten, daß Manches in dem Gedichte – unter Anderem die Schlußrede der
> sterbenden heil. Genoveva über den Sinn der Dreieinigkeit – fast eine
> Paraphrase von J. Böhme's Worten sei. Die Vertrautheit Tieck's mit die-
> sem tiefsinnigen Denker war aber älter, als die Abfassung der Genoveva.
> [...] und ich glaube mich nicht zu irren, wenn ich in einigen schwungvol-
> len Aeußerungen Sternbald's über die tiefgeheimnißvolle Bedeutung und
> Macht der Natur als göttliche Schöpfung, Abspiegelungen von Böhme's
> Anschauungsweise bemerke.[18]

Tieck, der später, um 1817, seine Böhme-Begeisterung als „frevlen Leichtsinn"
bezeichnet hat,[19] hegte so hohe Ansprüche wie Schlegel oder Ritter an seine
Böhme-Lektüre eher nicht. Er hat ihn radikal poetisiert, entmythologisiert und
in auch satirische Bilder aufgelöst, die nur sehr bedingt als Adaptionen Böhmes
werden gelten können. Ich beschränke mich auf zwei unterschiedliche Passagen.

Im Stück *Der neue Hercules am Scheidewege*, 1800 als Schwank mit dem Titel
Der Autor in Tiecks eigenem *Poetischen Journal* veröffentlicht, kommt Böhme
vor:

> Doch bist du allzusehr verdrossen
> Und steckst voll dummer irdscher Possen,

17   Vgl. Rudolf Köpke, *Ludwig Tieck: Erinnerungen aus dem Leben des Dichters nach dessen
      mündlichen und schriftlichen Mittheilungen*, Leipzig 1855, Bd. 1, S. 239.

18   Hermann Friesen, *Ludwig Tieck: Erinnerungen eines alten Freundes aus den Jahren 1825–
      1842*, Wien 1842, Bd. 2, S. 159.

19   Tieck, *Brief an Karl Wilhelm Ferdinand Solger vom 24. März 1817*, ed. Matenko, *Tieck and
      Solger*, S. 361.

So steck die Nas' in ein gutes Buch,
So wirst du wieder gesund und klug,
Da schau von unserm deutschen Mann
Gedicht vom Faust mal wieder an,
Da liegt für dich noch manch Verständniß,
Wovon viel Hundert nicht haben Kenntniß:
Und willst mal recht in die Tiefe schauen
In allen Sinnen dich erbauen,
Den Wein des Lebens schlürfen ein,
So recht im Frühling heimisch sein,
Wo aus allen Blüthen Nachtigallen
Und tausendfach Gesänge schallen,
Unendlichfach die Geister quallen,
So hab dir ja ein Buch erschlossen,
Wo schon manch Himmelsstunde hast genossen,
So gab ich dir noch außer Göthe,
Auroram, jene Morgenröthe,
Von dem Propheten, den sie schelten,
Dem aufgeschlossen alle Welten,
Des heiliger unentweihter Mund
Der Gottheit Tiefe hat verkundt,
Den großen deutschen Jakob Böhme,
Daß er von dir die Schwermuth nähme,
Jedwedes Wort in ihm dir lacht,
Und all umzogen mit Glanz und Pracht,
Er hat durchaus sich gesponnen ein
In eitel Glorie und Heiligenschein.[20]

Diese eher nach easy entertainment anmutende Textstelle veranlasste womöglich Friedrich Schlegel, von einer gewissen Oberflächlichkeit bei Tieck zu sprechen.

Die Böhme'sche Trinitätslehre, die bei ihm – etwas anders als in christlichem Standard – ,Drei-Prinzipien-Lehre' heißt, sei, dem Biograph Köpke zufolge, am Ende der *heiligen Genoveva*, verarbeitet.[21] Dieses Drama von 1800 war sehr erfolgreich und fand in der Romantiker-Generation sowie auch bei Goethe

---

20   Tieck, *Der Autor, ein Fastnachtsschwank*, in: *Schriften*, Bd. 13, S. 323,4–32 (erstmals unter
     dem Titel: *Der neue Hercules am Scheidewege, eine Parodie*, in: *Poetisches Journal* (hg. von
     L. Tieck) 1,1 (1800), S. 81–164, hier S. 150,1–151,3).
21   Köpke, *Ludwig Tieck* (1855) [Anm. 17], Bd. 2, S. 172 f. (*Tieck über sich und seine Dichtungen*).

eine starke Resonanz. Die alte Legende aus den Volksbüchern handelt von der Ehefrau des gegen die Sarazenen kämpfenden Siegfried, dessen Hof-Verwalter Golo sich in Genoveva verliebt, aber abgewiesen wird. Golo, eine dunkle Figur zwischen Macbeth und Othello, wird rasend, sinnt auf Rache und will Genoveva durch Intrigen hinrichten lassen. Sie kann fliehen und lebt verborgen in Wäldern. Der heimkehrende Siegfried überführt Golo, doch auf der Suche nach Genoveva findet er sie sterbend, und beschließt sein Leben als Einsiedler. Sehen wir uns die Partien an, in der Böhme'sche Gedanken vermutet werden, im Sterbemonolog der Genoveva, der einen Traum enthält:

> Wohin ich blickte, sah ich Blüten prangen,
> Aus Strahlen wuchsen Himmelsblumen auf,
> Am Throne sproßten Glauben und Verlangen,
> Und rankten sich wie Edelstein' hinauf;
> Gebete blühend in den Himmel drangen,
> Zu Füßen aller goldnen Sterne Lauf,
> Und die Natur in tausendfachen Weisen,
> Den dreimal heil'gen Gott, Sohn, Geist, zu preisen.
> Gebete stiegen auf, herab der Segen
> Zur Erde nieder durch das Firmament,
> Die Sterne kamen Gottes Lieb' entgegen.
> Und drungen in das ird'sche Element,
> Verschlungen all' in tausendfachen Wegen,
> Daß Himmel, Erd' in Einer Liebe brennt,
> Und tief hinab in Pflanz-, in Erzgestalten
> Des Vaters Kräfte im Abyssus walten.
> Der Sohn war recht des Vaters Herz und Liebe,
> Der Vater schaffende Allgegenwart,
> Der Geist im unerforschlichen Getriebe
> Das ew'ge Wort, das immerfort beharrt,
> Das[s] alles wechselnd, nichts im Tode bliebe,
> Indeß der Vater wirkt die Form und Art,
> So Lieb' und Kraft und Wort in eins verschlungen,
> In ew'ger Liebesglut von sich durchdrungen.
> Wie Strahlen gingen Engel aus und ein,
> Entzückt in der Dreieinigkeit zu spielen,
> Sich niedertauchend in der Gottheit Schein
> Die volle Seligkeit beherzt zu fühlen;
> Sie durften in der Kraft und Gnade sein,
> Die Sehnsucht in der großen Liebe kühlen.

Auch meine Seel' muß sich dem Tod' entringen
Und in dem Lebensmeer als Welle klingen. *stirbt*.[22]

Einiges könnte hier an Böhme erinnern: Der Bezug der Sterne zu den Erdwesen, eine wiederum bei Böhme von Paracelsus übernommene Entsprechung von Mikrokosmos zu Makrokosmos, der 'Abyssus', Abgrund, der an die Finsternis des ersten Prinzips in dem Werk *Drei Prinzipien Göttlichen Wesens* erinnert, die schaffende Allgegenwart der ewigen Natur, die in jedem Werk Böhmes, auch in dem ersten Werk, der *Morgenröthe*, dessen Ferment zu seiner ganzen Philosophie bildet, die Konnotation von Dreiheit und Natur.[23] Mit der Handlung in dem Drama haben diese Böhme-Anklänge freilich wenig zu tun.

Oben, im Zitat bei Friedrich Schlegel, wurde Böhmes Bild mit dem 'revolutionären Geist' identifiziert, der die Frühromantik besonders beschäftigte. Über die entsprechende historische Welterfahrung der Frühromantiker urteilt Arno Schmidt in seinem anregenden Radioessay über Ludwig Tieck folgendermaßen:

Alle unsere 'Romantiker' – Sie hören, ich spreche diesen falschesten aller Begriffe bereits in Anführungsstrichen – sind um 1775 geboren. Sind also Schulkinder, als das Ereignis losbricht, mit dem die 'Neuzeit' eigentlich beginnt: die französische Revolution von 1789. Und von nun an erlebt jene Generation *sechs-und-zwanzig Jahre Krieg*: bis 1815. – / Erlebt Einquartierung; Durchmärsche von Truppenteilen; Plünderung; Brandstiftung; Besoffene fuchteln und knallen aus Pistolen; Emigranten betteln sich durch, und man gibt ihnen hastig-zerstreut: bald wird man ebenso gehen, als gehobener Zigeuner.[24]

---

22 Tieck, *Leben und Tod der heiligen Genoveva*, in: *Schriften*, Bd. 2, S. 263,23–264,24.

23 Vgl. aus neuerer Zeit die Böhme-Interpretationen besonders dieser Stichworte bei: Andrew Weeks, *Boehme: An Intellectual Biography*, New York 1991; diverse Aufsätze in: *Erkenntnis und Wissenschaft: Jacob Böhme (1575–1624). Internationales Jacob-Böhme-Symposium, Görlitz 2000*, Görlitz/Zittau 2001 (Neues Lausitzisches Magazin. Beiheft 2); Ferdinand van Ingen, *Jacob Boehme in seiner Zeit*, Stuttgart 2015; Bo Andersson, „Jacob Böhme als Netzwerkdenker: Die Lehre von den sieben Quellgeistern in der *Morgen Röte im auffgang*", in: *Morgenröte im Aufgang: Beiträge einer Tagung zum 400. Jahrestag der Entstehung von Böhmes Erstschrift*, hg. von Günther Bonheim und Thomas Regehly, Berlin 2017 (BS 4), S. 75–97; Thomas Isermann, *O Sicherheit, der Teufel wartet deiner!, Jacob-Böhme-Lektüren*, Görlitz 2017.

24 Arno Schmidt, *'Funfzehn': Vom Wunderkind der Sinnlosigkeit*, BA II,2, S. 301,5–13.

Stellen wir neben diesen Eindruck des kritischen Romantiker-Freundes Arno Schmidt nun von einem weiteren Vertreter der Generation folgende Impression, die da lautet:

> Ich dachte einmal so an einen Krieg, der die ganze Welt umkehren könnte, oder wie so einer eigentlich entstehen müßte [...], ich sähe [...] kein andres Mittel als den Jüngsten Tag, wo die Erde sich auf tun und uns alle verschlingen könnte, das ganze menschliche Geschlecht, so daß auch gar keine Spur von allen den Vortrefflichkeiten heutigen Tages nachbliebe.
>
> Diese Gedanken entstanden bei mir aus einigen betrübten Äußerungen von Tieck, da er neulich krank war, über die Verbreitung der Kultur, die auch auf den Jüngsten Tag hinausliefen, [...] und es fiel mir wieder eine Bemerkung von Tieck auf, daß grade dann, wenn ein Zeitalter zugrunde gegangen gewesen, immer die Meisterwerke aller Künste entstanden seien [...] ich fragte mich: sind wir jetzt wohl wieder daran, ein Zeitalter zu Grabe zu tragen?[25]

Der hier Ludwig Tieck wie einen alten und weltweisen Lehrer zitiert, selber aber voller Furcht spricht, trifft ein Gefühl der Frühromantik für Zeitenwenden und Epochenschwellen, für Endzeitbewusstsein und Prophetie. Der dies schreibt am 9. März 1802, ist vier Jahre jünger als Tieck, und blickt zu ihm auf. Es handelt sich um Philipp Otto Runge, den Maler.

2   Philipp Otto Runge

Geboren 1777 in Wolgast, einer Kleinstadt in mecklenburgischer Provinz, war Runge ein religiös suchender, an sich selbst oft zweifelnder Spätentwickler in seiner Kunst, während der eher amoralisch auftretende Berliner Ästhet Tieck frühreif wirkt. Im Hamburger Kontor seines Bruders Daniel schlug der Versuch fehl, Runge zum Kaufmann auszubilden. In Wolgast war er zuvor kurze Zeit Schüler von Ludwig Gotthard Kosegarten. Wie Gedike bei Tieck, so hatte Kosegarten ein ebenfalls distanziertes Verhältnis zu Jacob Böhme. Noch 1804 heißt es in einem Brief Kosegartens an Runge – beide verband über alles Trennende hinaus eine Freundschaft – über den barocken Mystiker:

---

25   Runge, *Brief an Daniel vom 9. März 1802*, HS, Bd. 1, S. 8,7–9,4 (vgl. ed. Betthausen, *Briefe und Schriften*, S. 71,14–72,3).

Mein teurer Otto, der Jacob Böhme, dessen Sie gedenken, ist mir, soviel
ich weiß, verehrt worden. [...] – Dem sei indes, wie ihm wolle, ich schicke
Ihnen die beiden Bände und tue es um so bereitwilliger, weil ich es ohnehin aufgeben werde, diesen Schriftsteller zu lesen. Ich fühle, daß, was mir
noch von Kraft und Zeit übrig sein mag, ich meiner Bibel schuldig sei,
für welche der Böhme mir nur wenig helfen kann. Jacob Böhme dünkt
sich höher zu stehen als die Apostel; ein optischer Betrug, der auf seinem
Standpunkte vielleicht unvermeidlich ist. Ich meines geringen Teils will
gern all mein Lebtage zu Sankt Johannes' und Sankt Paulus' Füßen sitzen-
bleiben.[26]

So gleichen sich die Konstellationen der prägenden Lehrer zu ihren Schülern
hinsichtlich der Wertschätzung Jacob Böhmes, die indes den Meinungen ihrer
Lehrer nicht folgten, bei Tieck deutlich und demonstrativ, bei Runge verhalten
und verzögert.

Kaum zwei Monate, nachdem Runge gegenüber seinem Vater sich durchge-
setzt hat, Maler werden zu dürfen, schreibt er einem Freund: „Lieber, hast Du
Franz Sternbalds Wanderungen, herausgegeben von Tieck, gelesen? Mich hat
nie etwas so im Innersten meiner Seele ergriffen wie dies Buch [...]".[27] Handelt
es sich doch bei Franz Sternbald ebenfalls um einen werdenden Maler, mit dem
Runge sich zu identifizieren schien. Die Lektüre begründete eine Bewunderung
des vier Jahre älteren Tieck. Er spielt für Runges Böhme-Begegnung die entscheidende Rolle. In Dresden schreibt Runge 1801 an seinen Bruder Daniel: „Ich
habe es dahin gebracht, die Aufmerksamkeit von Tieck auf mich zu ziehen".[28]
Diese Leistung muss eine Überwindung für den schüchternen, unbekannten
Runge gewesen sein. Tieck war bereits als Autor und als Dramaturg in Dresden berühmt. Er hat, nach allem, was wir wissen, Runge in Dresden Anfang
1802 zu Böhme geführt. Runge muss sich daraufhin geradezu in Böhme versenkt haben. In den Ausführungen des Kunsthistorikers Karl Möseneders über
Böhme und Runge heißt es etwas forsch: „Nachweislich kannte er die Gesamtausgabe der Werke von Johann Georg Gichtel, 1730",[29] darunter insbesondere
die *Morgenröthe* und die *Drei Prinzipien göttlichen Wesens.* Nur, nachgewiesen

---

26   Ludwig Theobuld Kosegarten, *Brief an Runge vom 11. Mai 1804*, HS, Bd. 2, S. 266,36–267,13.
     Um welche beiden Bände es sich handelt, ist zwar unbekannt, plausibel wäre die Gesamt-
     ausgabe Hamburg 1715, die in zwei Bänden erschienen ist. Das würde bedeuten, dass
     Runge spätestens 1804 im Besitz einer Gesamtausgabe war.
27   Runge, *Brief an Johann Heinrich Besser vom 3. Juni 1798*, HS, Bd. 2, S. 9,30–33.
28   Runge, *Brief an seinen Bruder Daniel vom 2. Dezember 1801*, HS, Bd. 2, S. 99,2 f.
29   Möseneder, *Philipp Otto Runge* (1981) [Anm. 1], S. 14.

ist das eben nicht, höchstens indirekt aus dem Kontakt mit Tieck zu vermuten, oder aus Bildadaptionen, auf die ich noch eingehe. Jörg Traeger formuliert vorsichtiger: „Auch die *Beschreibung der drey Principien Göttliches Wesens*
war ihm vielleicht bekannt. Einen sicheren Nachweis darüber, welche Schriften Böhmes der Maler las, [seien] angesichts der zahlreichen Wiederholungen
einzelner Gedanken darin allerdings [...] kaum möglich".[30] In der Literatur zu
Runge fällt auf, dass die Aufnahme Böhmes als sehr zentral angesehen wird,
aber es gibt kaum Ergebnisse und Nachweise, was genau übernommen wurde.
Zwei führende Runge-Kenner, Jörg Traeger und Frank Büttner, erwähnen die
Beeinflussung mehrfach, doch bleibt es bei deren Vermutungen. In der gut zu
lesenden Einführung Büttners zu Runge etwa findet Böhme vor allen anderen
Philosophen die ausdrücklichste Erwähnung.[31]

Ebenfalls muss Runge die *Tabulae Principiorum* gekannt haben, das Böhme'-
sche Tafelwerk von 1624, in dessen Macrocosmos-Schema Farben aufgeführt
werden, auf die eine spätere Briefstelle Runges 1810 indirekt Bezug nimmt.[32]

Wir seien laut Karl Möseneder zur Vermutung berechtigt, dass er auch
den Registerband der *Sämtlichen Schriften* Böhmes verwendet habe, besonders
dann freilich das Stichwort ‚Farbe'. Stimmt dies, so könnte Runge die kurze
Schrift *Mysterium Pansophicum* gekannt haben,[33] denn sie enthält Böhmes
ausführlichste Passage über Farben, ich zitiere in Auszügen:

> Und entgegnet uns alhier das grosse Geheimniß, so im Mysterio ist von
> Ewigkeit gelegen, als das Mysterium mit seinen Farben, welcher vier sind,
> und die fünfte ist nicht dem Mysterio der Natur eigenthümlich; sondern
> des Mysterii der Gottheit, welche Farbe im Mysterio der Natur als ein
> lebend Licht leuchtet.
>
> Und sind dis die Farben, da alles inne lieget, als (1) blau, (2) roth, (3)
> grün und (4) gelbe, und die fünfte als Weiß, gehöret GOtt zu, und hat doch

---

30   Jörg Traeger, *Philipp Otto Runge und sein Werk: Monographie und kritischer Katalog*, Mün-
      chen 1975, S. 19.
31   Vgl. Frank Büttner, *Philipp Otto Runge*, München 2010.
32   Vgl. Runge, *Brief an seinen Bruder Karl vom 16. April 1810*, HS, Bd. 1, S. 183,13–23: „Dein Aus-
      zug von den Farben aus dem alten Buch hat mich recht gefreut, es ist viel sehr Richtiges
      darin und zum Teil sehr gut gesagt und bezeichnet. Das Ganze scheint aber wohl mehr
      zusammengeschrieben als eigne Gedanken zu sein. Die tiefsinnigen Beziehungen in der
      tabellarischen Ordnung haben ihren Ursprung aus Jakob Böhme, Swedenborg etc. Den
      Stammbaum aller Farben und Mischungen findest Du aber so ausgeführt, wie er sein kann,
      just in meiner Kugel, wenn Du den Bau derselben recht gefaßt und in den einzelnen Ver-
      hältnissen jedes Punktes des Äquators zum Mittelpunkt und den Polen auseinanderlegst".
33   Möseneder, *Philipp Otto Runge* (1981) [Anm. 1], S. 30, Anm. 161.

auch ihren Glast in der Natur. Aber sie ist die fünfte Essentia, ein reines unbeflecktes Kind, als im Gold und Silber zu ersinnen ist, sowol an einem weissen, hellen Crystall=Steine, der auch im Feuer bestehet.

Dann das Feuer ist aller Farben Proba, darinnen dann keine bestehet, als die Weisse, dieweil sie ein Glast von GOttes Majestät ist. (Die schwartze Farbe gehöret nicht ins Mysterium, sondern sie ist der Deckel als die Finsterniß, da alles innen lieget).[34]

In gebotener Kürze können wir dies so lesen: Schwarz ist keine Farbe, sondern gehört – im Rahmen seiner Drei-Prinzipien-Lehre – dem (ersten) Prinzip der Finsternis an. Weiß ist die Königin aller Farben und gehört dem (zweiten) Prinzip der Licht-Welt an. Dazwischen gibt es die aufgefächerten vier Farben, gleichsam Grundfarben, die dem (dritten) Prinzip der sichtbaren Welt und der Erde entsprechen, in dem auch die Kräfte des Lichtes und der Finsternis sich überblenden.

Runges Farbenlehre, die Fragment geblieben ist, basiert weniger auf Spekulation, mehr auf Praxis, auf einer Ausbildung zum Maler in Kopenhagen, und auf aktuellen Farbtheorien. Sie lautet denn auch anders als bei Böhme, aber das wundert uns nicht. Jedoch der Impuls und der Mut, Farben metaphysisch zu deuten, könnte von seiner Böhme-Lektüre unterstützt worden sein. „Es ist einleuchtend", schreibt Runge in seinem Vorbericht zur Farbenkugel 1810,

daß alle reinen Farben, unter und von welchen eine *Zusammenstellung* möglich ist, auch die Gesamtzahl der Elemente aller und jeder *Mischungen* ausmachen müssen. Dieser Elemente sind fünfe: *Weiß, Schwarz, Blau, Gelb, Rot*; außer welchen nicht möglich ist, sich eine völlig unvermischte Tinktur vorzustellen. [...].

Wir sondern aber *Weiß* und *Schwarz* von den andern drei Farben (welche wir überhaupt nur *Farben* nennen) aus und stellen sie in eine verschiedene, den Farben wie entgegengesetzte Klasse; weil nämlich Weiß und Schwarz einen bestimmten Gegensatz (den von *Hell* und *Dunkel* oder Licht und Finsternis) nicht nur für sich allein in unserer Vorstellung bezeichnen, sondern auch in ihrer mehreren oder minderen Vermischung sowohl mit den Farben als mit allen farbigen Mischungen das Hel-

---

34   Böhme, *Mysterium Pansophicum*, ss, Bd. 4, Pars VIII, S. 105,12–28 (*Der Siebente Text*, nn. 3–5).

lere oder Dunklere überhaupt, durch mehr oder weniger weißlich oder schwärzlich, vorstellen [...].[35]

Auch hier sind Weiß und Schwarz keine Farben, sondern polare Gegensätze. Im Begriff von der ‚Tinktur', den wir bei Böhme häufig antreffen, ist meines Erachtens keine Adaption zu sehen, da ‚Tinktur' zu Runges Zeiten auch einfach ‚Färbung' hieß. Es wäre noch zu prüfen, ob Runge mit den Ausführungen zu Schwarz und Weiß die in seiner Zeit aktuellen Farbtheorien – *vor* derjenigen Goethes – rezipiert.

Hier nun die prominenteste Textstelle mit Bezug auf Böhme aus den Briefen, die sich auf die Konzeption von der Zeichnung *Quelle und Dichter* bezieht, vom 27. November 1802:

> Ich muß es bekennen, daß ich mit aller meiner Arbeit ein unnützer Knecht bin und daß ich nicht einmal meine Schuldigkeit getan habe.
>
> Aber nun, lieber D[aniel], zu etwas anderm, zu der Beschreibung des Bildes, das ich machen werde, wodurch ich es Dir deutlich zu machen hoffe, warum ich innerlich einen Widerwillen gegen Italien und Frankreich habe, es nämlich jetzt zu sehen.
>
> Das Bild soll eine *Quelle* werden im weitesten Sinn des Wortes: auch die Quelle aller Bilder, die ich je machen werde, die Quelle der neuen Kunst, die ich meine, auch eine Quelle an und für sich. –
>
> Es muß Dir, und jedem auch, heimlich so sein, wenn Du an einer Quelle oder an einem Bach liegst, wo es recht stille umher ist, und es rieselt und rauscht nun über den Steinen, und die Blasen zerspringen, und die muntern Töne, die so aus der Tiefe des Felsens und des Bornes kommen, als wenn sie sich nun lustig in die weite Welt wagen, jeder Ton kennt seine Blume und spielt um den Kelch und wiegt sich in den Ästen der Bäume, es muß einem so vorkommen, als wenn diese Steine die Finger der Nymphe wären und sie spielte bloß mit dem Wasser und entlockte der Harfe diese muntern Töne. Die Blasen gleiten durch ihre Finger, und es hüpfen muntre Kinder heraus, wenn sie zerspringen, und gleiten in das Schilf hinab, und die Lilie steht im höchsten Licht, die Rose sieht von unten hinein in den Kelch, und die weiße Lilie errötet von dem glühenden Kuß. Sieh, so freut sich die Welt des Lichts, das Gott ausgehen ließ, sie zu trösten. Recht in dem Mittelpunkt der Erde, da sitzt die arme Seele und sehnet sich zum Licht, wie wir uns hineinsehen. So gestaltet sich die Erde wie

---

35   Runge, *Farbenlehre*, HS, Bd. 1, S. 114,40–115,14.

das Embryo im Ei, und wann die große Geburt der Welt vor sich geht, dann wird sie erlöset werden. Und, wie Jakob Böhme meint, der Teufel hat die Erde verbrannt und nun die Seele da eingeschlossen, aber die Barmherzigkeit Gottes währet ewiglich, und Gott sprach: es werde Licht! Denn Gott war vor dem Licht und ist größer als das Licht, und das Licht war vor der Sonne, denn das Licht ist die Nahrung der Sonne; und das Licht scheinet in die Finsternis, und die Finsternis begriff es nicht; da gab Gott den Menschen die Farbe, und das lustige Leben quillet aus der Tiefe des Brunnens, und nun gebieret die Erde die Menschenkinder, und wir haben seinen Tag gesehen und gehen lustig auf der Erde herum; innerlich sehnen wir uns zum Licht, und unsre liebe Mutter in der Erde hält uns fest, und wir können es nicht lassen, die Erde zu lieben, und sie grüßt uns in jeder Blume, und wir erkennen sie und hören ihre Stimme, und wie die geoffenbarte Religion uns die Dreieinigkeit erschließt, so erschließt *sie* uns die Dreieinigkeit der Farbe, aber der Teufel streut dazwischen Unkraut und giftige tückische Blumen [...].

[...]. Daß man die Idee ausspricht, kann zu nichts dienen, diese muß durch nachfolgende Bilder, wo alle Blumen einzeln wieder darauf vorkommen, immer nur wieder in Anregung gebracht und erklärt werden. So wie ich auch an ein Bild denke, wo wir der Luft und Felsen, Wasser und Feuer Gestalt und Sinn geben können. Auf die Weise könnte einst, was wir jetzt noch nicht einsehen können, aus dieser Kunst die Landschaft hervorgehen und eine bleibendere herrliche Kunst werden. Denn von Gott sollst du dir kein Bild machen, weil du es nicht kannst. Gott ist nicht von des Menschen Verstand und Sinn zu begreifen und durch kein Kunstwerk darzustellen. Aber wenn die Kunst auf diesem bescheidnen Sinne bleibt, wenn sie sucht, unsre allerhöchste Ahnung unsers Zusammenhanges darzustellen, so ist sie an ihrer Stelle und gar etwas Achtungswürdiges.

Ich meine, Lieber, daß ich auf den Grund alles unseres Glaubens, auf unsre geoffenbarte Religion, eine Kunst zu bauen suchen wollte.[36]

Diese Zeichnung, die erst 1805 entstand, ist in der Forschung mehrmals als Böhme-Adaption angesehen worden, und in einer Untersuchung, der von Karl Möseneder, ausführlich eruiert worden. Kern der Beobachtungen Möseneders ist der Aufweis der 7er Struktur bei Runge und der siebenstufigen Qualitätenlehre bei Böhme, sowie die von der Trinitätslehre abweichende Drei-Prin-

---

36 Runge, *Brief an seinen Bruder Daniel vom 27. November 1802*, HS, Bd. 1, S. 19,24–21,34.

ABB. 11.3   Philipp Otto Runge: Quelle und Dichter
             HAMBURGER KUNSTHALLE

zipien-Lehre Böhmes.[37] Doch die Bezüge zu Böhmes Werk langen oft über Spekulationen kaum hinaus,[38] wenngleich die Interpretation gute Assoziationen
zulässt. So schaut der Dichter auf die Szenerie der Quelle wie ein Mystiker
auf seine Vision. Die Kinder sind wie die Quellgeister, die Qualitätenlehre bei
Böhme. Das Böhme-Zitat in Runges Brief, übrigens, ist bislang nicht nachgewiesen worden. Es ist unklar, bis wohin es lautet, soll nur der Hauptsatz Zitat
sein („Der Teufel hat die Erde verbrannt"), oder geht das Zitat bis „währet ewiglich"? Bis auf eine Vokabel, die bei Böhme selten vorkommt – „verbrannt" –
finden sich alle anderen an zahlreichen Stellen bei Böhme. Ein Absatz in der
Morgenröthe kommt dem Zitat sehr nah. Unter der Zwischenüberschrift „Von
der Gestalt der Erden" heißt es im 19. Kapitel über die Materie, die sichtbare
Natur, in die der Teufel hineinwirkt: „die euserste geburtt ist ver Brant / er fro-
ren / er soffen vnd er starred".[39]

---

37   Vgl. Isermann, *O Sicherheit* (2017) [Anm. 23], S. 80–94.
38   An mancher Stelle entstehen Irritationen. So heißt es bei Möseneder, *Philipp Otto Runge*
      (1981) [Anm. 1], S. 27: „In *Quelle und Dichter* kann der Einfluss Böhmes noch in anderen
      Punkten nachgewiesen werden. Da ist einmal die Siebenzahl der Kinder. Sie stehen für
      Böhmes ‚sieben Quellgeister Gottes'". Ich zähle acht Kinder.
39   Böhme, *Morgen Röte im auffgang*, ed. Buddecke, *Urschriften*, Bd. 1, S. 206,30 f. (vgl. SS, Bd.
      1, S. 274,24 f. [Kap. 19, n. 62]).

Runges Ästhetik kennzeichnet einen hohen Grad an Geometrisierung. Spätestens ab Kenntnis der Werke Böhmes und ihrer Titelkupfer in verschiedenen Werkausgaben lässt sich diese Bemühung um Spiegelsymmetrien, Kreisen, Dreieck-Anordnungen und hierarchische Etageren-Übersichten beobachten. In Kreisfiguren, die Runge in Briefen mitteilt und bespricht, wiederholt sich eine Deutungsarbeit, die mit jener vergleichbar ist, die Jacob Böhme in seiner von ihm gefertigten Skizze in den *Vierzig Fragen von der Seelen* leistet.[40] Die sieben Stufen der Qualitätenlehre Böhmes findet sich im Tonfall bei Runge in folgenden Formulierungen wieder:

Das ist die erste Figur der Schöpfung. Die 6 ist nach dem Sündenfall nicht verstanden und wird nicht verstanden, bis *der* Tag kömmt, wo alles zum Licht zurückkehrt, das ist der siebente Tag. – Die Welt hat sich gesondert in Ich und Du, in Zirkel und Linie, da ist die 3 in die Welt gekommen, und durch Gutes und Böses die 5; in 7 ist alles wieder vereinigt: das ist das Allerheiligste; der Punkt hat sich ausgebreitet im Zirkel. [...] das sind die äußeren Zirkelbogen und die Wissenschaften, das Böse; auf den Strahlen leben wir alle; – einer geht zur Rechten, der andere zur Linken: der zur Rechten führt zum Mittelpunkt, der zur Linken von ihm. – Im Gemüt faßt der Mensch die Strahlen zusammen, in der Wissenschaft fliegen sie auseinander; die Strahlen spalten sich, der Mensch verliert sich in dem ungeheuren Raum, die Unschuld des Gemüts, wovon er ausgegangen, verliert sich wie ein Sandkorn, und er meint, die Größe der Schöpfung zu verstehen, indem er sich vernichtet. ‚Die Pforte ist weit, und der Weg ist breit, der zur Verdammnis abführt, und viel sind ihrer, die darauf wandeln; aber die Pforte ist eng, und der Weg ist schmal, der zum Leben führt, und wenig ist ihrer, die ihn finden' – das ist das Grausende des Sternhimmels: der Mond ist der Tröster, der heilige Geist.

Diese Figur, die sich selbst macht, ist das Gemüt des Menschen; wer kann sie ganz verstehen? In der Natur ist sie nicht, denn die Natur ist von ihrer Bahn gewichen durch die Sünde; das Ich und Du wird nur im Tode verbunden; daraus besteht der Mensch: die Liebe tritt in die Mitte zwischen Sehnsucht und Willen, zwischen Mann und Weib.

Im Paradies war die Ehe die Sünde – nun ist die Ehe notwendig, bis die Zeit da ist, wo es der Mensch mehr erkennen wird, was es heißt: *nicht heiraten ist besser.* – Die Liebe ist das Licht und die Verbindung des Gemüts und der Materie; die Sehnsucht wäre ohne Hoffnung gewesen, wenn der

---

40   Vgl. die Abbildung Seite 227.

Tod nicht in die Welt gekommen wäre, nun muß der Mensch den Acker
bauen, bis er wieder zur Erde wird, davon er genommen ist.[41]

Es ließen sich ferner Signaturenlehre und Natursprachenlehre bei dem Maler
in irgend verwandelter Form auffinden. Runge arbeitet mit Zeichen-Formen,
gestischer Semiotik, die er, wie Frank Büttner ausführt,[42] mit den Begriffen
‚Arabeske' und ‚Hieroglyphe' belegt. Böhmes *direkter* Einfluss auf Runges Verwendung dieser Begriffe scheint fraglich. Die Begriffe ‚Arabeske' und ‚Hieroglyphe' sind vollkommen zeitüblich, bei Goethe und bei wohl sämtlichen Romantikern, bei Schlegel, Novalis, Görres, er spielt im großartigen Briefwechsel zwischen Runge und Brentano eine sehr wichtige Rolle, in dem der Name Böhmes
oder Details seiner Philosophie wiederum keine spielen.[43]

Naheliegend ist die Adaption der in Böhmes *Aurora* an vielen Stellen erwähnten neuen ‚Kindschaft', die selbst die ‚Morgenröte' neuer Zeiten bei
Böhme voraussetzt. Böhmes Passagen über das ‚Kindwerden' könnte in Runges reichem Repertoire an Kinder-Bildnissen und Kleinkind-Motiven ein Echo
haben. Aber wie ist dieses Kindermotiv Böhmes bei Runge aufgenommen? Es
hat bei Böhme zwei Dimensionen, eine theologische und eine allegorische:
einmal findet sich bei ihm die Kindschaft als die Unschuld, als die Gelassenheit, die von der Entfremdung, der Selbstbezogenheit des Subjekts absehen
kann. „Keine zeitliche Ehre und Gut muß der Kindschaft vorgezogen werden",
so heißt es in Böhmes Schrift *Von wahrer Gelassenheit*, und er fährt fort, „sondern muß mit seinem Willen das alles verlassen, und nicht für eigen achten,
und sich nur ein Knecht desselben achten, der seinem Herrn in Gehorsam
damit dienet".[44] Kindschaft als Selbstaufgabe mag auch bei Runge als religiös-
ethisches Motiv begegnen, würde aber gewiss nicht seine Vorliebe für Kinder-
darstellungen begründen. Eher schon, und das entspräche auch bei Böhme
einer eigenen „kindlichen" Dimension, die bildliche Sprache könnte auf Runge
Eindruck gemacht haben. Die Kinderbildnisse Runges sind lieblich wie nur
Böhmes emotionale Schreibweise, so wenn Böhme die Engel beschreibt:

---

41   Runge, *Brief an Ludwig Tieck vom 3. April 1803*, HS, Bd. 1, S. 41,1–42,11.
42   Vgl. Büttner, *Philipp Otto Runge* (2010) [Anm. 31], S. 45.
43   Vgl. Clemens Brentano und Philipp Otto Runge, *Briefwechsel*, hg. von Konrad Feilchen-
      feldt, Frankfurt a.M. 1974, S. 71 (mit weiteren Literaturhinweisen zum Thema ‚Arabeske'
      und ‚Hieroglyphe' um 1800).
44   Böhme, *Christosophia*, SS, Bd. 4, Pars IX, S. 107,3–6 (*De aequanimitate* [*Von wahrer Gelas-
      senheit*], n. 49).

Wem Sol Ich nun die Engel ver gleichen.
Den kleinen kindern wiel Ich sie Recht ver gleichen die im Mayen wen die
schönen Röselein Blüen, mit Einander in die schönen Blümelein gehen /
vnd pflocken der selben abe / vnd machen seine krentzelein drauf / vnd
tragen die in ihren henden / vnd freuen sich / vnd Reden Immer von der
mancherley gestald der schönen Blumen / vnd Nemen einander bey den
Henden [...]. Daran Hatt Nun die Gottheit ihren Höchsten wolgefallen /
wie die Eltern ahn den kindern / das sich seine liebe kinder im Himmel
also freundlich vnd wol gebären / Den die Gottheit In sich selbst spiled
auch also / Ein quel Geist in dem andern.[45]

Es weist schon eher in Runges Richtung, Kinder als schwebende, engelgleiche
Wesen zu malen, während die Kindschaft als Gefolgschaft Jesu aus Runges Kin-
derbildnissen und Putti ein aus meiner Sicht wenig plausibler Bezug wäre.

In einigen Briefen schreibt Runge einen Stil, der demjenigen Böhmes ähnelt.
Das Phänomen der Ähnlichkeit liegt in der Anverwandlung eines Autors, in den
wir uns versenkt haben, aus dessen Mitte wir so zu denken beginnen, wie das
Vorbild schreibt, womöglich ohne dass wir solche Mimesis bemerken. Da sol-
che Imitationen nicht zitieren, fällt der Nachweis schwer. Durch Stil und den
Klang der Gedanken, dem ‚Sound' des Vorbildes, lässt sich die Inspiration als
evident nachempfinden. In Briefen an Tieck aus jener Zeit scheint Runge diese
Form der Anverwandlung Böhmes auszuleben.

Es steht auch in der Bibel: „Als Gott der Herr gemacht hatte von der Erden
allerlei Tier auf dem Felde und allerlei Vögel unter dem Himmel, brachte
er sie zu dem Menschen, daß er sehe, wie er sie nennete, denn wie der
Mensch allerlei lebendige Tier nennen würde, so sollten sie heißen" – Ich
meine, daß man das so nehmen könnte: welchen Geist der Mensch in sie
legte, den sollten sie haben. Das wäre denn so erst die rechte Blume, denn
ich nehme auch an, daß die Blumen dabei gewesen sind, und nun, dächte
ich, müßten wir es einmal erst erforschen, was denn wohl noch für ein
Name darin sitzt. Wie der Teufel zuerst die Erde verbrannt hat [*so Runge
mit einer Wendung, die er an anderer Stelle als Böhme-Zitat anführt*[46]],
und die arme Seele so tief und finster eingesperrt, da hat Gott das Licht
ausgehen lassen, und nun sehnt sie sich zum Licht, und das lebendige

---

45   Böhme, *Morgen Röte im auffgang*, ed. Buddecke, *Urschriften*, Bd. 1, S. 117,3–26 (vgl. ss, Bd.
      1, S. 150,28–151,17 [Kap. 12, nn. 31–34]).
46   Vgl. Runge, *Brief an seine Bruder Daniel vom 27. November 1802*, HS, Bd. 1, S. 20,14 f.: „Und,
      wie Jacob Böhme meynt, der Teufel hat die Erde verbrannt".

Wasser quillt aus dem harten Fels, und es gehen auf allerlei Blumen und
Kraut und viel lebendige Tiere, und viel hunderttausend Menschenstim-
men sprechen für sie und sehnen sich zum Licht, und doch hält die arme
Mutter tief in der Erde den Menschen fest, und er kann sie nicht verlassen; und der Teufel kommt des Nachts und streut das giftige Unkraut und
schlechtes Zeug dazwischen, daß lauter Unheil entsteht und man den
lieben Blumen nicht mehr traut; und nur durch die Offenbarung Gottes
können wir sie alle wiedererkennen, und dann bleiben sie und vergehen
nicht, solange die Welt steht. Ich meine, es ist dasselbe mit den Menschen,
denn ganz wunderbar ist es, wie schöne und herrliche Gedanken manche
Leute von sich geben und wie fest die gesunde Natur alles ohne Bewußt-
sein zusammenhangend in ihnen macht, aber wenn die Blüte, die paar
Jahre vergangen sind, so fallen sie ab, und es bleibt die elendeste Praktik
der Gedanken sowohl wie jeder andern Qualität in ihnen nach. Und wie
die Blumen sich befruchten im Sonnenschein und dann Frucht bringen,
so ist es mit dem Menschen, der zu der kräftigen vollen Zeit seines Lebens
Gottes Liebe erkennt und sich mit dem himmlischen Licht verbindet, in
dem bleibt die Jugend ewiglich, und die Kunst und jede Wissenschaft wird
je länger je fester in ihm.[47]

Leser und Kenner der Böhmeschen *Morgen Röte* und anderer Werke werden
eine Verwandtschaft in Stil und Wortgebrauch erkennen: zunächst das Bibelzi-
tat am Anfang des Briefes, das auch Böhme verwendet;[48] Namen von Blumen,
in denen die paradiesische Bezeichnung ‚darin sitzt‘, lässt die Natursprache
assoziieren;[49] das kryptische Böhme-Zitat; eine tief und finster eingesperrte
Seele;[50] das lebendige Wasser, das aus dem Fels springt;[51] der Satz: „ganz wunderbar ist es, wie schöne und herrliche Gedanken manche Leute von sich

47   Runge, *Brief an Ludwig Tieck, vom 1. Dezember 1802*, hs, Bd. 1, S. 24,27–25,20.

48   Gen. 2,19; vgl. Böhme, *De tribus principiis*, ss, Bd. 2, S. 107,12–15 (Kap. 10, n. 17). Vgl. Möse-
      neder, *Philipp Otto Runge* (1981) [Anm. 1], S. 36.

49   Vgl. Günther Bonheim, *Zeichendeutung und Natursprache: Ein Versuch über Jacob Böhme*,
      Würzburg 1992.

50   Vgl. Böhme, *Christosophia*, ss, Bd. 4, Pars IX, S. 221–252 (*De quatuor complexionibus* [*Trost-
      schrift Von vier complexionen. Das ist, Unterweisung in Zeit der Anfechtung für ein stets
      trauriges angefochtenes Hertz, Wovon Traurigkeit natürlich urstände und komme, wie die
      Anfechtung geschehe, Nebst seinen Trost-Sprüchen, Angefochtenen Hertzen und Seelen fast
      nützlich*]).

51   Vgl. Böhme, *Morgen Röte im auffgang*, ed. Buddecke, *Urschriften*, Bd. 1, S. 207,9–28 (vgl. ss,
      Bd. 1, S. 275,16–34 [Kap. 19, nn. 67–69]).

geben", könnte direkt auf Böhme anspielen; letztlich das Wort ‚Qualität'.[52] Dennoch bleibt diese Textpassage ganz auf Runge konzentriert, in einem schwebenden lyrisch-sakralen Ton gehalten.

Das mimetische Vermögen eines Künstlers, die Anverwandlung mehr als die kritische Rezeption, scheint die Wirkung Böhmes in der Romantik auch zu kennzeichnen, ebenso wie direkte Übernahmen oder Zitate. Sich ähnlich machen, ist dabei eine Form der Identifikation.

Eine Übersicht über die Rezeption Böhmes in der Jenaer Frühromantik stammt von Paola Meyer, die von einer produktiven ‚Aneignung' (*appropriation*) statt von einem rezeptiven ‚Einfluss' (*influence*) spricht.

> Wenn wir den Begriff ‚Einfluss' bemühen möchten, müssen wir die Richtung angeben, wie er gemeint ist. Die Romantiker haben sich durch die Begegnung mit Böhme nicht geändert, sie entdeckten in ihm aber ein geeignetes Instrument für ihre antiklassizistische, antirationalistische Polemik.[53]

3   Exkurs zu Johann Wilhelm Ritter

Johann Wilhelm Ritter (1776 bis 1810), ein Physiker mit starken Beziehungen zur Jenenser Frühromantik, er war selber 1796 bis 1798 in Jena Student gewesen, gehört zu den Pionieren der neuen physikalischen Wissenschaften, die sich der Elektrizität widmen. Ritter gibt noch in seinem Todesjahr die *Fragmente aus dem Nachlasse eines jungen Physikers* heraus, Aphorismen und Gedanken zu einem neuen physikalischen Weltbild, das dieses neue und geheimnisvolle Phänomen der Stromerzeugung und -nutzung aufnimmt. Ritter ist einer unserer ersten Gewährsmänner dafür, dass romantische Naturphilosophie eben nicht verträumt spekuliert, sondern den Weg in die Moderne weist. Mit ihm verkehrte Hans Christian Oerstedt, der Mitentdecker des Elektromagnetismus. Im genannten Werk Ritters, das sich sehr um eine organische, ganzheitliche Erd-Anschauung als eines Lebewesens bemüht, kommt Jacob Böhme zwei Mal

---

52 Es spielt in fast jedem Werk Böhmes eine Rolle; vgl. Isermann, *O Sicherheit* (2017) [Anm. 23], S. 48 f., S. 199 f., S. 243 f. und S. 248 f.

53 Paola Meyer, *Jena Romanticism and Its Appropriation of Jakob Boehme: Theosophy – Hagiography – Literature*, Montreal/London/Ithaca, NY 1999, S. 17: „Indeed, if one wanted to employ the term influence, one would have to reverse its direction. The Romantics were not changed by their encounter with Böhme, they were merely pleased to discover a convenient tool for their anticlassicist, antirationalist polemics".

vor, in der deutlichen Art der Übernahme, die meinen kurzen Exkurs rechtfertigen mag.

Unter dem Eintrag Nr. 51 heißt es beispielsweise: „Alle Stoffe auf Erden scheinen zerlegtes Eisen zu sein. Eisen ist der Kern der Erde, der" – nun Zitat: „‚sichtbare Quellgeist der Erde' (Jac. Böhme)".[54] Ritter benötigt die These, die Stoffe auf Erden seien „zerlegtes Eisen", um über ihre elektrische Leitfähigkeit zu spekulieren. Wie wird Böhme hier eingewoben? Das Eisen kommt bei ihm im Kontext mit Quellgeistern, soweit ich sehe, nicht an zentraler Stelle, wenn überhaupt, vor. Welche Art von ‚Böhme-Rezeption' ist dies? Offenbar ruft Ritter eine seinen Lesern bekannte Autorität auf, um seine eigene These zu illustrieren: Eisen verhält sich zur Erde wie der Begriff ‚Quellgeist' bei Böhme zur ‚Erde', so könnte man die Inanspruchnahme Böhmes für die eigene Naturphilosophie auf eine Formel bringen.

Ein weiteres, deutlicheres Beispiel bietet der längere Abschnitt 256: In ihm geht es um prismatische Wirkungen in der Natur, besonders in der Seele des Menschen. Die ‚Brechung' von Licht und Farben fächere sie symbolisch als Natur, die Vereinigung aller Farben im Weißen fokussiere sie als das Göttliche. Dann notiert Ritter folgendes Zitat:

Gleichwie, als wann der Blitz inmitten der göttlichen Kraft aufgeht, da alle Geister Gottes ihr Leben bekommen, und sich hoch freuen, da ist ein liebliches und heiliges Halsen, Küssen, Schmecken, Fühlen, Hören, Sehen und Riechen – und umfängt ein Geist den andern, wie in der Gottheit. (J. Böhme, Morgenröte XII. 39).[55]

Die Angabe des Absatzes ist korrekt, nicht aber die Vollständigkeit. Man lese die Passage noch einmal unter Betonung weggelassener Satzteile:

Gleich wie / Als wen der Plitz des lebens in mitten der Götlichen krafft auff gehed / da alle Geister Gottes ihr leben bekommen / vnd sich Hoch freuen / Da ist ein liebliches vnd Heiliges Halsen / küssen / Schmecken / fülen / Hören / Sehen / vnd Rüchen / *Also Auch Bey den Engeln / wen einer den Andern Sihed Höred vnd füled / So gehed in seinem Hertzen auff der Plitz des lebens* / vnd umb fenged ein Geist den andern, wie in der Gottheit.[56]

---

54   Ritter, *Aus dem Nachlasse eines jungen Physikers*, ed. Dietzsch, S. 78,7–9.

55   Ritter, *Aus dem Nachlasse eines jungen Physikers*, ed. Dietzsch, S. 141,1–6.

56   Böhme, *Morgen Röte im auffgang*, ed. Buddecke, *Urschriften*, Bd. 1, S. 118,4–9 (vgl. ss, Bd. 1, S. 152,1–8 [Kap. 12, n. 39]). Hervorgehobener Text von Böhme nicht bei Ritter zitiert.

Wir wollen Ritter nicht die Kleinigkeit, die Engel in seinem Zitat weggelassen zu haben, wirklich vorwerfen, aber eines wird an diesem Beispiel deutlich: Ritter entnimmt die Böhme'schen Gedanken, soweit sie seine Elektrizitätslehre illustrieren, und leistet eine kleine Entmythologisierung Böhmes, indem die Engel weggelassen werden, ein engel-erotisches Element, eigentlich das schönste an dem Satz, bei dem Böhme die Berührung zwischen Menschen elektrisierend findet. Böhmes Name wird hier kaum anders denn als Signalwort verwendet. Was dies meint, verdeutlicht vielleicht eine kleine Szene aus Goethes *Werther*. Dort steht der junge Titelheld mit seiner Lotte am Fenster, und ein Gewitter zieht auf:

> [...] und der herrliche Regen säuselte auf das Land, und der erquickendste Wohlgeruch stieg in aller Fülle einer warmen Luft zu uns auf. Sie stand auf ihren Ellenbogen gestützt, ihr Blick durchdrang die Gegend; sie sah gen Himmel und auf mich, ich sah ihr Auge tränenvoll, sie legte ihre Hand auf die meinige und sagte: ‚Klopstock!' – Ich erinnerte mich sogleich der herrlichen Ode, die ihr in Gedanken lag, und versank in dem Strome von Empfindungen, den sie in dieser Losung über mich ausgoß.[57]

Jede Jugend hat ihre Helden, und es reicht ein Signalwort, um sie nicht nur in Erinnerung, sondern auch um mit ihr gemeinsame soziale Emotionen wach zu rufen, die mit dem Namen verbunden zu sein scheinen. In den intellektuellen Zirkeln der Frühromantik könnte der Name Jacob Böhmes eine ähnliche Signalwirkung für gemeinschaftsstiftende Emotionen ausgelöst haben wie derjenige Klopstocks im ‚Sturm und Drang' des späten 18. Jahrhundert. In den – hier nur angerissenen – Beispielen Ritters scheint mir dies der Fall zu sein.

4   Rezeption und Inspiration

Der Name Böhme und wie oft er bei einem Künstler fällt, ist daher kein Indikator für die Qualität oder Intensität einer Rezeption. Bei Tieck fällt er häufig, bei Runge selten. Dennoch scheint die indirekte Anverwandlung Böhmescher Denkweisen bei Runge zumindest um 1803 sehr tief zu gehen. Kunstgeschichtlich ist zwischen der Rezeption von Böhmes Schriften und derjenigen der Titelkupfer, die seine Werke illustrieren sollen, sehr zu differenzieren. Diese

---

57   Goethe, *Die Leiden des jungen Werther*, ed. Trunz, *Werke*, Bd. 6, S. 27,25–33. Die angespielte Ode ist Klopstocks *Frühlingsfeier* (vgl. ebd., S. 574).

stammen nicht von Böhme und sind aus späterer Zeit, im Fall der Ausgaben 1682/1730 rund hundert Jahre nach Böhmes Schreibzeit. Hier wäre bereits von einer ikonographischen Tradition zu sprechen, deren Aufarbeitung zu differenzieren hätte: Sind Bilder Illustrationen zu Böhmes Werken oder Inspiration zu Eigenem? Durchaus bilden die berühmten Titelkupfer von Michael Andreae,[58] die Illustration und graphische Wiedergabe zugleich sind, auch bereits etwas Eigenes,[59] schon weil sie interpretieren und in das Medium Bild wechseln. Ihre strenge Geometrisierung geht über die Lehre Böhmes jedoch hinaus. Runge bezieht mehr von jener, so scheint's, als von Böhme selbst.

Anders als in der Philosophie und der Theologie, bei denen Böhmes Name in den Primärtexten genannt, Zitate aus seinem Werk gebracht werden können, ohne die Textgattung zu verlassen, wird mit einer Erwähnung Böhmes in den Primärwerken der Kunst selten zu rechnen sein. Des Novalis' Gedicht *An Tieck*[60] ist hier ebenso eine Ausnahme wie die satirische Verwendung bei Tieck, wie oben zitiert, welch letztere als Beitrag zur inhaltlichen Böhme-Rezeption eher nicht überzeugt. Hätten wir nicht die Sekundärtexte, Briefe, Tagebücher, könnten wir kaum eine Rezeption durch Runge aufweisen. Berücksichtigt werden muss zudem eine Vermutung Karl Möseneders, dass nicht alle Briefe Runges überliefert sind, ja dass die ersten Herausgeber Namensangaben Runges von Quellen unterdrückt hätten: „Durch den Herausgeber der Schriften, Daniel Runge, wurden Belege für die Abhängigkeit von anderen deutlich zurückgestellt, und Runge erschien demnach, und tut es vielfach noch heute, als ein nahezu mythischer, voraussetzungsloser Gründer der neuen Kunst".[61]

In religiöser Hinsicht nötigt die Aufnahme Böhmes in Werken der Kunst zu weiteren Überlegungen. Hier erhält Inspiration einen anderen Sinn, eine Funktion, eine Aufgabe, der sich die Aufnahme von Vorgängern unterordnet. Dies gilt umso mehr, wenn der Rezipient sich selber als göttlich berufen fühlt und damit in der religiösen Dignität sich auf gleicher Stufe wie der Vorgänger wähnt. Dies wäre am Selbstwertgefühl weiterer Künstler, ich denke an William Blake, noch zu erweisen.[62]

Rezeption lässt sich philologisch nachweisen, Inspiration kann nur als evident beschrieben werden. Mit Tieck und Runge scheinen zwei Typen der

---

58   Vgl. Frank van Lamoen, „Der unbekannte Illustrator: Michael Andreae", in: *Jacob Böhmes Weg in die Welt*, hg. von Theodor Harmsen, Amsterdam 2007, S. 255–307.

59   Vgl. Christoph Geissmar, *Das Auge Gottes: Bilder zu Jacob Böhme*, Wiesbaden 1993.

60   Novalis, *An Tieck*, ed. Samuel, *Schriften*, Bd. 1, S. 411–413.

61   Möseneder, *Philipp Otto Runge* (1981) [Anm. 1], S. 42.

62   Vgl. Tobias Schlosser, „‚Über diejenigen, die eine Kerze ins Sonnenlicht halten': Böhmes Einfluss auf Blakes frühromantisches Werk *The Marriage of Heaven and Hell* (1790)", in diesem Band, S. 333–357.

Böhme-Aufnahme vorzuliegen, die unterschiedlicher nicht sein können. Erscheint uns Tiecks Adaption etwas plakativer Natur, so greift Runges Böhme-Adaption tiefer in seine ästhetische innere Selbstfindung, indem Böhmes Werk inspirierend wirkt, weniger inhaltlich konstitutiv. Dies wäre denn auch ein Unterschied zu einer Bildkunst, die ‚nur' Böhme illustriert, etwa wie die genannten, kongenialen Titelkupfer zur Amsterdamer Ausgabe 1682. Ich würde auch nicht aus allem schließen wollen, dass Tiecks Böhme-Rezeption oberflächlich sei. Er war als Leser aus oppositionellem Impuls heraus begeistert, teilte diese Begeisterung mit und verhalf der Böhme-Rezeption zu einem wichtigen Impuls. Existentiell ergriffen war er von Böhme nicht in der Weise, dass sein Werk von jenem durchdrungen war. Tieck war ein umtriebiger Vielschreiber, extravertiert und pragmatisch in seiner Selbstvermarktung. Er verarbeitete große Namen in Satiren, was für Runge undenkbar gewesen wäre.

Runge fertigte zu jedem Bild zahlreiche Studien, war eher zaghaft in der Außenwirkung, dabei mit einem enormen Arbeitspensum und einer vergrübelten Energie, die seiner Familie mitunter Sorgen bereitete. Sehen wir auf diese biographische Situation: In Dresden lernte er Tieck kennen. In Dresden hörte er Gotthilf Heinrich Schubert, den späteren Verfasser der *Nachtseiten der Naturwissenschaft*. Er lernte den Naturphilosophen Henrik Steffens kennen. In Dresden ließ er sich von der Sixtinischen Madonna des Raffael inspirieren. In Dresden lernte er Pauline Bessange kennen, die Tochter eines reformierten französischen Fabrikanten, die wenige Jahre später, nach einigen Krisen, seine Frau wurde. Und in dieser Zeit seines intensivsten Aufsaugens und geistigen Glücks – da lernte er Schriften Jacob Böhmes kennen.

Er wirkt selber wie eine zeitentrückte Inkarnation Böhmes, und während andere Romantiker über Mystik redeten, *hatte* er sie. Runge ist der malende Mystiker, der die eher verbale Tradition deutscher Mystik kongenial in die Malerei transformiert hat, wie im Brief an seine Verlobte Pauline um 1802:

> Meine ernstliche und wahre Meynung nun ist: alles, was Christus uns sagt im fünften Kapitel St. Matthäi und der ganzen Bergpredigt. [...] und von diesem Grund kann ich um keines Menschen willen, und auch wenn Sie das für zu phantastisch hielten, mit meinem Wissen nicht um ein Haar abgehen. Ich weiß es wohl, daß es mit der Aufklärung (der neuen, meyne ich) so zusammenhängt, daß man das für excentrisch oder schwärmerisch hält; aber ich halte von dieser Aufklärung auch gar nichts [...], so ist es auch damit beschaffen, daß ich für die Kunst leben will, denn auch sie ist mir nur in so ferne etwas werth, wenn sie mir einen deutlichen Begriff unseres großen Zusammenhanges mit Gott giebt und über unser ganzes Leben. [...]. Es ist mein ernster und heiliger Wille, mein Leben daran zu

setzen, ob ich nicht ergründen kann, wie wir auf dem festen Grund unserer Religion eine Kunst bauen könnten. [...]. Etwas halb Fertiges ist nicht einzusehen, und ich habe mein Lebenlang an diesem Gebäude zu arbeiten, weshalb ich es auch keinem übel nehme, wenn er mich für einen Thoren hält. Es ist schlecht um die Menschen bestellt, die es durch Andre erst erfahren müssen, was sie wollen und sollen, und viel besser, wenn einer das selbst weiß.[63]

Es kam Runge nicht darauf an, Böhme als sein Vorbild zu loben, oder malerisch zu neuer Reputation zu verhelfen. Im Konzert der Einflüsse spielte Böhme eine wichtige Partitur, aber eben nur eine.

Für die Einflusswissenschaft stellen sich gerade bei Runge philosophisch-ästhetische Fragen: Wie unterstützt barocke Mystik die Anliegen der Romantik, um gleichsam die Aufklärung historisch zu überbrücken? Und zweitens, wie rechtfertigt Runge die Strittigkeit von Bildern, sich eben keines von Gott zu machen, für einen religiös empfindenden Maler? Böhme, der für die Romantik in poetischen Bildern sprach, leistete genau dies: in der poetischen oder ‚malbaren‘ Natur und Landschaft die Signaturen des Göttlichen wieder zu geben, nicht das Göttliche selbst. Jacob Böhme wirkte auf Philipp Otto Runge mystisch befreiend, in der Natur Figurinen des Göttlichen zu malen, ohne sich ein Bild von ihm anzumaßen:

„Eine Charakteristik Jacob Böhme's hat das Schwierige", so der dänische Theologe Hans Martensen um 1880, „dass man ihn nicht mittels bloßer Citate darstellen kann, durch welche für sein Verständnis nichts gewonnen würde, sondern dass man sich genöthigt sieht, mit einer gewissen Freyheit ihn zu reproduciren".[64] Dies nämlich, wie Hans Martensen es auf den Punkt bringt, gehört zu den gewichtigsten Gründen, warum die Rezeptionslinien der Gedanken Böhmes so disparat verlaufen, quer durch die Theologie, quer durch die Philosophie, quer durch die Poesie: ihre Eigenwilligkeit, ihre schwere Verständlichkeit nötigt gleichsam automatisch zu einer „Eigenmystik der Leser",[65] bei der ein Effekt eintritt, dass der Leser sich durch ein Gefühl der Eigenleistung belohnt fühlt, wenn er etwas bei Jacob Böhme glaubt verstanden zu haben. In der Frühromantik war die Unverständlichkeit eine Tugend, deren Begriff es bei Friedrich Schlegel zum Titel für einen programmatischen Essay gebracht hat. Darin heißt es wie zur Antwort auf die Lehrer Gedike oder Kosegarten:

---

63   Runge, *Brief an seine Verlobte Pauline um 1801*, HS, Bd. 2, S. 174,28–175,19.
64   Hans Martensen, *Jakob Böhme*, Leipzig 1882, S. 3.
65   Vgl. Isermann, *O Sicherheit* (2017) [Anm. 23], S. 361–371.

Alle höchsten Wahrheiten jeder Art sind durchaus trivial und eben darum ist nichts notwendiger als sie immer neu, und wo möglich immer paradoxer auszudrücken, damit es nicht vergessen wird, daß sie noch da sind, und daß sie nie eigentlich ganz ausgesprochen werden können.[66]

66 Fr. Schlegel, *Über die Unverständlichkeit*, KSA, Bd. 2, S. 366,30–34.

12

Die *Aurora*, die *Europa*: Novalis' Böhme-Lektüre und seine religionsgeschichtliche Konstruktion

Günther Bonheim

1   **Zu den Umständen einer mutmaßlichen Nachwirkung**

In Relation zur erklärten Hochschätzung, die Jacob Böhme von Seiten der Jenaer Frühromantiker erfuhr, begegnet sein Name nicht eben häufig in ihren Schriften. Und um einiges seltener noch trifft man in ihnen auf solche Textzusammenhänge, die sich als Bezugnahmen oder Anspielungen auf konkrete Stellen in Böhmes Werk verstehen lassen und damit einen Hinweis darauf geben können, was denn von ihm, zumindest unter anderem, genauer zur Kenntnis genommen wurde. In Novalis' Gedicht *An Tieck* finden sich indes gleich zwei Verweise dieser Art, und zwar beide in dessen zweiter Fassung. Die eine, in der neunten Strophe enthalten, lautet:

> Auf jenem Berg als armer Knabe
> Hab ich ein himmlisch Buch gesehn,
> Und konnte nun durch diese Gabe In
> alle Kreaturen sehn.[1]

Vers 3 und 4 erinnern hier mit ihrer Formulierung, dass „durch" etwas hindurch „In alle Kreaturen" gesehen werden konnte, sehr an Böhmes Beschreibung dessen, was er im Anschluss an seine visionäre Erfahrung, von der er im 19. Kapitel seiner *Morgen Röte im auffgang* berichtet, alles wahrzunehmen vermochte. Dort heißt es: „In Diesem lichte hatt mein Geist als Balde *durch* alles g*esehen* / vnd *ahn allen Creaturen* / So wol ahn krautt vnd Gras Gott er kend / wer der sey / vnd wie der Sey / vnd was sein willen sey".[2] Und eine weitere und also die

---

1   Novalis, *An Tieck*, ed. Samuel, *Schriften*, Bd. 1, S. 412,5–8.
2   Böhme, *Morgen Röte im auffgang*, ed. Buddecke, *Urschriften*, Bd. 1, S. 200,22–24 (vgl. ss, Bd. 1, S. 266,33–36 [Kap. 19, n. 13]). Dass im Gedicht, und das in beiden Fassungen, zu Beginn der fünften Strophe von „Gras und Kräutern" die Rede ist, aus denen sich hier allerdings „Bedächtiglich ein alter Mann" hebt, könnte im Übrigen als eine dritte, freilich deutlich zweifelhaftere Anspielung gesehen werden (vgl. Novalis, *An Tieck*, ed. Samuel, *Schriften*, Bd. 1, S. 411,18–21).

zweite Anlehnung an einen Textausschnitt bei Böhme scheint sich mir in der zwölften Strophe des Gedichts zu verstecken. Die vier Zeilen lauten:

> Die Zeit ist da, und nicht verborgen
> Soll das Mysterium mehr sein.
> In diesem Buche bricht der Morgen
> Gewaltig in die Zeit hinein.[3]

Zum Vergleich dazu, ebenfalls aus der *Morgen Röte*, Böhmes Erläuterung des „öberste[n] Tittel[s]" seiner Schrift:

> Morgen Röte im auffgang ist ein geheimnis misterium. den klugen vnd weisen in diser weld ver borgen / welchs sie Selbst werden in kurtzen mus- sen er fahren / Denen aber So dises Buch in einfald lesen / Mitt begirde des heiligen geistes / die ihre Hoffnug alleine in Gott stellen / wirdt es nicht ein geheimnis sein / Sondern Eine offendliche Erkendnis.[4]

Interessant ist hier vor allem die Verbindung von ‚Morgen' und ‚Mysterium' mit einer ‚in kurtzen' anbrechenden Zeit, in der eine Verborgenheit ein Ende haben werde. Auf dieses doch sehr besondere sprachliche Gefüge, das den Beginn der zitierten Aussage prägt und das sich auf ähnlich engem Raum zusammen- gedrängt im Gedicht von Novalis wiederfindet, stößt man bei Böhme in der *Vor Rede* zu seiner *Morgen Röte*, die er im vollständigen Wortlaut eine „Vor Rede über Dis Buch an den Günstigen leser" nennt.[5] Bei ihr handelt es sich zum größten Teil um einen in die Form einer Allegorie gebrachten religions- geschichtlichen Abriss. Dass Novalis gerade ihn somit, wie ich annehme, nach- weislich studierte, scheint mir insofern sehr bedeutsam, als er nicht lange nach der Lektüre selbst eine Studie zur Religionsgeschichte, nämlich die *Europa*, meist bekannt unter dem Titel *Die Christenheit oder Europa*, verfasste.[6] Dazu

---

3 Novalis, *An Tieck*, ed. Samuel, *Schriften*, Bd. 1, S. 412,17–20.

4 Böhme, *Morgen Röte im auffgang*, ed. Buddecke, *Urschriften*, Bd. 1, S. 22,11–16 (vgl. SS, Bd. 1, S. 20,8–14 [Vorrede, n. 89]).

5 Der Hinweis auf die Textstelle in der *Vor Rede* findet sich auch in der von Gerhard Schulz herausgegebenen Ausgabe der Schriften von Novalis im Kommentar zum Gedicht: Novalis, *Werke*, herausgegeben und kommentiert von Gerhard Schulz, München 1969, S. 664. Zudem wird hier, ebd., S. 663, ebenso wie in der Ausgabe von Mähl und Samuel (*Tagebücher und Briefe*, ed. Samuel / Mähl, Bd. 1, S. 62), auf eine Passage aus dem 13. Kapitel der *Morgen Röte* verwiesen. Siehe auch: Novalis, *Schriften*, ed. Samuel, Bd. 1, S. 624 (Kommentar).

6 Bezüglich der Frage nach dem von Novalis gewählten Titel der Schrift folge ich der Argu- mentation von Mario Zanucchi, *Novalis – Poesie und Geschichtlichkeit: Die Poetik Friedrich*

die Chronologie ein wenig genauer: Im Juni 1799 lernte Novalis in Jena Ludwig Tieck kennen. Der machte ihn in der Folge auf die Schriften Böhmes aufmerksam, was Novalis in einem Brief an Tieck im Anschluss an seinen Hinweis, dass er Böhme „jetzt im Zusammenhange" lese, so dokumentiert: „Es ist mir sehr lieb ihn durch Dich kennen gelernt zu haben".[7] Die Bekundung stammt aus dem Februar 1800, doch ist mit Sicherheit davon auszugehen, dass die Anregung von Seiten Tiecks und der Beginn von Novalis' Böhme-Lektüre da schon einige Zeit zurücklag; bekannt ist, dass er sich eine Gesamtausgabe der Werke Böhmes bereits „im August 1799 [...] in der Dresdner Bibliothek aus[lieh]".[8] Mit der Arbeit an der *Europa* begann er dann im selben Jahr wohl noch Anfang Oktober, „[z]ur Abfassung [...] wird es gegen Ende Oktober oder spätestens Anfang November gekommen sein",[9] denn am 13. oder 14. November trug Novalis sein explizit als Rede konzipiertes Werk auf einem Treffen des Jenaer Romantikerkreises vor, und das vermutlich in etwa jener Form, in der es einige Jahrzehnte später gedruckt wurde und heute bekannt ist.[10] Die unmittelbaren Reaktionen seiner Zuhörerschaft auf den Text scheinen eher verhalten bis ablehnend gewesen zu sein.

Sucht man in der Forschungsliteratur nach einer Antwort auf die Frage, was Novalis gerade zu jener Zeit zur Beschäftigung mit einem solchen Thema veranlasst haben könnte, dann stößt man meist auf die Erwähnung eines Werks: Friedrich Schleiermachers Reden *Über die Religion*.[11] Mario Zanucchi nennt sie

---

von Hardenbergs, Paderborn/München/Wien/Zürich 2006, S. 64: „Novalis' Rede wird im Folgenden als *Europa* und nicht, wie z. B. in der HKA und in der Hanser-Ausgabe, als *Christenheit oder Europa* zitiert, weil dieser Titel *nicht* von Novalis stammt. Letzterer spricht in seiner Korrespondenz von seiner Schrift bekanntlich nur als von der *Europa*. Der Titel *Christenheit oder Europa* wurde erst 1826 in der vierten Auflage der *Schriften*, in der das Werk erstmalig publiziert wurde, hinzugefügt. Entweder stand der Titel auf der Abschrift, die der Verleger Reimer in Berlin benutzt hat, oder er wurde von Reimer selbst hinzugefügt. Dasselbe gilt für den Untertitel *Ein Fragment (Geschrieben im Jahre 1799)*".

7   Novalis, *Brief an Ludwig Tieck vom 25. Februar 1800*, ed. Samuel, *Schriften*, Bd. 4, S. S. 322,32–323,2.

8   Jürgen Balmes, ‚Kommentar', in: Novalis, *Tagebücher und Briefe*, ed. Samuel / Mähl, Bd. 3, S. 620 f. Aus einer bibliographischen Notiz von Novalis, *Schriften*, ed. Samuel, Bd. 4, S. 691,10–33, geht hervor, dass es wohl die erste Gesamtedition der Werke Böhmes aus dem Jahr 1682 war, die er heranzog: „Werke von Jacob Böhm./ Amsterdamer Edit". Es folgt eine Liste von insgesamt 17 Schriften dieser Ausgabe.

9   Jürgen Balmes, ‚Kommentar', in: Novalis, *Tagebücher und Briefe*, ed. Samuel / Mähl, Bd. 3, S. 580.

10   Vgl. Jürgen Balmes, ‚Kommentar', in: Novalis, *Tagebücher und Briefe*, ed. Samuel / Mähl, Bd. 3, S. 581.

11   Schleiermacher, *Über die Religion* (1. Auflage 1799), KGA, Bd. 1,2, S. 185–326.

den „wichtigsten Subtext für die *Europa*",[12] und manches scheint in der Tat für eine solche Beurteilung zu sprechen. So ließ sich Novalis „das Buch, das ihm durch Schlegel mehrfach angekündigt worden war, Mitte September 1799 durch einen Expreßboten aus Jena besorgen".[13] Und von dem Eindruck, den es dann auf ihn machte, berichtet Friedrich Schlegel in einem Brief an Schleiermacher Anfang Oktober Folgendes:

> Hardenberg hat Dich mit dem höchsten Interesse studirt und ist ganz eingenommen durchdrungen begeistert und entzündet. Er behauptet nichts an Dir tadeln zu können, und in sofern einig mit Dir zu seyn. Doch damit wird es nun wohl so so stehen. Er hat mir einen Aufsatz über Katholicismus verheißen.[14]

Anzunehmen ist, dass es sich bei diesem Aufsatz um eben die *Europa* handelt. Dass der Hinweis auf sie an die Schilderung der begeisterten Schleiermacher-Lektüre unmittelbar angefügt wird, scheint darauf hinzudeuten, dass eine Verbindung zwischen den beiden Texten von Novalis selber hergestellt wurde. Inhaltlich lassen sich denn auch unschwer einige Parallelen ausmachen: „Bereits das Ziel, das Novalis mit seiner Schrift verfolgt", so wiederum Zanucchi,

> ist bei Schleiermacher vorgebildet: die Verteidigung und Rettung der Religion in einem aufgeklärten Zeitalter. Hinzu kommt die Bedeutung, die der Redeform als einem für diese Aufgabe besonders geeigneten Mittel zukommt. Aber vor allem liegen in der *Geschichtsphilosophie* bislang unaufgedeckte Entsprechungen zwischen beiden Schriften vor.[15]

Böhmes Schriften scheinen in diesem Kontext dagegen keine Rolle zu spielen. Im Unterschied zu den *Reden* Schleiermachers sind sie, wenn es um die Frage der Konzipierung und Entstehung der *Europa* geht, kein Thema, nicht bei Novalis oder dessen Interpreten, und auch nicht, meines Wissens, in der Böhme-Forschung. Dabei hat ihre Lektüre ganz offensichtlich kaum weniger Eindruck hinterlassen und fand in etwa zur gleichen Zeit statt. Zwischen dem Ausleihen der Edition und dem Beginn des Schreibens liegen nicht mehr als zwei Monate, drei Monate nach dem Vortrag auf dem Romantikertreffen liest

---

12 Zanucchi, *Novalis* (2006) [Anm. 6], S. 87.
13 Vgl. Fr. Schlegel, *Brief an Friedrich Schleiermacher vom 20. September 1799*, KSA, Bd. 25, S. 5,26 f.
14 Fr. Schlegel, *Brief an Friedrich Schleiermacher vom 10. Oktober 1799*, KSA, Bd. 25, S. 10,16–20.
15 Zanucchi, *Novalis* (2006) [Anm. 6], S. 87 f.

Novalis immer noch Böhme, nur geschieht es inzwischen, wenn er es ,jetzt im Zusammenhange' tut, vielleicht ein wenig planvoller als zu Anfang. Und was die Inhalte betrifft, so lassen sich, greift man zum Vergleich eben die mit Sicherheit gelesene *Vorrede* heraus, auch zu Böhme deutliche Entsprechungen feststellen, allen voran die schon erwähnte grundlegende Gemeinsamkeit, dass es sich bei beiden Texten um religionsgeschichtliche Konstruktionen handelt, die darüber hinaus in ihrer Chronologie nach einem ähnlichen, nämlich triadischen Schema aufgebaut sind. Bei Novalis ebenso wie bei Böhme folgt auf eine Zeit ursprünglicher Harmonie eine Epoche des Niedergangs bzw. der Streitigkeiten um den Glauben – in ihr stellen die beiden Verfasser ihre jeweiligen Betrachtungen an –, bevor am Ende, von ihnen vorausgesehen und angekündigt, „das alte Füllhorn des Seegens wieder über die Völker" ausgegossen wird, so eine der abschließenden Formulierungen in der *Europa*.[16]

Sieht man nun allerdings von diesen doch eher unspezifischen Entsprechungen ab, dann fallen bei einem Vergleich der beiden Schriften vor allem die Differenzen ins Auge, ein Umstand, der sicher maßgeblich dazu beitrug, dass hier bislang nicht genauer nachgeschaut wurde. So handelt es sich im Unterschied zu Novalis' religionsgeschichtlichem Diskurs bei der *Vorrede* zur *Aurora*, wie gesagt, um eine allegorische Darstellung – statt von Glaubensgrundsätzen, Lehrmeinungen, religiösen Auseinandersetzungen, Geistlichen und Gläubigen ist dort von einem Baum die Rede, nämlich vom „Edlen Baum des ewigen lebens",[17] wie er unter anderem genannt wird, der entsprechend köstliche Früchte hervorbringt, aber auch manches Unwetter zu überstehen hat, mit dessen Zweigen ein Kaufmann immer wieder einen betrügerischen Handel beginnt und dem zwischenzeitlich mit einem zweiten Baum, den der Fürst der Finsternis pflanzt und der der „zorn Baum[ ]"[18] oder „wilde [...] von mitter nacht"[19] genannt wird, gleichsam ein Konkurrenzbaum erwächst. Was das im Einzelnen zu bedeuten hat, darüber klärt Böhme seine Leserschaft hier und da selber nur andeutungsweise auf; es ist ganz offensichtlich, dass er bei der Schilderung von besonderen Wendungen, die die Baumgeschichte nimmt, bestimmte historische Ereignisse im Blick hatte, nur diese zu entschlüsseln fällt nicht bei allen gleichermaßen leicht. In groben Umrissen ist es in etwa wohl

---

16   Novalis, *Die Christenheit oder Europa*, ed. Samuel, *Schriften*, Bd. 3, S. 524,20 f.

17   Böhme, *Morgen Röte im auffgang*, ed. Buddecke, *Urschriften*, Bd. 1, S. 20,32 (vgl. ss, Bd. 1, S. 18,14 [Vorrede, n. 80]).

18   Böhme, *Morgen Röte im auffgang*, ed. Buddecke, *Urschriften*, Bd. 1, S. 21,1 (vgl. ss, Bd. 1, S. 18,26 [Vorrede, n. 82]).

19   Böhme, *Morgen Röte im auffgang*, ed. Buddecke, *Urschriften*, Bd. 1, S. 16,10 f. (vgl. ss, Bd. 1, S. 12,23 [Vorrede, n. 52]).

Folgendes, was sich entnehmen lässt: Den Beginn der Historie setzt Böhme in der Frühzeit des Alten Testaments an, bei Adam und Eva und dem „Baum [...] von Beider qualitet / Böses vnd guttes",[20] von dessen Früchten sie nicht essen sollen; von dort führt die Geschichte weiter über die herausragenden Gestalten der Folgezeit, die „heiligen väter"[21] und die „Propheten"[22], ebenso wie über deren Widersacher, die „Spötter vnd ver echter"[23], bis hin zu dem, der „ein Mensch [wardt] in der Natur", der aber nicht mit Namen genannt wird, sondern zunächst als „der fürst des lichtes / Aus dem hertzen Gottes", dann als „Der selbe fürsten vnd Königliche zweig" vorgestellt wird, der „ein Baum [wurd] in der Natur" und „seine Este [...] / von orient / Biß in occident" ausbreitete.[24] Mit seinem Triumph über die „grimmigkeit die in der Natur waß" beginnt eine Epoche des Heils, von der auch die „heiden" nicht ausgeschlossen sind, denn wer von ihnen „von den zweiglin dises Baumes aß / der wart Endlediged von der wilden artt der Natur / darin er geboren was".[25] Schon bald allerdings nimmt diese Zeit auch wieder ein Ende, es kommt, in Bezug auf den Baum, zu Betrügereien und Streitigkeiten unter den Menschen, und gemeint sind damit offensichtlich sowohl Vorgänge innerhalb der christlichen Glaubensgemeinschaft als auch deren Auseinandersetzung mit anderen. Eine dieser Entwicklungen, die sich unstrittig identifizieren lässt, ist die Entstehung und das Erstarken des Islams, was letztlich in einen „krig" mündet, der „von dem wilden Baum kegen mitternacht" aus geführt wird.[26] Und ebenso naheliegend ist es, in dem „zweig nahe bey der wurtzel aus dem köstlichen Baum", von dem später die Rede ist, einem Zweig, dem „des Baumes Safft vnd geist" gegeben wurde und dessen „stimme [...] weit in viel lender" erscholl,[27] Martin Luther zu erkennen. Mit einer Betrachtung der sich an die Reformation

---

20   Böhme, *Morgen Röte im auffgang*, ed. Buddecke, *Urschriften*, Bd. 1, S. 12,5 (vgl. ss, Bd. 1, S. 7,9 f. [Vorrede, n. 24]).

21   Böhme, *Morgen Röte im auffgang*, ed. Buddecke, *Urschriften*, Bd. 1, S. 12,13 (vgl. ss, Bd. 1, S. 7,20 [Vorrede, n. 25]).

22   Böhme, *Morgen Röte im auffgang*, ed. Buddecke, *Urschriften*, Bd. 1, S. 13,4 f. (vgl. ss, Bd. 1, S. 8,21 [Vorrede, n. 31]).

23   Böhme, *Morgen Röte im auffgang*, ed. Buddecke, *Urschriften*, Bd. 1, S. 12,17 f. (vgl. ss, Bd. 1, S. 7,26 [Vorrede, n. 26]).

24   Böhme, *Morgen Röte im auffgang*, ed. Buddecke, *Urschriften*, Bd. 1, S. 13,13–16 (vgl. ss, Bd. 1, S. 8,32–37 [Vorrede, nn. 33–34]).

25   Böhme, *Morgen Röte im auffgang*, ed. Buddecke, *Urschriften*, Bd. 1, S. 13,25–33 (vgl. ss, Bd. 1, S. 8,38–9,17 [Vorrede, nn. 34–35]).

26   Böhme, *Morgen Röte im auffgang*, ed. Buddecke, *Urschriften*, Bd. 1, S. 15,31 f. (vgl. ss, Bd. 1, S. 11,37 f. [Vorrede, n. 49]).

27   Böhme, *Morgen Röte im auffgang*, ed. Buddecke, *Urschriften*, Bd. 1, S. 16,20–22 (vgl. ss, Bd. 1, S. 12,34–36 [Vorrede, n. 53]).

anschließenden Jahrzehnte und einem Ausblick auf die Endzeit, in der „Bös
vnd gutt […] von Einander geschiden" wird und diejenigen, die „auff erden von
dem gutten Baum" gegessen haben, „auff genommen [werden] in die gutte und
heilige qualitet",[28] schließt Böhme seinen historisch-allegorischen Überblick.
Im Vergleich dazu stechen in der *Europa*, wie gesagt, vor allem die Unterschiede
hervor.

Zunächst: Novalis setzt mit seiner Darstellung nicht in einer biblischen Vorzeit an, die „schöne[n] glänzende[n] Zeiten" ursprünglicher Einmütigkeit – es
sind für ihn jene, „wo *Eine* Christenheit diesen menschlich gestalteten Welt-
theil bewohnte" –,[29] gab es für ihn noch im Mittelalter; nimmt man seine Aussage hinzu, dass in ebenjener Zeit noch „das weise Oberhaupt der Kirche" mit
Recht „den kühnen Denkern [wehrte] öffentlich zu behaupten, daß die Erde
ein unbedeutender Wandelstern sey",[30] dann erstreckte sich diese Epoche für
ihn sogar bis in die frühe Neuzeit. Dann: So wie der Anfang wird entsprechend
auch das Ende dieser Zeit, das nach Novalis aus einer wachsenden Uneinigkeit
unter den Christen resultiert, einer sehr viel späteren Phase in der Geschichte
zugeordnet, wobei die „innere große Spaltung",[31] also die Reformation, für ihn
in diesem Prozess nur noch die endgültige Besiegelung dessen ist, was ohnehin
bereits Realität war. Insofern in einem nicht auflösbaren Widerspruch zu seiner
Äußerung über die frühneuzeitlichen Astronomen und deren Zurechtweisung
durch den Papst, einem Beispiel, das ja gerade die Intaktheit der Verhältnisse
noch für das sechzehnte Jahrhundert belegen soll, heißt es an anderer Stelle,
dass schon „lange vor der gewaltsamen Insurrection [die eigentliche Herrschaft
Roms] stillschweigend aufgehört" hatte.[32] Und schließlich: Auch wie sich Novalis die Zeit nach dieser Zeit, also den Zustand der wiedererlangten Harmonie
ausmalt, unterscheidet sich grundlegend von Böhmes Vorstellungen. Nicht im
Gefolge eines übernatürlichen Geschehens am Ende der Zeit findet die all-
umfassende Versöhnung oder die Rückkehr zur anfänglichen Ordnung statt,
sondern in einer bestimmten, wenn auch vielleicht noch fernen, Zukunft auf
Erden und also in keiner anderen Wirklichkeit als der seit jeher gewohnten.
Es ist die – auf einer höheren Stufe erfolgende – Reetablierung der zu Anfang
von ihm beschriebenen Verhältnisse, die Novalis herbeisehnt und erwartet,
die Wiedererstehung der mittelalterlichen, vorreformatorischen Kirche und

---

28   Böhme, *Morgen Röte im auffgang*, ed. Buddecke, *Urschriften*, Bd. 1, S. 20,11–25 (vgl. ss, Bd.
      1, S. 17,29–18,4 [Vorrede, nn. 78–79]).
29   Novalis, *Die Christenheit oder Europa*, ed. Samuel, *Schriften*, Bd. 3, S. 507,4–6.
30   Novalis, *Die Christenheit oder Europa*, ed. Samuel, *Schriften*, Bd. 3, S. 508,27–31.
31   Novalis, *Die Christenheit oder Europa*, ed. Samuel, *Schriften*, Bd. 3, S. 509,24.
32   Novalis, *Die Christenheit oder Europa*, ed. Samuel, *Schriften*, Bd. 3, S. 510,36–511,1.

des durch sie tradierten und bewahrten „alte[n] katholische[n] Glaube[ns]",[33] der von Europa als seinem alten und neuen Zentrum in alle Welt ausstrahlen und alle anderen „Welttheile" zu „Mitbürger[n] des Himmelreichs" machen werde:[34]

> Keiner wird dann mehr protestiren gegen christlichen und weltlichen Zwang, denn das Wesen der Kirche wird ächte Freyheit seyn, und alle nöthigen Reformen werden unter der Leitung derselben, als friedliche und förmliche Staatsprozesse betrieben werden.[35]

Auf die Idee einer solchen Utopie ist Novalis gewiss nicht durch seine Böhme-Lektüre gebracht worden, ebenso wenig wie auf wichtige andere Elemente seiner Religionshistorie. Wenn aber die beiden Texte, um die es hier geht, in vieler Hinsicht derart weit auseinanderliegen, was sind dann die Punkte, in denen sie sich berühren, welche thematischen oder sonstigen Anregungen könnte Novalis durch seine Beschäftigung mit der *Aurora* für seine *Europa* erhalten haben?

Bevor ich auf diese Frage gleich näher eingehe, zuvor noch der Hinweis auf eine andere, in diesem Kontext erwähnenswerte Einzelheit, nämlich: Böhme wird im Text von Novalis namentlich genannt, und zwar ist er immerhin eine von insgesamt nur vier Personen, die diese Auszeichnung erfahren. Die drei anderen sind Zinzendorf, Luther und Robespierre, wobei die beiden zuletzt genannten in ihrer geschichtlichen Bedeutung eher kritisch beurteilt werden. Von Robespierre heißt es: „Historisch merkwürdig bleibt der Versuch jener großen eisernen Maske, die unter dem Namen Robespierre in der Religion den Mittelpunkt und die Kraft der Republik suchte",[36] und von Luther, dass er „das Christenthum überhaupt willkührlich [behandelte]" und „seinen Geist [verkannte]"[37] und dass die Jesuiten wohl wussten, „wieviel Luther seinen demagogischen Künsten, seinem Studium des gemeinen Volkes zu verdanken gehabt hatte".[38] Böhme und Zinzendorf schließlich begegnen in folgendem Kontext:

> Daher zeigt uns auch die Geschichte des Protestantismus keine herrlichen großen Erscheinungen des Ueberirdischen mehr, nur sein Anfang glänzt durch ein vorübergehendes Feuer des Himmels, bald nachher ist

---

33 Novalis, *Die Christenheit oder Europa*, ed. Samuel, *Schriften*, Bd. 3, S. 523,33 f.
34 Novalis, *Die Christenheit oder Europa*, ed. Samuel, *Schriften*, Bd. 3, S. 524,9–11.
35 Novalis, *Die Christenheit oder Europa*, ed. Samuel, *Schriften*, Bd. 3, S. 524,24–27.
36 Novalis, *Die Christenheit oder Europa*, ed. Samuel, *Schriften*, Bd. 3, S. 518,28–30.
37 Novalis, *Die Christenheit oder Europa*, ed. Samuel, *Schriften*, Bd. 3, S. 512,10 f.
38 Novalis, *Die Christenheit oder Europa*, ed. Samuel, *Schriften*, Bd. 3, S. 514,16 f.

schon die Vertrocknung des heiligen Sinns bemerklich; das Weltliche hat
die Oberhand gewonnen, der Kunstsinn leidet sympathetisch mit, nur
selten, daß hie und da ein gediegener, ewiger Lebensfunke hervorspringt,
und eine kleine Gemeinde sich assimiliert. Er verlischt und die Gemeinde
fließt wieder auseinander und schwimmt mit dem Strome fort. So Zinzendorf, Jacob Böhme und mehrere.[39]

Die beiden, die Novalis hier dicht beieinander in einer Reihe nennt, verbindet
letztlich nicht so besonders viel, und speziell in Bezug auf ihn als Rezipienten scheinen sie eher so etwas wie zwei Gegenpole zu sein. So ist es zwar
richtig, dass es jeweils „eine kleine Gemeinde" gab, die „sich assimiliert[e]",
nur war die vom Grafen Zinzendorf gegründete Herrnhuter Brüdergemeine
von Beginn an eine gut organisierte kirchliche Gemeinschaft, während Böhmes Anhängerschaft einzig durch das Interesse an seinen Schriften untereinander bestenfalls lose zusammenhing. Vor allem aber sind es völlig verschiedene
Umstände, unter denen Novalis mit Böhme auf der einen und Zinzendorf auf
der andern Seite in Berührung kam. Da sich sein Vater schon vor seiner Geburt
den Herrnhutern als Freund angeschlossen hatte, war ihm die Gedankenwelt
Zinzendorfs von klein auf vertraut und muss ihm lange Zeit als eine unhinter-
fragbare erschienen sein. Und wenn er auch später offenbar nie auf die Idee
kam, sich von ihr grundsätzlich zu distanzieren, so setzte er sich doch zumindest kritisch mit ihr auseinander, und in seinen Briefen und Notizen finden sich
neben anerkennenden Charakteristiken – wie etwa „Spinoza und Zinzendorf
haben sie erforscht, die unendliche Idee der Liebe"[40] – auch die ein oder andere
eher abschätzige Bemerkung, so, und das gerade um die Zeit der Niederschrift
der *Europa*: „Sonderbarer alter *Schul* und *Erziehungsgeist* im Herrnhuthismus –
bes[onders] meines Vaters".[41] Und etwas deutlicher noch: „Die Herrnhuther
haben den *Kindergeist* einführen wollen? Aber ist es auch der Ächte? Oder
nicht vielmehr *Kindermuttergeist* – Alter Weibergeist?".[42] Ähnlich Kritisches
findet sich über Böhme bei Novalis nicht. Die Böhme-Begeisterung war Ende
1799 noch ganz frisch und blieb anscheinend bis zum Schluss ungetrübt.

---

39   Novalis, *Die Christenheit oder Europa*, ed. Samuel, *Schriften*, Bd. 3, S. 512,30–513,2.

40   Novalis, *Brief an Friedrich Schlegel vom 8. Juli 1796*, ed. Samuel, *Schriften*, Bd. 4, S. 188,22 f.

41   Novalis, *Fragmente und Studien 1799–1800*, ed. Samuel, *Schriften*, Bd. 3, S. 557,9 f. (18. Juni
      1799, Nr. 10).

42   Novalis, *Fragmente und Studien 1799–1800*, ed. Samuel, *Schriften*, Bd. 3, S. 560,1 (18. Juni
      1799, Nr. 31).

2   Inhaltliche Berührungspunkte

Doch nun zu den angekündigten möglichen Anregungen bzw. Anlehnungen. Ich werde mich im Folgenden dazu auf drei Motivkomplexe aus der *Europa* konzentrieren und zu zweien von ihnen entsprechende Textauszüge, die sich dort finden, solchen aus der *Aurora* gegenüberstellen. Diese Motivkomplexe sind A. Die Morgenröte und das (morgendliche) Erwachen aus dem Schlaf, B. Die Zeit der Nachreformation und ihre Bibel-Philologie und C. Der Friede.

2.1   *Die Morgenröte und das (morgendliche) Erwachen aus dem Schlaf*

Das Titelwort, das Böhme in der Vorrede zur *Aurora* als ein Geheimnis bezeichnet, das er nicht erklären möchte, begegnet später im Buch noch an mehreren Stellen, und zwar geschieht es öfters im Zusammenhang mit dem Motiv des Aufwachens oder Erweckens aus einem todesähnlichen Zustand, in den der Mensch durch seine Abkehr vom Willen Gottes geraten ist:

> O du sünden Haus diser weld / wie Bistu mit der Hellen vnd dem Tode umbfangen. Wache auff die stunde deiner widergeburtt ist ver handen / Der Tag Bricht ahn / die Morgen Röte zeiged sich O du tumme und Totte weld / was forderstu doch zeichen / ist doch dein gantzer leib er starred / wilstu nicht vom Schlaffe auff wachen.[43]

Und ähnlich heißt es wenig später:

> Darumb sol sich keiner selber stock Blind machen. Den die zeit der wider Bringung was der mensch ver loren hatt die ist Nun mehr ver handen / die morgen Röte Bricht ahn. Es ist zeit vom schlaffe auff zu wachen.[44]

Eine solche Sicht auf die eigene Gegenwart ist Novalis nicht fremd, und so wie Böhme mit seinem auf die „zeit der wider Bringung" bezogenen „Nun mehr ver handen" sieht auch er bereits die ersten Anzeichen einer beginnenden Umkehr,

> alles nur Andeutungen [zwar], unzusammenhängend und roh, aber sie verrathen dem historischen Auge eine universelle Individualität, eine neue Geschichte, eine neue Menschheit, die süßeste Umarmung einer

---

43   Böhme, *Morgen Röte im auffgang*, ed. Buddecke, *Urschriften*, Bd. 1, S. 119,21–25 (vgl. ss, Bd. 1, S. 153,35–154,1 [Kap. 12, n. 50]).

44   Böhme, *Morgen Röte im auffgang*, ed. Buddecke, *Urschriften*, Bd. 1, S. 130,8–10 (vgl. ss, Bd. 1, S. 168,15–18 [Kap. 13, n. 4]).

jungen überraschten Kirche und eines liebenden Gottes, und das innige Empfängniß eines neuen Messias in ihren tausend Gliedern zugleich. Wer fühlt sich nicht mit süßer Schaam guter Hoffnung?[45]

Den Begriff der ‚Morgenröte' verwendet Novalis in diesem Zusammenhang, wie überhaupt in seiner Rede, nicht, doch finden sich an zwei Stellen seines Textes in Kombination mit der von ihm geäußerten Hoffnung die Motive des Schlafens und Erwachens. Dabei fügt er im folgenden Satz als ein weiteres Element noch eine Anspielung auf die Herkules-Sage hinzu:

> Aus dem Morgentraum der unbehülflichen Kindheit erwacht, übt ein Theil des Geschlechts seine ersten Kräfte an Schlangen, die seine Wiege umschlingen und den Gebrauch seiner Gliedmaßen ihm benehmen wollen.[46]

Und ein zweites Mal begegnet das Motiv dort, wo im unmittelbaren Anschluss jener Satz folgt, der wohl zum prominentesten des gesamten Textes geworden ist:

> Erst durch genauere Kenntniß der Religion wird man jene fürchterlichen Erzeugnisse eines Religionsschlafs, jene Träume und Deliria des heiligen Organs besser beurtheilen und dann erst die Wichtigkeit jenes Geschenks recht einsehn lernen. Wo keine Götter sind, walten Gespenster.[47]

2.2   Die Zeit der Nachreformation und ihre Bibel-Philologie

Böhmes Kritik an der Bibel-Philologie seiner Zeit lässt sich insbesondere anhand von Aussagen studieren, die in den auf die *Aurora* folgenden Schriften enthalten sind. Das hat vielleicht damit zu tun, dass Böhme sich in ihnen bereits mit Vorwürfen auseinandersetzen musste, die er in Bezug auf seine Erstschrift zu lesen bekam und die oft genug mit Zitaten aus der Bibel unterlegt waren. Tenor seiner Kommentare ist dann meist, dass Streitereien um den Wortlaut der Bibel und die Auslegung einzelner Textstellen (es ist das, was für ihn der Ausdruck eines, wie er es nennt, Buchstaben-Glaubens ist), dass also solche Streitereien nur Schaden anrichten und dass stattdessen ein jeder Leser versuchen sollte, im Text für sich den Geist lebendig werden zu lassen. So schreibt Böhme in der *Gnadenwahl*:

---

45   Novalis, *Die Christenheit oder Europa*, ed. Samuel, *Schriften*, Bd. 3, S. 519,27–33.
46   Novalis, *Die Christenheit oder Europa*, ed. Samuel, *Schriften*, Bd. 3, S. 519,24–27.
47   Novalis, *Die Christenheit oder Europa*, ed. Samuel, *Schriften*, Bd. 3, S. 520,30–34.

der verstockte verbitterte geist / wil nicht des herren stimme in Ihme
selber hören reden / sondern saget nur / Buchstabe / Buchstabe / das
geschribene wortt sey es alleine / das zeucht Er hin vnd hehr / vnd rühmet
sich des selben / Aber das lebendige wort / das den Buchstaben hat aus
gesprochen / das wil Er nicht in ihme dulden noch hören / sol Er aber zur
erkentnis komen / so mus Er sich lassen den Buchstaben vorhin tötten.[48]

Oder in *De signatura rerum* heißt es:

Darum, lieben Brüder, hütet euch vorm Zancke und Verachten, da man
um die Buchstabische Form zancket; ein wahrer Christ hat um nichts zu
zancken, dann er stirbet seinem Vernunft=Begehren ab, er begehret nur
GOttes Willen in seiner Liebe und Gnade, und lässet alles andere hinfah-
ren, was um die Form zancket.[49]

Und in der Schrift *Von der neuen Wiedergeburt* schließlich verbindet Böhme
diese Kritik mit einem Begriff, auf den man, an signifikanter Stelle, schon in der
Baumgeschichte der *Aurora*-Vorrede stößt: „Darum sage ich, ist alles Babel, was
sich mit einander beisset, und um die Buchstaben zancket. Die Buchstaben stehen alle in einer Wurtzel, die ist der Geist GOttes".[50] Denn schon in der Vorrede
geht es um den Zank um eine Wurzel, und zwar geschieht es dort im Anschluss
an jene Passage, in der – vermutlich – Luthers historische Mission das Thema
ist. Entsprechend handelt der Kontext offensichtlich von Entwicklungen in der
Zeit der Nachreformation, die von Böhme kritisch gesehen werden:

Als Nun Der Edle vnd heilige Baum allem Volck was offenbar
worden / das sie Sahen wie er über ihnen allen Schwebete / vnd seinen
Schmack über alle velcker aus streckte vnd mochte da von essen wer da
wolte / Da wart das volck über drüssig zu essen von seiner frucht die auff
dem Baum wuchs vnd listerten nach der wurtzel des Baumes zu essen /
vnd die klugen vnd weisen suchten die wurtzl vnd zanckten umb die selbe
vnd der streit vmb die wurtzl des Baums wart gros.[51]

---

48   Böhme, *Von der Gnaden wahl*, ed. Buddecke, *Urschriften*, Bd. 2, S. 145,1–7 (vgl. ss, Bd. 6,
      Pars XV, S. 194,26–33 [Kap. 11, n. 34]).
49   Böhme, *De signatura rerum*, ss, Bd. 6, Pars XIV, S. 224,39–225,4 (Kap. 15, n. 39).
50   Böhme, *Christosophia*, ss, Bd. 4, Pars IX, S. 137,27–29 (*De regeneratione* [*Von der neuen Wie-
      dergeburt*], Kap. 7, n. 7).
51   Böhme, *Morgen Röte im auffgang*, ed. Buddecke, *Urschriften*, Bd. 1, S. 17,21–27 (vgl. ss, Bd.
      1, S. 14,7–14 [Vorrede, n. 61]).

Ich denke, es ist dieselbe Wurzel, von der, wie wir hörten, es später heißen wird, dass „alle Buchstaben" in ihr „stehen", so dass mit dem „streit", der um sie stattfand, ein Philologenstreit um die Bibel gemeint sein dürfte. In die Klage hierüber stimmt knapp zweihundert Jahre später auch Novalis in seiner *Europa* mit ein; allerdings beginnt die als verhängnisvoll wahrgenommene Entwicklung für ihn bereits mit Luther selber, denn der

> führte einen andern Buchstaben und eine andere Religion ein, nemlich die heilige Allgemeingültigkeit der Bibel, und damit wurde leider eine andere höchst fremde irdische Wissenschaft in die Religionsangelegenheit gemischt – die Philologie – deren auszehrender Einfluß von da an unverkennbar wird.[52]

Was dieser Lesart zufolge, ebenso wie in Böhmes Darstellung, im sechzehnten Jahrhundert seinen Ausgang nimmt, erlangt im achtzehnten für Novalis eine neue Qualität. Denn worauf er am Ende des Zitats anspielt, ist das, was gemeinhin unter den Begriff der Neologie gefasst wird – die Betrachtung der Religion und ihrer kanonischen Schriften unter den Prämissen der Aufklärung, wozu sich eine Form der Bibel-Philologie hin entwickelt hatte. „Aus Instinkt", so erläutert er im Kontext dazu,

> ist der Gelehrte Feind der Geistlichkeit nach alter Verfassung [...] und die Gelehrten gewannen desto mehr Feld, je mehr sich die Geistlichkeit der europäischen Menschheit dem Zeitraum der triumphirenden Gelehrsamkeit näherte, und Wissen und Glauben in eine entschiedene Opposition traten.[53]

2.3 *Der Friede*

Mit dem Begriff des ‚Friedens' schließlich hat es in diesem Zusammenhang, also bei dem Versuch, Korrespondenzen und mögliche Verbindungen aufzutun, eine besondere Bewandtnis. In der *Aurora* nämlich ist er *keiner* der dort prominent vertretenen, in der Vorrede begegnet er gar nicht, in den anschließenden Kapiteln nur an einigen wenigen und nicht besonders exponierten Stellen.[54] Warum ich ihn hier dennoch mit einbeziehe, hat seinen Grund darin,

---

52 Novalis, *Die Christenheit oder Europa*, ed. Samuel, *Schriften*, Bd. 3, S. 512,11–16.

53 Novalis, *Die Christenheit oder Europa*, ed. Samuel, *Schriften*, Bd. 3, S. 515,6–13.

54 Die vielleicht prononcierteste Verwendung findet sich an folgender Stelle, Böhme, *Morgen Röte im auffgang*, ed. Buddecke, *Urschriften*, Bd. 1, S. 244,36–39 (vgl. ss, Bd. 1, S. 327,3–7 [Kap. 22, n. 45]): „O ihr Blinden Menschen / last abe vom zancke / vnd ver gist nicht

dass er sich für Novalis ganz offensichtlich mit Böhmes Anliegen aufs engste verband. Das jedenfalls, denke ich, kann man der drittletzten Strophe des Gedichts *An Tieck* entnehmen, in deren ersten beiden Versen das angesprochene ‚Du' nicht nur der „Verkündiger der Morgenröthe", sondern eben auch des „Friedens Bote" sein soll.[55] Und im Unterschied zu Böhmes *Aurora* ist der Begriff des ‚Friedens' in Novalis' *Europa* einer der gewichtigen, der zudem, so nämlich im folgenden Zitat, noch mit dem Motiv des Wachwerdens oder Wachmachens und damit irgendwie auch, wie im Gedicht, mit der Morgenröte verknüpft wird:

> Wer weiß ob des Krieges genug ist, aber er wird nie aufhören, wenn man nicht den Palmenzweig ergreift, den allein eine geistliche Macht darreichen kann. Es wird so lange Blut über Europa strömen, bis die Nationen ihren fürchterlichen Wahnsinn gewahr werden, der sie im Kreise herumtreibt und von heiliger Musik getroffen und besänftigt zu ehemaligen Altären in bunter Vermischung treten, Werke des Friedens vornehmen, und ein großes Liebesmahl, als Friedensfest, auf den rauchenden Wahlstätten mit heißen Thränen gefeiert wird. Nur die Religion kann Europa wieder aufwecken und die Völker sichern, und die Christenheit mit neuer Herrlichkeit sichtbar auf Erden in ihr altes friedenstiftendes Amt installiren.[56]

Und ein weiteres und gleichzeitig ein letztes Mal begegnet der Begriff des ‚Friedens', den Novalis hier so fest mit dem der Religion verbunden sieht, im letzten Abschnitt seiner Schrift, inmitten eines euphorischen und visionären Ausblicks: „Wann und wann eher? darnach ist nicht zu fragen. Nur Geduld, sie wird, sie muß kommen die heilige Zeit des ewigen Friedens, wo das neue Jerusalem die Hauptstadt der Welt seyn wird".[57] Ich halte es nicht für abwegig, speziell auch zwischen diesen Sätzen und dem Gedicht *An Tieck* eine enge Verbindung herzustellen, denn zu dem dort angerufenen Boten des Friedens macht sich Novalis mit den zuletzt zitierten Worten in seiner *Europa* ja offensichtlich selber; und er stellt sich damit im übrigen, denn der, der als

---

vnschuldig Blut / vnd ver wist darumb nicht land vnd stette / Nach des teufels willen / Sondern zihed ahn den Helm des *frides* / vnd gürtet euch mit liebe kegen einander / vnd Brauched euch der sanfftmut" [meine Hervorhebung].

55   Novalis, *An Tieck*, ed. Samuel, *Schriften*, Bd. 1, S. 412,21 f.
56   Novalis, *Die Christenheit oder Europa*, ed. Samuel, *Schriften*, Bd. 3, S. 523,4–14.
57   Novalis, *Die Christenheit oder Europa*, ed. Samuel, *Schriften*, Bd. 3, S. 524,28–30.

,Friedens Bote' bezeichnet wird, ist ja zugleich auch der ,Verkündiger der Morgenröthe', an die Seite Jacob Böhmes.

Das alles sind nun freilich keine unumstößlichen Belege. Es lässt sich, trotz der hier zusammengetragenen möglichen Anlehnungen und Konvergenzen, letzten Endes nicht sagen, ob und inwieweit sich Novalis von Böhme bei der Konzeption und Niederschrift seiner *Europa* inspirieren ließ.[58] Ich denke allerdings, wenn er eine solche Anregung durch seine Böhme-Lektüre und im speziellen durch die Vorrede der *Aurora* tatsächlich erfuhr, dann vor allem deshalb, weil er dort etwas vorfand, was ihm in Schleiermachers Text *nicht* begegnete. Und dabei handelte es sich im Grunde um zweierlei: Von dem einen, der Chronologie oder dem Anspruch, einen religionsgeschichtlichen Abriss darzubieten und innerhalb dieser Chronologie den Ort der eigenen Gegenwart zu bestimmen, war bereits die Rede. Wichtiger aber noch erscheint mir das andere: Novalis' Vision eines zukünftigen Christentums, wie sie sich aus dem Ende seiner Rede erschließt, ist zu großen Teilen eine Reproduktion dessen, was er zu Anfang der Rede als die Realität des christlichen Mittelalters beschreibt. Entsprechend lautet die Klage über die Gegenwart:

> Wo ist jener alte, liebe, alleinseligmachende Glaube an die Regierung Gottes auf Erden, wo ist jenes himmlische Zutrauen der Menschen zu einander, jene süße Andacht bei den Ergießungen eines gottbegeisterten Gemüths, jener allesumarmende Geist der Christenheit?[59]

---

58   Von einer solchen Inspiration, und das im speziellen auch durch die Vorrede der *Aurora*, geht in seiner Schrift aus dem Jahre 1967 auch Carl Paschek, *Der Einfluss Jacob Böhmes auf das Werk Friedrich von Hardenbergs* (*Novalis*), Diss., Bonn 1967, S. 330 aus, allerdings entdeckt er die Anlehnung an Böhme nicht in der *Europa*, sondern in der fünften *Hymne an die Nacht*, dem anderen prominent gewordenen geschichtsphilosophischen Text von Novalis. Paschek schreibt: „[...] in einem Einzelzug [könnte] eine Anregung Böhmes verarbeitet sein. Sowohl in der handschriftlichen als auch in der Athenäumsfassung wird die Ausbreitung der Lehre des Sängers mit einer Metapher umschrieben, in der verkürzt der Vergleich mit einem wachsenden und sich entfaltenden Baum zum Ausdruck kommt: ,Und die fröhliche Botschaft/ Tausendzweigig emporwuchs'. Es ergibt sich eine überraschende Entsprechung mit einer allegorischen Schilderung des Wachsens und Werdens der Lehre Christi innerhalb der Geschichtsmetaphysik, die Böhme in der Vorrede der ,Aurora' [*Morgen Röte im auffgang*, ed. Buddecke, *Urschriften*, Bd. 1, S. 13,14–23 (vgl. ss, Bd. 1, S. 8,35–9,5 [Vorrede, nn. 34–35])] vorträgt: ,Der selbe fürsten vnd Königliche zweig wuchß auff in der Natur / vnd wurd ein Baum in der Natur vnd Breitet seine Este auß / von orient / Biß in occident. [...]/ Als dises geschahe da wuchsen aus dem königlichen Baume der in der Natur gewachsen was / viel Tausend legion kestlicher süsser zweiglin / die hatten alle den geruch vnd geschmack des kestlichen Baumes'" (Vgl. Paschek, *Der Einfluss Jacob Böhmes* (1967), S. 330 f.).

59   Novalis, *Die Christenheit oder Europa*, ed. Samuel, *Schriften*, Bd. 3, S. 523,22–24.

Böhme war für Novalis ohne Frage ein Repräsentant eines solchen „gott-
begeisterten Gemüths" und damit einer Zeit, an die die kommende wieder
anknüpfen sollte.

13

Jacob Böhmes *Aurora* in der *Morgenröte der Romantik*

Steffen Dietzsch

Für Kurt Röttgers

• • •

Die Identität ist ein *subalterner* Begriff
NOVALIS[*]

∴

In den Jenaer Salons der Revolutionsperiode um 1800 wechselten – manchmal einem Bürgerkrieg im Geistigen vergleichbar – Gegner, Meinungen und Idole, je nach Moden, Interessen oder Entdeckungen im öffentlichen (analogen) ‚Netz' der Zeit. „Neulich hat Tieck in einer Gesellschaft Schiller alles Genie abgesprochen und unter andern mit großer Verehrung von – Jacob Böhm gesprochen, der jetzt Tiecks und Fr. Schlegels Held sein soll".[1]

Seit der Jahrhundertwende sammelt Friedrich Schlegel Materialien „zu einer ausführlichen Geschichte der altdeutschen Philosophie von Rup.[ertus] Tuit [ensis] bis auf Jacob Böhme".[2] Gerade von ihm, dem „unter den Romantikern beliebte[n], viel gelesene[n] Jacob Böhme",[3] erwartete er neue Perspektiven im Umgang mit einer von turbulenter Gegensätzlichkeit geprägten Alltagskultur,

---

[*]   Novalis, *Philosophische Studien der Jahre 1796/96 (Fichte-Studien)*, ed. Samuel, *Schriften*, Bd. 2, S. 187,3 f.

1   Friedrich Carl von Savigny, *Brief an Friedrich und Leonhard Creuzer vom 20. Oktober 1799*, in: Hans Eichner, *Friedrich Schlegel im Spiegel seiner Zeitgenossen*, hg. von Hartwig Mayer und Hermann Patsch, Bd. 1, Würzburg 2012, S. 235,31–34.

2   Fr. Schlegel, *Brief an Friedrich Heinrich von der Hagen vom 26. November 1810*, in: *Briefe von und an Friedrich und Dorothea Schlegel*, hg. von Josef Körner, Berlin 1926, S. 125.

3   Ricarda Huch, *Die Romantik*, Leipzig 1916/1917 (2 Bde.), Bd. 1, S. 188.

© STEFFEN DIETZSCH, 2022 | DOI:10.1163/9789004498648_015

die sich mit ihren unlösbaren Widersprüchen von Sein und Sollen, von Kalkül und Illusion, von Gut und Gutgemeint zu zerstreiten und zu erschöpfen schien.

Und bei Böhme wurden zunächst einige dieser Antinomien überzeitlich namhaft gemacht, nämlich, dass (a) schon die „Natur aber hatt zwo qualiteten in sich bis in das gerichte Gottes",[4] dass (b) „gleich wie in der Natur guttes vnd Böses quilled Hersched vnd ist / also auch im menschen",[5] sowie schließlich, als einem Problem des Umgangs mit Antinomien, dass eben (c) „der Mensch [...] in seiner er kendnis er storben was".[6] Und wie man nun in diesem Dilemma sowohl attentistische wie praktizistische Denk-, Lebens- bzw. Aufbruchsperspektiven vermeiden könnte. Dazu wurden von jungen Literaten und Philosophen im Jena-Weimarer Kulturlabor um 1800 öffentliche Diskurse eröffnet, die wir zusammenfassend als ‚Frühromantik‘ identifizieren. Die betrafen anfangs vor allem kulturhistorische Dispositionen.

Mit Böhme suchte man jetzt „das Dritte, in welchem die Polaritäten sich immer wieder auszugleichen suchen".[7] Dieses *Dritte* bezeichnet Jacob Böhme als ‚*Ternarium Sanctum*‘, d. i. die innere Form jedes gottabkömmlichen ‚Dings‘, die als „aus seinem Wesen nach der Dreyheit gemacht" bestimmt werden müsste.[8] Denn in diesem

> *Ternarium Sanctum* ist die unsichtliche Gottheit eingegangen, daß sie eine ewige Vermählung sey, daß also im Gleichniß zu reden, die Gottheit sey im reinen Element, und das Element sey die Gottheit: Denn GOtt und *Ternarius Sanctus* ist Ein Ding worden, nicht im Geiste; sondern im Wesen.[9]

Jenes *Dritte* (*Ternarium*) soll nun nicht wiederum ein Begriff sein, sondern eine Kraft ‚höherer‘ Potenz: *Gestalt bildend* (leiblich, kreatürlich, geistig). Daran „hängt viel, vielleicht mehr, als bisher verstanden wurde".[10] *Ternarium* ist ein

---

4   Böhme, *Morgen Röte im auffgang*, ed. Buddecke, *Urschriften*, Bd. 1, S. 10,2 (vgl. ss, Bd. 1, S. 4,20 f. [Vorrede, n. 9]).

5   Böhme, *Morgen Röte im auffgang*, ed. Buddecke, *Urschriften*, Bd. 1, S. 10,18 f. (vgl. ss, Bd. 1, S. 5,1 f. [Vorrede, n. 14]).

6   Böhme, *Morgen Röte im auffgang*, ed. Buddecke, *Urschriften*, Bd. 1, S. 12,33 (vgl. ss, Bd. 1, S. 8,4 f. [Vorrede, n. 28]).

7   Huch, *Die Romantik* (1916/1917) [Anm. 3], Bd. 2, S. 80.

8   Böhme, *De tribus principiis*, ss, Bd. 2, S. 10,27–29 (Kap. 1, n. 5).

9   Böhme, *De tribus principiis*, ss, Bd. 2, S. 389,4–9 (Kap. 22, n. 73).

10   Thomas Isermann, *O Sicherheit, der Teufel wartet deiner! Jacob-Böhme-Lektüren*, Görlitz 2017, S. 100 f.

Symbol für „Gestaltniß in der ewigen Kraft im Willen".[11] Und mit Böhme kann
man das zu begreifen versuchen allein durch eine – *mystische* – Theologie
des *Kreuzes*, – „als das Centrum zum Worte, welches Wort das Centrum selber
ist".[12]

Das denkerische und poetische Interesse der Frühromantik bezog sich dann
natürlich ganz programmatisch auf die daraus folgenden christologischen
(mythologischen) Artefakte wie ‚Logos', ‚Kreation', ‚Resurrektion', ‚Passion', als
auch auf philosophische Konstellationen wie ‚Vermittlung', ‚Synthesis', ‚Con-
struktion'.

1

Um den Jahreswechsel 1800 herum plant auch Novalis einige neue Projekte
(Romane, Märchen) und er vertieft sein philosophisches Wissen. Er informiert
und bedankt sich bei Ludwig Tieck über die von ihm neuentdeckte Quellenlage:

> Jacob Böhm les ich jetzt im Zusammenhange und fange ihn an zu ver-
> stehen, wie er verstanden werden muß. Man sieht durchaus in ihm den
> gewaltigen Frühling mit seinen quellenden, treibenden, bildenden und
> mischenden Kräften, die von innen heraus die Welt gebären. [...]. Es ist
> mir sehr lieb ihn durch Dich kennen gelernt zu haben.[13]

Und besonders gespannt sei er, wie er Tieck zu verstehen gibt, „auf Dein Gedicht über Böhme".[14] Als Tieck das *Poetische Journal* im August 1800 in Jena
veröffentlichte, sozusagen als einer der Nachfolger des *Athenäum*, da wurde
jenes Gedicht – *Die neue Zeit* – als Eröffnungstext vorangestellt. Und ganz programmatisch heißt es da:

> Die Menschen alle fühlen sich Giganten
> Und Mensch und Gott vereint sich für und für.[15]

---

11   Böhme, *Sex puncta theosophica*, SS, Bd. 4, Pars VI, S. 20,6 (Der erste Punct, Kap. 2, n. 16).

12   Böhme, *Sex puncta theosophica*, SS, Bd. 4, Pars VI, S. 7,40–8,1 (Der erste Punct, Kap. 1, n. 22).

13   Novalis, *Brief an Ludwig Tieck vom 23. Februar 1800*, ed. Samuel, *Schriften*, Bd. 4, S. 322,32
      –323,1.

14   Novalis, *Brief an Ludwig Tieck vom 23. Februar 1800*, ed. Samuel, *Schriften*, Bd. 4, S. 322,7.

15   Tieck, *Die neue Zeit*, in: *Poetisches Journal* (hg. von L. Tieck) 1,1 (1800), S. 16,15 f.

Hier wird eine genealogische Dynamik namhaft gemacht, die ein genaueres Begreifen des – zwiespältigen – Menschen in seiner zwiespältigen Lage zwischen Natur und Gott, zwischen Endlichem und Absolutem denk- und sichtbar machen kann. „Dieweil der Mensch denn nun weiß", wie Böhme schreibt, „daß er auch ein zweyfacher Mensch ist".[16]

2

Wie wird ein solcher empirisch nicht-evidenter Menschenbegriff möglich? Es müsste zuerst wohl generell das Paradox der „présence d'absence",[17] also ,ein Abwesendes im Anwesenden' erkannt, *gedacht* und *Gestalt* werden können. Dazu ermuntert uns eben schon Jacob Böhme, wenn er zunächst vermutet, jedes Ding in der Natur „offenbaret seine innerliche Gestalt auch äusserlich, denn das innerliche arbeitet stets zur Offenbarung, als wir solches an der Kraft und Gestaltniß dieser Welt erkennen".[18]

Das bleibt nicht nur die Logik der Phänomenologie der Natur, sondern wird von den Romantikern als sozusagen ,ontologische' Disposition des Menschen im Bau der Welt überhaupt vermutet.

Durch Böhmes *Aurora* wird der Mensch auf neue Weise zugleich in seiner Abkunft wie in seiner Autonomie verstanden. Er entspringt ,Unbedingtem' und ist dann – als endliche *Gestalt* – selber ein ,Bedingt-Unbedingtes'. Nämlich: „Auch Als Messias Christus Der Held im streitt in der Natur ein Mensch wardt [...]. So hild er sich doch in diser weld in grosser einfaldt / vnd was nur der weld Hauß genoß",[19] und, so fügt Böhme noch hinzu,

> weil der heilige Geist in der seele Creaturlich ist / Als der seelen Eigenthum So forsched sie Biß in die Gottheit / vnd auch in die Natur / den sie hatt aus dem wesen der Gantzen Gottheit ihren quel vnd hehr kommen.[20]

---

16 Böhme, *De tribus principiis*, ss, Bd. 2, S. 5,35f. (Vorrede, n. 13).

17 Paul Valéry, *La Feuille Blanche* [1944], deutsche Übers. von Erwin Burckhardt: *Das weiße Blatt*, Frankfurt a.M. 1968, S. [9],1–3: „Das dasein des nicht seienden beflügelt und lähmt / zur gleichen zeit / die einmalige tat der feder" („Cette presence d'absence surexcite / Et paralyse à la fois l'acte sans retour de la plume").

18 Böhme, *De signatura rerum*, ss, Bd. 6, Pars XIV, S. 7,13–15 (Kap. 1, n. 15).

19 Böhme, *Morgen Röte im auffgang*, ed. Buddecke, *Urschriften*, Bd. 1, S. 22,40–23,2 (vgl. ss, Bd. 1, S. 21,1–4 [Vorrede, n. 93]).

20 Böhme, *Morgen Röte im auffgang*, ed. Buddecke, *Urschriften*, Bd. 1, S. 23,32–35 (vgl. ss, Bd. 1, S. 22,4–7 [Vorrede, n. 98]).

So erhält das Absolute (Unbedingte, Gott) „eine Begreiflichkeit",[21] aber nicht
als ein sozusagen absolutes ‚Ding', sondern über seine ‚Tätigkeit', die die Romantiker und Philosophen in der Jena-Weimarer Kultur um 1800 als ‚Contrak-
tion', ‚Entzweiung', ‚Versöhnung' oder ‚Selbstverausgabung' zu begreifen in der
Lage sind. So wird neben ‚Absolutem' und ‚Einzelnem' ein ‚Drittes' gedanken-
experimentell hervorgebracht. Was ist jenes ‚Dritte'? Natürlich der Mensch selber – aber nun neu als *Auferstandener* – nach *Golgatha*: „Darum ward GOtt
Mensch, daß Er uns seine Gottheit mit der Menschheit einflössete, daß wir Ihn
möchten fassen".[22]

3

Und gerade so erkennt Novalis exemplarisch in ‚Christus' den ‚Mittler' zu uns
und für uns selber, nämlich: „Daß er in unsrer Mitte schwebt / Und ewig bei
uns ist",[23] mit der Aussicht: „Er lebt, und wird nun bei uns sein, / Wenn alles
uns verläßt! / Und so soll dieser Tag uns sein / Ein Weltverjüngungsfest".[24]

Diese Mittler-Natur Christi bringt eine neue Dimension der Einheit von
Immanenz und Transzendenz, von Sinnlich und Übersinnlich im Bestand der
Wirklichkeit hervor. Sie wird nicht mehr dualistisch nach ‚Körper' vs. ‚Geist',
nach ‚hier Mensch' – ‚dort Gott' sortiert, sondern im Menschen selber wird
das vereinigende Zentrum von Wirklichkeit gefunden. Der Mensch und seine
Praxis werden begreifbar als „das gottheitliche und das menschliche Wesen"
zugleich.[25] So wie eben auch Novalis schreibt: „Der Mensch vermag in jedem
Augenblicke ein übersinnliches Wesen zu seyn. Ohne dies wäre er nicht Welt-
bürger, er wäre ein Thier".[26]

Wie sollte das möglich sein? – Mit Novalis eben: „Nichts ist zur wahren
Religiösität unentbehrlicher als ein Mittelglied, das uns mit der Gottheit ver-
bindet".[27] Zweierlei gilt es dabei zu vermeiden: erstens ist dieser ‚Mittler' nicht
Gott ‚selber' (das führe zum Götzendienst) und zweitens führe es zur Irreligion,

21   Böhme, *Morgen Röte im auffgang*, ed. Buddecke, *Urschriften*, Bd. 1, S. 24,21 f. (vgl. ss, Bd. 1,
       S. 23,3 [Vorrede, n. 104]).
22   Böhme, *De testamentis Christi*, ss, Bd. 6, Pars XVI, S. 65,1–3 (Buch 2, Kap. 3, n. 37).
23   Novalis, *Geistliche Lieder*, ed. Samuel, *Schriften*, Bd. 1, S. 170,1 f.
24   Novalis, *Geistliche Lieder*, ed. Samuel, *Schriften*, Bd. 1, S. 170,27–30.
25   Martin Kähler, *Geschichte der protestantischen Dogmatik im 19. Jahrhundert*, hg. von Ernst
       Kähler, Berlin 1962, S. 184.
26   Novalis, *Blüthenstaub*, ed. Samuel, *Schriften*, Bd. 2, S. 421,10–12 (Nr. 22).
27   Novalis, *Blüthenstaub*, ed. Samuel, *Schriften*, Bd. 2, S. 441,30–442,1 (Nr. 74).

„wenn ich gar keinen Mittler annehme".[28] Dieser ,Mittler', dieses ,Dritte', muß als *sinnliche, gestaltförmige* Erscheinung der verborgenen *Gottheit* gedacht werden. Ohne diesen ,Mittler' wären wir nur, wie bei vielen anderen Religionen, bloße immer modale, dependente, *hörige* Glieder der allmächtig-protektiven Gottheit.[29]

Mit Novalis – und Jacob Böhme im Hintergrund – also suchen wir etwas in oder neben uns, „wodurch Gott allein sich vernehmen lasse";[30] denn: wir wissen – Joh. 1,18 – „Niemand hat Gott je gesehen".

Diesen Zusammenhang bei Novalis kann man nun mit dem Theologumenon *Kenosis* präzisieren. Mit zentralen Dispositionen seiner Dichtung und Poetik „spielt Novalis auf die theologische Idee der Kenosis an, die ihm in Form paulinisch-lutherischer Dialektik geläufig war".[31]

4

Was also charakterisiert die ,Kenosis'?[32] Sie ist bestimmt als der hermeneutische Versuch, „die Vereinbarkeit der Gottheit Christi mit den Begrenzungen seiner Menschheit nachzuweisen"; sie bringt also – und zwar gegen den aristotelischen Gottesbegriff – „die Aseität des personalen göttlichen Willens zum Ausdruck und bestreitet sie nicht".[33]

Die Kenosis erklärt die mythische Genealogie des Menschgewordenen (Christus), „der da ist GOtt und Mensch in einer unzertrennlichen Person".[34] Sie erklärt damit die Mensch-Werdung überhaupt: Das Ziel ist (mit dem späten Schelling gesagt) „der Mensch, das Wahre der Natur".[35] Die Kenosis demonstriert die „physische Seite der Menschwerdung",[36] wie „dieser vom Himmel

---

28   Novalis, *Blüthenstaub*, ed. Samuel, *Schriften*, Bd. 2, S. 443,20 f. (Nr. 74).

29   Novalis, *Blüthenstaub*, ed. Samuel, *Schriften*, Bd. 2, S. 451,14–19 (Nr. 83).

30   Novalis, *Blüthenstaub*, ed. Samuel, *Schriften*, Bd. 2, S. 445,3 f. (Nr. 74).

31   Bernward Loheide, *Fichte und Novalis: transzendentalphilosophisches Denken im romantisierenden Diskurs*, Amsterdam/Atlanta 2000, S. 263. Auch bei: Graham Ward, *Auf der Suche nach der wahren Religion*, Stuttgart 2009, S. 85.

32   Vgl. Otto Bensow, *Die Lehre von der Kenose*, Leipzig 1903; Paul Henry, „Kénose", in: *Supplément au Dictionnaire de la Bible*, Bd. 5, Paris 1957, S. 1–161; Wolfhart Pannenberg, *Grundzüge der Christologie*, Gütersloh 1964, S. 317–334.

33   John Webster, *Kenotische Christologie*, in: *Religion in Geschichte und Gegenwart: Handwörterbuch für Theologie und Religionswissenschaft*, 4. Auflage, hg. von Hans Dieter Betz, Bd. 4, Tübingen 2001, Sp. 929–931, hier Sp. 929 f.

34   Böhme, *De tribus principiis*, ss, Bd. 2, S. 393,40–394,1 (Kap. 22, n. 92).

35   Schelling, *Urfassung der Philosophie der Offenbarung*, ed. Ehrhardt, S. 6,27.

36   Schelling, *Urfassung der Philosophie der Offenbarung*, ed. Ehrhardt, S. 524,30.

selbst herkommende Christus [...] sich im Menschen gewordenen [offenbart]".[37] So wie eben bei Novalis:

> Hat Christus sich mir kundgegeben,
> Und bin ich seiner erst gewiß,
> [...].
> Mit ihm bin ich erst Mensch geworden.[38]

Wie verläuft nun dieser Prozess? Das Subjekt am Kreuz stirbt, womit zunächst seine Endlichkeit bezeugt ist, aber zugleich beginnt ein Prozess (gewissermaßen sein ‚zweiter Anfang‘), wodurch sich die Subjektivität von diesem, wie Hegel 1802 sagt, „Pfahl einer absoluten Endlichkeit" loslöst.[39] Dieser Vorgang wird von der Jenaer Philosophie (Hegel, Schelling) mit der schismatischen Metapher des ‚spekulativen Karfreitags‘ beschrieben und meint hier den Übergang von Duplizität der Reflexionsphilosophie – sie ist verstandesmäßige Vernunft als ‚reine Negativität‘, ‚reine Einheit ohne Anschauung‘ – in die Triplizität des Spekulativen. Kurzum: „Das absolute Wesen, welches als ein wirkliches Selbstbewusstsein da ist, scheint von seiner ewigen Einfachheit *herabgestiegen* zu sein, aber in der Tat hat es damit erst sein *höchstes* Wesen erreicht".[40] Damit beschreibt zwar Hegel auch sozusagen den ‚Lebenslauf‘ Gottes, aber das Ergebnis der ‚Kenosis des Logos‘ – Christus – bleibt hier noch aufgehoben im Wissen. Bei Hegel schließt sich damit wieder ein „allumfassender gewaltiger Kreis, wie ihn schon die Kirchenväter und die mittelalterliche Scholastik beschrieben haben: *exitus a Deo – reditus in Deum*".[41] Und damit bliebe das *Geistige* wieder das allein *Wirkliche*.

Dagegen aber Novalis mit seiner Jacob-Böhme-Verbundenheit:

> Wer hat des irdischen
> Leibes Hohen Sinn
> erraten?
> Wer kann sagen,
> Daß er das Blut versteht?[42]

---

37   Schelling, *Urfassung der Philosophie der Offenbarung*, ed. Ehrhardt, S. 480,35 f.

38   Novalis, *Geistliche Lieder*, ed. Samuel, *Schriften*, Bd. 1, S. 159,19–23.

39   Hegel, *Glauben und Wissen*, GW, Bd. 4, S. 334,34.

40   Hegel, *Phänomenologie des Geistes*, GW, Bd. 9, S. 551.

41   Hans Küng, *Menschwerdung Gottes*, Freiburg i.Br./Basel/Wien 1970, S. 277.

42   Novalis, *Geistliche Lieder*, ed. Samuel, *Schriften*, Bd. 1, S. 167,16–19.

Und gerade darin liegt die christologische Dynamik der Transzendental-
poesie. Denn hier wird auf etwas in der Erscheinung verborgen Anwesendes,
in seiner Dynamik (und Genealogie) Formendes aufmerksam gemacht: „Die
Kenosis ist die Umkehrung der Schöpfung, ist die Fähigkeit [...] zur Selbstaufgabe und zum Sichweggeben".[43] Jetzt wird das sozusagen *gestalt-* und *endlich-*
keitsbildende der Kenosis auf neue Weise – gewissermaßen ‚dramatischer' –
begreifbar, gerade so wie Novalis schreibt: „Selbstentäußerung ist die Quelle
aller Erniedrigung, so wie im Gegenteil der Grund aller ächten Erhebung".[44]

Es setzt damit – kenotisch – ein sozusagen ‚inverser' Prozess im Absoluten (in Gott) ein, demzufolge es (er) sich sukzessive seiner absoluten (göttlichen) Prädikate ‚entleert', d. h., in den Worten, in denen Paulus diesen Vorgang den Philippern erklärt, es kommt jetzt dazu, dass der *Christus* Jesus nicht
seine Gottgestalt den Menschen präsentiert, sondern „Knechtsgestalt annahm,
gleich ward wie ein andrer Mensch und an Gebärden als ein Mensch erfunden. Er erniedrigte sich selbst und ward Gehorsam bis zum Tode, ja zum Tode
am Kreuz".[45] Schelling bezeichnet dieses Pauluswort an die Philipper einmal
als „die herrliche Stelle [des Neuen Testaments], die in das tiefste Geheimnis
weist".[46] Dies ist auch der hermeneutische Einstieg des deutschen Idealismus,
namentlich Schellings, in eine philosophische Deutung des Wesens des Christentums. An diesem *Philipper-Hymnus* eröffnet sich das exegetische Problem
der philosophischen Christologie. Christus ist für Schelling hier ‚von der Art
Gottes',[47] aber nicht Gott selbst. Das heißt: ‚göttlich und menschlich', somit:
‚weder göttlich noch menschlich'.[48]

Das also wird mit dem Begriff ‚Kénose' beschrieben. Damit wird überraschend und für uns zunächst paradox auf ‚Entleerung', auf ‚Vernichten' und
‚Fahrenlassen' der Gott*gleichheit* insistiert. „Als erwiesen darf gelten, dass das
Subjekt, das sich ‚entleert', indem es Knechtsgestalt annimmt, nicht der schon
menschgewordene Christus, sondern der Überweltliche, in Gottgestalt wei-
lende ist".[49]

Diesen Vollzug der Menschwerdung *als kenotischen* Prozess zu begreifen,
erlaubt die beiden Sphären, die des Endlichen, des Menschlichen und die des

43   Xavier Tilliette, *Philosophische Christologie*, Einsiedeln 1998, S. 116.
44   Novalis, *Blüthenstaub*, ed. Samuel, *Schriften*, Bd. 2, S. 423,14 f. (Nr. 24).
45   Phil. 2,7 f. Siehe dazu Ernst Käsemann, „Kritische Analyse von Phil. 2,5–11", in: *Zeitschrift
      für Theologie und Kirche* 47 (1950), S. 313–360.
46   Schelling, *Philosophie der Offenbarung*, sw, Bd. 14, S. 39,29 f.
47   Vgl. Schelling, *Philosophie der Offenbarung*, sw, Bd. 14, S. 45,12–18.
48   Vgl. Schelling, *Philosophie der Offenbarung*, sw, Bd. 14, S. 185,6–186,30.
49   Hans Urs von Balthasar, *Mysterium Paschale*, Leipzig 1984, S. 27.

Absoluten, des Göttlichen, als zwei – wenn auch nicht symmetrische – Seinsbereiche eigener Ordnung zu unterstellen, die eben gerade nicht himmelweit verschieden sind. Die auf den ersten Blick unüberwindbar unendliche Distanz des Absoluten zum Endlichen kann also *kenotisch* auf ein ‚mittleres Maß' gebracht und so ein Zusammenhang von Endlichem und Unendlichem in die Reichweite des Denkmöglichen hergestellt werden. Diesen Zusammenhang hat Novalis in die Verse gesetzt:

> Kurz um, ich sah, daß jetzt auf Erden
> Die Menschen sollten Götter werden.
> Nun wußt ich wohl, wie mir geschah,
> Und wie das wurde, was ich sah.[50]

Der Menschensohn ist dann sozusagen eine ‚Kontraktion' Gottes ‚*von-sich-selbst*' – ‚in-sich-selbst' und das wird hier neu begriffen: „Im Akt der Selbstentäußerung ist Christus zugleich Gott und Mensch [...]. Die Entäußerung ist gleichsam die Negation der Negation".[51] Hier hat man die Selbstvermittlung Gottes, seine Selbstverausgabung als ein Grundmuster aller himmlischer wie irdischer Prozesse wahrgenommen. Denn es „hat sich das Wort im *Ternario Sancto* in die Irdigkeit eingelassen".[52]

Das theologische Muster der *Kenose* erscheint naturphilosophisch als die Autopoiesis der *natura naturans* in die *natura naturata*. Und wenn man dabei auf die Jenaer Denkkultur um 1800 blickt, so wird das verständlich als Resultat von „Mischungen der Motive aus Alchimie, Elektrizitätslehre, spekulativer Physik, Neo-Platonismus, Astrologie [...], welche in der Romantik wirksam werden".[53]

5

Namentlich durch Jacob Böhme stünde, wie Friedrich Schlegel schreibt, erstmals in der Neuzeit „grade das Christenthum mit zwey Sphären in Berührung [...], wo jetzt der revoluzionäre Geist fast am schönsten wirkt – Physik und Poe-

---

50   Novalis, *Der Himmel war umzogen*, ed. Samuel, *Schriften*, Bd. 1, S. 414,21–24.
51   Walter Kasper, *Jesus der Christus*, Leipzig 1981, S. 332.
52   Böhme, *De tribus principiis*, ss, Bd. 2, S. 389,23 f. (Kap. 22, n. 75).
53   Christoph Schulte, *Zimzum: Gott und der Weltursprung*, Berlin 2014, S. 305.

sie".[54] Hier wie dort erwartet man neue Wandlungslogiken, die es bald erlauben könnten, Geist und Natur als ein *Eines Neues* zu begreifen, – nicht als eine neue Idee, sondern als neue Gestalt: als *Mensch*, – „Sintemal der mensch aus Gott ist / vnd in Gott lebed / Es sey gleich in liebe oder zorn".[55]

Von Böhme lernen die Romantiker, dass der ‚alchymistische' Prozess, gerade so wie die ‚Menschwerdung', – als ‚Passionsverläufe' der Natur zu begreifen wären. Bei denen sich, wie dort das ‚Gold', hier der ‚Mensch' (jeweils als ‚Krone') aus der Allheit des *ens perfectissimum* heraus zu gebären (zu ‚quälen', zu ‚quellen') beginnen. Das sollte alles einfließen in eine „Abh[andlung] über Jac[o]b Boehme – Seinen Werth, als Dichter. Über dichterische Ansichten der Natur überhaupt".[56]

Was Novalis' Freunde hierbei erwarteten, drückte Friedrich Schlegel so aus: „Hard[enberg] ist dran, die Religion und die Physik durch einander zu kneten. Das wird ein interessantes Rührey werden!".[57]

6

Das wird besonders eindrucksvoll sichtbar im Werk eines weiteren Freundes aus der Jenaer Romantiker-Gemeinschaft, bei Gotthilf Heinrich Schubert. Der Platz Schuberts in der romantischen Aufbruchskultur nach 1800 ist augenfällig mit einem Vers Goethes, den sie alle geliebt, zu beschreiben: Ist er doch einer,

> Den du nicht verlässest, Genius,
> Wirst ihn heben über'n Schlammpfad
> Mit den Feuerflügeln; Wandeln wird er
> Wie mit Blumenfüßen

... durch die letzten, im spekulativen Abendlicht liegenden Regionen des romantischen Geistes in Deutschland.[58] Denn, wie Schubert einmal schreibt:

---

54   Fr. Schlegel (und Dorothea Veit), *Brief an Friedrich Schleiermacher vom 1. Juli 1800*, in: KSA, Bd. 25, S. 131,32–34.

55   Böhme, *Morgen Röte im auffgang*, ed. Buddecke, *Urschriften*, Bd. 1, S. 108,1f. (vgl. SS, Bd. 1, S. 136,11–13 [Kap. 11, n. 41]).

56   Novalis, *Fragmente und Studien 1799–1800*, ed. Samuel, *Schriften*, Bd. 3, S. 646,3f. (Nr. 535).

57   Fr. Schlegel, *Brief an Friedrich Schleiermacher vom Ende Juli 1798* in: KSA, Bd. 25, S. 156,21f.

58   Goethe, *Wandrers Sturmlied*, ed. Trunz, *Werke*, Bd. 1, S. 33,10–14.

Nicht das tägliche Bedürfniß hat dem menschlichen Sinne ursprünglich
einige Erkenntniß der Natur abgerungen, von welcher er zur Kenntniß
des Geistigen fortgegangen; sondern schon die früheste Ansicht der Welt
hat ‚in der Natur den Körper des Göttlichen' verehrt, die Gottheit als Seele
der Welt erkannt und die Geschichte der Natur war in ihrem ältesten
Sinne Geschichte des Entstehens aus Gott, Geschichte der Schöpfung.[59]

Schubert findet dafür nun neu die Idee von den *Centralkräften* als „ewige[m]
Mittelpunkt Alles Seyns und Lebens, durch dessen Einfluss in jedem Moment
Alles von neuem geschaffen, Alles erhalten wird [...], um dessen Gemeinschaft
das Leben aller Wesen kreiset".[60] Darin sind „wir [Menschen], unsere Gegenwart und unsere Zukunft [...], in einem höheren Dritten vereint".[61] Dann erst,
so Schubert, wären die Denkvoraussetzungen geschaffen, zu erkennen, was
wirklich der Fall war, nämlich: dass

alle Dinge [...] trunken [waren] von Entzücken, und [...] voll von dem
Athem des Heiligen. Da war kein Sehnen mehr auf Erden ohne allein nach
Ihm, und alle Dinge beteten an in heiliger Gnüge. Da war heilige Stille auf
der Erde, und alle Lebendige glühend in Entzücken [...]. Und dieses war
der erste Sabbath auf Erden.[62]

Dieser *Sabbath der irdischen Natur* aber verkörpert sich gerade als ein Synthe-
tisches in Leib und Geist des Menschen – der „eine Hütte Gottes im Lande der
Sichtbarkeit, eine Arche der Ruhe und der Errettung auf den sturmesbewegten
Wellen des Sehnens und Suchens der Leiblichkeit" ist.[63]

Als Philosoph und romantischer Naturforscher will sich Schubert jetzt –
die Jenenser spekulative Physik überschreitend – an einer ‚*Physicasacra*' versuchen. Das ist sein Weg zu den *Nachtseiten der Naturwissenschaft*. Seinen
„inneren Lebensberuf" könne er, so schreibt Schubert im Sommer 1818 an einen
alten Jenaer Kommilitonen, „nicht kürzer und besser ausdrücken, als mit dem
Worte: *Physicasacra*, dafür möchte ich leben und sterben, darauf arbeite ich

59   Schubert, *Naturkunde und Geschichte*, BBAW-NL Schelling, Nr. 640, Blatt 1.
60   Schubert, *Ahndungen*, ed. 1806–1821, Bd. 1, S. 33,4–7.
61   Schubert, *Die Symbolik des Traums*, ed. 1814, S. 140,21–23.
62   Schubert, *Ahndungen*, Bd. 1, S. 19,19–25. Vgl. Baader, *Brief an Gotthilf Heinrich Schubert vom
      22. November 1815*, in: Baader, SW, Bd. 15, S. 277,7–12: „Ueberhaupt ist es kaum zu glauben,
      welches Licht die Anwendung der Physiologie auf die Religionswahrheiten gibt, und wer
      die Physiologie [...] darstellte, würde ohne es zu wissen, eine Begründung unserer Religion
      geben".
63   Schubert, *Die Geschichte der Seele*, ed. 1850, Bd. 1, S. 99,8–10.

nun seit 13 Jahren hin [*also seit 1805*], früher ohne es mir selbst bewußt zu seyn".[64] Es sei, wie er auch einmal noch Mitte der zwanziger Jahre des 19. Jahrhunderts schreibt, immer sein „innigstes Sehnen" gewesen, „einmal noch eine ‚heilige Physik' (*Physicasacra*) zu schreiben, worinnen die Naturwissenschaft als dienender Levit sich zu der Hut des heiligen Geräthes (der heiligen Schrift) gesellen soll".[65]

Und schließlich bewegt ihn noch Anfang der fünfziger Jahre – spätromantisch – die Idee einer *Physicasacra* als ein „Schlüssel zum Verständnis der sichtbar geschaffenen Natur aus dem geoffenbarten Worte".[66] Damit soll das Erfassen (Begreifen) von *Natur* erweitert werden auf ein *Anderes* an der Natur. Schubert beschreibt diese transversale Umorientierung in der Naturforschung jetzt mit jenem aus romantischer (und alchymischer) Tradition stammenden Begriff der ‚Nachtseite'. Diese Begriffswahl erläutert Schubert so:

> Nachtseite nennen die Astronomen jene Hälfte eines Planeten, welche gerade durch die eigenthümliche Umdrehung um die Axe von der Sonne abgewendet ist und statt des Lichts der Sonne nur von dem einer unendlichen Menge von Sternen beschienen ist. Solche Nachtansichten [...] haben zuvörderst die Eigenschaft, daß sie uns die ganze uns umgebende Welt nur in sehr allgemeinen und großen Umrissen sehen lassen.[67]

∴

Was ist die Pointe der Jacob-Böhme-Rezeption der frühen Romantiker? Wir sollten zu allererst begreifen lernen: es ist also das Kreuz – „das Zeichen des Menschensohns"[68] – „das Woraufhin aller personalen und sozialen menschlichen Existenz".[69] Wenn also das die zentralen und maßgeblichen Dimensionen des *Kreuzes* sind, die von Philosophie, Literatur und vom Glauben spekulativ

---

64 Schubert, *Brief an Gottlieb Friedrich Mohnike vom 8. Mai 1818*, ed. Bonwetsch, S. 348,37–349,1.

65 Schubert, *Brief an Frau von Kügelgen vom 21. Oktober 1824*, ed. Bonwetsch, S. 316,39–317,3.

66 Schubert, *Brief an Albert Knapp vom 11. Oktober 1853*, ed. Bonwetsch, S. 369,25 f. Im Vorjahr waren die Schuberts Gäste am bayrischen Hof in München und Schubert, so Justinus Kerner, *Brief an Wilhelm Graf von Württemberg vom 23. Januar 1852*, in: Franz Pocci, *Justinus Kerner und sein Münchner Freundeskreis: Eine Sammlung von Briefen*, Leipzig 1928, S. 189,22 f., „unterhielt sie von Erscheinungen aus dem Nachtgebiete der Natur und dem magnetischen Leben".

67 Schubert, *Ansichten von der Nachtseite der Naturwissenschaft*, ed. 1850, S. 238,17–24.

68 Vgl. Mt. 24,30.

69 Von Balthasar, *Mysterium Paschale* (1984) [Anm. 49], S. 17.

aufgenommen werden können, – dann ist es neben erstens der Herkunft des *Menschen* und zweitens der Gegenwärtigkeit seines *Wissens* vor allem auch drittens die Zukunft seiner *Freiheit*, um die sich geistige Arbeit gerade heute zu bekümmern hätte. Das wäre ein (alt)europäischer Beitrag zum interkulturellen Gespräch über das Geheimnis Gottes.

14

„Ultra crepidam!": Ein Schuster im *Athenäum* und frühromantische Nachtwachen in Erwartung der Morgenröte

Thomas Regehly

The people's William

JAMES JOYCE, *Ulysses*, Kap. 9: ‚Scylla and Charybdis'

∴

1 Vorbemerkung

Jacob Böhme spielte im Prozess der Popularisierung der Romantik eine zentrale Rolle, die sich in der Frühromantik und insbesondere im *Athenäum* bereits abzeichnet. In den ‚frühromantischen' *Nachtwachen: von Bonaventura* wird diese handgreiflich.

Der Rekurs der Romantiker auf Böhme entspringt vermutlich dem Versuch, das Allgemeine und Allgemeinverbindliche der frühromantischen Einsichten für das nicht-elitäre und nicht-akademische Publikum zu retten. Böhme verkörpert in dieser Konstellation den Laien und Mann aus dem Volke, den *idiota*, der sein Wissen von Gott, der Welt und der Natur aus der eigenen Seele schöpft, anders gesagt: den Prototyp eines Selbstdenkers, der mit der gelehrten Welt nichts zu tun hat und dieser auch nicht bedarf, weil seine Einsichten über diese weit hinausreichen.

In der Zeit der Napoleonischen Kriege kommt ein zur damaligen Zeit ebenfalls höchst populärer patriotischer Zug untergründig mit ins Spiel, aber die Bedeutung des *philosophus teutonicus* für die deutsche Literatur und seine vaterländische Vereinnahmung wird abgefedert und aufgehoben durch die frühromantische Realisierung der verbindlichen Idee einer Weltliteratur,[1] die

---

1 Goethe, *Brief an Johann Peter Eckermann vom 15. Juli 1827*, in: J.P. Eckermann, *Gespräche mit Goethe in den letzten Jahren seines Lebens*, hg. von Christoph Michels unter Mitwirkung von

© THOMAS REGEHLY, 2022 | DOI:10.1163/9789004498648_016

durch die Übersetzungen, Kritiken, Kommentierungen und das Studium außereuropäischer Sprachen in epochemachender Weise befördert wird.

Der hier betonte Akzent auf dem Aspekt der Popularisierung ist inspiriert von Benjamins Romantikverständnis, wie es uns aus einem späten Hörspiel aus dem Jahr 1932 und damit zusammenhängenden Texten (*Zweierlei Volkstümlichkeit*), aber auch aus den frühen Arbeiten, insbesondere seiner Berner Dissertation von 1919 entgegentritt.[2] Die Kulturbedeutsamkeit des Begriffs der Kunstkritik zeigt sich in der Dissertation in einer vierfachen Transformation: 1. der notwendigen Übersetzung von Poesie in Prosa, die 2. deren Vollendung darstellt und 3. im Zuge einer Mediatisierung des Werks durch die Aspekte Idee der Kunst und ihrer Wirkung der Kritik und damit 4. der Rezeption einen ganz neuen Rang zuerkennt. In den frühen Arbeiten und seiner Korrespondenz aus dieser Zeit versucht Benjamin, sein um den Begriff ‚Geist' oder genauer: ‚Jugendgeist' zentriertes Verständnis einer ‚neuen Romantik' einer breiteren Öffentlichkeit plausibel zu machen, denn, so heißt es in seinem Brief an Scholem vom Juni 1917 kurz und bündig: „[D]ie Romantik *muß* man (verständig) interpretieren".[3] Der Text *Zweierlei Volkstümlichkeit*, der programmatische Konsequenzen aus der „technischen Möglichkeit" des Rundfunks zieht, verlangt als Konsequenz „eine gänzliche Umgestaltung und Umgruppierung" des Wissens „aus dem Gesichtspunkt der Popularität heraus".[4] Benjamin geht von der Aktivität des „wirklich volkstümlichen Interesses" aus, das „den Wissensstoff" verwandele und „in die Wissenschaft selber" hineinwirke.[5] Der Berner Buchhändler Heinzmann formuliert diese Einsicht prägnant, die durchaus als Anspielung auf Benjamins Intentionen während seiner Berner Zeit verstanden werden kann, wenn er sagt: „Was wir brauchen, das sind volkstümliche Schriften".[6] Um ‚Romantik' volkstümlich ausbuchstabieren zu können, scheint für die Frühromantiker ein Umweg über Jacob Böhme zwingend erforderlich zu sein.

Die Auskunft, im *Athenäum* käme der Name Jacob Böhmes nicht oder kaum oder sehr spät vor, hat den Charakter einer ‚trockenen Versicherung'. Nicht dass Namen ‚Schall und Rauch' wären, aber wichtiger ist das, wofür sie stehen

---

Hans Grüters, Frankfurt a.M. 1999 (= Goethe, *Sämtliche Werke*, Bd. 11,12), S. 257,2–12; Karl Marx / Friedrich Engels, *Manifest der Kommunistischen Partei* (1848), in: Karl Marx / Friedrich Engels, *Werke*, hg. vom Institut für Marxismus-Leninismus beim ZK der SED, Berlin 1980, Band 4, S. 459–493, hier S. 466.

2 Vgl. Benjamin, *Der Begriff der Kunstkritik*, ed. Steiner, WuN, Bd. 3.

3 Benjamin, *Brief an Gerhard Scholem vom Juni 1917*, GB, Bd. 1, S. 363,4 f.

4 Benjamin, *Zweierlei Volkstümlichkeit*, WuN, Bd. 9,1, S. 527,29–528,15.

5 Benjamin, *Zweierlei Volkstümlichkeit*, WuN, Bd. 9,1, S. 528,28 f.

6 Benjamin, *Was die Deutschen lasen*, WuN, Bd. 9,1, S. 38,15 f. (nicht im Drucktext; vgl. WuN, Bd. 9,1, S. 554).

oder was sie repräsentieren, anders gesagt, welche Funktion sie in den Texten haben, haben könnten oder gehabt haben könnten. Das *Athenäum* war durchaus keine populäre Zeitschrift, daran besteht kein Zweifel. Friedrich Schlegels satirische Überlegung, dem ärgerlich geringen Absatz der Hefte durch die kostenlose Beigabe von Pfefferkuchen aufzuhelfen, spricht dafür.[7] Die drei Jahre von 1798 bis 1800, mit der Epochenwende, die das Weltgerichts-Szenario der neunten ,Nachtwache' in den *Nachtwachen von Bonaventura* inspirierte, stehen nicht nur für eine Romantisierung im enzyklopädischen Geiste, sondern auch für eine Ernüchterung, was die Erreichbarkeit der viel zu hoch gesteckten Ziele angeht.

Im ersten Heft dieses Avantgarde-Journals formulierte Novalis die Intention des Freundeskreises in unvergleichlicher Weise: „Wir sind auf einer Mission: zur Bildung der Erde sind wir berufen".[8] Ein anspruchsvolleres Ziel, das weit über die Bildung der Menschheit oder, mit Lessing gesprochen, die ,Erziehung des Menschengeschlechts' hinausgeht, lässt sich nur schwer imaginieren. Einen Nachhall dieser weitausgreifenden Bildungskonzeption bietet Johann W. Ritters Münchner Akademierede von 1806: „[...] eine unendliche Schöpfung soll durch ihn [sc. den Menschen] erst Zentrum und Peripherie erhalten, die Natur zu integrieren ist seines Daseins Zweck".[9] Das letzte Heft des *Athenäum* schloss dann allerdings mit Friedrich Schlegels grandioser Ekloge auf die ,Unverständlichkeit', in der so etwas Handfestes wie das ,Küchengeschirr' eine wichtige Rolle spielte.

Wenn das *Athenäum* den Zeitgenossen auch als unverständlich galt, so ist doch die Frage durchaus berechtigt, ob denn „die Unverständlichkeit etwas so durchaus Verwerfliches und Schlechtes" sei.[10] Schleiermacher systematisierte

---

7   Dieser Vorschlag wird erwähnt in Benjamin, *Was die Deutschen lasen*, WuN, Bd. 9,1, S. 45,21 –24.

8   Novalis, *Blüthenstaub*, ed. Samuel, *Schriften*, Bd. 2, S. 427,11 f. (Nr. 32) (*Athenäum*, Bd. 1, S. 80,3 f.). Das *Athenäum* wird zitiert nach der Ausgabe *Athenäum: Eine Zeitschrift*, hg. von August Wilhelm Schlegel und Friedrich Schlegel, Berlin 1798–1800 (ND: Darmstadt 1973) (s. o., Abkürzungsverzeichnis, S. XIX). Hilfreich sind ferner die Ausgaben Friedrich Schlegel, *Schriften zur Literatur*, hg. von Wolfdietrich Rasch, München 1972, sowie Friedrich Schlegel, *Kritische Schriften und Fragmente. Studienausgabe in 6 Bänden*, hg. von Ernst Behler und Hans Eichner, Paderborn 1988.

9   Ritter, *Die Physik als Kunst*, ed. Dietzsch, S. 289,14–16. Die *Fragmente* liegen auch als Reprint mit einem instruktiven Nachwort vor: Johann Wilhelm Ritter, *Fragmente aus dem Nachlass eines jungen Physikers: Ein Taschenbuch für Freunde der Natur*, Faksimiledruck nach der Ausgabe von 1810, mit einem Nachwort von Heinrich Schipperges, Heidelberg 1969.

10   Fr. Schlegel, *Über die Unverständlichkeit*, in: *Athenäum*, Bd. 2, S. 350,20 f. (vgl. KSA, Bd. 2, S. 370,19 f.).

in seiner *Allgemeinen Hermeneutik* von 1809/10 diese grundlegende Eigenschaft des menschlichen Lebens, ein Existenzial, das erst in Heideggers *Sein und Zeit* (1927) den Status philosophischer Dignität erlangte, zu seinem einleitenden Grundsatz „Die Hermeneutik beruht auf dem Factum des Nichtverstehns der Rede".[11] Eine restlos verständliche Welt würde auf eine vollständig vermittelte Welt hinauslaufen, deren Vermitteltheit nicht nur begrifflicher Art wäre, sondern dem Ziel vollständiger technischer Vermittlung unterstellt werden könnte. Die frühromantischen Missionare und selbsternannten potentiellen Religionsstifter erinnerten bei ihrem Versuch einer ‚Revolution der Revolution' mit gutem Recht an Böhmes Versuch einer ‚Generalreformation' oder ‚Reformation der Reformation'. In seiner Besprechung der *Fragmente* Johann Wilhelm Ritters weist Achim von Arnim auf diese Parallele der frühromantischen Wissenschaftslehre zur Französischen Revolution hin:

> Seit jener Zeit, die in Frankreich eine neue politische Welt erhob, ging in Deutschland eine neue Verknüpfung des Wissens hervor, die das Abgesonderte aller Disziplinen und aller einzelnen Gelehrten zu einem gemeinschaftlichen Ganzen verschmolz [...].[12]

Der philosophischen Antwort auf den Terror in Frankreich entsprach das theosophische Ringen Jacob Böhmes um eine Überwindung der ‚Mauerkirche' durch eine Wiedergeburt Gottes in der Seele jedes Einzelnen. In beiden Fällen stand das Selbstverständnis einer ganzen Generation an den Epochenschwellen 1600 und 1800 zur Debatte. Das Neue musste sich gegen das konfuse, immer noch übermächtige und gewalttätige Alte behaupten. Alles musste neu und anders gelesen werden, nicht nur die Bücher oder das ‚Buch der Bücher'. Für Jacob Böhme erwies sich das Buch der Natur als das ‚Buch der Bücher', das der Heiligen Schrift nicht nur an die Seite trat, sondern es ermöglichte, diese als im eigenen Herzen abgefasste Schrift wiederzufinden, da sie nur dort entziffert werden konnte. Für die Romantiker galt es, das Ich mit dem ‚Weltinnenraum' zu identifizieren, ohne den Anmaßungen einer losgelassenen Vernunft zum Opfer zu fallen. In diesen Kontext gehört die folgende Materialsammlung.

---

11   Schleiermacher, *Allgemeine Hermeneutik 1809/10*, KGA, Bd. II,4, S. 73,1–8.

12   Achim von Arnim, „Besprechung von: Wilhelm Ritter, *Fragmente aus dem Nachlass eines jungen Physikers*", in: *Heidelberger Jahrbücher der Literatur für Theologie, Philosophie und Pädagogik* 3 (1810), 9. Heft, S. 116–125, hier S. 117,20–24. Vgl. Steffen Dietzsch, ‚Nachwort: Die Phänomenologie der Natur des Johann Wilhelm Ritter oder Von der Historizität der vernünftigen Erkenntnis', in: Ritter, *Aus dem Nachlasse eines jungen Physikers*, ed. Dietzsch, S. 344–364, hier S. 359 f.

Die Stellung des Menschen im Naturganzen war im ‚veloziferischen Zeitalter' (Goethe) allerdings problematisch geworden. Während für Böhme und seine Zeitgenossen der Mensch noch als eine ‚Majuskel' im Buch der Natur erscheinen konnte,[13] ist für den populären Frühromantiker Bonaventura der Mensch lediglich der Titel eines ‚ungeschriebenen Buches' in der Bibliothek der Schöpfung (XIII. Nachtwache), eine Andeutung ohne Gehalt:

> Ich blättere und blättere in dem großen Buche, und finde nichts, als das eine Wort über mich, und dahinter den Gedankenstrich, wie wenn der Dichter den Charakter, den er vollführen wollte, im Sinne behalten, und nur den Namen hätte mit einfließen lassen.[14]

Mit diesem Gedankenstrich bricht das ‚große Buch' der Natur ab, er bezeichnet eine kosmische Zäsur. Das eindrucksvolle Bild begegnet bekanntlich bei Jean Paul, der es seiner *Unsichtbaren Loge* von 1792 als Motto vorangestellt hatte: „Der Mensch ist der große Gedankenstrich in dem Buche der Natur", versehen mit dem Hinweis, dieser Satz stamme aus einer „Auswahl aus des Teufels Papieren", aber Bonaventura inszeniert diese Lektüre für den Leser souverän und überzeugend.[15]

2   Materialsammlung

2.1   Athenäum

Die Zeitschrift *Athenäum* – man könnte sie angesichts ihrer Wirkungsgeschichte ‚die Zeitschrift aller Zeitschriften' nennen – war „das erste Organ für die Ideen der jungen romantischen Schule, so dass wir hier am Ursprung der romantischen Bewegung stehen", schreibt Ernst Behler.[16] Das *Athenäum* musste nach dem dritten Jahrgang im Jahr 1800 das Erscheinen einstellen, aufgrund des mangelnden Interesses der Zeitgenossenschaft. Im 19. und 20. Jahrhundert gab es mehrere Neuauflagen und Wiederbelebungsversuche die-

---

13   Vgl. Sibylle Rusterholz, „Zum Verhältnis von ‚Liber Naturae' und ‚Liber Scripturae' bei Jacob Böhme", in: *Gott, Natur und Mensch in der Sicht Jacob Böhmes und seiner Rezeption*, hg. von Jan Garewicz und Alois Maria Haas, Wiesbaden 1994, S. 129–146, hier S. 130.

14   [Klingemann, Ernst August F.], *Nachtwachen*, ed. Küpper, S. 140,24–29.

15   Jean Paul, *Die unsichtbare Loge*, in: SaWe, ed. Miller, Bd. 1, S. 8,1–3. Vgl. Steffen Dietzsch, ‚Morgenröte der Moderne', Nachwort zu: Ritter, *Aus dem Nachlasse eines jungen Physikers*, ed. Dietzsch, S. 151–164.

16   Ernst Behler, *Die Zeitschriften der Brüder Schlegel: Ein Beitrag zur Geschichte der deutschen Romantik*, Darmstadt 1983, S. 13.

ser ‚ursprünglichen' Romantik, deren Entwicklung Friedrich Schlegel im Jahr
1803 rückblickend als einen Weg von der „Kritik und Universalität" zum „Mystizismus" gekennzeichnet hat.[17] Auch Benjamins Zeitschriftenprojekt *Angelus
Novus* gehört in die prominente Tradition der Nachfolger.[18] Der Ausdruck ‚Mystizismus' war im Übrigen für Schlegel frei von den pejorativen Konnotationen,
die er heute mit sich führt.[19] Er sollte dazu dienen, das erwachende Interesse der Autoren an einer Mystik zum Ausdruck zu bringen, deren postulierte
‚höhere' Rationalität der zeitgenössischen idealistischen Philosophie in gewisser Weise wesentliche Impulse vermitteln, ja über sie hinausführen konnte.
Als Repräsentant und Inspirator galt in erster Linie Jacob Böhme. Die anderen großen Mystiker wie Meister Eckhart, Tauler und Seuse werden kaum am
Rande erwähnt. Böhmes Name erhielt einen ganz besonderen Klang, ohne dass
seine Schriften eine wesentliche Rolle spielten. Der plakativen Verwendung des
Namens im dritten Jahrgang und in Friedrich Schlegels literarischen Notizen
aus den Jahren 1797–1801 entspricht aber die tragende Rolle, die der Name Jacob
Böhme in der depotenzierten und populären Version der Frühromantik spielt,
wie sie dann wenige Jahre später in den *Nachtwachen: von Bonaventura* begegnet.

In den ersten Heften des *Athenäum* finden sich keine Erwähnungen Jacob
Böhmes, allerdings begegnen einige Hinweise auf die große Wertschätzung der
Mystik, die nicht unerwähnt bleiben können. Das Fragment Nr. 121 betont die
unabdingbare Individualität der Ideale und wendet sich gegen eine „sentimentale Spekulation ohne Objekte", die aber keinesfalls mit „Mystik" verwechselt
werden dürfe, „da dies schöne alte Wort für die absolute Philosophie, auf deren
Standpunkte der Geist alles als Geheimnis und als Wunder betrachtet, was
er aus andern Gesichtspunkten theoretisch und praktisch natürlich findet, so
brauchbar und unentbehrlich ist".[20] Die Brauchbarkeit, ja Unentbehrlichkeit
dieses Wortes disponiert und motiviert zur Offenheit gegenüber Mystikern,
wenn auch nicht unmittelbar zu deren Lektüre. Fragment Nr. 305 bringt den

17   *Europa: Eine Zeitschrift*, hg von Friedrich Schlegel, mit einem Nachwort zur Neuausgabe
      von Ernst Behler, Darmstadt 1983, Erster Band, Erstes Heft, S. 52,17–19; dazu Behler, *Die
      Zeitschriften* (1983) [Anm. 16], S. 59–99.

18   Benjamin, *Ankündigung der Zeitschrift: Angelus Novus*, GS, Bd. 2, S. 241,3–246,19 und die
      Anmerkungen, ebd., S. 981–997. Vgl. Uwe Steiner, „*Ankündigung der Zeitschrift Angelus
      Novus. Zuschrift an Florens Christian Rang*", in: *Benjamin-Handbuch*, hg. von Burkhardt
      Lindner unter Mitarbeit von Thomas Küpper und Timo Skrandies, Stuttgart/Weimar 2006,
      S. 301–311.

19   Vgl. Alois Maria Haas, „Typologie der Mystik", in: *Mystik als Aussage: Erfahrungs-, Denk-
      und Redeformen christlicher Mystik*, Frankfurt a.M. 1996, S. 77–101.

20   Fr. Schlegel, *Athenäums-Fragmente*, in: *Athenäum*, Bd. 1, S. 208,3–8 (vgl. KSA, Bd. 2, S. 148 f.).

Ausdruck „Mystik" in Zusammenhang mit einem Zentralbegriff der Frühromantik, dem Witz, wenn dem Humor, dessen eigentliches Wesen Reflexion ist,
ein „Hang zur Mystik des Witzes" attestiert wird.[21]

Erst in der dritten Sammlung von Aphorismen, Fragmenten und Notizen, die
Friedrich Schlegel unter dem Titel *Ideen* veröffentlicht, begegnet Jacob Böhmes
Name ausdrücklich. Zunächst in einer Charakterschilderung des „deutschen
Künstlers", von dem es heißt, er habe entweder keinen oder „den eines Albrecht
Dürer, Keppler, Hans Sachs, eines Luther und Jacob Böhme" (Nr. 125).[22] Kepp-
ler und Luther als deutsche Künstler zu bezeichnen ist so verblüffend wie
die Verbindung des Reformators mit Jacob Böhme, dem es – wie erwähnt –
doch gerade um die Erneuerung, die ‚Reformation der Reformation', die Über-
windung der ‚Mauerkirche', ging. Wenig später werden als „Nationalgötter der
Deutschen" nicht Hermann und Wodan genannt, sondern „die Kunst und die
Wissenschaft", für welche die bereits erwähnte Wolke der Autoren „Keppler,
Dürer, Luther, Böhme" steht, ergänzt um die späteren „Lessing, Winckelmann,
Goethe, Fichte" (Nr. 130).[23] Diese Namen dienen zur Charakterisierung literari-
scher Epochen und nationalliterarischer Entwicklungsstufen, ohne eine detail-
lierte Lektüre voraussetzen zu müssen.

Bereits in den *Ideen* findet sich aber die erstaunliche Behauptung, das Christentum sei eine „Religion des Todes", der die „alte Religion" der Griechen und
Römer als eine Religion „der Natur und des Lebens" gegenübergestellt werden
müsse (Nr. 138).[24] Gegenüber diesen historischen Vorstellungen von Religion
muss ein neuer, umfassender Begriff der Religion erst erarbeitet und durch
Beziehung auf das universale Bildungskonzept der Frühromantiker gerettet
werden. Schlegel bezeichnet Religion dieser Tendenz entsprechend in Nr. 4 als
„die allbelebende Weltseele der Bildung".[25] Sie sei „nicht bloß ein Theil der Bildung, sondern das Centrum aller übrigen, überall das Erste und Höchste, das
schlechthin Ursprüngliche" (Nr. 14).[26] Durch einen plakativen Hinweis auf Böhmes Erstlingsschrift *Aurora, oder Morgenröthe im Aufgang* wird diese negative
Charakteristik des Christentums konterkariert: „In der Religion ist immer Morgen und Licht der Morgenröthe" (Nr. 129).[27]

---

21   Fr. Schlegel, *Athenäums-Fragmente*, in: *Athenäum*, Bd. 1, S. 260,3 (vgl. KSA, Bd. 2, S. 217).
22   Fr. Schlegel, *Ideen-Fragmente*, in: *Athenäum*, Bd. 3, S. 25,10–12 (vgl. KSA, Bd. 2, S. 269).
23   Fr. Schlegel, *Ideen-Fragmente*, in: *Athenäum*, Bd. 3, S. 28,14–18 (vgl. KSA, Bd. 2, S. 269).
24   Fr. Schlegel, *Ideen-Fragmente*, in: *Athenäum*, Bd. 3, S. 29,19–22 (vgl. KSA, Bd. 2, S. 270).
25   Fr. Schlegel, *Ideen-Fragmente*, in: *Athenäum*, Bd. 3, S. 4,16 f. (vgl. KSA, Bd. 2, S. 256).
26   Fr. Schlegel, *Ideen-Fragmente*, in: *Athenäum*, Bd. 3, S. 6,14–17 (vgl. KSA, Bd. 2, S. 257).
27   Fr. Schlegel, *Ideen-Fragmente*, in: *Athenäum*, Bd. 3, S. 27,7 f. (vgl. KSA, Bd. 2, S. 269).

In dem Gespräch, das der *Rede über die Mythologie* im III. Band des *Athenäum* folgt, erscheint Böhme dann als der große Name hinter dem des Spinoza, der in der damaligen Zeit nach Friedrich Heinrich Jacobis breit rezipier-
ter Schrift *Über die Lehre des Spinoza in Briefen an den Herrn Moses Mendels-
sohn* (1785, ²1789, ³1819) umstritten war und mit Atheismus assoziert wurde.
Ludoviko, hinter dem sich unschwer die Gestalt Friedrich Schlegels ausmachen lässt, hatte seine Vorstellung des romantischen Integrationsprozesses der
Wissenschaften erläutert, deren Grundannahme darin besteht, dass „die Kraft
aller Künste und Wissenschaften sich in einem Zentralpunkt begegnet".[28] Sein
genialischer Entwurf einer Wissenschaftslehre zeigt in wenigen kräftigen Strichen auf, wie die Physik, „sofern es ihr nicht nur um technische Zwecke geht,
sondern um allgemeine Resultate zu tun ist, ohne es zu wissen, in Kosmogonie
gerät, in Astrologie, Theosophie oder wie ihr es sonst nennen wollt, kurz, in eine
mystische Wissenschaft vom Ganzen".[29] Man rekurriert an dieser Stelle auf Platon, empfiehlt aber doch Spinoza, „um den Urquell der Poesie in den Mysterien
des Realismus zu zeigen".[30] Ludoviko rechtfertigt seinen Hinweis auf Spinoza
mit den Worten: „Ich habe in der Rede selbst gesagt, daß ich den Spinoza nur
als Repräsentanten anführe. Hätte ich weitläuftiger sein wollen, so würde ich
auch vom großen Jacob Böhme geredet haben".[31] Diese in Aussicht gestellte
‚Weitläuftigkeit' hätte eine explizite Erweiterung des frühromantischen Denkraums erfordert, die nicht zu Gebote stand.

2.2   *Friedrich Schlegel*

Diese spärlichen Hinweise zum *Athenäum* können durch einige literarische
Notizen ergänzt werden, die Friedrich Schlegel in den Jahren 1797 bis 1801 ver-
fasst hat. Sie erweitern den Horizont der Schematisierung um die religiöse
Dimension, und zwar in erstaunlicher Weise. So schreibt er dort: „Böhme ist

---

28   Fr. Schlegel, *Gespräch über die Poesie*, in: *Athenäum*, Bd. 3, S. 108,14–16 (vgl. Fr. Schlegel,
      Schriften zur Literatur, ed. Rasch [1972] [Anm. 8], S. 309; KSA, Bd. 2, S. 324 f.). Benjamin,
      Lebensläufe, GS, Bd. 6, S. 219,1–8, bezeichnete im Jahr 1928 ganz im romantischen Geist
      als die „programmatische Absicht" seiner bisherigen Versuche, „den Integrationsprozess
      der Wissenschaften [...] durch eine Analyse des Kunstwerks zu fördern, die in ihm einen
      integralen [...] Ausdruck der [...] Tendenzen einer Epoche erkennt".

29   Fr. Schlegel, *Rede über die Mythologie*, in: *Athenäum*, Bd. 3, S. 108,25–30 (vgl. KSA, Bd. 2,
      S. 324).

30   Fr. Schlegel, *Rede über die Mythologie*, in: *Athenäum*, Bd. 3, S. 109,8 f. (vgl. KSA, Bd. 2, S. 324).

31   Fr. Schlegel, *Rede über die Mythologie*, in: *Athenäum*, Bd. 3, S. 109,15–18 (vgl. KSA, Bd. 2,
      S. 324). Zu Böhme und Spinoza siehe Josef Körner, ‚Friedrich Schlegels philosophische
      Lehrjahre', in: *Friedrich Schlegel: Neue philosophische Schriften*, hg. von Josef Körner, Frank-
      furt a.M. 1935, S. 1–114; Michael Elsässer, ‚Einleitung', in: Friedrich Schlegel, *Transzenden-
      talphilosophie*, hg. von M. Elsässer, Hamburg 1991, S. IX–XLI, hier S. XXIII–XXVI.

der einzige außer Dante der das Chr[istenthum] *katholisch* genommen hat" (Nr. 1650).[32] ‚Katholisch' ist hier wohl im griechischen Wortsinne als „allgemein" und „allgemeinverbindlich" zu verstehen. Die Zusammenstellung mit Dante überrascht auf jeden Fall. Der Horizont der ‚deutschen Poesie' wird in einer anderen Notiz umstandslos europäisch bestimmt, wobei auch hier Böhme einen Eckpunkt darstellt. „Deutsche Poesie – Shakespeare – Böhme – Burgund" heißt es in Nr. 2056.[33] Unter Rückbeziehung auf Homer als Fixpunkt der Antike schreibt Friedrich Schlegel wenig später: „Dante, Böhme und Shakespeare machen ein Dreieck, zusammen der moderne Homer".[34] Das Selbstverständnis der Moderne hänge an diesen Namen – eine Antwort auf die virulente Frage, wie denn die *quèrelle des anciens et des modernes* für die Frühromantiker zu entscheiden sei.[35] Auch die Fokussierung auf die deutsche Poesie kommt für Friedrich Schlegel nicht ohne den Namen Böhmes aus, der eine neue Epoche bezeichnet. „Die dritte Epoche der deutschen Poesie (1. Burgundisch 2. schwäbisch) ist J. Böhme" (Nr. 2160).[36] Den Dichter Böhme betont erneut eine Notiz über das „unglückliche Schicksal der Dichter in der ‚neuen Zeit', das schon in den Italiänern, Spaniern, Shakespeare sichtbar" sei. „Auch im Böhme, auch in der Mahlerei" (Nr. 2189).[37]

Zwei Notizen lassen eine intimere Kenntnis der Texte vermuten. Die Frage „Sollten sich denn nicht auch die Geister küssen, umarmen, befruchten, Eins werden?" (Nr. 1489)[38] erläutert der Herausgeber Hans Eichner durch Hinweis auf eine Stelle in der *Aurora*:

Siehe, was die Gottheit thut, das thun sie [die Engel] auch, wenn die Geister Gottes in sich fein lieblich einander gebären, und ineinander aufsteigen, als ein liebliches Halsen, Küssen, und von einander Essen.[39]

---

32 Fr. Schlegel, *Fragmente zur Poesie und Literatur 1797–1801*, ed. Eichner, LN, S. 170 (vgl. KSA, Bd. 16, S. 262 [IX. 95]).

33 Fr. Schlegel, *Fragmente zur Poesie und Literatur 1797–1801*, ed. Eichner, LN, S. 207 (vgl. KSA, Bd. 16, S. 315 [IX. 734]).

34 Fr. Schlegel, *Fragmente zur Poesie und Literatur 1797–1801*, ed. Eichner, LN, S. 209 (vgl. KSA, Bd. 16, S. 317).

35 Vgl. Hans Robert Jauß, „Schlegels und Schillers Antwort auf die *querelle des anciennes et des modernes*", in: *Literaturgeschichte als Provokation der Literaturwissenschaft*, Frankfurt a.M. 1970, S. 67–106.

36 Fr. Schlegel, *Fragmente zur Poesie und Literatur 1797–1801*, ed. Eichner, LN, S. 218 (vgl. KSA, Bd. 16, S. 333 [IX. 936]).

37 Fr. Schlegel, *Fragmente zur Poesie und Literatur 1797–1801*, ed. Eichner, LN, S. 221 (vgl. KSA, Bd. 16, S. 336 [IX. 972]).

38 Fr. Schlegel, *Fragmente zur Poesie und Literatur 1797–1801*, ed. Eichner, LN, S. 156 (vgl. KSA, Bd. 16, S. 219 [VII. 209]).

39 Nachweis bei Hans Eichner, LN, S. 283: „Schiebler, Leipzig 1822, Band II, 120".

Eine grundsätzliche Notiz markiert Fehlstellen in der Poesie, die später durch Hinweis auf Böhme abgemildert werden sollen. „Der Poesie fehlt es gerade an Principien, der Philosophie an einem Organon; die erste soll Wissenschaft werden, die andre Kunst" (Nr. 1673).[40] Eichner verweist auf die entsprechende Stelle in Friedrich Schlegels Zeitschrift *Europa*, in der die Poesie ganz im Sinne von Schelling inthronisiert wird:

> Die Poesie also betrachten wir als die erste und höchste aller Künste und Wissenschafen; denn auch Wissenschaft ist sie im vollsten Sinn, dieselbe, welche Plato Dialektik, Jacob Böhme aber Theosophie nannte, die Wissenschaft von dem, was allein wahrhaft und wirklich ist.[41]

Ins Zentrum der Schlegelschen Spekulationen über Böhme führt dann ein zunächst ganz unscheinbares Fadenkreuz mit den Namen Petrarca und Cervantes sowie Shakespeare und Dante, das auf der nächsten Seite des Manuskripts durch ein Quadrat geplanter eigener Werke ergänzt wird (Nr. 2027).[42] Ganz oben im Schema steht ‚Aurora', der Titel für ein Werk, in dem Schlegel seine Naturphilosophie darstellen wollte, das in einem gewissen Stadium „ganz böhmisch" gedacht war.[43] Noch im Jahr 1807 hielt er seine ‚Aurora' für notwendig, um „an die Stelle des *Paradise lost* und des Messias [sc. Klopstocks] etwas andres ächt poetisches und christliches zu setzen".[44] Links im Quadrat finden sich die Namen Lucinde, Maria, Faust, Messias, rechts die Genres Dithyramben, Kosmogonie und Titanomachie, unten ein Hercules. Diese Pläne lassen sich bis in den Herbst des Jahres 1792 zurückverfolgen, realisiert wurde nur die *Lucinde*.

Dass auch Friedrich Schlegel das Populäre und das Romantische auf der Ebene der Terminologie in eine erstaunlich enge Verbindung brachte, zeigt das Fragment Nr. 153: „Je populärer ein alter Autor ist, je romantischer ist er".[45] Darin liege „das Prinzip der neuen Auswahl" der Modernen.[46]

---

40   Fr. Schlegel, *Fragmente zur Poesie und Literatur 1797–1801*, ed. Eichner, LN, S. 171 (vgl. KSA, Bd. 16, S. 264 [IX. 124]).

41   Fr. Schlegel, *Uebersicht der neuesten Fortschritte der Physik*, in: *Europa. Eine Zeitschrift* [Anm. 17], Bd. I,1, S. 48,4–9 (vgl. LN, ed. Eichner, S. 290) (vgl. KSA, Bd. 3, S. 7,21–25).

42   Fr. Schlegel, *Fragmente zur Poesie und Literatur 1797–1801*, ed. Eichner, LN, S. 204 (vgl. KSA, Bd. 16, S. 311 [IX. 683]).

43   Fr. Schlegel, *Fragmente zur Poesie und Literatur 1797–1801*, ed. Eichner, LN, S. ca. 204 (vgl. KSA, Bd. 16, S. ca. 311).

44   Fr. Schlegel, *Fragmente*, ed. Eichner, LN, S. 300 (vgl. KSA, Bd. 16).

45   Fr. Schlegel, *Athenäums-Fragmente*, in: *Athenäum*, Bd. 1, S. 215,23 f. (vgl. KSA, Bd. 2, S. 189).

46   Fr. Schlegel, *Athenäums-Fragmente*, in: *Athenäum*, Bd. 1, S. 215,24 (vgl. KSA, Bd. 2, S. 189).

2.3   Novalis

Diese Tendenz scheint Novalis aufzunehmen, wenn er in den *Blüthenstaub*
betitelten Fragmenten im ersten Heft des *Athenäum* schreibt: „Das Höchste
ist das Verständlichste [...]",[47] und die erstaunliche Frage stellt: „Ob sich nicht
etwas für die neuerdings so sehr gemißhandelten Alltagsmenschen sagen
ließe?"[48] Es bedeutet aber schon einen Unterschied, Böhme als eine Funktion
im Koordinatensystem literaturgeschichtlicher Schematisierungen anzusetzen
oder ihn aus dem innigen Gefühl eines lesenden Weltkindes hervorgehen zu
lassen, wie es im Gedicht *An Tieck* geschieht.

Auf eine erste Beschäftigung mit den Texten Böhmes könnte eine Bemerkung im Brief an Friedrich Schlegel vom Dezember 1797 hindeuten: „Daß wir
uns sehen könnten! Meine und Deine Papiere gegeneinander auszuwechseln!
Du würdest viel Theosophie und Alchimie finden!".[49] Ein Jahr später berichtet Friedrich Schlegel an Novalis: „Tieck studiert den Jacob Böhme mit großer
Liebe. Er ist da gewiß auf dem rechten Wege".[50] Im Jahr 1798 hatte auch Savigny erfahren, dass „Jacob Böhme jetzt Tiecks und Friedrich Schlegels Held
sein soll".[51] Tieck war es angeblich, der Böhme für die Frühromantiker wiederentdeckt und so die „Schwärmerei"[52] für den Mystiker ausgelöst hatte. Aus
Jena meldete dieser zwei Jahre später gegen Ostern 1800 triumphierend: „Ich
bekehre hier alle Leute zu ihm und bin sein Prediger".[53] Im Juni 1800 machte
Friedrich Schlegel dem Freund Schleiermacher ein Studium Böhmes mehr
oder weniger zur Pflichtaufgabe, „weil in ihm gerade das Christentum mit zwei
Sphären in Berührung steht, wo jetzt der revolutionäre Geist fast am schönsten
wirkt – Physik und Poesie".[54] Die 1802 erwogene eigene Arbeit kam zwar nicht
zustande, aber in der Lessing-Auswahl aus dem Jahr 1797 war Böhme mehrfach präsent. Auf die Höhe seiner Begeisterung für den Philosophen Böhme
gelangt er dann 1805 in den Kölner Vorlesungen, in denen der Görlitzer Schuh-

---

47   Novalis, *Blüthenstaub*, in: *Athenäum*, Bd. 1, S. 72,22 (vgl. Novalis, *Blüthenstaub*, ed. Samuel,
      Schriften, Bd. 2, S. 417,1 f. [Nr. 11]).

48   Novalis, *Blüthenstaub*, *Athenäum*, Bd. 1, S. 83,5 f. (vgl. Novalis, *Blüthenstaub*, ed. Samuel,
      Schriften, Bd. 2, S. 431,20 f. [Nr. 46]).

49   Novalis, *Brief an Friedrich Schlegel vom 26. Dezember 1797*, ed. Samuel, *Schriften*, Bd. 4,
      S. 242,19 f.

50   Fr. Schlegel, *Brief an Novalis vom 2. Dezember 1798*, KSA, Bd. 24, S. 207.

51   Vgl. Körner, *Friedrich Schlegels philosophische Lehrjahre* (1935) [Anm. 31], S. 70.

52   Vgl. Körner, *Friedrich Schlegels philosophische Lehrjahre* (1935) [Anm. 31], S. 70. Dieser Aus-
      druck war der weiteren Rezeption nicht förderlich.

53   Vgl. Körner, *Friedrich Schlegels philosophische Lehrjahre* (1935) [Anm. 31], S. 70.

54   Fr. Schlegel, *Brief an Friedrich Schleiermacher ohne Datum*, ed. Jonas / Dilthey, *Aus Schleier-
      macher's Leben*, Bd. 3, S. 192,32–34 (vgl. Körner, *Friedrich Schlegels philosophische Lehrjahre*
      (1935) [Anm. 31], S. 70).

macher als Überwinder Fichtes bezeichnet wird, der das Ziel Schlegels, den „vollendeten, absoluten Idealismus", verwirklicht habe.[55] Böhme wird in diesem Zusammenhang nicht als Selbstdenker, Nicht-Gelehrter und Kritiker der Mauerkirche geschätzt, sondern als Theosoph, visionärer Religionsphilosoph und absoluter Idealist, dessen Gegenstand die „Wissenschaft von der höchsten Realität, d.h. von der Gottheit der Natur und ihren Verhältnissen" sei.[56] Die Einfalt des abseits vom Wissenschaftsbetrieb stehenden *idiota*, die im Gedicht des Novalis eine zentrale Rolle spielt, bleibt dabei weitgehend auf der Strecke. Immerhin wird sie in der Erläuterung der ‚Form' von Böhmes Philosophie, die eine ‚Philosophie der Offenbarung' sei, angedeutet. Diese zeige uns,

> wie dem Menschen, dem es mit christlichem Ernst um die Wahrheit zu thun ist, blos sich selbst überlassen, ohne alle Anstrengung und äußere Hülfsmittel, nur Gott und der guten Sache vertrauend, eine ungewöhnliche Erkenntnis gleichsam von selbst zufällt [...].[57]

Diese Einfalt ist und bleibt das Rezeptionsmedium des Wissens von der ‚höchsten Realität'.

Das weitausgreifende Gedicht *An Tieck* stellt die erste große Hommage der Frühromantiker an Jacob Böhme dar. Es zirkulierte im Jenaer Kreis in Abschriften. August Wilhelm Schlegel schreibt im November 1800 an Tieck: „Von Hardenberg habe ich noch das Lied an Dich über Jacob Böhme".[58] Es heißt:

> Ein Kind voll Wehmut und voll Treue,
> Verstoßen in ein fremdes Land,
> Ließ gern das Glänzende und Neue,
> Und blieb dem Alten zugewandt.

---

55   Vgl. Körner, *Friedrich Schlegels philosophische Lehrjahre* (1935) [Anm. 31], S. 71, mit Hinweis auf die Äußerungen über Jacob Böhme in: Fr. Schlegel, *Philosophische Vorlesungen aus den Jahren 1804–1806*, ed. Windischmann, Bd. 2, S. 424,1–429,14 (vgl. KSA, Bd. 12, S. 256–260).

56   Fr. Schlegel, *Philosophische Vorlesungen aus den Jahren 1804–1806*, KSA, Bd. 12, S. 258. (vgl. Körner, *Friedrich Schlegels philosophische Lehrjahre* [1935] [Anm. 31], S. 71).

57   Fr. Schlegel, *Philosophische Vorlesungen aus den Jahren 1804–1806*, ed. Windischmann, Bd. 2, S. 425,25–29 (vgl. KSA, Bd. 12, S. 257).

58   A.W. Schlegel, *Brief an Ludwig Tieck vom 23. November 1800*, ed. Von Holtei, *Briefe an Tieck*, Bd. 3, S. 241,10 f. Vgl. *Digitale Edition der Korrespondenz August Wilhelm Schlegels* (Philipps-Universität Marburg; Trier Center für Digital Humanities; Sächsische Landesbibliothek – Staats- und Universitätsbibliothek Dresden [SLUB]; Deutsche Forschungsgemeinschaft); aufrufbar unter: https://august-wilhelm-schlegel.de/briefedigital/letters/view/ 1345?left= text&right=manuscript&query_id=5e534934f067c.

Nach langem Suchen, langem Warten,
Nach manchem mühevollen Gang,
Fand es in einem öden Garten
Auf einer längst verfallnen Bank

Ein altes Buch mit Gold verschlossen,
Und nie gehörte Worte drin;
Und, wie des Frühlings zarte Sprossen,
So wuchs in ihm ein innrer Sinn.

Und wie es sitzt, und liest, und schauet
In den Kristall der neuen Welt,
An Gras und Sternen sich erbauet,
Und dankbar auf die Kniee fällt:

So hebt sich sacht aus Gras und Kräutern
Bedächtiglich ein alter Mann,
Im schlichten Rock, und kommt mit heiterm
Gesicht ans fromme Kind heran.

Bekannt doch heimlich sind die Züge,
So kindlich und so wunderbar;
Es spielt die Frühlingsluft der Wiege
Gar seltsam mit dem Silberhaar.

Das Kind faßt bebend seine Hände,
Es ist des Buches hoher Geist,
Der ihm der sauern Wallfahrt Ende
Und seines Vaters Wohnung weist.

Du kniest auf meinem öden Grabe,
So öffnet sich der heilge Mund,
Du bist der Erbe meiner Habe,
Dir werde Gottes Tiefe kund.

Auf jenem Berg als armer Knabe
Hab ich ein himmlisch Buch gesehn,
Und konnte nun durch diese Gabe
In alle Kreaturen sehn.

Es sind an mir durch Gottes Gnade
Der höchsten Wunder viel geschehn;
Des neuen Bunds geheime Lade
Sahn meine Augen offen stehn.

Ich habe treulich aufgeschrieben,
Was innre Lust mir offenbart,
Und bin verkannt und arm geblieben,
Bis ich zu Gott gerufen ward.

Die Zeit ist da, und nicht verborgen
Soll das Mysterium mehr sein.
In diesem Buche bricht der Morgen
Gewaltig in die Zeit hinein.

Verkündiger der Morgenröte,
Des Friedens Bote sollst du sein.
Sanft wie die Luft in Harf und Flöte
Hauch ich dir meinen Atem ein.

Gott sei mit dir, geh hin und wasche
Die Augen dir mit Morgentau.
Sei treu dem Buch und meiner Asche,
Und bade dich im ewgen Blau.

Du wirst das letzte Reich verkünden,
Was tausend Jahre soll bestehn;
Wirst überschwenglich Wesen finden,
Und Jakob Böhmen wiedersehn.[59]

Briefliche Zeugnisse und die Schriftzüge legen als Zeit der Abfassung das Frühjahr 1800 nahe. Das Gedicht formuliert so einprägsam wie unbestimmt die Hoffnungen, die im Umkreis der Zeitschrift *Athenäum* auf Jacob Böhme gesetzt wurden. Voraussetzung für eine produktive Rezeption und Wirkung der Lehre ist ein ‚kindliches‘ Gemüt, das durch ‚Wehmut‘ und ‚Treue‘ gekennzeichnet ist und sich den Anforderungen des Zeitgeists durch eine Art unfreiwilliges

---

59   Novalis, *An Tieck*, ed. Samuel, *Schriften*, Bd. 1, S. 411,1–413,4; vgl. ebd., S. 623 f. mit Lesarten
        und Varianten.

Exil entzieht. In dem in einem ‚öden Garten' aufgefundenen Buch, bei dem es sich wohl um eine Prachtausgabe der *Morgenröte* handelt, liest es ‚nie gehörte Worte'. Die Lektüre löst spontan einen inneren Reifungsprozess aus, der das Kind in die Lage versetzt, das Buch als ‚Kristall der neuen Welt' zu nutzen, der es unmittelbar zu ganzheitlichen kosmologischen wie biologischen Einsichten führt. Dem Garten entsteigt daraufhin der ‚hohe Geist' dieses Buches, der eine gewisse Ähnlichkeit mit der Physiognomie Böhmes aufweist, wie die bildlichen Zeugnisse des Görlitzers belegen. Mit dieser Begegnung gelangt die Lebensgeschichte des Kindes, die als Exil und Pilgerschaft bezeichnet wurde, an ein vorläufiges Ende. Es kommt nach Hause, der Weg zu ‚des Vaters Wohnung' wird ihm klar. Der Garten erscheint auf dieser Stufe als ein Friedhof, das Kind wird auf dem Grabe als Erbe inthronisiert. Der ‚alte Mann' berichtet von seiner Erweckung, die ihn zu der Gabe geführt habe, ‚in alle Kreaturen' zu sehen, ebenfalls durch ein ihm gezeigtes ‚himmlisch Buch'. Der Bericht endet mit einem Hinweis auf das friedliche Ableben des Alten und der Verkündigung einer neuen Zeit, die an das vom Kind aufgefundene Buch geknüpft wird (‚In diesem Buche bricht der Morgen / Gewaltig in die Zeit hinein'). Das Kind wird zum ‚Verkündiger der Morgenröte'[60] bestimmt und erhält den Atem des Buchschöpfers eingehaucht. Zur Parusie-Erwartung tritt in der letzten Strophe ein eschatologischer Hinweis auf das ‚letzte Reich', von dem gesagt wird, dass es ‚tausend Jahre soll bestehn', eine für uns schwer belastete Vorstellung, die Novalis und seinen Zeitgenossen sehr vertraut war und bereits in Jacob Böhmes *Weg zu Christo* aus dem Jahr 1624 begegnet. Der letzte Vers kündigt in fast blasphemischer Weise als Fixpunkt dieses imaginierten Prozesses ein Wiedersehen mit Jacob Böhme an.

2.4   *Johann Wilhelm Ritter*

Im Gedicht *An Tieck* stehen ‚Gras und Sterne' für den gesamten Bereich der Natur, der in der Physik reflektiert wird. In welcher Form der ‚revolutionäre Geist' in der Sphäre der Physik, dem anderen Pol der romantischen Gesamtwissenschaftslehre, wirkte, zeigen die Schriften Johann Wilhelm Ritters, dem heute in der Forschung wieder mehr Aufmerksamkeit geschenkt wird. Eine neue phantasievolle Biographie belebt das Interesse zusätzlich.[61]

---

60   Gerhard Wehr, „Aspekte der Wirkungsgeschichte Jacob Böhmes", in: Garewicz / Haas, *Gott, Natur und Mensch* (1994) [Anm. 13], S. 175–196, hier S. 191, appliziert diesen Titel umstandslos auf Böhme selbst.

61   Vgl. Walter W. Wetzels, *Johann Wilhelm Ritter: Physik im Wirkungsfeld der deutschen Romantik*, Berlin/New York 1973; Klaus Richter, *Das Leben des Physikers Johann Wilhelm Rit-*

Nicht nur unter den Frühromantikern genoss dieser ‚junge Physiker' das höchste Ansehen. Goethe charakterisierte Ritter, den genialischen Mittelpunkt der Jenaer *scientific community*, in einem Brief vom 28. September 1800 an Schiller als „eine Erscheinung zum Erstaunen, ein wahrer Wissenshimmel auf Erden".[62] Noch stärker hebt Novalis seine Bedeutung heraus: „Ritter ist Ritter, und wir sind nur Knappen. Selbst Baader ist nur sein Dichter", schreibt er am 20. Januar 1799 an Caroline Schlegel.[63] Benjamin fügt erläuternd hinzu:

> Was Ritter und Novalis miteinander verband, ist von der Art, daß dies Wort mehr enthält als eine Rangbestimmung von Ritters Tätigkeit für die Romantisierung der Naturwissenschaften; es zielt zugleich auf die menschliche Haltung, die wohl bei keinem Romantiker vornehmer und gegenwartsfremder zugleich war.[64]

An Scholem berichtet er am 5. März 1924 über die Lektüre der *Fragmente aus dem Nachlass eines jungen Physikers*, die 1810, im Todesjahr Ritters, erschienen sind. Diese hätten ihm „ein Licht darüber aufgesteckt [...], was eigentlich romantische Esoterik wirklich ist. Dagegen ist Novalis ein Volksredner".[65] Olaf Müller, der sich mit Erfolg und überzeugenden Experimenten um die Wiederaufnahme von Goethes Streit mit Newton um die Farben bemüht hat,[66] bezeichnet Ritter gar als „einen der brillantesten Naturwissenschaftler des frühen Jahrhunderts".[67] Zu seinen unbestreitbaren Verdiensten gehört u. a. die Entdeckung der Anfänge der Elektrolyse, die Erfindung des Akkus und die Begründung der Elektrochemie, was ihm sogar Wilhelm Ostwald hoch anrechnete. Den Gedanken der Polarität konkretisierte er zur messbaren Symmetrie.

---

ter: ein Schicksal in der Zeit der Romantik, Weimar 2003 (mit einer umfangreichen Bibliographie auf S. 185–265); Thea Dorn, *Die Unglückseligen*, München 2016.

62   Goethe, *Brief an Friedrich Schiller vom 28. September 1800*, in: *Der Briefwechsel zwischen Schiller und Goethe*, nach den Handschriften des Goethe- und Schiller-Archivs hg. von Hans Gerhard Gräf und Albert Leitzmann, Frankfurt a.M./Wien/Zürich 1964, S. 703 (Nr. 768). Die Begegnung fand einen Tag zuvor, am Abend des 27. September 1800, statt, wie aus den Tagebüchern Goethes hervorgeht; vgl. Goethe, *Tagebücher*, ed. Stiftung Weimarer Klassik, Bd. 2,1, S. 385.

63   Novalis, *Brief an Caroline Schlegel vom 20. Januar 1799*, ed. Samuel, *Schriften*, Bd. 4, S. 275,33 f.

64   Benjamin, *Deutsche Menschen*, GS, Bd. 4, S. 176,3–8.

65   Benjamin, *Brief an Gerhard Scholem vom 5. März 1924*, GB, Bd. 2, S. 437,31–33.

66   Olaf Müller, *Mehr Licht: Goethe mit Newton im Streit um die Farben*, Frankfurt a.M, 2015. Das dritte Kapitel enthält eine umfangreiche Darstellung von Ritters Werks, mit einer ausführlichen Biographie (S. 235–257).

67   Müller, *Mehr Licht* (2015) [Anm. 67], S. 235.

Auf diese Weise entdeckte er, nach F.W. Herschels Bericht über das Infrarot-
Licht am roten Ende des Farbenspektrums, das ultraviolette Licht auf der ande-
ren, für unsere Augen gleichermaßen unsichtbaren Seite, am blauen Ende der
Skala. Eins der *Fragmente* (Nr. 358) berichtet kurz über „Herschels und Ritters
Entdeckungen" wie über allgemein bekannte Tatsachen.[68] Gleich nach dieser
Entdeckung im Jahr 1800 besuchte Ritter Goethe, um ihm von seinem Fund zu
berichten. Nach einigen Jahren (1808) veröffentlichte er seinen Aufsatz über
*Ein Schreiben des Geh. Rath von Göthe an J. W. Ritter, Herschels thermometrische
Versuche in den Farben des Lichts vom 7. März 1801.*[69] Ein Streit beendete damals
die Fortsetzung der Zusammenarbeit. Der Austausch und der persönliche Kontakt ließen eine Zusammenarbeit mit Ritter nicht zu, dem zwar „Geradheit"
und „Urteil" in hohem Maße zu Gebote standen, aber nicht die für eine gedeih-
liche, auf Dauer angelegte Kooperation unerläßliche „Verträglichkeit".[70] Olaf
Müller ist der Überzeugung, dass Goethe in Ritter seinen „stärksten wissenschaftlichen Verbündeten verloren hatte".[71]

Die Zusammenarbeit mit dem Hamburger Maler Philipp Otto Runge, ein
weiterer, mit Jacob Böhme vertrauter und vielversprechender Kandidat für eine
Kooperation in Sachen Farbenlehre, gestaltete sich erfreulicher. Runges Farbenkugel und einige Briefe wurden in die Ausgabe der Farbenlehre von 1810
aufgenommen. Der Maler starb leider im Jahr des Erscheinens, so dass Goethe wiederum ohne wissenschaftlichen Beistand blieb. Diese Rolle hatte er
für den jungen Schopenhauer vorgesehen, der sich durch seine Dissertation
empfohlen hatte und Jacob Böhme ebenfalls sehr schätzte.[72] Sein Versuch, im
Winter 1813/14 den jungen, eben promovierten Sohn der befreundeten Johanna
Schopenhauer als Proselyten und Progagandisten für seine Farbenlehre zu
aquirieren, war ebenfalls nicht von Erfolg gekrönt. Im Zuge seines Studiums
war Schopenhauer selbstverständlich nicht nur mit dem Namen Ritters, son-

---

68   Ritter, *Aus dem Nachlasse eines jungen Physikers*, ed. Dietzsch, S. 166,9; dazu ebd., Anmer-
      kungen, S. 389 f.

69   Vgl. Goethe, *Ein Schreiben des Geh. Rath von Göthe an J. W. Ritter, Herschels thermometri-
      sche Versuche in den Farben des Lichts vom 7. März 1801*, in: *Journal für die Chemie, Physik
      und Mineralogie*, hg. von A.F. Gehlen, Bd. 6 (1808), S. 719–728; zum Austausch mit Goethe
      vgl. die Angaben in Rose Unterberger, *Goethe-Chronik*, Frankfurt a.M. 2002, S. 231, S. 234,
      S. 251 f. und S. 278.

70   Goethe, *Westöstlicher Divan*, in: *Sämtliche Werke*, Bd. 1,3, *Buch der Sprüche*, S. 364.

71   Müller, *Mehr Licht* (2015) [Anm. 67], S. 245.

72   Vgl. Andrew Weeks, „Schopenhauer und Böhme", in: *Schopenhauer-Jahrbuch* 73 (1992),
      S. 7–15; Thomas Regehly, „Fabula docet: Vom Oupnek'hat über Irenäus zu Böhme, Schel-
      ling und Schopenhauer", in: *Philosophien des Willens: Böhme, Schopenhauer, Schelling*, hg.
      von Günther Bonheim und Thomas Regehly, Berlin 2008 (BS 2), S. 81–104.

dern auch mit dessen Texten konfrontiert worden. So erwähnte sein Lehrer Blumenbach in der Mineralogie-Vorlesung vom Wintersemester 1809/10 „die sympathetischen Pendelversuche, die besonders von Ritter behauptet worden sind".[73] Diese Versuche stehen im Hintergrund des Auspendelns im elften Kapitel des zweiten Buches von Goethes 1809 erschienenen *Wahlverwandtschaften*. Ritter, für den ‚Wahlverwandtschaft' eine Art Leitbegriff und Forschungsprogramm in nuce war,[74] hatte den Pendler Campetti aus Italien nach München geholt. Schelling berichtete ausführlich über dessen Versuche, was Goethe mit größtem Interesse zur Kenntnis nahm und in seinen Roman einflocht.[75] Schopenhauer konnte das Entstehen dieses Buchs aus nächster Nähe verfolgen, als er in Gotha und Weimar in kürzester Zeit seine Gymnasialausbildung nachholte, um dann studieren zu können. Goethe bat ihn persönlich, den Druck an einen „theuren Freund", Prof. Georg Sartorius in Göttingen, zu expedieren.[76] Jahre später fasst er die Intention „des modernsten Buches, das Goethe geschrieben hat" in einer Weise zusammen,[77] die an die innerste Tendenz seines Hauptwerks erinnert.[78]

Die ohne Angabe des Verfassers von ihm selbst herausgegebene Schrift *Fragmente aus dem Nachlass eines jungen Physikers* enthält eine Vorrede des Herausgebers, die Walter Benjamin als bedeutendste Bekenntnisprosa der Frühromantik bezeichnet hat.[79] In diesem Bericht, der in sorgfältig abgestufter Weise

---

73   Vgl. Schopenhauer, *Transkription seiner Vorlesungsmitschrift aus Blumenbachs Mineralogie (WS 1809/1810)*, in: *„… die Kunst zu sehn": Arthur Schopenhauers Mitschriften der Vorlesungen Johann Friedrich Blumenbachs (1809–1811)*, hg. von Jochen Stollberg und Wolfgang Böker, mit einer Einführung von Marco Segala, Göttingen 2013, S. 84,1 f.

74   Ritter, *Aus dem Nachlasse eines jungen Physikers*, ed. Dietzsch, S. 70,22–24.

75   Nachweise in Goethe, *Werke*, ed. Trunz, Bd. 6, S. 722; Unterberger, *Goethe-Chronik* (2002) [Anm. 69], S. 278.

76   Vgl. Schopenhauer, *Sämtliche Werke*, ed. Deussen, Bd 16, S. 104 (Dokument Nr. 9). Vgl. Thomas Regehly, „‚Licht aus dem Osten': Wechsellektüren im Zeichen des *Westöstlichen Divans* und anderer Werke Goethes und Schopenhauers", in: *Schopenhauer und Goethe: Biographische und philosophische Perspektiven*, hg. von Daniel Schubbe und Sören Fauth, Hamburg 2014, S. 59–97, hier S. 91.

77   Erich Trunz, ‚Nachwort zu Goethe, *Die Wahlverwandtschaften*', in: Goethe, *Werke*, ed. Trunz, Bd. 6, S. 672–688, hier S. 673.

78   Vgl. Arthur Schopenhauer, *Die Welt als Wille und Vorstellung*, *Sämtliche Werke*, ed. Hübscher, Bd. 10, S. 336 f.: „Auch den Wahlverwandtschaften Goethes liegt […] wenngleich ihm unbewußt, der Gedanke zum Grunde, daß der Wille, der die Basis unseres eigenen Wesens ausmacht, der selbe ist, welcher sich schon in den niedrigsten, unorganischen Erscheinungen kund giebt, weshalb die Gesetzmäßigkeit beider Erscheinungen vollkommene Analogie zeigt".

79   Benjamin, *Deutsche Menschen*, GS, Bd. 4, S. 176,34–177,2; im *Denkbild ‚Ich packe meine Bibliothek aus'* von 1931 ist nur noch, ebd., S. 394,25 f., von „Prosa" die Rede.

drei Adressatenkreise ins Auge fasst – das Publikum, die Freunde und schließlich die Geliebte –, enthält einen bedeutsamen Hinweis darauf, inwiefern die
romantische Naturphilosophie sich von der traditionellen Wissenschaft unterscheidet. So wie von Herder gesagt wird, dass es „mehr das Herz" war, das „sich
der Welt erschloss und diese ihn", während alle anderen „nichts als einen Kopf
daranzusetzen haben",[80] lassen sich die folgenden Sätze auf die Voraussetzung
von Böhmes Einsichten beziehen, die durch die Ausdrücke ‚Geheimnis' und
‚Treue' (Novalis), vor allem aber durch die Erfahrung Gottes charakterisiert
werden können. Für das Sprechen über die Natur gelte eine unumstößliche
Regel:

> [...] wer Gott in seinem Innern nicht erfahren, und nur aus Treue gegen
> diesen eine jede andere, und unter seinem Angesichte nur, übt, – der
> unterlasse, von etwas zu sprechen, was er dann nur der Figur nach hat;
> außerdem versündigt er sich.[81]

Selbstverständlich erschöpft sich Ritters Bestreben nicht darin, von diesen Voraussetzungen zu sprechen, wie seine Forschungsarbeiten zeigen,[82] aber sie
schwingen immer mit.

In den *Fragmenten* selbst finden sich zwei explizite Erwähnungen Böhmes.
In der einen Notiz geht es um die theosophische Bestimmung des Eisens in der
Aurora, in der zweiten um Böhmes Farbenlehre. In beiden Fällen wird Böhme
als unbestrittene Autorität herangezogen, im zweiten Fall durch ein explizites
Zitat aus der ersten Schrift Böhmes. Das Fragment Nr. 51 lautet:

> Alle Stoffe auf Erden scheinen zerlegtes Eisen zu seyn. Eisen ist der Kern
> der Erde, ‚der sichtbare Quellgeist der Erde' (Jac. Böhme). Auch ist es ein
> Oxyd; es wird zerlegt in reinen Brennstoff und in reinen Sauerstoff, und in
> alle Mittelglieder dazwischen. Es ist der dynamische Aequator der Erde,
> unter ihm steht die Sonne des Magnetismus senkrecht. – Alle Stoffe auf
> Erden zusammen genommen, müßten zum Product Eisen geben müssen.
> Dieses ideale Eisen herzustellen, ist die Tendenz aller chemischen Action.
> Denn das dynamische Mittel der Erde muß sich immer wieder neu her-

---

80   Ritter, *Aus dem Nachlasse eines jungen Physikers*, ed. Dietzsch, S. 23,24–28.
81   Ritter, *Aus dem Nachlasse eines jungen Physikers*, ed. Dietzsch, S. 24,10–13.
82   Vgl. Johann Wilhelm Ritter, *Entdeckungen zur Elektrochemie, Bioelektrochemie und Photochemie*, aus seinen Abhandlungen ausgewählt, eingeleitet und erläutert von Hermann
Berg und Klaus Richter, Leipzig 1986. Der Band enthält eine vorzügliche Einleitung von
Hermann Berg und Klaus Richter, ‚Ritters Leben und Werk', ebd., S. 6–40.

stellen, der Repräsentant desselben aber ist das Eisen. Allerlei chemische Proceß auf Erden ist Regenerationsprozeß der Erde; dieses drückt sich zuerst aus in der beständigen Regeneration der Schwere, und diese ist nur das Phänomen dieses Processes; so müssen sich alle Processe in Schwere auflösen. – Das Eisen im Blut und in organischen Substanzen überhaupt, sollte es nicht wirklich schon aus dem idealen Eisen, was überall construirt wird, blos niederfallen?[83]

Die Bedeutung des Eisens machte bereits eines der allerersten Fragmente deutlich, das die Frage aufwirft: „Ist Eisen dasjenige Metall, aus dem alle übrigen entstehen, entstanden sind?" (Nr. 4).[84] Im Sinne einer romantischen ,Naturgeschichte' vermutet Ritter, dass Metall einst „in allen organischen Wesen enthalten gewesen, ja selbst ein solches gewesen sein" kann (Nr. 9).[85] Die Weltkörper selbst stellen Stufen der Potenzierung des Eisens dar, wie Ritter in einer weitausgreifenden Spekulation vermutet. „Die Erde ist ein solches potenziertes Eisen, darum ist sie rund" (Nr. 67).[86] Die Sonne, so wird der Gedanke konsequent fortgesetzt, „ist das Eisen der Planeten".[87] Fügt man hinzu, dass die Natur insgesamt als ein dynamischer Prozess aufgefasst wird, der durchweg eine qualitative Analyse erfordert, überrascht es nicht, die Einheiten der Natur im Sinne des subjektiven Idealismus Fichtes als „Bewußtseinseinheiten" (Nr. 23)[88] und ,Ichheiten' (Nr. 43)[89] bezeichnet zu sehen. Sogar der Ort des Menschen im Naturganzen lässt sich mineralogisch bestimmen: „Der Mensch ist das Eisen unter den Tieren" (Nr. 451).[90]

Das Licht selbst, für dessen naturphilosophische Deutung Ritter wieder auf Böhme rekurriert, gilt als „Selbstwahrnehmung" des Prozesses der metereologischen Phänomene „in die Ferne" (Nr. 83).[91] Das Ineinanderspiegeln von Ich und Licht findet sich in Friedrich Schlegels Zentralbegriff der Reflexion festgeschrieben (Nr. 116),[92] was sprachlich durch den Ausdruck „L[Ich]T" dargestellt werden könnte.

---

83   Ritter, *Aus dem Nachlasse eines jungen Physikers*, ed. Dietzsch, S. 78,7–25.

84   Ritter, *Aus dem Nachlasse eines jungen Physikers*, ed. Dietzsch, S. 64,18f.

85   Ritter, *Aus dem Nachlasse eines jungen Physikers*, ed. Dietzsch, S. 66,13–15.

86   Ritter, *Aus dem Nachlasse eines jungen Physikers*, ed. Dietzsch, S. 81,6f.

87   Ritter, *Aus dem Nachlasse eines jungen Physikers*, ed. Dietzsch, S. 81,19f.

88   Ritter, *Aus dem Nachlasse eines jungen Physikers*, ed. Dietzsch, S. 69,33f.

89   Ritter, *Aus dem Nachlasse eines jungen Physikers*, ed. Dietzsch, S. 76,31–33.

90   Ritter, *Aus dem Nachlasse eines jungen Physikers*, ed. Dietzsch, S. 196,23.

91   Ritter, *Aus dem Nachlasse eines jungen Physikers*, ed. Dietzsch, S. 86,4.

92   Fr. Schlegel, *Athenäum-Fragmente*, in: *Athenäum*, 1, S. 204,15–206,8 (vgl. Fr. Schlegel, *Schriften zur Literatur*, ed. Rasch [1972] [Anm. 8], S. 205; KSA, Bd. 2, S. 182f.).

Einen bezwingenden kosmischen Ausblick bietet Ritters Fragment Nr. 256 des II. Teils, das sich explizit auf die Erstlingsschrift Böhmes beruft. Dort heißt es:

Alles Einzelne in der Natur ist Brechungsmedium für alle Strahlen des Universums. Im Menschen brechen sich göttliche Strahlen. Sie zerlegen sich, und ihre Farben sind das harmonische Spiel seiner Gedanken. Man könnte sprechen von Gedanken, die durch geradlinigtes Begegnen, und andern, die durch schieflinigtes entständen. Das Herz wäre der Strahl Gottes, der senkrecht auf den Menschen fiele; alles übrige fällt schief. Oder auch: der eigentliche Mensch ist das Herz, das Innere, am Menschen, in diesem bricht sich alles Aeußere. Das Leben ist das Farbenspiel, was dadurch im brechenden Medium entsteht. – Der Mensch soll keine Farbe einzeln nehmen; alle in der Vereinigung nur geben das vollendete Bild Gottes in ihm, welches erscheint in der Liebe, welche nichts ist, als die Freude, die sie an und über sich selbst hat. ‚Gleichwie, als wann der Blitz in mitten der göttlichen Kraft aufgehet, da alle Geister Gottes ihr Leben bekommen, und sich hoch freuen, da ist ein liebliches und heiliges Halsen, Küssen, Schmecken, Fühlen, Hören, Sehen und Riechen – und umpfängt ein Geist den andern, wie in der Gottheit'. (J. Böhme. Morgenröthe XII. 39).[93]

Erst nach der knappen Darstellung seiner an Böhme anschließenden Farbenlehre (Nr. 243) und des Licht-Bandes, „was alles und jegliches bindet" (Nr. 244) kann Ritter sagen: „Nun erst begreife ich den Organismus der Natur ganz" (Nr. 244).[94] Auch für ihn ist die Rolle des Menschen im Naturganzen noch ganz unklar und lässt sich nur vorläufig erahnen. Immerhin formt er den ‚Gedankenstrich' Jean Pauls und Bonaventuras zu einer expressiven Interpunktion um, aus der die Aufgabe des Menschen gegenüber der Natur – als ihr Kontrahent – hervorgeht: „Der Mensch steht vor der Natur wie ein Fragezeichen, seine Aufgabe ist es, den krummen Strich daran gerade, oder ein Ausrufungszeichen daraus, zu machen." (Nr. 655)[95] Wenig später heißt es, der Autor des Buchs der Natur habe mit dem Menschen immerhin eine Art „Vorrede" verfasst, die „einen hübschen Begriff von letzterer" gebe, aber unbedingt zuerst zu lesen sei (Nr.

---

93   Ritter, *Aus dem Nachlasse eines jungen Physikers*, ed. Dietzsch, S. 140,20–141,6. Vgl. Böhme, *Morgen Röte im auffgang*, ed. Buddecke, *Urschriften*, Bd. 1, S. 118,4–9 (vgl. ss, Bd. 1, S. 152,1–8 [Kap. 12, n. 39]).

94   Ritter, *Aus dem Nachlasse eines jungen Physikers*, ed. Dietzsch, S. 137,1–18.

95   Ritter, *Aus dem Nachlasse eines jungen Physikers*, ed. Dietzsch, S. 262,19–21.

684).[96] Wenn Ritter dem ‚Schreck des Lebens' in Muskelkontraktionen nach-spürt, die er ‚Bildungsblitze' nennt, um sie mit dem „Schrecken des Lebens" zu konfrontieren, hallt der Ausdruck ‚Schrack' oder ‚Feuer-Schrack' Jacob Böh-mes nach (Nr. 461).[97] Seine Naturphilosophie ist durch und durch Böhmisch tingiert.

2.5   Nachtwachen: von Bonaventura

Zur ‚Stimme der Romantik' gehören Walter Benjamin zufolge die Nachtwa-chen des Bonaventura, ein satirischer Roman des Göttinger Schriftstellers und Theaterregisseurs Ernst August F. Klingemann, der 1805 erschienen ist.[98] In sechzehn Episoden experimentiert der Erzähler Kreuzgang virtuos mit unter-schiedlichen Identitäten, Genres und Kunstformen. Neben der Literatur spie-len Musik, Theater und Malerei eine Hauptrolle. Romantische Sprachkunst, eine losgelassene Ironie und die Erkenntnis, dass hinter allen Erscheinungen das Nichts gähnt, zeichnen dieses Werk aus.

Das Spektrum der Frühromantik reicht – dem Leitfaden des Nächtigen fol-gend – von den Hymnen an die Nacht bis zu den Nachtwachen: von Bonaventura. „Das faszinierende, genialisch-nächtliche Büchlein [...] ist ein Erzeugnis der Frühromantik. [...]. In unbewußtem Querschnitt wird hier alles gezeigt, was den Menschen um 1800 bedrückte, erhob und abstieß [...]" schreibt Wolfgang Pfeiffer-Belli in seinem Nachwort zur Neuausgabe 1947 und stellt damit klipp und klar das Buch, obwohl erst 1805 erschienen, in den Kontext der Frühro-mantik.[99] Michael Elsässer zufolge endete die „richtungsweisende Phase der Frühromantik [...] ungefähr 1804".[100] Sie reichte also bis zum Jahr der Abfas-sung der Nachtwachen. Dass „Die Nachtwachen [...] dem geistigen Umfeld der Jenaer Frühromantik verpflichtet" sind, betont auch Steffen Dietzsch,[101] dort seien „ihre geistigen Wurzeln" zu finden.[102]

Ein weiteres Detail spricht für diese Zuordnung. Die zentrale Rede des Nachtwächters, der in der sechsten Nachtwache für den 31. Dezember 1799 das

---

96   Ritter, Aus dem Nachlasse eines jungen Physikers, ed. Dietzsch, S. 262,11 f.

97   Ritter, Aus dem Nachlasse eines jungen Physikers, ed. Dietzsch, S. 201,18 f.; vgl. z. B. Böhme, De signatura rerum, SS, Bd. 6, Pars XIV, S. 206,13–29 (Kap. 14, n. 43).

98   Benjamin, Was die Deutschen lasen, WuN, Bd. 9,1, S. 33,10–20 und im Drucktext S. 551,13–20. Erstaunlich ist, dass Benjamin zunächst von einer einzigen Nachtwache spricht, im Teilabdruck und in GS aber der Plural vorherrscht (Nachweise in WuN, Bd. 9,1, S. 36).

99   Wolfgang Pfeiffer-Belli, ‚Nachwort', in: Nachtwachen von Bonaventura, Coburg 1947, S. 189–202, hier S. 189.

100   Elsässer, Einleitung (1991) [Anm. 31], S. XIII.

101   Dietzsch, Morgenröte (1991) [Anm. 15], S. 152.

102   Dietzsch, Morgenröte (1991) [Anm. 15], S. 162.

Weltgericht ankündigt und seine abschließende Rede über die Weltgeschichte in Form einer Generalabrechnung hält, wird in die *Athenäum*-Zeit hineinokuliert. Dieses Datum markiert eine Epochenwende. Der Nachtwächter, auf der Epochenschwelle stehend, zieht in der sechsten Nachtwache in einer unvergleichlichen Weise vom Leder. Seine schonungslose Kritik richtet sich gegen den König, gegen die Philosophen, die Theologen, die Juristen und schließlich gegen die Staatsmänner. Da „es mit der Zeit zu Ende geht",[103] ist dieser Ton nicht nur erlaubt, sondern geradezu geboten. Nicht nur die Endzeiterwartung verbindet diese überscharfe Polemik mit Jacob Böhme, auch die Position des ungelehrten, unverbildeten Laien, der ohne Scheu die Dinge beim Namen nennt, weil er sich dazu berufen fühlt und sie benennen muss, erinnert an den Görlitzer Schuhmacher.

Das Büchlein fand lange Zeit kaum Beachtung. Jean Paul war der einzige, der es gleich nach Erscheinen einem Freund zur Lektüre empfahl, mit der irrigen Autorangabe, die dann fast ein Jahrhundert lang nicht ernsthaft angezweifelt wurde: „Lesen Sie doch die Nachtwachen von Bonaventura d. h. von Schelling. Es ist eine treffliche Nachahmung meines Giannozzo; doch mit zu vielen Reminiszenzen und Lizenzen zugleich".[104]

Die Forschungsgeschichte ist einen eigenen Beitrag wert. Raimund Steinert lässt sie 1914 Revue passieren,[105] und Jost Schillemeit hat sie in seinem Buch von 1973 ausführlich dargestellt.[106] Als mögliche Verfasser wurden lange Zeit Friedrich Schelling, dann Friedrich Gottlob Wetzel, E.T.A. Hoffmann und Clemens Brentano genannt. Jost Schillemeit hat schließlich als Autor einen Vertreter der zweiten Liga – einen der heute vergessenen *second rate minds* – plausibel gemacht, nämlich Friedrich August Klingemann, einen Theaterpraktiker aus Braunschweig. Diese These wurde 1987 durch einen Dokumentenfund in Amsterdam bestätigt.[107]

Dass die Autorfrage – Wer ist Bonaventura? – lange Zeit im Fokus stand, ist angesichts der Fragen, welche der Text selbst aufwirft, relativ unverständlich, lässt sich aber durch Hinweis auf dessen zerklüftete, jede Art von Einfühlung

---

103   [Klingemann], *Nachtwachen*, ed. Küpper, S. 70,19.

104   Jean Paul, *Brief vom 14. Januar 1805 an Paul Emile Thieriot*, in: sw, Bd. III,5, S. 20,15–17 (vgl. Raimund Steinert, ‚Nachwort', in: *Nachtwachen. Von Bonaventura*, nach Rahel Varnhagens Exemplar mit einem Nachwort hg. von Dr. Raimund Steinert, Weimar 1916, S. 301–323, hier S. 302).

105   Steinert, *Nachwort* (1916) [Anm. 104], S. 301–330.

106   Jost Schillemeit, *Bonaventura, der Verfasser der ‚Nachtwachen'*, München 1973.

107   Vgl. Ruth Haag, „Noch einmal: Der Verfasser der Nachtwachen von Bonaventura", in: *Euphorion* 81 (1987), S. 286–297. Dietzsch, *Morgenröte* (1991) [Anm. 15], S. 162, spricht von einem „exorbitanten Nachlaßfund".

abweisende Struktur erklären. Der Verfasser spielt in einzigartiger Weise mit Namen und Rollen, Genres und Formgesetzen, Leben und Tod, Sein und Nicht-Sein. Während die germanistische Bonaventura-Forschung sich vornehmlich um die Verfasserfrage kümmerte, haben zahlreiche namhafte bildende Künstler den Text illustriert und auf diese Weise für seine Verbreitung und sein Weiterleben gesorgt. Karl Walser, der Bruder Robert Walsers, versah die Ausgabe von 1910 mit einem Titelkupfer und Initialen, Karl Thylmann (1915), Bruno Goldschmitt (1923) und Lovis Corinth (1925) illustrierten den Text und verschafften ihm eine gewisse Popularität. Nach dem 2. Weltkrieg legten Wilfried Blecher (1969) und Michael Diller (1991) illustrierte und kommentierte Ausgaben vor.[108]

Der Text selbst lässt ein ‚bekennendes Nicht-Ich' in vorbildlicher romantischer Zerrissenheit erkennen, die Statistik hat sowohl an dem Protagonisten wie an dem Autor jedes Recht verloren. Steffen Dietzsch, einer der besten Kenner des Textes, schreibt: „Je intensiver sich der Blick auf die Maske Bonaventura richtete, um so undurchdringlicher wurde sie".[109] Das Ich – stets mit Fichtes Philosophie assoziiert – ist ein durch und durch problematisches Ich (Vierte Nachtwache).[110] Einen „psychologischen Schlüssel zu meinem Selbst" liefert der fiktive Verfasser erst ganz am Ende, zum Ausklang des Buches in der XVI. Nachtwache nach.[111] Die *Nachtwachen* sind deshalb auch der genaue Gegensatz eines Bildungsromans, man könnte geradezu von einem Anti-Meister sprechen, der Friedrich Schlegels „Übermeister"[112] zwar nicht an die Seite tritt, aber aus der Ferne korrespondiert. Eine Entwicklung und allseitige Durchbildung der Persönlichkeit findet nicht einmal ansatzweise statt.

---

108   Hier sind die bibliographischen Angaben zu diesen bemerkenswerten Ausgaben: *Nacht-wachen. Von Bonaventura*, mit Titelvignette und 16 Initialen von Karl Walser, Berlin 1910; Ernst August Friedrich Klingemann, *Die Nachtwachen von Bonaventura*, mit siebzehn Bildern nach Radierungen von Bruno Goldschmitt, München o.J. (ca. 1920); *Nachtwa-chen von Bonaventura*, mit 16 Radierungen von Wilfried Blecher, Hamburg 1969; Ernst August Friedrich Klingemann, *Nachtwachen von Bonaventura*, mit Illustrationen von Lovis Corinth, hg. und mit einem Nachwort versehen von Jost Schillemeit, Frankfurt a.M. 1974; *Bonaventura, Nachtwachen*, mit 16 Radierungen von Michael Diller, hg. von Steffen Dietzsch, Leipzig: Reclam, 1991. Die Ausgabe von Raimund Steinert (mit den Lithographien von Karl Thylmann) wurde bereits erwähnt [Anm. 104].

109   Dietzsch, *Morgenröte* (1991) [Anm. 15], S. 160.

110   [Klingemann], *Nachtwachen*, ed. Küpper, S. 33–52.

111   Vgl. [Klingemann], *Nachtwachen*, ed. Küpper, S. 178,3.

112   Fr. Schlegel, *Über Goethe's Meister*, in: *Athenäum*, Bd. 1, S. 323–354 (vgl. *Schriften zur Literatur*, ed. Rasch [1972] [Anm. 8], S. 260–278; KSA, Bd. 2, S. 126–146).

August Klingemann war ein Braunschweiger Theaterpraktiker, der „mimische Grundzug" des Textes fällt gleich ins Auge,[113] die durchweg starken Sprüche sind sämtlich Bühnensprüche, die einen ausgeprägt theatralischen Charakter haben. Es ist wenig aussichtsreich, anhand ihrer den Verfasser identifizieren zu wollen. „Mangelnde Originalität" wurde Klingemann zwar bereits von Zeitgenossen vorgeworfen, aber nicht ganz zu Recht.[114] Seinen in den *Nachtwachen* mehrfach herbeizitierten Figuren Ödipus, Moses, Hamlet, Ahasver, vor allem aber Faust, hat er in seinen Stücken zu einem eigenen Bühnenleben verholfen.[115]

Was wäre noch zum Autor zu sagen? Er ist ein „satirischer Stentor" bzw. Exekutor,[116] zudem ein halbprofessioneller Indiskretin,[117] der ein virtuoses Spiel mit Professionen und Genres treibt. Die Kritik an der Diktion, die mitunter grell und derb,[118] pathetisch und übersteigert ist, scheint berechtigt zu sein. Schillemeit spricht etwas ungnädig von „Konsumliteratur".[119] Es gibt aber auch starke, wirkungsmächtige Stellen.[120] Die Hinweise auf Namen und Werke bleiben in der Regel vage und unbestimmt – so wird aus den Brüdern Schlegel ein „Gesamt-Schlegel". Namen und Bücher lassen sich nur schwer verifizieren, sie stammen aus zweiter oder dritter Hand, vom Hörensagen, aus der Zeitungslektüre. Bemerkenswert ist, dass der Verfasser mit seinem richtigen Namen auf dem berühmten Jenaer Kupferstich mit der Unterschrift *Versuch auf den Parnaß zu gelangen* vorkommt, der 1803 von literarischen Gegnern wie Gabriel Merkel und August von Kotzebue publiziert wurde, der den Auftrieb der romantischen ‚Schwärmer' in satirischer Weise zeigt.[121]

Klingemanns Parteinahme für die Frühromantiker und gegen die Berliner Aufklärer um Friedrich Nicolai wurde von Jost Schillemeit dargestellt. Für das Benjaminsche Hörspiel von 1932 ist vermutlich besonders die Nähe zum *Athe-*

---

113 Schillemeit, *Bonaventura* (1973) [Anm. 106], S. 100.

114 Vgl. Schillemeit, *Bonaventura* (1973) [Anm. 106], S. 119.

115 Eine mögliche Skizze des Autors gibt der bei Schillemeit zitierte Bekenntnisbrief einer Romanfigur in Klingemanns Novelle *Romano* (vgl. Schillemeit, *Bonaventura* [1973] [Anm. 106], S. 40 und S. 102 f.). Das Selbstporträt des fiktiven Verfassers wird zu Beginn der Siebten Nachtwache gezeichnet (vgl. [Klingemann], *Nachtwachen*, ed. Küpper, S. 76,9–82,12), eine Skizze seiner paradoxen Rolle findet sich in derselben Nachtwache (ebd., S. 75,2–76,11). Das wachsende Interesse am Verfasser belegt der unlängst herausgegebene Briefwechsel: August Klingemann, *Briefwechsel*, Göttingen 2018.

116 Schillemeit, *Bonaventura* (1973) [Anm. 106], S. 114.

117 Schillemeit, *Bonaventura* (1973) [Anm. 106], S. 119.

118 Vgl. Schillemeit, *Bonaventura* (1973) [Anm. 106], S. 116 und S. 123.

119 Schillemeit, *Bonaventura* (1973) [Anm. 106], S. 107.

120 Schillemeit, *Bonaventura* (1973) [Anm. 106], S. 120 f.

121 Schillemeit, *Bonaventura* (1973) [Anm. 106], S. 114.

näum von Bedeutung. Klingemann gab ab Mitte 1800 eine Zeitschrift mit dem Titel *Memnon* heraus, in der er sich als Vertreter der „neuen, am Athenäum orientierten romantischen Schule" zeigte,[122] welche die Aufklärer um Nicolai in ihrer „Tabagie", wie es im Hörspiel heißt, verspotten: „Man kann [...] mythologisch und ohne Polemik sagen: die Sonne, von der diese Memnonssäule tönt, ist das Athenäum".[123] Dass Friedrich Schlegel über diese Art der Nachfolge nicht glücklich war und auch mit Kritik nicht sparte, steht auf einem anderen Blatt: ‚Neu' wird hier aber in einem überraschenden Sinne gemeint: als Moment der Zersetzungs- und Dekompositionsgeschichte der Frühromantik, für die das Stichwort ‚Potenzierung durch Vergröberung' erlaubt sein mag – das entspricht in gewisser Weise Benjamins Begriff des ‚positiven Barbarentums' in dem Essay *Erfahrung und Armut* aus dem Jahr 1933.[124]

2.6   *Jacob Böhme in den* Nachtwachen

Jacob Böhme ist der erste Autor, der bereits in der ersten Nachtwache fast physisch herbeizitiert wird. Unter den zahllosen Namen, die den Text durchschwirren, erhält seiner einen ganz besonderen Akzent: „Enger mit dem Gang der *Nachtwachen* zu verknüpfen sind auf den ersten Blick allein die Namen Jacob Böhmes und William Shakespeares".[125] Der Nachtwächter gerät auf seinem nächtlichen Rundgang in die Wohnung eines ‚sterbenden Freigeistes', den er von seiner Familie umringt vorfindet, von einem ‚Pfaffen' bedrängt, der sich die Seele sichern will, wie es in bewährter kirchenkritischer Tradition heißt. Die Musik ist in dieser Szene das verbindende Element. Der Nachtwächter singt am Bett des sterbenden Freigeistes, um den ‚Feuerruf' des rasenden Mönchs ‚durch leise Töne zu verdrängen'. Ein Detail aus der Lebensbeschreibung Böhmes, die wir Abraham von Franckenberg verdanken, spielt dabei eine entscheidende Rolle:

> Den Sterbenden ist die Musik verschwistert, sie ist der erste süße Laut vom fernen Jenseits, und die Muse des Gesangs ist die mystische Schwester, die zum Himmel zeigt. So entschlummerte Jacob Böhme, indem er die ferne Musik vernahm, die niemand, außer dem Sterbenden hörte.[126]

122 Schillemeit, *Bonaventura* (1973) [Anm. 106], S. 112.

123 Schillemeit, *Bonaventura* (1973) [Anm. 106], S. 37.

124 Benjamin, *Erfahrung und Armut*, GS, Bd. 2, S. 213–219, hier insbes. S. 215,19–25, sowie die Anmerkungen dazu, ebd., Bd. 2, S. 960–963.

125 Peter Küpper, ‚Nachwort', in: [Klingemann, Ernst August F.], *Nachtwachen*, ed. Küpper, S. 191–220, hier S. 196.

126 [Klingemann], *Nachtwachen*, ed. Küpper, S. 12,23–28.

In Franckenbergs hagiographischer Darstellung, deren Details mit großer Vorsicht aufzunehmen sind, heißt es:

> Allwo er [...] folgenden 7. (17.) Nov. Sonntags verschieden, da er zuvor seinen Sohn Tobiam rufte und fragte: Ob er auch die schöne Music hörte? Als er sagte Nein, sprach er: man solte die Thüre öffnen, daß man den Gesang besser hören könne.[127]

In der vierten Nachtwache blättert der Nachtwächter in seinem Lebensbuch, dessen Vorhandensein und Zuhandenheit wie eine sonnenklare Selbstverständlichkeit vorausgesetzt wird. Ähnlich wie Ritter präsentiert er eine fiktive Biographie, die in wenigen Auszügen und Bildern dem Leser eröffnet wird. Er betrachtet den dritten Holzschnitt, auf dem sein Adoptiv-Vater, ein Schuhmacher, bei der Arbeit an einem Schuh zu sehen ist, während er zugleich ‚eigenen Betrachtungen über die Unsterblichkeit Raum' gibt. Der Sohn schaut zu:

> Das Buch, worauf ich sitze, enthält Hans Sachsens Fastnachtsspiele, das woraus ich lese, ist Jakob Böhmens *Morgenröte*, sie sind der Kern unserer Hausbibliothek, weil beide Verfasser zunftfähige Schuhmacher und Poeten waren.[128]

Das dritte Kapitel seines *Lebensbuches*, das sein Vater verfasst hat und in der vierten Nachtwache fragmentarisch ausgebreitet wird, enthält zahlreiche Parallelen zu Böhmes Leben und lässt sich ebensowenig über einen gewöhnlichen biographischen Leisten schlagen. Der Nachtwächter führt eine Parallelexistenz, die Schilderung des Lebens scheint direkt aus den Berichten über Böhme entnommen zu sein. Die naturphilosophischen Studien werden dargestellt, der fast zwanghafte Aufstieg bis zum ‚letzten Grunde', über den er Aufschluss erhalten möchte:

> Ebenfalls nennt er die Blumen oft eine Schrift, die wir nur nicht zu lesen verständen, desgleichen auch die bunten Gesteine. Er hofft diese Sprache noch dereinst zu lernen, und verspricht dann gar wundersame Dinge mitzuteilen.[129]

---

127   Abraham von Franckenberg, *Gründlicher und wahrhafter Bericht*, in: Böhme, ss, Bd. 10, S. 21,24–30 (I, n. 29).

128   [Klingemann], *Nachtwachen*, ed. Küpper, S. 35,2–6.

129   [Klingemann], *Nachtwachen*, ed. Küpper, S. 36,11–16.

Neben Böhme spielt der Handwerker- und Dichterkollege Hans Sachs in den Nachtwachen eine wichtige Rolle, und zwar in der vierten, siebten und zwölften Nachtwache. So wird auch der heilige Crispinus, in dessen Schatten der Protagonist zu einer grotesken Episode aufbricht, als Schuhmacher vorgestellt. Vor allem der Vater wird immer wieder als Schuhmacher präsentiert, um die Sphäre des Volkstümlichen und Handwerklichen zu evozieren, auf dessen Basis sich die Spekulationen und Einsichten dann entfalten. Man könnte soweit gehen zu sagen, dass der Name Böhme diffundiert, in verschiedenen Gestalten repräsentiert wird und auch in Wendungen wie dem häufig gebrauchten ‚nec ultra crepidam‘ (‚Nicht über deinen Leisten!‘) präsent ist, das auf eine der ältesten Schustergeschichten der bildenden Kunst zurückverweist, die Plinius der Ältere im Buch XXXV der *Historia naturalis* überliefert hat und sich zu dem Satz verdichten lässt ‚Schuster, bleib’ bei deinem Leisten!‘[130] Primarius Gregor Richter griff bekanntlich auf diesen autoritativen Spruch zurück, um Böhme nach 1612 von der weiteren Abfassung von Schriften abzuhalten, die mit seiner Profession und seiner Kompetenz offenkundig nichts zu tun haben. Das notwendige Komplement zum einfältigen Laien stellt der ‚gelehrte Narr‘ dar,[131] der in der dritten Nachtwache in Gestalt des halbtoten, widergängerhaften Juristen mit kräftigen Strichen gezeichnet wird, und dessen Frau der Nachtwächter in einer kuriosen Szene beim Ehebruch ertappt.[132]

Aus dem Schuster-Gesellen wird ein Rhapsode, der sich von den kleinen Formen, die beim Publikum Anklang finden, an das Schreiben von Mordgeschichten – Kriminalgeschichten – macht, sich schließlich so allgemein äußert, dass ihm Injurienprozesse gemacht werden. Auch hier ist die Auseinandersetzung mit Gregor Richter als Modell zu nehmen. Die Prozesse führen dazu, dass er als Spinner – wie man heute sagt – ins Irrenhaus eingewiesen wird, wo er dann aber dem Leiter in der Funktion eines Assistenten zur Seite stehen kann. Höhepunkt der Irrenhaus-Szene ist ein Monolog des wahnsinnigen Weltschöpfers, eine großartige Expektoration über die Schöpfungsgeschichte, in welcher die menschliche Geschichte nur drei Sekunden ausmacht. Die dritte und letzte Periode inklusive der Gegenwart ist durch die völlige Selbstüberhebung des Menschen gekennzeichnet. Sein ‚Fünkchen Gottheit‘, wie es unter Rückgriff auf einen mystischen Topos heißt, hat ihn verrückt werden lassen: „Zuletzt [...]

---

130   Gaius Plinius Secundus, *Historia naturalis*, Buch 35, n. 85, ed. Harris Rackham, *Natural History, Volume IX: Books 33–35*, Cambridge, MA, 1952 [Loeb Classical Library 394], S. 323–325: *Sutor, nec ultra crepidam.*

131   Vgl. Alexander Košenina, *Der gelehrte Narr: Gelehrtensatire nach der Aufklärung*, 2. Auflage: Göttingen 2004, S. 291 f., der Parallelen Klingemanns zu Georg Büchner zieht.

132   [Klingemann], *Nachtwachen*, ed. Küpper, S. 30,7–31,25.

dünkte sich das Stäubchen selbst Gott und bauete Systeme auf, worin es sich bewunderte".[133] Die Reaktion des Anstaltsarztes auf diese unglaublichen Ausführungen wird mit einer bewundernswerten Lakonie notiert, die als Fußnote zur Schilderung des gelehrten Narren in der dritten Nachtwache angesehen werden kann: „Oelmann schüttelte den Kopf und machte einige bedeutende Anmerkungen über Gemüthskrankheiten überhaupt".[134]

In diesem Zusammenhang erschließt sich auch die wie eingestreut wirkende Erweckungsgeschichte, eine ins Physiologische gewendete Befreiung aus nächtlicher Blindheit, die in der elften Nachtwache vorgetragen wird. Das „Bruchstück", dessen Einordnung Schwierigkeiten bereitet hat,[135] buchstabiert die Böhmesche Natureinsicht in eindrucksvoller Weise aus, um sich dann mit einer ‚romantischen' Volte wieder zur Nacht zurückzuwenden: „O Nacht, Nacht, kehre zurück! Ich ertrage all das Licht und die Liebe nicht länger!"[136]

Die abschließende XVI. Nachtwache führt die verschiedenen Erzählstränge dann in einer theatralischen Friedhofsszene zusammen, in der Kreuzgang den „psychologischen Schlüssel" zur Erkenntnis seiner Herkunft erhält,[137] die aus allseits bekannten Momenten der Böhme-Biographie kompiliert wird. Die Familiengeschichte spiegelt die großen Themen wie Selbsterkenntnis, Ichlosigkeit, Maskenhaftigkeit und Weltverlust in einer populären Engführung zurück. Seine Mutter ist ein „braunes Böhmerweib",[138] wobei unter der Herkunftsbezeichnung ‚Böhmen' stets auch die gefährlichen Hussiten und die von ihnen inspirierten „böhmischen Brüder" mitgemeint sind, vor denen sich die protestantische Orthodoxie in Görlitz fürchtete. Sein Vater, der ihn an den Ziehvater, den Schuhmacher weitergegeben und so gerettet hat, erweist sich als Alchimist, ein „alter Schwarzkünstler", der bei der Berührung „in Asche" zerfällt.[139]

Auch andere Texte Klingemanns erwähnen Böhme. Im letzten Kapitel der Novelle *Romano*, ‚Camillos Vision' betitelt, wird nach dem Bericht über die Vision einer ästhetischen Morgenröte, vom Anbruch eines neuen goldenen Zeitalters der Kunst berichtet. Der Maler Camillo gerät von einer Offenbarung in die andere, aus dem Dunkel hört er Stimmen, unter denen auch die des „ehrlichen Sehers" Böhme ist, rufen: „Die Morgenröthe ist im Aufgehen!" und „Die

---

133   [Klingemann], *Nachtwachen*, ed. Küpper, S. 106,20–22.

134   [Klingemann], *Nachtwachen*, ed. Küpper, S. 107,23–25.

135   Vgl. Schillemeit, *Bonaventura* (1973) [Anm. 106], S. 90 f.

136   [Klingemann], *Nachtwachen*, ed. Küpper, S. 127,11 f.

137   [Klingemann], *Nachtwachen*, ed. Küpper, S. 178,8.

138   [Klingemann], *Nachtwachen*, ed. Küpper, S. 176,8.

139   Vgl. [Klingemann], *Nachtwachen*, ed. Küpper, S. 185,9–186,24.

Zeit ist da!".[140] Schillemeit nutzt diese Stelle als Argument, um Klingemanns Verfasserschaft der Nachtwachen plausibel zu machen.

Die *Nachtwachen*, so die Annahme, stellen – abgesehen von den theatralischen Mitteln der Übersteigerung – eine Übersetzung der frühromantischen Tendenzen ins Populäre dar, für die Jacob Böhme eine Art Kristallisationspunkt bildet. In Anknüpfung an Benjamins Auslegung der Kunstkritik handelt es sich um eine vierfach dimensionierte Übersetzungsarbeit: Zunächst geht es – auch – darum, Poesie in Prosa zu übersetzen, in diesem Falle das dramatische Marionettentheaterstück in eine Druckversion (fünfte Nachtwache). Dann wird in einer souveränen und humoristischen Weise damit gespielt, das Theoretische ins Praktische zu übersetzen. Ein Beispiel sind die Verbrechen, die von den Richtern nicht nur beurteilt, sondern auch quasi zur Probe begangen werden sollten, wie der Verfasser vor Gericht zum nicht geringen Befremden der Richter nahelegt. Des weiteren wird das Ich in einer sehr modernen Weise immer wieder in Rollen übersetzt, die mitunter potenziert werden oder sich zur eigenen Realität auswachsen, was den blanken Wahnsinn zur Folge haben kann. Auch die Übersetzung in Namen, die keine Eigennamen sind, gehört dazu, für welche der Protagonist das beste Beispiel abgibt. Da er von seinem Ziehvater auf einem Kirchhof gefunden wurde, heißt er ‚Kreuzgang', was an Wackenroders *Herzensergießungen eines kunstliebenden Klosterbruders* erinnert, eine erste, noch ganz vorläufige Summe romantischen Denkens und Fühlens, die Tieck 1797 aus dem Nachlass des Freundes veröffentlichte.[141] „Weg weg vom Ich!" ist die Devise.[142] Die letzte Übersetzung, die ebenfalls zu grotesken Zwecken dient, transportiert das Unkörperliche, den Geist, in fast penetranter Weise in Körperliches. Dass der Geist ein Magen ist, sagt nicht erst Nietzsches Zarathustra, sondern bereits der Nachtwächter in der zwölften Nachtwache,[143] der diese Weisheit allerdings ebenfalls übernommen hat,[144] sie aber in höchst eindrucksvoller Weise darstellt. Diese Übersetzungen lassen sich bündeln zu einem ganz bestimmten Begriff von Popularisierung, der in nahezu allen Aspekten seine Entsprechung in Gedanken Böhmes findet: Böhme dich-

---

140   Schillemeit, *Bonaventura* (1973) [Anm. 106], S. 39 und S. 55.

141   Vgl. Wackenroder, *Herzensergießungen eines kunstliebenden Klosterbruders* (Berlin 1797), Vgl. Wilhelm Heinrich Wackenroder und Ludwig Tieck, *Herzensergießungen eines kunstliebenden Klosterbruders*, hg. von Martin Bollacher, Stuttgart 1955 [ND: 2013]; Wackenroder, SWB, Bd. 1; vgl. Günther Bonheim, „Wackenroder und die Mystik", in diesem Band, S. 23–38.

142   Vgl. Steinert, *Nachwort* (1916) [Anm. 104], S. 188.

143   [Klingemann], *Nachtwachen*, ed. Küpper, S. 135,1–8.

144   Nachweis bei Dietzsch, *Morgenröte* (1991) [Anm. 15], S. 148. Dietzsch verweist auf den mit Klingemann befreundeten Friedrich Wetzel, den Franz Schultz 1909 zum Verfasser der *Nachtwachen* erklärt hatte.

tet nicht, Kern seiner Lehre ist die praktische Philosophie, sein alltägliches Ich wird dissoziiert, ja mediatisiert, und der Geist lässt sich aus dem Sprachkörper herauslesen.

2.7   *Walter Benjamin und die* Nachtwachen

Benjamin bekam im Laufe seines gescheiterten Habilitationsvorhabens in Frankfurt a.M. mit einem wichtigen Exponenten der Bonaventura-Forschung zu tun.[145] Der Frankfurter Ordinarius für Germanistik und Dekan der philosophischen Fakultät[146] Franz Schultz hatte mit seinem Buch *Der Verfasser der Nachtwachen von Bonaventura. Untersuchungen zur deutschen Romantik* (1909) und seiner Textausgabe der *Bonaventura*-Forschung wichtige Impulse gegeben.[147] Er wies nach, dass Schelling als Autor nicht in Frage käme – wie es bereits Dilthey 1903 vermutet hatte – und schlug Friedrich G. Wetzel als Autor vor, was – wie oben erwähnt – von der Forschung aber nach kurzer Zeit zurückgewiesen wurde. Schultz widersetzte sich der Einreichung der Arbeit über das barocke Trauerspiel für das Fachgebiet *Literaturgeschichte*, womit sich der akademische Misserfolg Benjamins bereits ankündigte.

Benjamin packt den Stier in seinem Hörstück bei den Hörnern, wenn er die Frage stellt, was denn eigentlich unter Romantik zu verstehen sei. Als die Stimme der Romantik die Hörspielbühne betritt, fordert der Sprecher sie

---

145   In der Literaturliste der Dissertation erscheint das von Schultz herausgegebene Buch von Siegbert Elkuß, *Zur Beurteilung der Romantik und zur Kritik ihrer Erforschung*, hg. von Franz Schultz, München/Berlin 1918. Schultz forderte Benjamin auf, ihm das Typoskript des *Wahlverwandtschaften*-Essays zukommen zu lassen. Vgl. Benjamin, GS, Bd. 1, S. 820 (Anmerkungen). Benjamin beklagte sich in einem *Brief an Gerhard Scholem vom 6. April 1925*, ebd., S. 897,22f., über die „entnervende Unzuverlässigkeit der meine Angelegenheiten entscheidenden Instanz [sc. Schultz]". Seine Charakteristik fällt, ebd., S. 897,24–31, ungünstig aus: „Dieser Professor Schultz, der wissenschaftlich wenig bedeutet, ist ein gewiegter Weltmann, der wahrscheinlich in manchen literarischen Dingen eine bessere Nase hat als junge Cafehaus-Besucher. Aber mit dieser Affiche seiner intellektuellen Talmi-Kultur ist auch bereits erschöpfend über ihn gehandelt. In jeder andern Hinsicht ist er mittelmäßig, und was an diplomatischem Geschick ihm eignet, wird durch eine Hasenfüßigkeit paralysiert, die sich in korrekten Formalismus kleidet". Zur geplanten Habilitation an der Frankfurter Universität vgl. GS, Bd. 1, S. 868–902 (*Habilitationspläne, Vorarbeiten und Niederschrift*) sowie Burkhardt Lindners maßgeblichen, erstmals 1984 erschienenen Aufsatz: „Habilitationsakte Benjamin", in: *Walter Benjamin im Kontext*, hg. von Burkhart Lindner, 2., erweiterte Auflage, Frankfurt a.M. 1985, S. 324–341.

146   Vgl. Benjamin, GS, Bd. 1, S. 897 und S. 900 (Anmerkungen).

147   Vgl. Franz Schultz, *Der Verfasser der Nachtwachen von Bonaventura: Untersuchungen zur deutschen Romantik*, Berlin 1909; *Die Nachtwachen des Bonaventura*, hg. von Franz Schultz, Leipzig 1909 (2. Auflage 1919, 3. Auflage 1921; 4. Auflage: 1923; 4. Auflage mit neuem Nachwort: 1947).

auf, sich mittels eines Namens zu erkennen zu geben. Die Antwort nennt zwar einige repräsentative Namen wie Bernhardi, Hülsen, Steffens, Novalis und Tieck, behauptet dann aber: „Die Stimme der Romantik hat keinen Namen". Denn, so heißt es weiter im Text:

> Die Stimme der Romantik kommt aus dem Wunderhorn, auf dem Clemens Brentano blies, und aus der Impertinenz, welche Friedrich Schlegel seine tiefsten Erkenntnisse schenkte, aus dem Gedankenlabyrinth, das Novalis in seinen Taschenbüchern nachzeichnete, aus dem Gelächter, das aus Tiecks Komödien den Spießer aufschreckte, und aus der Finsternis, in der Bonaventura seine Nachtwachen hielt. Darum hat die Stimme der Romantik keinen Namen.[148]

Wir sehen hier Benjamins Versuch, den Begriff des Romantischen neu zu fassen, und zwar in einer ungewöhnlichen, die Konventionen sprengenden Weise. Dass es sich bei diesem Hörspiel um Benjamins Beitrag zum Goethe-Jahr 1932 handelt, wurde bereits erwähnt.[149] Das Hörstück *Was die Deutschen lasen, als ihre Klassiker schrieben* wurde am 16. Februar 1932 in der Funkstunde Berlin gesendet.[150] Vom ‚Klassiker' Goethe heißt es in dem Hörstück: Er werde vom breiten Publikum ‚nicht gelesen'. Der Enzyklopädieartikel von 1929 formulierte noch schärfer: Er „stand in keinem Rapport zum Publikum".[151] Das Nicht-Gelesen-Werden gelte insbesondere vom *Westöstlichen Divan*, der – wie Schopenhauers Hauptwerk – im Jahr 1819 zum ersten Mal im Druck erschienen ist. Benjamin hält ihn für das wichtigste lyrische Produkt Goethes.

Der im Titel pointiert markierte Gegensatz von lesendem Publikum und schreibenden Klassikern bezeichnet ein Problem, dem Benjamin sich als Rundfunkautor zu stellen hatte. Die neue Technik ermöglichte es nicht nur, die

---

148   Benjamin, *Was die Deutschen lasen*, WuN, Bd. 9,1, S. 33,10–20. Dieser Namenlosigkeit korrespondiert die irritierende Namenlosigkeit der Protagonisten der *Nachtwachen*, auf die Küpper, *Nachwort* (1993) [Anm. 125], S. 195, aufmerksam macht.

149   Weitere dem Andenken Goethes gewidmeten Beiträge Benjamins sind in der Gedenknummer zum 100. Todestag Goethes im Literaturblatt der *Frankfurter Zeitung* vom 20. März 1932 abgedruckt. Es handelt sich um den anonym erschienenen Literaturbericht *Hundert Jahre Schrifttum um Goethe* (GS, Bd. 3, S. 326–340; WuN, Bd. 13,1, S. 352–368) und die Besprechung *Faust im Musterkoffer* (GS, Bd. 3, S. 340–346; WuN, Bd. 13,1, S. 369–375).

150   Benjamin, *Was die Deutschen lasen*, GS, Bd. 4, S. 641–670 und S. 1056–1069 (Paralipomena), sowie WuN, Bd. 9,1, S. 7–50 und Wiedergabe des Teilabdrucks (erstmals erschienen in *Rufer und Hörer: Monatshefte für den Rundfunk* 2,6 [1932], S. 267–283) in WuN, Bd. 9,1, S. 539–557.

151   Benjamin, *Goethe* (Enzyklopädie-Artikel), GS, Bd. 2, S. 705–739, hier S. 725.

Ambivalenz der Lektüre des Volks zwischen ‚Leseseuche' – so ein polemisches Schlagwort – und Volksbildung, Almanach-Lesern[152] und Elite, ‚Pöblikum' und Publikum (Gottfried A. Bürger) neu zu formulieren, sondern forderte den Literaturstrategen Benjamin dazu heraus, eine neue, positiv zu wertende Art der Volkstümlichkeit zu postulieren, die den neuen technischen Chancen, vor allem aber den politischen Erfordernissen Rechnung trug, die der drohende Aufstieg der NSDAP für die linke Intelligenz und die bürgerliche Öffentlichkeit mit sich brachte.

Eine Darstellung dieses Hörstücks ist nicht leicht zu geben, es ist kompliziert in Aufbau und Struktur, dabei zugleich bemerkenswert eingängig und mitunter von einem bezwingenden Witz. Neben dem von der Rundfunkanstalt vorgegebenen Ansager gibt es drei weitere Sprecher, die als Repräsentanten ihrer Zeit auftreten, mit allen klanglichen und an die Phantasie der Hörer apellierenden Accessoires. Es sind die Stimmen der Aufklärung, der Romantik und des 19. Jahrhunderts. Ferner treten – nach der Ansprache des Regisseurs – auf: der Verleger Unger, der Schriftsteller und Goethe-Freund Karl Philipp Moritz, der Schauspieler Iffland, ein romantischer und ein aufklärerischer Literat, Pastor Grunelius, ein Oberförster und ein Buchhändler aus Bern, der Stadt, in dem der junge Benjamin vor 100 Jahren mit einer Arbeit über die Kunstkritik der Romantik promoviert hatte. Der Berner Buchhändler erinnert seiner Profession gemäß an das wichtige Indiz der Verkaufszahlen.

Die Frage nach dem zu beantworten, was die Romantik ausmacht, versuchte bereits ein früher Text Benjamins aus dem Jahr 1913, der den Begriff einer ‚neuen Romantik' exponiert[153] – in klarer Frontstellung gegen die üblichen Nebeleien und Schwebelein seiner ‚tatenarmen' Gedankenfreunde. Die Stelle aus dem Hörspiel wirkt wie eine späte Reprise auf die Romantikdarstellung des ‚Ungeweihten', die Benjamin in seiner damaligen Replik scharf zurückweist:

Ich aber und viele andere rufen mit der Kraft der Begeisterung: ‚Ja, wir besitzen sie, wir tragen sie in uns als heiliges Gut. Wir fühlen sie in den dunklen Lauten der Natur, in den geheimnisvollen Akkorden der Beetho-

---

152 Überblick über die zeitgenössische Almanach-Literatur nach Goldfriedrich in: Benjamin, WuN, Bd. 9,2, S. 21 f., als Erläuterung zum ‚Register' des zweiten Literaten in: Benjamin, *Hörspiele*, WuN, Bd. 9,1, S. 16,1–12. Vgl. Johann Goldfriedrich, *Geschichte des deutschen Buchhandels vom Beginn der klassischen Literaturperiode bis zum Beginn der Fremdherrschaft (1704–1804)*, Leipzig 1909.
153 Benjamin, *Romantik: Eine nicht gehaltene Rede an die Schuljugend*, GS, Bd. 2, S. 42,13–47,2 (Nr. 13 in der Bibliographie der zu Lebzeiten gedruckten Arbeiten, GS, Bd. 7, S. 478).

venschen Musik. Und sie spricht zu uns mit hundert Stimmen aus den
Worten der Dichter, die ihr heiliges Feuer im Herzen tragen. Aus den
schmerzvollen Gedichten Hölderlins und Lenaus, aus den Dramen Shakespeares wie Wagners und wir schauen sie in den dunklen Bildern Rem-
brandts und den Gefilden Böcklins. Niemand wage, mit kühner Hand sie
sich aus dem Herzen zu reißen. Das Größte, was in ihm lebt, ist dann vernichtet'.[154]

In der Tat findet sich die einzige weitere Erwähnung der *Nachtwachen* in einem
Brief aus der Studentenzeit. Dies bestätigt, dass bei dem Versuch, die Stimme
der Romantik hörbar werden zu lassen, auf den jugendbewegten Benjamin
zurückzugreifen ist. Am 7. November 1913 schreibt er an den Freund Franz
Sachs: „Ich lese: die *Nachtwachen* des Bonaventura, die viel mehr sind als ‚Bildung' – und den vorzüglichen Hyperion-Almanach von 1910".[155] Der Ausdruck
‚Bildung' erinnert an die lebhaften Debatten in der Freien Studentenschaft,
auch in diesem Kontext wird die Bedeutung der *Nachtwachen* herausgeho-
ben.[156] Auf die umfassende Bedeutung dieses Ausdrucks für die Frühromantiker wurde oben hingewiesen. Welche Ausgabe der *Nachtwachen* Benjamin
genutzt hat, lässt sich nicht mit letzter Sicherheit angeben, vermutlich sogar
die von Franz Schultz.

Auf jeden Fall sind in diesem Kontext die frühen Veröffentlichungen
Ardors – so Benjamins erstes Pseudonym – in der Zeitschrift *Der Anfang* von
größter Bedeutung. Dies gilt besonders für die schon erwähnten Artikel über
Romantik, der eine – wie es im Titel heißt – *nicht gehaltene Rede an die Schuljugend* wiedergibt. Eine Genre-Paradoxie dieser Art passt zum Geist des Verfassers der *Nachtwachen*. Diese Pseudo-Rede wartet mit einer sehr direkten
Ansprache – ‚Kameraden!' – auf und wird skandiert durch imaginäre Zwischen-
rufe. Die reflexartige Hamlet-Reminiszenz fällt gleich auf. Die Rede beginnt mit
einer scharfen Kritik an der ‚falschen' Romantik, die über Schule und Universität geradewegs ins Philisterium führe. Dagegen setzt Benjamin frontal den
Geist, expliziert als „fanatisch tätige Wirklichkeit";[157] das ‚Werden' (vgl. Lan-

---

154   Benjamin, *Romantik: Die Antwort des ‚Ungeweihten'*, GS, Bd. 2, S. 47,3–33 (Nr. 17 in der
        Bibliographie der zu Lebzeiten gedruckten Arbeiten, GS, Bd. 7, S. 479).

155   Benjamin, *Brief an Franz Sachs vom 11. Juli 1913*, GB, Bd. 1, S. 144,12–14.

156   Zum Thema Erziehung wäre zudem auf das Pannwitz-Zitat zum Thema in: Benjamin, GS,
        Bd. 2, S. 890 (Anmerkungen), in den Materialien zum Artikel über Schulreform (Nr. 11 der
        Bibliographie, GS, Bd. 7, S. 478) hinzuweisen (vgl. Rudolf Pannwitz, *Die Erziehung*, Frank-
        furt a.M. 1909, S. 7).

157   Benjamin, *Romantik: Eine nicht gehaltene Rede an die Schuljugend*, GS, Bd. 2, S. 44,34.

dauers „Werdender Mensch")[158] und die Humanität. Er schreckt nicht davor zurück, ‚trivial' und ‚banal' zu sein. Erklärtes Ziel ist eine „schöne und freie Gemeinschaft"[159] – das wäre eine ‚richtige' Romantik, wenngleich dieser Ausdruck nicht vorkommt. Die Bedeutung des Sexualempfindens wird wie in den zentralen Texten über *Das Leben der Studenten* und der *Metaphysik der Jugend* betont. Das Ende läuft auf eine Konfrontation der ‚alten' mit der ‚neuen' hinaus und präsentiert eine Skizze der ‚neuen' Romantik, die das Nüchterne und das Romantische verbindet und in Einklang bringt.[160] Diese Engführung erinnert an das intrikate Verhältnis von Technik und Rausch im Text *Zum Planetarium*.[161] Benjamin scheut sich nicht, an dieser Stelle einen Hinweis auf den überaus populären ‚narkotischen Imperativ' [sc. des Philisters], das auf Luther zurückgehende Lob von Wein, Weib und Gesang zu bringen, der als *Luthers Denkspruch* allzu bekannt geworden ist. Dieser Spruch wäre dem Philister aus der Hand zu ringen – eine Übersetzung in eine neue *lingua franca* wird immerhin versucht.

Der unbekannte Kritiker, der ‚Ungeweihte', Nicht-Nüchterne, hatte in seiner Antwort die Ungenießbarkeit der Klassiker (Goethe und Schiller) betont, vor allem aber in Hinweisen auf die „dunkle, geheimnisvolle Seite" der Romantik geschwelgt.[162]

In seiner Replik gegen diese „Predigt", wie Benjamin sagt, wird der Begriff ‚Geist' präzisiert zu ‚Jugendgeist'. In der Tat dürfe man sich nicht an Namen halten (‚Schiller und Hölderlin'). Die ‚neue' Romantik wird bestimmt als der wirkende Wille zu einer neuen Jugend und ihrer Schule.[163] Prophetisch heißt es: „Eine geistige Wirklichkeit wird sich auftun".[164] Ardor spricht als eine Art selbsternannter *vates*, Ziel müsse der „Rausch von einem Geist" sein, dem wir „dienen" – im schroffen Gegensatz zur Äußerung des ‚Ungeweihten'.[165]

Kurz: Benjamins Verständnis von Romantik, seine anhaltende Arbeit am Begriff der Romantik steht im Hintergrund dieser Debatten, welche seine Berner Dissertation auf den Weg gebracht haben. Im Brief an Sachs folgt noch der

---

158   Vgl. Gustav Landauer, *Der werdende Mensch: Aufsätze über Leben und Schrifttum*, hg. von Martin Buber, Potsdam 1921.
159   Benjamin, *Romantik: Eine nicht gehaltene Rede an die Schuljugend*, GS, Bd. 2, S. 45,18.
160   Benjamin, *Romantik: Eine nicht gehaltene Rede an die Schuljugend*, GS, Bd. 2, S. 46,10–47,2.
161   Benjamin, *Einbahnstraße* (1928), GS, Bd. 4, S. 146,16–148,11.
162   Benjamin, GS, Bd. 2, S. 899 (Anmerkungen).
163   Benjamin, *Romantik: Die Antwort des ‚Ungeweihten'*, GS, Bd. 2, S. 47,26f.
164   Benjamin, *Romantik: Die Antwort des ‚Ungeweihten'*, GS, Bd. 2, S. 47,28.
165   Benjamin, *Romantik: Die Antwort des ‚Ungeweihten'*, GS, Bd. 2, S. 47,32.

Hinweis auf Edmund Husserls berühmten Logos-Aufsatz[166] – damit ist Benjamins Horizont abgesteckt!

3   Schlussbemerkung zu Aspekten des ‚Romantischen'

Damit ist die gestellte Frage aber noch nicht beantwortet. Was ist unter dem Ausdruck ‚Romantik' zu verstehen? Abschließend sei deshalb kurz erläutert, inwiefern die *Nachtwachen* und Benjamin selbst die Grundlage für einen differenzierten und ‚modernen' Romantikbegriff abgeben können. Halten wir uns an die von Josef Bähr zusammengestellten Definitionen – es sind derzeit zwölf –, so kommen wir einen Schritt weiter. Die ersten fünf lassen sich unter bestimmte Leitbegriffe stellen, während die folgenden sieben eher einzelne Aspekte akzentuieren und herauszuheben versuchen.

Definitionen von ‚romantisch':[167]

1. ‚Romanisch', d. h. auf die vom Lateinischen abgeleiteten *Sprachen* bezogen (‚romanische Sprachen').

2. ‚Modern' (‚postantik'), d. h. *Zeitraum* vom Beginn der Völkerwanderungszeit bis zum 18. Jahrhundert; ggfs. in Opposition zum ‚Klassischen'.

3. ‚Modernistisch', d. h. eine die romantische Literatur und Kunst favorisierende *Kunstansicht*.

4. ‚Romanspezifisch', ‚romanhaft', auf den Roman als Gattung, das *Genre*, bezogen (vgl. ‚lyrisch', ‚episch', ‚dramatisch').

5. ‚Poetisch' im eher ‚populären' und volkstümlichen Sinne, auf den *Adressatenkreis* bezogen (‚bunt', ‚pittoresk', ‚phantastisch', ‚fabelhaft', ‚rittermäßig', ‚galant', ‚surreal', ‚frappant', ‚emotional', ‚unordentlich'). Vor allem in Beziehung auf Situationen, Stimmungen, Gesinnungen, Stilrichtungen, Stoffe, Landschaften (besonders prominent!); ‚populär', wäre das, was Vielen oder sogar den Meisten gefällt (‚Das Romantische ist das Populäre').

6. ‚Kombinatorisch', ‚zusammengefügt', ‚spannungsvoll' (vgl. ‚Witz' im *Athenäum*).

7. ‚Interessant', am Konkreten, Realen interessiert (Friedrich Schlegel).

8. ‚Idealisch', ‚idealisierend' (‚erhaben', ‚zart', ‚vergeistigt', ‚überspannt').

---

166 Husserl, *Philosophie als strenge Wissenschaft*, GW, Bd. 25, S. 2–62 (zuerst erschienen in: *Logos* 1 [1910/11], S. 289–341).

167 Vgl. *Wörterbuch zur Literatur- und Kunstreflexion der Goethezeit*, ‚Zentralbegriffe der klassisch-romantischen Kunstperiode (1760–1840)' (aufrufbar unter: http://www.woerterbuch.zbk-online.de/) (Zugriff am 28. Mai 2019).

9. ‚Unbestimmt', ‚vage', ‚ahnungsvoll', ‚unerklärlich', ‚undeutlich', ‚Sehnsucht hervorrufend' (schärfer: ‚unphilosophisch', ‚irrational', ‚erbaulich') – „Mit diesem Aspekt liegt die für die Diskursgeschichte im 19. Jahrhundert ‚erfolgreichste' Verwendung des Wortes vor; sowohl im Streit zwischen Romantik und Klassizismus als auch für die Irrationalismusvorwürfe Heines, Hegels und der an sie anknüpfenden Autoren spielt es in dieser Bedeutung die entscheidende Rolle".[168]

10. ‚Vermittelt', ‚medial gebrochen', ‚mediatisiert', ‚transzendental', ‚selbstreferentiell oder selbstreflexiv' (vgl. den Ausdruck ‚sentimentalisch' bei Schiller).

11. ‚Synthetisch', ‚Gegensätzliches bzw. Unvereinbares vereinigend', im Sinne einer unabgeschlossenen und unabschließbareren Opposition (‚Das Romantische ist das Elitäre').

12. ‚Unabgeschlossen', ‚unabschließbar', ‚unvollendet', ‚unendlich' (mit Hinweis auf Friedrich Schlegels *Athenäum*-Fragment Nr. 116).[169]

Ob mit diesem Angebot alle Bereiche abgedeckt sind, wäre zu prüfen. Man könnte z. B. fragen: Wo bleibt das ‚Enzyklopädische', das ‚Fragmentarische', das ‚Systematische'?

Der Versuch, die vorgeschlagenen Definitionen – eher handelt es sich um Aspekte – auf die *Nachtwachen von Bonaventura* anzuwenden, führt zu einem überraschenden Ergebnis. Die *Nachtwachen* lassen sich – so ungreifbar ist das Buch! – fast unter sämtliche Rubriken bringen: Sie sind ‚modern', und zwar in einem existenziellen Sinn, wie immer wieder betont wurde, es handelt sich um eine Erzählung, die mit verschiedensten Genres spielt, aber durchaus einen ‚roten Faden' aufweist, der mit dem Gang des Nachtwächters und den Orten, die er aufsucht, zu tun hat. Sie sind in einer fast befremdlichen Weise auf das Lesepublikum bezogen, was oft zu einer Pose gefriert, der die Empfindung nicht mehr recht folgen kann. Dass es auch eine ‚Wahrheit der Pose' gibt, ist wiederum eine sehr populäre Einsicht.

Auch die weiteren sieben Aspekte kommen sämtlich in dem Büchlein vor, wobei die Mediatisierung, das kritische Moment, vor allem aber der losgelassene Humor im Vordergrund stehen. Der romantische Witz zeigt sich hier von seiner derbsten Seite, welche ja auch Goethe durchaus nicht fremd war. Benjamins Romantik-Verständnis lässt sich ebenfalls kaum auf einen oder einige

---

168   Vgl. *Wörterbuch zur Literatur- und Kunstreflexion der Goethezeit*, ‚Romantisch' (aufrufbar unter: http://www.woerterbuch.zbk-online.de/) (Zugriff am 28. Mai 2019).

169   Fr. Schlegel, *Athenäum-Fragmente*, in: *Athenäum*, 1, S. 204,15–206,8 (vgl. Fr. Schlegel, *Schriften zur Literatur*, ed. Rasch [1972] [Anm. 8], S. 205; KSA, Bd. 2, S. 182 f.).

dieser zwölf Begriffe bringen, alle sind im Spiel, weshalb die Stimme im Hörstück in der Tat ‚namenlos' bleiben muss.

Von dieser modernen Perspektive auf die *Nachtwachen* fällt ein romanti-
sches, sehr nüchternes, aber bedeutsames Licht zurück auf die Rundfunkarbeiten Walter Benjamins, die das Schattenreich der bloßen Schrift verlassen
müssen, um dem Publikum tatsächlich auf den Leib zu rücken und das heißt:
vom Publikum für ihre Bildungsinteressen reklamiert werden zu können. Diese
Medien- und Technikproblematik hat Benjamin im Kunstwerk-Aufsatz für den
Film erneut in Angriff genommen, wobei seine so berechtigten wie verzweifel-
ten Hoffnungen durch die Kulturindustrie dann bitter enttäuscht wurden.

Die Popularität der Romantik ist das eine, neue, aktuelle Thema, zu dem
die *Nachtwachen* geleiten können, das andere die ‚Volkstümlichkeit' Benjamins. Die Gestalt Jacob Böhmes, wie sie die Frühromantik zeichnet, dient dabei
als eine Art Katalysator, dessen Aktivierungsenergie die unterschiedlichsten
Wahlverwandtschaften ermöglicht, ohne dabei selbst verbraucht zu werden,
‚gewaltig' und ‚sanft wie die Luft in Harf' und Flöte' zugleich.

15

„Über diejenigen, die eine Kerze ins Sonnenlicht halten": Böhmes Einfluss auf Blakes frühromantisches Werk *The Marriage of Heaven and Hell* (1790)

Tobias Schlosser

1 Geistesgeschichtlicher Kontext

Die Texte und Bilder des englischen Frühromantikers, Londoner Dichters und Kupferstechers William Blake (1757–1827) sind von einer expressiven Kraft geprägt, deren Faszination zuweilen auf Rechnung einer rationalen Verständlichkeit geht. Neben biblischen Anleihen und britischen Traditionen bezieht seine Mythenwelt ihr Personal aus erdachten Gestalten der Vorzeit. Dante, Shakespeare und Milton bilden das Ternar seiner epischen Poesie, zu deren performativen Kraft Blake sich seine eigenen Illustrationen schuf. Diejenigen zur Göttlichen Komödie stehen in ihrer Wucht und Vorstellungskraft mühelos neben denen von Botticelli. In der Blake'schen Welt, in der Heaven und Hell unsere Seelen bereits zu Lebzeiten hin und her pendeln, nein zerren lassen, treffen Vernunft auf Ungeduld, Dogmen auf Vitalität, die altgewordene Aufklärung auf eine junge und kräftige Romantik. Göttliche Offenbarungen und Prophezeiungen, denen sich seine Persönlichkeit ausgesetzt sah, flossen ebenso in sein künstlerisches Œuvre ein wie eine starke Rezeption der mystischen Tradition. So gesteht Hans-Dieter Gelfert über das Schaffen und die Quellen des frühromantischen Künstlers:

> Heute gibt es keinen Zweifel mehr, daß [William Blake] zu den bedeutendsten Dichtern der englischen Literatur zählt, auch wenn sein Werk an den Leser hohe Anforderungen stellt und deshalb in seiner ganzen Tiefe nur wenigen bekannt ist.[1]

---

1 Hans-Dieter Gelfert, *Kleine Geschichte der englischen Literatur*, München 1997, S. 194.

Der Zugang zu Blakes Werk wird durch die Rezeption Böhmes weniger erleichtert als erschwert, zumal es auch an hinreichender Forschung zu Blake fehlt. Blake wurde in der Tat von dem deutschen Philosophen Jacob Böhme beeinflusst.[2]

Mit William Blake, spätestens, wird auch Jacob Böhme vollends der theologischen Zuständigkeit enthoben und den Ästhetiken der Romantik einverleibt. Ihre Visionen und Erfahrungen gleichen sich, und sind doch verschiedenen Kontexten entnommen. Während etwa Blake die Stadt London als eine Hölle, als lebendiges Babel bewertete,[3] sah Böhme im biblischen Bilderarsenal der Stadt, deren Turmbau er mit der verdorbenen Mauerkirche verband, die Offenbarung kommen. Blakes Bewusstsein empfand sich selbst als von Visionen geprägt, mit denen er die Grenzen der alltäglichen Wahrnehmung zu überwinden hoffte. Inmitten der Düsterheit der Stadt London bestimmte das Erleben von Engeln und anderer Heilfiguren seinen Alltag. Der obsessive Drang, Magie in die Wirklichkeit einzuschreiben, wird vor dem Hintergrund verständlich, den prekären Lebensverhältnissen, die ihn umgaben, verzweifelt etwas Positives abzugewinnen.[4] Trotz aller Gewalttätigkeit, die in London herrschte, dichtete er eine rätselhafte Schönheit in die Metropole ein. Ohne solche Kompensation wäre es für Blake wahrscheinlich nicht erträglich gewesen, in London zu (über)leben, wie der Blake-Biograph Peter Ackroyd wie folgt skizziert:

> Die Köpfe der Verbrecher faulten noch immer auf Temple Bar, die öffentlichen Züchtigungen waren noch immer ein großes Schauspiel, und die Soldaten mussten auf offener Straße Spießruten laufen. Es war eine Zeit, in der ein aufrührerischer Mob oft große Teile der Stadt besetzt hielt; es kam zu Aufständen von Seeleuten, Seidenwebern, Kohlenträgern, Hutmachern, Glasschneidern; es kam zu heftigen und blutigen Demonstrationen wegen des Brotpreises.[5]

Die Visionen, soweit bewusst herbeigeführt, können als Mittel angenommen werden, mit dem Blake einen Ausgang aus einem Lebensalltag voller Gewalt

---

2   Vgl. Horst W. Drescher, *Lexikon der englischen Literatur*, Stuttgart 1979, S. 47. Zu Blake und Böhme vgl. etwa: Kevin Fischer, *Converse in the Spirit: William Blake, Jacob Boehme, and the Creative Spirit*, Vancouver 2004. Meine nachfolgenden Ausführungen konzentrieren sich auf Blake's *Heaven and Hell*.

3   In Blakes Epos *Jerusalem*, in: *The Complete Illuminated Books*, S. 381,11 f. (n. 84) (vgl. *Transcripts*, ebd., S. 474b,2 f.), wird London direkt als ‚Babylon' bezeichnet.

4   So könnte ihm Böhme wie zuvor Swedenborg schon wegen der Thematik der Engel entgegengekommen sein.

5   Peter Ackroyd, *William Blake: Dichter, Maler, Visionär*, München 1995, S. 28.

und Bedrohung imaginierte. Zudem ist zu vermuten, dass die Visionen und die Geisterseherei Blake halfen, mit persönlichen Schicksalsschlägen umzugehen. So unterhielt er sich beispielsweise mit seinem viel zu jung verstorbenen Bruder.[6]

In dieser psychisch instabilen und mit unwillkürlichen Regungen aufgeladenen Situation konnten die Visionen aber auch ein Mittel der Identitätsfindung als originaler Künstler sein. Blake hatte einen „instinktiven Glauben",[7] der sich jenseits etablierter und institutionalisierter Religion manifestierte. So berichtet Blake, dass ihm sowohl Jacob Böhme als auch Paracelsus im Traum erschienen seien.[8] Der Glaube und die Sehnsucht nach politischer Erneuerung, die aus jenem Hoffnung schöpft, prägte auch sein intellektuelles Interesse und seinen Freundeskreis: Die Schriften von Paracelsus, Böhme oder Swedenborg waren zu dieser Zeit in London verbreitet, leicht zu erwerben,[9] zudem unterhielt Blake Freundschaften mit Geheimbündlern wie Freimaurern[10] oder Mitgliedern der sogenannten Druiden-Gesellschaften. Deren Priester beschäftigten sich mit Lehren und Glaubensinhalten aus der Zeit vor der Christianisierung in England.[11] So zählt Peter Ackroyd zahlreiche Richtungen auf:

> Es gab noch weitere Gruppen [...]. Zum Beispiel gab es die ‚Alten Deisten' aus Hoxton, unter denen sich ‚alle Arten von Alchimisten, Astrologen, Auslegern, Mystikern, Magnetisieuren, Propheten und Wahrsagern' fanden; auf ihren Versammlungen sprachen sie von Geistern und Prophezeiungen. [...]. Solche Anschauungen sind Blakes eigenem Denken

---

6   Vgl. Ackroyd, *William Blake* (1995) [Anm. 5], S. 111.

7   Vgl. Ackroyd, *William Blake* (1995) [Anm. 5], S. 164.

8   Vgl. Ackroyd, *William Blake* (1995) [Anm. 5], S. 164.

9   Vgl. Ackroyd, *William Blake* (1995) [Anm. 5], S. 164 f.; ferner: Kathleen Raine, *William Blake*, London 1970, S. 51. Dabei bleibt aber fraglich, wie das Phänomen der Übersetzung von Böhmes Schriften in England im Allgemeinen zu bewerten ist. Blake war vielschichtig belesen und hatte zweifelsohne leichten Zugang zu den Böhmischen Gedanken, allein schon aufgrund der Tatsache, dass Blakes Freund, der Maler Richard Cosway, so Ackroyd, *William Blake* (1995) [Anm. 5], S. 165, ein Originalmanuskript von Jacob Böhme besaß. Jedoch darf nicht der Fehler gemacht werden zu glauben, dass sich Böhme in England allseitiger Beliebtheit erfreute. Die These ist zulässig, dass Böhme ein Geheimtipp war; vgl. Friedhelm Kemp, „Jakob Böhme in Holland, England und Frankreich", in: *Studien zur europäischen Rezeption deutscher Barockliteratur*, hg. von Leonard Forster, Wiesbaden 1983, S. 211–226, hier S. 216: „Schwer zu beurteilen ist, wie breit das Publikum war, für das diese vielen Drucke [von den Übersetzungen von Böhmes Schriften] bestimmt waren. Daß sie zustande kamen, verdanken sie einem verhältnismäßig kleinen Kreis von ‚Eingeweihten', unter denen sich immer wieder großzügige Geldgeber fanden".

10   Vgl. Ackroyd, *William Blake* (1995) [Anm. 5], S. 237.

11   Vgl. Ackroyd, *William Blake* (1995) [Anm. 5], S. 60 und S. 110.

verwandt. Die Magie gilt allgemein als Zuflucht der Unterdrückten und
Ohnmächtigen, die spüren, dass sie auf diese Weise Macht ausüben können.[12]

2   Blake und Böhme

Mit Jacob Böhme und seinen Schriften verband Blake ein besonderes Verhältnis. Als Schuster war auch er von einfacher Herkunft ohne hohen sozialen Status. Ihr Denkstil widersprach den Anforderungen an ein arrondiertes philosophisches System. Beiden Denkern wurde zum Vorwurf gemacht, unberechen-
bare Enthusiasten zu sein. Zudem waren beide von der Unterstützung ihrer
Frau in ihrem künstlerischen und beruflichen Schaffen abhängig, die, nebenbei bemerkt, den gleichen Namen hatten, Katharina. Beide glaubten daran,
dass bestimmte Gedanken und Offenbarungen dem Menschen nicht gehören.
Vielmehr waren sie davon überzeugt, dass sie auserwählt waren, exklusive Einsichten zu erhalten, die über die alltägliche Wahrnehmung hinausgehen. Dem
cartesianischen ‚Ich denke, also bin ich‘ könnte die Formel ‚Es denkt in mir‘ ent-
gegenstehen: Für Böhme und Blake war, anders als der Grundgedanke der Aufklärung, das Individuum nicht zwingend Herr seiner Gedanken. Jacob Böhmes
und Williams Blakes Lebenswahrnehmung bestand darin, dass sie mit Visionen rechnen mussten. Sie konnten sich diese Eingebungen nicht aussuchen,
diese drängten sich auf und wurden als transzendenten Ursprungs angenommen. Das einzige, worauf sie Einfluss zu haben meinten, war der Umgang mit
diesen Visionen, die Deutungsarbeit sowie die ständige Bemühung, sie in ihren
Werken plausibel mitzuteilen. Bei Böhme fanden seine Einsichten in Schriften
und Traktaten Ausdruck, bei Blake in Dichtung und bildender Kunst.

In einigem bestätigt sich eine Rezeption von Böhme durch Blake, in der
das Geheimnisvolle, das Rätselhafte, die über sie verhängten bedeutenden Vor-
gänge wichtiger scheint als eine rationale Erfassung: So ist in Blakes Werk
Jerusalem (1804) ein Bild von Jacob Böhme wiedergegeben, das den jungen
Philosophen zeigt, wie er in den Görlitzer Hausberg, die Landeskrone, steigt.[13]
Der Berg offenbart dabei Jacob Böhme seine Schätze. Dieses Bild hat Blake zu

---

12   Vgl. Ackroyd, *William Blake* (1995) [Anm. 5], S. 238.
13   Vgl. Blake, *Jerusalem*, in: *The Complete Illuminated Books*, S. 298. Erste Platte des Werkes.
      Für eine weiterführende, stadtgeschichtliche Diskussion über das Bild zu Jacob Böhme
      im Zusammenhang mit der Görlitzer Landeskrone vgl. Andreas Gerth, *Mystisches Görlitz:
      Ein außergewöhnlicher Stadtführer zu geheimnisvollen Orten in Görlitz*, Spitzkunnersdorf
      2016, S. 205 f.

der Ansicht inspiriert, dass nicht der Mensch entscheidet, ob er Schätze entdecken wird. Vielmehr hat der Berg als Teil eines lebenden Gesamtorganismus
entschieden, dass der junge Görlitzer Philosoph es wert sei, seine Schätze zu
sehen, und so gibt er sie ihm preis.

Bewusst hat Blake sich gegen das aufklärerische Gedankengut positioniert.[14]
Seine Werke verstehen sich als eine Attacke auf die englischen Rationalisten,
als Angriff legitimiert durch seine religiösen Auffassungen. So führt Gelfert aus:

> [Blakes] Grundgedanke ist der, daß die Schöpfung aus einem Antagonis-
> mus widerstreitender Kräfte hervorgeht. Deshalb ist Satan für ihn genau-
> so wichtig wie Gott. Aus diesem Grunde lehnte er den Gott des Logos, des
> ausschließlichen Herrschaftsanspruchs der Vernunft, auf das heftigste ab,
> so wie er Bacon, Locke und Newton, die Vertreter des Logos in der engli-
> schen Kultur, inbrünstig haßte.[15]

Zu differenzieren wäre gegenüber Gelfert, dass Newton für Blake eine Sonder-
stellung besitzt und recht eigentlich nicht in einer Reihe mit anderen englischen Philosophen stehen sollte. Ähnlich wie *The Marriage of Heaven and
Hell* – d. h. die Vereinigung zweier widerstreitender Kräfte – ist Blakes Bild, das
er von Newton hatte, um einiges komplexer und höchst ambivalent. Blake ima-
giniert den englischen Naturwissenschaftler in seinem berühmten Bild *Newton*
gleich einem Adonis: Newton wird als jung, muskulös und androgyn inszeniert. Er sitzt in gekrümmter Haltung nackt auf einem Stein und stellt so seine
Berechnungen an. Das lässt die Annahme zu, dass Newtons rationalistische
Methode, die Welt zu erfassen, den Gelehrten dazu zwingt, eine gekrümmte
und unnatürliche Haltung einnehmen. Nach Ackroyd zeigt das Bild, dass Newton „in den Grenzen seiner eigenen Berechnungen gefangen [ist]".[16] Hinzu
kommt – und das macht den wahren ambivalenten Bezug zu Newton aus –
dass offenbar die scheinbaren Berechnungen Newtons auf Blakes Gemälde in
Wirklichkeit als alchemistische Symbole zu werten sind.[17] Dieses zweiseitige,
sich widersprechende Bild von Newton – das des theoretischen Menschen und
das des Gelehrten, der für Alchemie und andere Formen des Okkultismus emp-
fänglich war – übte eine Anziehungskraft auf Blake aus, eine Gegensätzlichkeit,

---

14 Den Gedanken, dass sich Böhmes Philosophie bereits als eine Aufklärungskritik vor der
    Epoche der Aufklärung lesen lässt, bestätigt auch Thomas Isermann, *O Sicherheit, der Teu-
    fel wartet deiner!*, Jacob Böhme-Lektüren, Görlitz 2017, S. 90.
15 Drescher, *Lexikon der englischen Literatur* (1979) [Anm. 2], S. 192.
16 Vgl. Ackroyd, *William Blake* (1995) [Anm. 5], S. 217.
17 Vgl. Ackroyd, *William Blake* (1995) [Anm. 5], S. 219.

die ahnen lässt, warum Blake Newton in seiner Arbeit androgyn inszenierte. Die Vereinigung von männlichen und weiblichen Attributen als ein Zeichen für die Ewigkeit übernahm Blake von Böhme:

> [Boehme's] idea of the regenerated, spiritual body as an androgynous figure has a telling effect upon his art. In a word, Blake expresses in art and poetry what Boehme taught about Universal Redemption, and the ultimate consummation of the Eternal Will.[18]

Ob Newton von Jacob Böhme beeinflusst wurde, ob er ihn überhaupt nennenswert gelesen habe, steht in der Böhme-Forschung sehr infrage. Es gibt einige Hinweise darauf, dass Newton die Schriften Jacob Böhmes kannte. Nach E. Lewis Evans negierte Newton diesen Einfluss bewusst, neuere Untersuchungen schließen jeden Einfluss aus.[19]

3   Ideologische Grundlagen bei Jacob Böhme

Blake nutzte Böhme – wie übrigens alle seine Quellen – mit einer ausgeprägten künstlerischen Freiheit,[20] die auch als eine „private Mythologie" zu verstehen ist,[21] und die eine einfache Analyse erschwert. Böhmisches Gedankengut schimmert immer wieder bei Blake durch – als ob es die unterste Schicht eines Palimpsests wäre.

Blakes *Marriage of Heaven and Hell* ist insofern interessant, da diese Dichtung Blakes Abwendung von Swedenborg zugunsten Jacob Böhmes besiegelt, ja, Teile des Werkes lassen sich sogar als eine Satire auf Swedenborg verstehen.[22] Dies hat sowohl inhaltliche, aber auch formale Gründe:

> Es stimmt, dass die Schriften von Paracelsus und Böhme aus einer reineren Quelle spiritueller Offenbarung als Swedenborgs zu kommen schei-

---

18   Vgl. E. Lewis Evans, *Boehme's Contribution to the English Speaking World*, Diss., Christian-Albrechts-Universität zu Kiel, 1956, S. 215; Eric Achermann, „Fromme Irrlehren: Zur Böhme-Rezeption bei More, Newton und Leibniz", in: *Offenbarung und Episteme*, hg. von Wilhelm Kühlmann und Friedrich Vollhardt, Berlin/Boston 2012, S. 313–361.

19   Vgl. Evans, *Boehme's Contribution* (1956) [Anm. 18], S. 210.

20   Vgl. Bryan Aubrey, „Visions of Torment: Blake, Boehme and the Book of Urizen", in: *Studies in Mystical Literature*, Taichung, Taiwan, 1980, S. 20–153, hier S. 128.

21   Hans Ulrich Seeber, „Romantik und viktorianische Zeit", in: *Englische Literaturgeschichte*, hg. von H.U. Seeber, Stuttgart 2004, S. 224–313, hier S. 240.

22   Vgl. Aubrey, *Visions* (1980) [Anm. 20], S. 133.

nen, aber es mag auch äußere Gründe für Blakes Sinneswandel gegeben haben. So mag er von Füßli oder Johnson beeinflusst worden sein, die Swedenborg und die Neue Kirche in der *Analytic Review* beständig angegriffen hatten. Die Neue Kirche selber wurde in zunehmendem Maße institutionalisiert [...]. Die langsamen Prozesse der organisierten Religion hoben an; insbesondere maßen die Priester der Neuen Kirche nun der tätigen Nächstenliebe weniger Gewicht bei und betonten die Pflicht, die Sünde zu meiden. Diese Absage an den ursprünglichen Geist der Neuen Kirche [...] richtete sich auch gegen Blakes instinktiven Glauben: Er begann die 1790 veröffentlichte *Göttliche Vorsehung* Swedenborgs mit Anmerkungen zu versehen und erhob in seinen Randglossen eine Reihe von Anschuldigungen: ‚Lügen und Priestertum', ‚Verdammte Torheit!' und, am schwerwiegendsten, ‚Prädestination'.[23]

Es ist also eine Form der Institutionalisierung, gegen die sich Blake sträubte und gegen die er Position bezog. Blake sah vermutlich in Böhme einen Fürsprecher, der wie er etablierte Strukturen ablehnte und sich für eine Religiosität jenseits organisierter Kirchen und den damit einhergehenden Machtapparaten aussprach. Blake und Böhme waren demzufolge „chrétiens sans église".[24] Man denke nur daran, dass auch Jacob Böhme von der organisierten Kirche Gängelungen erleben musste. An diesem Punkt konnte Böhme deutlich werden:

Aber in dem heiligen Lehrer lehret der H. Geist, und in dem heiligen Hörer hört der Geist Christi, durch die Seele und Göttlich Gehäuse des Göttlichen Schalles. Der Heilige hat seine Kirche in sich, da er inne höret und lehret: Aber Babel hat den Steinhauffen, da gehet sie hinein heucheln und gleissen; läst sich mit schönen Kleidern sehen, stellt sich andächtig und fromm; die steinerne Kirche ist ihr GOtt, darein sie das Vertrauen setzt.[25]

Anhand solcher Passagen lässt sich zeigen, dass nach Böhmes Auffassung der wahre Glaube ein inneres Ereignis ist – etwas, das ein jeder selbst erleben muss. Glauben zu institutionalisieren bedeutet jedoch gleichzeitig den Glauben zu externalisieren. Damit wird nach Böhme der Glauben verfälscht. Es geht in den Kirchen um einen nach außen präsentierten Reichtum – nicht um den Reichtum der Seele. Damit entsteht Babel als Sinnbild für eine diasporische

---

23 Vgl. Ackroyd, *William Blake* (1995) [Anm. 5], S. 164.
24 Vgl. Kemp, *Jakob Böhme* (1983) [Anm. 9], S. 215.
25 Böhme, *Christosophia*, ss, Bd. 4, Pars IX, S. 135,6–13 (*De regeneratione* [*Von der neuen Wiedergeburt*], Kap. 6, n. 3).

Erfahrung: Denn Babel hat die Gläubigen getrennt – sie leben in einer Welt des Exils, wo es um irdische Güter, Heuchelei, Außenwirkung und Scheinheiligkeit geht. Deswegen bezeichnet Böhme die Kirchen auch als ‚Steinhaufen' oder ‚steinerne Kirche'. Mit Etablierung, Institutionalisierung und dem Nacheifern von falschen Werten wird die Kirche statisch und leblos. Den Gegensatz sieht Böhme in einer anderen Kirche:

> Der Heilige aber hat seine Kirche an allen Orten bey sich und in sich: Dann er stehet und gehet, er liegt und sitzt in seiner Kirchen, er ist in der wahren Christlichen Kirchen, im Tempel Christi; Der Hl. Geist predigt ihme aus allen Creaturen; alles, was er ansiehet, da siehet er einen Prediger GOttes.[26]

Es ist also ein innerer, seelischer Prozess, durch den sich nach Böhme der wahre Glaube zeigt. Auffällig ist hier, dass Böhme – wie Blake – nicht die Bibellektüre als alleinige Quelle des Glaubens sieht. Hinzukommen muss das innere Erleben des Göttlichen in uns. Diese Grundannahme Böhmes stellt einen markanten Gegensatz zu den lutherischen Reformatoren dar – trotz der Einigkeit darüber, dass sowohl Luther als auch später Böhme den Glauben erneuern wollten. Das lutherische Paradigma des *sola scriptura* erkannte die Bibel und ‚nur die Bibel' als Erkenntnisquelle an – und trotz der Übersetzung der Bibel ins Deutsche gab es keine Emanzipation von der (neu) institutionalisierten Kirche – denn die Menschen blieben bei der Auslegung der Bibel von den Gelehrten abhängig. Dass jede Übersetzung auch schon eine Interpretation sei, durch die unausweichlich Sinninhalte entstellt verloren gehen, hat Böhme nicht wahrgenommen, weil er – wie viele seiner Zeit – die deutsche Sprache für kompetent genug hielt, ein Deutungsmedium der Bibel zu sein.[27] Böhme selbst schien es

---

26   Böhme, *Christosophia*, ss, Bd. 4, Pars IX, S. 135,14–18 (*De regeneratione* [*Von der neuen Wiedergeburt*], Kap. 6, n. 4).

27   Dies fällt beispielsweise bei Luther auf, wie die Geschichtswissenschaftlerin Lyndal Roper, *Luther: Der Mensch Martin Luther – Die Biographie*, Frankfurt a.M. 2016, S. 269, feststellt: „Römer 3, 28 übersetzte Luther wie folgt: ‚So halten wir nun dafür, daß der Mensch gerecht wird ohne des Gesetzes Werke allein durch den Glauben'. Das Wort ‚allein' hatte er hinzugefügt, es steht nicht im Urtext. Durch die Einfügung liegt die Betonung auf der Exklusivität des Glaubens – und in der Tat behauptete Luther, in diesem ‚allein' stecke der ganze Sinn des Abschnitts". Damit hatte Luther jede andere Quelle für Gerechtigkeit disqualifiziert, was einen gewichtigen Gegensatz zu der Annahme darstellt, wodurch ein Mensch ein verändertes Verhalten aufgrund einer inneren Transformation aufweist, wie es beispielsweise bei Böhme, *Christosophia*, ss, Bd. 4, Pars IX, S. 111,28 (*De regeneratione* [*Von der neuen Wiedergeburt*], Kap. 1, n. 7), der Fall ist: „Dann eines Christen Gerechtigkeit ist in Christo, der kann nicht sündigen". Dass ein Mensch nicht mehr ungerecht sein kann,

bewusst gewesen zu sein, dass die Praxis der Bibelauslegung zu Disputen und Verzerrungen führen kann. Von dieser Praxis muss er jedoch keine hohe Meinung gehabt haben, denn er bezeichnete Zeitgenossen als „schrifft zerrer / vnd Dener".[28]

Die Kritik gegen institutionalisierte Formen des Glaubens kann aber auch ontologisch begründet werden. So hält Böhme bereits in der *Aurora* fest:

> [G]leich wie die lufft aus der Sonnen vnd sternen krefften aus gehed / vnd walled in diser weld / vnd macht, das Sich alle Creaturen geberen / vnd graß krautt vnd Beume auff gehen / vnd alles waß in diser weld ist / Also auch gehed der Heilige Geist Aus dem vater vnd Sohne auß / vnd walled / formired vnd bilded alles in dem gantzen Gott / Alle gewechse vnd formen In dem vater gehen auff In dem wallen des Heiligen Geistes / Darumb ist ein einiger Gott / vnd drey vntter Schiedliche Personen / In einem Götlichen wesen.[29]

Das Besondere an Böhmes Weltsicht ist, dass alles miteinander verbunden ist und miteinander agiert. Böhmes Erklärung, warum es bei *einem* Gott auch eine *Drei*faltigkeit gebe, zeigt, dass es sich sowohl um irdische Phänomene als auch um geistige Prozesse des ewigen Wandels handelt: Kreaturen und Göttlichkeit gebären sich bei Böhme, gehen ineinander auf, formieren und bilden sich. Böhme stellt sich also die Welt dynamisch vor. Es ist alles lebendig und in Prozessen von Transformationen und des ineinander Aufgehens gedacht. Dies zeigt sich auch bei Böhmes Zusammenwirken der Quellgeister, die seiner Weltsicht zufolge der Ursprung von Bewegung sind.[30] Ein „stetiges würgen

---

ist meiner Lesart zufolge nach Böhme auf einen veränderten Seelenzustand zurückzuführen, indem der Mensch seinen Einzelwillen in Einklang mit dem Ursprünglich-Göttlichen bringt. Gerechtigkeit entsteht demnach nicht durch Glauben, sondern durch eine Veränderung des menschlichen (Einzel-)Willens, der nicht mehr egozentrisch ist; vgl. Böhme, *Christosophia*, SS, Bd. 4, Pars IX, S. 112,13–19 (*De regeneratione* [*Von der neuen Wiedergeburt*], Kap. 1, n. 9): „Also gantz muß eines Christen Wille wieder in die Mutter, als in Geist Christi, eingehen, und in der Selbheit, des Selbwollens und Vermögens ein Kind werden: Da der Wille und Begierde nur in die Mutter gerichtet sey, und muß aus dem Geiste Christi, ein neuer Wille und Gehorsam, in der Gerechtigkeit, aus dem Tode aufstehen, der nicht mehr der Sünden will".

28   Böhme, *Morgen Röte im auffgang*, ed. Buddecke, *Urschriften*, Bd. 1, S. 228,9 (vgl. SS, Bd. 1, S. 304,33 [Kap. 21, n. 34]).

29   Böhme, *Morgen Röte im auffgang*, ed. Buddecke, *Urschriften*, Bd. 1, S. 65,1–7 (vgl. SS, Bd. 1, S. 77,13–21 [Kap. 7, n. 27]).

30   Vgl. Böhme, *Morgen Röte im auffgang*, ed. Buddecke, *Urschriften*, Bd. 1, S. 233,17–25 (vgl. SS, Bd. 1, S. 311,22–33 [Kap. 21, nn. 76–77]).

kempffen vnd Ringen" ist die Folge.[31] Demnach ist Bewegung d. h. Wandel und Dynamik ein Hauptcharakteristikum der Welt (und eben keine feste Struktur).

In dieser Weltsicht kann aber auch eine Kritik gegen etablierte und institutionalisierte Formen des Glaubens gesehen werden: Denn Kirche mit ihren Ordnungen und festen Strukturen verliert ihre ‚Dynamik', ist eine verwaltende ‚Statik' geworden – und damit ist sie ‚steinern' – also leblos. Von einem ontologischen Standpunkt betrachtet ist damit jede Form der Institutionalisierung des Glaubens abzulehnen, denn in diesem Moment, wo eine Kirche eine feste Struktur erhält, spiegelt sie nicht mehr den wahren Glauben wider. Die Kirche ist zu einem Gegenstück des Abbilds des Göttlichen geworden (und damit gleichbedeutend mit Babel).

Neben dieser ontologischen Dimension, mit der Böhme die Kirche im Menschen selbst verortet, schimpfte er zudem auf kirchliche Würdenträger, um sich selbst Autorität zu verleihen. Er nutzte seine Visionen als Legitimationsgrundlage für sein schriftstellerisches Tun und hebelte damit die Hierarchie des christlichen Machtapparats aus. Die Konfrontation geradezu suchend, schreibt Böhme bereits in seinem Erstlingswerk:

> Wolauff ihr gekröntten hitlin / Last Sehen ob auch ein Einfeltiger Leye köntte die geburt des Menschen lebens In der erkendnis Gottes erforschen / ists vnrecht So wider legts / ists aber recht So lasts stehen.[32]

Man muss kein Studierter sein, so Böhme, um religiöse Anschauungen mit der Welt zu teilen. Der Mensch als religiöses Wesen hat die Befugnis, seine Anschauungen zu kommunizieren. Blake, der wie Böhme kein studierter Theologe war, konnte mit diesem Ansatz auch seine Gedanken rechtfertigen.

4   Blakes *The Marriage of Heaven and Hell* (1790)

Im Folgenden werde ich den Inhalt von Blakes *The Marriage of Heaven and Hell* sukzessive skizzieren und Parallelen, soweit vorhanden, zu Böhme zu ziehen.

Blakes *The Marriage of Heaven and Hell* ist in zehn Teilen geschrieben. Es besteht vor allem aus freien Versen, die eine Verbundenheit mit Miltons *Paradise Lost* kennzeichnen, vereinzelt enthält der Text (unreine) Reime und oft-

---

31   Böhme, *Morgen Röte im auffgang*, ed. Buddecke, *Urschriften*, Bd. 1, S. 233,18 f. (vgl. SS, Bd. 1, S. 311,24 [Kap. 21, n. 76]).

32   Böhme, *Morgen Röte im auffgang*, ed. Buddecke, *Urschriften*, Bd. 1, S. 290,14–16 (vgl. SS, Bd. 1, S. 391,31–34 [Kap. 26, n. 44]).

mals auch prosaische Textpassagen oder eine Aneinanderreihung von Aphorismen, die an den Schreibstil von Aphoristikern und Fragmentaristen von Novalis bis Friedrich Nietzsche erinnern, was von der Forschung bereits attestiert
wurde.[33] Die Form des Dichtens geht mit der Botschaft von Blakes Schriften
einher: Sie lehnt jede Form von rationaler Systematik ab und entzieht sich
dabei selbst jeder System-Rechtfertigung.

4.1   *Teil 1:* The Argument

Wie bereits erwähnt steht Blakes *Marriage of Heaven and Hell* im engen Zusammenhang mit der Verwerfung von Swedenborgs Ideen. Blake hatte sich aufgrund der Etablierung einer Kirche von den Idealen des schwedischen Gelehrten distanziert, denn nach Blakes Auffassung widersprachen die neu etablierten Strukturen der Kirche seinem Ideal eines lebendigen Glaubens. Und so
ist es nicht verwunderlich, dass gleich im ersten Teil der *Marriage of Heaven
and Hell* mit dem Titel ‚The Argument' Swedenborg den Unmut Gottes – bei
Blake personifiziert durch den rebellierenden Geist Rinthra – auf sich zieht.
Die Schriften des studierten Naturwissenschaftlers, Philosophen und Theologen werden als dem Tode geweiht beschrieben: „And lo! Swedenborg is the
Angel sitting at the tomb: his writings are the linen clothes folded up".[34]

Nach diesem Angriff entwickelt Blake seinen Gegenentwurf, indem er das
Leben als ein Ringen von gegensätzlichen Kräften beschreibt. Nur durch dieses Widerstreiten entsteht Entwicklung. Es ist notwendig. Sein Weltbild ist von
einem dialektischen Denken bestimmt, denn Gegensätze bedingen einander:

> Without Contraries is no progression. Attraction and repulsion, Reason
> and Energy, Love and Hate, are necessary to Human existence.
>   From these contraries spring what the religious call Good and Evil.
> Good is the passive that obeys Reason. Evil is the active springing from
> Energy,
>   Good is Heaven. Evil is Hell.[35]

Sowohl der Inhalt als auch die Methode des – vorsichtig gesagt: dialektischen
Denkens sind Böhmischer Natur. Denn schon in der Vorrede seines ersten Werkes hat Böhme bereits skizziert, dass die Gegensätze von Gut und Böse im

---

33   Vgl. Seeber, *Romantik und viktorianische Zeit* (2004) [Anm. 21], S. 241.
34   Blake, *The Marriage*, in: *The Complete Illuminated Books*, S. 109,3–5 (n. 3) (vgl. *Transcripts*,
     ebd., S. 412b,33–35).
35   Blake, *The Marriage*, in: *The Complete Illuminated Books*, S. 109,7–13 (n. 3) (vgl. *Transcripts*,
     ebd., S. 413a,1–7).

Menschen existieren: „weil den in dem menschen Böses vnd guttes war / So kuntten beide qualiteten in ihm Regiren / derwegen wart Ein Böser vnd gutter Mensch in einer Mutter auff ein mal geboren".[36]

Den Ursprung vom religiösen Werteverständnis sieht Blake darin, dass einem der Gegensätze der Vorrang gegeben wird: Demnach wird dem Himmlischen das Passive und der Gebrauch der Vernunft zugeschrieben, wohingegen das Höllische nach Blake aktiv und voller Energie ist. Dass diese Sichtweise bei Blake einer Kritik unterzogen werden muss, zeigt sich im Folgenden:

4.2   *Teil II:* The Voice of the Devil

Der Stimme des Teufels zufolge seien alle religiösen Gesetzesbücher fehlerhaft. Die Irrtümer zeigen sich wie folgt:

1.   That Man has two real existing principles: Viz: a Body and a Soul.
2.   That Energy, call'd Evil, is alone from the Body; & that Reason, call'd Good, is alone from the Soul.
3.   That God will torment Man in Eternity for following his Energies.[37]

Die Fehler der Religionen fußen entsprechend der Stimme des Teufels auf einem dualistischen Weltbild, nachdem Körper und Seele des Menschen voneinander getrennt aufgefasst werden. Es sei zudem ein Irrtum der Religionen, den Körper als unrein zu bewerten, das Gute in der Vernunft zu sehen und zu glauben, dass Menschen von Gott bestraft werden, wenn Körperlichkeit – und das meint immer auch Sexualität – eine Wertschätzung erfahren und ihr lebensspendende Kraft zugesprochen wird.

Im Folgenden negiert der Text des Teufels diese Weltsicht. Er postuliert als Sprachrohr Blakes, dass Körper und Seele nicht voneinander getrennt sind. Blakes Weltsicht wirkt ganzheitlich. Zudem sagt der Text: „Energy is the only life, and is from the body" und „Energy is Eternal Delight".[38] Dem Körper wird also als Träger lebensspendender Energie Wertschätzung zuteil. In diesem Sinne verknüpft Blake auch Sexualität mit Spiritualität – ein Aspekt, der auch bei Böhme zu finden ist.[39]

---

36   Böhme, *Morgen Röte im auffgang*, ed. Buddecke, *Urschriften*, Bd. 1, S. 11,37–40 (vgl. SS, Bd. 1, S. 6,38–7,2 [Vorrede, n. 22]).

37   Blake, *The Marriage*, in: *The Complete Illuminated Books*, S. 110,5–11 (n. 4) (vgl. *Transcripts*, ebd., S. 413a,12–18).

38   Blake, *The Marriage*, in: *The Complete Illuminated Books*, S. 110,16–19 (n. 4) (vgl. *Transcripts*, ebd., S. 413a,24–27).

39   Man denke hier nur an Böhmes Lobpreisungen aus *Christosophia*, SS, Bd. 4, Pars IX, S. 32,14–19 (*De poenitentia vera* [*Von wahrer Busse*], n. 47), die sicherlich als eine Anspielung auf das Hohelied Salomons zu lesen sind: „O edler Bräutigam, bleib doch mit deinem

Im Anschluss erfolgt ein Angriff auf die Praxis etablierter Religion:

> Those who restrain desire, do so because theirs is weak enough to be restrained; and the restrainer or reason ursurps its place & governs the unwilling.
> And being restrain'd, it by degrees becomes passive, till it is only the shadow of desire.[40]

Der Text vollzieht also eine Umkehrung von Werten: Wo nach christlichen Doktrinen das Begehren, den Neigungen des Körpers nachzugehen, als Schwäche des Geistes desavouiert wird, sagt der Sprecher der *Marriage of Heaven and Hell*, dass es eine Schwäche sei, kein Begehren zu haben oder darauf zu verzichten, es auszuleben. Diejenigen, die nur schwaches Begehren haben, können es bezähmen und anstelle der lebensspendenden Kraft die Vernunft setzen. Dass dieser Teil der *Marriage of Heaven and Hell* den Titel *The Voice of the Devil* trägt, verdeutlicht, dass Blake das Höllisch-Aktive als eine faszinierende Notwendigkeit betrachtet.

Dieser Ansatz erklärt auch das Bild von Milton, das Blake hatte. Der Text sagt, dass Milton zwar in Fesseln schrieb, aber in Wirklichkeit ein „true poet" war.[41] Das erklärt sich damit, dass Milton in seinem *Paradise Lost* die Perspektive des Satans – nach Blake die aktive, nicht-geistige, aber auch lebensspendende Kraft – fokussiert. Milton war für Blake ein wahrer Dichter, der archaische Kräfte aufruft.[42] Milton selbst hatte jedoch kein Bewusstsein von dieser Dimension. Milton – ähnlich wie Böhme – lebte in seinen Denkfiguren eine Dialektik aus, jener eine Ko-Abhängigkeit zwischen Himmel und Hölle:

Angesichte vor mir stehen, und gib mir deine Feuer-Strahlen, führe deine Begierde in mich, und zünde mich an, so will ich dir aus meiner Sanftmuth deine Feuer-Strahlen in ein weisses Licht verwandlen, und meine Liebe durch deine Feuer-Strahlen in deine Feuers-Essentz einführen, und will dich ewig küssen".

40   Blake, *The Marriage*, in: *The Complete Illuminated Books*, S. 111,1–5 (n. 5) (vgl. *Transcripts*, ebd., S. 413a,28–32).

41   Blake, *The Marriage*, in: *The Complete Illuminated Books*, S. 112,12 (n. 6) (vgl. *Transcripts*, ebd., S. 413a,55).

42   Hier scheint Blake einen Vorgriff auf Friedrich Nietzsches *Geburt der Tragödie* zu machen. Denn Nietzsche verbindet große, tragische Kunst auch über das Zusammenspiel der Gottheiten Dionysos und Apollo. Rausch und Dichtung gehören demnach zusammen. Nietzsche sieht den Gegenspieler zu dieser großen, tragischen Kunst in Sokrates, Sinnbild des „theoretischen Menschen" (vgl. Nietzsche, *Die Geburt der Tragödie*, KGA, Bd. III,1, S. 116,10–32).

A mind not to be changed by place or Time.
The mind is its own place, and in itself
Can make a heaven of hell, a hell of heaven.[43]

4.3   *Teil III:* A Memorable Fancy (1)

Im folgenden kurzen Teil beschreibt der Sprecher, wie er sich an der Weisheit
der Hölle erfreut und ihre Sprichwörter einsammelt. Diese Weisheiten finden
die göttlichen Engel (bei Blake archetypisch für den passiven, vernunftbezoge-
nen und schwachen Charakter) verrückt. Zurück zu Hause trifft der Sprecher
auf einen Teufel, der ihm eine Frage stellt:

How do you know but ev'ry Bird that cuts the airy way,
Is an immense world of delight, clos'd by your senses five?[44]

Das Göttliche steckt in allem und es kann sich jedem zeigen. Es braucht also
weder einen Gelehrten, noch spezielle Rituale oder Orte für Religion. Der Text
legitimiert den Mystiker als Erkenner des Göttlichen, das sich im Hier und Jetzt
verortet und nicht im Außerweltlichen gesehen wird. Diese Passage lässt sich
als eine kurze Herleitung der in der Hölle gefundenen Weisheiten verstehen,
die nun zu diskutieren sind.

4.4   *Teil IV:* Proverbs of Hell

Die Sprichwörter der Hölle sind eine scheinbar zusammenhanglose Aneinanderreihung von Aphorismen, die in Form und Moralität an Nietzsches *Zarathustra* erinnern. Ausgewählte Aspekte sollen hier näher beleuchtet werden,
die eine Nähe zu Böhmes Gedanken assoziieren lassen:

4.4.1   Dialektisches Denken und Notwendigkeit von Aktivität

Blakes Denken ist dialektisch. Gegensatzpaare liegen entsprechend dieser
Sicht nah beieinander, was sich auch in dem Titel der Vereinigung von Himmel und Hölle zeigt. „Excess of sorrow laughs. Excess of joy weeps".[45] Freude
und Traurigkeit liegen beisammen. Diese Dynamik kennzeichnet die Existenz

---

43   John Milton, *Paradise Lost*, ed. by Alastair Fowler, Revised second edition, Harlow/Lon-
      don/New York 2007, S. 76 (Verse 253–255) (zuerst 1667).

44   Blake, *The Marriage*, in: *The Complete Illuminated Books*, S. 113,3 f. (n. 7) (vgl. *Transcripts*,
      ebd., S. 413b,3 f.).

45   Blake, *The Marriage*, in: *The Complete Illuminated Books*, S. 114,7 (n. 8) (vgl. *Transcripts*,
      ebd., S. 413b,35).

und Blake feiert Kraft und Prozesse des Wandels, was sich beispielsweise in dem Sprichwort: „Exuberance is Beauty" zeigt,[46] dem ein gewisser Enthusiasmus innewohnt.

Gefahr und das Böse sind den Sprichwörtern zufolge auf das Fehlen von Lebendigkeit und Dynamik zurückzuführen: „Expect poison from the standing water".[47] Überschwenglich schreibt Blake: „You never know what is enough unless you know what is more than enough".[48] Blake formuliert diesen Vitalismus im Kleide eines natürlichen Lernprozesses. Das wahrhaft Böse – und das meint bei Blake das Lebensverneinende – ist nach diesen Grundzügen im Stillstand zu sehen.

Mit diesen Thesen greift der Text menschliche Verhaltensweisen an und sieht diese bei Würdenträgern der Kirche. Der Satz: „The weak in courage is strong in cunning" verdeutlicht,[49] dass diejenigen, die nicht tätig sind, falsch und feige seien. Damit geht indirekt eine Religionskritik einher, dass durch Beten und Lobpreisungen nichts gewonnen sei: „Prayers plow not! Praises reap not!".[50] In diesem Sinne lässt sich der Schluss ziehen, dass Religiösität sich durch die Tat und nicht durch Andacht zeigt – eine Annahme, die sich auch bei Böhme in ähnlicher Form finden lässt.[51] Blake geht sogar so weit, dass er in seinem Text auf sarkastische Weise die Wirksamkeit von Gebeten ablehnt: „As the plow follows words, so God rewards prayers".[52]

---

46 Blake, *The Marriage*, in: *The Complete Illuminated Books*, S. 116,7 (n. 10) (vgl. *Transcripts*, ebd., S. 414a,23).

47 Blake, *The Marriage*, in: *The Complete Illuminated Books*, S. 115,7 (n. 9) (vgl. *Transcripts*, ebd., S. 413b,65).

48 Blake, *The Marriage*, in: *The Complete Illuminated Books*, S. 115,8 f. (n. 9) (vgl. *Transcripts*, ebd., S. 413b,66 f.).

49 Blake, *The Marriage*, in: *The Complete Illuminated Books*, S. 115,13 (n. 9) (vgl. *Transcripts*, ebd., S. 413b,71).

50 Blake, *The Marriage*, in: *The Complete Illuminated Books*, S. 115,27 (n. 9) (vgl. *Transcripts*, ebd., S. 414a,13).

51 Bei Böhme lassen sich beispielsweise in der *Christosophia* Gebete oder Anleitungen zu Gebeten finden. Diese sind jedoch nicht mit Gebeten im klassischen Sinne des christlichen Klerus gleichzusetzen. Dass Böhme auch einen Fokus auf Aktivität setzt und nicht zwingend ein Fürsprecher von konventionellen Gebetspraktiken war, verdeutlicht folgendes Zitat, Böhme, *Morgen Röte im auffgang*, ed. Buddecke, *Urschriften*, Bd. 1, S. 216,1 f. (vgl. ss, Bd. 1, S. 287,29 f. [Kap. 20, n. 19]): „Den Gott er höred Nimandes gebete / das Hertze richte sich den In gehorsam Gantz in Gott". Demzufolge, so könnte man Böhme hier verstehen, geht es vor allem darum, dass das Lebens selbst – also die Taten und die Sicht auf die Welt – die Funktion eines Gebets erfüllen.

52 Blake, *The Marriage*, in: *The Complete Illuminated Books*, S. 115,5 (n. 9) (vgl. *Transcripts*, ebd., S. 413b,63).

Etablierte, religiöse Praktiken werden selbst als Verderben bewertet: „As the caterpillar chooses the fairest leaves to lay her eggs on, so the priest lays his curse on the fairest joys".[53] Daher entsteht der Wunsch nach Emanzipation von den Fesseln der konventionellen Religion, die auch einer Wiederherstellung von Homöostase gleichkommt: „Damn braces. Bless relaxes".[54]

4.4.2   Zeit, Ewigkeit und die Rolle des Narren

Böhmes Aphorismus „Weme Zeit ist wie Ewigkeit,/ Und Ewigkeit wie die Zeit;/ Der ist befreyt/ Von allem Streit",[55] hat religiösen Dichtern als Inspirationsquelle gedient.[56] Blake greift dieses Gegensatzpaar von Zeit und Ewigkeit auf: „Eternity is in love with the production of time".[57] Zeit – ein Zeichen für Endlichkeit – erfährt bei Blake wenig später folgende Bewertung: „The hours of folly are measur'd by the clock; but of wisdom, no clock can measure".[58] Demnach ist das Wahre nicht in der Endlichkeit vollends zu erkennen. Als Wesen, die in der Zeit leben, müssen die Menschen erkennen, dass Torheit die Tugend der Zeitlichkeit bleibt. Dass diese Torheit jedoch wieder einen Brückenschlag zur Weisheit darstellt, ergibt sich aus den Eigentümlichkeiten des Narren, der in Blakes Text immer wieder auftaucht.

Mit dem Narren geht selbst eine neue Dialektik einher. Der Narr, der als dumm wahrgenommen wird, zeigt mit seinen Dummheiten soziales Fehlverhalten auf und fungiert dadurch als Spiegelbild von zwischenmenschlichen Ungebührlichkeiten. In diesem Sinne ist er weiser als die Leute, die sich für gelehrt halten. Im Narren ist der Gegensatz von ‚dumm' und ‚weise' vereint: „If the fool would persist in his folly he would become wise".[59] Zudem erfüllt der Narr in der *Marriage of Heaven and Hell* eine pädagogische Funktion. So wird gesagt: „The selfish, smiling fool & the sullen, frowning fool shall be both

---

53   Blake, *The Marriage*, in: *The Complete Illuminated Books*, S. 115,21–23 (n. 9) (vgl. *Transcripts*, ebd., S. 414a,7–9).

54   Blake, *The Marriage*, in: *The Complete Illuminated Books*, S. 115,25 (n. 9) (vgl. *Transcripts*, ebd., S. 414a,11).

55   Vgl. Abraham von Franckenberg, *Gründlicher und wahrhafter Bericht*, ss, Bd. 10, S. 20,11–14 (n. 26).

56   Neben Blake sei hier auf die mystischen Epigramme von Angelus Silesius, *Cherubinischer Wandersmann*, I,13, ed. Gnädinger, S. 29,8 f., verwiesen: „Jch selbst bin Ewigkeit / wann ich die Zeit Verlasse / Und mich in GOtt und GOtt in mich zusammen fasse".

57   Blake, *The Marriage*, in: *The Complete Illuminated Books*, S. 113,15 (n. 7) (vgl. *Transcripts*, ebd., S. 413b,15).

58   Blake, *The Marriage*, in: *The Complete Illuminated Books*, S. 113,17 f. (n. 7) (vgl. *Transcripts*, ebd., S. 413b,17 f.).

59   Blake, *The Marriage*, in: *The Complete Illuminated Books*, S. 113,24 (n. 7) (vgl. *Transcripts*, ebd., S. 413b,25 f.).

thought wise, that they may be a rod".[60] Demzufolge ist die Narrheit des Narren eine erzieherische Haltung, der mit Wertschätzung begegnet werden muss: „Listen to the fool's reproach! It is a kingly title!".[61] Derjenige, der die Mächtigen und Adligen parodiert, ist also letzten Endes selbst adlig!

Für Blake, der sich in seinem Leben den Vorwurf gefallen lassen musste, ein Enthusiast zu sein, bedeutet dieser Ansatz freilich auch, dass er damit die Gültigkeit seiner Visionen ästhetisch legitimiert. Die Charakteristika des Narren besagen, dass er am Ende gar weiser ist als die Gelehrten. Bei Böhme findet sich ein ähnlicher Gedankengang:

> Du siehest doch nicht dergleichen an andern Leuten, sie gedencken gleichwol selig zu werden, als du; du bist nur der Welt darum zum Narren worden, und stehest doch in Furcht und Zittern vor GOttes Zorn, mehr als sie, welche sich alleine der verheissenen Gnade trösten auf die zukünftige Offenbarung.[62]

Dass er von der Menge verlacht wird, kehrt der Narr um, indem er die Menge verlacht. Performativ wird das Lachen des Narren in ein Zeichen seines rechten Glaubens umgewertet. Der Narr ist religiös rechtschaffener als diejenigen, die sich anmaßen, auserwählt zu sein. Zudem kann der Text auch als eine Kritik an diejenigen gelesen werden, die sich ausschließlich auf Zukünftiges vertrösten lassen (beispielsweise auf ein besseres Leben nach dem Tod) und damit – entsprechend Blakes Verständnis – passiv werden.

4.4.3   Die Genese der Priesterklasse

Im letzten Teil der *Proverbs of Hell* wird die Aussage getroffen, dass durch die Kunst in der Antike ein animistisches Weltverständnis geschaffen wurde: „The ancient Poets animated all sensible objects with Gods or Geniuses".[63] Mit der Zeit entstand jedoch, Blake zufolge, eine Gesellschaft der Sklavenhalter. Das konnte nur geschehen, indem die Priester durch ihre Interpretationen der Existenz ihren animistischen Gehalt entzogen. Die reine Vergeistigung führte zur Abwertung natürlicher Objekte. Es kam zugunsten der Entwicklung eines

---

60   Blake, *The Marriage*, in: *The Complete Illuminated Books*, S. 114,16 f. (n. 8) (vgl. *Transcripts*, ebd., S. 413b,44 f.).

61   Blake, *The Marriage*, in: *The Complete Illuminated Books*, S. 115,10 (n. 9) (vgl. *Transcripts*, ebd., S. 413b,68).

62   Böhme, *Epistolae theosophicae*, ss, Bd. 9, Pars XXI, S. 158,25–30 (Brief 43, n. 13).

63   Blake, *The Marriage*, in: *The Complete Illuminated Books*, S. 117,1 f. (n. 11) (vgl. *Transcripts*, ebd., S. 414a,33 f.).

Machtapparates der Priesterklasse zu einer Externalisierung des Göttlichen und diese hatte folgenschwere Konsequenzen: „Thus men forgot that All deities reside in the human brest".[64] Diese Grundannahme lässt sich auch bei Böhme finden, in der das Kleinste Hinweise auf das Größte geben kann:

> Den der Geist des Menschen welcher In der Sidrischen geburt stehed / vnd mit der gantzen Natur Inqualiret / vnd ist gleich wie die gantze Natur Selber / der formpt das wortt nach der Instehenden geburtt.[65]

Mit Jacob Böhme gedacht, lässt sich hier auch feststellen, dass durch die Priesterklasse nach Blake auch das Lebensverneinende in die Welt kam, denn es entsteht aus einem Ungleichgewicht. Durch Selbsterhöhung kommt es zur Genese infernalischer Kräfte, die sich auch auf alle anderen übertragen können.[66] Dies führt bei Böhme auch zur Geburt der vier Söhne Satans, die sich in Überheblichkeit, Geiz, Neid und Zorn zeigen.[67] In diesem Sinne kann Blakes Passage so gelesen werden, dass durch die Selbstermächtigung der Priester über die beseelte Natur ein System der Ausbeutung geschaffen wurde, um die Menschen passiv zu halten. Alles Aktive, was zu einem Umbruch der bestehenden Ordnung führen könnte, wurde verteufelt. Genau darin erkennt man aber nach Böhme das Wirken der Söhne Satans.

4.5 Teil v: A Memorable Fancy (2)

In der folgenden Phantasie hält der Sprecher des Textes Zwiesprache mit den Propheten Hesekiel und Jesaja, inwiefern Prophezeiungen und religiöse Texte missbraucht werden können. Wieder gibt es Anspielungen auf ein ursprüngliches Prinzip, das von religiösen Führern missbraucht wurde – doch dieses Mal handelt es sich nicht um antike Dichter, sondern um „[t]he philosophy of the east",[68] die auch mit dem Judentum identifiziert wird. Zuletzt werden religiöse Praktiken, in denen das endliche Individuum mit dem Unendlichen in Verbindung treten kann, bei indigenen Völkern Nordamerikas vermutet.[69]

---

64 Blake, *The Marriage*, in: *The Complete Illuminated Books*, S. 117,15 f. (n. 11) (vgl. *Transcripts*, ebd., S. 414a,47 f.).

65 Böhme, *Morgen Röte im auffgang*, ed. Buddecke, *Urschriften*, Bd. 1, S. 208,7–9 (vgl. ss, Bd. 1, S. 276,19–22 [Kap. 19, n. 75]).

66 Vgl. Böhme, *Morgen Röte im auffgang*, ed. Buddecke, *Urschriften*, Bd. 1, S. 146,23–41 (vgl. ss, Bd. 1, S. 190,35–191,17 [Kap. 14, nn. 13–16]).

67 Vgl. Böhme, *Morgen Röte im auffgang*, ed. Buddecke, *Urschriften*, Bd. 1, S. 214,34–215,6 (vgl. ss, Bd. 1, S. 286,10–23 [Kap. 20, nn. 9 f.]).

68 Blake, *The Marriage*, in: *The Complete Illuminated Books*, S. 118,19 (n. 12) (vgl. *Transcripts*, ebd., S. 414a,66).

69 Vgl. Blake, *The Marriage*, in: *The Complete Illuminated Books*, S. 119,20–25 (n. 13) (vgl.

Ähnlich wie beim Narren erfährt im Anschluss Blakes Tätigkeit als Graphiker – eine in der damaligen Zeit durchaus ‚schmutzige' Beschäftigung – eine Aufwertung:

> But the first notion that man has a body distinct from his soul is to be expunged; this I shall do by printing in the infernal method, by corrosives, which Hell are salutary and medical, melting apparent surfaces away, and displaying the infinite which was hid.
>
> If the doors of perception were cleansed every thing would appear to man as it is, infinite. For man has closed himself up, till he sees all things thro' narrow chinks of his cavern.[70]

Durch die Ätzstoffe kommt es also zu einer Reinigung der Wahrnehmung. Blakes Bewusstsein und Wahrnehmung ist demzufolge im Vergleich zu anderen Menschen erweitert. Wie der Narr in Wirklichkeit der Weise ist, sieht derjenige mehr, der mit Tinkturen arbeitet, die Verätzungen erzeugen. Diese Stoffe vernichten nach Blake nicht, sie reinigen – und zwar vom dualistischen Denken, denn durch die Berührung mit den gefährlichen Substanzen erkennt er, dass Körper und Seele eins sind. Damit hat derjenige, der sich schmutzig macht, Zugang zu dem Unendlichen, denn die Ätzstoffe haben ihn aus dem Gefängnis der alltäglichen Wahrnehmung befreit. Da die Menschen in ihrer Wahrnehmung selbst nach der Reinigung nur durch die Ritzen ihres Gefängnisses, das eine Höhle ist, sehen können, kann diese Beschreibung vielleicht als eine Fußnote zu Platons Höhlengleichnis gelesen werden: Vollständig werden Menschen als endliche Wesen, die Unendlichkeit nicht erfassen können.

Transcripts, ebd., S. 414b,23–28). Die Vorstellung, dass indigene Völker Zugang zu den ursprünglichen Prinzipien haben, ist natürlich eine Idealisierung Blakes. Ironischerweise haben in den letzten Jahren indigene Forscher*innen Amerikas – ähnlich wie zur Zeit Blakes – die Überbewertung der Vernunft in der ‚westlichen' Welt als Ursprung für Imperialismus, neokoloniale und kapitalistische Strukturen, Übervorteilung und Egozentrik kritisiert. Nicht zuletzt nutzen indigene Forschende romantische, nicht-rationalistische und nicht-logozentristische Philosophien und verbinden diese mit ihrem traditionellen Wissen, beispielsweise E. Richard Atelo (Umeek), *Principles of Tsawalk: An Indigenous Approach to Global Crisis*, Vancouver/Toronto 2011, S. 9–38 (‚*Wiiiš čaʔmiiḥta*: Things Are out of Balance, Things Are not in Harmony').

70   Blake, *The Marriage*, in: *The Complete Illuminated Books*, S. 120,11–21 (n. 14) (vgl. *Transcripts*, ebd., S. 414b,39–44).

4.6   *Teil VI:* A Memorable Fancy (3)

In der dritten beschriebenen Phantasie findet sich der Sprecher des Textes in der Druckerei der Hölle wieder, in der er Giganten sieht. Ein weiteres Mal wird erzählt, dass Klugheit ein Zeichen von Feigheit sei: „the chains are the cunning of weak and tame minds which have power to resist engery"[71] – nur intellektuell zu sein, zeugt von Untätigkeit. Das Kräfteverhältnis ist demnach durch die überproportionale Anstrengung und Aufwertung des Geistes aus den Fugen geraten. Daher wird ein Sprichwort der Hölle ein weiteres Mal aufgeführt: „The weak in courage is strong in cunning".[72]

Danach folgt eine ontologische Erfassung, nach der das Leben als eine Dynamik von Verschlingen und Verschlungen-Werden beschrieben wird. Gott zeigt sich sowohl in bestehenden Wesen als auch in Handlungen – mit Spinoza gedacht, wäre Gott als Zusammenspiel von *natura naturata* und *natura naturans*[73] zu denken:

> God only Acts & Is, in existing beings, or Men.
> These two classes of men are always upon earth, & they should be enemies: whoever tries to reconcile them seeks to destroy existence.
> Religion is an endeavour to reconcile the two.
> *Note:* Jesus Christ did not wish to unite, but to separate them, as in the Parable of sheep and goats! & he says: ‚I came not to send Peace, but a Sword'.[74]

Besondere Aufmerksamkeit richtet sich auf das Leben als eine Form des Kampfes. Dies leitet Blake anhand seiner eigentümlichen Bibelinterpretation von Matt. 10,34 her: „Ihr sollt nicht meinen, dass ich gekommen bin, Frieden zu bringen auf die Erde. Ich bin nicht gekommen Frieden zu bringen, sondern das Schwert".

Auch bei Böhme gibt es, trotz aller pazifistischen Aussagen, eine positive Assoziation zu Kampf und Streit: „Was Hilfft dich deine wissendschafft / wen du nicht wilst darinnen streitten?".[75] Dieses Streiten sorgt aber auch für Frie-

---

71   Blake, *The Marriage*, in: *The Complete Illuminated Books*, S. 122,4–6 (n. 16) (vgl. *Transcripts*, ebd., S. 415a,4–6).

72   Blake, *The Marriage*, in: *The Complete Illuminated Books*, S. 122,7 (n. 16) (vgl. *Transcripts*, ebd., S. 415a,7).

73   Vgl. Spinoza, *Die Ethik. Schriften. Briefe*, Stuttgart 1982, S. 31 f. (vgl. Ethica, 1989, ed. Gebhardt, Bd. 2, S. 32).

74   Blake, *The Marriage*, in: *The Complete Illuminated Books*, S. 122,17–123,6 (nn. 16 f.) (vgl. *Transcripts*, ebd., S. 415a,17–27). (Hervorhebung im Original).

75   Böhme, *Morgen Röte im auffgang*, ed. Buddecke, *Urschriften*, Bd. 1, S. 216,6 (vgl. ss, Bd. 1, S. 287,36 [Kap. 20, n. 21]).

den, denn es beugt dem Dogmatismus vor: Nur derjenige wird starr eine Sache als gegeben hinnehmen, der nicht bereit ist, die Welt als dynamisch zu verstehen.

4.7   *Teil VII:* A Memorable Fancy (4)

In der darauffolgenden Fantasie wird die Frage aufgegriffen, wessen Los das bessere sei: Das des Engels oder das des Sprechers, der mit der Hölle assoziiert wird. Das Los des Sprechers wird mit einem Abgrund beschrieben, indem mehrere Untiere leben, unter ihnen der mythische Leviathan. Der Engel entflieht der Situation und auch der Sprecher kann sich befreien. An einem Flussufer trifft der Sprecher auf einen Harfenspieler, der zu seiner Musik singt: „The man who never alters his opinion is like standing water, & breeds reptiles of the mind".[76] Dies wiederum lässt sich mit der vorhergehenden Erkenntnis, dass Leben sich im Streit befindet, verknüpfen. Die wahren Ungetüme werden für den Fall einer fehlenden Bereitschaft gezüchtet, die eigene Meinung immer wieder neu zu justieren. Wer das nicht kann, kann auch nur schwer Toleranz gegenüber Anderen entwickeln. Demzufolge unterstreicht diese Passage den anti-dogmatischen Charakter eines dynamischen und von Aktivität charakterisierten Weltbildes.

Danach erkennt der Sprecher, dass alle infernalischen Bilder ihre Ursache in einer Metaphysik des Engels haben. Als nächstes wird das Schicksals des Engels gezeichnet, der sich mit den Schriften Swedenborgs bewaffnet. Es wird ein Raum beschrieben, in dem noch größere Gräuel zu finden sind. So werden Affen zum Geschlechtsverkehr gezwungen und im Anschluss massakriert. Ein anderer reißt sich das Fleisch von seinem eigenen Schwanz heraus. Verantwortlich für diese Perversionen macht der Sprecher Aristoteles' Analytik.[77] Der Engel wiederum gibt dem Sprecher die Schuld für diese perniziösen Akte:

So the Angel said: ‚thy phantasy has imposed upon me, & thou oughtest to be ashamed'.

I answer'd: ‚we impose on one another, & it is but lost time to converse with you whose works are only Analytics'.

[Opposition is true Friendship].[78]

---

76   Blake, *The Marriage*, in: *The Complete Illuminated Books*, S. 125,7–9 (n. 19) (vgl. *Transcripts*, ebd., S. 415b,19–21).

77   Blake, *The Marriage*, in: *The Complete Illuminated Books*, S. 126,12–14 (n. 20) (vgl. *Transcripts*, ebd., S. 415b,57–59).

78   Blake, *The Marriage*, in: *The Complete Illuminated Books*, S. 126,15–20 (n. 20) (vgl. *Transcripts*, ebd., S. 415b,60–65).

Dieser Textauszug unterstreicht ein weiteres Mal die Wichtigkeit des Streits. Gegensätzlichkeit zeichnet Freundschaft aus. Es geht also nicht darum, den Anderen Anerkennung zu zeigen, indem man nur bejaht. Wahre Freundschaft findet sich in der Fähigkeit, kritisch miteinander umzugehen.

Nachfolgend werden die Engel mit dem Vernunftdenken in Verbindung gebracht: „I have always found that Angels have the vanity to speak of themselves as the only wise; this they do with a confident insolence sprouting from systematic reasoning".[79] Vernunftdenken wird hier sehr kritisch bewertet, da durch dieses sich ein Überlegenheitskomplex manifestiert. Inbegriff dieses von Vernunft geleiteten Denkens ist dem Text nach Swedenborg, dem Überheblichkeit vorgeworfen wird:

> Thus Swedenborg boasts that what he writes is new: tho' it is only the Contents or Index of already publish'd books. [...] Now hear a plain fact: Swedenborg has not written one new truth. Now hear another: he has written all the old falsehoods. And now hear the reason. He conversed with Angels who are all religious, & conversed not with Devils who all hate religion, for he was incapable thro' his conceited notions.[80]

Swedenborg wird also als arrogant bewertet, da sein Denken eindimensional sei. Seine Schriften seien nach diesem Auszug eine bloße Wiederholung bereits geschriebener Werke. Zudem wird ihm ein Mangel unterstellt: Durch den einseitigen Blick sei er unfähig, die aktive, nicht-vernünftige, infernalische Form der Existenz zu erkennen, die aber jedem Wesen innewohnt. Demzufolge bleibt Swedenborg in den Grenzen seiner Erkenntnis gefangen.

Im Gegensatz zu Swedenborg hatte Jacob Böhme ein Bewusstsein über das entwickelt, was Vernunft nicht leisten kann:

> Den der Mensch Hatt seid der zeit des falles / nimals können die Innerliche geburtt begreiffen / wie da seye die Himlische geburtt / Sondern seine vernunfft ist in der Euserlichen begreiffligkeit gefangen gelegen / vnd Hatt nicht können durch den Himmel durch dringen / vnd die Innerliche geburtt Gottes schawen / welche auch ist in der verterbeten Erden vnd allend Halben.[81]

---

79   Blake, *The Marriage*, in: *The Complete Illuminated Books*, S. 127,1–4 (n. 21) (vgl. *Transcripts*, ebd., S. 415b,72–75).

80   Blake, *The Marriage*, in: *The Complete Illuminated Books*, S. 127,5–7 (n. 21) und S. 128,2–8 (n. 22) (vgl. *Transcripts*, ebd., S. 416a,1–3 und S. 416a,12–18).

81   Böhme, *Morgen Röte im auffgang*, ed. Buddecke, *Urschriften*, Bd. 1, S. 225,12–16 (vgl. SS, Bd. 1, S. 301,7–13 [Kap. 21, n. 10]).

Spiritualität und innere, seelische Prozesse sind also nicht über die Vernunft zu erschließen. Vernunft ist eine äußere Sache. Der Fehler liege demnach darin, mit Jacob Böhme gedacht, dass Swedenborg mit Vernunft über spirituelle und religiöse Prozesse schrieb – Dinge, die jedoch nicht mit der Vernunft zu betrachten sind. Um adäquat darüber schreiben zu können, braucht es nicht die analytische, passive Vernunft des Himmels, sondern die aktive und emotionale Komponente der Hölle. Demnach kommt Blake zu folgendem Ergebnis, das letzten Endes zu einer endgültigen Verwerfung der Schriften Swedenborgs führt:

> Have another plain fact. Any man of mechanical talents may, from the writings of Paracelsus or Jacob Behmen, produce ten thousand volumes of equal value with Swedenborg's, and from those of Dante or Shakespear an infinite number.
>
> But when he has done this, let him not say that he knows better than his master, for he only holds a candle in sunshine.[82]

Jacob Böhme wird hier explizit genannt und seine Schriften werden als wertvoller und tiefgründiger als die von Swedenborg gesehen. Es ist zu vermuten, dass Blake die Elemente, die er mit der Hölle assoziiert, nämlich Aktivität, Dynamik und Wandel, bei Böhme in seinem allegorischen Schreiben vorfand. Böhmes Texte sind aufgrund dieses Stils eben nicht systematisch. Sie widersetzen sich jeder Ordnung, die reine Vernunfterkenntnis fordern würde. Durch diese archaische Schreibweise bilden die Schriften Böhmes aber die Realität authentischer ab, als es analytische Schriften je tun könnten (Realität meint hier: alles, was für das Subjekt real ist). Nicht zuletzt stimmen Blake und Böhme darin überein, den Menschen in seiner Existenz „zwischen Himmel vnd Helle" zu sehen.[83]

Swedenborgs Schriften sind nach Blake einseitig, da sie allein auf Vernunfterkenntnis ruhen wollen. Diese Annahme zeigt sich zuletzt in der Metapher, die die Werke des schwedischen Theologen als bloße Kerze beschreibt, die ins Sonnenlicht gehalten wird. Sie wird keine Sicht verbessern, denn es gibt ein größeres Licht, das heller scheint und sie gar zum Schmelzen bringt: Bei Blake sind es Shakespeare und Dante als Dichter und Paracelsus und Jacob Böhme als

---

82   Blake, *The Marriage*, in: *The Complete Illuminated Books*, S. 128,12–19 (n. 22) (vgl. *Transcripts*, ebd., S. 416a,22–29).

83   Böhme, *Morgen Röte im auffgang*, ed. Buddecke, *Urschriften*, Bd. 1, S. 228,3f. (vgl. ss, Bd. 1, S. 304,27 [Kap. 21, n. 33]).

Philosophen, die die Schriften Swedenborgs, die aus reiner Vernunfterkenntnis zu stammen scheinen, dahinschwinden lassen.

4.8   *Teil VIII:* A Memorable Fancy (5)

In der letzten Fantasie kommt es zu einer weiteren Konsequenz aus dem bereits Gesagten. So wird dargestellt, dass es eine infernalische Form des Gottesdienstes sei, das Göttliche in Regelwerken zu sehen und es zu feiern. Gesetze der Moral, eigentlich ein Widerspruch in sich, fußen auf dem Befolgen eines Regelwerks wie den 10 Geboten. Das Gute entstehe demgegenüber durch das Befolgen eines inneren Antriebes, instinktiv, durch intuitives Verhalten. Der Teufel spricht im Text: „I tell you, no virtue can exist without breaking these ten commandments. Jesus was all virtue, and acted from impulse, not from rules".[84] Halten wir diese Kerze gegen Böhmes Sonnenlicht, erhellt sich wiederum die Verwandtschaft Blakes mit Böhme. Allein Böhmes Ansätze zur Toleranz bestätigen dies. So hat der Philosoph in seinen Schriften begründet, dass auch Nicht-Christen sich anständig verhalten und mit dem Himmel belohnt werden. Sie haben zwar keine Kenntnis von der christlichen Perspektive, können dennoch durch inneren Antrieb das Richtige tun, da Gott in ihnen ist und sie demnach das Göttliche bereits internalisiert haben. Die Niederschrift von Geboten ist ein Zeichen der äußeren Gesetzgebung. Wenn die Regeln göttlichen Handelns jedoch im Herzen – im Inneren des Menschen – bereits vorhanden sind, können die Heiden gar christlicher als die Christen sein (genauso wie der Narr weiser als die Weisen). In diesem Sinne kann Böhme auch als ein Gegner des Missionsauftrages verstanden werden: Denn wen gilt es zu missionieren, wenn alle Menschen bereits das Göttliche in sich tragen?

> Das Saget der Geist / Viel Heiden die deine wissenschafft nicht Haben / vnd streitten aber wider den grim / werden dier das Himmelreich zu vor besitzen /
> Wer wiel sie Richten / wen ihr Hertze mit Gott Inqualiret ob sie den Gleich nicht kennen / vnd arbeiten doch In seinem Geist / In gerechtigkeit vnd reinigkeit ihres Hertzen / in rechter liebe kegen Einander / Die bezeugen Ja das daß gesetze Gottes in ihrem Hertzen sey.[85]

---

84   Blake, *The Marriage,* in: *The Complete Illuminated Books,* S. 129,23–130,1 (nn. 23 f.) (vgl. *Transcripts,* ebd., S. 416a,59–63).

85   Böhme, *Morgen Röte im auffgang,* ed. Buddecke, *Urschriften,* Bd. 1, S. 216,10–16 (vgl. ss, Bd. 1, S. 288,1–8 [Kap. 20, n. 22]).

4.9   Teile IX–X: A Song of Liberty / Chorus

In den letzten Passagen der *Marriage of Heaven and Hell* werden zukünftige, gesellschaftliche Umbrüche und Revolutionen prophezeit. Blake zeigt hier die Sehnsucht nach Emanzipation von der alten Ordnung, sowohl auf weltlicher Ebene („Golden Spain, burst the barrier so fold Rome!"[86]) als auch auf spiritueller Ebene („stamps the stony law to dust"[87]).

Der Text greift zuletzt abermals die Priesterkaste an, in deren Passivität nach Blake in Wirklichkeit Lüsternheit und der Wille zur Unterjochung anderer verborgen ist. Die Botschaften der *Marriage of Heaven and Hell* werden final besiegelt: „For every thing that lives is Holy".[88]

5   Schlussbetrachtung

Im Gegensatz zu Dichtern wie Angelus Silesius oder Daniel Czepko oder Philosophen wie Friedrich W.J. Schelling oder Franz Xaver von Baader, die explizit Gedanken von Böhme in ihren Werken verarbeiten und weiterentwickeln, ist in Blakes frühromantischer Dichtung *The Marriage of Heaven and Hell* eine sehr freie und eigentümliche Bearbeitung von Elementen Böhmischer Philosophie zu lesen. Böhme war für Blake eine Inspirationsquelle, die ihn maßgeblich bei der Entwicklung seiner eigenen Mythen beeinflusste.

Böhmes Philosophie schimmert als untere Schicht in Blakes Schriften. Sei es durch den Fokus auf ein dynamisches, lebendiges Weltbild, Kritik an etablierter Religionsverwaltung und dem damit einhergehenden Hochmut der Schriftgelehrten, die Verbindung von Körperlichkeit und Spiritualität, die Idee vom androgynen Menschen und von der Vereinigung von Zeit und Ewigkeit sowie die Annahme, dass der Mensch auf Erden zwischen Himmel und Hölle stehe und pendele.

---

86   Blake, *The Marriage*, in: *The Complete Illuminated Books*, S. 131,9 f. (n. 25) (vgl. *Transcripts*, ebd., S. 416b,9 f.).

87   Blake, *The Marriage*, in: *The Complete Illuminated Books*, S. 133,8 (n. 27) (vgl. *Transcripts*, ebd., S. 416b,57).

88   Blake, *The Marriage*, in: *The Complete Illuminated Books*, S. 133,21 (n. 27) (vgl. *Transcripts*, ebd., S. 416b,70).

16

Qualitative Dialektik: Hegels *Differenzschrift* und Jacob Böhme

Donata Schoeller

1 Rezeptionsgeschichtliche Stichworte

Nur rudimentär und stichwortartig sei anfänglich auf die historischen Umstände der Begegnung Hegels mit Böhmes Schriften hingewiesen. Es ist bekannt, dass Hegel ab 1811 eine eigene Ausgabe von Böhmes Schriften besitzt, die ihm von seinem Studenten van Ghert aus Amsterdam zugesandt wurde. Im Jahr 1810 erkundigt sich van Ghert bei Hegel, ob dieser Interesse an einer Ausgabe hätte, Hegel antwortet einige Monate später:

> Ihr schönes Geschenk der Folioausgabe von J. Böhmes Schriften nehme ich mit dem herzlichsten Danke an; ich hatte schon lange gewünscht, in den Besitz der ganzen Sammlung seiner Werke zu kommen; es freut mich doppelt, eine so vorzügliche Ausgabe und sie von Ihrer Güte zu erhalten.[1]

Ein halbes Jahr, nachdem das Werk bei ihm eingegangen ist, schreibt Hegel:

> [...] seine Theosophie ist immer einer der merkwürdigsten Versuche eines tiefen, jedoch ungebildeten Menschen, die innerste Natur des absoluten Wesens zu erfassen. – Für Deutschland hat er das besondere Interesse, daß er eigentlich der erste deutsche Philosoph ist. – Bey der wenigen Fähigkeit seiner Zeit, und bey seiner eigenen wenigen Bildung, abstrakt zu denken, ist sein Bestreben der härteste Kampf, das tiefe Spekulative, das er in seiner Anschauung hat, in die Vorstellung zu bringen, und zugleich das Element des Vorstellens so zu gewärtigen, daß das Spekulative darin ausgedrückt werden könne. Es bleibt deswegen so wenig Stetes und Festes darin, weil er immer die Unangemessenheit der Vorstellung zu dem fühlt, was er will, und sie wieder umkehrt; wodurch, weil

---

1 Hegel, *Brief an van Ghert vom 15. Oktober 1810*, ed. Hoffmeister / Nicolin, *Briefe*, Bd. 1, S. 330,11–16.

dieses Umkehren der absoluten Reflexion ohne bestimmtes Bewußtseyn und ohne die Begriffsform ist, eine so große Verwirrung erscheint. Es wird schwer, oder wie mir scheint, unmöglich seyn, außer der Anerkennung der allgemeinen Tiefe seiner Grundprincipien, das zu entwirren, was auf Detail und Bestimmtheit hingeht.[2]

In Jena muss Hegel bereits mit dem Denken Böhmes Kontakt gehabt haben, wobei er sich vom Enthusiasmus Tiecks, der Böhme im Kreis der Romantiker begeistert einbringt, distanziert.[3] Aber auch schon vor diesem Kontakt mit Böhme, so beschreibt Dilthey, hatte der junge Hegel ein reges Interesse für die Mystik,[4] wobei Diltheys These, dass dieses Interesse im reifen Werk abflaut, im Durchgang von Muratoris gründlicher Forschung und meiner eigenen früheren Studie in Frage gestellt werden kann.[5] Auf jeden Fall ist die Affinität des jungen Hegels zur Mystik und zum Pietismus ein seit Jahrzehnten beforschtes Thema.[6] Hegels Exzerpte aus Meister Eckharts Predigten und sein *Eleusis*-Gedicht dienen diesbezüglich als viel diskutiertes Belegmaterial. Wenn Hegel in Jena, dem Zentrum der romantischen Wiederentdeckung Böhmes, das erste Mal auf Böhme trifft, dann sind ihm mystische Motive nicht nur nicht fremd, vielmehr hat er sich damit bereits eingehend auseinandergesetzt.[7] David Walsh glaubt zudem, dass Hegel in Jena „eine detaillierte Einführung in das Böhme'sche Werk erhielt",[8] was Cecilia Muratori wiederum bezweifelt. Auch sie glaubt jedoch, dass in Jena der erste Kontakt mit Böhme geschieht

---

2 Hegel, *Brief an van Ghert vom 29. Juli 1811*, ed. Hoffmeister / Nicolin, *Briefe*, Bd. 1, S. 381,25–382,4.

3 Vgl. Otto Pöggeler, *Hegels Kritik der Romantik*, München 1999, S. 212; Cecilia Muratori, *The First German Philosopher: The Mysticism of Jakob Böhme as Interpreted by Hegel*, Engl. Übers. von Richard Dixon und Raphaëlle Burns, Dordrecht/Heidelberg/New York/London 2016 [ital Original: *Il primo filosofo tedesco: Il misticismo di Jacob Böhme nell'interpretazione hegeliana*, Pisa 2012], S. 15 f.

4 Vgl. Wilhelm Dilthey, *Die Jugendgeschichte Hegels und andere Abhandlungen zur Geschichte des Deutschen Idealismus*, hg. von Herman Nohl, Göttingen 1921. S. 5–190, bes. S. 43–116.

5 Vgl. Donata Schoeller, *Gottesgeburt und Selbstbewusstsein: Das Denken der Einheit bei Meister Eckhart und G.W.F. Hegel*, Hildesheim 1992.

6 Vgl. Ernst Benz, „Die Mystik in der Philosophie des deutschen Idealismus", in: *Euphorion* 46 (1952), S. 280–300 (abgedruckt in: Ders., *Schelling: Werden und Wirkens seines Denkens*, Zürich 1955); David Walsh, *The Esoteric Origins of Modern Ideological Thought: Boehme und Hegel*, University of Virginia, Ann Arbor 1993 (UMI Publications); Schoeller, *Gottesgeburt* (1992) [Anm. 5]; Muratori, *First German Philosopher* (2016) [Anm. 3] – um nur vier Eckpunkte zu nennen.

7 Vgl. Martin Brecht und Jörg Sandberger, „Hegels Begegnung mit der Theologie im Tübinger Stift: Eine neue Quelle für die Studienzeit Hegels", in: HS 5 (1969), S. 47–81.

8 Walsh, *Esoteric Origins* (1993) [Anm. 6], S. 374.

und dass „[a]lready from the Jena period, Hegel shows a clear interest in the concept of negativity developed in Böhme's writings".[9]

Meine Skizze nun verfolgt dieses Motiv in Hegels erster Jenaer Veröffentlichung, der sogenannten *Differenzschrift* (eine Kurzfassung für *Differenz des Fichte'schen und Schelling'schen Systems der Philosophie*), die in Muratoris großartiger Forschung zum Verhältnis von Hegel zu Böhme ausgespart erscheint, weil ihr Hauptfokus auf den später publizierten Schriften liegt. In den folgenden Seiten konzentriere ich mich freilich allein *systematisch* auf die auffallenden inhaltlichen Verbindungslinien zwischen Hegels erstem veröffentlichten philosophischen Werk und dem Denken Jacob Böhmes. Diese inhaltlich-systematischen Verbindungslinien noch genauer rezeptionsgeschichtlich zu verorten, wäre eine Forschung, die gezielt auf Muratoris Arbeit aufbauen könnte.

2   Philosophieverständnis

Lange bevor Schelling seine *Untersuchungen zum Wesen der menschlichen Freiheit* schrieb, die so merklich erkennbare Züge der Böhme'schen Philosophie tragen, und zwar bis in die exakte Wortwahl hinein,[10] klingen am Beginn der Hegel'schen *Differenzschrift* Töne an, die einen beachtlichen, wenn auch eigenständigeren Gleichklang mit einigen Böhme'schen Grundmotiven zu erkennen geben. Beachtet man diese verwandten Motive, so bahnt sich bereits durch diese erste veröffentlichte philosophische Schrift Hegels das Verständnis dafür an, warum dieser Böhme in seiner Philosophiegeschichte später als den ersten deutschen Philosophen bezeichnet.

In der *Differenzschrift*, die 1802 in Jena, dem Zentrum der Romantiker, verfasst worden ist, mischt Hegel sich erstmalig explizit in die philosophische Debatte seiner Zeit ein mit einem starken ,statement' dessen, was Philosophie für ihn bedeutet, und was sie impliziert. Mit dieser Schrift positioniert sich Hegel also erstmalig als Philosoph im Kontext des spannungsreichen Jenaer Geisteslebens. Hegel beginnt zunächst mit einer deutlichen Kritik an der akademischen Philosophie, die zwar auch erkennbar romantische Züge trägt, sich aber vor der Folie von Jacob Böhme auch anders lesen lässt, u. a. wie eine Fortführung von dessen Kritik an der äußerlichen und selbstgewissen Vorge-

---

9   Muratori, *First German Philosopher* (2016) [Anm. 3], S. 209.

10   Vgl. Donata Schoeller, „Tat versus Sucht: Spielraum der Freiheit bei Schelling und Böhme", in: *Philosophien des Willens: Böhme, Schelling, Schopenhauer*, hg. von Günther Bonheim und Thomas Regehly, Berlin 2008 (BS 2), S. 31–44.

hensweise des ‚Meister Klüglings'. Hegel kritisiert vornehmlich eine Haltung
in der akademischen Philosophie seiner Zeit, die von ihm als ‚Gleichgültigkeit'
beschrieben wird. Diese Gleichgültigkeit zeichnet sich nach Hegel dadurch aus,
dass man das Denken in Positionen einteilt und sodann vermeint, darüber
Bescheid zu wissen und es zugleich dadurch auf Distanz hält. Hegels Analyse
klingt heute noch verblüffend aktuell:

> Für diese Art der Indifferenz [...] giebt es nichts angelegentlicheres, als
> einer neuen ausgebildeten Philosophie einen Nahmen zu geben, und wie
> Adam seine Herrschaft über die Thiere dadurch ausgesprochen hat, daß
> er ihnen Nahmen gab, die Herrschaft über eine Philosophie durch Fin-
> dung eines Nahmens auszusprechen. Auf diese Weise ist sie in den Rang
> der Kenntnisse versetzt; Kenntnisse betreffen fremde Objekte, in dem
> Wissen von Philosophie, das nie etwas anders, als eine Kenntniß war, hat
> die Totalität des Innern sich nicht bewegt, und die Gleichgültigkeit ihrer
> Freyheit vollkommen behauptet.[11]

Implizit deutet sich Hegels eigene Haltung zu seiner Disziplin in diesen Zeilen als Bereitschaft an, sich von Philosophie bewegen zu lassen, und zwar
nicht nur einige Anteile, sondern die ‚Totalität des Innern'. Ein Philosophie-
verständnis, das sich nicht auf Kenntnis und Wissen fremder Gegenstände
beschränkt, impliziert also, so scheint Hegel hier anzudeuten, existentielles
Engagement.

Böhme formuliert in vielen Varianten ein verwandtes Verhältnis zu den
Gegenständen seines Denkens: Was auch immer er denkt und zu verstehen
sucht, seien es Schöpfungsprozesse und -prinzipien, Qualitäten, das Wesen der
Dinge, der Engel oder des Menschen – nichts davon ist als ‚Kenntnis fremder Objekte' zu verstehen, denen man als Erkanntem ‚gleichgültig' gegenüber
bleiben könnte. Alles, was Böhme denkt und erkennt, bewegt sich durch die
‚Totalität des Innern'. Was auch immer er denkt und zu verstehen beginnt, ist
eingebettet in eine Bewegung (s)eines fühlenden, verkörperten, wahrnehmen-
den, leidenden und erlebenden Daseins. Jacob Böhme schreibt etwa:

> Darum so man redet von Himmel und der Geburt der Elemente, so redet
> man nicht von fernen Dingen, so weit von uns sind; sondern wir reden
> von Dingen, so in unserem Leibe und Seele geschehen: und ist uns nichts
> nähers als diese Geburt, denn wir leben und schweben darinnen [...].[12]

---

11   Hegel, *Differenz des Fichte'schen und Schelling'schen Systems*, GW, Bd. 4, S. 9,13–21.
12   Böhme, *De tribus principiis*, SS, Bd. 2, S. 64,3–7 (Kap. 7, n. 7).

Redet Böhme vom Himmel und den Elementen, so redet er nicht von entfernten Gegenständen, aber auch nicht von geistigen oder inneren Entitäten. Was Böhme zu denken versucht, ist *nah* als Geschehen, in das er involviert ist, und zwar vollumfänglich wie in eine Geburt.

Hegels Kritik eines Philosophierens, das sich mit der statischen Kenntnis und dem Wissen über seine Gegenstände begnügt, ohne sich davon ‚total' bewegen zu lassen, harmoniert mit dieser Auffassung Böhmes. Statt sich die Gegenstände der Philosophie sozusagen vom Leib zu halten, um diese, wie Hegel trocken kommentiert, wie Adam als zu Beherrschendes zu benennen, zu wissen und zu kennen, deutet sich im Anfang der Differenzschrift nicht nur eine andere philosophische Position an, sondern eine Haltung dazu. Die Emphase einer Haltung, die sich einer Dynamik gegenüber nicht verschließt, die die ‚Totalität des Innern' erfasst, verweist auf Dimensionen der Philosophie, die der akademische Betrieb, den Hegel kritisiert, nicht zulässt. Hier scheint also bereits eine Verwandtschaft in der *Haltung* gegenüber dem Denken und seiner Gegenstände zwischen Hegel und Böhme auf.

3   Qualitative Dramatik der Dialektik

In Hegels früher Artikulation seines Philosophie-Verständnisses blitzen Motive auf, die sowohl spekulativer als auch existentieller Natur sind. Sie tragen offensichtlich romantische Züge, aber sie lassen sich noch genauer nach der Vorlage von Böhmes Kosmo- oder Theogonie erfassen. Dies lässt sich besonders gut an der spannungsvollen Bewegung von Einheit und Unterschiedenheit, Verstand und Vernunft zeigen, in der sich der Faden zu Böhmes Denken in den ersten Seiten von Hegels Erstlingsschrift nun auch inhaltlich weiter entfalten lässt. Diese Verbindungslinien sind, wie ich zeigen möchte, nicht nur von rezeptionsgeschichtlichem Interesse. Sie bieten Leserinnen und Lesern erweiterte sprachliche Möglichkeiten, um in Kernmotive des Böhme'schen Werks einzusteigen und zugleich den frühen Hegel bereichert zu lesen und zu verstehen.

In scharfer Abgrenzung zu einem Philosophie-Verständnis, das sich mit der Kenntnis zu benennender und zu beherrschender Positionen begnügt, skizziert Hegel auf den allerersten Seiten die selbstreflexive Bewegung einer jeden ‚echten Philosophie'. Im Unterschied zur naturwissenschaftlichen Erkenntnisbewegung, in der vergangene Positionen eindeutig als überholt gelten, hat eine jede ‚echte Philosophie' eine zeitlose Gültigkeit, die Hegel wie folgt näher zu bringen versucht:

Wenn aber das Absolute, wie seine Erscheinung die Vernunft, ewig ein und dasselbe ist, wie es denn ist; so hat jede Vernunft, die sich auf sich selbst gerichtet und sich erkannt hat, eine wahre Philosophie producirt, und sich die Aufgabe gelöst, welche, wie ihre Auflösung, zu allen Zeiten dieselbe ist. Weil in der Philosophie die Vernunft, die sich selbst erkennt, es nur mit sich zu thun hat, so liegt auch in ihr selbst ihr ganzes Werk wie ihre Thätigkeit, und in Rücksicht aufs innere Wesen der Philosophie gibt es weder Vorgänger noch Nachgänger.[13]

Diese Worte formulieren die Aktualität einer Denkweise, die sich einer Aufgabe stellt, die für Hegel zu allen Zeiten als selbe erscheint. Die Einschätzung der überzeitlichen Gültigkeit einer solchen philosophischen Reflexivität untermauert Hegels spätere explizite Anerkennung Böhmes als ersten deutschen Philosophen. Ob die Beurteilung der zeitlosen Gültigkeit philosophischen Denkens sich in Hegels späterer Ausbuchstabierung des dialektischen Gangs der Ideengeschichte genauso wiederfinden ließe, muss ich dahin gestellt sein lassen. Hier jedoch, in dieser frühen Schrift, betont Hegel eine zeitlose Relevanz, die keine ‚Vor- und Nachgänger‘ kennt, die zustande kommt, wenn Denkende auf sich selbst gerichtet das Absolute, als ewig ein und dasselbe, im selbsterkennenden Denken vermitteln.

Hegel erkennt in seiner Philosophiegeschichte später explizit das Vermögen Böhmes an, dialektisch zu denken. Die qualitative Dimension, die damit einhergeht, zeichnet Böhmes Denken besonders aus. Überraschend ist, wie das qualitative Moment in Hegels Differenzschrift zutage tritt. Es tritt noch deutlicher hervor, wenn man Böhme in Reichweite hält.

Hegel schildert auf den ersten Seiten der Schrift, dass der treibende Faktor, der einen philosophieren lässt, die „Entzweiung" sei. Er bezeichnet sie als den „Quell" des „Bedürfnisses der Philosophie".[14] Natürlich erinnert der Begriff ‚Quell‘ an Böhme, und dank Muratoris sorgfältiger Studie sieht man, wie Hegel Böhmes sehr ernst gemeintes Wortspiel von ‚Quelle‘ und ‚Qual‘ an unterschiedlichen Stellen, u.a. auch in Auseinandersetzung mit östlicher Spiritualität anführt.[15] Die Entzweiung als Quelle des Bedürfnisses entsteht nach Hegel in dieser frühen Schrift aus einer Form von Bildung, in der dasjenige, was Erscheinung des Absoluten ist, vom „Absoluten isolirt, und [...] als Selbständiges fixirt" wird.[16] In Bezug auf diese sich vom Absoluten isolierenden

---

13   Hegel, *Differenz des Fichte'schen und Schelling'schen Systems*, GW, Bd. 4, S. 10,25–31.
14   Hegel, *Differenz des Fichte'schen und Schelling'schen Systems*, GW, Bd. 4, S. 12,26.
15   Vgl. Muratori, *The First German Philosopher* (2016) [Anm. 3], S. 208.
16   Hegel, *Differenz des Fichte'schen und Schelling'schen Systems*, GW, Bd. 4, S. 12,28f.

und verselbständigenden Bildungsformen geht es nun nicht um die Heraus-
arbeitung der Identität und Nicht-Identität, wie Hegel später das dialektische
Prinzip in der *Phänomenologie des Geistes* auf den Punkt bringt. In der frühen
Schrift geht es vielmehr um die Anerkennung einer dramatischen Dynamik der
Gegensätze, die im Interesse der Vernunft ist und die in der Fixierungsarbeit
einer falschen Bildung verloren geht. Die hohe Wertschätzung dieser Dynamik, die sich in der Differenzschrift ausspricht, entspringt keinem abstrakten
Prinzip, sondern entsteht, so könnte man sagen, aus der Verpflichtung der Ver-
nunft gegenüber dem Leben. Die Vernunft anerkennt die Zusammenhänge der
Gegensätze als Dynamik des Lebens, an dessen Lebendigkeit ihr Erkenntnisin-
teresse orientiert ist:

> [...] festgewordene Gegensätze aufzuheben, ist das einzige Interesse der
> Vernunft; diß ihr Interesse hat nicht den Sinn, als ob sie sich gegen die
> Entgegensetzung und Beschränkung überhaupt setze, denn die nothwen-
> dige Entzweyung ist Ein Faktor des Lebens, das ewig entgegensetzend
> sich bildet, und die Totalität ist, in der höchsten Lebendigkeit, nur durch
> Wiederherstellung aus der höchsten Trennung möglich.[17]

Das romantische Motiv der Bildungskritik, das in diesen Worten wiederzu-
erkennen ist, bekommt im Verhältnis zu Böhmes Denken, wie gesagt, noch
schärfere Konturen. Die Entzweiung als notwendigen Faktor des Lebens zu
betonen, und zugleich auch als Bedingung höchster Lebendigkeit in der Wiederherstellung aus der extremen Trennung, berührt Böhmes Grundgedanken.
Die Quelle des Bedürfnisses nach Philosophie als Herausführung aus notwendigen Entzweiungen und Trennungen ‚festgewordener Gegensätze' findet sich
in Jacob Böhmes Werk als Bedingung von Offenbarung überhaupt in immer
neuen Anläufen umschrieben. Folgende Stelle bringt Böhmes Kerngedanken
in hart erarbeiteter Abstraktion auf den Punkt:

> Der Leser soll wissen, daß in Jah und Nein alle Dinge bestehen, es sey Gött-
> lich, Teuflisch, Irdisch, oder was genant mag werden. Das Eine, als das Jah
> ist eitel Kraft und Leben, und ist die Wahrheit GOttes oder GOtt selber.
> Dieser wäre in sich selber unerkentlich, und wäre darinnen keine Freude
> oder Erheblichkeit, noch Empfindlichkeit ohne das Nein. Das Nein ist ein
> Gegenwurf des Jah, oder der Wahrheit, auf daß die Wahrheit offenbar, und

---

17   Hegel, *Differenz des Fichte'schen und Schelling'schen Systems*, GW, Bd. 4, S. 13,33–14,1.

etwas sey, darinnen ein Contrarium sey, darinnen die ewige Liebe wirckend, empfindlich, wollende, und das zu lieben sey.[18]

Was bei Hegel eine Erkenntnisbewegung ist, ist bei Böhme eine Willens- oder vielleicht sollte man im Anschluss an dieses Zitat sogar sagen ‚Liebesbewegung'. Philosophie nach Hegel befähigt, aus notwendiger Entzweiung eine Totalität herzustellen, deren lebendige Ganzheit sich aus diesem Prozess gewinnt. Bei Böhme findet sich genau diese dramatische Bedingung als grundsätzliche Dynamik der Offenbarung in seinen Werken. Bei beiden Denkern wird diese Bewegung nicht nur als logische Notwendigkeit, sondern als existentielle Spannung durchdacht, die durch menschliches Leben hindurchgeht.

Das Verhältnis von fixierender Bildung und einer der Lebendigkeit verpflichteten Philosophie spiegelt sich bei Hegel im Verhältnis von Verstand und Vernunft. In der Differenzschrift heißt es, wie eine unüberbrückbare Differenz der Tätigkeiten des trennenden und fixierenden Verstandes und der dialektisch sich vollziehenden Vernunft aus ihrer jeweiligen unterschiedlichen Beziehung zum Absoluten entsteht. Verstand und Vernunft, als spannungsreich unterschiedene Formen der Erkenntnis, werden dabei zu unterschiedlichen Polen eines Erkenntnisspektrums, die sich nicht in der Mitte finden können. Nur indem Vernunft und Verstand sich jeweils zur gegenseitigen Grenze werden, die zu überschreiten den Untergang der jeweiligen Denkform mit sich bringt, kann der Bezug zum Absoluten vollzogen werden. Eine analoge Beziehung findet sich bei Böhme im Hinblick auf unterschiedliche Erkenntnis- und Willenskräfte des Menschen dargestellt. Ich werde mich im folgenden auf die Dialektik beschränken, die sich auf der Ebene der Willenskräfte abspielt. Die Ausrichtung des Willens ist nämlich m. E. zugleich die Grundlage einer Erkenntnisbewegung, die je nach Willensausprägung exklusiv verengt oder inklusiv umfassend sein kann.[19] Böhmes Epistemologie ruht auf einer dynamischen Basis, einem Überwindungsspiel, das vornehmlich auf willentlicher Ebene stattfindet. Darum gehe ich im folgenden nicht auf Böhmes Vernunft- und Verstandesbegriffe ein, die auf den ersten Blick der Hegelschen Unterscheidung begrifflich diametral entgegengesetzt sind. Das Entscheidende im Hinblick auf die Überwindung einer verengten Erkenntnisweise geschieht bei Böhme auf der Ebene des Willens. Hier spielt sich eine dramatische Dialektik ab, deren Grundstruktur jene Überwindungsbewegung vorwegnimmt, die Hegel in seiner ersten veröffentlichten Schrift an der Beziehung von Verstand und Vernunft festmacht.

---

18 Böhme, *Quaestiones theosophicae*, ss, Bd. 9, Pars XVIII, S. 6,38–7,6 (3. Frage, n. 2).
19 Vgl. Schoeller, *Tat versus Sucht* (2008) [Anm. 10].

Für Böhme steht eine ausschließlich selbstinteressierte Willensorientierung der Offenheit eines einschließlichen Willens in übergangslos unterschiedener Ausgerichtetheit gegenüber. Diese Opposition zerfällt jedoch in keinen Dualismus, da Böhme durch sein ganzes Werk hindurch verdeutlicht, wie beide Willensausprägungen aufeinander angewiesen und bezogen sind, und zwar im Hinblick auf ein übergeordnetes Geschehen, dem sie in ihrer Gegenläufigkeit dienen:

> Auch so muß ein Wiederwille seyn: dann ein heller und stiller Wille ist wie ein Nichts, und gebieret nichts. Soll aber ein Wille gebären, so muß er in Etwas seyn, darinnen er forme, und in dem Dinge gebäre.[20]

In einer radikal anfänglichen Denkbewegung versucht Böhme nichts Geringeres als die Möglichkeit von Schöpfung aus dem Nichts zu formulieren. Dass etwas ist, und nicht vielmehr nichts, beruht nach Böhme auf der Bewegung des göttlichen Willens, *sich selbst* zu erfassen. Auf dieser Bewegung nun beruht auch die Möglichkeit aller geschaffenen Wesen, *selbst* als etwas Eigenes zu sein. Dass es *Eigenes* und *Eigenheit* überhaupt gibt, das setzt Böhme erstaunlicherweise nicht voraus. In einer unglaublich kühnen Denkbewegung kommt er dieser grundlegenden und buchstäblichen Selbst-Verständlichkeit zuvor und identifiziert darin eine schöpferische, göttliche Grundkraft der Selbstfassung. In ihr als ursprünglichster Selbst-Zentrierung erhält sich Eigenheit und Besonderheit mit absoluter Kraft, im wahrsten Sinne des Wortes. Böhme gelingt es dadurch, eine basale Selbst-Verständlichkeit menschlichen Daseins zu thematisieren und zu erfassen, die als ‚tacit dimension‘ leiblicher Lebendigkeit in dieser Weise selten so deutlich, weder vor noch nach Böhme, erkannt und ausformuliert worden ist. Der Umstand, dass es einem lebendigen Wesen primär und lebenserhaltend um sich selbst geht, in einer vorgängigen, apriorischen (hier passt das Kantische Wort tatsächlich) Ausgerichtetheit des Willens, wird durch Böhme gleichsam als stillschweigende Grundlage aller Intentionalität erfasst, wobei dieses Wort freilich erst einige Jahrhunderte später in den philosophischen Diskurs gelangt. Aber dieser Vorgriff verdeutlicht, was Böhme reflexiv leistet, nämlich eine Art ‚Je-Meinigkeit‘ vorzuformulieren, die erst einige Jahrhunderte später durch Denker wie William James und Martin Heidegger zu Bewusstsein gebracht worden ist. In der Regel ist in jedem intentionalen Akt, in dem es Menschen um etwas geht, in dem sie etwas denken, fühlen oder wollen, der eigene Lebenserhalt impliziert.

---

20   Böhme, *De triplici vita hominis*, ss, Bd. 3, Pars III, S. 11,27–30 (Kap. 1, n. 36).

Einen solchen ursprünglichen über-moralischen Selbstbezug macht Jacob Böhme als eine Art Grundkraft bewusst, die einer jeden Ethik und Moral eine absolute Fundierung gibt, gleichsam im Sinne einer meta-physischen Erfassung schöpfungserhaltender Grundkräfte und -gesetze. Die willentliche Selbstzentrierung, die im Absoluten verankert ist wie das Gewicht eines jeden Körpers in der Erdgravitation, figuriert als ermöglichende Bedingung, dass sich Besonderes selbst erhält und sich nicht im Großen und Ganzen je schon verliert und auflöst. Eigenheit, so macht Böhmes Ansatz bewusst, geht zugleich mit Eigenschaften, Differenzierung, Anderssein einher. Diese Eigenschaften, so merkt der autodidaktische Philosoph ebenfalls im außerordentlich frühen Vorgriff auf spätere philosophische Debatten, beispielsweise der Phänomenologie oder der Qualia-Debatten des 21. Jahrhunderts, sind nicht von außen zu beschreiben und zu erfassen, sie implizieren vielmehr die Perspektive der ersten Person. Böhme kann diesen Zugang allerdings mit keinem Fachwort bezeichnen, aber sein Werk ist eine performative Umsetzung dieser Einsicht, sozusagen ein konsequentes Denken aus der Erste-Person Perspektive. Ihr Stellenwert im Ganzen der Schöpfung ist in seinem Denken methodisch und philosophisch konsequent vollzogen. Dass Eigenschaften wahrnehmbar, empfindlich und unterschiedlich sind, setzt Fühlbarkeit voraus, einen qualitativ fühlbaren Selbstbezug, den Böhme jeweils von ‚innen‘ her denkt. Er versetzt sich gleichsam stets *in* das schöpferische Geschehen, das er beschreibt, hinein. Mit Thomas Nagel könnte man sagen, Jacob Böhme ist der erste Philosoph, der konsequent jene Bestimmungen des Bewusstseins in seiner Philosophie durchspielt, die sich der ‚what is it like?‘-Frage verpflichtet. Alles, was in dieser Kosmogonie entsteht, scheint diese Frage mitzuberücksichtigen. Böhme beschreibt nie nur eine dialektische oder logische Struktur von offenbarungsermöglichenden Grundkräften der Schöpfung, sondern immer auch, wie sich diese Schöpfung in ihren unterschiedlichen Momenten aus sich selbst heraus erlebt. Er schildert ausführlich und sorgfältig die qualitativen Zustände, die im jeweiligen schöpferischen Geschehen beteiligt sind. Ein einfühlbarer, qualitativer Selbst-Bezug, das macht die radikale philosophische Reflexivität seines Ansatzes aus, muss jedoch zunächst überhaupt *entstehen*. Sie entsteht, so Böhme, durch eine grundsätzliche Bewegung des Willens, die dem qualitativen Selbstbezug als Zustand vorausgeht. Indem sich Willen „in ihre eigene Lust einführeten, so wachte solcher Streit und Wiederwärtigkeit in ihnen auf, und wurden die Eigenschaften alle in ihrer Selbheit bildlich; so war die Einheit als das Element zertrennet".[21] Im Spätwerk beschreibt Böhme dieses Geschehen,

---

21 Böhme, *Tabulae principiorum*, SS, Bd. 9, Pars XIX, S. 73,16–19 (3. Tafel, n. 70).

wie wir oben bereits gesehen haben, abstrakter, mit Hilfe des dualen Vokabulars von Nein und Ja, wodurch in aller Schärfe kenntlich wird, dass das Nein das
Ja impliziert und umgekehrt:

> „[...] in dem Nein [stunde] die Macht zur Schiedlichkeit und Formlichkeit
> [...], so wolte der Creatürliche Wille im Nein [...] herrschen, und brach
> sich von GOttes Einheit ab, und ging in die Annehmlichkeit der Eigen
> schaften".[22]

Der Schritt in die ‚Annehmlichkeit der Eigenschaften' ist der Schritt in die kosmologische Ausdifferenzierung, wodurch die ursprüngliche Einheit des Absoluten offenbar und in ihrer Unendlichkeit selbst-empfindlich wird. Aufgrund
solcher radikaler Denkschritte, die auf der Folie des Nichts alles zu erfassen
versuchen, wird Böhme für Hegel zum Vordenker der Dialektik und zum ersten
deutschen Philosophen. Alles, was in dieser Bewegung der absoluten Willensspannung entsteht, ist bei Böhme immer auch identisch mit einem qualitativen Wahrnehmungs- und Bewusstseinszustand. Alles Entstehende ist somit
empfindlich und verletzbar, deshalb auch grundlegend ängstlich, was wiederum die Ermöglichung dafür ist, dass Einheit auch qualitativ offenbar und
vollzogen werden kann: „Denn so der ausgeflossene Wille der Einheit GOttes
in der Angst stehet, so sehnet er sich wieder nach der Einheit [...]. Und möchte
doch auch in der Einheit keine Offenbarung ohne Bewegniß seyn".[23]

Fast wie in einem Duett, in dem die beiden Denker über die Jahrhunderte
hinweg zusammen spielen, formuliert Hegel in seiner frühen Schrift eine Ausdifferenzierung, der an einer Dynamik der Verselbständigung der Verstandestätigkeit liegt, einer ‚Verselbständigung' im wahrsten Sinne des Wortes, getrieben
von einem verkehrten und zugleich notwendigen Verhältnis zum Absoluten.
Diese Verselbständigung führt in die endlose Bewegung, alles gesondert und
als Beschränktes zu setzen und als solches zu erfassen. Diese endlose Bewegung greift zugleich notgedrungen ins Leere. Je mehr sie versucht, erkennend
die Bedingungen des Seienden zu setzen und zu erfassen, desto mehr führt die
Bewegung am Absoluten vorbei. Hegel schreibt:

> [J]edes Seyn ist, weil es gesetzt ist, ein entgegengesetztes, bedingtes und
> bedingendes; der Verstand vervollständigt diese seine Beschränkungen
> durch das Setzen der entgegengesetzten Beschränkungen, als der Bedin-

---

22   Böhme, *Quaestiones theosophicae*, ss, Bd. 9, Pars XVIII, S. 23,28–32 (7. Frage, n. 6).
23   Böhme, *Tabulae principiorum*, ss, Bd. 9, Pars XIX, S. 66,11–15 (1. Tafel, n. 38).

gungen; diese bedürfen derselben Vervollständigung, und seine Aufgabe erweitert sich zur unendlichen. [...] diese Leitung zur Totalität der Nothwendigkeit ist der Antheil und die geheime Wirksamkeit der Vernunft; indem sie den Verstand grenzenlos macht, findet er und seine objektive Welt in dem unendlichen Reichthum den Untergang.[24]

Die grenzenlos anwachsende Aufgabe des Verstandes, der nicht zur Ruhe kommen kann, weil die Totalität seiner Erkenntnis nie zu erlangen ist, steht also unter der geheimen Regie der Vernunft. Indem der Verstand zu keinem Ziel gelangen kann, wird seine offensichtliche Dysfunktionalität in Hinsicht auf das unerreichbare Ziel zugleich funktional. Die Unerreichbarkeit des Angestrebten, nämlich totale Erkenntnis, legt den Untergang dieser Erkenntnisform und den Untergang der von ihr gesetzten objektiven Welt nahe. Zugleich wird ein unendlicher Reichtum freigelegt, der in der Kapitulation des Verstandes vollzogen wird. Das Verhältnis zwischen den beiden Formen des Erkennens, die Hegel schon in diesem frühen Werk mit den Begriffen des Verstandes und der Vernunft markiert, reibt sich bis ins Extreme auf, und wird in seiner Dynamik auch von ihm in deutlich qualitativen Begriffen beschrieben:

[D]ie Kraft des Beschränkens, der Verstand, knüpft an sein Gebäude, das er zwischen den Menschen und das Absolute stellt, alles, was dem Menschen werth und heilig ist, befestigt es durch alle Mächte der Natur und der Talente, und dehnt es in die Unendlichkeit aus; es ist darin die ganze Totalität der Beschränkungen zu finden, nur das Absolute selbst nicht; in den Theilen verlohren, treibt es den Verstand zu seiner unendlichen Entwiklung von Mannigfaltigkeit, der, indem er sich zum Absoluten zu erweitern strebt, aber endlos nur sich selbst producirt, seiner selbst spottet. Die Vernunft erreicht das Absolute nur, indem sie aus diesem mannigfaltigen Theilwesen heraustritt; je fester und glänzender das Gebäude des Verstandes ist, desto unruhiger wird das Bestreben des Lebens, das in ihm als Theil befangen ist, aus ihm sich heraus in die Freyheit zu ziehen.[25]

Die Worte entwerfen in nur wenigen Zeilen die dramatische Seite der Hegel'schen Erkenntnistheorie. Der Verstand, den der junge Idealist korrekt und polemisch zugleich, als Kraft des Beschränkens bezeichnet, als unendlicher Entwickler von Mannigfaltigkeit, der sich bis zum Absoluten zu erweitern

---

24 Hegel, *Differenz des Fichte'schen und Schelling'schen Systems*, GW, Bd. 4, S. 17,9–16.
25 Hegel, *Differenz des Fichte'schen und Schelling'schen Systems*, GW, Bd. 4, S. 12,31–13,9.

gedenkt und dabei doch nur selbst fortproduziert, erreicht das Ziel nicht. Nur in der Gegenbewegung, in einer anders gearteten Erkenntnisform, die Hegel als Vernunft kenntlich macht, kommt die unruhige Entwicklung zu einer Vervollständigung. Diese Vervollständigung gelingt durch eine gegenläufige Bewegung, in der das verständige Bauen mannigfaltiger Wissensgebäude zum Einhalten kommt. Hegel deutet es im obigen Zitat nur knapp an: Was die Vernunft zur Vernunft macht, ist das ‚Heraustreten, der Befreiungsschlag' aus dieser Bewegung, wodurch sich das ‚unruhige' Leben, das, wie Hegel formuliert, in den Teilen ‚befangen' ist, sich aus dem Verstandesgriff heraus in die Freiheit zieht.

Das dialektische Verhältnis von Verstand und Vernunft, das Hegel in seinem reifen Werk minutiös logisch und phänomenologisch ausarbeitet, wird in dieser frühen Schrift als dramatische, zugleich notwendige und konstruktive Beziehungsgeschichte zwischen unterschiedlichen Erkenntnisvollzügen beschrieben, die in ihrer gegenseitigen Spannung Bewusstsein für das Absolute generieren. Letzteres entsteht als Sprung, als Heraustreten aus der räsonierenden Erkenntnis, die alles als Gesondertes (von sich) trennt, in die selbstreflexive Bewegung, die alles als Absolutes (in sich) erkennt. Bevor letzteres gelingt, ist die Spannung hoch. Hegel spricht von einem Kampf. Hier kommt ein voluntaristisches Element in die erkenntnistheoretische Sprache des Idealisten, die auffällig ist und die vom klassischen Erkenntnistheoretiker Kant, auf den sich Hegel mit der funktionalen Unterscheidung von Verstand und Vernunft implizit beruft, entfernter erscheint als von Böhme. So heißt es beispielsweise in der *Differenzschrift*:

> Im Kampfe des Verstandes mit der Vernunft kommt jenem eine Stärke nur insoweit zu, als diese auf sich selbst Verzicht thut; das Gelingen des Kampfs hängt deßwegen von ihr selbst ab, und von der Ächtheit des Bedürfnisses nach Wiederherstellung der Totalität, aus welchem sie hervorgeht.[26]

Im Kampf der Erkenntnisformen führt die Vernunft, wie gesagt, Regie, denn die Kraft des Verstandes beruht auf einem Verzicht der Vernunft. Gelingen hängt von der Echtheit des Bedürfnisses nach der Wiederherstellung der Totalität ab, wodurch dieser Verzicht rückgängig gemacht wird und aus welchem die Vernunft gestärkt hervorgeht.

Bei Böhme findet sich genau diese Dynamik zweier unterschiedlicher Zugangsweisen vorformuliert, wenn auch in einem Vokabular und Stil, den Hegel

---

26   Hegel, *Differenz des Fichte'schen und Schelling'schen Systems*, GW, Bd. 4, S. 15,22–25.

bekanntlich beklagt und später in seiner Geschichte der Philosophie als ‚barbarisch' bezeichnet. Die an dieser Dynamik Beteiligten werden bei Böhme, wie gesagt, unterschiedlich benannt, als Willen, als Prinzipien, als unterschiedliche Erkenntnisformen. Grundlegend erscheint hier jedoch, dass die duale Struktur dieser prinzipiell unterschiedlichen Willens- und Erkenntnisformen zugleich auf das Göttliche hin bezogen nötig sind, um Offenbarung geschehen zu lassen. Böhme schreibt:

> Als das erste Wesen ist die Einheit GOttes, als Göttliche Kraft, oder die ausfliessende Weisheit. Das ander Wesen ist der schiedliche Wille, welcher durch das hauchende, aussprechende Wort entstehet, welcher seinen Grund [...] in der Beweglichkeit des Ausflusses [hat].[27]

Weiter unten im selben Werk heißt es: „Die Natur entsteht in dem ausgeflossenen Wort Göttlicher Empfindlichkeit und Wissenschaft, und ist eine stetswährende Bildung und Formirung der Wissenschaft und Empfindniß".[28] Das offenbarungskonstitutive Gegeneinander von Prinzipien ist eine Bedingung, und hier kommt Böhme dem Vokabular Hegels ganz nahe, nicht nur von Empfindlichkeit, sondern auch von Wissenschaft: der scheidende Wille ist zugleich eine Voraussetzung der stets währenden Bildung und Formierung der Wissenschaft. Diese Formulierungen schlagen den Bogen von der Konstitution der Schöpfung zur Konstitution des Wissens, ja sogar der Wissenschaft, wobei das Wort ‚Bildung' für moderne Rezipienten eine schillernde Doppeldeutigkeit bekommt. Jedenfalls kommt diese Stelle der Hegel'schen Interpretation des wissenschaftsbildenden Verstandes erstaunlich nahe. Die wenigen Zeilen sind zugleich deutlich durchdrungen von Böhmes Dialektik, denn diese Formierungen des schiedlichen Willens, sie dienen letztlich nichts anderem als der Offenbarung der göttlichen Einheit. So notwendig beide Prinzipien als Bedingung absoluter Offenbarung sind, so feindlich und gegensätzlich wirken sie sich innerhalb der Schöpfung aus. Böhme spricht an vielen Orten von der „grossen Feindschaft gegen einander" und meint damit das Verhältnis genau dieser beiden Grundprinzipien oder Willen. Deutlich spricht er von einem konsequenten gegenseitigen Ausschlussverhältnis: „eines ist dem andern ein Tod".[29]
    Das Verhältnis beider Prinzipien, das Böhme in seinem Spätwerk in der Abstraktion von Ja und Nein fassen kann, steht jedoch immer zugleich im

---

27 Böhme, *Clavis*, ss, Bd. 9, Pars xx, S. 83,20–24 (vi: Vom Mysterio Magno, n. 21).
28 Böhme, *Clavis*, ss, Bd. 9, Pars xx, S. 85,17–20 (viii: Von der ewigen Natur, und ihren sieben Eigenschaften, n. 26).
29 Vgl. Böhme, *Quaestiones theosophicae*, ss, Bd. 9, Pars xviii, S. 26,24–26 (9. Frage, n. 1).

Ausschluss- und Komplementärverhältnis. Die Prinzipien sind sich gegenseitig Grenze und Begrenzung, und auch diese Grenze ist funktional. Beide sich
ausschließenden Prinzipien sind nötig, aufgrund ihrer absoluten Inkompatibi-
lität sind sie wie zwei unterschiedliche Feuer „und ist doch zusammen nur Ein
Feuer, und wäre keines ohne das andere offenbar oder wirckend"[30] [...] „in einander wie Tag und Nacht, da keines das ander begreifen mag, sondern eines
wohnet im anderen, und machen 2 *Principia*".[31] Es muss, so betont Böhme,
Macht und Wille der Schiedlichkeit, obwohl sie offenbarungsdienlich sind,
überwunden werden. Diese Überwindung geschieht *nicht* in der Zerstörung
dessen, was geschieden und geformt worden ist. Sie geschieht als Überwindung der Ausrichtung. Dies erscheint analog zum Austreten der Hegel'schen
Vernunft aus der Verstandesbewegung.

Alles, was ganz selbstverständlich auf sich als *eigenes Selbst* bezogen scheint
und im eigenen Tun primär darauf ausgerichtet ist, sich *selbst* zu erhalten,
hat eine solche Selbstverständlichkeit, die noch dazu im Absoluten *selbst* verankerte ist zu überwinden, um die Offenbarungsbewegung zu vollenden. Das
zweite Prinzip, das dem Ja entspricht, entsteht aus der radikalen Überwindung
des Selbstbezugs, um in sich selbst und in allem Geformten, Empfindlichen,
Gebildeten, Unterschiedlichen dasjenige ergreifen zu können, das sich als Einheit von allem offenbart.

Das zweite Prinzip entsteht also in der veränderten willentlichen Ausrichtung, die im Forschen und Ergreifen nicht sich sucht, nicht Eigenheit, sondern
Einheit. Das ist die Bedingung, dass in der Lebensqualität des Geschaffenen
göttliche Qualitäten offenbar werden. Diese grundsätzliche Veränderung der
Ausrichtung ist bei Böhme zugleich die erkenntnistheoretische Bedingung des
Gelingens eines sinnvollen Nachdenkens über Gott (und nicht ‚turbieret' zu
werden!). Böhme schreibt als Bedingung einer Philosophie des Absoluten in
diesem Sinne:

> Es muß nur ein gantz gelassener und übergebener Wille seyn, darinnen
> GOtt selber forschet und wircket, welcher stets in gelassener Demuth und
> Einergeben zu GOtt dringet, und anders nichts suchet [ ].[32]

Von hier aus sei direkt auf Hegels Differenzschrift zurückverwiesen. An dieser Stelle wird der Gleichklang des Denkens besonders deutlich, wenn Hegel
schreibt:

---

30   Böhme, *Quaestiones theosophicae*, ss, Bd. 9, Pars XVIII, S. 7,15–17 (3. Frage, n. 3).
31   Böhme, *Quaestiones theosophicae*, ss, Bd. 9, Pars XVIII, S. 12,3–5 (3. Frage, n. 28).
32   Böhme, *Clavis*, ss, Bd. 9, Pars XX, S. 76,17–20 (Vorrede, n. 4).

> [A]ber die Reflexion hat als Vernunft Beziehung auf das Absolute, und sie ist nur Vernunft durch diese Beziehung; die Reflexion vernichtet insofern sich selbst und alles Seyn und Beschränkte, indem sie es aufs Absolute bezieht; zugleich aber eben durch seine Beziehung auf das Absolute hat das Beschränkte ein Bestehen.[33]

Und weiterhin heißt es in einem Schritt, in dem Hegel über die Kantische Erkenntnistheorie eindeutig weit hinausgeht:

> Indem die Vernunft diß erkennt, hat sie den Verstand selbst aufgehoben, sein Setzen erscheint ihr als ein Nichtsetzen, seine Produkte, als Negationen. Dieses Vernichten, oder das reine Setzen der Vernunft ohne Entgegensetzen wäre, wenn sie der objektiven Unendlichkeit entgegengesetzt wird, die subjektive Unendlichkeit, das der objektiven Welt entgegengesetzte Reich der Freyheit; weil dieses in dieser Form selbst entgegengesetzt und bedingt ist, so muß die Vernunft, um die Entgegensetzung absolut aufzuheben, auch dieß in seiner Selbständigkeit vernichten; sie vernichtet beyde, indem sie beyde vereinigt, denn sie sind nur dadurch, daß sie nicht vereinigt sind. In dieser Vereinigung bestehen zugleich beyde; denn das Entgegengesetzte, und also Beschränkte, ist hiermit aufs Absolute bezogen.[34]

Dieses komplexe dialektische Überwindungsspiel, hier in groben Zügen skizziert, lautet wie ein Programm der Lebensarbeit, die sich der Idealist vornimmt. Die dichten Zeilen deuten eine doppelte Negation an, die schließlich in einer Selbstüberwindung aller Positionen und ihrer setzenden Instanzen mündet. Indem Vernunft die Produkte des Verstandes als Negationen erkennt, wird sie zu einem ,Reich der Freiheit', das jedoch selbst in der Entgegensetzung befangen und damit beschränkt bleibt, bis auch diese Entgegensetzung überwunden, bzw., wie Hegel mit Pathos formuliert, ,vernichtet' wird. Dann geschieht Vereinigung der entgegengesetzten Erkenntnisformen und -kräfte, wodurch sie als solche nicht mehr bestehen. Die Vereinigung erweist sich als Umschlagsmoment, eine neue Erkenntnisebene entsteht: beide Kräfte bestehen, jedoch in ihrer jeweiligen Beschränkung als auf das Absolute bezogen. Was entgegengesetzte Erkenntnisformen waren, in denen die Zertrennung und Sonderung der einen die Sehnsucht nach Einheit in der anderen auslöste, wird jetzt als notwendig vereinigt im Hinblick auf das Erkennen des Absoluten begriffen.

---

33   Hegel, *Differenz des Fichte'schen und Schelling'schen Systems*, GW, Bd. 4, S. 16,30–17,4.
34   Hegel, *Differenz des Fichte'schen und Schelling'schen Systems*, GW, Bd. 4, S. 17,31–18,4.

In dieser Bezogenheit wird der Zusammenhang, und hier kommen wir wieder zu unserem Anfang, als Bewegung erkannt. Produkte der Erkenntnis werden als Tätigkeit, als Produzieren, Verstand und Vernunft selbst in Begriffen des Gewordenseins und Werdens, als Differentes und Unterschiedenes dynamische Bedingung der Vereinigung. Wenn die Vernunft auf diese Weise das Ganze zu verstehen beginnt, als „unendliche Thätigkeit des Werdens und Producirens", dann ist die absolute Entzweiung, wie Hegel sagt, zu einer „relativen heruntergesetzt".[35]

4   Gesunder Menschenverstand und Glaube

Hegel war sich bewusst, dass eine solche Anschauungs- und Denkweise höchst bedrohlich erscheint. Dem gesunden Menschenverstand wird dadurch vermeintlicher Halt und die Möglichkeit statischer Orientierung entzogen, so auch dem volkstümlichen Glauben. Hegel analysiert subtil, dass bei beiden die grundlegende Identität als bewusstloses, dunkles Hintergrundsgefühl vorherrscht, als prä-reflexive Einbettung aller Kenntnisse und Wissensweisen. Wird dieses Bewusstlose jedoch durch die Vernunft ins Bewusstsein gehoben, dann wird das, was in der Festlegung gewiss erscheint, vor allem auch die Gegensätze von Notwendigkeit und Freiheit, Endlichkeit und Unendlichkeit, heilig und profan aufgehoben. Die Bewegung, die dadurch in den Glauben gerät, muss dem gesunden Menschenverstand deshalb so bedrohlich sein, wie dem Alltagsglauben „ein Greuel".[36]

Diese Hegel'schen Beschreibungen und Analysen machen deutlich, dass es gar nicht anders sein konnte, als dass Böhmes dialektisches Zersetzen fixierter Gegensätze seine Zeitgenossen überfordert haben und sein Denken ihnen bedrohlich erscheinen musste.

> Nicht nur aber kann der gesunde Menschenverstand die Spekulation nicht verstehen, sondern er muß sie auch hassen, wenn er von ihr erfährt, und, wenn er nicht in der völligen Indifferenz der Sicherheit ist, sie verabscheuen und verfolgen.[37]

Die knappe Hegel'sche Analyse bringt auf den Punkt, warum sich ein Streit um Böhmes Werk im 17. Jh. entwickelt hat. Denn die „aufgehobenen Entgegenset-

---

35   Hegel, *Differenz des Fichte'schen und Schelling'schen Systems*, GW, Bd. 4, S. 14,10–13.
36   Hegel, *Differenz des Fichte'schen und Schelling'schen Systems*, GW, Bd. 4, S. 21,22–25.
37   Hegel, *Differenz des Fichte'schen und Schelling'schen Systems*, GW, Bd. 4, S. S. 21,1–3.

zungen" sind für den gesunden Menschenverstand und den volkstümlich Glaubenden, der sich an Gott wie an ein Objekt hängt und an die Unterscheidung von Gut und Böse wie an einen in Stein gemeißelten Gegensatz, gleichbedeutend mit der „Zerstörung des Göttlichen".[38]

Die radikale Transformation der Objekt-Kenntnis Gottes zur einenden Erkenntnis, in der Entzweiung auf prinzipielle Weise aufgehoben ist, impliziert, dass Trennungen eine, wenn auch offenbarungsträchtige, Illusion sind, und dass jedes Wesen, jede Willens- und Erkenntnisform einbezogen ist. Die Verunsicherung, die damit einhergeht, ist der Preis der Vereinigung, die in der Aufgabe von Selbstbezogenheit besteht. Dies ist eine inklusive und zugleich radikal transformative Bewegung, die jeden bis ins Innerste betrifft, und die Böhme ausdruckskräftig in seinem ganzen Werk teils einladend, teils fordernd, teils streng verdeutlicht. In einer Aktualität, deren Bedingungen Hegel in seinem frühen Werk beschreibt, scheint Jacob Böhme direkt in unsere Zeit hinein zu sprechen:

> Vns ist eine porten [...] auff getahn / zu sehen vnd wissen / was der Herr zu dieser zeit in den Menschen wissen wil. auff das der streitt ein Ende Nehme / das man nicht mehr umb Gott zancke / so offenbaret Er sich selber / Vnd das sol vns kein wunder sein / sondern wir selber sollen das selbe wunder sein / das Er mit erfüllung der zeit hat gebohren. so wir vns erkennen was wir seint [...].[39]

---

38 Hegel, *Differenz des Fichte'schen und Schelling'schen Systems*, GW, Bd. 4, S. 21,25–27.

39 Böhme, *Von der Gnaden wahl*, ed. Buddecke, *Urschriften*, Bd. 2, S. 36,5–10 (vgl. SS, Bd. 6, Pars XV, S. 37,36–43 [Kap. 4, n. 2]).

17

Hilflose Abstraktheit: Die Böhme-Rezeption Franz von Baaders und dessen Kritik an Schellings Idealismus

Andrés Quero-Sánchez

1 Einleitung: Die Zentralität Böhmes im Werk Franz von Baaders

Jakob Böhme – wie es heißt: „Mein Meister J. Böhme"[1] – ist ohne jeden Zweifel der von Franz von Baader meistzitierte Autor.[2] Die vollständige Lektüre seiner unter der Leitung von Franz Hoffmann von 1851 bis 1860 in 16 Bänden (einschließlich eines Registerbands) systematisch – sprich: *unhistorisch* – geordnet sowie unkritisch – bisweilen sogar *hagiographisch* – herausgegebenen *Sämmtlichen Werke* (sw) zeigt dies unmissverständlich.[3] Einige der darin präsentierten Schriften kreisen sogar ausschließlich um das Denken Böhmes, insbesondere die im 13. Band enthaltenen, von Julius Hamberger herausgegebenen Texte:[4] mehrere dem Nachlass entnommene Erläuterungen und Kom-

---

1 Vgl. Baader, *Brief an Stransky vom 19. Juli 1815*, sw, Bd. 15, S. 267,31; *Brief an Schubert vom 20. Juli 1815*, sw, Bd. 15, S. 268,22. Siehe noch den *Brief an M. v. Meyer vom 12. August 1816*, sw, Bd. 15, S. 315,3–5, wo Baader Böhme *und* Meister Eckhart als „die wahren Meister" anführt.

2 Dieser Beitrag ist im Rahmen des von der Deutschen Forschungsgemeinschaft finanzierten Forschungsprojekts *„Der ewige Begriff des Individuums": Eine historisch-philologisch-systematische Untersuchung der ‚mystischen Vernunft' und deren Rezeption im Werk Schellings* (QU 258/3–2) entstanden. In der zweiten Förderungsphase wird die Untersuchung am Institut für Philosophie der Universität Regensburg durchgeführt, in Zusammenarbeit mit der *Meister-Eckhart-Forschungsstelle* am *Max-Weber-Kolleg* der Universität Erfurt (Dietmar Mieth und Markus Vinzent).

3 Zu erwähnen wären noch: Baader, *Philosophische Schriften und Aufsätze*. Vom Verfasser gesammelt und neu durchgesehen, Münster 1831 (Bd. 1); Münster 1832 (Bd. 2); Bd. 3: *Kleine Schriften. Aus Zeitschriften zum erstenmale gesammelt und herausgegeben* von Franz Hoffmann, Würzburg 1847. Es gibt eine „zweite, bedeutend vermehrte Ausgabe" des dritten Bandes (Leipzig 1850). Eine neue, kritisch bearbeitete und kommentierte Ausgabe der Hauptwerke Baaders ist im Gange (*Forschungsstelle Franz von Baader* am Institut für Katholische Theologie der Technischen Universität Dresden, unter der wissenschaftlichen Leitung von Alberto Bonchino [durch die *Fritz Thyssen Stiftung* finanziert]).

4 Vgl. Baader, sw, Bd. 13: *Vorlesungen und Erläuterungen zu Jacob Böhme's Lehre*, Leipzig 1855.

---

mentare zu verschiedenen Werken Böhmes,[5] sowie zwei allein in den Nachschriften Hoffmanns erhalten gebliebene (Privat-)Vorlesungsreihen.[6] Es wären in diesem Kontext zudem noch drei weitere, bereits vor der Gesamtausgabe Hoffmanns publizierte Schriften zu nennen: Die *Vorlesungen über eine künftige Theorie des Opfers oder des Kultus*, die Baader selbst im Jahre 1836 in Münster mit dem Untertitel *Zugleich als Einleitung und Einladung zu einer neuen mit Erläuterungen versehenen Ausgabe der bedeutendsten Schriften von Jakob Böhme und S. Martin* drucken ließ (vgl. sw, Bd. 7, S. 271–416), das fünfte Heft der *Vorlesungen über die speculative Dogmatik*, von Baader selbst im Jahre 1838 in Münster mit dem besonderen Titel *Ueber mehrere in der Philosophie noch geltende unphilosophische Begriffe oder Vorstellungen mit Berücksichtigung älterer Philosopheme, besonders des Philosophus Teutonicus* publiziert (vgl. sw, Bd. 9. S. 155–288), sowie schließlich die erst im Jahre 1847 – somit posthum – veröffentlichten *Vorlesungen über Jacob Böhme's Theologumena und Philosopheme*.[7]

Baader, der die Bezeichnung ‚Boehmius redivivus' als das größte Kompliment empfand,[8] hat sich mit dem Görlitzer Schuster, wie Franz Hoffmann richtig berichtet, „durch einen Zeitraum von wenigstens vierzig Jahren" beschäftigt.[9] Selbst bei den in den letzten Monaten seines Lebens mit seinen Schülern

---

5 Vgl. Baader, *Erläuternde Anmerkungen zu Jacob Böhme's Abhandlung über die Gnadenwahl*, sw, Bd. 13, S. 237–316; *Bruchstück eines Commentars zu J. Böhme's Abhandlung über die Gnadenwahl*, sw, Bd. 13, S. 317–330; *Anhang über J. Böhme's Lehre aus den hinterlassenen Studienbüchern*, sw, Bd. 13, S. 331–392.

6 Vgl. Baader, *Aus Privatvorlesungen über J. Böhme's Lehre mit besonderer Beziehung auf dessen Schrift: ‚Von der Gnadenwahl'. Im Sommersemester 1829*, sw, Bd. 13, S. 57–158; *Vorlesungen über die Lehre Jacob Böhme's mit besonderer Beziehung auf dessen Schrift ‚Mysterium magnum'. Gehalten von einem engeren Zuhörerkreise im Winter und Frühjahr 1833*, sw, Bd. 13, S. 156–236.

7 Baader, *Offenbarung und Natur: Ungedruckte Vorlesungen über Jakob Böhm's Theologumena und Philosopheme*, in: *Janus: Jahrbücher deutscher Gesinnung, Bildung und That 1847*, 2. Bd., Heft 41, S. 515–527 (1.–3. Vorlesungen); ebd., Nr. 42, S. 543–562 (4.–5. Vorlesungen); ebd., Nr. 43, S. 579–592 (6.–9. Vorlesungen), ebd., Nr. 44, S. 613–631 (10.–12. Vorlesungen) (vgl. sw, Bd. 3, S. 357–436).

8 Vgl. *Aufzeichnungen des schwedischen Dichters P.D.A. Atterbom über berühmte deutsche Männer und Frauen nebst Reiseerinnerungen aus Deutschland und Italien aus den Jahren 1817–1819*. Aus dem Schwedischen übersetzt von Franz Maurer, Berlin 1867, S. 141,27–142,4: „Böhme ist ihr [scil. Schellings und Baaders] Held, besonders Baader's, der ihm fast göttliche Ehre erweist. Ein Commentator Böhme's zu sein, hält er für seine eigentliche Bestimmung; nach seinen eigenen Worten hat ihm kein Compliment mehr geschmeichelt, als das von W.A. Schlegel, der ihn einst ‚Boehmius redivivus' nannte".

9 Franz Hoffmann, ‚Einleitung', in: sw, Bd. 3, S. I–LXVIII, hier S. XXVI, Fußnote.

geführten Gesprächen spielte Böhme eine entscheidende Rolle. Baader besaß zudem, so Hoffmann – sicherlich übertreibend – weiter, „alle Ausgaben der Werke Böhmes's und jede in mehreren Exemplaren sammt den englischen und den französischen Uebersetzungen".[10] Die erwähnten dem Nachlass entnommenen Notizen und Fragmente sind vorwiegend im Kontext einer von Baader geplanten Neuausgabe der Werke Böhmes entstanden, auf welche er sich in seiner Korrespondenz öfter bezieht,[11] welche – des von Baader im Brief an Emilie Lindner vom 20. Oktober 1831 geäußerten Plans zufolge – „mit Erläuterungen und Parallelisirung des älteren Mystikers Meister Eckarts in Strassburg, so wie des neuern St. Martin in Paris" erfolgen sollte.[12] Dieses editorische Projekt hat Baader jedoch – aus welchen Gründen auch immer – nie verwirklichen können.

2   **Die Frage nach dem Einfluss Baaders und – insbesondere – dessen Interesses an Böhme auf Schellings ,mystische Wende' um 1806/1809**

Zieht man nun andere, über Böhme hinaus von Baader gerne zierte ,mystische' Autoren in Betracht, etwa, wie gerade gesehen, Meister Eckhart und Louis Claude de Saint-Martin, dazu noch Johannes Tauler, Jan van Ruusbroec,[13] die

---

10   Hoffmann, *Einleitung* [Anm. 9], SW, Bd. 3, S. XXVI, Fußnote.

11   Vgl. Baader, *Brief an Friedrich Schlegel vom 26. August 1812*, hg. von Heinrich Finke, *Briefe an Friedrich Schlegel*, Köln 1917, S. 31,10 f.; *Brief an Stransky vom 8. September 1812*, SW, Bd. 15, S. 244,29–35; *Brief an Stransky vom 26. Januar 1813*, SW, Bd. 15, S. 250,17–32; *Brief an Schubert vom 27. Januar 1815*, SW, Bd. 15, S. 257,10–21; *Brief an Z. vom 4. Dezember 1815*, SW, Bd. 15, S. 283,35–284,2; *Brief an Z. vom 20. Januar 1816*, SW, Bd. 15, S. 291,25–28; *Brief Dr. v. Stransky vom 13 Mai 1328*, SW, Bd. 15, S. 446,13–15; *Brief an Stransky vom 13. Mai 1828*, ed. Susini, *Lettres inédites*, Bd. Bd. 4, S. 207,28–208,8; *Brief an Fräulein Emilie Linder vom 22. September 1831*, SW, Bd. 15, S. 476,3–8; *Brief an Doctor S. vom 13. Juni 1836*, SW, Bd. 15, S. 541,4–7; *Brief an Stransky vom 15. Juni 1838*, ed. Susini, *Lettres inédites*, Bd. 1, S. 426,23–33; *Brief an Franz Hoffmann vom 15. Juni 1838*, SW, Bd. 15, S. 569,26–33; *Brief an Stransky vom 22. Juni 1838*, SW, Bd. 15, S. 570,14–571,2; *Brief an Stransky vom 24. Juni 1838*, SW, Bd. 15, S. 572,26–573,1; *Brief an Julie Lasaulx vom 18. Februar 1839*, ed. Susini, *Lettres inédites*, Bd. 4, S. 342,10–12; *Brief an Julie Lasaulx vom 15. August 1839*, ed. Susini, *Lettres inédites*, Bd. 4, S. 348,30 f.; *Brief an Dr. von Stransky vom 31. Januar 1841*, SW, Bd. 15, S. 688,24. Siehe noch Baader, *Aus Gesprächen*, SW, Bd. 15, S. 145,10–20.

12   Vgl. Baader, *Brief an Fräulein Emilie Linder vom 20. Oktober 1831*, SW, Bd. 15, S. 477,20–32.

13   Zu Eckhart, Tauler und Ruusbroec siehe unten, Anhang, S. 415; S. 420; S. 480; zu Saint-Martin siehe unten, S. 402, Anm. 110.

anonyme *Theologia Deutsch*,[14] Valentin Weigel,[15] Paracelsus,[16] Angelus Silesius,[17] Johann Albrecht Bengel,[18] Emanuel Swedenborg,[19] Friedrich Christoph Oetinger[20] und Philipp Matthäus Hahn[21], so scheint der Ruf Baaders als – sozusagen – ‚Apostel' der sich an der Mystik anlehnenden Philosophie tatsächlich berechtigt zu sein.

---

14 Siehe insbes. Baader, *Randglossen zu: Die deutsche Theologie, d.i. ein edles Büchlein von rechten Verstande, was Adam und Christus sei und wie Adam in uns sterben und Christus erstehen soll. Von Neuem hg. durch K. Grell, Berlin 1817*, sw, Bd. 14, S. 448–458.

15 Siehe etwa Baader, *Fragmente zu einer Theorie des Erkennens*, in: *Beiträge zur dinamischen Philosophie im Gegensaze der mechanischen*, Berlin 1809, S. 137,21–138,33 (Fußnote) (vgl. sw, Bd. 1, S. 52,19–38). Diese Schrift ist im Jahre 1809 entstanden, als Baaders Verhältnis zu Schelling besonders gut war. Dem Weigel-Zitat führte Baader noch hinzu, ebd. S. 138,31–33: „Bekanntlich gebührt Schelling das große Verdienst, den hier aufgestellten Saz als Obersten Saz alles Wissens [...] wieder vindizirt zu haben". In seiner neuen Ausgabe der Schrift in den *Philosophischen Schriften und Aufsätzen*, Bd. 1, Münster 1831, S, 108,26–109,34, ließ Baader den ursprünglichen Verweis auf Schelling weg, da das Verhältnis zwischen den beiden inzwischen schlecht geworden war. Auch in der Gesamtausgabe Hoffmanns wurde der Verweis auf Schelling weggelassen, der durch den Nachweis des Weigel-Zitates ersetzt wurde, ebd., S. 52,36–38: „Studium universale etc. Beschrieben von M. Valentino Weigelio (Frankfurt und Leipzig bei Sam. Müller 1700) Cap. 3 gegen Ende".

16 Siehe etwa Baader, *Brief an Gotthilf Heinrich Schubert vom 10. April 1815*, sw, Bd. 15, S, 259,13–15.

17 Siehe etwa Baader, *Brief an Stransky vom 6. März 1810*, sw, Bd. 15, S. 238,25–33: „Die gefällige Uebersendung Tauler's und des Cherub. Wandersmanns hat mir sehr viel Freude gemacht, und ich erwarte nur die Anzeige der Kosten dieser Bücher, um selbe mit Dank abzuführen. Ausser Tauler's Werke (in 8vo oder noch kleiner) bitte ich Sie noch um Max. Sandaei Theologia mystica; Rüdiger Physica divina; Harphii oculus sidereus, wenn sie diese Bücher in Ihrer aufgefundenen Sammlung oder sonst wo in Nürnberg befinden, von welcher Sammlung freilich einige nähere Angaben (Titel) mir sehr willkommen wären". Aus dieser Stelle glaubte Johannes Sauter, *Baader und Kant*, Jena 1928, S. 582, schließen zu dürfen, dass es sich dabei um den bekannten Basler Tauler-Druck handelte, der bekanntlich über 50 Predigten Meister Eckhart enthält, der darin sogar namentlich erwähnt wird: „1810 geling es ihm [sc. Baader], mit Hilfe G.H. Schuberts die Gesamtausgabe von 1522 in einer alten Nürnberger Sammlung aufzustöbern, ebenso den Angelus Silesius". Doch kann es sich dabei *nicht* um diese Basler Ausgabe gehandelt haben, da Baader sich noch im *Brief an seinen Bruder Clemens Aloys vom 10. Februar 1814*, sw, Bd. 15, S. 58,24–26, um sie bemüht: „Vielleicht findest du Gelegenheit alte Ausgaben von Taulerus in Salzburg aufzutreiben, besonders die älteren von 1522 etc. und du würdest mich sehr verbinden, selbe für mich zu sammeln". Er scheint tatsächlich kurz darauf diesen Basler Druck erhalten zu haben, denn in verschiedenen in dieser Zeit entstandenen Schriften zitiert er tatsächlich nach dieser Ausgabe; siehe unten, S. 415–481, Anhang, n. 11 (1814), n. 14 (1815), n. 15 (1815) und n. 16 (1816).

18 Siehe etwa Baader, *Brief an Z. vom 3. März 1816*, sw, Bd. 15, S. 308,10 f.

19 Siehe etwa Baader, *Brief an M. von Meyer vom 2. März 1816*, sw, Bd. 15, S. 303,20–27.

20 Siehe etwa Baader, *Brief an Franz Hoffmann vom 11. Juni 1837*, sw, Bd. 15, S. 559,11–21. Des

Mit eben diesem Manne stand Schelling nun in fast täglichem Kontakt nach dessen Umzug nach München im Jahre 1806, somit in der Zeit, als die Präsenz ‚mystischer' Autoren in seinen Werken – etwa in der *Freiheitsschrift* (1809), den *Stuttgarter Privatvorlesungen* (1810), den *Erlanger Vorträgen* (1820–1824) und den verschiedenen erhalten gebliebenen Fassungen der *Weltalter* (ab September 1810 bis ca. 1833) – am auffälligsten wurde. Der Schluss scheint naheliegend zu sein: Schellings ‚mystische Wende' um – etwa – 1806/1809 hänge mit seinem damaligen Umgang in München mit Baader zusammen. Es ist nun gerade diese in der Forschung nach wie vor herrschende These diejenige, welche im Folgenden geprüft werden soll. Die zu untersuchende Frage lautet dann: Welche Rolle hat Franz von Baader – insbesondere dessen Interesse und Verständnis der ‚Mystik', an erster Stelle der ‚Mystik' Jakob Böhmes – bei Schellings ‚Wende' um 1806/1809 – wenn überhaupt – gespielt?

2.1   Das philosophische ‚Ferngespräch' zwischen Baader und Schelling bis zu ihrer ersten persönlichen Begegnung im Jahre 1806

2.1.1   Baaders erste Erwähnung Schellings im Kontext seiner Kritik am *abstrakten* Idealismus in den *Beiträgen zur Elementar-Physiologie* (1797)

Eine Beziehung zwischen Schelling und Baader hatte es allerdings schon vor ihrer ersten persönlichen Begegnung im Jahre 1806 gegeben. Baader erwähnt Schellings Abhandlung *Vom Ich als Prinzip der Philosophie* (1795) in seinen im

---

Öfteren sind die Referenzen auf Oetinger in sw jedoch erst vom Herausgeber, Franz Hoffmann, hinzugefügt; vgl. Baader, *Ueber den Blitz als Vater des Lichtes*, sw, Bd. 2, S. 40,3–9 (Fußnote) (*nicht* in der Originalausgabe, Schwabing bei München 1815, S. 14,15; die Schrift wurde in Baaders *Philosophischen Schriften und Aufsätzen nicht* aufgenommen). Ähnliches gilt auch für andere mystische Autoren, etwa für Meister Eckhart und Johannes Tauler, deren Erwähnungen nicht in den Originalausgaben enthalten waren, sondern erst später – sei es von Baader selbst in den *Philosophischen Schriften und Aufsätzen*, sei es von Hoffmann in sw – hinzugefügt wurden (siehe unten, Anhang, n. 2, n. 7, n. 8, n. 44, n. 45, n. 46, n. 47, n. 48, n. 49, n. 50, n. 51, n. 52, n. 53, n. 54, n. 55, n. 57, n. 62, n. 63, n. 64, n. 65, n. 66, n. 69, n. 75, n. 77, n. 92, n. 98, n. 103 und n. 113).

21   Siehe etwa Baader, *Brief an Gotthilf Heinrich von Schubert vom 10. April 1815*, sw, Bd. 15, S. 259,13–16. Siehe auch ders., *Ueber die Ekstase oder das Verzückteyn der magnetischen Schlafredner*, Bd. 3, Nürnberg 1818, S. 28,19–23 (vgl. sw, Bd. 4, S. 28,32–35 [Fußnote]). Auch in diesem Fall begegnen uns in sw einige Verweise auf Hahn, die in den Originalausgaben *nicht* enthalten waren; siehe etwa Baader, *Ueber das durch die französische Revolution herbeigeführte Bedürfniß einer neuen und innigern Verbindung der Religion mit der Politik*, sw, Bd. 6, S. 24,30–25,33 (Fußnote) (*nicht* in der Originalausgabe, Nürnberg 1815, S. 23,17). In diesem Fall hatte jedoch Baader selbst den Hinweis hinzugefügt, und zwar in seiner Ausgabe der *Philosophischen Schriften und Aufsätzen*, Bd. 1, Münster 1831, S. 203,25–29 (Fußnote).

Jahre 1797 publizierten *Beiträgen zur Elementar-Physiologie*, und zwar gleich zweimal im Anhang am Schluss des Werkes.[22] Das war der Anfang der in der Folge sehr intensiv werdenden Beziehung zwischen beiden Autoren.[23] Was meist übersehen wird, ist allerdings die entscheidende Tatsache, dass es sich dabei *keineswegs* um eine zustimmende Berufung Baaders auf Schelling handelt. Die genannte Schrift Baaders ist als Kritik an der idealistischen Position Kants und Fichtes konzipiert, und zwar in einer Zeit, als er in engem Kontakt zu Heinrich Friedrich Jacobi stand. Es ist sicherlich kein Zufall, dass Jacobi sich in eben dieser Zeit dafür – wenn auch erfolglos – einsetzte, dass Baaders früherer Aufsatz *Ueber Kant's Deduction der praktischen Vernunft und die absolute Blindheit der letzteren* (verfasst 1796) verlegt würde.[24] Bereits bei dieser Schrift handelte es sich primär um eine Kritik an der Kantischen Position – weder Fichte noch Schelling waren Baader um 1796 bekannt – als ‚abstraktem Idealismus‘, aus einer durchaus realistischen Position nämlich, die von der eigenen Jacobis nicht weit – wenn überhaupt – entfernt war.[25] Baader spricht in diesem Aufsatz von, wie es ausdrücklich heißt, „Kant's Versuch, das moralische Prinzip auf eine Verstandesformel zu bringen",[26] und er fragt sich anschließend:

---

22 Vgl. Baader, *Beiträge zur Elementar-Phisiologie*, Hamburg 1797, S. 73,9–74,7 (abgedruckt in: *Beiträge zur dinamischen Philosophie*, Berlin 1809, S. 27–79, hier S. 70,7–14; vgl. SW, Bd. 3, S. 239,8–14) (Baader verweist dabei auf Schelling, *Vom Ich als Princip der Philosophie*, AA, Bd. I,2, S. 128,22 [Fußnote] und S. 100,15–17); Baader, *Beiträge zur Elementar-Phisiologie*, Hamburg 1797, S. 75,7–76,1 (abgedruckt in: *Beiträge zur dinamischen Philosophie*, Berlin 1809, S. 70,8–20; vgl. SW, Bd. 3, S. 240,4–14) (Baader verweist dabei auf Schelling, *Vom Ich als Princip der Philosophie*, AA, Bd. I,2, S. 114,16–18).

23 Es ist sicherlich kein Zufall, dass Baader in dieser Schrift (*Beiträge zur Elementar-Phisiologie*), die den Anfang seines Verhältnisses zu Schelling markiert, später, im Rahmen der Neuedition derselben in den *Philosophischen Schriften und Aufsätzen*, Bd. 1, Münster 1831, S. 27–79, hier S. 76,25–27, ein Meister-Eckhart-Zitat ‚hineingeschoben‘ hat, welches weder in der ursprünglichen Ausgabe (1797) noch im Neudruck als Bestandteil der *Beiträge zur dynamischen Philosophie* (1809) enthalten war und von Franz Hoffmann freilich in SW, Bd. 3, S. 245,2–8, aufgenommen wurde (siehe unten, Anhang, n. 2). Die erste Tauler-Erwähnung im Werk Baaders ist auf das Jahr 1809 zu datieren (siehe unten, Anhang, n. 3). Baaders erste Meister Eckhart-Erwähnung ist sogar noch späteren Datums (1812/1814) (siehe unten, Anhang, n. 5 und n. 12).

24 Vgl. Baader, *Brief an Jacobi vom 24. Januar 1798*, SW, Bd. 15, S. 179,11–180,19; siehe dazu Marie-Elise Zovko, *Natur und Gott: Das wirkungsgeschichtliche Verhältnis Schellings und Baaders*, Würzburg, 1996, S. 31, Anm. 7. Die Schrift wurde erst später, als Bestandteil der *Beiträge zur dynamischen Philosophie*, Berlin 1809, S. 1–24, gedruckt (vgl. SW, Bd. 1, S. 1–23).

25 Vgl. Baader, *Jugendtagebücher*, ed. Baumgardt, *Seele und Welt*, S. 166,24–27 (30. September 1789) (vgl. ed. Bonchino / Franz, S. 124,23–26): „Jacobis Schriften [...], die ich eben ietzt zu lesen angefangen, gedeihen, wie ich merke, sehr bei mir, und scheinen bleibend auf meinen Geist zu wirken!".

26 Baader, *Ueber Kant's Deduction der praktischen Vernunft*, in: *Beiträge zur dynamischen Philosophie*, Berlin 1809, S. 9,22 f. (vgl. SW, Bd. 1, S. 11,5 f.).

[W]arum, sage ich, geht Kant diesem Vernunft *factum* wie ers selbst
nennt, nicht näher und ernsthafter zu Leibe, und macht mit dem hier
nichts sagende Worte: praktische Vernunft, eine Art Nebel, in der selbst
das Bedürfniß einer klärern Anerkenung dieses Realen nicht nur nicht
mehr helle und dringend bleibt, sondern als ob es thörichter Fürwiz und
phantastische Gespensterseherei wäre, für immer, und *a priori* zurückgewiesen wird. Warum giebt er uns hier dem frostigen moralischen Idea-
lisms Preis, und verwandelt ‚dieses kräftige lebendige Wort‘, das in uns
gepflanzt, unsere Seelen – seelig und frei – oder elend macht, je nachdem
wir ihm in die Hand, oder zuwider arbeiten – in einen nichtigen Luft-
hauch?[27]

Gerade in diesem Kontext der Baaderschen Kritik am abstrakten Idealismus
erfolgt nun die erwähnte Namensnennung Schellings in den ein Jahr später
verfassten *Beiträgen zur Elementar-Physiologie*. Insbesondere Baaders damalige Briefe an Jacobi (1796–1799) zeugen deutlich davon, dass er Schellings frühere philosophische ‚Errungenschaften‘ zu der *idealistischen* Position Kants
und Fichtes zählte, die er für eine zu kritisierende hielt. Am 8. Februar 1798
drückt sich Baader – in Antwort auf einen Brief Jacobis vom 24. Januar 1798, in
welchem dieser ihm auf Schellings naturwissenschaftliche Schriften aufmerksam gemacht hatte – eindeutig in diesem Sinne aus: „Schelling kenne ich, aber
bin wenig mit ihm zufrieden. [...]. Kant, Fichte und Schelling etc.“.[28] Das Grund-
problem des Idealismus sah Baader darin, dass der Gedanke der Autonomie
oder Selbstgesetzgebung dermaßen übertrieben werde, dass Gott als ein vom
Ich verschiedenes Anderes – sprich: der persönliche Gott – verneint werde:
„und gerade von diesem Geist ausser uns führen Fichte und Schelling etc. weg,
und erklären ihn weg, Ihn, der doch allein Zeugniss gibt unserm Geiste vom
Wahren, Ewigen etc.“.[29] Die idealistische Position sei letztlich ‚pantheistisch‘,
und zwar eben insofern, als sie Gott als ein Anderes eliminiere, womit sie den
Menschen eigentlich, wie Baader es – freilich erst Jahre später – ausdrückt,
‚hilflos‘ lasse.[30] Die Position, für welche Baader eintreten möchte, sei hingegen

---

27   Baader, *Ueber Kant's Deduction der praktischen Vernunft*, in: *Beiträge zur dinamischen Phi-
      losophie*, Berlin 1809, S. 9,7–21 (vgl. SW, Bd. 1, S. 10,7–11,4).
28   Baader, *Brief an Jacobi vom 284. Februar 1798*, SW, Bd. 15, S. 181,23–30.
29   Baader, *Brief an Jacobi vom 284. Februar 1798*, SW, Bd. 15, S. 183,26–29.
30   Vgl. Baader, *Vorlesungen über religiöse Philosophie im Gegensatze der irreligiösen*, 1. Heft,
      München 1827, S. 80,9–20 (vgl. SW, Bd. 1, S. 281,26–282,3): „Das niedriger stehende Agens
      vermag von sich selber seine Aktion nicht mit jener des höhern zu vereinen, sondern
      es hat die Initiative hiezu von letzterm zu gewarten. *Amor descendit*. Womit denn das
      Unvernünftige jener Behauptung der irreligiösen Philosophie einleuchtend wird; daß

‚theistisch', und zwar insofern, als sie ein vom Ich verschiedenen Anderen als den Grund für die das menschliche Subjekt bindende *objektive* Wahrheit sein lasse.

Die beste Darlegung des problematischen Punktes findet sich in einem früheren Brief Baaders an Jacobi, vom 3. Januar 1798, in welchem die Kritik gerade auf Schellings Abhandlung *Vom Ich als Prinzip der Philosophie* bezogen wird:

> Ich bin also keineswegs mit Fichte einverstanden […] und entferne mich immer mehr von jener egoistischen Philosophie, welche das Gesetz eine Wirkung meines Ich's nennt, und also statt mich zum Richter zu machen, der sich überall vergessen muss vorm Gesetz und Gesetzgeber, mich Gefahr laufen lässt, den Gesetzgeber *über* mir (der nur darum nicht *ausser* mir zu setzen ist, weil ich mich nie ganz ausser ihn, als stets *in ihm* wurzeln, setzen oder wissen kann) aus dem Gesichte zu verlieren, und wenn dieses, wie Hr. Schelling sagt, heissen soll: die Menschheit von den Schrecken der objectiven Welt zu befreien,[31] so muss ich aufrichtig gestehen, dass mir die alte Gottesfurcht (mit allem Anhängsel von Anthropomorphismus) tausendmal lieber ist, als dieser – nur consequenter und aufrichtiger durchgeführte Kantische Idealismus. – Meines unmassgeblichen Bedünkens haben diese beiden Männer ihren Salto mortale (mit dem Ich, das doch Nicht-Ich, Nicht-Bewusstseiendes ist) bereits gethan, und mein Ich bescheidet sich gerne mit Ihrem, vom Du sich nirgend losmachen oder dieses beliebig setzen oder nicht setzen zu können.[32]

Der hier gebrauchte Ausdruck ‚egoistische Philosophie' ist wohl Jacobis Schriften entnommen, er erinnert sehr – was allerdings für Baaders Beanstandung des Idealismus *insgesamt* gilt – an Ruusbroecs Kritik an Meister Eckhart – bei der Eckhart bekanntlich nie namentlich erwähnt wird –,[33] welche Baader

---

nämlich die Freiheit des Menschen (in seinem Erkennen, Wollen und Wirken) schlechterdings sein absolutes Alleinseyn und Alleinthun (auch in Bezug auf Gott) folglich auch die Abwesenheit aller Hilfe voraussetzt. In der That meint auch diese Philosophie dem Menschen seine Freiheit, in der bürgerlichen, wie in der religiösen Societåt nur damit zu verbürgen, daß sie ihn in beiden hilflos låßt".

31 Vgl. Schelling, *Vom Ich als Princip der Philosophie*, AA, Bd. I,2, S. 77,27f.

32 Baader, *Brief an Jacobi vom 3. Januar 1798*, SW, Bd. 15, S. 178,1–20.

33 Vgl. Andrés Quero-Sánchez, „Meister Eckhart's *Rede von der armuot* in the Netherlands: Ruusbroec's Critique and Geert Grote's *Sermon on Poverty*", in: *Mystique rhénane et Devotio moderna*, hg. von Marie-Anne Vannier, Paris 2017, S. 77–102, hier S. 92–95.

sicherlich – im Übrigen auch Schelling über die Darstellungen Oetingers[34] –
gekannt hat, und zwar bereits in dieser früheren Zeit.[35] In der eben zitierten
Passage gebraucht Baader zudem weitere für Jacobi typische Ausdrücke, insbesondere dann, wenn er von seiner eigenen, den abstrakten Idealismus kritisie-
renden Position als einer ‚Selbstbescheidung‘ spricht (*und mein Ich bescheidet
sich gerne mit Ihrem* [...]). Jacobi selbst hatte den Kontext hergestellt, in welchem diese Aussage zu verstehen ist, als er nämlich am 16. Dezember 1797 an
Baader geschrieben hatte:

> Ich sagte jüngst einem Freund, der Titel meiner Philosophie wäre: Ich
> bescheide mich. – Gut, antwortete er mir, so können Sie Ihre Gegner die
> Unbescheidenen schelten. Wirklich ist beinahe nur dieser Unterschied
> zwischen den Fichtischen, oder Ficht-Ichen, und mir.[36]

Im bereits zitierten Brief schreibt Baader am 3. Januar 1798 hierzu ganz unmissverständlich: „Ich bekenne mich als Schüler Ihrer bescheidenen Philosophie“ –
als der Kritik nämlich an der Philosophie der ‚Egoisten‘, der ‚Unbescheidenen‘,
der ‚Hochmütigen‘, des ‚stolzen‘, letztlich jedoch ‚hilflosen‘ Idealisten.[37]

---

34   Vgl. Andrés Quero-Sánchez, „Oetingers Kritik am Platonismus und deren Einfluss auf
      Schellings Wende um 1809/1810“, in: *Mystik und Idealismus: Eine Lichtung* des *deutschen
      Waldes*, hg. von A. Quero-Sánchez, Leiden/Boston 2019, S. 325–389.
35   Siehe unten, Anhang, n. 1.
36   Jacobi, *Brief an Franz von Baader vom 16. Dezember 1797*, in: Baader, sw, Bd. 15, S. 171,21–26.
37   In späterer Zeit wird auch Schelling diesen Ausdruck gebrauchen, der dabei – wohl
      bewusst – darauf aus ist, auf Baaders Kritik zu reagieren; vgl. Schelling, *Erlanger Vorträge*
      (Fragment *Über die Natur der Philosophie als Wissenschaft*), sw, Bd. 9, S. 228,22–229,11:
      „Aber in der Philosophie gilt es, sich zu erheben über alles Wissen, das bloß *von mir* aus-
      geht. [...]. [...] ihr erster Schritt ist nicht ein Wissen, sondern vielmehr ausdrücklich ein
      Nichtwissen, ein Aufgeben alles *Wissens* für den Menschen. [...] indem *Er* sich des Wis-
      sens begibt, macht er Raum für das, was das Wissen ist, nämlich für das absolute Subjekt,
      von dem gezeigt ist, daß es eben das Wissen selbst ist. In diesem Akt, da er sich selbst
      bescheidet, nicht zu wissen, setzt er eben das absolute Subjekt *als* das Wissen ein. [...]:
      es ist ein Wissen, das in Ansehung meiner vielmehr ein Nichtwissen ist“. Zum Ausdruck
      ‚Selbstbescheidung‘ siehe Walter Schulz, *Die Vollendung des deutschen Idealismus in der
      Spätphilosophie Schellings*, Pfullingen 1955; ²1975, S. 30; Thomas Buchheim, *Eins von Allem;
      Die Selbstbescheidung des Idealismus in Schellings Spätphilosophie*, Hamburg 1992; Andrés
      Quero-Sánchez, *Über das Dasein: Albertus Magnus und die Metaphysik des Idealismus*,
      Stuttgart 2013, S. 478 f.

2.1.2   Baaders Begeisterung für die naturphilosophische ‚Wende'
         Schellings um 1797: *Ueber das pythagoräische Quadrat in der Natur*
         (1798)

Der spätere Münchner Streit um die ‚göttlichen Dinge' zwischen Jacobi und
Schelling (1811/12) wird um die eben dargelegte Problematik kreisen, indem
Jacobi Schellings Identitätsphilosophie dessen bezichtigt, insofern *abstrakt*
zu sein, als sie Gott als ein individuell bestimmtes, vom Ich verschiedenes
Wesen – den *persönlichen* Gott – negiere und daher – nicht *theistisch*, sondern –
pantheistisch sei.[38] Baaders Position stand – sachlich betrachtet – derjenige
Jacobis näher, obwohl er sich doch schließlich – nachdem er zunächst versucht haben soll zu vermitteln[39] – auf die Seite Schellings stellte.[40] Baaders
Einstellung zu Schellings Philosophie war inzwischen – sprich: von 1797/98
bis 1811/12 – viel unkritischer geworden, und zwar, wie es scheint, als Folge
seiner Lektüre der naturwissenschaftlichen Schriften Schellings, in welchen
dieser den idealistischen ‚Egoismus' Fichtes durch die Annahme einer *gegebenen*, nämlich außerhalb des Subjekts befindliche Natur – zu überwinden
suchte. Schelling hatte in seiner Abhandlung *Über die Weltseele* (1797) sogar
ausdrücklichen Bezug auf Baaders – wie es hieß – ‚gedankenvolle *Beiträge
zur Elementarphysiologie*' genommen. Ihn interessierte dabei vor allem Baaders Kritik an dem ‚machinistischem System' zum (angeblichen) Verständnis
dessen, was die Natur *wirklich* sei.[41] Und gerade dieser naturphilosophische
Aspekt wird das weitere Gespräch der beiden Männer bis etwa 1809 – also
vor Schellings *Freiheitsschrift* – bestimmen. In der im Jahre 1798 erschienen
Schrift *Ueber das pythagoräische Quadrat in der Natur* wird Schelling von Baader wiederum zitiert. Ja, gleich zu Beginn des Werkes, im Vorwort, bezeichnet er
Schellings Abhandlung *Über die Weltseele* als den Anreger seiner Schrift, zudem
als „den ersten Boten eines annähenden Frühlings […], die erste erfreuliche

---

38   Vgl. Andrés Quero-Sánchez, „„Go from your country and your kindred and your father's
      house!' (Gen. 12,1): Schelling's Boehmian Redefinition of Idealism", in: *Religious Individua-
      lisation*, hg. von Jörg Rüpke, Antje Linkenbach-Fuchs, Martin Fuchs, Bernd-Christian Otto
      und Rahul Bjorn Parson, Berlin/New York 2019, S. 223–241 (im Druck), hier S. 230–233 (Kap.
      4: ‚Jacobis Attack').
39   Vgl. Baader, *Brief an Jacobi vom 16. Juni 1806*, sw, Bd. 15, S. 199,13–15: „Eine lange gestrige
      Unterredung mit Schelling gibt mir Hoffnung, dass ich noch zwischen Ihm und E. Hw. die
      Copula werden könnte".
40   Vgl. Franz Hoffmann, ‚Biographie Franz von Baader's nebst Nachrichten über seine Fami-
      lie', in: sw, Bd. 15, S. 1–160, hier S. 40.
41   Vgl. Schelling, *Von der Weltseele*, AA, Bd. I,6, S. 188,27–189,5 (er verweist auf Baader, *Beyträge
      zur Elementar-Phisiologie*, Hamburg 1797, S. 68,11–18 [vgl. sw, Bd. 3, S. 236,18–237,2]).

Aeusserung der von dem Todtenschlaf der Atomistik wieder aufwachenden Phisik",[42] sogar als ein „Meisterwerk".[43]

Schelling nahm seinerseits auch von dieser Schrift Baaders sogleich Kenntnis, die er dann an verschiedenen Stellen in seinen naturwissenschaftlichen Schriften bis 1803 zitiert: einmal in der *Einleitung zu seinem Entwurf eines Systems der Naturphilosophie* (1799),[44] dreimal im *Ersten Entwurf eines Systems der Naturphilosophie* (1799) – wo er Baaders „tiefgedachte Gründe" in „höchst wichtiger Schrift" lobt –,[45] weiterhin in verschiedenen Passagen in der von ihm ab 1800/01 herausgegebenen *Zeitschrift für speculative Physik* – wo er Baaders Naturphilosophische Studien ‚interessant'[46] bzw. ‚wichtig und tiefsinnig'[47] nennt – sowie schließlich in der zweiten Auflage seiner *Ideen zu einer Philosophie der Natur* (1803), wo Baaders Positionen als ‚vortrefflich' gekennzeichnet werden.[48] Schellings Naturphilosophie, wie er sie von 1797 an als Kritik am Fichteschen Subjektivismus entwickelt, ist also von Baaders Kritik am ‚abstrakten' idealistischen ‚Egoismus' in den *Beiträgen zur Elementar-Physiologie*

---

42   Vgl. Baader, *Ueber das pythagoräische Quadrat in der Natur*, s.l. 1798, S. v,1–8 (vgl. sw, Bd. 3, S. 249,1–5).

43   Vgl. Baader, *Ueber das pythagoräische Quadrat in der Natur*, s.l. 1798, S. 39,14–42,9 (vgl. sw, Bd. 3, S. 262,19–263,17). Baader bezieht sich im Laufe der Untersuchung noch an fünf weiteren Stellen auf Schellings Abhandlung: (1) ed. 1798, S. 33,13 f. (Fußnote) (vgl. sw, Bd. 3, S. 260,18); (2) ed. 1798, S. 35,8 (vgl. sw, Bd. 3, S. 260,39); (3) ed. 1798, S. 43,14–44,4 (vgl. sw, Bd. 3, S. 264,6–9); (4) ed. 1798, S. 49,7–12 (vgl. sw, Bd. 3, S. 266,24–27 [Fußnote]); (5) sw, Bd. 3, S. 268,3 (*nicht* in der Originalausgabe; erstmals in der Ausgabe der Schrift als Bestandteil der *Beiträge zur dynamischen Philosophie*, Berlin 1809, S. 25–79, hier S. 105,4 f., aufgenommen).

44   Vgl. Schelling, *Einleitung zu seinem Entwurf eines Systems der Naturphilosophie*, AA, Bd. I,8, S. 66,23–28 (er verweist auf Baader, *Ueber das pythagoräische Quadrat*, ed. 1798, S. 42,8–43,4 [vgl. sw, Bd. 3, S. 263,17–24]).

45   Vgl. Schelling, *Erster Entwurf eines Systems der Naturphilosophie*, AA, Bd. I,7, S. 268,17–21 (er verweist auf Baader, *Ueber das pythagoräische Quadrat*, ed. 1798, S. 28,11–29,4 und S. 47,3–10 [vgl. sw, Bd. 3, S. 258,12–21 und S. 265,12–18]); ebd. S. 248,9–16 (mit Verweis auf Baader, *Ueber das pythagoräische Quadrat*, ed. 1798, S. 35,21–36,13 [Fußnote] [vgl. sw, Bd. 3, S. 261,24–31]); ebd., S. 270,28–30 (mit Verweis auf Baader, *Ueber das pythagoräische Quadrat*, ed. 1798, S. 25,13–28,1; S. 42,5–43,14 und S. 45,17–47,10 [vgl. sw, Bd. 3, S. 257,18–258,5; S. 263,14–264,6 und S. 264,33–265,18]).

46   Vgl. Schelling, *Anhang zu dem voranstehenden Aufsatz*, AA, Bd. I,8, S. 264,1–5.

47   Vgl. Schelling, *Anhang zu dem voranstehenden Aufsatz*, AA, Bd. I,8, S. 268,5–11. Siehe darüber hinaus noch *Anhang zu dem Aufsatz des Herrn Eschenmayer*, AA, Bd. I,10, S. 101,32–102,8 (es handelt sich dabei allerdings um ein Zitat Schellings aus Eschenmayer-Aufsatz, in welchem dieser sich auf Baader bezogen hatte).

48   Vgl. Schelling, *Ideen zu einer Philosophie der Natur*, AA, Bd. I,13, S. 275,11–16 (mit Verweis auf Baader, *Ueber das pythagoräische Quadrat*, ed. 1798, S. 28,11–29,4 [vgl. sw, Bd. 3, S. 258,12–21]).

grundlegend geprägt. Nicht Oetinger und der Schwäbische Pietismus, sondern Franz von Baader ist für die Entstehung und weitere Entwicklung der Naturphilosophie Schellings entscheidend gewesen.[49]

2.2   *Die beiderseitige ‚Protokollierung' des bis 1809 geführten Gesprächs*
Aus dem zunächst nur philosophischen wurde dann ein *persönliches* Gespräch, als beide Autoren sich zum ersten Mal im Jahre 1806 – wohl Anfang Juni – in München begegneten. Beide Männer waren in dieser Zeit, zumindest zu Beginn der Periode, in fast täglichem Kontakt zueinander, wovon die Einträge in Schellings Tagebuch Zeugnis geben.[50] Baader war für Schelling damals „ein herrlicher Seher und trefflicher Mensch",[51] ja, es sei für ihn ‚das Angenehmste', so schreibt nämlich Schelling selbst, „daß Franz Baader, der herrlicher noch erscheint durch persönliche Bekanntschaft, als durch seine Schriften, mein Kollege in der Philosophischen Klasse [scil. der Bayerischen Akademie der Wissenschaften] ist".[52] Bekanntlich zitiert Schelling Baader dreimal namentlich in der *Freiheitsschrift* (1809), sogar im Kontext der von ihm darin vertretenen, für die ganze Schrift charakteristischen Konzeption des Bösen als eines realen Prinzips.[53] Harald Schwaetzer hat neulich gezeigt, dass Baaders *Beiträge zur*

49   Vgl. Quero-Sánchez, *Oetingers Kritik am Platonismus* (2019) [Anm. 34], S. 337–342.
50   Vgl. Schelling, *Philosophische Entwürfe und Tagebücher*, ed. Sandkühler / Schraven / Knatz, Bd. 1, S. 5,4 (12. Januar 1809); ebd., S. 6,18 f. (17. Januar 1809); S. 7,24–26 (26. Januar 1809); S. 9,23 (8. Februar 1809); ebd., S. 11,25 (25. Februar 1809); ebd., S. 13,21 (14. März 1809); ebd., 20,30–21,1 (28. April 1809); ebd., S. 25,6 f. (3. Juni 1809); ebd., S. 26,21 f. (5. Juni 1809); ebd., S. 28,8 (18. Juni 1809); ebd., S. 71,8 (1812); ebd., S. 99,31 (7. Februar 1812). Siehe auch Schelling, *Das Tagebuch 1848*, ed. Sandkühler / Schraven / von Pechmann, S. 183,1–3 (1848).
51   Schelling, *Brief an Windischmann vom 18. Dezember 1806*, ed. Plitt, in: *Aus Schellings Leben*, Bd. 2, S. 109,15 f.
52   Schelling, *Brief an August Wilhelm Schlegel vom 7 November 1807*, ed. Fuhrmans, *Briefe und Dokumente*, Bd. 1, S. 392,34–36.
53   Vgl. Schelling, *Philosophische Untersuchungen*, AA, Bd. I,17, S. 137,5 (mit Verweis auf Baader, *Ueber die Behauptung, daß kein übler Gebrauch der Vernunft seyn kann*, in: *Morgenblatt für gebildete Stände*, Tübingen, Jahrgang 1807, Nr. 197 [abgedruckt in: *Beiträge zur dinamischen Philosophie*, Berlin 1809, S. 120–124, hier S. 123,26–124,16; vgl. sw, Bd. 1, S. 33–38, hier S. 37,32–38,3]; zudem verweist Schelling an dieser Stelle auch auf Baader, *Ueber Starres und Fließendes*, in: *Jahrbücher der Medicin als Wissenschaft*, Jahrgang 1808, Bd. 3, Heft 2, S. 197–204 [abgedruckt in: *Beiträge zur dinamischen Philosophie*, Berlin 1809, S. 143–149, hier S. 149,7–33 (Fußnote); vgl. sw, Bd. 3, S. 269–276, hier S. 275,29–276,14]); ebd., S. 142,19 (mit Verweis auf Baader, *Ueber die Behauptung, daß kein übler Gebrauch der Vernunft seyn kann*, in: *Beiträge zur dinamischen Philosophie*, Berlin 1809, S. 121,17–22 [vgl. sw, Bd. 1, S. 36,3–6]); ebd., S. 177,20 (mit Verweis auf Baader, *Über die Analogie des Erkenntnis- und des Zeugungs-Triebes*, in: *Jahrbücher der Medicin*, Bd. 3, Heft 1 (1808); S. 113–124 [abgedruckt in: *Beiträge zur dinamischen Philosophie*, Berlin 1809, S. 125–135; vgl. sw, Bd. 1, S. 39–48]).

dynamischen Philosophie (1809) „wie auch die *Freiheitsschrift* einem tatsäch-
lichen Gespräch beider Protagonisten [entspringt]".[54] Beide Autoren haben
nämlich versucht, das damalige aktuelle Münchner Gespräch im Kontext der
jeweiligen bis dahin durchgeführten Untersuchungen einzuordnen: Schelling
einerseits, indem er die *Freiheitsschrift* nicht selbständig publizieren ließ, sondern zusammen mit weiteren, früheren Schriften, im ersten Band nämlich seiner *Philosophischen Schriften*;[55] Baader andererseits, indem er in den *Beiträgen
zur dynamischen Philosophie* all seine von Schelling bis dahin zitierten Werke –
sei es in der *Freiheitsschrift*, sei es in früherer Zeit – gesammelt hat, denen er
dann eine Vorrede sowie fünf weitere, zum Teil neu verfasste Abhandlungen
hinzufügte. Es ging beiden Autoren somit um eine – sozusagen – ‚Protokollierung' des bis dahin geführten Gesprächs. Worauf ich nun aufmerksam machen
möchte, ist Folgendes: es handelte sich dabei *keineswegs* ausschließlich um
das jeweilige Zeugnis der zustimmenden Haltung gegenüber der Position des
Anderen, sondern primär um – seitens Baaders – eine vom Standpunkt einer
realistischen Metaphysik her geübte Kritik am Gesprächspartner sowie – seitens Schellings – eine Umformulierung der eigenen, idealistischen Position in
einer der realistischen Kritik des Gesprächspartners begegnenden Form. Diese
beiden das Münchner Gespräch zwischen Baader und Schelling ab 1806/1809
charakterisierenden Aspekte sollen nun in den folgenden zwei Abschnitten
einzeln erläutert werden.

2.3 *Baaders realistische Kritik am abstrakten Denken*
2.3.1   „Nur das Individuelle ist wirklich": Baaders Kritik an der
         „platonisch-cerinthischen Ideologie"
Baader ist in die Geschichte der Philosophie, wie oben bereits gesagt wurde,
als eine Art ‚Apostel' der sich an der Mystik anlehnenden Philosophie eingegangen. Geht man allerdings von der in der Forschung geltenden Entgegensetzung zwischen der sich am (Neu-)Platonismus orientierenden ‚Mystik' und der
aristotelisch geprägten ‚Scholastik' aus,[56] so dürfte überraschend erscheinen,
dass Baader – sich des Öfteren auf Thomas von Aquin stützend, den er ausführlich exzerpiert hat[57] – immer wieder gegen die, wie es heißt, „platonisch-

---

54   Harald Schwaetzer, „Schellings *Freiheitsschrift* und Baaders *Beiträge zur dynamischen Phi-
      losophie*", in: Quero-Sánchez, *Mystik und Idealismus* (2019) [Anm. 34], S. 416–435.
55   Vgl. Schelling, *Philosophische Schriften, erster Band*, Landshut 1809.
56   Siehe paradigmatisch nach wie vor Wilhelm Preger, *Geschichte der deutschen Mystik, nach
      Quellen untersucht und dargestellt*, Bd. 1, Leipzig 1874 (ND: Aalen 1962), S. 449–458.
57   Vgl. Baader, *Erläuterungen zu Auszügen aus den Werken des h. Thomas v. A.*, SW, Bd. 14,
      S. 197–348. Vgl. *Notes anonymes sur Baader*, ed. Susini, *Lettres inédites*, Bd. 1, S. 506,18–

cerinthische Ideologie" argumentiert, welche nicht verstanden habe, so Baader, „dass die Idee des Menschen in ihrer Centralität creatürlich leb- und leibhaft [...] werden sollte".[58] Eine solche Betonung der Leiblichkeit als Konstituente dessen, was der Mensch – und zwar eben seinem Begriff nach – ist, ist ebenso für Oetinger kennzeichnend.[59] Zu Recht kann sich Baader in diesem Zusammenhang auf Thomas von Aquin berufen: „Wenn das Bedürfen des Leibes, wie Thomas sagt, der Unvollkommenheit der menschlichen Natur zuzuschreiben wäre, so wäre auch der auferstandene Mensch unterm (leiblosen) Engel, was gegen die Schrift, weil Christus als Mensch über alle".[60]

Die Zentralität der Leiblichkeit als des Individualität aufweisenden Physischen zur Bestimmung dessen, was *wirklich* ist, gilt nach Baader sogar für Gott selbst: „nur das Individuelle ist wirklich, wirkend und wahrhaft seyend, und die gänzlich vollendete Individualität oder Persönlichkeit macht eben das Göttliche in Gott aus".[61] Baaders Kritik an der Platonischen Ideologie trifft im Grunde – und so wird sie wohl auch von Schelling selbst empfunden worden sein – die Fundamente der vom Platonismus geprägten Identitätsphilosophie, deren Vorliebe nämlich für die sog. ‚logische Existenz' sowie Vernachlässigung der als solcher Verschiedenheit aufweisenden Individualität: der konkreten, physisch oder leibhaft bestimmten Existenz.[62]

Es handelt sich bei einer solchen Aufwertung des Konkreten um eine These, die bereits für den jungen Baader zentral war, der am 18. November 1786 – er war damals erst 21 Jahre alt – sich in seinem Tagebuch eindeutig in die-

---

508,12, hier S. 507,29–34: „[...] ihm [sc. Baader] imponirte wenigstens kein Philosoph, nur von wenigen Theologen und Theosophen sprach er mit Verehrung und Begeisterung; namentlich waren Thomas von Aquin und Jacob Böhm seine Vorbilder und Helden, von denen der erstere stets in seinem Studirzimmer auf dem Lesepult aufgeschlagen lag".

58   Vgl. Baader, *Brief an Franz Hoffmann vom 7. Januar 1837*, sw, Bd. 15, S. 550,30–33. Es besteht kein Zweifel daran, dass Baader selbst seine eigene Position als Kritik am Platonismus auffasst; vgl. *Aus Gesprächen*, Bd. 15, S. 152,21–23: „In der Zeit haben wir einen occultirenden, in der Ewigkeit einen manifestierenden Leib. Den Begriff dieses letztern hat Plato nicht erfasst".

59   Vgl. Quero-Sánchez, *Oetingers Kritik am Platonismus* (2019) [Anm. 34], S. 351–357 (Kap. IV.D: ‚Oetingers Kritik am Idealismus'). Schelling selbst hat Baader auf die Schriften Oetingers aufmerksam gemacht; vgl. Schelling, *Brief an seinen Vater vom 7. September 1806*, ed. Plitt, *Aus Schellings Leben*, Bd. 2, S. 101,16–32; Karl E. Schelling, *Brief an seinen Brüder Friedrich Wilhelm Joseph Schelling vom 23. November 1806*, ed. Fuhrmans, *Briefe und Dokumente*, Bd. 3, S. 379,1.

60   Baader, *Erläuterungen zu Auszügen aus den Werken des h. Thomas v. A.*, sw, Bd. 14, S. 257,29 –32; vgl. ebd., sw, Bd. 14, S. 256,16–32.

61   Baader, *Ueber die Extase*, 3. Stück, Nürnberg 1818, S. 18,6–10 (vgl. sw, Bd. 4, S. 24,5–7).

62   Vgl. Andrés Quero-Sánchez, „‚The Head and Father of True Philosophy': Schelling's Philosophy of Identity, Meister Eckhart's Mysticism, and Plato's Understanding of Being", in

sem Sinne notierte: „Alles existirt nur einmal, alles, was ist, ist individuell. Ich
kann es darum auch gar nicht leiden, wenn die Schulpsychologen von Ideen,
Begriffen usw., wie von hölzernen Stiften reden, die einmal unserem Geiste
aufgeheftet worden und es nun so bleiben sollen".[63] Schon in den frühesten
literarischen Produktionen Baaders ist somit seine realistische Kritik an der
abstrakten, idealistischen Metaphysik unmissverständlich präsent, insbesondere an deren abstraktem Verständnis vom Religiösen überhaupt, welches sie
unhistorisch zu rezipieren – zu ‚ent-mythisieren' – suche. Die abstrakten Philosophen sind bereits für den jungen Baader nichts als ‚falsche Propheten', ja
‚reissende Wölfe in Schafkleidern',

> welche so tun, als wäre ihnen an der christlichen Lehre und – Moral,
> wie sie es nennen – wunderviel gelegen, und dabei von der christlichen
> Geschichte – nichts wissen wollen. Sie tun und stellen sich an, als wäre
> ihnen an Verbreitung der Lehre unseres Herrn mächtig gelegen, aber von
> Ihm selbst wollen sie, daß nur gar keine Meldung geschehe. Sie abstrahie-
> ren von Ihm, wie und wo sie können, und geben diese Abstraktion und
> kalte Reduktion für geläutertes Christentum aus.[64]

2.3.2 Wirklichkeit als im Auftrag gegebene ‚Aufgabe'

Baaders Kritik trifft vor allem das ‚hochmutige', ‚stolze', ‚unbescheidene' Streben des Idealisten nach *absoluter* Autonomie als nach einer in sowie aus dem
Nichts heraus zu vollziehenden Selbstgesetzgebung. Dieses kritische Moment
hat, wie oben gezeigt wurde, Baaders früheste Schelling-Rezeption in den *Beiträgen zur Elementar-Physiologie* bestimmt, es durchzieht darüber hinaus seine
ganze philosophische Produktion und wird schließlich bis zum späteren Bruch
um 1825 führen.[65]
    Denkt man die vom Idealismus gesuchte ‚Autonomie' oder ‚Selbstgesetzge-
bung' *im absoluten Sinne*, so strebt man damit, sagt Baader, Widersprüchliches
an, denn Gesetze sind – als solche – derart, dass sie von Anderem gegeben –
ja, eben *gesetzt* – werden. Sie können deshalb kein bloßes Produkt desjenigen
sein, der dem Gesetz eben sujiciert oder unterworfen ist.[66] Das Gesetz setzt

---

Religiöse Selbstbestimmung: Anfänge im Spätmittelalter, hg. von Dietmar Mieth und
Regina D. Schiewer, Stuttgart 2020 (MEJb.B 5), S. 201–238 (im Druck).

63   Baader, *Jugendtagebücher*, ed. Baumgardt, *Seele und Welt*, S. 81,13–18 (18. November 1786)
     (vgl. ed. Bonchino / Franz, S. 64,28–32).

64   Baader, *Jugendtagebücher*, ed. Baumgardt, *Seele und Welt*, S. 132,7–15 (7. Mai 1787) (vgl. ed.
     Bonchino / Franz, S. 99,33–39).

65   Siehe oben, S. 380–384; siehe unten, S. 410–414.

66   Baader, *Der Morgenländische und Abendländische Katholicismus*, sw, Bd. 10, S. 102,26–

also – als solches – einen Anderen voraus, der demjenigen, der dem Gesetz unterworfen ist – und zwar eben durch dessen Einhalten der Ihm von Anderem durch das Gesetz gegebenen Ordnung – Boden oder Grund – Form, Gestaltung, ja ‚Begründung‘ – gibt. Strebt man somit nach absoluter Selbstgesetzgebung, dabei den Anderen als den Geber und Träger der gesetzlichen Ordnung vergessend, so hat man sich dadurch – sprich: sich wider-setzend – ent-setzt, ent-stellt oder ent-gründet, d. h. man hat sich dadurch selbst aus dem – ja, aus *seinem* – *wirklichen* Sein herausgerissen.

Baaders These gilt nun nicht allein für den ethischen Bereich, sondern sie hat eine umfassendere Bedeutung: sie gilt nämlich sowohl im epistemischen – bezogen also auf das Verständnis dessen, was menschliche Erkenntnis und überhaupt menschliches Denken ist – als auch im ontologischen Sinne – bezogen auf das Wirkliche als solches. Das Wirkliche stellt nach Baader – und dies ist m. E. *das* Grundprinzip seines Denkens überhaupt – ein (uns von Anderem) Gegebenes dar. Dabei handelt es sich allerdings keineswegs um ein Fertig-Gegebenes, welches als solches das eigene Tun des es Annehmenden ausschließe, denn, wie es an der bereits zitierten Passage hieß: „Die vom Schöpfer gesetzte Creatur soll sich freilich in der ihr zum Wirken angewiesenen Region hinwieder selber setzen“.[67] Es geht somit um kein bloß Gegebenes, sondern eher um ein (uns von Anderem) *Auf-Gegebenes*: um ein (uns von Anderem zur Durchführung) Aufgetragenes.[68] Die dem Menschen in Auftrag gegebene Aufgabe soll er somit durch *sein eigenes Tun* erfüllen. In diesem Sinne ist allein Gott

---

103,17 (die Passage fehlt in der Erstausgabe, Stuttgart 1841): „Ich habe aber anderswo gezeigt, dass der Begriff des Gesetzes jener des Gesetz-, Locirt- und Gegründetseins eines Wesens in einem anderen ist (wie denn [ἔννομος] das Zugesetztsein, [ἄνομος] das Heraus- oder Weggesetztsein aussagt), so dass alle Gebote und Verbote Gottes nur die Erhaltung, Schirmung und Restitution dieser Location der Creatur in Bezug auf Gott und das ganze Schöpfungssystem zum Zwecke haben, wonach der Begriff des Gesetzes als Stellung mit jenem der Gestaltung, jener der Entstellung (Entsetzung) mit jenem der Entstaltung zusammenfällt. Wenn darum Christus von sich als von einer Rebe spricht, in welcher seine Jünger als Zweige bleiben sollen, und wenn Er sagt: ohne mich und ausser mir könnt ihr nichts thun, so heisst dieses: ausser mir euch setzen und gründen wollend könnt ihr nichts thun, weil ihr euch hiemit selber entsetzt oder entgründet, und euer effectives Thun doch nur durch dieses euer Gesetzsein bedungen ist [...] von welchem Setzen, Entsetzen und Widersetzen Fichte so wenig als die Naturphilosophen wussten. Die vom Schöpfer gesetzte Creatur soll sich freilich in der ihr zum Wirken angewiesenen Region hinwieder selber setzen, was sie aber nur vermag, indem sie inner ihrem primitiven bestimmten Gesetztsein sich hält und confirmirt, wogegen sie, sich diesem entsetzend oder widersetzend, sich in ihm selber entsetzt (entgründet oder abimiet) und zersetzt (alles Entgründen ist ein Zerfallen)“.

67 Siehe oben, S. 392, Anm. 66.
68 Vgl. Baader, *Vorlesungen über Speculative Dogmatik*, 3. Heft, Münster 1833, S. 51,22 f. (vgl.

selbst-setzend – aus dem Nichts nämlich –, wohingegen der Mensch nur, wie
Baader es formuliert, ‚fort-setzend' wirken kann: was Gott durch die Schöpfung
ex nihilo gesetzt hat, das ‚setzt' der Mensch nun selbsttätig ‚fort'.[69] Die Fort-
Setzung besagt nun die Ent-wicklung dessen, was von Gott in der ursprüngli-
chen Setzung (*creatio ex nihilo*) ‚der (realen) Möglichkeit nach' (*potentia*) gege-
ben worden war, d. h. ‚Fort-Setzung' besagt ‚Aktuierung' oder ‚Voll-Endung' des
Potentiell-Gegebenen: keine Selbstsetzung, sondern bloße (!) ‚Betätigung' des
Vor-Gegebenen, wodurch die in Auftrag gegebene Aufgabe er-füllt wird. Das
Sollen erfüllt der Mensch somit dadurch, dass er die (von Gott) vor-gegebene
‚Potenz' (*potentia*, δύναμις [*dynamis*]) zu ihrem (von Gott) vor-geschriebenen
‚Akt' (*actus*, ἐνέργεια [*enérgeia*]) oder ‚Voll-Endung' (ἐντελέχεια [*entelécheia*])
selbsttätig bringt.

Was nun den epistemologischen Aspekt der These vom Primat des Gegebenen betrifft, so betont Baader immer wieder, dass das kognitive Vermögen
des Menschen des reinen Denkens nicht fähig sei, sondern allein des ‚Nach-
Denkens'. Das Denken des Menschen ist, so Baader,

> Nachdenken, sein Thun Auswirken einer Gabe, die er nur in Unterwer-
> fung unter den Geber, diesen also anerkennend, erkenntlich, empfängt.
> Denken ist nicht ein undankbares Nehmen oder Aufheben der Speise.
> Wahre Philosophie ist demnach religiöse Philosophie, und irreligiöse Phi-
> losophie ist unwahre, falsche, lügenhafte Philosophie. Letztere ist die Phi-
> losophie des Stolzes und der Niedertracht, die erstere als die wahre die
> Philosophie der Demuth und der Erhabenheit.

> Das Nachdenken dem göttlichen Denken schliesst das Selbstdenken
> nicht aus, ausser im Sinne eines selbstischen als selbstsüchtigen, ichver-
> götternden Denkens.[70]

---

sw, Bd. 8, S. 355,17 f.): „Diese Gabe, welche also zugleich eine Aufgabe an den Menschen
war"; ebd., 1. Heft, Stuttgart/Tübingen 1828, S. 34,7–35,8 (vgl. sw, Bd. 8, S. 37,10–38,11).

69   Vgl. Baader, *Recension der Schrift: Essai sur l'indifférence*, in: *Der Katholik* 20 (1826), S. 331,19
       –332,4 (vgl. sw, Bd. 5, S. 194,11–22): „Indem übrigens diese Autonomisten uns zwar versi-
       chern, in ihrem Vernunftgebrauch rein nichts Positives anzunehmen oder sich geben zu
       lassen (gemäß dem Cartesianischen oder Fichte'schen *ego*) und rein Alles aus sich selber
       mit schöpferischer Macht aus Nichts sich zu erzeugen, so kann man ihnen dieses nur in
       Bezug auf eine Gabe von Oben zugeben, welcher sie sich selbst nur unter der Bedingung
       der Annahme eines anderswoher (von unten) gegebenen zu verschließen vermögen, so
       daß es immer ein Positives ist, in dem ihr Vernunftgebrauch gegründet, von welchem die-
       ser aus und an welchem dieser fort geht, welches Positive diesen Vernunftgebrauch setzt
       (basirt), und von welchem dieser selbst nur eine Fortsetzung ist". Siehe auch Baader, *Vor-
       lesungen über Speculative Dogmatik*, 1. Heft, sw, Bd. 8, S. 174,4–18 (in der ersten Ausgabe
       der Schrift aus dem Jahre 1828 nicht enthalten).

70   Baader, *Vorlesungen über religiöse Philosophie im Gegensatze der irreligiösen älterer*

‚Nachdenken' heißt hier also ‚Nach-Ahmung' oder ‚Nach-Folge' Gottes (*das Nachdenken dem göttlichen Denken*). Menschliches Selbstdenken ist in diesem Sinne, so Baader, kein absolutes, das zu-denkende Objekt selbstsetzendes ‚Erdenken', sondern abbildliche Fort-Setzung göttlichen Denkens,[71] und damit – letztlich – ein ‚Sichweisenlassen'[72] von Gott nämlich als demjenigen, der alles Objektiv-Wahre begründet, wie Baader ja in seinen späten Böhme-Vorlesungen mit Hilfe eines Zitats von Thomas von Aquin zum Ausdruck bringt: „*Illuminari est lumini subjici*, sagt Thomas von Aquin so schön".[73]

2.3.3   ‚Gnade' und ‚Gebet' als philosophische Grundbegriffe
Die Ablehnung des Gegebenen als des vorauszusetzenden, mit dem vorgeschriebenen Gesetz Gottes versehenen Bodens oder Grundes des Wirklichen bezeichnet Baader als „ein undankbares Nehmen oder Aufheben der Speise", welches die „Philosophie des Stolzes" – das ist für ihn bekanntlich der Idealismus – charakterisiere.[74] Die Formulierung – „Das Denken ist undankbar" –

---

      und neuerer Zeit, sw, Bd. 1, S. 169,17–170,11 (in der ersten Ausgabe aus dem Jahre 1827 nicht
      enthalten).

71   Vgl. Baader, *Fermenta cognitionis*, 5. Heft, Berlin 1822, S. 19,7–12 (vgl. sw, Bd. 2, S. 328,14–19):
      „Eine Erkenntniss kann mir gegeben (geoffenbart) seyn, ohne dass sie mir darum äusserlich ist, und es würde eine arge Missdeutung der reinen Identität unsers Bewusstseyns
      oder unsrer Freyheit seyn, wenn man diese absolut nähme, und nicht anerkennen wollte,
      dass das Denken des Menschen kein *Erdenken*, sondern nur ein *Nachdenken* ist".

72   Vgl. Baader, *Vorlesungen über religiöse Philosophie im Gegensatze der irreligiösen älterer
      und neuerer Zeit*, S. 9,10–21 (vgl. sw, Bd. 1, S. 169,4–15): „Dieses spricht schon das Wort (Liebe
      zur Weisheit) aus, nämlich die Anerkennung der objektiven Existenz einer (bereits fertigen) Weisheit (d.i. Eines weisen und Weisenden) so wie jener der Nothwendigkeit der
      Subjektion des Menschen unter eine solche Weisheit und des sich weisen Lassens von
      ihr. Wer eine Weisheit (Vernunft) auf solche Weise von sich unterscheidend anerkennt,
      der weiß auch, daß er diese Vernunft nicht ist, ja daß er selbe als eigenthümlich nicht
      hat, sondern daß er bestimmten Gesetzen folgend oder nicht folgend, ihrer theilhaft ist,
      d.i. vernünftig, oder nicht. Gleicher ursprünglicher Begriff der Weisheit (*Sophia*) bei den
      Juden und Griechen, sey es nun, daß man hiermit den Geber oder die Gabe versteht".

73   Vgl. Baader, *Vorlesungen und Erläuterungen zu Jacob Böhme's Lehre*, 1: *Aus Privatvorlesungen über J. Böhme's Lehre mit besonderer Beziehung auf dessen Schrift: ‚Von der Gnadenwahl'*, sw, Bd. 13, S. 145,10–17: „Da die Unwissenheit in göttlichen Dingen Folge des Falles
      ist, so ist sie eine Schmach und wer diese Schmach und den Schmerz der Unwissenheit
      nicht fühlt, dem ist nicht zu helfen. Die Wissenschaft ist daher nicht eitel. Freilich wird sie
      es, wenn wir ihr nicht mit völliger Resignation unseres Selbst's, nicht mit demüthiger und
      dankbarer Annahme der Hilfe der Offenbarung, der Kirche, der Tradition, nicht mit ernster Sammlung und mit Gebet nahen. *Illuminari est lumini subjici*, sagt Thomas von Aquin
      so schön".

74   Siehe oben, S. 382–384.

finden wir tatsächlich in Hegels *Enzyklopädie*,[75] den Baader bei seiner Kritik
sicherlich im Sinne hatte. Der ursprüngliche idealistische Denkfehler bestehe
nach Baader in dem „Nichterkennen des Gebers, [der] Nichterkenntlichkeit
gegen den Geber, Undank, Nichtdemuth gegen den Geber". Denn, so fährt er
fort: „Das Radicalgefühl der Creatur soll das ihres Gesetz-, Sustentirt-, Substan-
zirt- oder Genährtseins von Seite ihres Höheren sein, somit ihres Unterge-
benseins oder Gelassenseins diesem Höhern".[76] Die fehlende Dankbarkeit hänge nun mit einem „falschen Begriff der Freiheit" zusammen, welcher, wie Baader immer wieder betont, seit Pelagius, „dem ersten Apostel des in unsern Zeiten allgemein herrschenden Deismus", die Philosophie zu dominieren strebe,
„mittels dessen man die Moral von der Religion (Gabe oder Gnade) [...] los
[zu] machen" versuche.[77] Wie es der radikale Naturalismus des Pelagius in der
Spätantike getan hat, so vergisst auch der neuzeitliche Idealismus die *vorauszu-
setzende* Gnade als den Grund oder Boden der tätigen Vernunft. Es geht Baader
um die dankbare Anerkennung dessen, dass der (angeblich: Selbst-) Vollzug
des Denkens die Gabe – und damit die Gnade des Gebers, der, ohne geben zu
müssen, gibt – notwendig voraussetzt. Dabei besteht das Gnadenhafte nicht
allein darin, dass man dem Menschen das Gesetz – sowie überhaupt Dasein
und Objektivität – *gegeben hat* (*perfectum*), sondern zudem darin, dass *jeg-
liche partikuläre* Erfüllung des Gesetzes, ja, *jeglicher Akt* des Erkennens und
überhaupt Anerkennens eines objektiv geltenden Sachverhalts, von der gnadenhaft gegebenen (Mit-)Wirkung oder Assistenz Gottes abhängig ist.[78] Denn:

---

75   Vgl. Hegel, *Enzyklopädie der philosophischen Wissenschaften*, GW, Bd. 20, S. 53,12–17.

76   Vgl. Baader, *Erläuterungen zu sämmtlichen Schriften Louis Claude de Saint Martin*, SW, Bd.
      12, S. 333,30–334,6.

77   Vgl. Baader, *Ueber die Freiheit der Inteligenz*, München 1826, S. 12,8–16,14 (vgl. SW, Bd. 1,
      S. 142,12–145,26).

78   Vgl. Baader, *Vorlesungen über religiöse Philosophie im Gegensatze der irreligiösen älterer
      und neuerer Zeit*, I. Heft, München 1827, S. 46,17–47,2 (vgl. SW, Bd. 1, S. 242,4–16): „Indessen
      ist es auch keineswegs wahr, daß das Gesetz blos als solches die Freiheit zu geben ver-
      mag, und der Begriff letzterer als einer Gabe, und somit auch jener der Begründung der
      Freiheit wird erst damit vollständig, daß man nicht blos den einen negativen Theil oder
      Moment dieser Begründung, sondern zugleich auch den positiven Theil derselben (die
      Gabe der das Gesetz erfüllenden Kraft) beachtet. Und diese Nichtbeachtung des positi-
      ven Theils der Begründung der Freiheit (als Befreiung) ist es, welche seit Pelagius jenen
      falschen Begriff letzterer aufbrachte, mittelst welcher man z.B. die Moral von der Reli-
      gion (der Gabe oder Gnade) erst los zu machen, und als lediglich auf dem negativen
      Begriff des Gesetzes begründbar, neben dieser Religion als eine von ihr unabhängige und
      selbständige Doctrin behaupten zu können vermeinte". Siehe auch Baader, *Recension der
      Schrift: Essai sur l'indifférence en matière de Réligion, par M. l'Abbé F. de la Mennais*, in: *Der
      Katholik: eine religiöse Zeitschrift zur Belehrung und Warnung* 21 (1826), S. 317,22–29 (Fuß-
      note) (vgl. SW, Bd. 5, S. 232,27–33); *Vorlesungen über Speculative Dogmatik*, I. Heft, SW, Bd.

„Wenn dem Menschen nicht das Licht, die Wahrheit zu erkennen, aus Gnade gegeben würde, so würde er nicht einmal den Kampf mit dem Bösen beginnen, geschweige den Sieg erreichen können".[79] Und genau diesen Aspekt übersehe der Idealist: „Die Gabe (*Traditum*) verläugnend, verläugnet der Mensch den Geber, anstatt ihn durch die ihm gebrachten Früchte seiner Vernunft zu verherrlichen".[80]

Die eben zitierte Passage setzt die Gabe mit dem gleich, was uns ‚überliefert', ja ‚anvertraut' worden ist (*traditum*). Die Betonung der Zentralität der Gabe bringt nach Baader in der Tat die philosophische Aufwertung des ‚Tradierten' (*traditum*) oder gar der ‚Tradition' mit sich. Die Erfüllung des uns mit der Gabe Auf-Getragenen kann allein, so Baader ausdrücklich, „mit demüthiger und dankbarer Annahme der Hilfe der Offenbarung, der Kirche, der Tradition [...], mit ernster Sammlung und mit Gebet" erzielt werden.[81] Wegen der – philosophischen – Ankerkennung dessen, dass die Erfüllung der Aufgabe die sie erst ermöglichende gnadenhafte Gabe eines Anderen voraussetzt, könne das Gebet von der Philosophie *nicht* ausgeschlossen werden, welches „ein Sichöffnen unseres Gemüths" besage, eine „Berührung, Oeffnung oder en rapport Setzung" mit einem von uns selbst verschiedenen Anderen als demjenigen, der allein uns überhaupt eine Chance geben – uns eine Tür öffnen – kann, ohne welche wir unmöglich zum Zuge – geschweige denn zum Erfolg – kommen könnten.[82]

Auch die Betonung der philosophischen Relevanz von ‚Gnade' und ‚Gebet' war bereits für den jungen Baader charakteristisch. In den früheren Tagebüchern lesen wir ganz eindeutig in diesem Sinne:

Wenn die Sonne wirklich aufgeht, Lichtstrahl einbricht, siehe da schreit alles: Die Sonne kommt! Ist sie aber erst da und leuchtet uns und flammt tagüber am Firmament, siehe, so genießet ihrer jedermann und vergißt

---

8, S. 41,29–36 (die Stelle fehlt in der ersten Fassung des Werkes, Stuttgart/Tübingen 1828); ebd., 1. Heft, Stuttgart/Tübingen 1828, S. 35,8–36,6 (vgl. sw, Bd. 8, S. 38,11–39,8).

79 Vgl. Baader, *Vorlesungen über Speculative Dogmatik*, sw, Bd. 8, S. 190,1–19 (in der ersten Ausgabe aus dem Jahre 1828 nicht enthalten).

80 Vgl. Baader, *Vorlesungen über Speculative Dogmatik*, Drittes Heft, Münster 1833, S. 36,26–28 (vgl. sw, Bd. 8, S. 341,26–28 [Fußnote]).

81 Vgl. Baader, *Böhme-Vorlesungen, I: Aus Privatvorlesungen über J. Böhme's Lehre mit besonderer Beziehung auf dessen Schrift: Von der Gnadenwahl*, sw, Bd. 13, S. 145,10–17.

82 Vgl. Baader, *Gedanken aus dem großen Zusammenhang des Lebens*, in: *Allgemeine Zeitschrift von Deutschen für Deutsche* 1 (1813), S. 468,1–3; S. 470,3–471,7 (vgl. sw, Bd. 2, S. 25,3–26,22). Siehe auch Baader, *Böhme-Vorlesungen, IV: Bruchstück eines Commentars zu J. Böhme's Abhandlung über die Gnadenwahl*, Bd. 13, S. 326,1–327,18.

doch ihrer. So ist es bei der Genesung, beim Aufgang jeder neuen Wahrheit, bei jeder Wohltat und milden Gabe von oben. Täglich und immerdar
wird uns gegeben.[83]

Schon damals kritisiert Baader auf der Grundlage einer solchen Philosophie
der Gabe ein – angeblich aufklärerisches – Verständnis der Philosophie, welches das Gebet und damit, wie es heißt, „d[as] dringende[] Bedürfnis[] der
Menschen Kinder [...] im Momente der Not und des Drangsals aufzuschreien
nach einem Helfer, wie der lechzenden Hirsch nach der Quelle" als „philosophische Sünde" zurückzuweisen anstrebe.[84] Philosophie schließt nach Baader
das Beten *nicht* aus. Wer an Gott als an einen von seinem eigenen Selbst verschiedenen Anderen glaubt, der, so schreibt Baader in seinem oben bereits
erwähnten, im Jahre 1796 entstandenen Kant-Aufsatz, „wird sich [...] des Gebe-
tes (als einer Verstandesschwachheit) so wenig zu schämen brauchen, als er
sich jedes andern wahren Gemüthsaffects zu schämen braucht".[85]

Auch wenn die Tatsache, dass Baader sich für Meister Eckharts Philosophie oft begeistert zeigt, nicht von der Hand zu weisen ist, ist der für Baader
kennzeichnende Rekurs auf die Gnade und das Gebet als grundlegende philosophische Begriffe eher ‚uneckhartisch'. Ja, Baaders Position stimmt hier im
Grunde mit derjenigen des sog. *Votum Avenionense* – welches Baader freilich
nicht kannte – überein, wenn dabei nämlich Eckharts deutsche *Predigt 6* bean-
standet wird (Artikel 16). „Ich dachte neulich darüber nach", so berichtet uns
Meister Eckhart in der genannten Predigt,

> ob ich von Gott etwas annehmen oder mir wünschen sollte. Ich will es
> mir [aber] sehr wohl überlegen. Denn, wenn ich von Gott etwas annehm-
> men würde, so wäre ich ihm unterworfen oder unter ihm wie ein Knecht,
> Gott selbst würde [dann] im Geben zu [bloßem] Herren [degradiert]. So
> aber soll es mit uns nicht sein im ewigen Leben.[86]

---

83   Baader, *Jugendtagebücher*, ed. Baumgardt, *Seele und Welt*, S. 25,31–26,2 (15. April 1786) (vgl.
       ed. Bonchino / Franz, S. 27,7–11).

84   Vgl. Baader, *Jugendtagebücher*, ed. Baumgardt, *Seele und Welt*, S. 121,25–122,1 (2. Februar
       1787) (vgl. ed. Bonchino / Franz, S. 92,34–93,12).

85   Vgl. Baader, *Ueber Kant's Deduction der praktischen Vernunft*, in: *Beiträge zur dinamischen
       Philosophie*, Berlin 1809, S. 19,33–20,39 (Fußnote) (vgl. SW, Bd. 1, S. 19,22–21,13).

86   Meister Eckhart, *Predigt 6*, DW, Bd. 1, S. 112,6–9: *Ich gedâhte niuwelîche, ob ich von gote iht
       nemen wölte oder begern. Ich wil mich harte wol berâten, wan dâ ich von gote wære nemende,
       dâ wære ich under gote als ein kneht und er als ein herre an dem gebenne. Alsô ensuln wir
       niht sîn in dem êwigen lebene.*

Gegen eine solche Aussage stellt das genannte Gutachten nun fest:

> Diesen Artikel erachten wir dem Wortlaut nach für häretisch, da er in Frage stellt, ob man danach trachten darf, etwas von Gott zu empfangen, obwohl es nichts Gutes in uns gibt, was wir ohne Gott empfangen könnten. *Was hast du*, sagt der Apostel, *was du nicht [von Gott] empfangen hast?* [1. Kor. 4,7].[87]

Das grundlegende Prinzip der Kritik wird von den Gutachtern anschließend wie folgt formuliert: „die Selbständigkeit der Söhne schließt nicht aus, dass sie etwas annehmen [oder: empfangen] und Gott [...] [ihnen] etwas gibt" (*Libertas [...] filiorum non excludit accipere filios et deum dare*).[88] Selbst als Selbsttätiges, als Vernunftwesen, sei der Mensch also ein das ihm Gnadenhaft-Gebebene Annehmendes und Fort-Setzendes, ein dem göttlichen Denken Nach-Denkendes. Das ist zweifelsohne auch die Position Baaders: „Als intelligent", so schreibt er, „ist der Mensch [...] ein auch im Annehmen oder Empfangen, so wie im Auswirken der Gabe freithätiges Wesen".[89] Durch das Annehmen der Gabe *verbindet sich* der Annehmende – weil er sich nämlich die Gabe nicht bloß ‚nimmt', sondern sie eben ‚an-nimmt' – dem Geber, der sich seinerseits den Annehmenden *verbindlich* macht. Solche auf ‚Dankbarkeiten' beruhende ‚Verbindlichkeiten' – als die Grundlage nämlich eines den Menschen ‚verknechtenden' Systems der *eigenschaft* (‚Leibeigenschaft') – versucht Meister Eckhart zu überwinden, Baader möchte sie hingegen – und zwar ausdrücklich – befördern:

> Jedes wahre Empfangen wird nämlich nur durch die Vermittelung des Sichvertiefens oder Entsagens des Empfängers gegen und in den Geber bewirkt, und jener verbindet sich hiermit letzterem oder dieser macht sich, wie der gemeine Ausdruck sagt, den Empfänger verbindlich. Dieses gilt von jedem wahrhaften Annehmen im Gegensatze des Nehmens, bei welchem kein Geben stattfindet, folglich auch keine Subjection des Annehmenden gegen den Geber, sondern umgekehrt nur eine einseitige Subjection des Genommenen dem Nehmenden. Dieses letztere Nehmen

---

87   *Acta Echardiana* n. 59 (*Votum Avenionense*), n. 62 (Art. 16), LW, Bd. 5, S. 579,11–13: *Hunc articulum, ut sonat, haereticum reputamus; tum quia dubitat quod velit accipere a deo aliquid, cum nihil boni in nobis, quin a deo accipere debeamus. ‚Quid', ait apostolus, ‚habes quod non accepisti?'.*

88   *Acta Echardiana* n. 59 (*Votum Avenionense*), n. 64 (Art. 16), LW, Bd. 5, S. 580,5.

89   Baader, *Vorlesungen über religiöse Philosophie im Gegensatze der irreligiösen älterer und neuerer Zeit*, I. Heft, München 1827, S. 90,26–28 (vgl. SW, Bd. 1, S. 294,25–295,2).

ist darum freilich das undankbare (nicht-erkenntliche, d. i. keinen Geber
anerkennende), und es ist nicht zu leugnen, dass besonders seit J.G. Fichte
dieser Begriff des Nehmens jenen des Annehmens in unserer Philosophie
in demselben Verhältnisse verdrängt hat, als der Stolz und die Hoch- oder
Hoffart die Tief- oder Demuth in ihr verdrängte.[90]

Solche Passagen zeigen ganz klar, dass trotz der ständigen Berufung auf Meister Eckhart und überhaupt mystische Autoren, Baaders Philosophie sich in eine
völlig verschiedene Tradition bewegt, welche im Grunde derjenigen des Thomas von Aquin oder gar des Augustinus näher steht.

2.4 Schellings Rekurs auf Böhme zur Überwindung der realistischen Kritik an der Identitätsphilosophie: „ohne Widerstand kein Leben"

2.4.1   Das Münchner realistische Umfeld

Mit seiner ‚Münchner Wende' um 1806/1809 suchte Schelling nun auf die eben
geschilderte realistische Position Baaders zu reagieren, allerdings wohl nicht
nur auf Baader, sondern auf ein umfassenderes, das intellektuelle Leben im
damaligen München prägendes ‚realistisches Umfeld', dessen Erschließung
m. E. dringendes Forschungsdesiderat wäre. Zu diesem Umfeld gehörte insbesondere Johann Michael Sailer, der mit Baader befreundete Ex-Jesuit und nach-
malige Bischof von Regensburg, zu dem auch Schelling in Verbindung stand.[91]

2.4.2   Schellings Rekurs auf Böhme

Schelling fand vor allem im Werk Jakob Böhmes den Schlüssel zur Überwindung der sein neues Umfeld ab 1806 dominierenden realistischen Kritik, ohne
selbst freilich zum Realisten ‚avancieren' zu müssen. Seine Jahreskalender nehmen wohl nicht zufällig eben in der Zeit, als das Münchner Gespräch mit
Baader sehr intensiv war, ausdrücklichen Bezug auf Böhme.[92] Bereits einige
Passagen in der während der Würzburger Zeit entstandenen Abhandlung *Phi-*

---

90   Baader, *Vorlesungen über religiöse Philosophie im Gegensatze der irreligiösen älterer und neuerer Zeit*, I. Heft, München 1827, S. 4,9–24 (vgl. sw, Bd. 1, S. 159,1–161,2). Siehe auch ebd., sw, Bd. 1, S. 162,25–163,6 (diese Passage ist in der ersten Ausgabe aus dem Jahre 1827 nicht enthalten).

91   Vgl. Schelling, *Brief an Schubert vom 4. April 1811*, ed. Plitt, *Aus Schellings Leben*, Bd. 2, S. 252,3–8. Baader hat Sailer – persönlich sowohl als auch dessen Schriften – sehr früh gekannt, spätestens im Jahre 1788, wohl jedoch früher; vgl. Fritz Lieb, *Baaders Jugend-geschichte: die Frühentwicklung eines Romantikers*, München 1926, S. 1f., Anm. 3; David Baumgardt, *Franz von Baader und die philosophische Romantik*, Halle a. d. Saale 1927, S. 26 und S. 78.

92   Vgl. Schelling, *Philosophische Entwürfe und Tagebücher*, ed. Sandkühler / Knatz /

losophie und Religion (1804) weisen allerdings einen gewissen Einfluss Böhmes auf,[93] dessen Schriften Schelling schon während seiner Jenaer Zeit – über Ludwig Tieck und die Gespräche im Haus des älteren Schlegel im Herbst 1799 – kennen gelernt hatte.[94] Schellings Korrespondenz zeigt, dass er bereits vor 1802 die Oktavausgabe der Schriften Böhmes kannte, sich zudem eifrig um die Quartausgabe bemühte,[95] die er dann tatsächlich 1804 erhielt.[96] Diese Quartaussgabe verschenkt er an Baader, bemüht sich jedoch wiederum um sie im Brief an Schubert vom 27. Mai 1809.[97] In den erhalten gebliebenen Verzeichnissen von Schellings Bibliothek finden wir dann tatsächlich die Quartausgabe aus dem Jahre 1715,[98] dazu noch weitere Editionen verschiedener Einzelabhandlungen Böhmes, die Schelling selbst in einem Band hatte sammeln lassen, in dessen weißem Blatt am Einband er eigenhändig den Inhalt aufzeichnete.[99]

Trotz dieses Befunds will Vicki Müller-Luneschloss keine ‚genuine' Böhme-Rezeption seitens Schellings konstatieren können, es sei eher eine Rezeption durch die Darstellungen Oetingers und den auf Anregung Christian Gottlob Pregizers von Schelling studierten *Hirten-Brief* anzunehmen.[100] Doch scheint mir Schellings Böhme-Rezeption extrem ‚genuin' gewesen zu sein: er hat nicht nur Böhme selbst gelesen, sondern ihn zudem auch im Rahmen der Entwicklung seiner eigenen Philosophie gebraucht, und zwar zur Überwindung der oben skizzierten, typisch realistischen Kritik an seiner Identitätsphiloso-

---

Schraven, Bd. 1, S. 11,8 (15. Februar 1809); ebd., S. 150,5 (17.–23. Oktober 1813); ebd., S. 162,9–11 (12. Dezember 1813).

93   Vgl. Schelling, *Philosophie und Religion*, sw, Bd. 6, S. 63,6–12. Bereits einige Passagen in Schelling, *Allgemeine Übersicht der neuesten philosophischen Literatur*, aa, Bd. I,4, S. 121,25 –34 und S. 122,11–14, könnten im Lichte Böhmes gelesen werden.

94   Vgl. Gustav Leopold Plitt, ‚Jena 1798–1803, Überblick', in: *Aus Schellings Leben*, Bd 1, S. 242–257, hier S. 245–247 (vgl. Rudolf Köpke, *Ludwig Tieck: Erinnerungen aus dem Leben des Dichters nach dessen mündlichen und schriftlichen Mittheilungen*, Leipzig 1855, Bd. 1, 246–251 und S. 263).

95   Vgl. Schelling, *Brief an August Wilhelm Schlegel vom 16. Juli 1802*, aa, Bd. III,2, S. 445,7–11.

96   Vgl. Schelling, *Brief an Windischmann vom 25. Februar 1804*, ed. Plitt, *Aus Schellings Leben*, Bd. 2, S. 10,19–24.

97   Vgl. Schellings *Brief an Schubert vom 27. Mai 1809*, ed. Plitt, *Aus Schellings Leben*, Bd. 2, S. 162,14–19.

98   Vgl. *Schellings Bibliothek*, ed. Müller-Bergen, S. 12 (Nr. 46). Im Folgenden wird deshalb auf diese Ausgabe verwiesen als diejenige, die Schelling bei seiner Lektüre Böhmes vermutlich vorlag.

99   Vgl. *Schellings Bibliothek*, ed. Müller-Bergen, S. 20–22 (Nr. 90).

100   Vgl. Vicki Müller-Luneschloss, ‚Editorischer Bericht', in: Schelling, *Stuttgarter Privatvorlesungen*, aa, Bd. II,8, S. 3–60, hier S. 39. Zum *Hirten-Brief an die wahren und ächten Freymäurer alten Systems*, siehe Andrés Quero-Sánchez, *Oetingers Kritik* (2019) [Anm. 34], S. 304, Anm. 22.

phie. Im Mittelpunkt des Interesses Schellings stand ein für Böhme tatsächlich zentrales, ‚existentielles Moment‘, die These nämlich, nach der das Leben des Absoluten allein *im konkreten, jeweiligen Kampf* mitten in dem durch die Egoität bestimmten Reich des Zorns oder der Grimmigkeit zu *vollziehen* sei: „wåre alles in einer süssen Sanftmuth", so heißt es bei Böhme, „wo bliebe aber die Beweglichkeit / das Reich / Kraft und Herrlichkeit? darum haben wir zum öftern gesagt / der Zorn sey eine Wurzel des Lebens".[101] Die vorgegebene Egoität – die *gegebene* Grundlage oder der *gegebene* Grund – ist somit – als ein Zu-negierendes – Voraussetzung oder Bedingung des *jeweils anders* zuvollziehenden, *lebendigen* Absoluten als der – somit und paradoxerweise – bedingten Unbedingtheit. Das Absolute ist dann ein Konkretes-Lebendiges: ein *jeweils anders* individuell Bestimmtes, d. h. es weist keine bloß ‚logische‘, sondern zudem auch ‚physische‘ Existenz auf. Schellings Texte aus der mittleren Periode seiner Denkentwicklung weisen immer wieder auf diesen Bömeschen Gedanken – ohne den Görlitzer Schuster freilich *in diesem Kontext* zu erwähnen – hin. Wir finden ihn sowohl in der *Freiheitsschrift*,[102] als auch in den *Stuttgarter Privatvorlesungen*,[103] den *Erlanger Vorträgen*[104] und den *Weltaltern*[105]. Und auch in der Zeit seines zweiten Münchner Aufenthaltes tauchen ähnliche Passagen auf: etwa im *System der Weltalter* (1827)[106] oder in der sog. *Urfassung der Philosophie der Offenbarung* (1831/32)[107]. Solche Texte Schellings zeugen

---

101 Böhme, *De tribus principiis*, ed. 1715, Bd. 1, Sp. 777,24–27 (Kap. 25, n. 78) (vgl. ss, Bd. 2, S. 451,28–31).

102 Schelling, *Philosophische Untersuchungen*, AA, Bd. I,17, S. 165,11 f.: „denn wo nicht Kampf ist, da ist nicht Leben".

103 Schelling, *Stuttgarter Privatvorlesungen*, AA, Vol. II,8, S. 98,32: „Ohne Gegensatz kein Leben".

104 Schelling, *Erlanger Vorträge*, Enderlein-Nachschrift, ed. Fuhrmans, S. 129,34 f.: „Denn nur in der Verneinung liegt der Anfang, so wie alle Kraft".

105 Schelling, *Die Weltalter: Erstes Buch* (*Druck II* [*1813*]), ed. Schröter, S. 123,29–31: „Ohne Widerspruch wäre kein Leben, keine Bewegung, kein Fortschritt, ein Todesschlummer aller Kräfte".

106 Vgl. Schelling, *System der Weltalter*, ed. Peetz, S. 167,34–28: „Gott ist eben dadurch *frei* daß er eben erst frei *wird*, nicht dadurch daß er jenen Willen zertrümmert, sondern nur dadurch daß dieser Wille fortwährend b ist und fortwährend Widerstand oder *Gegenstand* (der Überwindung) leiste. Der wahre Anfang einer Bewegung ist der Widerstand der überwunden werden sollte, also nothwendig ist daß Gott fortwährend dieses Wollen ist, daß Gott fortwährend in ein gegen ihn freies also auch ihn freilaßendes verwandelt werde".

107 Vgl. Schelling, *Urfassung der Philosophie der Offenbarung*, ed. Ehrhardt, S. 158,1–6: „Wenn diese aus ihrer Gottheit gesetzte Potenz die Spannung überwunden und dieses *contrarium* in sein Ansich zurückgebracht hat, wo es wieder zum Setzenden des eigentlichen sein Sollenden wird, kurz, wenn aller Widerstand überwunden ist, so ist der reine Fluß des göttlichen Lebens hergestellt".

sicherlich von seiner direkten Lektüre Böhmes, obwohl die These freilich auch
für Oetinger und Hahn – welche beide ja eifrige Leser Böhmes waren – charakteristisch ist.[108] Die *edle* Partikularität bedarf somit des durch die *egoistische*
Individualität konstituierten Bösen als eines realen, freilich zu-negierenden
Prinzips, um im *jemeinigen* Kampf *erst vollzogen* zu *werden*. Schelling beruft
sich in der *Freiheitsschrift* bei der Darlegung seiner Theorie des Bösen als eines
realen Prinzips zwar auf Baader, aber es handelt sich dabei eher um eine durch
die *innere* Entwicklung der eigenen Philosophie motivierte ‚Umdeutung‘ der
Baaderschen *realistischen* Position, die das im Werk Böhmes tatsächlich vorhandene ‚existentielle Moment‘ bestens lokalisiert und sich zu Eigen gemacht
hat.

2.5 Baaders realistische Umdeutung des ‚existentiellen Moments‘ im Werk Böhmes

Das für Schellings Rezeption charakteristische, gerade geschilderte ‚existentielle Moment‘ im Werk Böhmes ist auch von Baader aufgenommen worden.
Zwei Aspekte wären nun in diesem Kontext zu erörtern. Die erste Frage lautet: Wie verhält sich Baaders Böhme-Rezeption, insbesondere die das genannte
‚existentielle Moment‘ betreffende, zu derjenigen Schellings? Es wird anschließend eine zweite Frage zu erörtern sein: Bedeutet die Tatsache, dass beide
Autoren sich ein und denselben existentiellen Aspekt der Theologie Böhmes zu
Eigen gemacht haben, dass Baader Schellings ‚Umformulierung‘ des die Identitätsphilosophie charakterisierenden Idealismus guthieß?

2.5.1 Baaders Böhme-Rezeption

2.5.1.1 Historisches

Baaders Schüler haben immer wieder versucht, ihren Meister als *Boehmius
redivivus* hochzustilisieren und dazu Spuren seiner Böhme-Lektüre bereits in
den frühesten Texten gesucht – und angeblich sogar gefunden. Hamberger
zufolge war Baaders „Geistesverwandschaft mit Böhme" „einigermaassen
schon aus den *Tagebüchern* des einundzwanzig- und zweiundzwanzigjährigen
ersichtlich".[109] Eine solche Aussage ist allerdings für das Denken Böhmes selbst
nicht zutreffend, der in den genannten Tagebüchern kein einziges Mal erwähnt
wird, sehr wohl aber für andere, von Böhme beeinflusste und sich sogar auf ihn

---

108 Vgl. Oetinger, *Wörterbuch*, ed. 1776, S. 458,4–12 (vgl. ed. Schäfer, S. 247,35–40): „aus der
     Ueberwindung kommt erst die völlige Herrlichkeit der Offenbarung Gottes"; Hahn, *Samm-
     lung von Betrachtungen*, S. 120,27 f.: „Ohne Kampf und Versuchung können wir nicht ver-
     herrlichet werden".
109 Julius Hamberger, ‚Vorrede‘, sw, Bd. 13, S. 1–56, hier S. 5.

ausdrücklich berufende Autoren: Louis Claude de Saint-Martin (1743–1803)[110] und Johann Friedrich Kleuker (1749–1827)[111].

Bereits David Baumgardt konnte in seiner berühmten Baader-Monographie aus dem Jahre 1927 feststellen, dass „die [...] Beschäftigung mit Böhme kaum vor 1798" begonnen habe, „mit großer Wahrscheinlichkeit", so präzisierte er, „vor 1799".[112] Nun, auch dieses Datum scheint mir ein viel zu frühes zu sein. Ein Brief Baaders an Sailer vom 22. März 1805 bringt den m. E. entscheidenden Hinweis zur Bestimmung der Zeit der *nachhaltigen* Beschäftigung Baaders mit Böhme. Dort erklärt er nämlich, er könne ihm – sprich: Sailer – Böhmes *Mysterium magnum* noch nicht zurückschicken, da er seit einiger Zeit daran arbeite, eine Parallele zwischen Saint-Martin und Böhme zu bearbeiten.[113] Es war somit, wie bereits Marie-Elise Zovko richtig sah, „vor allem Saint-Martin, der Baader zu Böhme hingeführt [...]. [...] und – spätestens ab dem Jahre 1804 – zu einem eingehenden Studium des Böhmeschen Werkes angetrieben [hat]".[114]

Eine von Franz Hoffmann in seiner Ausgabe der *Sämmtlichen Werke* Baaders aufgenommene Stelle aus der Tieck-Biographie von Rudolph Köpke scheint ebenfalls darauf hinzuweisen, dass Baader bereits im Jahre 1804 mit Böhmes Denken vertraut war. „Das nächste Thema", so Köpke von einem Treffen Tiecks mit Baader in München im Jahre 1804 berichtend,

> was beiden am Herzen lag, war Jacob Böhme. In einem dreistündigen Monologe ergoss sich Baader; die Unterhaltung hörte auf. Alles Verwandte aus anderen Mystikern, was er sonst über sie gelesen hatte, war ihm

---

110   Saint-Martin zitiert bereits der junge Baader, zum ersten Mal am 31. Januar 1787; vgl. Baader, *Jugendtagebücher*, ed. Baumgardt, *Seele und Welt*, S. 116,3–121,20 (31. Januar 1787) (vgl. ed. Bonchino / Franz, S. 89,5–92,32). Vgl. Lieb, *Baaders Jugendgeschichte* (1926) [Anm. 91], S. 143–209; Zovko, *Natur und Gott* (1996) [Anm. 24], S. 29, Anm. 1 und S. 79–85; Wilhelm Schmidt-Biggemann, „Baader und Saint-Martin", in: *Aufklärung und Romantik: als Herausforderung für katholisches Denken*, hg. von Alberto Bonchino und Albert Franz, Paderborn 2015, S. 150–170.

111   Baader kannte Kleuker bereits im Jahre 1788; vgl. Baader, *Brief an seinen Bruder Clemens vom 23. September 1788*, sw, Bd. 15, S. 28,26–29; ders, *Brief an Kleuker vom 6. November 1804*, sw, Bd. 15, S. 188,11–190,7. Vgl. Lieb, *Baaders Jugendgeschichte* (1926) [Anm. 91], S. 191; Alberto Bonchino, *Materie als geronnener Geist: Studien zu Franz von Baader in den philosophischen Konstellationen seiner Zeit*, Paderborn 2014, S. 47–53.

112   Vgl. Baumgardt, *Franz von Baader und die philosophische Romantik* (1927) [Anm. 91], S. 220 und S. 224.

113   Vgl. Baader, *Brief an Sailer vom 22. März 1805*, ed. Susini, *Lettres inédites*, Bd. 1, S. 241,34–242,2.

114   Zovko, *Natur und Gott* (1996) [Anm. 24], S. 83 und S. 85.

gegenwärtig. Er zeigte eine umfassende Gelehrsamkeit in dieser Literatur und Fülle der Gedanken, mystischen Tiefsinn.[115]

Die erste Erwähnung Böhmes im Werk Baaders ist allerdings auffällig späteren Datums: sie finden wir im Jahre 1812, und zwar in Baaders Vorrede zu Gotthilf Heinrich von Schuberts Übersetzung von Saint-Martins *De l'sprit des choses* (*Vom Geist und Wesen der Dinge*):

> Endlich mag es dem deutschen Leser lieb seyn zu wissen, daß ihn das Studium dieses, wie aller übrigen Werke St. Martin's, als Einleitung und Vorbereitung zum Studium der Werke des *Philosophus teutonicus* vorzüglich behülflich seyn wird, als zu welchem Zwecke St. Martin selbst seine Schriften nur empfahl.[116]

Aus eben dieser Zeit (1812) sind zwei Briefe Baaders erhalten geblieben, in denen er – an Friedrich Schlegel bzw. an den Baron von Stransky – mitteilt, er arbeite an einer Böhme-Ausgabe fort.[117] Erst nach 1812 – und das ist die auffällige Tatsache – wird Jacob Böhme also zu dem von Franz von Baader – und zwar bis zu seinem Tode – meist zitierte Autor. Die *Intensivierung* der Böhme-Lektüre scheint somit in engem Zusammenhang mit der Münchner Begegnung mit Schelling ab 1806, insbesondere mit dem in den darauffolgenden Jahren stattfindenden persönlichen Gespräch, gewesen zu sein, obwohl Baaders Schüler – ja, sogar Baader selbst – sich sehr darum bemüht haben, diesen Tatbestand – und dasselbe haben sie auch mit der Baaderschen Rezeption

---

115   Köpke, *Ludwig Tieck* (1855) [Anm. 9], Bd. 1, S. 312.

116   Baader, *Vorrede zu der Schrift: Vom Geist und Wesen der Dinge*, Leipzig 1812, S. XV,13–19 (vgl. SW, Bd. 1, S. 68,18–69,5). Es gibt freilich frühere Passagen, in denen die Begrifflichkeit Böhmes eine Rolle spielt; vgl. Baader, *Ueber Sinn und Zweck der Verkörperung, Leib- oder Fleischwerdung des Lebens*, in: *Beiträge zur dinamischen Philosophie*, Berlin 1809, S. 117,2–20 (vgl. SW, Bd. 2, S. 7,3–17); *Ueber den Begriff der dynamischen Bewegung im Gegensaze der mechanischen*, in: *Beiträge zur dinamischen Philosophie*, Berlin 1809, S. 158,3–15 (vgl. SW, Bd. 3, S. 285,4–14). Tatsächlich beschäftigte Baader schon um 1809 mit Böhme; vgl. Baader, *Brief an A.W. Schlegel vom 25. Juli 1809*, ed. Finke, *Briefe an Friedrich Schlegel* (1917) [Anm. 11], S. 28,21f.: er werde „vielleicht schon in ein paar Jahren" die Werke J. Böhmes sowie dessen „Lichtsystem" neu bekannt machen. Friedrich Schlegel bemerkt in einem Schreiben an Sulpiz Boisserée am 19. Dezember 1810: „Baader lebt ganz in Jakob Böhme"; vgl. Sulpiz Boisserée, *Briefwechsel/Tagebücher: Reprografie der Erstauflage von 1862*, Göttingen 1970, Bd. 1, S. 95,3f.

117   Vgl. Baader, *Brief an Friedrich Schlegel vom 26. August 1812*, ed. Finke, *Briefe an Friedrich Schlegel* (1917) [Anm. 11], S. 31,10f.; *Brief an Stransky vom 8. September 1812*, SW, Bd. 15, S. 244,29f.

Meister Eckharts und Johannes Taulers getan – *hagiographisch* zu ,vertuschen‘,
um Schellings Beschäftigung mit Böhme – mit Eckhart, mit Tauler – von seinem Verhältnis zu Baader abhängig zu machen.[118] Es gilt allerdings ebenso die
Umkehrung: auch die *Intensivierung* des Interesses für Böhme seitens Schellings scheint von seiner Münchner Begegnung mit Baader ab 1806 nicht ganz
unabhängig zu sein, wovon insbesondere die Böhme-Präsenz in der *Freiheitsschrift* deutlich zeugt.

2.5.1.2   *Baaders Aufnahme des Schelling interessierenden ,existentiellen Moments‘ im Werk Böhmes*

Dass auch Franz von Baader das für Schellings Überwindung der realistischen
Kritik an seiner Identitätsphilosophie zentrale ,existentielle Moment‘ im Werk
Böhmes rezipiert hat, lässt sich nun unschwer zeigen. In den *Vorlesungen über
religiöse Philosophie*, gehalten in München im WS 1826/27, lesen wir etwa:

> Diesen Fundamentalsatz der Biologie, dass nämlich keine organische
> Substanzirung oder Beleibung anders als vermittelt, durch Aufhebung
> einer tiefern anorganischen Substanzirung als des Grundes und Bodens
> jener, ent- und besteht, […] hat zuerst der Philosophus Teutonicus in sei-
> ner universellsten Anwendung […] erwiesen […]. Diese […] Vermittelung
> hat J. Böhme in der ewigen Geburt des göttlichen Lebens selber nachge-
> wiesen, und durch diese Nachweisung den christlichen Begriff der Ver-
> mittelung oder der Mitte zwischen dem abstracten Spiritualismus und
> dem eben so abstracten Realismus in die Philosophie eingeführt […].[119]

Die These, nach der das Absolute *allein als ein Vermitteltes* ein – nicht bloß
logisch, sondern zudem physisch – Existierendes ist, ist laut dieser Passage –
darin ist sich Baader also mit Schelling einig – eine philosophische Entdeckung
Böhmes,[120] welche zudem – bei Baader wie bei Schelling – zur Überwindung
der abstrakten Metaphysik dient. Das Absolute kommt somit – nach Baader
wie nach Schelling – als wirkliches – sprich: nicht bloß logisch, sondern zudem
physisch existierendes – Absolutes allein durch ,Ent-Gründung‘, ,Enthebung‘,

---

118   Siehe oben, S. 381, Anm. 23.
119   Baader, *Vorlesungen über religiöse Philosophie im Gegensatze der irreligiösen älterer und
      neuerer Zeit*, I. Heft, SW, Bd. 1, S. 288,21–289,1 (die Stelle fehlt in der ersten Ausgabe des
      Werkes aus dem Jahre 1827).
120   Vgl. Baader, *Vorlesungen über Speculative Dogmatik*, 5. Heft, SW, Bd. 9, S. 216,25–218,12 (die
      Stelle fehlt in der ersten Ausgabe des Werkes aus dem Jahre 1838).

‚Ekstase'[121] oder Entäusserung[122] des Gnadenhaft-Gegebenen auf: als vermittelte Unmittelbarkeit, als endliche Unendlichkeit, als bedingte Unbedingtheit. Das Gnadenhaft-Gegebene dient also – *als zu widerstehende Versuchung* – dem Wirklichwerden des (nicht nur gegebenen, sondern zudem) zu-vollziehenden Absoluten. Man müsse nämlich, so schreibt Baader, „die Feuertaufe der Versuchung durchgehen", „um sich zu bewähren".[123] Die wirkliche Existenz oder das lebendige Absolute – die konkrete Existenz des jeweils anders bestimmten Konkreten – kommt somit allein „durch Ueberwindung des Widerspruchs zu Stande".[124] Im jeweiligen Kampf des Konkreten wird das zunächst verborgene, abstrakte Absolute ‚manifest(iert)' oder ‚offenbart'.[125]

Es sind über die gerade zitierten hinaus noch weitere, ja zahlreiche Stellen im Werk Baaders zu verzeichnen, in welchen das ‚existentielle Moment' Böhmes aufgenommen und zum Ausdruck der eigenen Position gebraucht wird,[126] keine finden wir allerdings in den früheren – sprich: *vor* der Münch-

---

121   Vgl. Baader, *Fermenta cognitionis*, 2. Heft, Berlin 1823, S. 22,4–23,9 (vgl. sw, Bd. 2, S. 210,14–32).

122   Vgl. Baader, *Fermenta cognitionis*, 4. Heft, Berlin 1823, S. 5,2–6,9 (vgl. sw, Bd. 2, S. 277,2–18).

123   Vgl. Baader, *Sätze aus der Bildungs- und Begründungslehre des Lebens*, Berlin 1820, S. 2,20–26 (vgl. sw, Bd. 2, S. 100,24–27): „Begreiflich wird auch hieraus, warum alles Leben, um sich bewähren, d. h. erst *wahr machen* (constituiren oder substanziren) zu können, die Feuertaufe der *Versuchung* durchgehen muß, welches Wort hiemit auch eine ungleich tiefere Bedeutung erhält, als Physiker und Theologen ihm bisher gaben". Siehe auch Baader, *Fermenta cognitionis*, I. Heft, Berlin 1822, S. 66,12–25 (vgl. sw, Bd. 2, S. 193,3–12); *Vorlesungen über religiöse Philosophie im Gegensatze der irreligiösen älterer und neuerer Zeit*, I. Heft, München 1827, S. 55,5–23 (vgl. sw, Bd. 1, S. 251,30–252,12); *Vorlesungen über Speculative Dogmatik*, sw, Bd. 8, S. 173,25–174,2 (die Stelle ist in der erste Ausgabe des Werkes aus dem Jahre 1828 nicht enthalten); *Elementarbegriffe über die Zeit*, sw, Bd. 14, S. 155,15–24.

124   Vgl. Baader, *Aus Privatvorlesungen über J. Böhme's Lehre mit besonderer Beziehung auf dessen Schrift: ‚Von der Gnadenwahl'. Im Sommersemester 1829*, sw, Bd. 13, S. 81,9–31.

125   Vgl. Baader, *Fermenta cognitionis*, I. Heft, Berlin 1822, S. 20,20–21,2 (vgl. sw, Bd. 2, S. 163,23–28): „[...] geht aber nur aus einem Conflict oder Widerspruch hervor, (so wie sie in einem solchen wieder untergeht), welchen Widerspruch Jakob Böhm als das *Centrum Naturae* oder den Anfang aller Manifestation des Lebens, so wie die geheime Werkstätte solcher Manifestation begriffen". Siehe auch Baader, *Vom Segen und Fluch der Creatur*, Straßburg 1826, S. 7,9–13 (vgl. Bd. 7, S. 78,21–25): „Jeder creatürlichen Offenbarung (Erscheinen, zum Vorschein oder zum Licht-Kommen, *publique* werden etc.) liegt nach J.B. sowohl ein Gegensatz (Dualisms) als eine Aufhebung (Ausgleichung oder Vermittlung) desselben zum Grunde, und so wie dieser Vermittlungsakt [...]".

126   Vgl. Baader, *Ueber den Blitz als Vater des Lichtes*, sw, Bd. 2, S. 33,1–14 (die Stelle ist in der ersten Ausgabe aus dem Jahre 1815 nicht enthalten); *Sätze aus der Bildungs- und Begründungslehre des Lebens*, Berlin 1820 S. 8,29–9,4 (vgl. sw, Bd. 2, S. 107,20–24); *Fermenta cognitionis*, 4. Heft, Berlin 1823, S. 36,15–26 (vgl. sw, Bd. 2, S. 300,10–17); ebd., S. 38,5–39,6 (vgl. sw, Bd. 2, S. 302,1–17).

ner Begegnung mit Schelling entstandenen – Schriften. Da Schelling nun, wie oben gezeigt, durch die ‚innere' Entwicklung seiner Identitätsphilosophie zur Hochschätzung dieses ‚existentiellen Moments' in Böhme gebracht worden ist, ist anzunehmen, dass Baaders Interesse für diesen Aspekt von demjenigen Schellings abhängig ist. Hat Baader also Schellings ‚existentielle Korrektur' der zunächst abstrakten Identitätsphilosophie akzeptiert und sich die neue Position Schellings sogar zu Eigen gemacht?

2.5.2 Baaders realistische Umdeutung des ‚existentiellen Moments' Böhmes

Die eben gestellte Frage ist m. E. verneinend zu beantworten. Baaders Deutung des ‚existentiellen Moments' ist von derjenigen Schellings auffällig verschieden. Besagt der gegebene Grund nach Schelling – zumindest primär – *ein Zu-überwindendes* und nur als ein solches – also *als zu bestehende Versuchung* oder als *zu besiegender Gegensatz* – ein wertvolles Gegebenes, so ist bei Baader der gegebene Grund – primär – als *ein Zu-vollendendes* zu betrachten, d. h. als etwas, das durch *Aktuierung* oder *Realisierung* – durch *Betätigung* – zu dessen Voll-endung gebracht werden *kann* und *soll*. Das Reale ist – zudem – *wirklich*, wenn es „seinem Gesetze oder Begriffe entspricht", aber solche Entsprechung versteht er als ‚Vollendet-, Fertig-, Ganzsein'.[127] Was bei Schelling primär *Befreiung vom gegebenen Sein* war, wird bei Baader zu einer – freilich durch Aufhebung desselben zu-vollziehenden – *Voll-Endung des Gegebenen selbst*. Es handelt sich dabei somit um eine Befreiung vom Sein, die zugleich – und paradoxerweise – eine Entwicklung dessen ist, was das gegebene Sein selbst *der eigenen Potenz nach (potentia)* bereits war (*quod erat esse*): eine Befreiung *des gegebenen Seins* (*genitivus objectivus* und *subjectivus*).[128] Das Gegebene

---

127   Vgl. Baader, *Ueber den Blitz als Vater des Lichtes*, Schwäbing bei München 1815, S. 8,3–16 (vgl. sw, Bd. 2, S. 36,9–20): „Ihm [scil. Böhme] verdanken wir den Beweis des für Phisik wie Ethik (Religion) gleich wichtigen Fundamentalsatzes, daß *alles* Leben (das Originalleben der Gottheit sowohl, als das Kopirte der Creatur) um vollendet zu seyn, zweimal geboren werden, oder daß jeder Lebensgeburtsproceß zween Momente durchlaufen muß (welche Momente der Creatur sich als einzelne Regionen *präsentiren*); so daß jedes im Ersten Momente gezeugte Leben erst *seine Mutter brechen* muß, und daß also überall nur das Zweit- oder *Wiedergeborne* Leben, wahres, vollendetes (ewiges) Leben ist". Siehe auch: Baader, *Vorlesungen über Speculative Dogmatik*, 2. Heft, Münster 1830, S. 85,5–19 (vgl. sw, Bd. 8, S. 277,7–21); *Elementarbegriffe über die Zeit*, sw, Bd. 14, S. 34,29–37.

128   Vgl. Baader, *Elementarbegriffe über die Zeit*, sw, Bd. 14, S. 87,28–88,35: „Durch unsere bisherigen Betrachtungen haben wir endlich die Einsicht in das Wesen jenes in unserer letzten Vorlesung aufgestellten Charakters des Zeitlichseienden gewonnen, welchen der gemeine Menschenverstand und Volkssinn zu allen Zeiten dem Zeitlichen beilegte, und welcher in der Unvollendetheit, Unfertigkeit oder Unganzheit des Soseienden besteht, eine Unvoll-

ist bei Baader die Potenz (*potentia*, δύναμις [*dynamis*]), von welcher aus das darin ‚gewickelte' Absolute zu ‚ent-wickeln' – und damit zum Akt (*actus*, ἐνέρ-γεια [*enérgeia*]) zu bringen – ist. Schon der von Baader privilegierte Begriff der ‚Voll-endung' weist auf die aristotelische Grundlage einer solchen Position hin: ἐντελέχεια [*entelécheia*], das ‚Voll-endete', das ‚Voll-kommene', das ‚Ver-voll-kommmte', als dasjenige nämlich, das zu seinem τέλος [*telos*], zu seinem ‚Ziel' oder ‚Ende' geworden oder gebracht worden ist. Durch die Bewährung in der Versuchung oder durch den Sieg über den gegebenen Widerstand wird – *nicht* das Wirkliche erst (selbst)gesetzt, sondern – die gnadenhaft gegebene Potenz ‚fort-gesetzt' – sprich: ‚aktuiert': *„a potentia ad actum* gebracht".[129]

Die Gabe ist als solche zunächst (noch) un-voll-kommen, die durch den Menschen selbsttätig herauszuziehende (*e-ducere*) Vollendung als *die Verwirk-lichung oder Aktuierung des Gegebenen* wird allerdings von der gegebenen, *eben dieser Vollendung fähigen* Grundlage erst ermöglicht.[130] „Die mir zwar frei und

---

endetheit, welche auf keine Weise mit der Endlichkeit im engeren Sinne vermengt werden darf, so wie ihr Gegentheil die Absolvirtheit oder Absolutheit des Seins, nicht, wie unse-ren Absolutisten seit einiger Zeit beliebte, mit der Absolutheit des göttlichen Seins selber, wie denn z.B. jedes einzelne, auch das kleinste und in seiner Sphäre beschränkteste Glied eines Organismus im gesunden Zustande vollendet, also in sich absolvirt ist, ohne darum doch mehr als einzelnes Glied zu sein. [...]. Diese Vollendetheit oder Absolvirtheit des Seins ist aber eben zugleich seine Wahrhaftigkeit; denn wahr ist, was seinem Gesetze oder Begriffe entspricht, unwahr, was ihm als gesetzlos nicht entspricht, oder widerspricht, wel-che Wahrheit oder Unwahrheit des Seienden sich nothwendig im Verkehr oder Conflict mit anderen Seienden durch den Bestand oder Nichtbestand, durch die Kräftigkeit oder Ohnmacht kundgeben muss und welcher Charakter des Bestehenden darum nothwendig über das zeitliche Sein hinausfällt, weil, wie wir vernommen haben, jedes Zeitliche als sol-ches noch unfertig, unvollendet, seinem Gesetze nicht entsprechend ist. Wesswegen denn auch der Charakter der Gebrechlichkeit oder Vertilgbarkeit mit jenem der Zeitlichkeit in allen Sprachen zusammenfällt und schon die Alten mit Recht den Satz aufstellten: *Nemo beatus et perfectus ante finem*". Siehe auch Baader, *Elementarbegriffe über die Zeit*, sw, Bd. 14, S. 69,17–70,17.

129 Vgl. Baader, *Elementarbegriffe über die Zeit*, sw, Bd. 14, S. 159,1–9: „Oder: Sollte die Himmli-schwerdbarkeit im Menschen a potentia ad actum gebracht und fixirt werden, so musste sowohl seine Höllischwerdbarkeit als seine Irdischwerdbarkeit radical, (nemlich durch die Bewährung in der Versuchung) in ihm getilgt werden, und wie die centrifugale Tendenz oder die Hoffart als überwunden das eine Element der himmlischen Liebe, die Erhaben-heit, so sollte die andere centripetale (niederträchtige, sinnliche) ihr anderes Element oder die Demuth geben, und beide sollten in dieser Union die göttliche Androgyne mani-festiren".

130 Vgl. Baader, *Ueber die Begründung der Ethik durch die Physik*, München 1813, S. 10,11–18 (vgl. sw, Bd. 5, S. 10,15–11,16): „Ich habe oben den Dienst, den die Natur (als gestaltend und komponirend) dem ethischen Leben in uns leistet, als ein *Tragen* oder selbst Emporrich-ten desselben bemerklich gemacht, und also diese Natur (als das zwar in sich und von sich

ohne mein Zuthun gewordene Gabe", schreibt Baader in diesem Sinne, „bleibt unvollendet und unfruchtbar, wenn ich sie nicht durch Mitwirken und Selbst-wirken gleich einem Saamen auswirke".[131] Die zunächst (noch) un-voll-endete Gabe bringt mit sich die „Aufgabe der Sichvollendung":

> [...] jene Wahrheit festzuhalten, dass die intelligente Creatur, folglich auch der Mensch, mit und in dem ersten Momente seines Daseins oder Geschaffenseins nicht schon jene Vollendheit erhalten konnte, obschon er die Aufgabe erhielt, selbe sich zu gewinnen, zugleich mit der Gabe des hiezu nöthigen Vermögens, welches der Mensch durch Missbrauch ver-lor, wogegen ihm aber jene Aufgabe der Sichvollendung und Fixation zum Bilde Gottes als Gesetz oder Imperativ blieb.[132]

Das Absolute kommt *nicht* durch Verneinung der gegebenen Natur als einer solchen auf, sondern durch deren Vervollkommnung. Baader will sich in die-sem Zusammenhang auf Johannes Tauler berufen, auf eine Stelle nämlich, die er immer wieder zitiert:

> Der Geist kömmt aber nicht, wie H[egel] meint, durch Aufhebung (Ver-nichtung) der Natur zu Stand und Bestand, sondern umgekehrt durch ihre Producirung und Vervollständigung, und nur von der Abnormität der Natur kann man sagen, daß sie dem Geist widerstreitet. Der gute Geist,

---

selbst, aber darum nicht in ihrem Belebtseyn durch den Geist verstandlose) als Träger des lezten definirt. Hiemit habe ich aber in der That die Beziehung bereits ausgesprochen in welcher diese Natur mit dem durch sie sich kund gebenden Geist steht, als nämlich dieses Sich kund geben, Sich aussprechen desselben *begründend*. Und dieses ewige Verhältniß einer ewigen Natur zu einem ewigen Geist, nach welchem jene der Grund ist des sich offenbartmachens (oder wie das Wort Existenz von Exire sagt, des Hervorgehens) des leztren, würde ohne Zweifel bisher weniger verkannt worden seyn, wenn in der spekulati-ven Philosophie klärer als dieß wohl bisher geschah, sowohl der Unterschied jener zween Urbegriffe (der Ursache und des Grundes) als auch ihr untrennbarer Zusammenhang, vor-stellig gemacht worden wäre. Eine Ursache (als Hervorbringendes) vermag sich nämlich nicht anders als solche zu äussern (wircklich hervorzubringen), als durch ein *Gründen* derselben, und nur durch einen solchen Grund (Basis, Stütze etc.) kömmt jene als verur-sachend zur Existenz".

131   Vgl. Baader, *Recension der Schrift: Essai sur l'indifférence en matière de Réligion, par M. l'Abbé F. de la Mennais*, in: *Der Katholik; eine religiöse Zeitschrift zur Belehrung und War-nung* 21 (1826), S. 79,29–33 (in Fußnote) (vgl. sw, Bd. 5, S. 216,13–16 [im laufenden Text]).

132   Baader, *Vorlesungen und Erläuterungen zu Jacob Böhme's Lehre*, 11: *Vorlesungen über die Lehre Jacob Böhme's mit besonderer Beziehung auf dessen Schrift: Mysterium Magnum. Gehalten vor einem engeren Zuhörerkreise im Winter und Frühjahr 1833*, sw, Bd. 13, S. 211,5–13.

sagt Tauler, ist nicht ein Zerstörer (Hasser) sondern ein Vollender (Lieb-haber) der Natur.[133]

Obwohl es möglich ist, identische Aussagen auch bei Meister Eckhart zu fin-den,[134] aus dessen *Predigt 104a* das Tauler fälschlich zugeschriebene Zitat ei-gentlich genommen ist,[135] handelt es sich dabei jedoch um eine insbesondere für die thomistische Tradition charakteristische These, etwa für Thomas von Aquin (*Gratia non tollit naturam sed perficit eam*).[136] Auch in diesem Fall beruft sich Baader also auf die mystische Tradition, um eine These zu vertreten, die im Grunde der aristotelischen Scholastik entnommen ist.

Aus einer streng theistischen Perspektive wie derjenigen, die von Baader ver-treten wird, bei der das Gegebene als solches im Mittelpunkt steht, ist auch die von Schelling nach 1809 vertretene Position unbefriedigend. Denn das Gege-bene wird von Schelling mit dem gleichgesetzt, was der Mensch selbst zu negieren – zu bestehen, zu bekämpfen, zu besiegen – hat, um dann ein durch Negation des Gegebenen als der bloßen Versuchung Selbstgesetztes zu *werden*, ja, *vollzogen* zu *werden*. Das Gegebene soll also als solches ,vernichtet' werden, damit das Selbstgesetzte als solches aufkommt oder befreit wird.

Als Fazit lässt sich also feststellen: Baaders Umdeutung des für Schelling zen-tralen ,existentiellen Moments' im Werk Böhmes zielt vor allem darauf ab zu zeigen, dass der Vollzug des wirklichen Seins durch Aufhebung des Gegebe-nen *nicht als eigene Leistung des Menschen* zu betrachten ist, da das Handeln des Menschen – auch dessen freies Handeln! – durch die Gabe Gottes bedingt wird, ohne welche – als *actus primus* (Dasein) – selbst die Erfüllung der mit der Gabe aufgetragenen Aufgabe – als *actus secundus* (Vollendung) – nicht ein-

---

133 Baader, *Ueber eine Aeusserung Hegels über die Eucharistie*, in: *Bayerische Annalen*, Nr. 93 (1833), S. 741a–744b, hier S. 743b,23–31 (in Fußnote) (vgl. sw, Bd. 7, S. 255,31–256,5 [im lau-fenden Text]). Siehe unten, ,Anhang', n. 7, n. 13, n. 18, n. 22, n. 26, n. 29, n. 75, n. 88 und n. 106. Gelegentlich gibt Baader selbst den Nachweis an; siehe unten, ,Anhang', n. 7, wo er – aller-dings erst im Jahre 1831 – hinzufügt: *Taul. 15. Seite Kehrseite*. Der Nachweis bezieht sich auf den Tauler Basler-Druck (1522 [ND: 1523]) [siehe oben, S. 379, Anm. 17], fol. 15a,26 f. Es han-delt sich dabei allerdings um Meister Eckharts *Pr. 104b*, DW, Bd. 4, S. 576,126–128, welche die Überlieferung fälschlich Tauler zuschreibt.

134 Vgl. Meister Eckhart, *RdU*, DW, Bd. 5, S. 288,10–12: *Dô sprach ich: got enist niht ein zerstœrer deheines guotes, sunder er ist ein volbringer! Got enist niht ein zerstœrer der natûre, sunder er ist ein volbringer. Ouch diu gnâde enzerstœret die natûre niht, si volbringet sie.*

135 Siehe oben, S. 409, Anm. 133.

136 Vgl. Thomas von Aquin, *Summa Theologiae*, I, q. 1, art. 8, ad 2, *Opera omnia*, ed. Leonina, Bd. 4, Rom 1888, S. 22b,5. Diese Stelle kennt Baader nachweislich; siehe unten, ,Anhang', n. 22.

mal möglich wäre.[137] Letztendlich stehe das Selbstsetzungsprinzip – und aus
Baaders Perspektive somit letztlich die ‚Egoität', der ‚Hochmut', die ‚Unbeschei-
denheit' – im Mittelpunkt der Philosophie Schellings, auch nach 1809. Trotz
Schellings Interesses für Böhme habe er deshalb, so Baader, das innere Anliegen
der Böhmischen Philosophie *nicht* verstanden und damit Böhme gebraucht –
missbraucht –, um eine Position auszudrücken, die im Grunde das Gegenteil dessen besage, worauf Böhme selbst aus gewesen sei: „Der Diebstahl an
J. Böhme aber kommt ihm [sc. Schelling] theuer zu stehen, wo er ihn anführt,
führt er ihn nur gegen sich selbst an, wie Bileam gegen sich selbst weissagte".[138]

3   **Der spätere Bruch als die natürliche Folge des anfänglichen
       Entzweiungsgrundes**

In den dem intensiven Gespräch zwischen Baader und Schelling um 1806–
1811 folgenden Jahren kam es bekanntlich zu einer zunehmenden Entfrem-

---

137   Die für die aristotelische Scholastik charateristische Differenzierung von *actus primus*
      und *actus secundus* wird von Baader in diesem Zusammenhang tatsächlich gebraucht:
      dasjenige nämlich, was als bloße Potenz vorhanden ist, ist schon als solches – als Vorhan-
      denes – nicht nur Potenz (*potentia*), sondern zudem Akt (*actus*): die bloße Existenz besagt
      als solche eine Aktualität, allerdings eine ‚erste Aktualität' (*actus primus*), die zu betäti-
      gen – sprich: zur zweiten, höheren Aktualität: zur Vollendung oder Erfüllung des Seins
      (*actus secundus*) zu erheben – ist; vgl. Quero-Sánchez, *Über das Dasein* (2013) [Anm. 37],
      S. 545–552. Vgl. Baader, *Der Morgenländische und Abendländische Katholicismus*, Stuttgart
      1841, S. 107,15–30 (vgl. sw, Bd. 10, S. 222,16–31): „Falls man nåmlich letztres Wort im wei-
      tern Sinne nimmt, indem alle Vollendung als Erfüllung des Seyns die Aufhebung oder
      Umwandlung desjenigen, somit die Befreiung von dem aussagt, was als der Ergånzung
      nicht entsprechend oder vollends ihr widersprechend sich erweiset. Sey es nun daß sol-
      ches nur in *actu primo* (wie die Scholastiker sagten oder blos auch in der Möglichkeit) sich
      befindet oder bereits in *actu secundo* hervor- oder heraustritt. [...]. Wenn sonach das erste
      Stadium des Seyns der Kreatur ihr Geschaffenseyn ist, so ist das zweite Stadium derselben
      ihr Geborenseyn".
138   Vgl. Baader, *Aus Gesprächen*, sw, Bd. 15, S. 149,3–5; *Fermenta cognitionis*, 6. Heft, Leipzig
      1825, S. xv,6–xvi,7 (vgl. sw, Bd. 2, S. 375,25–376,2): „Ganz entgegengesetzt, weil ganz christ-
      lich, ist J. B. Doktrin allen neuern autonomischen, oder denen eines sich selber Gesetz-
      seyns und sich selber Setzens, und dieser Schuster behauptet dagegen, dass des Menschen
      erste Funktion sey, sich *nicht* zu setzen, sondern in Gott sich aufzuheben, und nur in und
      durch diese Bejahung Gottes das Bejaht- Ausgesprochen- oder Gesetzwerden sein selbst
      von und in Gott zu erwarten. Wie darum jene neuern Doktrinen mehr oder minder entwe-
      der dem heidnischen Geiste der Hoffart, des Stolzes und des Ungehorsams, oder auch der
      Niederträchtigkeit fröhnen, so atmeth dagegen J. B. Philosophie keinen andern Geist, als
      jenen der Demuth, der Selbstverläugnung und des Gehorsams *nach oben*, welcher sich

dung zwischen den beiden.[139] Der Bruch war allerding, wie wir gesehen haben und wie es noch im Folgenden bestätigt werden soll, *philosophisch* ‚vorprogrammiert'. Man kann diese sich allmählich vollziehende Entzweiung – nicht *philosophisch verstehen*, sondern bloß – *historisch beschreiben* wollen. In ihrer bekannten – und exzellenten – Monographie über das Thema glaubte Marie-Elise Zovko in diesem Sinne feststellen zu können, dass „auf Seiten Schellings die Entfremdung gegenüber dem ehemaligen Freund allmählich zu[nahm]", und zwar, wie sie hinzufügt, „von 1813 an".[140] Doch Zovko selbst bringt eine Fülle von Zeugnissen aus den Jahren 1815 bis 1818, die genau das Gegenteil belegen: die gegenseitige Anerkennung nämlich und das Weiterbestehen des freundschaftlichen Verhältnisses zwischen Baader und Schelling noch in dieser Zeit.[141] *Philosophisch* sind sich beide Autoren dennoch uneinig geblieben: Baaders Vorwurf an Schelling lautete nach wie vor: dessen idealistische Philosophie sei insofern – letztlich doch – pantheistisch und abstrakt – soll heißen: ‚egoistisch', ‚hochmutig', ‚unbescheiden', ‚unmystisch' –, als sie ein Anderes, vom Subjekt Verschiedenes als den Grund für die objektive Wahrheit nicht sein lasse. Im Jahre 1820 besteht Baader noch auf diesen seine bereits um 1796 vorgebrachte Kritik am Idealismus charakterisierenden Punkt weiter, wenn er etwa im Brief an Victor Cousin schreibt: „der erste Schritt in der Wissenschaft ist, ein Nicht-Ich über unserem ‚Ich' zu erkennen, [...] weil dieses ‚Nicht-Ich' über unserem ‚Ich' es eigentlich ist, welches die Eier legt, die wir nur auszubrüten haben".[142] Und es darf kein Zweifel daran bestehen, dass Baader bei seiner Kritik auch in dieser späteren Zeit nicht nur an Fichte, sondern – nach wie vor – auch an Schelling dachte.[143]

Die Ursachen nun dafür, dass aus der ursprünglichen *philosophischen* Entfremdung eine *persönliche* Entfremdung wurde, liegen in den äußeren Ereignissen dieser Zeit, hauptsächlich in dem Scheitern des Baaderschen Projekts der Gründung einer christlichen Akademie zur Versöhnung der Religion und

---

indess eben hiemit als der Geist der Erhabenheit, Herrlichkeit und der Autorität *nach unten* erweiset".

139 Siehe die Darstellung in Zovko, *Natur und Gott* (1996) [Anm. 24], S. 108–139.
140 Zovko, *Natur und Gott* (1996) [Anm. 24], S. 107.
141 Vgl. Zovko, *Natur und Gott* (1996) [Anm. 24], S. 119–121.
142 Baader, *Brief an Victor Cousin vom 28. Februar 1820*, SW, Bd. 15, S. 359,22–27.
143 Vgl. Baader, *Brief an B. von Yxküll vom 16. März 1822*, SW, Bd. 15, S. 374,5–12: „Wo diese mässigende Anerkennung nicht geschieht, muss jener Dualismus hervortreten, auf dieselbe Weise, wie solcher in der Philosophie hervortrat, wo die Nichtanerkennung des Göttlichen dieses entweder mit der nichtintelligenten Natur confundirte, diese apotheosirend, oder mit dem intelligenten Geiste, diesen vergötternd, wesswegen denn auch die Behauptung falsch ist, dass Schelling oder Hegel über den Fichte'schen Dualismus hinaus seien!".

Wissenschaft in St. Petersburg sowie in der in diesem Kontext (von 1822 bis Mitte 1824) seitens Baaders initiierten persönlichen Annäherung an Hegel, dem Erzrivalen Schellings.[144] Nach Baaders Rückkehr nach München im Jahre 1824 kam es zum definitiven Bruch mit Schelling. Als Baader nämlich am 24. November 1825 – nicht 1824, wie Hoffmann noch glaubte[145] – dem mit ihm befreundeten Baron von Yxküll, der von Estland gekommen war und von München über Erlangen nach Frankfurt reiste, ein Empfehlungsschreiben an den damals an der Universität Erlangen lehrenden Schelling gab, soll dieser den Baron auf eher unfreundliche Art empfangen haben. Yxküll wird Baader wohl darüber berichtet haben, der dann am 3. Dezember 1825 an Schelling schrieb und über „[d]ie hochfahrenden und wegwerfenden Worte" klagte, „die Sie über mich letztlich gegen B. v. Yxküll erlaubten".[146] Schellings Antwortbrief am 4. Dezember 1825 hat – postwendend – das Ende der persönlichen Beziehung besiegelt:

> Es stand Herrn v. Y. an, mich zu berichten, nicht aber Ihnen Worte zu hinterbringen, von denen er meinte, dass sie Ihnen unangenehm sein könnten, da es weder in meiner Absicht liegen konnte, Sie zu beleidigen, noch mich in schriftliche Erörterungen einzulassen, zu denen es mir an Neigung und Zeit gebricht.[147]

Und auch Baader selbst wurde damals klar, dass die Beziehung definitiv vorbei war: „ich habe ihn recht lieb gehabt u. sehr gut gekannt".[148] Baader hatte selbst allerdings zu einem solchen Ende der persönlichen Beziehung nicht wenig beigetragen, indem er im erwähnten Empfehlungsbrief Yxküll als Hegel-Schüler präsentierte, mit dem er – Baader nämlich mit Hegel – sich des Öfteren in Berlin getroffen habe.[149] Es kam noch dazu, dass Baader beim Adressieren des Briefes – unabsichtlich? – nicht ‚Schelling', sondern ‚Sr. Hochwohlgebohrn

---

144   Siehe die Darstellung in Zovko, *Natur und Gott* (1996) [Anm. 24], S. 127–129.

145   Vgl. Zovko, *Natur und Gott* (1996) [Anm. 24], S. 135f., Anm. 91.

146   Baader, *Brief an Schelling vom 3. Dezember 1825*, SW, Bd. 15, S. 420,12 f.

147   Schelling, *Brief an Baader vom 4. Dezember 1825*, in: Baader, SW, Bd. 15, S. 421,14–19.

148   Baaders Bemerkung in seinem Notizheft (vgl. München, Staatsbibliothek, Cgm. 5420, Nr. 85; vgl. Susini, *Lettres inédites*, Bd. 3, S. 242). Susini, ebd., S. 243, fügt treffend hinzu: „[C]ette simple phrase, aussi émouvante dans sa brièveté qu'une épitaphe: ‚Er ist ein gescheuter Mann und hat viel Phantasie'; puis, passant du présent au passé, ce mot qui laisse entrevoir que le drame Schelling-Baader a été – pour Baader – autre chose qu'un simple querelle de philosophes: ‚ich habe ihn recht lieb gehabt und sehr gut gekannt'. Schelling fut enterré pour lui dès ce jour, mais non sans douleur".

149   Vgl. Baader, *Brief an Schelling vom 24. November 1825*, ed. Susini, *Documents inédits*, S. 67,23 –29.

H. Ritter von Schlegel' schrieb.[150] All dies wird von Schelling wohl als absicht-
liche Provokation empfunden worden sein.

Interessant ist vor allem – aus philosophischer Sicht –, was Baader in seinem ‚Klagebrief' an Schelling noch schreibt: „Dessen ungeachtet werde ich
hiemit in Deutschland fortfahren, der Miserabilität einerseits, und dem Hoch-
muth andererseits (*debellare superbos*) zu begegnen wissen".[151] Baader bezieht
sich damit auf das sicherlich auch Schelling bekannte Diktum des Anchises
bzgl. der Bestimmung Roms in Vergils *Aeneis*: *Parcere victis, debellare superbos*
(‚Die Besiegten schonen und die Hochmütigen bezwingen').[152] Wer sind nun
die nach Baader zu bezwingenden *superbos*? Diese Frage beantwortet er selbst
im Brief an B. v. Yxküll vom 15. Dezember 1825, also zwölf Tage nach seinem
‚Klagebrief' an Schelling:

> Was Sie mir neulich von Schelling, diesem verstummten Propheten,
> schrieben, ist um so auffallender, da diese Aeusserungen den Stolz zeigen,
> mit welchem er, wie ich schon öfter vernahm, Alles ignorirt, was nach ihm
> in der Philosophie geleistet ward, z. B. von Hegel. Dem Grundsatze ‚Debel-
> lare superbos' zufolge werde ich ihm zu seiner Zeit zu begegnen wissen.[153]

Als *Hochmutiger* soll also Schelling – zumindest: *auch* Schelling – bezwun-
gen werden. Darin bestehe, wie es scheint, die Römische Bestimmung Baaders
gegenüber dem stolzen Protestanten Schelling. Man sollte eine solche Aussage allerdings nicht persönlich nehmen, denn sie ist vor allem *philosophisch*
motiviert: die ‚Hochmutigen' (*superbos*) sind nämlich – philosophisch verstanden – diejenigen, die von der ‚bescheidenen Philosophie' insofern nicht wissen,
als sie – nach dem Urteil Baaders auch Schelling selbst, sogar nach der seiner
Meinung nach bloß *angeblichen* Wende im Jahre 1809 – *pantheistisch* und *abstrakt* denken und in diesem Sinne kein vom Ich verschiedenes Anderes als den
Grund für die objektive Wahrheit annehmen wollen. Die *superbos* – auch Schelling – vertreten eine ‚egoistische', ‚stolze', ‚unbescheidene', ‚hochmutige' Philosophie. Baaders Programm nach 1825 ist also kein anderes als sein anfängliches
Programm im Jahre 1797: den abstrakten Idealismus – als die natürliche Folge

---

150 Vgl. Susini, *Documents inédits*, S. 77, Anm. 12.
151 Baader, *Brief an Schelling vom 3. Dezember 1825*, SW, Bd. 15, S. 420,33–421,23.
152 Vgl. Vergil, *Aeneis*, 6. Buch, v. 851–853, ed. Holzberg, S. 342 f.
153 Baader, *Brief an B. von Yxküll vom 15. Dezember 1825*, SW, Bd. 15, S. 431,34–432,4. Siehe auch:
     Baader, *Brief an B. von Yxküll vom 8. April 1822*, SW, Bd. 15, S. 379,7–18; *Vorlesungen über
     religiöse Philosophie im Gegensatze der irreligiösen älterer und neuerer Zeit*, München 1827,
     S. 92,22–93,9 (vgl. SW, Bd. 1, S. 299,1–9).

menschlichen Hochmuts, menschlichen Stolzes – zu überwinden, zu bezwingen – oder gar zu demütigen.

Man kann nun leicht vermuten, wie Schelling eine solche Absicht irgendwie hat ahnen können. Die äußeren Umstände zur Realisierung des Baaderschen ‚Programms‘ wurden jedoch extrem ungünstig. Nach der Verlegung der
Landshuter Universität nach München im Jahre 1826 wurde Baader dort vom
katholischen Bayerischen König bloß zum Honoraprofessor bestellt, während
Schelling sehr wohl zum Ordinarius berufen wurde. Man kann sich schwer
vorstellen, dass Schelling für die akademische Bestimmung Baaders ab 1826
keine Rolle gespielt hat, hatte der König ihn – Schelling – doch sozusagen zum
‚Hofphilosophen‘ bestimmt. In dieser Lage wusste Schelling jedenfalls den ‚philosophischen‘ Disput mit demjenigen, der ihn als *superbus* zu *bezwingen* – oder
gar zu *demütigen* – suchte, zu seinen Gunsten zu entscheiden. Selbst Baaders
Schüler haben in der Folgezeit – sicherlich nicht zufällig – Probleme bekommen, ihre Karriere an der Münchner Universität vorwärtszutreiben, vor allem
Franz Hoffmann, dessen Dissertation – nicht zuletzt ‚dank‘ des Votums Schellings – abgelehnt wurde. Der Honorarprofessor konnte sich, ohne Stimme im
Senat, nicht dagegen wehren, beklagte sich jedoch darüber im Brief an Minister E. von Schenk vom 26. August 1830.[154]

Die Geschichte hatte somit kein gutes Ende. Nun, was kümmert uns die
Geschichte, ja überhaupt die Welt? Die *philosophische* Debatte selbst war zweifelsohne höchst anregend. Und sie wird – wie alles Echte – ewig *bleiben*.

---

154   Vgl. Baader, *Brief an den Herrn Minister E. von Schenk vom 26. August 1830*, sw, Bd. 15,
      S. 466,34–467,34 (in Fußnote).

ANHANG: Meister Eckhart-, Johannes Tauler- und Jan van
Ruusbroec-Erwähnungen im Werk Franz von Baaders: Eine
chronologische Anordnung

1   (*ca. 1783–1786* [*wohl*]) [*RUUSBROEC*]
(*Erläuterungen zu Saint-Martins ‚Tableau naturel'* [*Tableau naturel des Rapports
    qui existent entre Dieu, l'Homme et l'Univers*, Edinburgh 1782])
(Eingetragen in Baaders Exemplar der deutschen Übersetzung dieses Werkes:
    Ueber das natürliche Verhältniss zwischen Gott, dem Menschen und der Welt,
    2 Bde., Reval/Leipzig: Albrecht und Compagnie, 1783/1785]),
(Datierung unsicher; wohl aber sehr früh zu datieren [ca. 1783–1786], da darin –
    wie ja auch in Baaders frühen Tagebüchern – oft auf Herder Bezug genom-
    men wird)
(Ein Zitat aus Saint-Martins *Tableau naturel* dient Baader bereits im Jahre 1797
    als Motto seiner *Beiträge zur Elementar-Phisiologie*)

(Baron Friedrich v. Osten-Sacken, ‚Einleitung' zu SW, Bd. 12, S. 49 f.: „Die Redac-
tion des vorliegenden Bandes bot erhebliche Schwierigkeiten dar. Ein ausgear-
beiteter Text war in dem Nachlasse Baader's nicht vorhanden, sondern nur ein
reiches Material von Aufzeichnungen, Bemerkungen, und ganz besonders von
Randglossen zu fast allen Schriften St. Martin's, sowohl zu den französischen
Originalien als zu den deutschen Uebersetzungen, so weit solche bis zu dem
J. 1840 existirten. Es könnte natürlich bei weitem nicht Alles zur Mittheilung
benützt werden und es liess sich mit (nicht ganz vollständiger) Ausnahme der
zwei frühesten Schriften St. Martin's [scil. *Des erreurs et de la vérité* bzw. *Tableau
naturel*] eine andere Mittheilungsweise nicht durchführen, als die gewählte,
welche Seiten- und Zeilenzahl der Stellen angibt, auf welche sich die Bemerkungen Baader's beziehen. Bei mehreren Hauptschriften St. Martin's schien es,
wenn nicht unerlässlich, so doch förderlich, die Stellen, worauf sich Baader's
Bemerkungen beziehen, in den Text mitaufzunehmen. Die Seiten- und Zeilenzahlen beziehen sich überall auf die französischen Originalausgaben der Werke
St. Martin's mit Ausnahme des Werkes: *De l'Esprit des choses*, wo sich die Zahlen auf die deutsche Uebersetzung durch G.H. von Schubert beziehen [sc. *Vom
Geist und Wesen der Dinge*]")

Berücksichtigte Ausgabe
𝔄   ed. von Osten-Sacken, *Erläuterungen zu Sämmtlichen Schriften Louis Claude de
        Saint-Martin's*, SW, Bd. 12 (1860), S. 187,7–9.

Text

1   „Auch wird also Gottheit und Gott (siehe **Russbroch**), Producirendes und
2   Producirtes (Generirtes) im göttlichen Wesen unterschieden".

⁛

2   (*[angeblich] 1797*) [*ECKHART*]
         (*[eigentlich] 1831*)
(*Beiträge zur Elementar-Phisiologie* [1797])
(Die Eckhart-Erwähnung in der Fußnote erscheint jedoch erst in PSA, Bd. 1
    [1831]
[von Baader selbst hinzugefügt])

Berücksichtigte Ausgaben

𝔄   Hamburg: Carl Ernst Bohn, 1797, S. 84,16–85,3 (Schelling kannte diese Edition,
     die er schon in seiner Abhandlung *Über die Weltseele* [1797] zitiert; siehe oben,
     S. 385f.)
𝔅   in: *Beiträge zur dynamischen Philosophie*, ed. 1809, S. 25–79, hier S. 76,19–77,4
     (Schelling kannte diese Edition; vgl. *Schellings Bibliothek*, S. 11f. [n. 44])
ℭ   in: PSA, ed. Baader, Bd. 1 (1831), S. 27–79, hier S. 76,25–27
𝔇   ed. Hoffmann, SW, Bd. 3 (1852), S. 202–246, hier S. 245,2–8 (Schelling kannte diese
     Edition; vgl. *Schellings Bibliothek*, S. 119 [n. 472])

Text (nach 𝔄)

1   „Da die Menschengattung als inner sich beschlossne Einheit (Totalität)
2   nichts ausser sich innig berühren (sich aneignen) mag (denn alle Aneig-
3   nung geht nur auf E r g ä n z u n g, so berühre sie sich um so inniger inner
4   sich (in Gliedern und Geschlechtern) selber, und r e a l i s i r e so den G o t t
5   (e n t z ü n d e ihn), der nur im Entwurfe (*in potentia*) unter alle Individuen
6   als *disjecti membra* P o e t a e vertheilt ist)".

Varianten (nach 𝔅, ℭ und 𝔇)

1 *beschlossne*] *beschloßne* ℭ / *beschlossene* 𝔇   3 *Ergänzung*] nicht gesperrt 𝔇   4 *reali-*
sire] nicht gesperrt 𝔇   4 *Gott*] nicht gesperrt 𝔇; 𝔅 fügt hier in der Fußnote noch hinzu:
D. h. als g e o f f e n b a r t e n Gott; ℭ / 𝔇 fügen in der Fußnote hinzu: *D. h. als g e o f f e n b a r -*
ten [*geoffenbarten* nicht gesperrt in 𝔇] *Gott. Von einer jeglichen Tugend des Gerechten*
wird (*sagt* **Meister Eckart**) *Gott im Abbilde geboren* (*recreirt und erfreut*)   5 *entzünde*]
nicht gesperrt ℭ / 𝔇

⁛

3   (*1809*) [*TAULER*]
(*Ueber Sinn und Zweck der Verkörperung, Leib- oder Fleischwerdung des Lebens*
[1809])

Berücksichtigte Ausgaben
𝔄   in: *Beiträge zur dynamischen Philosophie* (1809), S. 113–119, hier S. 118,14–17 (Schelling kannte diese Edition; vgl. *Schellings Bibliothek*, S. 11 f. [n. 44])
𝔅   ed. Hoffmann, sw, Bd. 2 (1851), S. 1–8, hier S. 8,6–8 (Schelling kannte diese Edition; vgl. *Schellings Bibliothek*, S. 119 [n. 472])

Text (nach 𝔄)
1   „Denn jeder Ausgang, sagt **Tauler:** ist nur des Wiedereingangs wegen, und
2   das exoterische Leben ist nur Baugerüste dem esoterischen".

Varianten (nach 𝔅)
1 *Tauler*] hier folgt in 𝔅 ein Komma (statt des Doppelpunkts)

⁘

4   (*1810*) [*TAULER*]
(*Brief an Gotthilf Heinrich von Schubert vom 6. März 1810*)

Berücksichtigte Ausgabe
𝔄   ed. Hoffmann, sw, Bd. 15 [1857], S. 238,25–33.

Text
1   „Die gefällige Uebersendung **Tauler'**s und des Cherub. Wandersmanns hat
2   mir sehr viel Freude gemacht, und ich erwarte nur die Anzeige der Kos-
3   ten dieser Bücher, um selbe mit Dank abzuführen. Ausser **Tauler'**s Werken
4   (in 8ᵛᵒ oder noch kleiner) bitte ich Sie noch um Max. Sandaei Theologia
5   mystica; Rüdiger Physica divina; Harphii oculus sidereus, wenn sich diese
6   Bücher in Ihrer aufgefundenen Sammlung oder sonst wo in Nürnberg
7   befinden, von welcher Sammlung freilich einige nähere Angaben (Titel)
8   mir sehr willkommen wären".

⁘

5   (*1812*) [*ECKHART*]
(*Erläuterungen zu Saint-Martins ‚De l' Esprit des choses'* [wohl 1812])
(Eingetragen in Baaders Exemplar der deutschen Übersetzung dieses Werkes:
Vom Geist und Wesen der Dinge)

(Baron Friedrich v. Osten-Sacken, ‚Einleitung' zu sw, Bd. 12, S. 50: „Die Seiten-
und Zeilenzahlen beziehen sich überall auf die französischen Originalausgaben der Werke St. Martin's mit Ausnahme des Werkes: *De l'Esprit des choses*,
wo sich die Zahlen auf die deutsche Uebersetzung durch G.H. von Schubert
beziehen [sc. *Vom Geist und Wesen der Dinge*]")

(Datierung unsicher; wohl aber zu der Zeit entstanden, als Baader das Vorwort zur genannten deutschen Übersetzung von Schubert geschrieben hat
[1812] [siehe oben, S. 415])

Berücksichtigte Ausgabe

𝔄   ed. von Osten-Sacken, sw, Bd. 12 (1860), S. 322,3 f.

Text

1   „P. 226. Z. 5–13 [scil. aus: *Vom Geist und Wesen der Dinge*, dt. Übers. von
2   G.H. von Schubert (Vorwort von Franz von Baader), I. Theil]. Zeit, sagt
3   **M. Eckart**, ist Auseinanderhalten des Vaters und des Sohnes".

∴

6   *(1813)* [*TAULER*]
(*Gedanken aus dem großen Zusammenhange des Lebens* [1813])

Berücksichtigte Ausgaben

𝔄   in: *Allgemeine Zeitschrift von Deutschen für Deutsche*, ed. Schelling, Bd. 1 (1813),
     S. 305–318; S. 462–471, hier S. 316,9–12 (Schelling kannte diese Edition, da er ja
     selbst der Herausgeber der Zeitschrift war; siehe auch *Schellings Bibliothek*, S. 9
     [n. 32])

𝔅   ed. Hoffmann, sw, Bd. 2 (1851), S. 9–26, hier S. 19,12–14 (Schelling kannte diese
     Edition; vgl. *Schellings Bibliothek*, S. 119 [n. 472])

Text (nach 𝔄)

1   „Das ist Sünde, sagt **Tauler**, daß die Creatur nicht zurück in die Einheit
2   (Ende) als ihren Anfang mit all ihren Kräften w a l l e n d. i. wollen mag".

Varianten (nach 𝔅)

1 *daß*] *dass* 𝔅

∴

7   ([*angeblich*] *1813*) [*TAULER*]
      ([*eigentlich*] *1831*)
(*Ueber die Begründung der Ethik durch die Physik. Eine Rede* [1813])
(Die Tauler-Erwähnung in der Fußnote erscheint jedoch erst in PSA, Bd. 1 [1831]
[von Baader selbst hinzugefügt])

Berücksichtigte Ausgaben

𝔄   München: Max Joseph Stöger, 1813, S. 18,7–10 (Schelling kannte diese Edition;
      siehe *Schellings Bibliothek*, S. 11 [n. 40])
𝔅   in: PSA, ed. Baader, Bd. 1, (1831), S. 157–191, hier S. 171,34 f.
ℭ   ed. Hoffmann, SW, Bd. 5 (1854), S. 1–34, hier S. 16,22–17,1 (Schelling kannte diese
      Edition; siehe *Schellings Bibliothek*, S. 119 [n. 472])

Text (nach 𝔄)

1   „Ich muß mir nun bei einer andern Gelegenheit zu zeigen vorbehalten,
2   wie jener jede Hervorbringung bedingende Gründungsprozeß von die-
3   sem ersten Momente in einen zweiten übertritt, welcher ihn ergänzt und
4   vollendet".

Varianten (nach 𝔅 und ℭ)

1 *muß*] muss ℭ   2 *Gründungsprozeß*] Gründungsprocess ℭ   4 *vollendet*] 𝔅 und ℭ
fügen hier in der Fußnote noch hinzu: *Denn Gott ist nicht ein Zerstörer* [*Zerstörer* in ℭ
nicht gesperrt] *der Natur, er vollbringt sie. Taul. 15. Seite Kehrseite* [*Tauler. S. 15. Kehrseite*
ℭ]. Zum Nachweis dieser eigentlich einer Predigt Meister Eckharts stammenden Stelle,
siehe oben, S. 409, Anm. 133.

∵

8   ([*angeblich*] *1813*) [*TAULER*]
      ([*eigentlich*] *1831*)
(*Ueber die Begründung der Ethik durch die Physik. Eine Rede* [1813])
(Die Tauler-Erwähnung in der Fußnote erscheint jedoch erst in PSA, Bd. 1 [1831]
[von Baader selbst hinzugefügt])

Berücksichtigte Ausgaben

𝔄   München: Max Joseph Stöger, 1813, S. 33,27 (Schelling kannte diese Edition; vgl.
      Schellings Bibliothek, S. 11 [n. 40])
𝔅   in: PSA, ed. Baader, Bd. 1 (1831), S. 157–191, hier S. 186,8
ℭ   Ed. Hoffmann, SW, Bd. 5 (1854), S. 1–34, hier S. 29,33 (Schelling kannte diese Edi-
      tion; vgl. *Schellings Bibliothek*, S. 119 [n. 472])

Text (nach 𝔄)

1   „[…] zur Erzeugung wůrken kőnnen".

Varianten (nach 𝔅 und ℭ)

1 *kőnnen*] 𝔅 und ℭ fügen hier in der Fußnote noch hinzu: *Diese Rede und dieses Werk*
gehőren [*gehört* ℭ] *allein guten und vollkommnen* [*vollkommenen* ℭ] *Menschen zu, die*
da an sich und in sich gezogen hand aller Tugend Wesen, also daß [*dass* ℭ] *die Tugend*
wesentlich aus ihnen fliessen ohne ihr Zuthun. **Taulerus** *2. Pred. IIII.* [*IV.* ℭ] *Item S. 72*
Kehrseite. // Und also sollten wir vollkommen seyn [*sein* ℭ]*, nicht daß* [*dass* ℭ] *wir Tugend*
hätten, mehr wir sollten selber Tugend seyn [*sein* ℭ]*.* **Tauler** *272* [*372* ℭ] *Kehrseite*

•̇•̇

9   (1813) [RUUSBROEC] [TAULER]
(*Brief an Dr. v. Stransky vom 1. Februar 1813*)

Berücksichtigte Ausgabe

𝔄   ed. Hoffmann, sw, Bd. 15 [1857], S. 251,14–17.

Text

1   „NS. Kennen Sie den Vater **Russbroch** nicht? Er ist eigentlich ein Meis-
2   ter in der himmlischen Minne, und zum Theil Lehrer des **Taulerus**. –
3   Ich empfehle Ihnen dessen Werke von Arnold herausgegeben in éinem
4   Quartband".

•̇•̇

10   (1814) [TAULER]
(*Brief an seinen Bruder Clemens Aloys Baader vom 10. Februar 1814*)

Berücksichtigte Ausgabe

𝔄   ed. Hoffmann, in: *Baaders Biographie*, sw, Bd. 15 [1857], S. 58,24–26.

Text

1   „Vielleicht findest du Gelegenheit alte Ausgaben von **Taulerus** in Salzburg
2   aufzutreiben, besonders die älteren von 1522 etc. und du würdest mich
3   sehr verbinden, selbe für mich zu sammeln".

•̇•̇

11   (*1814*) [*TAULER*]
(*Brief an Wilhelm Butte vom 11. September 1814*)

Berücksichtigte Ausgabe
𝔄   ed. Susini, *Lettres inédites*, Bd. 4 (1967), S. 85–87, hier S. 86,15–17.

Text
1   „Verstehen heist hören. Verstand (Verständlichkeit) ist also das Wort reci-
2   pirende. Der Vater spricht, gebiert sein Wort (Sohn) in seine Verständlich-
3   keit. S. **Taulerus** Predigten 2776[1]".

[1] Vgl. Susini, *Lettres inédites*, Bd. 5 (1983), S. 112 f. (einschließlich der Fußnote): „on ne sait trop, dans la référence qui suit Tauler, s' il s' agit à la fin du chiffre 6 (2776) ou de la lettre s (277 S). Dans les deux cas le renvoi à Tauler n' est pas clair. Il est possible que Baader ait utilisé l' édition de 1720 [...] avec une préface de Jacob Spener. [...]. Il n' y a donc pas de page 2776, et le contenu des pages 277 ne répond pas a ce que Baader suggère ici". Susini kennt somit den Basler Tauler-Druck *nicht*, auf welchen Baader an dieser Stelle verweist, fol. 277r, Spalte b, Zeilen 3–5 (die Angabe Susinis [‚2776'] ist somit zu ‚277b' zu korrigieren): *Vnd in vns ist ein verstandenheit / in d' on vnderloß sprechend ist das wort der dreifaltigkeit.* In diesem Druck ist die Predigt zwar unter den Eckhart-Predigten ediert, obwohl es sich dabei um eine Predigt von Johannes von Sterngassen handelt; vgl. Rudolf K. Weigand und Tobias Benzinger, „Sprösslinge aus dem Wurzelwerk der Mystik: Zur frühneuzeitlichen Verbreitung der Tauler- und Eckhartpredigten im Druck", in: *Mystik und Idealismus: Eine Lichtung des deutschen Waldes*, hg. von Andrés Quero-Sánchez, Leiden/Boston 2019, S. 57–118, hier S. 115.

∴

12   (*1814*) [*ECKHART*]
(*Brief an Wilhelm Butte vom 11. September 1814*)

Berücksichtigte Ausgabe
𝔄   ed. Susini, *Lettres inédites*, Bd. 4 (1967), S. 85–87, hier S. 86,20 f.

Text
1   „Ehe die Creatur war, war kein Gott (Gott war nicht Gott, nicht in Relation
2   zur Creatur) sagt **M. Eckard** [Fußnote **: **Eckard** distinguirt zwischen
3   Gottheit und Gott]".

∴

13   *(nach Oktober 1814)* [*TAULER*]
(*Erläuternder Zusatz zur Recension der Schrift: Ueber die Begründung der Ethik*
    durch die Physik. Eine Rede von Franz Ritter von Baader in: *Jenaische Allge-*
    meine Literatur-Zeitung, Jahrgang 11, Bd. 4. Nr. 184 [Oktober 1814], Sp. 33–40)

Berücksichtigte Ausgabe

𝔄   ed. Hoffmann, sw, Bd. 5 (1854), S. 35–42, hier S. 41,18 f. [Fußnote*] (Schelling
    kannte diese Edition; vgl. *Schellings Bibliothek*, S. 119 [n. 472])

Text

1   „Denn Gott ist nicht (wie der alte Philosoph **Tauler** sagt) ein Zerstörer der
2   Natur, er vollbringt sie (durch den Menschen)“.

                        ∴

14   *(1815)* [*ECKHART*] [*TAULER*]
(*Ueber den Bliz als Vater des Lichts. Aus einem Schreiben an den geheimen Hof-*
    rath Jung, Selbem gewidmet [1815])

Berücksichtigte Ausgaben

𝔄   Schwabing bei München, 1815, S. 21,7–24 (Schelling kannte diese Edition; vgl.
    Schellings Bibliothek, S. 10 [n. 36])
𝔅   ed. Hoffmann, sw, Bd. 2 (1851), S. 27–46, hier S. 44,29–45,27 (Fußnote*) (Schelling
    kannte diese Edition; vgl. *Schellings Bibliothek*, S. 119 [n. 472])

Text (nach 𝔄)

1   „**Meister Eckart** sagt (Tauler. Predigten. Basel 1522. S. 245): ‚Der Vater
2   gebirt seinen Sun dem Gerechten, und den Gerechten gebiert Er sei-
3   nem Sun. Denn alle die Tugend des Gerechten und nit allein
4   die Tugenden, sondern ein jegliches Werk, das von der Tugend
5   kommet des Gerechten, das ist anders nicht, dann dass der Sun
6   von dem Vater geborn wirt. Dann des Gerechten Würken das ist
7   nichts anders, dann das Geberen des Vaters. Darum so geruet der
8   Vatter nimmer, er jaget und treibet allzeit dazu, wie daß sein Sun in mir
9   geboren werde. – Und dies müssen grob Leut glauben, und aber
10   erleuchten Menschen ist es zu wissen!‘ “.

Varianten (nach 𝔅)

2 gebirt] *gebiert* 𝔅   *2 dem*] nicht gesperrt 𝔅   *3–7 Denn alle die Tugend des Gerechten*
und nit allein die Tugenden, sondern ein jegliches Werk, das von der Tugend kommet des

Gerechten, das ist anders nicht, dann dass der Sun von dem Vater geborn wirt. Dann des
Gerechten Würken das ist nichts anders, dann das Geberen des Vaters] nicht gesperrt ℬ
2–3 *seinem] Seinem* (nicht gesperrt) ℬ   4 *Tugenden] Tugend* ℬ   5 *kommet] kommt* ℬ
5 *dann] denn* ℬ   6 *geborn] geboren* ℬ   6 *wirt] wird* ℬ   6 *Dann] Denn* ℬ   6 *Wür-
ken] Wirken* ℬ   7 *Geberen] Gebären* ℬ   7 *geruet] geruhet* ℬ   8 *Vatter] Vater* ℬ
8 *allzeit] allezeit* ℬ   8 *daß] dass* ℬ   8 *sein] Sein* ℬ   9–10 *Und dies müssen grob
Leut glauben, und aber erleuchten Menschen ist es zu wissen]* nicht gesperrt ℬ   9 *Leut]
Leute* ℬ   10 *!]* fehlt ℬ   10 *wissen!]* ℬ fügt hier noch hinzu: *Anderswo sagt* **Tauler**
(Köllnerausgabe s. Predigten 1543, S. 93): *,Alldieweil sich etwas gebiert in dir, des Gott
nit vorhin ein Ursach und ein Bilder ist, dem es allein zu Lieb und Lob geschehe, so wisse
dass du damit einen Kauf (Simonei) treibest und verkaufest in der Wahrheit diese min-
nigliche Geburt des Vaters, und wisse in der lautern Wahrheit, alldieweil sich etwas in
dir gebiert und sein Bild in dich wirft, des Gott nit ein Sach ist, und du doch darnach wirbest, und dein Herz williglich damit bekümmerst und verbildest, dass sich Gott
in keiner Weis in dir gebiert, es sei was es doch sei, lass es sein Gut oder Ehre, Menschen
oder Freund, oder was du erkennen magst von Creaturen, die ihr Bild in dich wirft und sich
gebiert (fortpflanzt) in dir, und du solches mit Wohlgefallen empfahest, mit eigen Willen
(darauf rastend), so wiss in der Wahrheit, dass du damit verkaufest den Sun des ewigen
Vaters, und das ewig Wort, das der himmlische Vater soll sprechen in deiner Seel und gebären, das nit geschieht, es muss alles vorhin dannen gethan werden'. –* **Tauler von einem
wahren evangelischen Leben. Folio. Cölln .1543. S. 93**

∴

15   **(1815) [TAULER]**
(Brief an Gotthilf Heinrich Schubert vom 22. November 1815)

Berücksichtigte Ausgabe
𝔄   ed. Hoffmann, sw, Bd. 15 [1857], S. 276,20–35.

Text
1   „Den Hauptinhalt Ihres verehrlichen Schreibens vom 1. Nov., v. Fr., lasse
2   ich den alten **Tauler** in meinem Namen beantworten: ,Ohn Zweifel, bleibt
3   er hierin fest stehen, und will Gott treu sein in finsterer Gelassenheit, seht,
4   so ist er heimlich in dem höchsten Grad der Liebe, wiewohl es ihm selbst
5   unbekannt ist. Und als diess übergelitten ist, so ist der Grund purgirt und
6   gereinigt von allen Eigenschaften, so thut er dann grosse Frucht auch vor
7   anderen Leuten, und er findet Gott also süsslich in ihm ruhen, und sich in
8   allen Dingen; diess wäre besser zu versuchen, denn davon zu reden. Und
9   der diess nicht versucht und schmeckt, der kann solches nimmer recht

10 verstehen, was es doch ist, Gott in der Wahrheit zu haben. Dass wir nun
11 Gottes Namen allein also erhöhen und ehren, und nicht unsern Namen,
12 sondern dass wir uns zurechte hie mögen verkleinen, mit wahrer Gelas-
13 senheit, das helff uns Gott. Amen!'. (**Predigt auf eines h. Bischoffs Tag in**
14 **der Basler Ausg. v. 1522. S. 230)**".

⁘

16   (*1816*) [*ECKHART*]

(*Ueber den Urternar, aus einem Schreiben an den kaiserl. Russischen Herrn Kämmerer Grafen Alexander von Stourdza* [1816])

Berücksichtigte Ausgaben

𝔄   München 1816, S. 6,7–7,6 (Schelling kannte diese Edition; vgl *Schellings Bibliothek*, S. 7 [n. 26])

𝔅   Berlin: in der Realschulbuchhandlung, 1818 (mit neuem Titel: *Ueber die Vierzahl
des Lebens, aus einem Schreiben an den kaiserlich russischen Herrn Kämmerer
Grafen Alexander von Stourdza*), S. 6,12–7,6 (Schelling kannte diese Edition; vgl.
Schellings Bibliothek, S. 7 f. [n. 27])

ℭ   ed. Hoffmann, sw, Bd. 7 (1854), S. 29–38, hier S. 36,3–37,6 (Schelling kannte diese
Edition; vgl. *Schellings Bibliothek*, S. 119 [n. 472])

Text (nach 𝔄)

1   „Ein Saz, welchen zween tiefforschende Denker Deutschlands (**Meister**
2   **Eckart** und Jakob Bôhm) bereits lange schon anerkannt haben. Erster
3   heist nâmlich (**S. Tauler Predigten S. 299 Basler Ausgabe**) den Sohn
4   (als Bild des Vaters) den Ersten (unvermittelten) Ausbruch aus Got-
5   tes Natur. Und doch (fährt selber fort) ist der Will nit ein Mittel
6   zwischen dem Bild (Sohn) und Natur (Vater). Ja, weder Beken-
7   nen, noch Wissen oder Weisheit mag hie ein Mittel seyn; denn
8   das Gôttlich Bilde bricht aus der Fruchtbarkeit der Gôttlichen
9   Natur ohn' Mittel. Ist aber hie die Weisheit ein Mittel, die ist
10 das Bild selber".

Varianten (nach 𝔅 und ℭ)

1 *Saz*] *Satz* 𝔅, ℭ   1 *zween*] *zwei* ℭ   2 *Jakob Bôhm*] *Jacob Böhme* ℭ   2 *bereits
lange schon*] *schon längst* ℭ   2 *Erster*] *Meister Eckart* ℭ   3 *heist*] *heißt* 𝔅; *heisst* ℭ
3 *nâmlich*] *nemlich* ℭ   3 *den*] nicht gesperrt ℭ   4 *den*] nicht gesperrt ℭ   4 *Ersten*]
ersten ℭ   5 *selber*] *derselbe* ℭ   5 *Wissen*] ℭ fügt hier ein Komma hinzu   7 *seyn*]
sein ℭ

∴

17   (1816) [ECKHART]
(*Brief an v. Meyer vom 12. August 1816*)

Berücksichtigte Ausgabe
𝔄   ed. Hoffmann, sw, Bd. 15 [1857], S. 315,1–7.

Text
1   „[…] als selbst St. Martin gemacht hat, der doch immer nur, wie ich bereits
2   erinnerte, der Rousseau dieser Lehre blieb, und keineswegs in die Tiefe,
3   wie J. Böhme ging, den ich mit **Eckart** (von dem wir nur Weniges haben)
4   für die wahren Meister erkenne. Mein grosses Werk, an dem ich mit
5   Segen arbeite, wird hierüber Beweise geben: ebenso erfreulich den Gut-
6   als schrecklich den Bösegesinnten".

∴

18   (1817) [TAULER]
(*Ueber die Extase oder das Verzůcktseyn der magnetischen Schlafredner* [1817])
(Baader schreibt diesen Satz gewöhnlich **Tauler** zu, der an dieser Stelle freilich
    unerwähnt bleibt)

Berücksichtigte Ausgaben
𝔄   Leipzig: bei C.H. Reclam, 1817, S. 16,6–9 (Schelling kannte diese Edition; vgl.
    Schellings Bibliothek, S. 8 [n. 31] und S. 10 [n. 39])
𝔅   ed. Hoffmann, sw, Bd. 4 (1853), S. 1–40, hier S. 7,5–8 (Schelling kannte diese
    Edition; vgl. *Schellings Bibliothek*, S. 119 [n. 472])
ℭ [angeb.]   Nürnberg: bei Monath und Kußler, 1818 (Schelling kannte diese Schrift; vgl.
    Schellings Bibliothek, S. 10 [n. 37]). Trotz des angegebenen Titels handelt es
    sich dabei jedoch um *keine* Ausgabe von Baaders *Ueber die Extase*, sondern
    um seine Diskussion einer Besprechung dieses Werkes, welche in „dem
    dritten Stůck des Ersten Bandes des Archivs fůr thierischen Magnetismus
    […] S. 113 […] von Herrn Prof. Rieser" publiziert worden war.

Text (nach 𝔄)
1   „[…] daß Gott, ‚als Liebhaber des Lebens', ůberall nur als Vollender (Ver-
2   klårer), nicht aber als Zerstőrer (*désorganisateur*) der Natur und Creatur
3   sich beurkunden muß".

Varianten (nach ℬ)

1 *daß*] *dass* ℬ   3 *muß*] *muss* ℬ

∴

19   (*1819*) [*TAULER*]

(*Brief an Atterbom vom 9. März 1819*)

Berücksichtigte Ausgabe

𝔄   ed. Susini, *Lettres inédites*, Bd. 4 [1967], S. 156–158, hier S. 156,31–36.

Text

1   „Ich meine übrigens den Theologen dadurch wieder auf die Beine gehol-
2   fen zu haben, dass ich diese Speisung mit jener der Sonne verglich, denn
3   kein Einzelnes als solches kann ein andres Einzelnes wahrhaft nähren od.
4   speisen, weil Nährung eben nur Ergänzung, Einverleibung ins Zentrum
5   ist, worüber ich Sie ersuche, in **Taulers** Predigten Cöllnerausgabe 1543 die
6   2te Predigt nachzulesen".

∴

20   (*1820*) [*TAULER*]

(*Sätze aus der Bildungs- oder Begründungslehre des Lebens* [1820])

Berücksichtigte Ausgaben

𝔄   Berlin: Ferdinand Dümmler, 1820, S. 10,37–11,18 (Schelling kannte diese Edition;
       vgl. *Schellings Bibliothek*, S. 7 [n. 24])
ℬ   ed. Hoffmann, sw, Bd. 2 (1851), S. 95–124, hier S. 109,14–27 (Schelling kannte diese
       Edition; vgl. *Schellings Bibliothek*, S. 119 [n. 472])

Text (nach 𝔄)

1   „Auch Gott erkennt Sich ja blos, indem Er Sich hervorbringt und umge-
2   kehrt, und über dieses Verhalten des Vaters (als zeugenden, ewigen In Sich
3   Ganges) um Sohn (als ewigen Ausgang) drückt sich besonders **Tauler** (in
4   seiner ersten Predigt auf Weihnachten) klar aus, indem er sagt: ‚Der Vater
5   an seiner persönlichen Eigenschaft kehret sich in sich selber mit seiner
6   göttlichen Verständniß und durchschaut sich selber im klaren Verstehen
7   im Abgrund seines Wesens, und vom bloßen Verstehen Sein Selbs spricht
8   Er Sich ganz aus, und das Wort ist sein Sun, und das Bekennen Sein Selbs
9   ist das Gebären seines Suns'. – Das heißt mit andern Worten: Er e r k e n n t

10 Sich und gebiert. – Diese absolute Identität des Seyns und Bewußt-
11 seyns gilt übrigens *originaliter* und *par Excellence* nur von Gott".

Varianten (nach ℬ)

1 *blos*] *bloss* ℬ   2–3 *In Sich Ganges*] *In-Sich-Gehens* ℬ   6 *Verständniß*] *Verständniss* ℬ   7 *bloßen*] *blossen* ℬ   7 *Selbs*] *Selbst* ℬ   8 *Selbs*] *Selbst* ℬ   9 *Suns*] ℬ
fügt hier in der Fußnote noch den Nachweis der Stelle hinzu (von Fr. Hoffmann): *Joh.*
Tauler Predigten (Frankf., Hermann, 1826) I, 90–91   9 *heißt*] *heisst* ℬ   10 *Seyns*]
Seins ℬ   10–11 *Bewußtseyns*] *Bewusstseins* ℬ   11 *Excellence*] *excellence* ℬ

•••

21   *(1821)* [ECKHART]
(*Erläuterungen zu Auszügen aus den Werken des h. Thomas von A.* [1821])
(vgl. Franz Hoffmann, „Biographie Franz von Baader's nebst Nachrichten über
seine Familie", in: sw, Bd. 15, S. 64: „Im Juni 1821 ging Baader mit Frau und
Tochter nach Karlsbad und Töplitz [...]. Dort war es auch, wo er sich einem
umfassenden Studium der Werke des h. Thomas von Aquin hingab, wofür
der literarische Nachlass Baader's in reichen Excerpten Zeugniss ablegt")

Berücksichtigte Ausgabe

𝔄   ed. Lutterbeck, sw, Bd. 14 (1851), S. 197–348, hier S. 202,18–25

Text (nach 𝔄)

1 „Eckart gibt folgenden Begriff des Ternars: Wesen ist, das sich haltet zu
2 ihm selber und schmilzt nicht aus, sondern schmilzt ein (Attraction).
3 *Einigkeit* ist, das sich haltet in ihm selber ein von allen Dingen und gemei-
4 net sich nicht aus. Aber *Güte* (Expansion) ist, das ausschmilzt und gemei-
5 net. (Eingang, Innebleiben, Ausgang). Wesen ist der *Vater, Einigkeit* der
6 *Sohn*, Güte (Ausschmelzen und sich allen Creaturen Gemeinen, d.h. sie
7 Inleiten) der heilige Geist".

•••

22   *(1821)* [TAULER]
(*Erläuterungen zu Auszügen aus den Werken des h. Thomas von A.* [1821])

Berücksichtigte Ausgabe

𝔄   ed. Lutterbeck, sw, Bd. 14 (1851), S. 197–348, hier S. 241,8f.

Text (nach 𝔄)

1   „Gratia non tollit naturam (rationem), sed perficit. Gott, sagt **Tauler**, ist
2   nicht ein Zerstörer, sondern Vollender der Natur".

∴

23   (*1821*) [*ECKHART*]
(*Erläuterungen zu Auszügen aus den Werken des h. Thomas von A.* [1821])

Berücksichtigte Ausgabe
𝔄   ed. Lutterbeck, sw, Bd. 14 (1851), S. 197–348, hier S. 324,23–25

Text (nach 𝔄)

1   „Um das ‚genitori genitoque' zu verstehen, muss man den Satz des **Meister**
2   **Eckart** festhalten: ‚alle Creaturen haben, dass sie gebären; welche nicht
3   Geburt hätte, die wäre auch nicht'".

∴

24   (*1822*) [*ECKHART*]
(*Fermenta cognitionis*, Heft 1 [1822])

Berücksichtigte Ausgaben
𝔄   Berlin: G. Reimer, 1822, S. 3,11 f. (Schelling kannte diese Edition; vgl. *Schellings*
     Bibliothek, S. 8 [n. 29])
𝔅   ed. Hoffmann, sw, Bd. 2 (1851), S. 137–442, Heft 1 (1822), S. 145,4 (Schelling kannte
     diese Edition; vgl. *Schellings Bibliothek*, S. 119 [n. 472])

Text (nach 𝔄)

1   „[...] (*Deus est in se, fit in creaturis*) [...]".

Varianten (nach 𝔅)
1 *creaturis*] 𝔅 fügt hier in der Fußnote (S. 145,12–14) hinzu: *Wie J. Böhme, Scheffler, Meis-*
ter Eckart etc. wird auch fortwährend Scotus Erigena des Pantheismus beschuldigt

∴

25   (*1823*) [*TAULER*]
(*Fermenta cognitionis*, Heft 2 [1823])

Berücksichtigte Ausgaben

𝔄 Berlin: G. Reimer, 1823, S. 53,15–17 (Schelling kannte diese Edition; vgl. *Schellings Bibliothek*, S. 8 [n. 29] [diese von Schelling besessene Edition enthält die Hefte 1 bis 5])

𝔅 ed. Hoffmann, sw, Bd. 2 (1851), S. 137–442, hier S. 227,24–228,1 (Schelling kannte diese Edition; vgl. *Schellings Bibliothek*, S. 119 [n. 472])

Text (nach 𝔄 [= 𝔅])

1 „Dein Verlieren, sagt **Tauler** in einer seiner Cantilenen, ist dein
2 Fund!".

∴

26 (*1823*) [*TAULER*]
(*Fermenta cognitionis*, Heft 4 [1823])

Berücksichtigte Ausgaben

𝔄 Berlin: G. Reimer, 1823, S. 19,19–21 (Schelling kannte diese Edition; vgl. *Schellings Bibliothek*, S. 8 [n. 29] [diese von Schelling besessene Edition enthält die Hefte 1 bis 5])

𝔅 ed. Hoffmann, sw, Bd. 2 (1851), S. 137–442, hier S. 288,26 f. (Schelling kannte diese Edition; vgl. *Schellings Bibliothek*, S. 119 [n. 472])

Text (nach 𝔄)

1 „Gott, sagt **Tauler**, ist nicht ein Zerstörer, sondern ein Vollender (Integra-
2 tor) der Natur".

∴

27 (*1823/1824*) [*TAULER*] [*ECKHART*]
(Karl August Varnhagen von Ense, [*Über Baader*], [1823/1824])

Berücksichtigte Ausgabe

𝔄 ed. Hoffmann, in: *Baaders Biographie*, sw, Bd. 15 (1857), S. 101–105, hier S. 104,23–28

Text (nach 𝔄)

1 „Da er keine Bücher mit sich führte, so entlieh er deren von mir, vor allen
2 **Tauler, Eckhardt**, Saint- Martin, die ich alle wieder bekam mit vielen Spu-
3 ren seiner zahlreichen Bemerkungen, die er mit feinem Bleistift fast auf
4 jeder Seite beigeschrieben, nachher aber wieder ausgelöscht hatte".

28   (*1824*) [*ECKHART*]
(Zweiter Bericht über seine russische Reise [München, 1. August 1824])

Berücksichtigte Ausgabe
𝔄   ed. Hoffmann, in: *Baaders Biographie*, sw, Bd. 15 (1857), S. 85–101, hier S. 87,28–30
       [Fußnote *]

Text (nach 𝔄)
1   „In einer Schrift **eines deutschen Mönchs (vom Anfang des 14. Jahrhun-**
2   **derts)** finde ich den Plato immer mit den Worten citirt: ‚Plato der gross
3   Pfaff'".

$$\vcenter{\hbox{$\bullet\ \bullet$}}\atop\vcenter{\hbox{$\bullet$}}$$

29   (*1825*) [*TAULER*]
(*Fermenta cognitionis*, Heft 6 [1825])

Berücksichtigte Ausgaben
𝔄   Leipzig: J.C. Hinrichsschen Buchhandlung, 1825, S. 30,21 f. (Schelling kannte diese
       Edition; vgl. *Schellings Bibliothek*, S. 8 [n. 30])
𝔅   ed. Hoffmann, sw, Bd. 2 (1851), S. 137–442, hier S. 389,14 f. (Schelling kannte diese
       Edition; vgl. *Schellings Bibliothek*, S. 119 [n. 472])

Text (nach 𝔄)
1   „Gott, sagt **Tauler**, ist der Vollender der Natur und Creatur".

$$\vcenter{\hbox{$\bullet\ \bullet$}}\atop\vcenter{\hbox{$\bullet$}}$$

30   (*1825*) [*ECKHART*]
(*Fermenta cognitionis*, Heft 6 [1825])

Berücksichtigte Ausgaben
𝔄   Leipzig: J.C. Hinrichsschen Buchhandlung, 1825, S. 40,14–18 (Schelling kannte
       diese Edition; vgl. *Schellings Bibliothek*, S. 8 [n. 30])
𝔅   ed. Hoffmann, sw, Bd. 2 (1851), S. 137–442, hier S. 400,14–17 (Schelling kannte
       diese Edition; vgl. *Schellings Bibliothek*, S. 119 [n. 472])

Text (nach 𝔄)
1   „Wie wahr und klar sprach sich dagegen schon längst **Meister Eckart** über
2   diesen Gegenstand aus, indem er sagte: ‚Weil Gott frei ist von allen Din-
3   gen, ist Er alle Ding'".

Varianten (nach ℬ)

2 *frei ist*] ℬ fügt hier hinzu: *und ledig*

∴

31   (*1825*) [*ECKHART*]
(*Fermenta cognitionis*, Heft 6 [1825])

Berücksichtigte Ausgaben

𝔄   Leipzig: J.C. Hinrichsschen Buchhandlung, 1825, S. 50,2–4 (Schelling kannte diese
       Edition; vgl. *Schellings Bibliothek*, S. 8 [n. 30])
ℬ   ed. Hoffmann, sw, Bd. 2 (1851), S. 137–442, hier S. 410,6 f. (Schelling kannte diese
       Edition; vgl. *Schellings Bibliothek*, S. 119 [n. 472])

Text (nach 𝔄)

1   „,Alle Creaturen', sagt **Eckart**, ,wirken darnach, dass sie wollen gebären,
2   und wollen sich dem Vater gleichen'".

Varianten (nach ℬ)

1 *Eckart*] *Meister Eckart* ℬ   1 *darnach*] *danach* ℬ

∴

32   (*1824*) [*ECKHART*]
(*Bemerkungen über einige antireligiöse Philosopheme unsrer Zeit* [1824])

Berücksichtigte Ausgaben

𝔄: Leipzig: Karl Tauchnitz, 1824, S. 14,23–15,2 (Schelling kannte diese Edition; vgl.
       Schellings Bibliothek, S. 9 [n. 34])
ℬ: ed. Hoffmann, sw, Bd. 2 (1851), S. 443–496, hier S. 454,33–455,19 (Schelling kannte
       diese Edition; vgl. *Schellings Bibliothek*, S. 119 [n. 472])

Text (nach 𝔄)

1   „[…] wenn schon diese Vernunft keine andre, als die göttliche ist, weil, wie
2   **Meister Eckart** sagt, das Auge, darinn mich Gott sieht, dasselbe ist, darinn
3   ich Gott sehe, indem es Eins ist, Gott erkennen und von Gott erkannt seyn,
4   und Sein Blick meinen Gegenblick hervorruft".

Varianten (nach 𝕭)

1 *andre*] *andere* 𝕭   2 *Eckart*] 𝕭 fügt hier [als Anmerkung von Fr. Hoffmann ausdrücklich gekennzeichnet] in der Fußnote hinzu: *Meister Eckart. Eine theologische Studie von
Dr. H. Martensen (Hamburg, Perthes, 1842) S. 29*   2 *darinn* (i)] *darin* 𝕭   2 *darinn* (ii)]
darin 𝕭   3 *Eins*] *eins und dasselbe* 𝕭   3 *seyn*] *sein* 𝕭   4 *hervorruft*] 𝕭 fügt hier
hinzu: *Man muss nemlich sagen: Gott ist Vernunft, der Mensch hat sie – von Gott – oder
ist nur vernünftig, jener Vernunft theilhaft, nicht Theil von ihr, ganz so wie Gott die Liebe
ist, der Mensch ihrer theilhaft ist oder doch sein kann. – Dass der Mensch nicht von sich ist,
das weiss er, hiemit weiss er aber auch, dass er nicht sich oder, wie die Autonomen sagen,
Selbstzweck ist. Jeder geschaffene Geist, der für sich sein will, fällt dem tantalischen Streben anheim, von sich zu sein. Eigentlich ist die Lehre von der Autonomie oder der absoluten
Souveränität des Menschen nur eine Copie der Lehre von der Volkssouveränität, und der
Mensch ist nach jener wie jeder einzelne Bürger nach dieser frei, weil er Niemand über sich
hat, und jedem Andern gleich, weil jeder einen gleichen Antheil an dieser Souveränität
hat. Der deutsche philosophische Sansculotismus entspricht also ganz dem französischen
bürgerlichen*

⁘

33   (1824) [ECKHART]
(*Bemerkungen über einige antireligiöse Philosopheme unsrer Zeit* [1824])

Berücksichtigte Ausgaben

𝔄: Leipzig: Karl Tauchnitz, 1824, S. 15,3–14 (Schelling kannte diese Edition; vgl. *Schel-
        lings Bibliothek*, S. 9 [n. 34])
𝔅: ed. Hoffmann, sw, Bd. 2 (1851), S. 443–496, hier S. 455,33–42 (Schelling kannte
        diese Edition; vgl. *Schellings Bibliothek*, S. 119 [n. 472])

Text (nach 𝔄)

1   „Die Seel, sagt **Meister Eckart**, hat nicht, da Gott einsprechen (ein-
2   gebåren) möge, denn Vernůnftigkeit' und er nimmt hier dieses Wort als
3   das Vermögen der Seele, ihren Geist in dem absoluten Geist aufzuheben
4   oder aufheben zu lassen, womit dieser sich in ihr setzt, gebiert (Sohn
5   oder Mensch im Menschen wird), so wie er dasselbe Wort anderwårts für
6   diesen Eingebornen Sohn selber braucht, und die Seele, welche als Geist
7   sich von Gott abkehrt (ihrem Geist gegen Gott nicht entsagt) eine Wittwe
8   heißt, welche weder den Mann (Vater), noch den wahren Sohn (Vernunft)
9   hat".

Varianten (nach $\mathfrak{B}$)

1 *Meister Eckart*] *dieser Meister* $\mathfrak{B}$ 3 *dem*] *den* $\mathfrak{B}$ 6 *Eingebornen*] *eingeborenen* $\mathfrak{B}$
8 *heißt*] *nennt* $\mathfrak{B}$ 8 *Vater*] *den Vater* $\mathfrak{B}$ 8 *Vernunft*] *die Vernunft* $\mathfrak{B}$

∴

34   (*1824*) [*TAULER*]
(*Bemerkungen über einige antireligiöse Philosopheme unsrer Zeit* [1824])

Berücksichtigte Ausgaben

$\mathfrak{A}$ Leipzig: Karl Tauchnitz, 1824, S. 19,19–24 (Schelling kannte diese Edition; vgl. *Schellings Bibliothek*, S. 9 [n. 34])

$\mathfrak{B}$ ed. Hoffmann, sw, Bd. 2 (1851), S. 443–496, hier S. 459,1–5 (Schelling kannte diese Edition; vgl. *Schellings Bibliothek*, S. 119 [n. 472])

Text (nach $\mathfrak{A}$)

1   „[...] und hier erst erhält jenes mein Mich-aufheben seinen wahrsten und
2   schönsten Sinn, als Hinauf- oder Emporgehobenwerden und Seyn
3   meiner selbst (vielmehr über mich selbst), oder wie **Tauler** sagt: mein Ver-
4   lieren wird hier mein wahrer Fund".

Varianten (nach $\mathfrak{B}$)

1 *Mich-aufheben*] *Michaufheben* $\mathfrak{B}$ 2 *und Seyn*] *fehlt in* $\mathfrak{B}$ 3 *selbst), oder wie*] *selbst)
oder, wie* $\mathfrak{B}$

∴

35   (*1824*) [*ECKHART*]
(*Bemerkungen über einige antireligiöse Philosopheme unsrer Zeit* [1824])

Berücksichtigte Ausgaben

$\mathfrak{A}$ Leipzig: Karl Tauchnitz, 1824, S. 22,13–22 [Anmerkung] (Schelling kannte diese Edition; vgl. *Schellings Bibliothek*, S. 9 [n. 34])

$\mathfrak{B}$ ed. Hoffmann, sw, Bd. 2 (1851), S. 443–496, hier S. 460,34–41 (Fußnote *) (Schelling kannte diese Edition; vgl. *Schellings Bibliothek*, S. 119 [n. 472])

Text (nach $\mathfrak{A}$)

1   „denn wer die Dinge (sich selber), sagt **Meister Eckart**, läßt, da sie
2   getrennt und zerstreut sind, der nimmt (besitzt) sie, da sie einig und
3   ungetrennt sind. – Das Schlechte des Endlichen ist nicht seine Endlich-

4   keit d. h. sein Nicht-Gott-Seyn, sondern daß selbes als aktiv der Manifes-
5   tation des Unendlichen nicht dient, oder ihr wohl gar widerstreitet, und
6   der Grund oder Ungrund dieser Aktionsnullität oder Perversität ist auf-
7   zuheben, nicht das Endliche selber".

Varianten (nach 𝕭)

1 *läßt*] *lässt* 𝕭   4 *Nicht-Gott-Seyn*] *Nichtgottsein* 𝕭   3 *daß*] *dass* 𝕭   4 *aktiv*]
activ 𝕭   6 *Aktionsnullität*] Actionsnullität 𝕭   7 *selber*] 𝕭 fügt hier (als Hoffmanns
Nachweis gekennzeichnet) in Klammern noch hinzu: [*Vergl. Meister Eckart von Martensen. S. 35*]

∴

36   (*1824*) [*ECKHART*]
(*Bemerkungen über einige antireligiöse Philosopheme unsrer Zeit* [1824])

Berücksichtigte Ausgaben
𝕬   Leipzig: Karl Tauchnitz, 1824, S. 32,1–4 (Schelling kannte diese Edition; vgl. *Schel-
      lings Bibliothek*, S. 9 [n. 34])
𝕭   ed. Hoffmann, sw, Bd. 2 (1851), S. 443–496, hier S. 469,17–21 (Schelling kannte
      diese Edition; vgl. *Schellings Bibliothek*, S. 119 [n. 472])

Text (nach 𝕬 [= 𝕭])
1   „Als viel du abgeschieden bist, sagt **Meister Eckart**, als viel h a s t du mehr.
2   Meinest du aber das, was dir werden soll, und hast ein Sehen darauf, so
3   wird dir nichts, denn weil Gott ledig ist aller Ding, so ist Er alle Ding".

∴

37   (*1824*) [*ECKHART*]
(*Bemerkungen über einige antireligiöse Philosopheme unsrer Zeit* [1824])

Berücksichtigte Ausgaben
𝕬   Leipzig: Karl Tauchnitz, 1824, S. 60,20–22 (Schelling kannte diese Edition; vgl.
      Schellings Bibliothek, S. 9 [n. 34])
𝕭   ed. Hoffmann, sw, Bd. 2 (1851), S. 443–496, hier S. 491,30–32 (Schelling kannte
      diese Edition; vgl. *Schellings Bibliothek*, S. 119 [n. 472])

Text (nach 𝔄)

1   „Alle Liebe dieser Welt, sagt **Meister Eckart**, ist gebauet auf eigne Liebe,
2   und nur insofern du von der Welt lǎssest, lǎßt du von Eigenliebe".

Varianten (nach 𝔅)

1 *eigne*] *eigene* 𝔅   2 *lǎßt*] *lässest* 𝔅

∴

38   *(1824)* [*ECKHART*]
(*Bemerkungen über einige antireligiöse Philosopheme unsrer Zeit* [1824])

Berücksichtigte Ausgaben

𝔄   Leipzig: Karl Tauchnitz, 1824, S. 62,10–15 (Schelling kannte diese Edition; vgl. *Schellings Bibliothek*, S. 9 [n. 34])

𝔅   ed. Hoffmann, sw, Bd. 2 (1851), S. 443–496, hier S. 492,30–34 (Schelling kannte diese Edition; vgl. *Schellings Bibliothek*, S. 119 [n. 472])

Text (nach 𝔄)

1   „„Ich habe es mehr gesprochen, sagt **Meister Eckart**, Gottes und aller
2   vernünftigen Creaturen Ausgang ist ihr Eingang, und je mehr sie aus sich
3   gehen, je mehr gehen sie in sich ein, was an leiblichen (materiellen) Natu-
4   ren nicht ist, je mehr sie wirken, je minder sie wieder eingehen"".

Varianten (nach 𝔅)

1 *Gottes*] *Gott* 𝔅

∴

39   *(1825)* [*ECKHART*]
(*Recension der Schrift von Professor J. Ch. Aug. Heinroth: Ueber die Wahrheit* [*Leipzig: Hartmann 1824*] [1825])

Berücksichtigte Ausgaben

𝔄   in: *Katholische Literaturzeitung*, hg. von Friedrich von Kerz, Jahrgang 1825, Nr. 10 (3. Februar 1825), S. 152–160; Nr. 11 (8. Februar 1825), S. 161–164; Nr. 41 (24. May 1825), S. 225–238; Nr. 58 (21. Juli 1825), S. 81–94, hier Nr. 10, S. 153,3–5

𝔅   ed. Hoffmann, sw, Bd. 1 (1851), S. 97–132, hier S. 100,3–5 (Schelling kannte diese Edition; siehe *Schellings Bibliothek*, S. 119 [n. 472])

Text (nach 𝕬 [= 𝕭])

1   „alle Liebe dieser Welt ist, wie **Meister Eckart** sagt, auf eigne Liebe
2   gebaut".

∴

40   *(1825)* [*ECKHART*]
(*Ueber das durch unsere Zeit herbeigeführte Bedürfniß einer innigern Vereini-
    gung der Wissenschaft und der Religion* [1825])

Berücksichtigte Ausgaben

𝕬   in: *Der Staatsmann. Monatschrift für Politik und Zeitgeschichte*, hg. von J.B. von
     Pfeilschifter, Offenbach: Expedition des Stattsmanns, 5 [1825], S. 1–15, hier S. 6,26–
     30 [Fußnote 1]
𝕭   ed. Hoffmann, sw, Bd. 1 (1851), S. 81–96, hier S. 87,37–40 (Fußnote *) (Schelling
     kannte diese Edition; vgl. *Schellings Bibliothek*, S. 119 [n. 472])

Text (nach 𝕬)

1   „Was nämlich, wie **Meister Eckart** nachgewiesen, in die Zeit als von ihr
2   tritt, ist hiemit schon veraltet, und dem Tode heimgefallen, was aber zwar
3   in der Zeit, aber nicht von ihr ist, das ist der Zeit unfaßlich und somit von
4   ihr nicht verzehrlich".

Varianten (nach 𝕭)

2 *tritt*] 𝕭 fügt hier hinzu: *das*   2 *veraltet,*] das Komma fehlt in 𝕭   3 *unfaßlich*]
unfasslich 𝕭

∴

41   *(1825)* [*ECKHART*]
(*Ueber das durch unsere Zeit herbeigeführte Bedürfniß einer innigern Vereini-
    gung der Wissenschaft und der Religion* [1825])

Berücksichtigte Ausgaben

𝕬   in: *Der Staatsmann. Monatschrift für Politik und Zeitgeschichte*, hg. von J.B. von
     Pfeilschifter, Offenbach: Expedition des Stattsmanns, 5 (1825), S. 1–15, hier S. 7,17–
     19 (Fußnote 1)
𝕭   ed. Hoffmann, sw, Bd. 1 (1851), S. 81–96, hier S. 88,29–31 (Fußnote **) (Schelling
     kannte diese Edition; vgl. *Schellings Bibliothek*, S. 119 [n. 472])

Text (nach 𝔄)
1 „In einer **Schrift eines deutschen Mönchs, welcher im Anfange des vier-**
2 **zehnten Jahrhunderts lebte,** finde ich den Plato mit den Worten ange-
3 führt: ‚Plato der groß Pfaff‘ “.

Varianten (nach 𝔅)
3 *groß*] *gross* 𝔅

..
.

42   (*1825*) [*TAULER*]
(*Brief an Fräulein Emilie Linder vom 25. Mai 1825*)

Berücksichtigte Ausgabe
𝔄   ed. Hoffmann, sw, Bd. 15 [1857], S. 428,4 f.

Text
1 „**Tauler** sagt: dass der Mensch streben soll, nicht nur Tugend zu üben und
2 zu haben, sondern Tugend zu sein“.

..
.

43   (*1826*) [*ECKHART*]
Recension der Schrift: Essai sur l'Indifférence en matière de Réligion, par M.
   l'Abbé F. de la Mennais. Tom. I, Troisième édition. Paris 1818. Tom. II 1822 (Tom.
   III. 1823. Tom. IV. 1823) (1826)

Berücksichtigte Ausgaben
𝔄   in: *Der Katholik; eine religiöse Zeitschrift zur Belehrung und Warnung* [hg. von
      Fr.L.Br. Liebermann: Straßburg: Le Roux], 20 (1826), S. 212–255 und 302–332; 21
      (1826), S. 58–84 und S. 306–332, hier 20 (1826), S. 219,1–3
𝔅   ed. Hoffmann, sw, Bd. 5 (1854), S. 121–246, hier S. 130,15–17 (Schelling kannte diese
      Edition; vgl. *Schellings Bibliothek*, S. 119 [n. 472])

Text (nach 𝔄)
1 „‚Bekenntniß, sagt **Meister Eckart**, ist eine Grundveste und ein Funda-
2 ment alles Wesens, und Liebe wie Haß mag nicht anders haften, dann in
3 Bekenntniß Bekenntniss‘ “.

Varianten (nach ℬ)

1 *Bekenntniß*] *Bekenntniss* ℬ   2 *Haß*] *Hass* ℬ   2 *haften,*] das Komma fehlt in ℬ
3 *Bekenntniß*] *Bekenntniss* ℬ

∴

44   ([*angeblich*] *1826*) [ECKHART]
        ([*eigentlich*] *1854*)

(*Vom Segen und Fluch der Creatur. Drei Sendschreiben an Herrn Professor Görres*
  [1826])
(Die Eckhart-Erwähnung erscheint jedoch erst in sw, Bd. 7 [1854]) (Die Schrift
  wurde in Baaders PSA nicht aufgenommen)

Berücksichtigte Ausgaben

𝔄   Straßburg: Fr. Le Roux, 1826
ℬ   ed. Hoffmann, sw, Bd. 7 (1854), S. 71–154, hier S. 89,25 (*Zusätze* zum ersten *Send-
      schreiben* – nicht in der Erstausgabe enthalten) (Schelling kannte diese Edition;
      vgl. *Schellings Bibliothek*, S. 119 [n. 472])

Text (nach ℬ)

1   „Alle Creaturen in sich selber, sagt **Meister Eckart**, sind nicht“.

∴

45   ([*angeblich*] *1826*) [ECKHART]
        ([*eigentlich*] *1854*)

(*Vom Segen und Fluch der Creatur. Drei Sendschreiben an Herrn Professor Görres*
  [1826])
(Die Eckhart-Erwähnung erscheint jedoch erst in sw, Bd. 7 [1854]) (Die Schrift
  wurde in Baaders PSA nicht aufgenommen)

Berücksichtigte Ausgaben

𝔄   Straßburg: Fr. Le Roux, 1826
ℬ   ed. Hoffmann, sw, Bd. 7 (1854), S. 71–154, hier S. 91,3 f. (*Zusätze* zum ersten *Send-
      schreiben* – nicht in der Erstausgabe enthalten) (Schelling kannte diese Edition;
      vgl. *Schellings Bibliothek*, S. 119 [n. 472])

Text (nach ℬ)

1   „Alle Creatur, sagt **M. Eckart**, floss durch den Menschen aus und muss
2   wieder durch ihn einkommen in Gott“.

∴

46   ([*angeblich*] *1826*) [*ECKHART*]
        ([*eigentlich*] *1854*)

(*Vom Segen und Fluch der Creatur. Drei Sendschreiben an Herrn Professor Görres*
   [1826])

(Die Eckhart-Erwähnung erscheint jedoch erst in sw, Bd. 7 [1854]) (Die Schrift
   wurde in Baaders PSA nicht aufgenommen)

Berücksichtigte Ausgaben

𝔄   Straßburg: Fr. Le Roux, 1826

𝔅   ed. Hoffmann, sw, Bd. 7 (1854), S. 71–154, hier 91,10 f. (*Zusätze* zum ersten *Send-
    schreiben* – nicht in der Erstausgabe enthalten) (Schelling kannte diese Edition;
    vgl. *Schellings Bibliothek*, S. 119 [n. 472])

Text (nach 𝔅)

1   „Da die Natur endet, sagt **M. Eckart**, da fängt Gott an (manifest) zu sein".

∴

47   ([*angeblich*] *1826*) [*ECKHART*]
        ([*eigentlich*] *1854*)

(*Vom Segen und Fluch der Creatur. Drei Sendschreiben an Herrn Professor Görres*
   [1826])

(Die Eckhart-Erwähnung erscheint jedoch erst in sw, Bd. 7 [1854]) (Die Schrift
   wurde in Baaders PSA nicht aufgenommen)

Berücksichtigte Ausgaben

𝔄   Straßburg: Fr. Le Roux, 1826

𝔅   ed. Hoffmann, sw, Bd. 7 (1854), S. 71–154, hier 91,21–38 (*Zusätze* zum ersten *Send-
    schreiben* – nicht in der Erstausgabe enthalten) (Schelling kannte diese Edition;
    vgl. *Schellings Bibliothek*, S. 119 [n. 472])

Text (nach 𝔅)

1   „Und **Meister Eckart** drückt sich hierüber auf folgende Weise aus: ‚Wenn
2   der Geist (des Menschen) mit Gottes Geist éin Geist geworden ist, so ist
3   er darum nicht Gott worden, aber er ist also gereichet (reich geworden),
4   dass er ob einem Wesen der Natur ist und dieses Wesen ob Natur gewin-
5   net der Geist von dem Anhangen und von der Einigung mit Gott (mit
6   Gottes Geist, welcher ein Inleiter und Ausleiter in die Einigkeit oder Gott

7   ist). Denn der Mensch, der also mit Gott vereiniget ist, der besitzet alle
8   Tugend und alle Tugend sind seine Natur, denn er sich fürbass von ihnen
9   nicht scheiden mag und er hat ganzen Reichthum, und also wird der Geist
10   von Tugenden nicht gereichet, sondern von der Frucht der Tugend (der
11   Vereinigung mit Gott), die machet ihn reich. Denn das Höchste, wozu der
12   Geist kommen mag, ist, dass er wohnend sei in einem Wesen ob der Natur
13   und ob der Nothdurft der Tugend, d. i. dass alle Tugend der Seele so natür-
14   lich werden, nicht dass sie Tugend hätte, sondern dass sie Tugend selber
15   sei‘“.

• •
•

48   *([angeblich] 1826) [ECKHART]*
       ([eigentlich] 1854)
(Vom Segen und Fluch der Creatur. Drei Sendschreiben an Herrn Professor Görres
   [1826])
(Die Eckhart-Erwähnung erscheint jedoch erst in sw, Bd. 7 [1854]) (Die Schrift
   wurde in Baaders PSA nicht aufgenommen)

Berücksichtigte Ausgaben
𝔄   Straßburg: Fr. Le Roux, 1826
𝔅   ed. Hoffmann, sw, Bd. 7 (1854), S. 71–154, hier 91,39–92,3 (*Zusätze* zum ersten
    Sendschreiben – nicht in der Erstausgabe enthalten) (Schelling kannte diese Edi-
    tion; vgl. *Schellings Bibliothek*, S. 119 [n. 472])

Text (nach 𝔅)
1   „Anderswo sagt **Eckart**: ‚Die Seele soll ansehen ihr gewaltig und eben-
2   waltig Bild in Gott, das nie ausser Ihn kam. Denn die Vollmächtigkeit
3   (Vollendheit) des Geistes liegt daran, das das Icht, das Gott schuf, komme
4   zu seinem Nicht, das sein ewig Bilde ist‘“.

• •
•

49   *([angeblich] 1826) [ECKHART]*
       ([eigentlich] 1854)
(Vom Segen und Fluch der Creatur. Drei Sendschreiben an Herrn Professor Görres
   [1826])
(Die Eckhart-Erwähnung erscheint jedoch erst in sw, Bd. 7 [1854]) (Die Schrift
   wurde in Baaders PSA nicht aufgenommen)

Berücksichtigte Ausgaben

𝔄   Straßburg: Fr. Le Roux, 1826

𝔅   ed. Hoffmann, sw, Bd. 7 (1854), S. 71–154, hier 92,21–29 (*Zusätze* zum ersten *Send-schreiben* – nicht in der Erstausgabe enthalten) (Schelling kannte diese Edition; vgl. *Schellings Bibliothek*, S. 119 [n. 472])

Text (nach 𝔅)

1   „In diesem Sinne sagt **Eckart:** ,Der gerechte Mensch dient weder Gott
2   noch den Creaturen (um Lohn oder für ein Warum), denn Alles, das
3   geschehen ist (ein Warum hat), ist nicht frei, und dieweil Etwas über mir
4   ist (dem ich mich unterziehe), das Gott selber nicht ist, das drücket mich,
5   denn es ist unfrei. Der ungerechte Mensch (der sich selbst Gesetz sein
6   wollend sich, also eine Creatur, über sich setzt), der dienet aller Welt und
7   aller Creatur, es sei ihm lieb oder leid, und ist ein Knecht der Sünde' ".

∴

50   (*1826*) [*ECKHART*]
     ([*eigentlich*] *1854*)
(*Vom Segen und Fluch der Creatur. Drei Sendschreiben an Herrn Professor Görres*
     [1826])
(Die Schrift wurde in Baaders PSA nicht aufgenommen)

Berücksichtigte Ausgaben

𝔄   Straßburg: Fr. Le Roux, 1826, S. 37,26–28

𝔅   ed. Hoffmann, sw, Bd. 7 (1854), S. 71–154, hier 116,22 f. (Schelling kannte diese Edition; vgl. *Schellings Bibliothek*, S. 119 [n. 472])

Text (nach 𝔄)

1   „**Meister Eckart** sagt: ,daß dass Alles, was in die Zeit tritt, hiemit schon zu
2   altern (vergehen) beginnt' ".

Varianten (nach 𝔅)

1 *daß*] *dass* 𝔅   2 *vergehen*] *zu vergehen* 𝔅

∴

51   *([angeblich] 1826)* [*ECKHART*]
          ([eigentlich] 1854)
(Vom Segen und Fluch der Creatur. Drei Sendschreiben an Herrn Professor Görres
     [1826])
(Die Eckhart-Erwähnung erscheint jedoch erst in sw, Bd. 7 [1854]) (Die Schrift
     wurde in Baaders PSA nicht aufgenommen)

Berücksichtigte Ausgaben
𝔄   Straßburg: Fr. Le Roux, 1826
𝔅   ed. Hoffmann, sw, Bd. 7 (1854), S. 71–154, hier S. 149,25–27 (*Zusätze* zum dritten
      Sendschreiben – nicht in der Erstausgabe enthalten) (Schelling kannte diese Edi-
      tion; vgl. *Schellings Bibliothek*, S. 119 [n. 472])

Text (nach 𝔅)
1   „„So ist es, sagt **M. Eckart**, um einen todten Menschen, wenn er bewegt
2   soll werden, so muss man etwas A u s w e n d i g e s anrühren'".

∙∙
∙

52   *([angeblich] 1826)* [*ECKHART*]
          ([eigentlich] 1854)
(Vom Segen und Fluch der Creatur. Drei Sendschreiben an Herrn Professor Görres
     [1826])
(Die Eckhart-Erwähnung erscheint jedoch erst in sw, Bd. 7 [1854]) (Die Schrift
     wurde in Baaders PSA nicht aufgenommen)

Berücksichtigte Ausgaben
𝔄   Straßburg: Fr. Le Roux, 1826
𝔅   ed. Hoffmann, sw, Bd. 7 (1854), S. 71–154, hier S. 150,3–7 (*Zusätze* zum dritten
      Sendschreiben – nicht in der Erstausgabe enthalten) (Schelling kannte diese Edi-
      tion; vgl. *Schellings Bibliothek*, S. 119 [n. 472])

Text (nach 𝔅)
1   „Die merkwürdige Stelle bei **M. Eckart** lautet: ‚Wisset meine Seel ist als
2   jung, als da sie geschaffen ward, ja und noch viel jünger. Und wisset, mir
3   verschmachte, dass sie nicht wäre morgen jünger denn heut' (d. h. inniger
4   mit ihrem Urstande vereint, dessen Enrferntsein alt macht)".

∙∙
∙

53   ([*angeblich*] *1826*) [*ECKHART*]
       ([*eigentlich*] *1854*)

(*Vom Segen und Fluch der Creatur. Drei Sendschreiben an Herrn Professor Görres*
    [1826])

(Die Eckhart-Erwähnung erscheint jedoch erst in sw, Bd. 7 [1854]) (Die Schrift
    wurde in Baaders PSA nicht aufgenommen)

Berücksichtigte Ausgaben

𝔄   Straßburg: Fr. Le Roux, 1826

𝔅   ed. Hoffmann, sw, Bd. 7 (1854), S. 71–154, hier S. 152,1–13 (*Zusätze* zum dritten
      Sendschreiben – nicht in der Erstausgabe enthalten) (Schelling kannte diese Edi-
      tion; vgl. *Schellings Bibliothek*, S. 119 [n. 472])

Text (nach 𝔅)

1   „Bemerkenswerth ist die Stelle bei **M. Eckart**: ‚Der Mann, den du nun
2   hast, sagte Christus zur Samariterin, der ist nicht dein. Das war ihr freier
3   Wille, der war nicht ihr, denn er war gebunden in Todsünden und sie war
4   sein ungewaltig und darum war er ihr nicht. Denn wess der Mensch nicht
5   gewaltig ist, das ist sein nicht, es ist mehr dess, der sein gewaltig ist. Ich
6   sprech' aber, wenn der Mensch seines freien Willens gewaltig wird durch
7   die Gnade (welche ihn also löset von seiner Gebundenheit und ihn flies-
8   send, somit Gott aufopferbar macht) und dass er ihn vereinigen (lassen)
9   mag dem Willen Gottes etc. Denn nur durch die Gnade wird der Mensch
10   wieder gewaltig seines freien (geschaffenen) Willens, dass er ihn vereini-
11   gen mag gänzlich dem Willen Gottes'".

∴

54   ([*angeblich*] *1826*) [*ECKHART*]
       ([*eigentlich*] *1854*)

(*Vom Segen und Fluch der Creatur. Drei Sendschreiben an Herrn Professor Görres*
    [1826])

(Die Eckhart-Erwähnung erscheint jedoch erst in sw, Bd. 7 [1854]) (Die Schrift
    wurde in Baaders PSA nicht aufgenommen)

Berücksichtigte Ausgaben

𝔄   Straßburg: Fr. Le Roux, 1826

𝔅   ed. Hoffmann, sw, Bd. 7 (1854), S. 71–154, hier S. 153,5–8 (*Zusätze* zum dritten
      Sendschreiben – nicht in der Erstausgabe enthalten) (Schelling kannte diese Edi-
      tion; vgl. *Schellings Bibliothek*, S. 119 [n. 472])

Text (nach 𝕭)

1   „„Etliche Pfaffen, sagt **M. Eckart**, verstehen das nicht, dass etwas sei in der
2   Seele ob ihrer geschaffenen Natur, dass Gott also sipp (verwandt) ist und
3   also éin, gegen das alles Geschaffene (in und ausser ihr) fern, fremd und
4   nichts ist' ".

⁝

55   ([*angeblich*] *1826*) [ECKHART]
          ([*eigentlich*] *1854*)
(*Vom Segen und Fluch der Creatur. Drei Sendschreiben an Herrn Professor Görres*
    [1826])
(Die Eckhart-Erwähnung erscheint jedoch erst in sw, Bd. 7 [1854]) (Die Schrift
    wurde in Baaders PSA nicht aufgenommen)

Berücksichtigte Ausgaben

𝕬   Straßburg: Fr. Le Roux, 1826
𝕭   ed. Hoffmann, sw, Bd. 7 (1854), S. 71–154, hier S. 153,8–15 (*Zusätze* zum dritten
      Sendschreiben – nicht in der Erstausgabe enthalten) (Schelling kannte diese Edi-
      tion; vgl. *Schellings Bibliothek*, S. 119 [n. 472])

Text (nach 𝕭)

1   „Anderswo sagt **derselbe Meister:** ‚Da Gott die Seel schuf, da schuf Er
2   sie nach seiner höchsten Vollkommenheit, dass sie soll sein seine eigne
3   Geburt seines eingeborenen Sohns, denn er dies wohl erkannte, so wollt
4   er ausgehen aus seiner himmlischen Dress- (d. h. Kleid-) Kammer der ewi-
5   gen Vaterschaft, in der er ewiglich geschafen hat, bleibend (in principio)
6   im ersten Anfang der ersten Lauterkeit, da hat der Sohn aufgeschlagen
7   das Gezelt seiner ewigen Glorie' ".

⁝

56   (*1826/1827*) [ECKHART]
(*Vorlesungen gehalten an der Königlich-Bayerischen. Ludwig-Maximilians-*
    Hochschule über religiöse Philosophie im Gegensatze der irreligiösen, älterer
    und neuer Zeit, I. Heft: Einleitender Theil oder vom Erkennen überhaupt [1827])

Berücksichtigte Ausgaben

𝕬   München: bei Jakob Giel, 1827, S. 25,21–24 (Schelling kannte diese Edition; vgl.
      Schellings Bibliothek, S. 7 [n. 25])

𝔅 ed. Hoffmann, sw, Bd. 1 (1851), S. 151–320, hier S. 202,23–26 (Schelling kannte diese Edition; vgl. *Schellings Bibliothek*, S. 119 [n. 472])

Text (nach 𝔄 [= 𝔅])

1 „In derselben Liebe, sagt **Meister Eckart**, in der Gott Sich liebt, hat Er
2 auch mich lieb, und in derselben Liebe liebe auch ich Ihn, denn wo anders
3 nähme ich diese Liebe her?".

57 (*1826/1827*) [*TAULER*]

(*Vorlesungen gehalten an der Königlich-Bayerischen. Ludwig-Maximilians-Hochschule über religiöse Philosophie im Gegensatze der irreligiösen, älterer und neuer Zeit, I. Heft: Einleitender Theil oder vom Erkennen überhaupt* [1827])

Berücksichtigte Ausgaben

𝔄 München: bei Jakob Giel, 1827, S. 30,25 (Schelling kannte diese Edition; siehe *Schellings Bibliothek*, S. 7 [n. 25])
𝔅 ed. Hoffmann, sw, Bd. 1 (1851), S. 151–320, hier S. 212,27–213,8 (Schelling kannte diese Edition; vgl. *Schellings Bibliothek*, S. 119 [n. 472])

Text (nach 𝔄)

1 „[...] zu begreifen ist".

Varianten (nach 𝔅)

1 *ist*] 𝔅 fügt hier noch hinzu: **Tauler** (*Predigten S. 299. Basler Ausgabe*) *sagt: ‚der Sohn (als Bild des Vaters) ist der erste (unvermittelte) Ausbruch aus Gottes Natur. Und doch ist der Will nit ein Mittel zwischen dem Bild (Sohn) und Natur (Vater). Ja weder Bekennen, noch Wissen, noch Weisheit mag hie ein Mittel sein, denn das göttlich Bild bricht aus der Fruchtbarkeit der göttlichen Natur ohn' Mittel. Ist aber hie die Weisheit ein Mittel, die ist das Bild selber'. || Ebenso sagt J. Böhme (Gnadenwahl: 4,42) – ,Denn da (beim Urstand des Worts) ist kein (bedachter, willkürlicher) Vorsatz, sondern eine Geburt'. Was* **Tauler** *Bild nennt ist der Sohn und nicht das, was J. Böhme Bild Gottes als das Ternars (Sophia) nennt, das vermittelt hervorgeht.*

58   *(1826/1827)* [*ECKHART*]
(*Vorlesungen gehalten an der Königlich-Bayerischen. Ludwig-Maximilians-*
   Hochschule über religiöse Philosophie im Gegensatze der irreligiösen, älterer
   und neuer Zeit, I. Heft: Einleitender Theil oder vom Erkennen überhaupt [1827])

Berücksichtigte Ausgaben

𝔄   München: bei Jakob Giel, 1827, S. 36,12–15 (Schelling kannte diese Edition; siehe
      Schellings Bibliothek, S. 7 [n. 25])

𝔅   ed. Hoffmann, sw, Bd. 1 (1851), S. 151–320, hier S. 228,7–9 (Schelling kannte diese
      Edition; vgl. *Schellings Bibliothek*, S. 119 [n. 472])

Text (nach 𝔄)

1   „,Wer die Dinge (sich selber), sagt **Meister Eckart**, laßt da sie getrennt und
2   zerstreut sind, der n i m m t (besitzt) sie, da sie einig und ungetrennt sind'".

Varianten (nach 𝔅)

1 *selber*),] das Komma fehlt in 𝔅   1 *laßt*] *lässt* 𝔅

∴

59   *(1826/1827)* [*ECKHART*]
(*Vorlesungen gehalten an der Königlich-Bayerischen. Ludwig-Maximilians-*
   Hochschule über religiöse Philosophie im Gegensatze der irreligiösen, älterer
   und neuer Zeit, I. Heft: Einleitender Theil oder vom Erkennen überhaupt [1827])

Berücksichtigte Ausgaben

𝔄   München: bei Jakob Giel, 1827, S. 36,35–37,4 [einschließlich Fußnote *] (Schelling
      kannte diese Edition; siehe *Schellings Bibliothek*, S. 7 [n. 25])

𝔅   ed. Hoffmann, sw, Bd. 1 (1851), S. 151–320, hier S. 228,29–229,3 (Schelling kannte
      diese Edition; vgl. *Schellings Bibliothek*, S. 119 [n. 472])

Text (nach 𝔄)

1   „**Meister Eckart** drückt nun den Satz der Befreiung des Erkennenden in
2   seiner höchsten Anwendung (auf Gott) so aus: ‚Eben weil Gott frei ist
3   von allen Dingen, erkennt er alle Dinge, und ist alle Dinge', d. i. alle Dinge
4   haben ihr Bestehen und ihre Wahrheit nicht in sich, sondern in Ihm [*Fuß-*
5   *note* *: Darum sagt **er** auch, daß Gott allein von nichts abhängt, und nichts
6   an Ihm hangt], und Gott erkennt sie darum in dieser ihrer Wahrheit nicht
7   in ihnen, sondern in Sich als Auctor]".

Varianten (nach ℬ)

3 er),] Er ℬ   2 Dinge, d.i.] Dinge. Das heisst: ℬ   4–7 in Ihm (Fußnote*: Darum sagt
er auch, daß Gott allein von nichts abhängt, und nichts an Ihm hangt), und Gott erkennt
sie darum in dieser ihrer Wahrheit nicht in ihnen, sondern in Sich als Auctor] in Ihm und
Gott erkennt sie darum in dieser ihrer Wahrheit nicht in ihnen, sondern in Sich als Auc-
tor. Darum sagt **M. Eckart** auch, dass Gott allein von nichts abhängt und nichts an ihm
hängt ℬ

∴

60   (1826/1827) [ECKHART]
(Vorlesungen gehalten an der Königlich-Bayerischen. Ludwig-Maximilians-
Hochschule über religiöse Philosophie im Gegensatze der irreligiösen, älterer
und neuer Zeit, I. Heft: Einleitender Theil oder vom Erkennen überhaupt [1827])

Berücksichtigte Ausgaben

𝔄   München: bei Jakob Giel, 1827, S. 38,30 f. [Fußnote *] (Schelling kannte diese Edition; siehe Schellings Bibliothek, S. 7 [n. 25])

ℬ   ed. Hoffmann, sw, Bd. 1 (1851), S. 151–320, hier S. 230,29 f. [Fußnote *] (Schelling
kannte diese Edition; vgl. Schellings Bibliothek, S. 119 [n. 472])

Text (nach 𝔄)

1   „Die Seele, sagt **Meister Eckart**, soll seyn ein Beiwort, mit Gottes Wort
2   sprechend und wirkend".

Varianten (nach ℬ)

1 seyn] sein ℬ

∴

61   (1826/1827) [ECKHART]
(Vorlesungen gehalten an der Königlich-Bayerischen. Ludwig-Maximilians-
Hochschule über religiöse Philosophie im Gegensatze der irreligiösen, älterer
und neuer Zeit, I. Heft: Einleitender Theil oder vom Erkennen überhaupt [1827])

Berücksichtigte Ausgaben

𝔄   München: bei Jakob Giel, 1827, S. 81,27–36 [Fußnote *] (Schelling kannte diese
Edition; siehe Schellings Bibliothek, S. 7 [n. 25])

ℬ   ed. Hoffmann, sw, Bd. 1 (1851), S. 151–320, hier S. 283,20–28 (Fußnote *) (Schelling
kannte diese Edition; vgl. Schellings Bibliothek, S. 119 [n. 472])

Text (nach 𝔄)

1   „Die Conspiration eines hóhern und niedrigeren Geistes ist keine Con-
2   fundirung beider, wie denn schon die Gase in der materiellen Natur nicht
3   zusammenfliessen, und eben so ist die Wesenheitsunion beider keine
4   Vermischung der Homousia. **Meister Eckart** sagt: Gottes Wesen mag
5   nicht unser Wesen werden, sondern soll unser Leben sein, auch
6   werden wir mit Gott vereint in Schauung nicht in Wesung. Und zwar eben,
7   weil durch Schaffung unser Wesen aus Gott kam, ist und bleibt es von Got-
8   tes Wesen unterschieden. Das Gott ist in allen Kreaturen, das ist Er doch
9   darůber".

Varianten (nach 𝔅)

1 *hóhern*] *hóheren* 𝔅   1 *niedrigeren*] *eines niedrigeren* 𝔅   3 *zusammenfließen*] *zusam-*
menfliessen 𝔅   3 *ist*] fehlt in 𝔅   5 *seyn*] *sein* 𝔅   6 *Schauung*] 𝔅 fügt hier ein Komma
hinzu   6 *Und zwar*] fehlt in 𝔅   8 *Kreaturen*] *Creaturen* 𝔅   9 *darůber*] 𝔅 fügt hier
noch Anführungszeichen (") hinzu, als würde das Eckhart-Zitat hier enden

•••

62   (*1826/1827*) [*TAULER*]
(*Vorlesungen gehalten an der Kóniglich-Bayerischen. Ludwig-Maximilians-*
   Hochschule über religióse Philosophie im Gegensatze der irreligiósen, älterer
   und neuer Zeit, 1. Heft: Einleitender Theil oder vom Erkennen überhaupt [1827])

Berücksichtigte Ausgaben

𝔄   München: bei Jakob Giel, 1827, S. 82,19–83,4 (Schelling kannte diese Edition; siehe
      Schellings Bibliothek, S. 7 [n. 25])
𝔅   ed. Hoffmann, sw, Bd. 1 (1851), S. 151–320, hier S. 285,2–17 (Schelling kannte diese
      Edition; vgl. *Schellings Bibliothek*, S. 119 [n. 472])

Text (nach 𝔄)

1   „Unsere neuere Gesetz-Philosophie lăugnet nun bekanntlich die Inn-
2   wohnung oder das *Verbum caro factum*, nămlich die Menschwerdung
3   des moralischen Gesetzes, und ist hiemit dem Christenthume widerspre-
4   chend, und unverträglich mit ihm. So z.B. ist der Zustand des Menschen,
5   in welchem er mit seinem Gesetz in Differenz sich befindet, der unvoll-
6   endete, unversöhnte und unselige desselben, aber Kant grůndet eben sein
7   Postulat der Unsterblichkeit und der ewigen Seligkeit auf die ewige Per-
8   manenz dieser Unversöhntheit".

Varianten (nach 𝕭)

1–2 *Innwohnung*] *Innewohnung* 𝕭   2 *Verbum caro factum*] nicht kursiv 𝕭   3–4 *wider-sprechend,*] das Komma fehlt in 𝕭   5 *Gesetz*] *Gesetze* 𝕭   8 *Unversöhntheit*] 𝕭 fügt hier noch hinzu: *Das Princip der Kantischen Moralphilosophie ist somit die Leug-nung des Christs als Versöhners in alle Ewigkeit oder, wie **Tauler** sagt, als desjenigen, der in und durch seinen Tod am Kreuze e i n e n g a n z e n F r i e d u n d S o n machte zwischen dem Menschen und dem himmlischen Vater; und Kant stellte folglich nur eine Theorie der Unsterblichkeit der Verdammten auf*

∵

63   ([*angeblich*] *1828*) [*T A U L E R*]
       (*eigentlich 1855*)
(*Vorlesungen uber Speculative Dogmatik*, Erstes Heft [1828])
(Die Tauler-Erwähnung in der Fußnote erscheint jedoch erst in sw, Bd. 8 [1855])
(Die Schrift wurde in PSA nicht aufgenommen)

Berücksichtigte Ausgaben

𝕬   Stuttgart/Tübingen: Cotta 1828 (Schelling kannte diese Edition; vgl. *Schellings Bibliothek*, S. 6 f. [n. 23])
𝕭   ed. Hoffmann, sw, Bd. 8 (1855), S. 3–192, hier S. 24,15 f. (Fußnote *: S. 24,29–25,37)

Text (nach 𝕬)

1   „[…] aus dem Separatism hinaus".

Varianten (nach 𝕭)

1 *Separatism*] *Separatismus* 𝕭   1 *hinaus*] *heraus* 𝕭   1 *hinaus*] 𝕭 fügt hier in der Fuß-note noch hinzu: *Um wie viel vernünftiger unsere Vorfahren von der Vernunft dachten, zeigt folgende Stelle aus **Tauler'**s Predigten (Frankfurt a.M. 1826, 1. Theil, 14. Predigt): ,Der Vernunft Vorwurf und ihr Aufenthalt ist Wesen und nicht Zufall, sondern das blosse lautere Wesen in sich selber. Wenn nun die Vernunft erkennet eine Wahrheit eines Wesens, so neiget sie sich darauf und will darauf ruhen, da spricht sie ihr Wort vernünftiglich von dem Vor-wurf. (Stätte der Ruhe ist die der freien Expansion. Geburt des Wortes. Ruhen im Grunde ist frei [total] Wirken, Gebähren, Sich und Anderes Bekennen. Wie das formale Wollen nur durch Einführung in Grund sich erfüllt [bestimmt], so das formale Erkennen [Sehen]. Nur durch Einführung in einen Grund [Sehgrund] wird das formale Sehe oder Auge erfüllt und bestimmt). Aber so lange die Vernunft nicht findet Wahrheit des Wesens eigentlich, also dass sie den Grund nicht berühret, so dass sie möge sprechen: das i s t dies (nach Kant hat die Copula I s t keine Bedeutung) und ist also und anders nicht, so lange stehet sie allwege in einem Suchen und in einem Beiten (Arbeiten) und neiget sich nicht und ruhet nicht'. Wie*

übrigens der Wille (das Herz) seine wahre Ruhe, Grund und Lust nur damit findet, dass
er sich von dem Enthalt und Aufenthalt jedes falschen Rufens, Genügens, jeder falschen
Lust scheidet, so findet unsere Vernunft ihr wahres Bekenntniss und Aufenthalt gleichfalls
nur in der Scheidung und Befreiung von allem nichtwahren Bekenntniss und in diesem
Sinne fängt unser Wissen von Nichtwissen, unser Wollen von Nichtwollen, unser Thun von
Nichtthun, unser Herrschen von Gehorsamen, unsere Freude von Leid an. Während Kant
sagt, die Vernunft vermöge das Wesen der Dinge nicht zu erkennen, sie sei bloss regulativ,
*so sagt **Tauler** gerade umgekehrt: die Vernunft ruht nicht bis sie in ihrem Grunde ist*

•••

64   ([*angeblich*] *1828*) [*TAULER*]
**   (*eigentlich 1855*)**
(*Vorlesungen uber Speculative Dogmatik*, Erstes Heft [1828])
(Die Tauler-Erwähnung in der Fußnote erscheint jedoch erst in sw, Bd. 8 [1855])
(Die Schrift wurde in PSA nicht aufgenommen)

Berücksichtigte Ausgaben
𝔄   Stuttgart/Tübingen: Cotta 1828 (Schelling kannte diese Edition; vgl. *Schellings*
         Bibliothek, S. 6 f. [n. 23])
𝔅   ed. Hoffmann, sw, Bd. 8 (1855), S. 3–192, hier S. 36,21 (Fußnote: S. 37,26–29)

Text (nach 𝔄)
1   „[...] die Endlichkeit [...]“.

Varianten (nach 𝔅)
1 *Endlichkeit*] 𝔅 fügt hier in der Fußnote noch hinzu: ‚*Der Prophet spricht: Gott führt*
die Gerechten durch einen engen Weg in die breite Strasse, dass sie kommen in die Weite,
*d. h. in die Freiheit des Geistes, der éin Geist mit Gott worden ist‘. **Tauler's** 3. Predigt in der*
Frankf. Ausgabe vom J. 1826. Aber Gott selbst als Geist gebiert sich selber durch Enge aus.
So ist in der Liebe der wechselseitige Ueber- und Eingang, der Sieger wird zum Besiegten,
der Besiegte zum Sieger

•••

65   ([*angeblich*] *1828*) [*TAULER*] [*ECKHART*]
**   (*eigentlich 1855*)**
(*Vorlesungen uber Speculative Dogmatik*, Erstes Heft [1828])
(Die Eckhart-Erwähnung in der Fußnote erscheint jedoch erst in sw, Bd. 8
    [1855])
(Die Schrift wurde in PSA nicht aufgenommen)

Berücksichtigte Ausgaben

𝔄   Stuttgart/Tübingen: Cotta 1828 (Schelling kannte diese Edition; vgl. *Schellings Bibliothek*, S. 6f. [n. 23])

𝔅   ed. Hoffmann, sw, Bd. 8 (1855), S. 3–192, hier S. S. 54,31f. [Fußnote *: S. 54,35]

Text (nach 𝔄)

1   „[…] und der Priester war Philosoph wie dieser Priester".

Varianten (nach 𝔅)

1 *dieser*] *der Philosoph* 𝔅   1 *wie dieser Priester*] 𝔅 fügt hier in der Fußnote noch hinzu: *Meister Eckart und Tauler nennen Plato den grossen Pfaffen*

∴

66   ([*angeblich*] *1828*) [*ECKHART*]
    (***eigentlich 1855***)

(*Vorlesungen uber Speculative Dogmatik*, Erstes Heft [1828])
(Die Eckhart-Erwähnung in der Fußnote erscheint jedoch erst in sw, Bd. 8 [1855])
(Die Schrift wurde in PSA nicht aufgenommen)

Berücksichtigte Ausgaben

𝔄   Stuttgart/Tübingen: Cotta 1828 (Schelling kannte diese Edition; vgl. *Schellings Bibliothek*, S. 6f. [n. 23])

𝔅   ed. Hoffmann, sw, Bd. 8 (1855), S. 3–192, hier S. 152,35 (*Erläuterungen zur Lehre von der Freiheit*, n. 44: S. 188,13–15)

Text (nach 𝔄)

1   „Tantae molis erat, divinam condere gentem".

Varianten (nach 𝔅)

1 *gentem* (Schluss des Werkes in dessen Erstausgabe)] 𝔅 fügt noch einen Abschnitt mit dem Titel ‚Erläuterungen zur Lehre von der Freiheit' hinzu; in der 44. ‚Erläuterung' heißt es (S. 188,13–15): *Meister Eckart sagt: Dass der Vater immer nur dahin treibe und jage, dass sein Sohn geboren werde. Er durchsucht alle Wesen bis in seinen innersten Grund, um den Sohn zu finden, und er lässt Keinem Frieden, bis er ihn gefunden hat*

∴

67   (*1829*) [*TAULER*] [*ECKHART*]
(*Brief an Dr. S. den vorletzten April 1829*)

Berücksichtigte Ausgabe
𝔄   ed. Hoffmann, sw, Bd. 15 (1857), S. 454,33–455,2

Text
1   „Wer in meinen Schriften Pantheismus finden will, der kann und soll ihn
2   meinetwegen auch beim H. Paulus finden. Eben so falsch ist es, dem
3   **Tauler und Meister Eckart** solche Vorwürfe zu machen, welche indess
4   allerdings den Scotus Erigena und den Verfasser der deutschen Theologie
5   wenigstens zum Theil treffen".

∴

68   (*1829*) [*TAULER*] [*ECKHART*]
(*Socialphilosophische Aphorismen aus verschiedenen Zeitblättern,*
1: Aus meinem Tagebuche [1829])

Berücksichtigte Ausgaben
𝔄   in: *Eos. Münchener Blätter für Literatur und Kunst* 13 (1829), n. 61 (17. April),
      S. 248a–249a; n. 148 (16. September), S. 595a–596b; n. 156 (30. September),
      S. 627a–628b; n. 158 (3. Oktober), S. 635a–636b; n. 159 (5. Oktober 1829), S. 639a–
      640a,
      hier n. 156 (30. September 1829), S. 628a,38–b,5; einschließlich Fußnote *:
      S. 628a,40–b,42
𝔅   ed. Hoffmann, sw, Bd. 5 (1854), S. 249–271, hier S. 263,1–7; einschließlich Fußnote
      *: S. 263,27–35 (Schelling kannte diese Edition; vgl. *Schellings Bibliothek*, S. 119
      [n. 472])

Text (nach 𝔄)
1   „„Du erkennst, liebst und brauchst, sagt **Meister Eckart**, nicht andere
2   Dinge in und außer Gott (der Wahrheit), in der Ewigkeit und Zeit, sondern
3   du erkennst, liebst und brauchst dieselben Dinge anders; lässest du die
4   Kreaturen da, wo sie zertheilt, zersplittert, unvollendet und in Zwietracht
5   sind, so nimmst und findest du sie wieder da, wo sie geeint und vollendet
6   sind (in Gott)'" [Fußnote *: „Von diesem **Meister Eckart** weiß man nur,
7   daß er zu **Tauler**'s Zeiten in Strasburg im Predigerorden lebte und lehrte,
8   und die wenigen Fragmente seiner Doctrin, die uns geblieben sind, erreg-
9   ten die Bewunderung des Denkers sowohl wegen der Tiefe und Kühnheit

10   der Spekulation, als wegen jener des religiösen Gefühls, in welchem seine
11   Spekulation sich bewegt und hält. Hätte sich der Geist der Spekulation
12   in neuern Zeiten in Deutschland an diesem und ihm verwandten Theo-
13   logen des Mittelalters entzündet, anstatt an Spinoza u. s. g., so stünde es
14   allerdings besser mit der religiösen Philosophie"].

Varianten (nach 𝕭)

2 *außer*] *ausser* 𝕭   2 *Zeit*] *in der Zeit* 𝕭   4 *Kreaturen*] *Creaturen* 𝕭   6 *weiß*] *weiss* 𝕭
7 *daß*] *dass* 𝕭   7 *Strasburg*] *Strassburg* 𝕭   10 *Spekulation*] *Speculation* 𝕭   11 *Spe-*
kulation (i)] *Speculation* 𝕭   11 *Spekulation* (ii)] *Speculation* 𝕭   12 *neuern*] *neueren* 𝕭
13 *u. s. g.*] *und seines Gleichen* 𝕭

∵

69   ([*angeblich*] *1829*) [*TAULER*]
        ([*eigentlich*] *1832*)
(*Socialphilosophische Aphorismen aus verschiedenen Zeitblättern,*
1: Aus meinem Tagebuche [1829])
(Die Tauler-Erwähnung erscheint jedoch erst in PSA, Bd. 2 [1832]
[von Baader selbst hinzugefügt])

Berücksichtigte Ausgaben

𝕬   in: *Eos. Münchener Blätter für Literatur und Kunst* 13 (1829), n. 61 (17. April),
    S. 248a–249a; n. 148 (16. September), S. 595a–596b; n. 156 (30. September),
    S. 627a–628b; n. 158 (3. Oktober), S. 635a–636b; n. 159 (5. Oktober 1829), S. 639a–
    640a
𝕭   in: PSA, Bd. 2 (1832), S. 383–395, hier S. 389,10–17
𝕮   ed. Hoffmann, SW, Bd. 5 (1854), S. 249–271, hier S. 264,19–25 (Schelling kannte
    diese Edition; vgl. *Schellings Bibliothek*, S. 119 [n. 472])

Text (nach 𝕭)

1   „Wir achten nämlich Gott darum nicht für unweise noch für unselig, weil
2   Er Sich allen Menschen liebend giebt und doch von wenigen die volle
3   Anerkennung seiner Liebe empfängt, und weil er, wie **Tauler** sagt, gleich-
4   sam so thörigt die Menschen (seine Geschöpfe) liebt, daß er's ihnen zum
5   Verdienst anrechnet und recht dankbar dafür ist, daß sie sich von Ihm
6   lieben und hiedurch beseligen lassen".

Varianten (nach Ⅽ)

1 *nämlich*] *nemlich* Ⅽ   2 *giebt*] *gibt* Ⅽ   2 *doch*] Ⅽ fügt *nur* hinzu   2 *wenigen*]
Wenigen Ⅽ   4 *thörigt*] *thöricht* Ⅽ   4 *daß*] *dass* Ⅽ   4 *er's*] *er es* Ⅽ   5 *Verdienst*]
Verdienste Ⅽ   5 *daß sie*] fehlt in Ⅽ   6 *beseligen zu lassen*] *beseligen zu lassen* Ⅽ

∴

70   (*1829*) [*TAULER*]
(*Böhme-Vorlesungen, I. Aus Privatvorlesungen über J. Böhme's Lehre
mit besonderer Beziehung auf dessen Schrift: Von der Gnadenwahl* [1829])

Berücksichtigte Ausgabe

Ⅻ   ed. Hamberger, sw, Bd. 13 (1855), S. 57–158, hier S. 122,18–24

Text

1   „**Tauler** sagt: Der Ausgang bedingt den Eingang. Das Sichspiegeln ist das
2   Sich als Inneres mittelst eines Aeussern Finden. Es findet also ein Sichtref-
3   fen einer inneren und einer äusseren Formung statt. Der Begriff des Spie-
4   gelns fällt daher als jener der Mitte zwischen der inneren und der äus-
5   seren Gestaltung mit jenem des Geistes als Lebens zusammen und ist
6   untrennbar von ihm".

∴

71   (*1829*) [*ECKHART*]
(*Böhme-Vorlesungen, I. Aus Privatvorlesungen über J. Böhme's Lehre
mit besonderer Beziehung auf dessen Schrift: Von der Gnadenwahl* [1829])

Berücksichtigte Ausgabe

Ⅻ   ed. Hamberger, sw, Bd. 13 (1855), S. 57–158, hier S. 137,15 f.

Text

1   „Auch **Meister Ekart** sagt: Ich bin ungeboren. – In ipso vita erat. – Die
2   Creatur ist Beiwort des göttlichen Wesens".

∴

72   (*nach 1829*) [*ECKHART*]
(*Böhme-Vorlesungen, III. Erläuternde Anmerkungen zu Jacob Böhme's Abhandlung über die Gnadenwahl* [nach 1829])

Berücksichtigte Ausgabe

𝔄   ed. Hamberger, sw, Bd. 13 (1855), S. 237–316, hier S. 277,25–31

Text

1   „… in der Ewigkeit … **Meister Eckart** bewies seinen tiefen Einblick in
2   das Wesen der Zeit oder Zeitlichkeit mit der Behauptung, dass letztere
3   per separationem genitoris et geniti entsteht und besteht, d.h. durch die
4   Scheidung der Eigenschaften beider in der Creatur. Was nemlich in der
5   Union als genitor und genitus besteht, das tritt in der Scheidung als mas
6   und femina hervor".

∴

73   (*nach 1829*) [*TAULER*]
(*Böhme-Vorlesungen, IV. Bruchstück eines Commentars zu J. Böhme's Abhandlung über die Gnadenwahl* [nach 1829])

Berücksichtigte Ausgabe

𝔄   ed. Hamberger, sw, Bd. 13 (1855), S. 317–330, hier S. 327,33–328,1

Text

1   „Und hier erst erhält jenes mich Aufheben seinen schönsten und wahrs-
2   ten Sinn, als Hinauf- oder Emporgehobenwerden und Sein mein
3   Selbst, vielmehr über mich selbst, oder, wie **Tauler** sagt: Mein Verlieren
4   wird mein Fund".

∴

74   (*1830*) [*ECKHART*] [*TAULER*]
(*Brief an an Dr. S. vom 2. Januar 1830*)

Berücksichtigte Ausgabe

𝔄   ed. Hoffmann, sw, Bd. 15 (1857), S. 457,19–29.

Text

1   „Ein wichtiges Werk habe ich unter der Feder – die sämmtlichen Pre-
2   digten von **Meister Eckart, dem Lehrer Taulers**, von dem letzterer alle
3   speculativen Schätze hat. Ein seltener Codex in unserer Bibliothek hat
4   mich zu dieser Arbeit bestimmt, bei welcher ich indessen mit Anmer-
5   kungen die Schwäche jener nachweisen werde, welche diesem Meister

6   (dem Centralgeist der Mystik des Mittelalters) Pantheismus vorwerfen,
7   was auch in Rom geschah, von dem aus ja auch Galilei, die Antipoden,
8   Aristoteles etc. verdammt wurden. Sollten E. Hochw. oder Ihren Freun-
9   den von diesem **Meister Eckart** bemerkenswerthe Notizen bekannt sein,
10   so bitte ich mir selbe mitzutheilen".

⠆

75   (*[angeblich] 1830*) [*TAULER*]
      (*[eigentlich] 1855*)
(*Vorlesungen uber Speculative Dogmatik*, Zweites Heft [1830])
(Die Tauler-Erwähnung in der Fußnote erscheint jedoch erst in sw, Bd. 8 [1855])
(Die Schrift wurde in Baaders *Philosophischen Schriften und Aufsätzen* nicht
   aufgenommen)

Berücksichtigte Ausgaben
𝔄   Münster: In der Theissingschen Buchhandlung, 1830 (nachweisbar ist allein
      Schellings Kenntnis des ersten Heftes des Werkes; vgl. *Schellings Bibliothek*, S. 6 f.
      [n. 23]; es ist jedoch sehr wahrscheinlich, dass Schellings Exemplar das ganze
      Werk umfasste)
𝔅   ed. Hoffmann, sw, Bd. 8 (1855), S. 193–304, hier S. 208,15 f. (Fußnote **: S. 208,32–
      36)

Text (nach 𝔄)
1   „[...] zu erweisen".

Varianten (nach 𝔅)
1 *erweisen*] 𝔅 fügt hier noch in der Fußnote hinzu: *Wie das Uebernatürliche nicht unna-
türlich oder naturwidrig, sondern naturvollendend ist, so ist das Uebervernünftige das die
Vernunft der Creatur Vollendende, und wie Gott (nach **Tauler**'s Ausdruck) nicht ein Zerstörer, sondern ein Vollender der Natur ist, so ist er nicht ein Zerstörer, sondern ein Vollender
der Vernunft der Creatur*

⠆

76   (*1830*) [*TAULER*]
(*Vorlesungen uber Speculative Dogmatik*, Zweites Heft [1830])

Berücksichtigte Ausgaben

𝔄 Münster: In der Theissingschen Buchhandlung, 1830, S. 21,16–24 (nachweisbar ist allein Schellings Kenntnis des ersten Heftes des Werkes; vgl. *Schellings Bibliothek*, S. 6 f. [n. 23]; es ist jedoch sehr wahrscheinlich, dass Schellings Exemplar das ganze Werk umfasste)

𝔅 ed. Hoffmann, sw, Bd. 8 (1855), S. 193–304, hier S. 213,4–11

Text (nach 𝔄)

1 „Denn wenn nach jenem Ausdrucke **eines alten deutschen Theologen**
2 gesagt wird, ‚dass der Vater leert, der Sohn als das Licht und Wort erfüllt,
3 der Geist als Glanz oder Stimme die Kraftfülle ausgeußt‘, so ist offenbar,
4 jenes Leeren und Zehren der falschen oder eingebildeten Fülle und jenes
5 Erwecken des Feuertriebs als der Sucht nach Licht (*ignis, indigentia lumi-*
6 *nis*, wie *natura indigentia gratiae* oder *Dei*) die *conditio sine qua non* zur
7 Erlangung dieser Erkenntniß selber".

Varianten (nach 𝔅)

3 *ausgeußt*] *ausgeusst* 𝔅   3 *offenbar,*] das Komma fehlt in 𝔅   5 *Feuertriebs*] *Feuer-*
triebes 𝔅   5–6 *ignis, indigentia luminis*] nicht kursiv 𝔅   6 *natura indigentia gratiae*]
nicht kursiv 𝔅   6 *Dei*] nicht kursiv 𝔅   6 *conditio sine qua non*] nicht kursiv 𝔅
7 *Erkenntniß*] Erkenntniss 𝔅

∵

77   (*[angeblich] 1830*) [*ECKHART*]
      (*[eigentlich] 1855*)
(*Vorlesungen uber Speculative Dogmatik*, Zweites Heft [1830])
(Die Tauler-Erwähnung in der Fußnote erscheint jedoch erst in sw, Bd. 8 [1855])
(Die Schrift wurde in Baaders *Philosophischen Schriften und Aufsätzen* nicht
   aufgenommen)

Berücksichtigte Ausgaben

𝔄 Münster: In der Theissingschen Buchhandlung, 1830 (nachweisbar ist allein Schellings Kenntnis des ersten Heftes des Werkes; vgl. *Schellings Bibliothek*, S. 6 f. [n. 23]; es ist jedoch sehr wahrscheinlich, dass Schellings Exemplar das ganze Werk umfasste)

𝔅 ed. Hoffmann, sw, Bd. 8 (1855), S. 193–304, hier S. 255,5 (Fußnote: S. 256,30–34)

Text (nach 𝔄)

1 „[…] zusammenfallen".

Varianten (nach 𝕭)

1 *zusammenfallen*] 𝕭 fügt hier noch in der Fußnote hinzu: *Was es übrigens mit jener*
Zeitschuld für eine Bewandtniss hat, das sprach am richtigsten bereits **Meister Eckart**
aus, indem er sagte: ,Dass alle Creatur (in ihrem Normalstreben) immer darnach jage und
treibe, dass sie (Gott, dem Vater) einen Sohn gebäre', welchen Sohn sie ihm aber (in der
Zeit) schuldig bleibt

• •
•

78   *(1831)* [*TAULER*]
(*Elementarbegriffe über die Zeit als Einleitung zur Philosophie der Societät und*
    der Geschichte [1831])

Berücksichtigte Ausgabe

𝕬   ed. Schlüter, sw, Bd. 14 (1851), S. 29–54, hier S. 30,15–21

Text

1   „Wie nemlich in unserem Herzen, wie **Tauler** sagt, ein Centrum ist, in wel-
2   ches keine Creatur eindringen soll, so soll auch in das Centrum unseres
3   Geistes keines anderen Menschen Geist eindringen wollen, wesswegen
4   Alles, was die Menschen sich einander sagen, keinen andern Zweck haben
5   soll, als jenen der wechselseitigen Hilfe, um das in sich zu vernehmen, was
6   nicht gesagt wird, und was dem Menschen unsagbar ist".

• •
•

79   *(1831)* [*ECKHART*]
(*Elementarbegriffe über die Zeit als Einleitung zur Philosophie der Societät und*
    der Geschichte [1831])

Berücksichtigte Ausgabe

𝕬   ed. Schlüter, sw, Bd. 14 (1851), S. 29–54, hier S. 33,23–29

Text

1   „Diese Verjüngung eines Wesens ist somit als seine Herausführung
2   (Befreiung) von seiner Zeitbindung (Materialität) zu begreifen, weil
3   eigentlich mit seinem Eintritt in die Zeit sein Altern begann, wie denn
4   **Meister Eckart** sagt, dass der Foetus zu altern beginnt, oder aufhört jung
5   zu sein, so wie er zeitlich zu leben beginnt, und somit zum Sterben bereits
6   alt genug worden ist".

∴

80   (*1831*) [*ECKHART*]
(*Brief an Ernst von Lasaulx vom 25. September 1831*)

Berücksichtigte Ausgabe
𝔄   ed. Susini, *Lettres inédites*, Bd. 4 (1967), S. 224, hier S. 224,5–8 und S. 224,14–17.

Text
1   „Mit grossem Vergnügen habe ich Eur Hochw. Verehrliches Schreiben
2   (Rom, 27. Aug. h. J.) erst vor kurzem erhalten und was Sie mir von Sich und
3   Ihrer vorhabenden Reise, so wie was Sie vom M. Eckart schrieben, hat zu
4   meiner Beruhigung gedient. [...]. Es würde gut und mir lieb seyn, wenn
5   Sie vor Ihrer Abreise von Rom mir von M. Eckart schickten, was beson-
6   ders meine Bearbeitung bedarf, damit bei Ihrer Rükkehr die Publication
7   um so schneller geschehen kann".

∴

81   (*1831/1832*) [*ECKHART*]
(*Religiöse Societäts-Philosophie in siebzehn Vorlesungen* [1832/1832])

Berücksichtigte Ausgabe
𝔄   ed. Schlüter, sw, Bd. 14 (1851), S. 55–160, hier S. 67,6–11

Text
1   „Es sind nicht andere Dinge, sagt **Meister Eckart**, die du zeitlich und
2   ewig schaust, in sie wirkst oder von ihnen gewirkt wirst, sie nimmst oder
3   besitzest, sondern es sind dieselben Dinge, die du nur anders schaust,
4   nimmst oder besitzest, so wie du kein anderer Mensch bist, wenn du zeit-
5   lich, ein anderer, wenn du ewig bist, wohl aber derselbe Mensch anders
6   bist".

∴

82   (*1831/1832*) [*ECKHART*]
(*Religiöse Societäts-Philosophie in siebzehn Vorlesungen* [1832/1832])

Berücksichtigte Ausgabe
𝔄   ed. Schlüter, sw, Bd. 14 (1851), S. 55–160, hier S. 93,6–29

Text

1   „Ich kann nicht umhin hier schon, wenn auch nur im Vorbeigehen, Ihren
2   Blick auf ein Geheimniss zu lenken, von dem freilich nur wenige Meister
3   in Israel Kunde haben, geschweige dass sie im Stande wären uns solches
4   zu enthüllen, welche Enthüllung indess der erleuchteste aller Theologen
5   des Mittelalters, **Meister Eckart**, uns theils gibt, theils aufgibt. Es ist nem-
6   lich jene auch noch von Bossuet als richtig zugegebene Lesart einer Stelle
7   im Evangelium Johannis bekannt, nach welcher es heisst: Quod factum
8   est, in ipso vita erat, womit nemlich gesagt wird, dass das im Menschen
9   seiende, ihm (als geschaffenem Gebilde) eingehauchte höhere Leben im
10 Worte war, freilich nicht als solches, d.h. als geschiedenes, selbstisches
11 oder als vita propria, jedoch weder als todt, noch als nichts, dass ferner
12 nach dem so eben Bemerkten dieser erste Ausgang einen von der Crea-
13 tur durch ihre Wiedereingabe in Gott bewirkten Wiedereingang dieses
14 Hauchs oder Odems bedingte, so wie endlich, dass der nun erst noch
15 erfolgende zweite Wiederausgang aus dem schaffenden Wort, dieser gött-
16 liche Hauch als untrennbar bei und mit Gott seiend als Beiwort dem Wort,
17 wie **Eckart** sagt, sowohl die geschaffene Seele als den geschaffenen Leib
18 der Creatur derselben untrennbaren Verbindung mit Gott, somit auch
19 unter sich theilhaft machte oder machen sollte, welche er selber gewon-
20 nen hat oder gewinnen sollte, und welche Untrennbarkeit die Creatur
21 früher nicht haben und auch auf anderem Wege nicht erlangen konnte“.

⁚

83   (*1831/1832*) [*ECKHART*]
(*Religiöse Societäts-Philosophie in siebzehn Vorlesungen* [1832/1832])

Berücksichtigte Ausgabe
𝔄   ed. Schlüter, sw, Bd. 14 (1851), S. 55–160, hier S. 97,6–9

Text

1   „**Meister Eckart senior** sagt, dass Zeit und Stätte (Raum) nur da hervortre-
2   ten, wo der Vater und der Sohn ungeeint sind, so wie sie bei der Rückkehr
3   des Sohnes in den Vater wieder verschwinden“.

⁚

84   (*1831/1832*) [*ECKHART*]
(*Religiöse Societäts-Philosophie in siebzehn Vorlesungen* [1832/1832])

Berücksichtigte Ausgabe

𝔄   ed. Schlüter, sw, Bd. 14 (1851), S. 55–160, hier S. 125,11–16

Text

1   „Der tiefsinnige **Meister Eckart** sagt, wie ich letzthin bemerkte, von die-
2   sem von uns gewonnenen Standpuncte aus in seiner Sprache sehr ein-
3   leuchtend, dass die Zeit, das Zeitliche, nur entstehe, wenn und wo der
4   Vater und der Sohn getrennt oder abgekehrt sich befinden, und dass das
5   Zeitliche zum Ewigen wird, sowie beide sich in einem solchen Seienden
6   in einander finden".

∴

85   *(1831/1832)* [*ECKHART*]
(*Religiöse Societäts-Philosophie in siebzehn Vorlesungen* [1832/1832])

Berücksichtigte Ausgabe

𝔄   ed. Schlüter, sw, Bd. 14 (1851), S. 55–160, hier S. 132,21–26

Text

1   „Es hängt Gottes Leben selber daran, sagt **Meister Eckart**, dass er eine
2   solche sich ihm verbunden habende Creatur in diesem Bunde erhält,
3   und von einem Wiederverderben oder Sterben einer solchen Creatur zu
4   reden, wäre ebenso sinnlos, als von einem Verderben oder Sterben Gottes
5   selber zu sprechen".

∴

86   *(1833)* [*ECKHART*]
(*Böhme-Vorlesungen, 11. Vorlesungen über die Lehre Jacob Böhme's mit besonderer Beziehung auf dessen Schrift: Mysterium Magnum* [1833])

Berücksichtigte Ausgabe

𝔄   ed. Hamberger, sw, Bd. 13 (1855), S. 159–236, hier S. 165,26 f.

Text

1   „Richtiger sagt **Meister Eckart**: ‚Gott ist, der von Nichts abhängt, und an
2   dem Nichts hangt' ".

∴

87   (*1833*) [*ECKHART*]

(*Böhme-Vorlesungen, 11. Vorlesungen über die Lehre Jacob Böhme's mit besonderer Beziehung auf dessen Schrift: Mysterium Magnum* [1833])

Berücksichtigte Ausgabe

𝔄   ed. Hamberger, sw, Bd. 13 (1855), S. 159–236, hier S. 229,1–8

Text

1   „So haben wir in einer früheren Vorlesung bereits vernommen, dass die
2   intelligente selbstische Creatur nur dadurch in eine indissoluble Einung
3   mit Gott eingeht, dass selbe der creatürlichen Manifestation Gottes oder
4   Seinem Ausscheinen durch sie als Bild Gottes dient, oder, wie **Meister**
5   **Eckart** sagt, als Beiwort zum Gottwort. ‚Geuss dich aus, sagt **selber**, in
6   Gott, damit du voll werdest von Gott, und dass Gott sich durch dich aus-
7   giessen kann'".

∴

88   (*1833*) [*TAULER*]

(*Ueber eine Aeußerung Hegels in dessen zweyter Ausgabe der Encyklopädie der philosophischen Wissenschaften über die Eucharistie* [1833])

Berücksichtigte Ausgaben

𝔄   in: *Bayerische Annalen* 1 (1833), n. 102 (22. August 1833), S. 740a–744b, hier
    S. 743b,29–31 [Fußnote *]

𝔅   ed. Hoffmann, sw, Bd. 7 (1854), S. 247–258, hier S. 256,4 f. (Schelling kannte diese
    Edition; siehe *Schellings Bibliothek*, S. 119 [n. 472])

Text nach 𝔄

1   „Der gute Geist, sagt **Tauler**, ist nicht ein Zerstörer (Hasser) sondern ein
2   Vollender (Liebhaber) der Natur".

Varianten (nach 𝔅)

1 (*Hasser*)] 𝔅 fügt hier ein Komma hinzu

∴

89   (*1833*) [*TAULER*]

(*Vorlesungen über Speculative Dogmatik*, Drittes Heft [1833])

Berücksichtigte Ausgaben

𝔄   Münster: In der Theissingschen Buchhandlung, 1833, S. 36,25–37,6 (nachweisbar
      ist allein Schellings Kenntnis des ersten Heftes des Werkes; vgl. *Schellings Biblio-*
      thek, S. 6 f. [n. 23]; es ist jedoch sehr wahrscheinlich, dass Schellings Exemplar das
      ganze Werk umfasste)
𝔅   ed. Hoffmann, sw, Bd. 8 (1855), S. 305–368, hier S. 342,4–9

Text (nach 𝔄)

1   „Eine Befreieung und Freihaltung, die übrigens selber frei und ohne allen
2   Zwang geschehen muß und nur kann, weil die Behauptung **Taulers** (daß
3   im Herzen jedes Menschen ein Allerinnerstes ist, in welches kein and-
4   rer Mensch, er mag Namen und Beruf haben, welchen er will, eindringen
5   wollen und selbes in Besitz nehmen soll) auch vom erkennenden Geiste
6   jedes Menschen gilt".

Varianten (nach 𝔅)

2 *muß*] *muss* 𝔅   2 *Taulers,*] *Tauler's* 𝔅   2 *daß*] *dass* 𝔅   3–4 *andrer*] *anderer* 𝔅
4 *Geiste*] *Geist* 𝔅

∵

90   *(1833)* [*ECKHART*]
(*Vorlesungen uber Speculative Dogmatik*, Drittes Heft [1833])

Berücksichtigte Ausgaben

𝔄   Münster: In der Theissingschen Buchhandlung, 1833, S. 61,30–62,12 (nachweisbar
      ist allein Schellings Kenntnis des ersten Heftes des Werkes; vgl. *Schellings Biblio-*
      thek, S. 6 f. [n. 23]; es ist jedoch sehr wahrscheinlich, dass Schellings Exemplar das
      ganze Werk umfasste)
𝔅   ed. Hoffmann, sw, Bd. 8 (1855), S. 305–368, hier S. 365,24–366,3

Text (nach 𝔄)

1   „Was nåmlich vermöge seiner constitutiven Natur und also Bestimmung
2   **nur Mitlauter (Beiwort) eines Selbstlauters,** und nicht letzterer selber
3   für sich sein kann, und doch ohne und gegen den Selbstlauter zu lau-
4   ten oder sich geltend zu machen (sich zu manifestiren) strebt, muß nicht
5   nur von diesem Selbstlauter aus- und abgeschlossen bleiben, sondern
6   in dieser Abgeschlossenheit seinem tantalischen Bestreben als seiner
7   Quaal heimgegeben sich finden. Womit also der von der Religion auf-
8   gestellte Begriff des seligen, himmlischen, und des unseligen, höllischen

9   Seyn der Kreatur, der Vernunft einleuchtend gemacht wird, indem jene
10   zum Schöpfer **sich als der Mitlauter (Beiwort oder *adverbium*) zum**
11   **Selbstlauter (Wort oder *verbum par excellence*)** verhält, welcher Selbst-
12   lauter sich positiv für jenen und in jenem Mitlauter manifestirt, der als
13   solcher ihm dient, negativ aber, oder den Mitlauter verstummen
14   machend, falls dieser sich ihm entzieht oder entgegen zu setzen strebt".

Varianten (nach ℬ)

1 *nämlich*] *nemlich* ℬ   4 *muß,*] *muss* ℬ   7 *Quaal*] *Qual* ℬ   9 *Seyn*] *Sein* ℬ   9 *Krea-tur*] *Creatur* ℬ   10 *adverbium*] nicht kursiv ℬ   11 *verbum par excellence*] nicht kursiv ℬ

··

91   (*1834*) [*ECKHART*]
(*Ueber den Evolutionismus und Revolutionismus oder über die positive und nega-tive Evolution des Lebens überhaupt und des socialen Lebens insbesondere* [1834])

Berücksichtigte Ausgaben
𝔄   in: *Bayerische Annalen* (1834), n. 28 (6. März 1834), S. 219b–224b; n. 62 (22. May 1834), S. 483a–490b, hier n. 62, S. 488a,23–33
ℬ   ed. Hoffmann, sw, Bd. 6 (1854), S. 73–108, hier S. 101,20–28 (Schelling kannte diese Edition; vgl. *Schellings Bibliothek*, S. 119 [n. 472])

Text (nach 𝔄)
1   „Wir begreifen aber hieraus auch, was **Meister Eckart** über eine Theorie
2   des Veralterns und Verjüngerns lehrte, jener als einer Verzeitlichung oder
3   Säcularisirung in Folge einer aufgehaltenen Evolution, dieser, als einer
4   Entzeitlichung, indem er sagt: daß ein neugebornes (der Zeit eingebor-
5   nes) Kind hiemit bereits alt genug zum Sterben geworden ist, so wie daß
6   es ihn schmerzen (verdriessen) würde, falls er nicht morgen (durch grö-
7   ßere Entzeitlichung und Erfülltheit vom Ewigen) jünger werden könnte,
8   als heute".

Varianten (nach ℬ)

3 *dieser,*] das Komma fehlt in ℬ   4 *daß*] *dass* ℬ   4 *neugebornes*] *neugeborenes* ℬ   4–5 *eingebornes*] *eingeborenes* ℬ   5 *ist*] *sei* ℬ   5 *daß*] *dass* ℬ   6–7 *größere*] *grössere* ℬ   7 *könnte,*] das Komma fehlt in ℬ

··

92   (*[angeblich] 1834*) [ECKHART]
       (*[eigentlich] 1853*)
(*Alle Menschen sind im seelischen guten oder schlimmen Sinn unter sich Anthro-
pophagen* [1834]))

Berücksichtigte Ausgaben

𝕬   in: *Bayerische Annalen* 2 [1934], n. 122 [11. Oktober 1834], S. 997a–1002b, hier
S. 999a,32 f. [Fußnote 5]

𝕭   ed. Hoffmann, PSA, Bd. 3 (1847), S. 206–218, hier S. 210,32 f. (die Stelle erfuhr keine
Änderung [auch nicht in der Paginierung] in der zweiten, vermehrten Ausgabe
des Bandes [in KS (1850)])

𝕮   ed. Hoffmann, SW, Bd. 4 (1853), S. 221–242, hier S. 228,5 f. (im laufenden Text)
(Schelling kannte diese Edition; vgl. *Schellings Bibliothek*, S. 119 [n. 472])

Text (nach 𝕬 [= 𝕭])

1   „[...] von und in der Mutter bestehe".

Varianten (nach 𝕮)

1 *bestehe*] 𝕭 fügt hier in der Fußnote noch hinzu: *Der Vater, sagt Meister Eckart, verzehrt
sich (seine Natur) im Sohne, der Producens verzehrt sich im Product*

∴

93   (*1836*) [ECKHART]
(*Vorlesungen uber Speculative Dogmatik*, Viertes Heft [1836])

Berücksichtigte Ausgaben

𝕬   Münster: In der Theissingschen Buchhandlung, 1836, S. 45,29–46,4 (nachweislich
ist allein Schellings Kenntnis des ersten Heftes des Werkes; siehe *Schellings Bibliothek*, S. 6 f. [n. 23]; es ist jedoch sehr wahrscheinlich, dass Schellings Exemplar das
ganze Werk umfasste)

𝕭   ed. Hoffmann, SW, Bd. 9 (1855), S. 3–152, hier S. 73,25–34

Text (nach 𝕬)

1   „**Meister Eckart** unterscheidet Ichheit vom Ich, wie Gottheit von Gott,
2   und sagt, daß wenn in einer Creatur die Ichheit sich ohne (und gegen)
3   Gott als Ich fixiren (setzen) will, die Gottheit in ihr sich nicht als Gott
4   manifestiren kann. Man soll darum von keiner Zernichtung der Crea-
5   türlichkeit (Geschaffenheit) sprechen, oder behaupten, daß die Creatur
6   je wieder aufhören sollte oder könnte, bezüglich auf Gott, als Ich zu

7   seyn, weil Gott nicht ein Zerstörer dieses Ichs, sondern dessen Bewahrer
8   ist".

Varianten (nach ℬ)

1 *Eckart*] *Eccart* ℬ   2 *daß,*] *dass* ℬ   5 *daß,*] *dass* ℬ   6 *Gott*] ℬ fügt hier ein Komma
hinzu   7 *seyn*] *sein* ℬ   7 *dieses*] *des* ℬ

∴

94   (*1836*) [*TAULER*]
(*Vorlesungen über eine künftige Theorie des Opfers oder des Kultus, zugleich als
    Einleitung zu einer neuen mit Erläuterungen versehenen Ausgabe der bedeu-
    tendsten Schriften von Jakob Böhm und S. Martin* [1836])

Berücksichtigte Ausgaben
𝔄   Münster: In der Theissingschen Buchhandlung, 1836, S. 19,31–35 (Fußnote **)
ℬ   ed. Hoffmann, sw, Bd. 7 (1854), S. 271–416, hier S. 291,17–23 (Fußnote *) (Schelling
    kannte diese Edition; vgl. *Schellings Bibliothek*, S. 119 [n. 472])

Text (nach 𝔄)
1   „Ich meine nämlich das Mysterium der Triplicität des Charakters des
2   Erlösers, welche die Kirche mit dem Namen: J e s u s , C h r i s t u s und M a r i ä
3   S o h n bezeichnet, und von welcher **Tauler** sagt, daß die Kirche durch die
4   drei Messen am Weihnachtsfeste selbe andeutet".

Varianten (nach ℬ)

1 *nämlich*] *nemlich* ℬ   2 *Mariä*] *Mariä* ℬ   3 *daß*] *dass* ℬ   4 *andeutet*] *andeute* ℬ
4 *andeutet*] ℬ fügt hier noch hinzu: *Nemlich so dass die ewige Geburt des Worts (Jesus)
ganz nur im Finstern (in der Nacht), die des Christus in der Dämmerung, die des Sohns
Mariä ganz am Tage (durch drei Messen) gefeiert wird*

∴

95   (*1836*) [*ECKHART*]
(*Vorlesungen über eine künftige Theorie des Opfers oder des Kultus, zugleich als
    Einleitung zu einer neuen mit Erläuterungen versehenen Ausgabe der bedeu-
    tendsten Schriften von Jakob Böhm und S. Martin* [1836])

Berücksichtigte Ausgaben

𝔄 Münster: In der Theissingschen Buchhandlung, 1836, S. 91,29–31 (Fußnote *)

𝔅 ed. Hoffmann, sw, Bd. 7 (1854), S. 271–416, hier S. 372,31 f. (Fußnote *) (Schelling kannte diese Edition; vgl. *Schellings Bibliothek*, S. 119 [n. 472])

Text (nach 𝔄)

1 „Wenn du die Dinge, sagt **Eckart**, in ihrer Zeitlichkeit aufgibst, so findest
2 du sie in ihrer Ewigkeit wieder. Das Aufgeben ist aber hier ein Aufheben".

Varianten (nach 𝔅)

2 *Aufgeben*] -*geben* gesperrt 𝔅   2 *Aufheben*] -*heben* gesperrt 𝔅

⁘

96   *(1837)* [*TAULER*] [*ECKHART*]
(*Ueber die Incompetenz unsrer dermaligen Philosophie, zur Erklärung der Erscheinungen aus dem Nachtgebiete der Natur. Aus einem Sendschreiben an Justinus Kerner* [1837])

Berücksichtigte Ausgaben

𝔄 in: *Blätter aus Prevorst. Originalien und Lesefrüchte für Freunde des innern Lebens mitgetheilt von dem Herausgeber der Seherin aus Prevorst, Dr. Justinus Kerner. Neunte Sammlung*, Stuttgart: Brodhag'sche Buchhandlung, 1837, S. 1–31, hier S. 14 (Anm. 21: S. 30,29–31,4)

𝔅 Stuttgart: Fr. Brodhag'sche Buchhandlung, 1837, S. 16 (Anm. 21: S. 32,29–33,4)

ℭ ed. Hoffmann, sw, Bd. 4 (1853), S. 303–324, hier S. 319,34–37 (Fußnote *) (Schelling kannte diese Edition; vgl. *Schellings Bibliothek*, S. 119 [n. 472])

Text (nach 𝔄 [= 𝔅])

1 „Nur ǎltere Theologen, z. B. **Tauler (nach Eckart)**, erkannten dieses Krite-
2 rium des Gǒttlichen, indem z. B. erster sagt, daß jede intelligente Kreatur
3 eine Stelle in sich weiß, bis in welche keine Kreatur eindringen, wenn
4 auch selbe (temporair) verdecken kann".

Varianten (nach ℭ)

2 *z. B. erster*] *er z. B.* ℭ   2 *daß*] *dass* ℭ   2 *Kreatur*] *Creatur* ℭ   2 *weiß*] *wisse* ℭ
3 *Kreatur*] *Creatur* ℭ   4 *selbe*] *dieselbe* ℭ   4 *temporair*] *temporär* ℭ   4 *verdecken kann*] *verdecken, könne* ℭ

⁘

97   *(1837)* [*ECKHART*]
(*Ueber den Paulinischen Begriff des Versehenseyns des Menschen im Namen Jesu vor der Welt Schöpfung.*
Drei Sendschreiben an Molitor und Hoffmann [1837])

Berücksichtigte Ausgaben

𝔄   Würzburg: Stahel'sche Buchhandlung, 1837, S. 28,19–24 (Fußnote *) (Zweites Sendschreiben)

𝔅   ed. Hoffmann, sw, Bd. 4 (1853), S. 325–422, hier S. 359,9–13 (Fußnote *) (Schelling kannte diese Edition; vgl. *Schellings Bibliothek*, S. 119 [n. 472])

Text (nach 𝔄)

1   „Ueberall, sagt **Meister Ekart**, ist der unmittelbare Anfang als Ausgang nur
2   wegen des vermittelten Endes oder der Vollendung als Eingangs; d.h. die
3   Uebernatur fängt ihr Gebären mit dem Moment der Natur an, um in sich
4   als Uebernatur zurückzukehren".

Varianten (nach 𝔅)

1 *Ekart*] *Eckart* 𝔅   2 *Moment*] *Momente* 𝔅

.·.

98   ([*angeblich*] *1838*) [*ECKHART*]
        ([*eigentlich*] *1955*)
(*Vorlesungen uber Speculative Dogmatik*, Fünftes Heft [1838])
(Die Eckhart-Erwähnung in der Fußnote erscheint jedoch erst in sw, Bd. 9 [1855])
(Die Schrift wurde in Baaders PSA nicht aufgenommen)

Berücksichtigte Ausgaben

𝔄   Münster: In der Theissingschen Buchhandlung, 1838 (nachweisbar ist allein Schellings Kenntnis des ersten Heftes des Werkes; vgl. *Schellings Bibliothek*, S. 6f. [n. 23]; es ist jedoch sehr wahrscheinlich, dass Schellings Exemplar das ganze Werk umfasste)

𝔅   ed. Hoffmann, sw, Bd. 9 (1855), S. 153–288, hier S. 198,7–16

Text (nach 𝔅) (in 𝔄 fehlt der ganze Abschnitt)

1   „Wenn darum die Schrift den Menschen (die Creatur) als zum Bilde Got-
2   tes geschaffen vorstellt, so sagt sie damit, dass diese Creatur als solche
3   noch nicht schon dieses Bild (fixirt) war, sondern dass das Leb- und Leib-

4   haftwerden dieses Bildes erst durch einen ihrer Geschaffenheit folgen-
5   den Act der Eingeburt bewirkt werden sollte; wie denn auch vom Sohne
6   Gottes gesagt wird, dass er genitus, non factus ist, durch welche Einge-
7   burt (die, wie gesagt, durch einen Eingang des Schöpfers in das Geschöpf
8   geschieht) die Creatur gottig (wie **M. Eckart** sagt), nicht Gott, Gott crea-
9   türlich, nicht Creatur wird".

∴

99   (*1838*) [*TAULER*] [*ECKHART*]
(*Vorlesungen uber Speculative Dogmatik*, Fünftes Heft [1838])

Berücksichtigte Ausgaben
𝔄   Münster: In der Theissingschen Buchhandlung, 1838, S. 38,3–15 (nachweisbar ist
    allein Schellings Kenntnis des ersten Heftes des Werkes; vgl. *Schellings Bibliothek*,
    S. 6 f. [n. 23]; es doch sehr wahrscheinlich, dass Schellings Exemplar das ganze
    Werk umfasste)
𝔅   ed. Hoffmann, sw, Bd. 9 (1855), S. 153–288, hier S. 203,4–15

Text (nach 𝔄)
1   „Woraus man nebenbei auch das Falsche der Behauptung jener einsehen
2   kann, welche z. B. die zornliche Kraft des Lebens schon als *Potentia* bôse
3   nennen, nicht erkennend, was ihnen doch schon ein Blick auf das Thier-
4   leben lehrt, daß z. B. das in der Geschiedenheit gehaltne Gift der feurigen
5   Galle gut ist, ja als *Stimulus* der stillen Temperatur nothwendig, und daß
6   nur der Erguß derselben (als das Aliment nach Qualität und Quantität
7   scheidend) schlimm ist. Worüber auch die âltern Theologen (**M. Eckart**
8   **und Tauler**) richtigere Begriffe hatten als unsre Sentimentalisten, welche
9   von keinem Cherub als Wächters an den Pforten des Paradieses wissen
10   wollen".

Varianten (nach 𝔅)
1–2 *Woraus man nebenbei auch das Falsche der Behauptung jener einsehen kann*] *Hieraus kann man nebenbei auch das Falsche der Behauptung jener einsehen* 𝔅   4 *daß*]
dass 𝔅   2 *Potentia*] nicht kursiv 𝔅   4 *gehaltne*] *gehaltene* 𝔅   5 *Stimulus*] nicht
kursiv 𝔅   5 *daß*] *dass* 𝔅   6 *Erguß*] *Erguss* 𝔅   6 *als*] 𝔅 fügt hier noch hinzu: *in
seiner normalen Function*   7 *âltern*] *älteren* 𝔅   8 *unsre*] *unsere* 𝔅   9 *Wächters*]
Wächter 𝔅

∴

100   (*1838*) [*ECKHART*]
(*Vorlesungen uber Speculative Dogmatik*, Fünftes Heft [1838])

Berücksichtigte Ausgaben
𝔄   Münster: In der Theissingschen Buchhandlung, 1838, S. 43,35–44,19 (Fußnote*)
     (nachweisbar ist allein Schellings Kenntnis des ersten Heftes des Werkes; vgl.
     Schellings Bibliothek, S. 6 f. [n. 23]; es ist jedoch sehr wahrscheinlich, dass Schel-
     lings Exemplar das ganze Werk umfasste)
𝔅   ed. Hoffmann, sw, Bd. 9 (1855), S. 153–288, hier S. 212,28–213,6 (nicht als Fußnote,
     sondern im laufenden Text)

Text (nach 𝔄)

1   „Ich habe bereits im 3ten Sendschreiben über den Paulinischen
2   Lehrbegriff S. 8 zu verstehen gegeben, daß der Begriff der Androgyn-
3   eität in jenem der vollständigen Einung der Ursache und des Grundes, so
4   wie jener der Geschlechtsscheidung in ihrer Nichteinung zu suchen ist,
5   weswegen beede in der ersteren als *genitor* und *genitus*, in der letzter als
6   Mann und Weib sich zeigen, wohin auch **M. Eckarts** Behauptung zu deu-
7   ten ist, daß alle Zeitlichkeit *per separationem Patris et Filii* entsteht und
8   besteht".

Varianten (nach 𝔅)

*1–8 Ich habe bereits im dritten Sendschreiben über den Paulinischen Lehrbegriff S. 8 zu
verstehen gegeben, dass der Begriff der Androgyneität in jenem der vollständigen Einung
der Ursache und des Grundes, so wie jener der Geschlechtsscheidung in ihrer Nichteinung
zu suchen ist, wesswegen beide in der ersteren als Genitor und Genitus, in der letzteren als
Mann und Weib sich zeigen, wohin auch **Meister Eckart's** Behauptung zu deuten ist, dass
alle Zeitlichkeit per separationem Patris et Filii entsteht und besteht*] in 𝔅 nicht als Fußnote, sondern im laufenden Text   1 *3ten*] *dritten* 𝔅   2 *daß*] *dass* 𝔅   5 *weswegen*]
wesswegen 𝔅   5 *beede*] *beide* 𝔅   5 *genitor*] *Genitor* (nicht kursiv) 𝔅   5 *genitus*]
Genitus (nicht kursiv) 𝔅   5 *letzter*] *letzteren* 𝔅   6 *M. Eckarts*] *Meister Eckart's* 𝔅
7 *daß*] *dass* 𝔅   7 *per separationem Patris et Filii*] nicht kursiv 𝔅

∵

101   (*1838*) [*TAULER*]
(*Vorlesungen uber Speculative Dogmatik*, Fünftes Heft [1838])

Berücksichtigte Ausgaben

𝔄   Münster: In der Theissingschen Buchhandlung, 1838, S. 66,16 f. (nachweisbar ist allein Schellings Kenntnis des ersten Heftes des Werkes; vgl. *Schellings Bibliothek*, S. 6 f. [n. 23]; es ist jedoch sehr wahrscheinlich, dass Schellings Exemplar das ganze Werk umfasste)

𝔅   ed. Hoffmann, sw, Bd. 9 (1855), S. 153–288, hier S. 245,15 f.

Text (nach 𝔄 [= 𝔅])

1   „Denn das Licht, sagt **Tauler**, brennt nur den, welcher mit Finstermateria
2   selbem naht".

∵
•

102   *(1838)* [ECKHART]
(*Vorlesungen uber Speculative Dogmatik*, Fünftes Heft [1838])

Berücksichtigte Ausgaben

𝔄   Münster: In der Theissingschen Buchhandlung, 1838, S. 97,29 f. (Fußnote *) (nachweisbar ist allein Schellings Kenntnis des ersten Heftes des Werkes; vgl. *Schellings Bibliothek*, S. 6 f. [n. 23]; es ist jedoch sehr wahrscheinlich, dass Schellings Exemplar das ganze Werk umfasste)

𝔅   ed. Hoffmann, sw, Bd. 9 (1855), S. 153–288, hier S. 278,28 f. (Fußnote *)

Text (nach 𝔄)

1   „Der Vater, sagt **Meister Eckart**, jaget und treibet überall in der Kreatur
2   darnach, daß Er Seinen Sohn nachbildlich in ihr gebåre".

Varianten (nach 𝔅)

1 *Kreatur*] *Creatur* 𝔅   2 *daß*] *dass* 𝔅

∵
•

103   (*[angeblich] 1838*) [ECKHART]
       (*[eigentlich] 1955*)
(*Vorlesungen uber Speculative Dogmatik*, Fünftes Heft [1838])
(Die Eckhart-Erwähnung erscheint jedoch erst in sw, Bd. 9 [1855])
(Die Schrift wurde in psa nicht aufgenommen)

Berücksichtigte Ausgaben

𝔄 Münster: In der Theissingschen Buchhandlung, 1838 (nachweisbar ist allein Schellings Kenntnis des ersten Heftes des Werkes; siehe *Schellings Bibliothek*, S. 6 f. [n. 23]; es ist jedoch sehr wahrscheinlich, dass Schellings Exemplar das ganze Werk umfasste)

𝔅 ed. Hoffmann, sw, Bd. 9 (1855), S. 153–288, hier S. 288,29–34

Text (nach 𝔅) (in 𝔄 fehlt der ganze Abschnitt)

1 „Jener Eingang des Wortes in die uncreatürliche Gottwesenheit (als deren
2 Eingang in die verblichene Wesenheit bedingend) geschah freilich nicht
3 früher, also auch nicht ihre Verbindung der letzteren zu éiner Person (wie
4 denn früher die creirende göttliche Wesenheit (wie **Eckhart** sagt) u n p e r -
5 s o n t war und auch in dieser Personirung den göttlichen Personen unter-
6 geben)".

∴

104   (*1838*) [*TAULER*]
(*Ueber die Wechselseitigkeit der Alimentation und der in ihr stattfindenden Bei-
wohnung. Geschrieben im Spätherbst 1838 als Programm zu Vorlesungen über
Anthropologie und Psychologie* [1838])

Berücksichtigte Ausgabe

𝔄 ed. Schlüter / Lutterbeck, sw, Bd. 14 (1851), S. 459–488, hier S. 473,25 f.

Text (nach 𝔄)

1 „**Tauler** sagt, dass der Redende redet oder spricht, was er ist".

∴

105   (*1839*) [*TAULER*]
(*Ueber die Vernünftigkeit der drei Fundamentaldoctrinen des Christenthums vom
Vater und Sohn, von der Wiedergeburt und von der Mensch- und Leibwerdung
Gottes. Aus einem Sendschreiben an Freiherrn Stransky auf Greifenfels* [1839])

Berücksichtigte Ausgaben

𝔄 Nürnberg: Druck und Verlag von Friedrich Campe, 1839, S. 11,27–12,11
𝔅 ed. Hoffmann, sw, Bd. 10 (1855), S. 17–52, hier S. 30,20–29

Text (nach 𝔄)

1 „Wenn nun der Philosophus Teutonicus sagt: daß das Nichts (das Nichtof-
2 fenbare) eine Sucht (Ausgang) nach Etwas (als nach Eingang oder Erfüll-
3 theit) ist und **Tauler** z. B. von der intelligenten Kreatur sagt, daß ihr sich in
4 Gott Verlieren (in Gott ausgehen) ihr sich in Gott und Gott in sich finden
5 sey – so muß man wissen, dass Erster unter dem Wort: Nichts, die blos
6 ideele oder magische Erfülltheit des Seyns verstund, deren Aufhebung
7 (wie Hegel sagt: Entäußerung) die aktuose Sucht (Begierde als N a t u r a n -
8 f a n g) nach der realen Erfüllung und Geburt, erregt und somit diese selber
9 hervorbringt".

Varianten (nach 𝔅)

1 *daß*] *dass* 𝔅   3 *Kreatur*] *Creatur* 𝔅   3 *daß*] *dass* 𝔅   4 *ausgehen*] *Ausgehen* 𝔅
4 *finden*] *Finden* 𝔅   5 *sey*] *sei* 𝔅   5 *muß*] *muss* 𝔅   5 *Wort*] *Worte* 𝔅   5 *bloss*]
blos 𝔅   6 *ideele*] *ideale* 𝔅   6 *Seyns*] *Seins* 𝔅   7 *Entäußerung*] *Entäusserung* 𝔅
7 *aktuose*] *actuose* 𝔅   8 *und Geburt,*] fehlt in 𝔅

∴

106   (*1839*) [*TAULER*]

(*Ueber die Vernünftigkeit der drei Fundamentaldoctrinen des Christenthums vom*
Vater und Sohn, von der Wiedergeburt und von der Mensch- und Leibwerdung
Gottes. Aus einem Sendschreiben an Freiherrn Stransky auf Greifenfels [1839])

Berücksichtigte Ausgaben

𝔄   Nürnberg: Druck und Verlag von Friedrich Campe, 1839, S. 20,8–10
𝔅   ed. Hoffmann, sw, Bd. 10 (1855), S. 17–52, hier S. 36,12 f.

Text (nach 𝔄)

1 „denn Gott, sagt **Tauler**, ist nicht ein Zerstörer (und Peiniger), sondern ein
2 Vollender (und Heiland) der Natur".

Varianten (nach 𝔅)

1 *sondern*] *er ist vielmehr* 𝔅

∴

107   (*1839*) [*ECKHART*]

(*Ueber die Vernünftigkeit der drei Fundamentaldoctrinen des Christenthums vom*
Vater und Sohn, von der Wiedergeburt und von der Mensch- und Leibwerdung
Gottes. Aus einem Sendschreiben an Freiherrn Stransky auf Greifenfels [1839])

Berücksichtigte Ausgaben

𝔄   Nürnberg: Druck und Verlag von Friedrich Campe, 1839, S. 25,19–22

𝔅   ed. Hoffmann, sw, Bd. 10 (1855), S. 17–52, hier S. 40,31–41,1

Text (nach 𝔄 [= 𝔅])

1   „Wie denn vor diesem Eingang, wie **Eckart** sagt, die creirende göttliche

2   Wesenheit unpersont war und auch in dieser Personung doch immer

3   den göttlichen Personen untergeordnet und gehörig blieb und bleibt".

∴

108   *(1839)* [*ECKHART*]

(*Revision der Philosopheme der Hegel'schen Schule, bezüglich auf das Christen-*
    thum. Nebst zehn Thesen aus einer religiösen Philosophie [1839])

Berücksichtigte Ausgaben

𝔄   Stuttgart: Verlag von S.G. Liesching, 1839, S. 26,3–27,2

𝔅   ed. Hoffmann, sw, Bd. 9 (1855), S. 289–436, hier S. 324,9–325,3

Text (nach 𝔄)

1   „Wobei aber noch zu bemerken kömmt, daß die zum selbst sich Ausspre-

2   chen bestimmte Creatur, falls sie dieses Vermögen außer dem sprechen-

3   den Gottesworte (ohne oder gegen dieses) geltend machen und nicht

4   *adverbium* desselben seyn will, dieses Vermögen verliert oder verstummt,

5   nämlich der tantalischen Qual und Sucht anheim fällt, sich als etwas ganz

6   Apartes aussprechen oder affirmiren zu wollen und es doch nicht zu kön-

7   nen, sondern immer nur nichts sagen zu müssen".

Varianten (nach 𝔅)

1 *Wobei aber noch zu bemerken kömmt*] *Dabei kömmt aber noch zu bemerken* 𝔅   1 *daß*]
dass 𝔅   2 *außer*] *ausser* 𝔅   3 *dieses*)] 𝔅 *fügt hier hinzu:* , *sich dem éinen und eini-*
genden Worte entziehend,   4 *adverbium*] *Adverbium* (nicht kursiv) 𝔅   4 *seyn*] *sein* 𝔅
5 *nämlich*] *nemlich* 𝔅

∴

109   *(1839)* [*ECKHART*]

(*Revision der Philosopheme der Hegel'schen Schule, bezüglich auf das Christen-*
    thum. Nebst zehn Thesen aus einer religiösen Philosophie [1839])

Berücksichtigte Ausgaben

𝔄   Stuttgart: Verlag von S.G. Liesching, 1839, S. 185,23–30 (Nachtrag zu S. 45)
𝔅   ed. Hoffmann, sw, Bd. 9 (1855), S. 289–436, hier S. 341,39–342,32 (Fußnote)

Text (nach 𝔄)

1   „Gott, sagt **Eckart**, geht nur in ein vergottet Gefäss ein, oder neuer Wein
2   muß in neue Schläuche gefaßt werden. Gottes Wille (der allein gute Wille)
3   kann nur in einer reinen (alles Creaturwillens freien) Jungfrau empfangen
4   werden, und so wie die irdische Jungfrau durch Erweckung der himmli-
5   schen Jungfrau in ihr benedeit wurde, so muss eine ähnliche Benedeiung
6   bei jeder Wiedergeburt stattfinden".

Varianten (nach 𝔅)

2 *muß*] *muss* 𝔅   2 *gefaßt*] *gefasst* 𝔅   5 *benedeiet*] *benedeit* 𝔅   6 *sattfinden*] 𝔅 fügt
hier hinzu: *Jungfräulichkeit ist Reinheit von Creaturwillen*

∴

110   *(1839)* [*ECKHART*]
(*Revision der Philosopheme der Hegel'schen Schule, bezüglich auf das Christen-*
    thum. Nebst zehn Thesen aus einer religiösen Philosophie [1839])

Berücksichtigte Ausgaben

𝔄   Stuttgart: Verlag von S.G. Liesching, 1839, S. 160,5–19
𝔅   ed. Hoffmann, sw, Bd. 9 (1855), S. 289–436, hier S. 426,13–26

Text (nach 𝔄)

1   „Das Verständniß dieses Worts (welches selbst einem großen Theil unse-
2   rer Philosophen und Theologen noch mangelt) liegt nämlich darin, ‚dass
3   die bloß natürliche Selbheit den Menschen dem Weltgeist (welchen die
4   Hegel'sche Schule *simpliciter* mit dem heiligen Geist identisch nimmt)
5   faßlich, somit unterwerflich macht, wogegen er durch Aufgabe dieser
6   Selbheit an die überweltliche Idea solche der Weltmacht unfaßlich macht
7   oder entzieht, womit er aber in der creaturlichen Verselbstigung dieser
8   Idea in und durch sich seine wahrhafte Selbheit als die durch letztere
9   vermittelte gewinnt und, indem er dem sich Aussprechen der Idea als
10   Selbstlauter dient, sich als Mitlauter (*Adverbium* oder Beiwort, wie **Eckart**
11   sagt) ausspricht'".

Varianten (nach $\mathfrak{B}$)

1 *Verstândniß*] *Verständniss* $\mathfrak{B}$ 1 *Worts*] *Wortes* $\mathfrak{B}$ 1 *großen*] *grossen* $\mathfrak{B}$ 1 *Theil*]
Theile $\mathfrak{B}$ 2 *nåmlich*] *nemlich* $\mathfrak{B}$ 3 *bloß*] *bloss* $\mathfrak{B}$ 3 *Weltgeist*] *Weltgeiste* $\mathfrak{B}$
4 *Geist*] *Geiste* $\mathfrak{B}$ 5 *faßlich*] *fasslich* $\mathfrak{B}$ 6 *unfaßlich*] *unfasslich* $\mathfrak{B}$ 7 *creatur-*
lichen] *creatürlichen* $\mathfrak{B}$ 11 *ausspricht*] $\mathfrak{B}$ fügt hier hinzu: *Es ist nur éin Vocal wie éin*
Licht; was man Vocale und Farben nennt, sind schon Adverbia, als Organe

$$\vcenter{\cdot\,\cdot}\atop\cdot$$

111   *(1841)* [*ECKHART*]

(*Aus Gesprächen Baader's mit einigen jüngeren Freunden in den letzten sechs*
Monaten seines Lebens [1841])

Berücksichtigte Ausgabe

$\mathfrak{A}$ ed. Hoffmann, sw, Bd. 15 (1857), S. 159,16–36 (am 22. April 1841)

Text (nach $\mathfrak{A}$)

1 „Hierauf brachte ich Baader auf den **Meister Eckart,** indem ich erzählte,
2 dass einer meiner Freunde, Dr. Pfeiffer, dessen Werke zu sammeln, und
3 herauszugeben gesonnen sei. Ich meinte, nach dem, was ich von Eckart
4 gelesen, habe Hegel fast alles von ihm entnommen, nur dass er ihn nicht
5 nach seinem wahren Sinn aufgefasst habe. Baader versetzte: ‚Ich war mit
6 Hegel in Berlin sehr häufig zusammen. Einstens las ich ihm nun auch aus
7 Meister Eckart vor, den er nur dem Namen nach kannte. Er war so begeis-
8 tert, dass er den folgenden Tag eine ganze Vorlesung über **Eckhart** vor mir
9 hielt und am Ende noch sagte: „Da haben wir es ja, was wir wollen". Ich
10 sage Ihnen', fuhr Baader weiter fort: ‚Eckart wird mit Recht der Meister
11 genannt. Er übertrifft alle Mystiker; doch hat er sich durch seine gewag-
12 ten unvorsichtigen Ausdrücke insofern geschadet, als er dadurch beinahe
13 überall missverstanden worden. Ich danke Gott, dass er mich in den phi-
14 losophischen Wirren mit ihm hat bekannt werden lassen. Das hoffärtige,
15 alberne Affengeschrei gegen die Mystik konnte mich nun nicht mehr irre
16 machen; und es ward mir hiemit möglich, auch auf Jacob Böhme zu kom-
17 men. Hätte übrigens Eckart zu Böhme's Zeiten gelebt, so hätte er gewiss
18 noch Grösseres geleistet, als er' ".

$$\vcenter{\cdot\,\cdot}\atop\cdot$$

112   (*1841*) [*ECKHART*]
(*Brief an Dr. v. Stransky vom 22. April 1841*)

Berücksichtigte Ausgabe
𝔄   ed. Hoffmann, sw, Bd. 15 [1857], S. 692,11–14.

Text (nach 𝔄)
1   „Nur einer solchen egoistischen Erhebung und Ichheit der Creatur stellt
2   sich Gott als absolutes Ich entgegen. Und dieses müssen, um mit **Meister**
3   **Eckart** zu reden, grobe Leute glauben, erleuchteten aber ist es wissen".

∴

113   ([*angeblich*] *1841*) [*TAULER*]
          ([*eigentlich*] *1855*)
(*Der Morgenländische und Abendländische Katholicismus mehr in seinem Innern wesentlichen als in seinem äußern Verhältnisse dargestellt. Nebst mehrern Beweisen, daß Schrift und Natur sich nur wechselseitig auslegen* [1841])

Berücksichtigte Ausgaben
𝔄   Stuttgart: Franz Heinrich Köhler, 1841 (Schelling kannte diese Edition; vgl. *Schellings Bibliothek*, S. 6 [n. 22]).
𝔅   ed. Hoffmann, sw, Bd. 10 (1855), S. 89–254, hier S. 98,22–26

Text (nach 𝔅) (in 𝔄 *nicht* enthalten)
1   „[...] so dass nicht das Lossein von der Wurzel, sondern das Freisein von
2   ihr das normale Leben und Wachsthum bedingt, oder dass, wie **Tauler**
3   sagt, der Zorn des Lebens gut ist, wenn er gut angewendet wird, oder in
4   seinen gesetzlichen Schranken wirkt".

∴

114   (*1841*) [*ECKHART*]
(*Der Morgenländische und Abendländische Katholicismus mehr in seinem Innern wesentlichen als in seinem äußern Verhältnisse dargestellt. Nebst mehrern Beweisen, daß Schrift und Natur sich nur wechselseitig auslegen* [1841])

Berücksichtigte Ausgaben

𝔄   Stuttgart: Franz Heinrich Köhler, 1841, S. 14,32–15,5 (in der Fußnote) (Schelling kannte diese Edition; vgl. *Schellings Bibliothek*, S. 6 [n. 22]).

𝔅   ed. Hoffmann, sw, Bd. 10 (1855), S. 89–254, hier S. 116,19–117,1 (im laufenden Text)

Text (nach 𝔄)

1   „Ueber das wahre Verhalten der Zeitlichkeit zur Ewigkeit *derselben* Dinge
2   hat sich **Meister Eckart** am bestimmtesten ausgesprochen, indem er
3   sagte: ‚Wer die Dinge und wer sich selber *läßt*, da sie (im Wesen) räumlich-
4   zeitlich getrennt und zerstreut sind, der *nimmt* (besitzt) sie, da sie einig
5   und ungetrennt sind‘ ".

Varianten (nach 𝔅)

3 *lässt*] *läßt* 𝔅

⸬

115   (*1841*) [*ECKHART*]
(*Der Morgenländische und Abendländische Katholicismus mehr in seinem Innern wesentlichen als in seinem äußern Verhältnisse dargestellt. Nebst mehrern Beweisen, daß Schrift und Natur sich nur wechselseitig auslegen* [1841])

Berücksichtigte Ausgaben

𝔄   Stuttgart: Franz Heinrich Köhler, 1841, S. 15,29–32 [in Fußnote] (Schelling kannte diese Edition; vgl. *Schellings Bibliothek*, S. 6 [n. 22]).

𝔅   ed. Hoffmann, sw, Bd. 10 (1855), S. 89–254, hier S. 117,27–31 (im laufenden Text)

Text (nach 𝔄)

1   „**M. Eckart** sagt ferner von allem in der Zeit nur von ihr und für sie Leben-
2   den, ‚dass alle Liebe dieser Welt nur Eigenliebe, folglich keine Liebe ist,
3   und dass der Mensch nur von Eigenliebe lässt, insofern er von der Lust
4   der Zeitwelt lässt‘ ".

Varianten (nach 𝔅)

2 *dass*] *daß* 𝔅   3 *dass*] *daß* 𝔅   3 *lässt*] *läßt* 𝔅   4 *lässt*] *läßt* 𝔅

⸬

116 **(*1841*)** **[*ECKHART*]**

(*Der Morgenländische und Abendländische Katholicismus mehr in seinem Innern wesentlichen als in seinem äußern Verhåltnisse dargestellt. Nebst mehrern Beweisen, daß Schrift und Natur sich nur wechselseitig auslegen* [1841])

Berücksichtigte Ausgaben

𝔄   Stuttgart: Franz Heinrich Köhler, 1841, S. 109,28–34 (Schelling kannte diese Edition; vgl. *Schellings Bibliothek*, S. 6 [n. 22]).

𝔅   ed. Hoffmann, sw, Bd. 10 (1855), S. 89–254, hier S. 224,28–35

Text (nach 𝔄)

1   „Sagt nun **Meister Eckart**, dass die Zeit oder die Zeitlichkeit der Creation

2   nur in der *Separatio Patris et Filii* bezüglich auf Erstre ihre Ursache hat,

3   und daß also die Entzeitlichung mit der *Reunio Patris et Filii* in der Creatur

4   zusammenfållt, so mag folgende Darstellung des Alimentationsprocesses,

5   insofern dieser als befreiend, erlösend und elevirend begriffen wird, dazu

6   dienen, Jenen Spruch **Eckarts** zu verstehen".

Varianten (nach 𝔅)

1 *Eckart*] 𝔅 fügt hier ein Komma hinzu   1 *daß*] *dass* 𝔅   1 *Creation*] *Creatur* 𝔅   2 *Erstre*] *erstere* 𝔅   3 *daß*] *dass* 𝔅   6 *Jenen*] *jenen* 𝔅   6 *Eckarts*] *Eckart's* 𝔅   6 *zu verstehen*] *zum Verständnisse zu bringen* 𝔅

∵

117   **(*In Baaders letzten Lebensjahren* [*vor seinem Tode am 23. Mai 1841*])**
       [*ECKHART*]

Vorlesungen über Jacob Böhme's Theologumena und Philosopheme (posthum erschienen 1847)

(vgl. Franz Hoffmann, ‚Einleitung', in: sw, Bd. 3. S. XXVI: „diese in seinen letzten Lebensjahren geschriebenen Vorlesungen")

Berücksichtigte Ausgaben

𝔄   in: *Janus: Jahrbücher deutscher Gesinnung, Bildung und That* 1847, 2. Bd., Heft 41 (S. 515–527 [*Offenbarung und Natur: Ungedruckte Vorlesungen von F. v. Baader über Jakob Böhm's Theologumena und Philosopheme*] [1.–3. Vorlesungen]); Nr. 42 (S. 543–562 [*Offenbarung und Natur: Fortsetzung*] [4.–5. Vorlesungen]); Nr. 43 (S. 579–592 [*Offenbarung und Natur: Fortsetzung*] [6.–9. Vorlesungen]); Nr. 44 (S. 613–631 [*Offenbarung und Natur: Schluß*] [10.–12. Vorlesungen]), hier Heft 42, S. 544,22–30 (posthum).

𝕭   ed. Hoffmann, sw, Bd. 3 (1852), S. 357–436, hier S. 371,27–35 (Fußnote)

Text (nach 𝕬)

1   „Von demselben Standpunkt aus gab uns früher **Meister Eckart** die wahre
2   Theorie des Veraltens und Verjüngerns, von jener als einer Difformation,
3   von diese als einer Reformation, indem er das Veraltern als Verzeitlichung,
4   das Verjüngern als Entzeitlichung begriff. Er sagt: daß ein neugebornes, in
5   die Zeit tretendes Kind *eo ipso* schon alt genug zum Sterben geworden sei,
6   so wie derselbe Meister sagt, daß es ihn schmerzen würde, falls er nicht
7   morgen (durch größere Entzeitlichung und tieferes inneres Eingehen in
8   die Ewigkeit) jünger werden könnte, als heute".

Varianten (nach 𝕭)

1 *Standpunkt*] *Standpuncte* 𝕭   3 *diese*] *dieser* 𝕭   4 *:*] Komma 𝕭   4 *daß*] *dass* 𝕭
4 *neugebornes*] *neugeborenes* 𝕭   5 *sei*] *ist* 𝕭   6 *daß*] *dass* 𝕭   7 *größere*] *grössere* 𝕭
8 *als heute*] *als er heute sei* 𝕭

∵

118   (*Datum nicht ermittelt*) [*RUUSBROEC*]
(*Religionsphilosophische Aphorismen*)

Berücksichtigte Ausgabe

𝕬   ed. Hoffmann, sw, Bd. 10 (1855), S. 283–352, Nr. 2: *Ueber die Eucharistie*, S. 290–
    292, hier S. 290,13–19

Text (nach 𝕬)

1   „Es ist nicht genug, dass man einsieht, dass in Christi Person die mensch-
2   liche und die göttliche Natur vereint, aber unvermischt sind, sondern
3   man muss auch einsehen, dass, wie Dr. **Johann Rusbroek** sich ausdrückt,
4   ,der Sohn Gottes (die ewige Weisheit) die menschliche Natur an Sich
5   genommen und seine Person ihr eingedrückt hat', nemlich die menschli-
6   che Natur als solche oder als Menschheit und nicht bereits individualisirt
7   oder personificirt".

∵

119   *(Datum nicht ermittelt)* [TAULER] [ECKHART] [RUUSBROEC]
(Religionsphilosophische Aphorismen)

Berücksichtigte Ausgabe

𝔄   ed. Hoffmann, sw, Bd. 10 (1855), S. 283–352, Nr. 2: *Ueber die Eucharistie*, S. 290–
       292, hier S. 290,28–291,35 (Fußnote)

Text (nach 𝔄)

1   „Aeltere Theologen (z. B. **Eckart, Rusbroek, Tauler u. A.**) deuten das: In
2   ipso vita erat, auf das ungeschaffene ewige Leben oder die Idea in uns,
3   welche das nur partiell und secundär ist, was das Wort in Gott absolut und
4   primitiv ist, und sie unterscheiden dieses unser ungeschaffenes Leben
5   (gleichsam die solarische Substanz) von unserem geschaffenen, natürli-
6   chen (der terrestrischen Substanz), ohne welchen Unterschied und ohne
7   welche Einsicht in das Verhältniss beider sowohl in der normalen als in
8   der abnormen Seinsweise der intelligenten (zur Inwohnung jener Idee
9   bestimmten) Creatur man auch nicht das a b c unserer Religionslehre,
10   d. i. jener vom Ebenbild Gottes, versteht".

∵

Weitere, oben nicht erwähnte, von Schelling (nachweislich)
besessene Bücher Baaders

– Franz von Baader, *Sur la notion du tems*, München: Thienemann 1818 (vgl.
  Schellings Bibliothek, S. 8 [n. 28]).
– Franz von Baader, *Sur l'Eucharistie*, Würzburg: Stahl und Gerhard, 1815 (vgl.
  Schellings Bibliothek, S. 9 [n. 33]).
– Franz von Baader, *Ueber Divinations- und Glaubenskraft: auf Veranlassung*
  der im Sommer 1821 in und um Würzburg von dem Bauer Martin Michel und
  dem Fürsten Alexander von Hohenlohe unternommenen psychischen Heilun-
  gen: Aus einem Schreiben an Seine Exzellenz den Herrn Fürsten Alexander von
  Golizin, Sulzbach: Seidel'sche Kunst- u. Buchhandlung, 1822 (vgl. *Schellings*
  Bibliothek, S. 9 [n. 35]).
– Franz von Baader, *Ueber das durch die französische Revolution herbeigeführte*
  Bedürfniß einer neuern und innigern Verbindung der Religion mit der Politik,
  Nürnberg: Campe 1815 (vgl. *Schellings Bibliothek*, S. 10 [n. 38]).

Literatur

Quellen

Adelung, Johann Christoph, *Geschichte der menschlichen Narrheit, oder Lebensbeschreibungen berühmter Schwarzkünstler, Goldmacher, Teufelsbahner, Zeichen- und Liniendeuter, Schwärmer, Wahrsager, und anderer philosophischer Unholden*, Leipzig 1785–1789.

Angelus Silesius, *Sämtliche poetische Werke in 3 Bänden*, hg. und eingeleitet von Hans Ludwig Held, dritte erweiterte Auflage, München 1949–1952 (3 Bde.) [ND: Wiesbaden 2002].

– 1. Bd.: *Die Geschichte seines Lebens und seiner Werke. Urkunden* (1952).

– 2. Bd.: *Jugend- und Gelegenheitsgedichte. Heilige Seelenlust oder Geistliche Hirten-Lieder* (1949).

– 3. Bd.: *Cherubinischer Wandersmann; sinnliche Beschreibung der letzten vier Dinge* (1949).

Angelus Silesius, *Cherubinischer Wandersmann*, hg. von Louise Gnädinger, Stuttgart 1984.

Anonym, „Athenäum, eine Zeitschrift von A.W. Schlegel und F. Schlegel", in: *Berlinisches Archiv der Zeit und ihres Geschmacks* 1 (1800) (Mai), S. 366–373.

Atterbom, Per Daniel Amadeus, *Minnen från Tyskland och Italien, in Samlade Skrifter i obunden Stil*, Örebro 1959 (dt. Übers.: *Aufzeichnungen des schwedischen Dichters P.D.A. Atterbom über berühmte deutsche Männer und Frauen nebst Reiseerinnerungen aus Deutschland und Italien aus den Jahren 1817–1819*, aus dem Schwedischen übersetzt von Franz Maurer, Berlin 1867).

Arndt, Johannes, *Sechs geistreiche Bücher zum wahren Christenthum*, Schaffhausen: Emanuel Hurter, 1737.

Arndt, Johannes, *Sechs Bücher vom Wahren Christenthum, nebst dessen Paradies-Gärtlein*. Neue Stereotyp-Ausgabe, Stuttgart: Steinkopf, 1860.

Arnim, Achim von, „Besprechung von: Wilhelm Ritter, *Fragmente aus dem Nachlass eines jungen Physikers*", in: *Heidelberger Jahrbücher der Literatur für Theologie, Philosophie und Pädagogik* 3 (1810), 9. Heft, S. 116–125.

Arnim, Achim von, *Zeitung für Einsiedler: In Gemeinschaft mit Clemens Brentano herausgegeben von Ludwig Achim von Arnim bei Mohr und Zimmer, Heidelberg 1808*. Mit einem Nachwort zur Neuausgabe von Hans Jessen, Stuttgart 1962.

Baader, Franz von, *Sämmtliche Werke. Systematisch geordnete, durch reiche Erläuterungen von der Hand des Verfassers bedeutend vermehrte, vollständige Ausgabe der gedruckten Schriften sammt dem Nachlasse, der Biographie und dem Briefwechsel*, hg. von Franz Hoffmann (Hauptherausgeber), Julius Hamberger, Anton Lutterbeck,

Baron F. von Osten, Emil August von Schaden und Christoph Schlüter, Leipzig: Herrmann Bethmann, 1851–1860. Zitierte Bände:

– Abteilung I: *Systematische Sammlung der zerstreut erschienenen Schriften*
  – Bd. 1: *Gesammelte Schriften zur philosophischen Erkenntniswissenschaft als speculative Logik*, hg. von Franz Hoffmann (1851).
  – Bd. 2: *Gesammelte Schriften zur philosophischen Grundwissenschaft oder Metaphysik*, hg. von Franz Hoffmann (1851).
  – Bd. 4: *Gesammelte Schriften zur philosophischen Anthropologie*, hg. von Franz Hoffmann (1853).
  – Bd. 5: *Gesammelte Schriften zur Societätsphilosophie*, hg. von Franz Hoffmann (1854).
  – Bd. 6: *Gesammelte Schriften zur Societätsphilosophie. Zweiter Band*, hg. von Franz Hoffmann (1854).
  – Bd. 8: *Gesammelte Schriften zur Religionsphilosophie. Zweiter Band*, hg. von Franz Hoffmann (1855).
  – Bd. 9: *Gesammelte Schriften zur Religionsphilosophie III.*, hg. von Franz Hoffmann (1855).
– Abteilung II: *Nachgelassene Werke*
  – Bd. 12: *Erläuterungen zu sämmtlichen Schriften Louis Claude de Saint-Martin's*, hg. von Baron Friedrich v. Osten-Sacken (1860).
  – Bd. 15: *Biographie und Briefwechsel*, hg. von Franz Hoffmann (1857).

Baader, Franz von, *Philosophische Schriften und Aufsätze*. Zitierte Bände:
– Bd. 2: Münster 1831.

Baader, Franz von, ‚Vorrede', in: L.-C. Saint-Martin, *Vom Geist und Wesen der Dinge, oder philosophische Blicke auf die Natur der Dinge und den Zweck ihres Daseyns*, Leipzig 1812, S. III–XVI.

Baader, Franz von, *Fermenta cognitionis*. Zitierte Hefte:
– Zweites Heft: Berlin 1823.
– Viertes Heft: Berlin 1823.
– Fünftes Heft: Berlin 1824.

Baader, Franz von, *Revision der Philosopheme der Hegelschen Schule*, Stuttgart 1839.

Baader, Franz von, *Recension von M. Bonald, ‚Recherches philosophiques'*, in: *Jahrbücher der Literatur* 1825, Bd. 30, S. 1–24; Bd. 31, S. 70–99.

Baader, Franz von, *Ueber Divinations- und Glaubenskraft. Auf Veranlassung der im Sommer 1821 in und um Würzburg von dem Bauer Martin Michel und dem Fürsten Alexander von Hohenlohe unternommenen psychischen Heilungen. Aus einem Schreiben an Seine Exzellenz den Herrn Fürsten Alexander Golizin*, Sulzbach 1822.

Baader, Franz von, *Ueber das durch die französische Revolution herbeigeführte Bedürfniß einer neuern und innigern Verbindung der Religion mit der Politik*, Nürnberg 1815.

Baader, Franz von, *Ueber die Begründung der Ethik durch die Physik*, München 1813.

Baader, Franz von, *Ueber die Ekstase oder das Verzuckseyn der magnetischen Schlafredner. Drittes Stück: Aus einem Schreiben an Herrn Carl von Meyer in Frankfurt. Selbem gewidmet*, Nürnberg 1818.

Baader, Franz von, *Ueber die Incompetenz unsrer dermaligen Philosophie zur Erklärung der Erscheinungen aus dem Nachtgebiete der Natur*, in: *Blätter aus Prevorst, Neunte Sammlung*, Stuttgart 1827, S. 1–31. Auch besonders abgedruckt.

Baader, Franz von, *Ueber Religions- und religiöse Philosophie*, in: *Kirchenzeitung für das Katholische Deutschland*, Jahrgang 1831, Nr. 13 und 14, S. 49–55.

Baader, Franz von, *Ueber den Urternar aus einem Schreiben an den kaiserl. Russischen Herrn Kämmerer Grafen Alexander von Stourdza*, München 1816.

Baader, Franz von, *Vorlesungen über religiöse Philosophie*. Zitierte Hefte:

Baader, Franz von, *Fermenta cognitionis*.

- Erstes Heft: München 1827.
- Zweites Heft: Münster 1830.
- Drittes Heft: Münster 1833.
- Viertes Heft: Münster 1836.

Baader, Franz von, *Der Morgenländische und Abendländische Katholicismus mehr in seinem innern wesentlichen als in seinem äußern Verhältnisse dargestellt*, Stuttgart: Köhler, 1841.

Baader, Franz von, *Ueber das durch die französische Revolution herbeigeführte Bedürfniß einer neuern und innigern Verbindung der Religion mit der Politik*, Nürnberg 1815.

Baader, Franz von, *Lettres inédites de Franz von Baader*, hg. von Eugène von Susini, 1942–1983 (6 Bde.). Zitierter Band:

- Bd. 1 (1942).

Baader, Franz von, *Jugendtagebücher*, hg. von David Baumgardt, *Seele und Welt: Franz Baader's Jugendtagbücher*, Berlin 1928.

Baader, Franz von, *Jugendtagebücher 1786–1793*, hg. von Alberto Bonchino und Albert Franz, Leiden/Boston 2017.

Balthasar, Hans Urs von, *Mysterium Paschale*, Leipzig 1984.

Blake, William, *The Complete Illuminated Books. With an introduction by David Bindman. With 393 plates, 366 in color*, London 2000.

Becman, Christian, *Exercitationes Theologicae: in quibus de argumentis pro verâ deitate Christi Servatoris nostri contra Fausti Socini [...] molitionis [...] agitur*, Amsterdam 1644.

Benjamin, Walter, *Gesammelte Schriften*, hg von Rolf Tiedemann und Hermann Schweppenhäuser, Frankfurt a.M. 1972–1999. Zitierte Bände:

- Bd. 1: *Abhandlungen*.
- Bd. 2: *Aufsätze, Essays, Vorträge*.
- Bd. 3: *Kritiken und Rezensionen*.
- Bd. 4: *Kleine Prosa / Baudelaire Übertragungen*.

– Bd. 6: *Fragmente, Autobiographische Schriften.*
– Bd. 7: *Nachträge.*

Benjamin, Walter, *Werke und Nachlaß.* Kritische Gesamtausgabe, im Auftrag der Hamburger Stiftung zur Förderung von Wissenschaft und Kunst hg. von Christoph Gödde und Henri Lonitz in Zusammenarbeit mit dem Walter Benjamin-Archiv, Berlin 2008 ff. Zitierte Bände:

– Bd. 3: *Der Begriff der Kunstkritik in der deutschen Romantik*, hg. von Uwe Steiner (2008).
– Bd. 9: *Rundfunkarbeiten*, hg von Thomas Küpper und Anja Nowak (2017).

Benjamin, Walter, *Gesammelte Briefe*, hg. vom Theodor W. Adorno Archiv, Frankfurt a.M. 1995–2000. Zitierte Bände:

– Bd. 1: *1910–1918*, hg. von Christoph Gödde und Henri Lonitz (1995).
– Bd. 2: *1919–1924*, hg. von Christoph Gödde und Henri Lonitz (1996).

Böhme, Jacob, *Die Urschriften*, hg. von Werner Buddecke, Stuttgart-Bad Cannstatt 1963/1966 (2 Bde.).

Böhme, Jacob, *Sämtliche Schriften*, hg. von Will-Erich Peuckert (11 Bde.) (Faksimile-Neudruck der Ausgabe von 1730). Stuttgart-Bad Cannstadt. Zitierte Bände:

– Bd. 1: *Aurora, oder Morgenröthe im Aufgang* (1955 [ND: 1986]).
– Bd. 2: *De tribus principiis, oder Beschreibung der Drey Principien Göttliches Wesens* (1988).
– Bd. 3: *De triplici vita homnis, oder Von dem Dreyfachen Leben des Menschen / Psychologia vera, oder Viertzig Fragen von der Seelen* (1989).
– Bd. 4: *De incarnatione Verbi, oder Von der Menschwerdung Jesu Christi – Sex puncta theosophica, oder Von sechs Theosophischen Puncten – Sex puncta mystica, oder Kurtze Erklärung Sechs Mystischer Puncte – Mysterium pansophicum, oder Gründlicher Bericht von dem Irdischen und Himmlischen Mysterio – Christosophia, oder der Weg zu Christo* (1957).
– Bd. 5: *Libri apologetici, oder Schutz-Schriften wider Balthasar Tilken – Antistifelius oder Bedencken über Esaiä Stiefels Büchlein, ingleichen Vom Irrthum der Secten Esaiä Stiefels und Ezechiel Meths – Apologia contra Gregorium Richter oder Schutz-Rede wider Richter, wie auch Libellus apologeticus, oder Schriftliche Verantwortung an E. E. Rath zu Görlitz – Informatorium novissimorum, oder Von den letzten Zeiten an P. Kaym* (1971).
– Bd. 6: *De electione gratiae, oder Von der Gnaden-wahl – De testamentis Christi, oder Von Christi Testamenten* (1957).
– Bd. 7: *Mysterium magnum, oder Erklärung über das erste Buch Mosis (Anfang bis Cap. 43)* (1965).
– Bd. 9: *Quaestiones theosophicae, oder Betrachtung Göttlicher Offenbarung – Tabulae principiorum, oder Tafeln von den Dreyen Principien Göttlicher Offenbarung – Clavis, oder Schlüssel, das ist Eine Erklärung der vornehmsten Puncten und Wörter, welche in*

diesen Schriften gebraucht werden – Epistolae theosophicae, oder Theosophische Send-Briefe (1957).

Böhme, Jacob, *The Works of Jacob Behmen, The Teutonic Theosopher*, engl. Übersetzt von William Law, London 1764 (4 Bde.).

Boisserée, Sulpiz, *Lebensbeschreibung: Briefwechsel*, hg. von Mathilde Boisserée, Bd. 1, Stuttgart 1862.

Breckling, Friedrich, *ANTICALOVIUS sive Calovius cum Asseclis suis prostratus et Jacob Bôhmius Cum aliis testibus veritatis defensus* [...], [Wesel] 1688.

Brentano, Clemens, *Sämtliche Werke und Briefe. Historisch-kritische Ausgabe.* Stuttgart. Zitierte Bände:

- Bd. 10: *Romanzen vom Rosenkranz* (1994).
- Bd. 26: *Religiöse Werke V,1: Das bittere Leiden unsers Herrn Jesu Christi* (1980).
- Bd. 28,1: *Materialien zu nicht ausgeführten Religiösen Werken. Anna Katharina Emmerick – Biographie* (1981).
- Bd. 31: *Briefe III 1803–1807* (1992).
- Bd. 32: *Briefe IV 1808–1812* (1996).
- Bd. 33: *Briefe V 1813–1818* (2001).
- Bd. 35: *Briefe VII 1824–1829* (2012). Bd. 36: *Briefe VIII 1830–1835* (2016).
- Bd. 37,2: *Briefe X 1840–1842. Nachträge* (2017).

Brentano, Clemens, *Werke*, hg. von Wolfgang Frühwald und Friedhelm Kemp, München 1963 (4 Bde.).

Brentano, Clemens (und Joseph Görres), *Uhrmacher, Bärnhäuter und musikalische Reisen. Satiren der Heidelberger Romantik*, hg. von Michael Glasmeier und Thomas Isermann, Berlin 1988; 2., überarbeitete Ausgabe: Hamburg 2016.

Brentano, Clemens (und Achim von Arnim), *Freundschaftsbriefe*, hg. von Hartwig Schultz, Frankfurt a.M. 1998.

Brentano, Clemens (und Philipp Otto Runge), *Briefwechsel*, hg. von Konrad Feilchenfeldt, Frankfurt a.M. 1974.

Brucker, Jakob, *Historia Critica Philosophiae a mundi incunabulis ad nostram usque aetatem deducta*, Leipzig 1742–1744 (5 Bde.).

Bürde, Samuel Gottlieb, „Der neue Orpheus", in: *Die Horen: Monatschrift* 6 (1796), S. 103 f.

Calov, Abraham, *ANTI-BÖHMIUS, In quo docetur, Quid habendum de Secta Jacobi Böhmen / Sutoris Görlicensis? Et, An quis invariatae August[anae] Confessioni addictus, sine dispendio salutis ad eandem se conferre, vel in eadem perseverare possit? Quae quaestio Tredecim rationibus negatur* [...], Wittenberg 1684.

Colberg, Ehre Gott Daniel, *Das Platonisch-Hermetisches* [!] *Christenthum* [...], Frankfurt a.M./Leipzig, 1690/1691 (2 Bde.).

Czepko, Daniel, *Sämtliche Werke*. Unter Mitarbeit von Ulrich Seelbach hg. von Hans-Gert Roloff und Marian Szyrocki, Berlin/New York. Zitierte Bände:

– Bd. 1,1: *Lyrik in Zyklen I* (1989).
– Bd. 1,2: *Lyrik in Zyklen II* (1989).
– Bd. 5: *Prosa-Schriften II* (1992).

Dionysius (Pseudo-)Areopagita, *Corpus Dionysiacum*. Zitierter Band:
– Bd. 2: *De coelesti hierarchia, De ecclesiastica hierarchia, De mystica theologia, Epistulae*, hg. von Günter Heil and Adolf Martin Ritter (Berlin/New York, 1991).

Dionysius (Pseudo-)Areopagita, *Über die mystische Theologie und Briefe*. Deutsche Übers. von Adolf Martin Ritter, Stuttgart 1994 (Bibliothek der griechischen Literatur 40).

Eckermann, Johannn Peter, *Gespräche mit Goethe in den letzten Jahren seines Lebens*, hg. von Christoph Michels unter Mitwirkung von Hans Grüters, Frankfurt a.M. 1999 (= Goethe, *Sämtliche Werke*, Bd. 11,12).

Eichendorff, Joseph von, *Sämtliche Werke. Historisch-kritische Ausgabe*. Zitierter Band:
– Bd. 9 (Regensburg 1970).

Fichte, Johann Gottlieb, *Gesamtausgabe der Bayerischen Akademie der Wissenschaften*, Stuttgart-Bad-Cannstatt. Zitierter Band:
– I. Reihe: *Werke*
Bd. 2: *1793–1795*, hg. von Hans Jacob und Reinhard Lauth (1965).

Francisci, Erasmus, *Gegen-Stral Der Morgenröte/ Christlicher und Schrifftmässiger Warheit wider das Stern-gleissende Irrlicht Der Absonderung von der Kirchen und den Sacramenten; In gründlicher Erörterung der fürnehmesten Haupt-Fragen und Schein-Sätze heutiger Böhmisten/ wie auch beygefügten Untersuchung/ was von deß Jacob Böhms Schrifften zu halten sey* [...], Nürnberg 1685.

Franckenberg, Abraham von: „Gründlicher und wahrhafter Bericht von dem Leben und Abscheid des in GOtt selig=ruhenden Jacob Böhmens [...]". In: Jacob Böhme: Sämtliche Schriften, hg. von Will-Erich Peuckert. Bd. 10. Stuttgart 1961, S. 5–31.

Freud, Sigmund, *Studienausgabe*, hg. von Alexander Mitscherlich, Angela Richards und James Strachey, Frankfurt a.M. Zitierter Band:
– Bd. 4 (1970).

Friedrich, Hans-Joachim, „Der Ungrund Böhmes in Schellings *Freiheitsschrift*", in: *Mystik und Idealismus: Eine Lichtung* des *deutschen Waldes*, hg. von Andrés Quero-Sánchez, Leiden/Boston 2020 [SMIP 1], S. 301–324.

Gedike, Friedrich, „Über das Studium der Litterarhistorie, nebst einem Beitrage zu dem Kapitel von gelehrten Schustern" in: *Berlinische Monatsschrift* 1783, Heft 1, S. 277–297.

Goethe, Johann Wolfgang von, *Werke*, hg. von Erich Trunz, Hamburg 1948–1960 (ND: München 1972) (Hamburger Ausgabe in 14 Bänden). Zitierte Bände:
– Bd. 1: *Gedichten und Epen I*.
– Bd. 6: *Romane und Novellen I*.

Goethe, Johann Wolfgang von, *Sämtliche Werke, Briefe, Tagebücher und Gespräche*, hg. von Friedmar Apel u. a. Frankfurt a.M./Berlin 1987–2013 (Frankfurter Ausgabe in 40 Bänden). Zitierte Bände:

- I. Abteilung: *Sämtliche Werke*
  - Bd. 3: *Westöstlicher Divan*, hg von Hendrik Birus (1994).
- II. Abteilung: *Briefe, Tagebücher und Gespräche*
  - Bd. 12: Johannn Peter Eckermann, *Gespräche mit Goethe in den letzten Jahren seines Lebens*, hg. von Christoph Michels unter Mitwirkung von Hans Grüters (1999).

Goethe, Johann Wolfgang von, *Tagebücher*. Edition der Stiftung Weimarer Klassik, Stuttgart/Weimar 1998–2015. Zitierter Band:

- Bd. 2,1: *1775–1787: Text* (1998).

Goethe, Johann Wolfgang von, *Der Briefwechsel zwischen Schiller und Goethe*, nach den Handschriften des Goethe- und Schiller-Archivs hg. von Hans Gerhard Gräf und Albert Leitzmann, Frankfurt a.M./Wien/Zürich 1964.

Goethe, Johann Wolfgang von, *Ein Schreiben des Geh. Rath von Göthe an J. W. Ritter, Herschels thermometrische Versuche in den Farben des Lichts vom 7. März 1801*, in: *Journal für die Chemie, Physik und Mineralogie*, hg. von A.F. Gehlen, Bd. 6 (1808), S. 719–728.

Görres, Joseph, *Gesammelte Schriften*, hg. im Auftrag der Görres-Gesellschaft. Zitierte Bände:

- Bd. 2,1: *Naturwissenschaftliche, kunst- und naturphilosophische Schriften I (1800 bis 1803)* (1932).
- Bd. 2,2: *Naturwissenschaftliche, kunst- und naturphilosophische Schriften II (1793–1810)* (1934).
- Bd. 3: *Geistesgeschichtliche und literarische Schriften I (1803–1808)* (1926).
- Bd. 4: *Geistesgeschichtliche und literarische Schriften II (1808–1817)* (1955).
- Bd. 5: *Mythengeschichte der asiatischen Welt. Mit einem Anhang: Beiträge aus den Heidelberger Jahrbüchern* (1935).
- Bd. 14: *Schriften der Straßburger Exilzeit 1824–1827* (1987).
- Bd. 15: *Geistesgeschichtliche und politische Schriften der Münchner Zeit (1828–1838)* (1958).
- Bd. 17,1: *Athanasius. Schriften zum Kölner Ereignis* (1998).
- Ergänzungsband 1: *Josef Görres: Leben und Werk im Urteil seiner Zeit* (1985).
- Ergänzungsband 2: *Verzeichnis der Schriften von und über Johann Joseph Görres (1776–1848) und Görres-Ikonographie* (1992).

Görres, Joseph, *Gesammelte Schriften. Briefe.* Zitierter Band:

- Bd. 1: *Briefe der Münchner Zeit* (2009).

Görres, Joseph, *Gesammelte Briefe*, hg. von Franz Binder, München 1874.

Görres, Joseph, *Ausgewählte Werke und Briefe*, hg. von Wilhelm Schellberg, Kempten/München 1911.

Görres, Joseph, *Ausgewählte Werke in zwei Bänden*, hg. von Wolfgang Frühwald, Freiburg i.Br./Basel/Wien 1978.

Görres, Joseph, *Die christliche Mystik*, Bd. 1, Regensburg/Landshut 1836; Bd. 2, Regensburg 1837; Bd. 3, Regensburg 1840; Bd. 4/1 und Bd. 4/2, Regensburg 1842; 2. Auflage, München/Regensburg, 1879 (5 Bde.).

Görres, Joseph, *Die Christliche Mystik*, hg. von Ute Ranke-Heinemann, Frankfurt a.M. 1989.

Görres, Joseph, *Glauben und Wissen*, München: Scherersche Buchhandlung, 1805.

Görres, Joseph, *Exposition d'un système sexuel d'ontologie, extrait et traduit de l'ouvrage du professeur Goerres*, Paris oder Koblenz 1804 (oder 1805).

Görres, Joseph, *Der allgemeine Frieden: ein Ideal*, Koblenz 1798.

Görres, Joseph, „Prinzipien einer neuen Begründung der Gesetze des Lebens durch Dualism und Polarität", in: *Allgemeine Medizin: Annalen des Jahres 1802*.

Görres, Joseph, *Aphorismen über die Kunst*, Koblenz [1802].

Görres, Joseph, *Aphorismen über die Organonomie*, Koblenz 1803.

Görres, Joseph, *Exposition der Physiologie: Organologie*, Koblenz 1805.

Görres, Joseph, „Mystik und Novalis", in: *Aurora* 40 (Mittwoch 3. April 1805), S. 157a–158a; ebd. 41 (April 1805), S. 161a–162b.

Görres, Joseph, „Der gehörnte Siegfried und die Nibelungen", in: *Zeitung für Einsiedler* 5 (15.4.1808); 8 (26. April 1808); 12 (11. Mai 1808); 21 (11. Juni 1808).

Görres, Joseph, *Die teutschen Volksbücher*, Heidelberg 1807.

Görres, Joseph, *Aurora-Beiträge (Korruskationen)*, n. 16 (*Aurora* 117; GS, Bd. 3, S. 88,8–91,11) und 16a (*Aurora* 121; GS, Bd. 3, S. 91,12–93,38); zum Mittelalter v. a. *Aurora-Beiträge (Korruskationen)*, n. 10 (*Aurora* 89; vgl. GS, Bd. 3, S. 81,22–83,23); zu Herder: *Aurora-Beiträge (Korruskationen)*, n. 17 (*Aurora* 123; vgl. GS, Bd. 3, S. 93,39–95,7); zu *Mystik und Novalis* siehe *Aurora-Beiträge (Korruskationen)*, n. 34 (*Aurora* 40, vom 3. April 1805, und *Aurora* 41, vom 5. April 1805; vgl. GS, Bd. 3, S. 120,12–123,17).

Görres, Joseph, *Mythengeschichte der asiatischen Welt*, Heidelberg 1810.

Görres, Joseph, *Heldenbuch von Iran*, Berlin 1820 (2 Bde.).

Görres, Joseph, „Der heilige Franziskus von Assisi, ein Troubadour", in: *Der Katholik* 20 (1826), S. 14–53.

Görres, Joseph, „Nachschrift über Swedenborg", in: *Der Katholik* 22 (1826), S. 96–127; S. 222–256; S. 337–365; 23 (1827), S. 302–352.

Görres, Joseph, *La Mystique divine, naturelle et diabolique*, Paris 1854–1855; [2]1861–1862 (5 Bde.).

Görres, Joseph, ‚Einleitung', in: *Heinrich Suso's, genannt Amandus, Leben und Schriften: nach den ältesten Handschriften und Drucken mit unverändertem Texte in jetziger Schriftsprache herausgegeben von Melchior Diepenbrock. Mit einer Einleitung von Joseph Görres*, Regensburg 1829.

Görres, Joseph, *Über die Grundlage, Gliederung und Zeitenfolge der Weltgeschichte*, Breslau 1830.

Görres, Joseph (als Peter Hammer), *Schriftproben*, [Heidelberg] 1808.

Görres, Joseph (als Peter Hammer), *Schriftproben*, Faksimile des Erstdrucks, hg., eingeleitet und kommentiert von Roland Reuß und Caroline Socha. Mit einer Bemerkung zu Schriftproben und Blindtexten von Erik Spiekermann, Heidelberg 2011.

Guilbertus, David, *Christelijke Waerschouwing/ Theghens De Gruwelijcke Boecken Van Jacob Böhmen* [...], Amsterdam 1643.

Guilbertus, David, *Eerste Apologia ofte Verantwoordinge der Heylige waerheydt: teghens de Godts-lasteringhen der Behemisten* [...] *door eenen die hem selven noemt Johannem Theodorum von Tschesch*, Amsterdam 1644.

Haag, Ruth, „Noch einmal: Der Verfasser der Nachtwachen von Bonaventura", in: *Euphorion* 81 (1987), S. 286–297.

Hahn, Philipp Matthäus, *Hinterlassene Schriften*, hg. von Christoph Ulrich Hahn, Heilbronn/Rothenburg an der Tauber 1828 (nur Bd. 1 ist erschienen).

Hahn, Philipp Matthäus, *Sammlung von Betrachtungen über alle Sonn-Fest und Feyertägliche Evangelien durch das ganze Jahr, nebst Sechszehen Passions-Predigten für Freunde der Wahrheit*, Frankfurt a.M./Leipzig 1774.

Hahn, Philipp Matthäus, *Eines ungenannten Schriftforschers vermischte Theologische Schriften*, Winterthur: In Commission Herrn Heinrich Steiners und Comp., 1779–1780 (4 Bde.).

Hahn, Philipp Matthäus, *Die Kornwestheimer Tagebücher 1772–1777*, hg. von Martin Brecht und Rudolf F. Paulus, Berlin/New York 1979 (Texte zur Geschichte des Pietismus VIII/1).

Hahn, Philipp Matthäus, *Die Echterdinger Tagebücher 1780–1790*, hg. von Martin Brecht und Rudolf F. Paulus, Berlin/New York 1983 (Texte zur Geschichte des Pietismus VIII/2).

Hamann, Johann Georg, *Briefwechsel*, hg. von Arthur Henkel. Zitierte Bände:
 – Bd. 6 (1975).

Hardenberg, Friedrich von (Novalis), *Die Werke Friedrich von Hardenbergs*, hg. von Paul Kluckhohn und Richard Samuel, Stuttgart. Zitierte Bände:
 – Bd. 1: *Das dichterische Werk*, hg. von Paul Kluckhohn und Richard Samuel in Zusammenarbeit mit Heinz Ritter und Gerhard Schulz, 3. Auflage (1960).
 – Bd. 2: *Das philosophische Werk I*, hg. von Richard Samuel in Zusammenarbeit mit Hans-Joachim Mähl und Gerhard Schulz, 3. Auflage (1981).
 – Bd. 3: *Das philosophische Werk II*, hg. von Richard Samuel in Zusammenarbeit mit Hans-Joachim Mähl und Gerhard Schulz, 3. Auflage (1983).
 – Bd. 4: *Tagebücher, Briefwechsel, Zeitgenössische Zeugnisse*, hg. von Richard Samuel in Zusammenarbeit mit Hans-Joachim Mähl und Gerhard Schulz, 2. Auflage (1998).

Hardenberg, Friedrich von (Novalis), *Tagebücher und Briefe Friedrich von Hardenbergs*, hg. von Hans-Joachim Mähl und Richard Samuel, München/Wien 1978–1987 (mit einem Kommentarband von Jürgen Balmes) [ND: Darmstadt 1999].
 – Bd. 1: *Das dichterische Werk, Tagebücher und Briefe*, hg. von Richard Samuel, München/Wien 1978.
 – Bd. 2: *Das philosophisch-theoretische Werk*, hg. von Hans-Joachim Mähl, München 1978.
 – Bd. 3: *Kommentar* von Jürgen Balmes, München/Wien 1987.

Hardenberg, Friedrich von (Novalis) / Schlegel, Friedrich, *Friedrich Schlegel und Nova-lis: Biographie einer Romantikerfreundschaft in ihren Briefen*, auf Grund neuer Briefe Schlegels hg. von Max Preitz, Darmstadt 1957.

Hegel, Georg Wilhelm Friedrich, *Gesammelte Werke*, Edition der Nordrhein-Westfä-lischen Akademie der Wissenschaften, Hamburg. Zitierte Bände:
– Bd. 4: *Jenaer kritische Schriften* (1968).
– Bd. 9: *Phänomenologie des Geistes*, hg. von Wolfgang Bonsiepen und Reinhard Heede (1980).

Hegel, Georg Wilhelm Friedrich, *Vorlesungen. Ausgewählte Nachschriften und Manu-skripte*, Hamburg. Zitierter Band:
– Bd. 3: *Vorlesungen über die Philosophie der Religion*, Teil 1: *Einleitung. Der Begriff der Religion* (1983).

Hegel, Georg Wilhelm Friedrich, *Berliner Schriften (1818–1831)*, hg. von Walter Jaeschke, Hamburg 1997.

Hegel, Georg Wilhelm Friedrich, *Briefe von und an Hegel*, hg. von Johannes Hoffmeister und Friedhelm Nicolin, Hamburg (PhB). Zitierter Band:
– Bd. 1: *1785–1812* (3. Auflage, 1969).

Hinckelmann, Abraham, *Viertzig Wichtige Fragen/ Betreffende Die Lehre/ so in Jacob Böhmens Schrifften enthalten/ Allen deroselben Liebhabern zu Christlicher Beantwor-tung fürgeleget*, Hamburg 1693.

Hinckelmann, Abraham, *Detectio Fundamenti Böhmiani, Untersuchung und Widerle-gung Der ,Grund-Lehre' / Die In Jacob Böhmens Schrifften verhanden*, Hamburg 1693.

Hofmannsthal, Hugo von (Hg.), *Deutsches Lesebuch*, Frankfurt a.M. 1952.

Husserl, Edmund, *Husserliana: Edmund Husserl, Gesammelte Werke*. Auf Grund des Nachlasses veröffentlicht vom Husserl-Archiv Leuven. Zitierter Band
– Bd. 25: *Aufsätze und Vorträge (1911–1921)*, hg. von Thomas Nenon und Hans Rainer Sepp (1987).

Jean Paul, *Sämtliche Werke*. Historisch-kritische Ausgabe, hg. von der Deutschen Aka-demie der Wissenschaften zu Berlin. Zitierte Bände:
– III. Abteilung: *Briefe*
  – Bd. 5 (1961).

Jean Paul, *Sämtliche Werke*, hg. von Norbert Miller, München 1959–1963:
– Bd. 1: *Jugendwerke 1* (1974).

Johannes Tauler, *Joannis Tauleri des heiligēlerers Predig/fast fruchtbar zů eim recht christlichen leben.* [...]. Basel 1521 (VD 16, J784) (ND: 1522 [VD 16, J785]).

Juvenal, *Satiren / Saturae. Lateinisch-deutsch*, hg. von Sven Lorenz, Berlin/Boston 2017.

Kant, Immanuel *Gesammelte Schriften*, Edition der Königlich Preußischen Akademie der Wissenschaften, Berlin (Akademie-Ausgabe). Zitierte Bände:
– I. Abteilung: *Werke*
  – Bd. 3: *Kritik der reinen Vernunft* (2. Auflage, 1787) (1904; zweite Auflage, 1911 [ND: 1968]).

Kircher, Athanasius, *Neue Hall- und Thon-Kunst*, Faksimile der Ausgabe 1684, Hannover 1983.

Kleuker, Johann Friedrich, *Magikon oder das geheime System einer Gesellschaft unbekannter Philosophen unter einzelne Artikel geordnet* [...], *in zwei Theilen*, Frankfurt a.M./Leipzig 1784.

[Klingemann, Ernst August Friedrich], *Die Nachtwachen des Bonaventura*, hg. von Franz Schultz, Leipzig 1909 (2. Auflage 1919, 3. Auflage 1921; 4. Auflage: 1923; 4. Auflage mit neuem Nachwort: 1947).

[Klingemann, Ernst August Friedrich], *Nachtwachen. Von Bonaventura*, mit Titelvignette und 16 Initialen von Karl Walser, Berlin 1910.

[Klingemann, Ernst August Friedrich], *Nachtwachen. Von Bonaventura*, nach Rahel Varnhagens Exemplar mit einem Nachwort hg. von Dr. Raimund Steinert, Weimar 1916 (mit den Lithographien von Karl Thylmann).

Klingemann, Ernst August Friedrich, *Die Nachtwachen von Bonaventura*, mit siebzehn Bildern nach Radierungen von Bruno Goldschmitt, München o.J. (ca. 1920).

[Klingemann, Ernst August Friedrich], *Nachtwachen von Bonaventura*, mit 16 Radierungen von Wilfried Blecher, Hamburg 1969.

Klingemann, Ernst August Friedrich, *Nachtwachen von Bonaventura*, mit Illustrationen von Lovis Corinth, hg. und mit einem Nachwort versehen von Jost Schillemeit, Frankfurt a.M. 1974.

[Klingemann, Ernst August Friedrich], *Bonaventura, Nachtwachen*, mit 16 Radierungen von Michael Diller, hg. von Steffen Dietzsch, Leipzig: Reclam, 1991.

[Klingemann, Ernst August Friedrich], *Nachtwachen. Von Bonaventura. Im Anhang: Des Teufels Taschenbuch*, neu hg. und mit einem Nachwort von Peter Küpper, 2., verbesserte Auflage: Gerlingen 1993.

Klingemann, Ernst August Friedrich, *Briefwechsel*, Göttingen 2018.

Koch, Erduin Julius, *Grundriß einer Geschichte der Sprache und Literatur der Deutschen*, Bd. 1, Berlin 1790 (2. Auflage 1795); Bd. 2, Berlin 1798.

Kuhlmann, Quirin, *Neubegeisterter Böhme/ begreiffend Hundert funftzig Weissagungen/ mit der Fünften Monarchi oder dem JESUS REICHE des Holländischen Propheten JOHAN ROTHENS übereinstimmend / Und Mehr als 1000000000 Theosophische Fragen/ allen Theologen und Gelehrten zur beantwortung vorgeleget* [...] *Darin zugleich der so lang verborgene Luthrische Antichrist abgebildet wird. Zum allgemeinen besten der höchstverwirrten Christenheit* [...] *ausgefertiget an des Lutherthums Könige/ Churfürsten/ Printzen und Herren/ wi auch allen Hoh-schulen und Kirchen-gemeinen Europens*, Leiden 1674.

Kuhlmann, Quirin, *Neubegeisterter Böhme*, hg. und erläutert von Jonathan Clark, Stuttgart 1995 (2 Bde.).

Kuhlmann, Quirin, *Der Kühlpsalter*, hg. von Robert L. Beare, Tübingen 1971 (2 Bde.).

Landauer, Gustav, *Der werdende Mensch: Aufsätze über Leben und Schrifttum*, hg. von Martin Buber, Potsdam 1921.

Marx, Karl / Engels, Friedrich, *Werke*, hg. vom Institut für Marxismus-Leninismus beim
ZK der SED. Zitierter Band:
- Bd. 4 (1980).

Matthaeus, Johannes, *Orthodoxia Theosophiae Teutonico-Böhmianae contra Holtzhausium defensa, Das ist: Christliche Untersuchungen der Holtzhäusischen Anmerckungen Uber und wider Jacob Böhmens AURORAM*, Leipzig 1691 (ND: 1698).

Meister Eckhart, *Die deutschen und lateinischen Werke*, hg. im Auftrag der Deutschen
Forschungsgemeinschaft. Stuttgart. Zitierte Bände:
- *Die deutschen Werke*
  - Bd. 1: *Predigten 1–24*, hg. von Josef Quint (1936–1958 [ND: 1986]).
  - Bd. 3: *Predigten 60–86*, hg. von Josef Quint (1973–1976 [ND: 1999]).

Meister Eckhart, *Deutsche Predigten und Traktate*, Neuhochdeutsche Übers. von Josef
Quint, München 1955.

Milton, John, *Paradise Lost*, ed. by Alastair Fowler, Revised second edition, Harlow/Lon-
don/New York 2007.

Müller, Adam, „Popularität und Mysticismus", in: *Phöbus* 1 (1808) (Januar), S. 52 f.

Müller, Karl Alexander von, *Görres in Straßburg, 1819–1820: Eine Episode aus dem Beginn
der Demagogenverfolgungen*, Stuttgart 1926.

Nietzsche, Friedrich, *Werke. Kritische Gesamtausgabe*, hg. von Giorgio Colli und Maz-
zino Montinari, Berlin/New York. Zitierter Band:
- Abteilung III
  - Bd. III,1: *Die Geburt der Tragödie – Unzeitgemäße Betrachtungen I–III (1872–1874)*
    (1972).

Oetinger, Friedrich Christoph, *Halatophili Irenaei Vorstellung, wie viel Jacob Böhmes
Schrifften zur lebendigen Erkänntniß beytragen*, in: [Fr. Chr. Christoph Oetinger,] *Aufmunternde Gründe zur Lesung der Schrifften Jacob Boehmens, bestehend in Joh[ann]
Theod[or] von Tschesch Schreiben an Henr[icum] Brunnium und ejusd[em] Kurtzer
Entwerffung der Tage Adams im Paradiese, wie auch Halatophili Irenaei Vorstellung
wie viel J.B. Schrifften zur lebendigen Erkänntniß beytragen* [...] *nebst Joh. Theodori
von Tschesch Leben*, Frankfurt a.M./Leipzig 1731, S. 122–222.

Oetinger, Friedrich Christoph, Anmerkung *a* im fünften Kapitel von Johann Theodor von Tschesch, *Schreiben an Henricum Brunnium*, in: [Fr. Chr. Oetinger,] *Aufmunternde Gründe zur Lesung der Schrifften Jacob Boehmens, bestehend in Joh[ann]
Theod[or] von Tschesch Schreiben an Henr[icum] Brunnium und ejusd[em] Kurtzer
Entwerffung der Tage Adams im Paradiese, wie auch Halatophili Irenaei Vorstellung
wie viel J.B. Schrifften zur lebendigen Erkänntniß beytragen* [...] *nebst Joh. Theodori
von Tschesch Leben*, Frankfurt a.M./Leipzig 1731, S. 20,24–29.

Oetinger, Friedrich Christoph, Anmerkung *a* zum achten Kapitel von Johann Theodor von Tschesch, *Schreiben an Henricum Brunnium*, in: [Fr. Chr. Oetinger,] *Aufmunternde Gründe zur Lesung der Schrifften Jacob Boehmens, bestehend in Joh[ann]*

Theod[or] von Tschesch Schreiben an Henr[icum] Brunnium und ejusd[em] Kurtzer Entwerffung der Tage Adams im Paradiese, wie auch Halatophili Irenaei Vorstellung wie viel J.B. Schrifften zur lebendigen Erkänntniß beytragen [...] nebst Joh. Theodori von Tschesch Leben, Frankfurt a.M./Leipzig 1731, S. 30,30 f.

Oetinger, Friedrich Christoph, Anmerkung *b* im elften Kapitel von Johann Theodor von Tschesch, *Schreiben an Henricum Brunnium*, in: [Fr. Chr. Oetinger,] *Aufmunternde Gründe zur Lesung der Schrifften Jacob Boehmens, bestehend in Joh[ann] Theod[or] von Tschesch Schreiben an Henr[icum] Brunnium und ejusd[em] Kurtzer Entwerffung der Tage Adams im Paradiese, wie auch Halatophili Irenaei Vorstellung wie viel J.B. Schrifften zur lebendigen Erkänntniß beytragen [...] nebst Joh. Theodori von Tschesch Leben*, Frankfurt a.M./Leipzig 1731, S. 40,23–33.

Plinius (Gaius Plinius Secundus), *Natural History, Volume IX: Books 33–35*, translated by Harris Rackham, Cambridge, MA, 1952 (Loeb Classical Library 394).

Ritter, Johann Wilhelm, *Fragmente aus dem Nachlass eines jungen Physikers: Ein Taschenbuch für Freunde der Natur*, Faksimiledruck nach der Ausgabe von 1810, mit einem Nachwort von Heinrich Schipperges, Heidelberg 1969.

Ritter, Johann Wilhelm, *Fragmente aus dem Nachlasse eines jungen Physikers: ein Taschenbuch für Freunde der Natur*, hg. von Steffen und Birgit Dietzsch, Leipzig/Weimar 1984 (ND der Originalausgabe Heidelberg 1810).

Ritter, Johann Wilhelm, *Entdeckungen zur Elektrochemie, Bioelektrochemie und Photochemie*, aus seinen Abhandlungen ausgewählt, eingeleitet und erläutert von Hermann Berg und Klaus Richter, Leipzig 1986.

Runge, Philipp Otto, *Hinterlassene Schriften*, hg. von Daniel Runge, Hamburg 1840/1841 (2 Bde.) [ND: Göttingen 1965].

Runge, Philipp Otto (und Clemens Brentano), *Briefwechsel*, hg. von Konrad Feilchenfeldt, Frankfurt a.M. 1974.

Schelling, Friedrich Wilhelm Joseph, *Philosophische Schriften, erster Band*, Landshut 1809.

Schelling, Friedrich Wilhelm Joseph, *Historisch-kritische Ausgabe*. Im Auftrag der Schelling-Kommission der Bayerischen Akademie der Wissenschaften, Stuttgart (Akademie-Ausgabe). Zitierte Bände:
- Abteilung I: *Werke*
  - Bd. I,1: *Elegie (1790) – De malorum origine (1792) – Über Mythen (1793) – Form der Philosophie (1794) – Erklärung (1795)*, hg. von Wilhelm G. Jacobs, Jörg Jantzen und Walter Schieche (1976).
  - Bd. I,17: *Vorrede (Philosophische Schriften Bd. 1) – Philosophische Untersuchungen über das Wesen der menschlichen Freyheit – Carolines Grabstein im Kloster Maulbronn*, hg. von Christoph Binkelmann, Thomas Buchheim, Thomas Frisch und Vicki Müller-Lüneschloss (2018).
- Abteilung II: *Nachlass und Nachschriften*

- Bd. 11,6: *Philosophie der Kunst und weitere Schriften (1796–1805)*. Teilband 2, hg.
  von Christoph Binkelmann und Daniel Unger (2018).
- Bd. 11,8: *Stuttgarter Privatvorlesungen*, hg. von Vicki Müller-Lüneschloss (2017).

Schelling, Friedrich Wilhelm Joseph, *Sämmtliche Werke*, hg. von Karl Friedrich August
Schelling, Stuttgart/Augsburg. Zitierte Bände:
- Abteilung I: *Werke*
  - Bd. 6: *1804* (1860).
  - Bd. 8: *1811–1815* (1861).

Schelling, Friedrich Wilhelm Joseph, *Philosophical Investigations into the Essence of
Human Freedom*, engl. Übers. von Jeff Love und Johannes Schmidt, Albany, NY, 2006

Schelling, Friedrich Wilhelm Joseph, *Die Weltalter: Fragmente. In den Urfassungen von
1811 und 1823*, hg. von Manfred Schröter, München 1946 (ND: 1979).

Schelling, Friedrich Wilhelm Joseph, *Urfassung der Philosophie der Offenbarung*, hg.
von Walter E. Ehrhardt, Hamburg 1992.

Schelling, Friedrich Wilhelm Joseph, *The Ages of the World (Third Version)*, engl. Übers.
von Frederick de Wolfe Bolman, *The Ages of the World*, New York 1942.

Schelling, Friedrich Wilhelm Joseph, *The Ages of the World*, engl. Übers. von Jason
M. Wirth, New York 2000.

Schelling, Friedrich Wilhelm Joseph, *Briefe*, hg. von Gustav Leopold Plitt, in: *Aus Schel-
lings Leben in Briefen*, Leipzig 1869–1870 (3 Bde.) (ND: Hildesheim 2003). Zitierter
Band:
- Bd. 2 (1870).

Schelling, Friedrich Wilhelm Joseph, *Philosophische Entwürfe und Tagebücher: Aus dem
Berliner Nachlaß*, hg. von Hans Jörg Sandkühler, Martin Schraven und Lothar Knatz,
Hamburg. Zitierter Band:
- Bd. 1: *1809–1813: Philosophie der Freiheit und der Weltalter* (1994).

Schlegel, August Wilhelm, *Briefe an Ludwig Tieck*, ausgewählt und hg. von Karl von Holtei, Breslau 1864 (4 Bde.).

Schlegel, August Wilhelm, *Briefe von und an August Wilhelm Schlegel*, hg. von Josef Körner, Zürich/Leipzig/Wien 1930 (2 Bde.).

Schlegel, August Wilhelm, *Digitale Edition der Korrespondenz August Wilhelm Schlegels* (Philipps-Universität Marburg; Trier Center für Digital Humanities; Sächsische Landesbibliothek – Staats- und Universitätsbibliothek Dresden [SLUB]; Deutsche Forschungsgemeinschaft); aufrufbar unter: http://august-wilhelm-schlegel.de/
briefedigital/

Schlegel, Friedrich, *Kritische Ausgabe seiner Werke*, hg. von Ernst Behler unter Mitwirkung von Jean-Jacques Anstett und Hans Eichner, Paderborn/München/Wien.
Zitierte Bände:
- 1. Abteilung: Kritische Neuausgabe
  - Bd. 1: *Studien des klassischen Altertums* (1979).

- – Bd. 2: *Charakteristiken und Kritiken I* [*1796–1801*] (1967).
- – Bd. 3: *Charakteristiken und Kritiken II* [*1802–1829*] (1975).
- – Bd. 5: *Dichtungen* (1962).
- – Bd. 7: *Studien zur Geschichte und Politik* (1966).
- – Bd. 8: *Studien zur Philosophie und Theologie* [*1796–1824*] (1975).
- – Bd. 10: *Philosophie des Lebens* (1969).
- – II. Abteilung: Schriften aus dem Nachlass
  - – Bd. 12: *Philosophische Vorlesungen* [*1800–1807*]. *Erster Teil* (1964).
  - – Bd. 13: *Philosophische Vorlesungen* [*1800–1807*]. *Zweiter Teil* (1964).
  - – Bd. 16: *Fragmente zur Poesie und Literatur I* (1981).
  - – Bd. 18: *Philosophische Lehrjahre* [*1796–1806*]. *Erster Teil* (1963).
  - – Bd. 19: *Philosophische Lehrjahre* [*1796–1806*]. *Zweiter Teil* (1971).
- – III. Abteilung: Briefe von und an Friedrich und Dorothea Schlegel
  - – Bd. 23: *Bis zur Begründung der romantischen Schule* [*1788–1799*] (1987).
  - – Bd. 24: *Die Periode des Athenäums* [*1797–1799*] (1985).
  - – Bd. 25: *Höhepunkt und Zerfall der romantischen Schule* [*1799–1802*] (2009).
- – Bd. 26,2: *Pariser und Kölner Lebensjahre* [*1802–1808*]. *Zweiter Teil* (2018).

Schlegel, Friedrich, *1794–1802: Seine prosaischen Jugendschriften* hg. von Jakob Minor, Wien 1882/1906 (2 Bde.).

Schlegel, Friedrich, *Literarische Notizen 1797–1801 / Literary Notebooks*, hg. und eingeleitet von Hans Eichner, Frankfurt a.M./Berlin/Wien 1980.

Schlegel, Friedrich, *Philosophical Fragments*, Engl. Übers. von Peter Firchow, Minneapolis 1991.

Schlegel, Friedrich, *Rückkehr des Gefangenen*, in: *Prometheus: Eine Zeitschrift*, hg. von Leo von Seckendorf und Josef Ludwig Stoll, Wien: in Geistingers Buchhandlung, 1808, 3. Heft, S. 49–57.

Schlegel, Friedrich, *Philosophische Vorlesungen aus den Jahren 1804–1806: Nebst Fragmenten vorzüglich philosophisch-theologischen Inhalts*, hg. von Johann C. Windischmann (*Supplemente zu Friedrich Schlegel's Sämmtlichen Werken*), 2. Auflage, Bonn 1846 (4 Bde.).

Schlegel, Friedrich, *Schriften zur Literatur*, hg. von Wolfdietrich Rasch, München 1972.

Schlegel, Friedrich, *Kritische Schriften und Fragmente: Studienausgabe in 6 Bänden*, hg. von Ernst Behler und Hans Eichner, Paderborn 1988.

Schlegel, Friedrich / Schlegel, Wilhelm, *Athenäum: Eine Zeitschrift*, hg. von August Wilhelm Schlegel und Friedrich Schlegel, Berlin 1798–1800 (ND: Darmstadt 1973).

Schlegel, Friedrich / Novalis, *Friedrich Schlegel und Novalis: Biographie einer Romantikerfreundschaft in ihren Briefen*, auf Grund neuer Briefe Schlegels hg. von Max Preitz, Darmstadt 1957.

Schleiermacher, Friedrich, *Kritische Gesamtausgabe*. Im Auftrag der Berlin-Brandenburgischen Akademie der Wissenschaften und der Akademie der Wissenschaften

zu Göttingen, Berlin/New York. Zitierte Bände:
- I. Abteilung: *Schriften und Entwürfe*
    - Bd. 2: *Schriften aus der Berliner Zeit 1796–1799*, hg. von Günter Meckenstock (1984).
- II. Abteilung: *Vorlesungen*
    - Bd. 4: *Vorlesungen zur Hermeneutik und Kritik*, hg. von Wolfgang Virmond unter Mitwirkung von Hermann Patsch (2012).

Aus Schleiermacher's Leben: In Briefen, hg. von Ludwig Jonas und Wilhelm Dilthey, Berlin 1858–1863 (4 Bde.).

Schlosser, Johann Georg, *Schreiben an einen jungen Mann, der die kritische Philosophie studiren wollte*, Lübeck/Leipzig 1797.

Schmidt, Arno, *Bargfelder Ausgabe*, Frankfurt a.M. 1986 ff. Zitierte Bände:
- Werkgruppe II: *Dialoge*:
    - Bd. 2: *Der Bogen des Odysseus* – Abu Kital – Der sanfte Unmensch – Krakatau – Herder – Vorspiel – Hundert Jahre – Belphegor – Die Kreisschlösser – Müller – ‚Fünfzehn‘ – Der Waldbrand – Tom All Alone's – Angira & Gondal – Das Geheimnis von Finnegans Wake (1990).

Schopenhauer, Arthur, *Sämtliche Werke*, hg. von Paul Deussen, München 1911–1942. Zitierter Band:
- Bd. 16: *Der Briefwechsel III. Band* (1942).

Schopenhauer, Arthur, *Sämtliche Werke*. Nach der ersten, von Julius Frauenstädt besorgten Gesamtausgabe neu bearbeitet und hg. von Arthur Hübscher, Wiesbaden 1972. Zitierter Band:
- Bd. 10: *Die Welt als Wille und Vorstellung, 2.*

Schopenhauer, Arthur, „... *die Kunst zu sehn": Arthur Schopenhauers Mitschriften der Vorlesungen Johann Friedrich Blumenbachs (1809–1811)*, hg. von Jochen Stollberg und Wolfgang Böker, mit einer Einführung von Marco Segala, Göttingen 2013.

Schubert, Gotthilf Heinrich, *Ahndungen einer allgemeinen Geschichte des Lebens*, Bd. 1, Leipzig 1806; Bd. 2,1, Leipzig 1807; Bd. 2,2, Leipzig 1821.

Schubert, Gotthilf Heinrich, *Die Symbolik des Traums*, Bamberg 1814 ND: Heidelberg 1968 [mit einem Nachwort von Gerhard Sauder].

Schubert, Gotthilf Heinrich, *Die Geschichte der Seele*, Stuttgart/Tübingen 1850 (2 Bde.).

Schubert, Gotthilf Heinrich, *Ansichten von der Nachtseite der Naturwissenschaft* [1808], Leipzig 1850 (2. Auflage der 4. umgearbeiteten und vermehrten Ausgabe von 1840).

Schubert, Gotthilf Heinrich, *Naturkunde und Geschichte*, unveröffentlichtes Ms. in: BBAW-NL Schelling, Nr. 640.

Schubert, Gotthilf Heinrich, *Briefe*, in: *Gotthilf Heinrich Schubert in seinen Briefen: Ein Lebensbild*, hg. von Nathanael Bonwetsch, Stuttgart 1918.

Spinoza, Baruch de, *Opera*, hg. von Carl Gebhardt, Heidelberg 1925 (*editio Heidelbergensis*).

Spinoza, Baruch de, *Die Ethik. Schriften. Briefe*, Stuttgart 1982.

Tieck, Ludwig, *Schriften*, Berlin 1828–1854 (28 Bde.) [ND: Berlin 1966]. Zitierte Bände:
- Bd. 2: *Leben und Tod der heiligen Genoveva / Der Abschied / Leben und Tod des kleinen Rothkäppchens* (1828).
- Bd. 10: *Prinz Zerbino oder die Reise nach dem guten Geschmack* (1828).
- Bd. 11: *Gesammelte Novellen* (1854).
- Bd. 13: *Märchen – Dramatische Gedichte – Fragmente* (1829).

Thomas von Aquin, *Opera omnia*, editio Leonina. Zitierte Bände:
- Bd. 4: *Summa Theologiae, I, qq. 1–49* (1888).
- Bd. 15: *Summa contra Gentiles IV* (1930).
- Bd. 22: *Quaestiones disputatae de veritate* (1970).

Trithemius, Johannes, *Liber de scriptoribus ecclesiasticis*, Basel, nach dem 28. August 1494.

Tschesch, Johann Theodor von, *Eerste Apologie ende Christelycke Voorberecht, op die vif Hooft-puncten der Lasteringen Davidis Gilberti* [...] *Tegen de Persoon ende Schriften* [...] *Jacob Bohmens* [...], Amsterdam 1644.

Tschesch, Johann Theodor von, *Einleitung in dem Edlen Lielien-Zweig des Grundes und der Erkäntniß/ der Schrifften des Hocherleuchten* [sic] *Jacob Böhmens/ geschrieben an Heinricum Prunnium* [...], Amsterdam 1679; 2. Auflage: Amsterdam 1684.

Tschesch, Johann Theodor von, *Zwiefache Apologia, und Christliche Verantwortung auf die fünf lästerlichen Hauptpuncte Davids Gilberti von Utrecht, ins gemein: Wider die Person und Schriften des theuren und hocherleuchteten Manns Jacob Böhmens* [...], Amsterdam 1676.

Tschesch, Johann Theodor von, *Schreiben an Henricum Brunnium*, in: [Friedrich Christoph Oetinger,] *Aufmunternde Gründe zur Lesung der Schrifften Jacob Boehmens, bestehend in Joh[ann] Theod[or] von Tschesch Schreiben an Henr[icum] Brunnium und ejusd[em] Kurtzer Entwerffung der Tage Adams im Paradiese, wie auch Halatophili Irenaei Vorstellung wie viel J.B. Schrifften zur lebendigen Erkänntniß beytragen* [...] *nebst Joh. Theodori von Tschesch Leben*, Frankfurt a.M./Leipzig 1731, S. 4–103.

Valéry, Paul, *La Feuille Blanche* [1944], deutsche Übers. von Erwin Burckhardt: *Das weiße Blatt*, Frankfurt a.M. 1968.

Vergil, *Aeneis*, hg. und übers. von Niklas Holzberg, Berlin/New York 2015.

Wackenroder, Wilhelm Heinrich, *Sämtliche Werke und Briefe. Historisch-kritische Ausgabe*, ed. Silvio Vietta und Richard Littlejohns, Heidelberg 1991 (2 Bde.).

Wackenroder, Wilhelm Heinrich / Tieck, Ludwig, *Herzensergießungen eines kunstliebenden Klosterbruders*, hg. von Martin Bollacher, Stuttgart 1955 [ND: 2013].

Widmann, Peter, *Christliche Warnung/ Für einem new außgesprengeten Enthusiastischen Büchlein/ dessen Titul/ Der Weg zu Christo/ Dadurch kürtzlich vnd einfeltig/ doch gründlich vnd schrifftmässig erwiesen wird/ wie gedachtes Büchlin gantz verdächtig/ Ketzerisch/ vnd der heiligen Schrifft zu wider*, Leipzig 1624.

Sekundärliteratur

Achermann, Eric, „Fromme Irrlehren: Zur Böhme-Rezeption bei More, Newton und Leibniz", in: *Offenbarung und Episteme: Zur europäischen Wirkung Jakob Böhmes im 17. und 18. Jahrhundert*, hg. von Wilhelm Kühlmann und Friedrich Vollhardt, Berlin/Boston 2012, S. 313–361.

Ackroyd, Peter, *William Blake: Dichter, Maler, Visionär*, München 1995.

Adam, Joseph, *Clemens Brentanos Emmerick-Erlebnis*, Freiburg i.Br. 1956.

Afifi, Julia, *Brentano / Runge – Schrift / Bild: Clemens Brentanos ‚Romanzen vom Rosenkranz' und sein Briefwechsel mit Philipp Otto Runge*, Frankfurt a.M./Basel 2013.

Albert, Karl, *Mystik und Philosophie*, Sankt Augustin 1986.

Amelung, Heinz (Hg.), *Briefwechsel zwischen Clemens Brentano und Sophie Mereau*, Leipzig 1908.

Andersson, Bo, „Jacob Böhme als Netzwerkdenker: Die Lehre von den sieben Quellgeistern in der *Morgen Röte im auffgang*", in: *Morgenröte im Aufgang: Beiträge einer Tagung zum 400. Jahrestag der Entstehung von Böhmes Erstschrift*, hg. von Günther Bonheim und Thomas Regehly, Berlin 2017 (BS 4), S. 75–97.

Assing-Grimelli, Ludmilla (Hg.), *Biographische Portraits von August Varnhagen von Ense. Nebst Briefen von Koreff, Clemens Brentano, Frau von Fouqué, Henri Campan und Scholz*, Leipzig 1871 [ND: Bern 1971].

Assing-Grimelli, Ludmilla (Hg.), *Briefwechsel zwischen Varnhagen und Rahel*, Bd. 2, Leipzig 1874.

Atelo, E. Richard (Umeek), *Principles of Tsawalk: An Indigenous Approach to Global Crisis*, Vancouver/Toronto 2011.

Aubrey, Bryan, „Visions of Torment: Blake, Boehme and the Book of Urizen", in: *Studies in Mystical Literature*, Taichung, Taiwan, 1980, S. 20–153.

Badiou, Alain, *Saint Paul: La fondation de l'universalisme*, Paris 1997.

Badiou, Alain, *Saint Paul: The Foundation of Universalism*, Engl. Übers. von Ray Brassier, Stanford 2003.

Baumgardt, David, *Franz von Baader und die philosophische Romantik*, Halle (Saale) 1927.

Bayerl, Marion, *Die Wiederkehr des Religiösen?*, München 2017.

Behler, Ernst, *Die Zeitschriften der Brüder Schlegel: Ein Beitrag zur Geschichte der deutschen Romantik*, Darmstadt 1983.

Behler, Ernst, „Schlegels späte Idealismuskritik und das Thema der ‚Göttlichen Dinge'", in: *Religionsphilosophie und spekulative Theologie: Der Streit um die göttlichen Dinge (1799–1812)*, hg. von Walter Jaeschke, Hamburg 1994, S. 174–194.

Behler, Ernst, *Friedrich Schlegel*, Reinbek bei Hamburg 1996.

Behler, Ernst / Struc-Oppenberg, Ursula, ‚Einleitung', in: Fr. Schlegel, KSA, Bd. 8, S. XV–CCXXXII.

Beierwaltes, Werner, *Proklos: Grundzüge seiner Metaphysik*, 2. Auflage, Frankfurt a.M. 1979.

Beiser, Frederick C., *German Idealism: The Struggle Against Subjectivism, 1781–1801*, Cambridge, Mass., 2002.

Bensow, Otto, *Die Lehre von der Kenose*, Leipzig 1903.

Benz, Ernst, „Baader und der abendländische Nihilismus", in: *Archiv für Philosophie* 3 (1949), S. 29–52.

Benz, Ernst, „Die Mystik in der Philosophie des deutschen Idealismus", in: *Schelling: Werden und Wirken seines Denkens*, Zürich 1955 (urspr. in: *Euphorion* 46 [1952], S. 280–300).

Berg Hermann / Richter, Klaus, ‚Ritters Leben und Werk', in: Johann Wilhelm Ritter, *Entdeckungen zur Elektrochemie, Bioelektrochemie und Photochemie*, Leipzig 1986, S. 6–40.

Bernhart, Joseph, *Die philosophische Mystik im Mittelalter*, München 1922 [ND: Darmstadt 1980], S. 165–207.

Berns, Jörg Jochen, „Baumsprache und Sprachbaum", in: Ders., *Die Jagd auf die Nymphe Echo*, Bremen 2011, S. 271–301.

Blank, Josef, „Gnosis und Agape: Zur christologischen Struktur paulinischer Mystik", in: *Grundfragen christlicher Mystik*, hg. von Margot Schmidt in Zusammenarbeit mit Dieter R. Bauer, Stuttgart-Bad Cannstatt 1987, S. 1–13.

Bollacher, Martin, ‚Nachwort', in: Wilhelm Heinrich Wackenroder / Ludwig Tieck, *Herzensergießungen eines kunstliebenden Klosterbruders*, hg. von Martin Bollacher, Stuttgart 1955 [ND: 2013], S. 179–204.

Bollacher, Martin, *Wackenroder und die Kunstauffassung der frühen Romantik*, Darmstadt 1983.

Bonchino, Alberto, „Über die ‚Kritische Edition ausgewählter Texte Franz von Baaders': Ein Forschungsbericht", in: *Aufklärung und Romantik als Herausforderung für katholisches Denken*, hg. von A. Bonchino und Albert Franz, Paderborn 2015 (Baaderiana 3), S. 13–20.

Bonchino, Alberto, „‚Der Mensch als Postscript der Schöpfung': Baaders Verhältnis zu Hegel", in: *Freiburger Zeitschrift für Philosophie und Theologie* 65/1 (2018) (im Druck).

Bonheim, Günther, *Zeichendeutung und Natursprache: Ein Versuch über Jacob Böhme*, Würzburg 1992.

Bonheim, Günther, „Zur literarischen Rezeption Jacob Böhmes im Allgemeinen und zur dadaistischen im Besonderen", in: *Daphnis* 25 (1996), S. 307–367.

Brandstetter, Gabriele, *Erotik und Religiosität: Zur Lyrik Clemens Brentanos*, München 1986.

Brecht, Martin / Sandberger, Jörg, „Hegels Begegnung mit der Theologie im Tübinger Stift: Eine neue Quelle für die Studienzeit Hegels", in: HS 5 (1969), S. 47–81.

Brecht, Martin / Paulus, Rudolf F., „Einleitung", in: Philipp Matthäus Hahn, *Die Korn-*

westheimer Tagebücher 1772–1777, hg. von Martin Brecht und Rudolf F. Paulus, Berlin–New York 1979 (Texte zur Geschichte des Pietismus VIII/1), S. 9–37.

Brentano, Lujo, „Der jugendliche und der gealterte Clemens Brentano über Bettine und Goethe", in: *Jahrbuch des Freien Deutschen Hochstifts*, 1929, S. 325–352.

Buddecke, Werner, *Die Jakob Böhme-Ausgaben: Ein beschreibendes Verzeichnis*, Bd. 1: *Die Ausgaben in deutscher Sprache*, Göttingen 1937 (ND: Vaduz 1981).

Bürke, Georg, *Vom Mythos zur Mystik: Joseph Görres' Mystische Lehre und die romantische Naturphilosophie*, Einsiedeln 1958.

Büttner, Frank, *Philipp Otto Runge*, München 2010.

Clark, Jonathan, ‚Einleitung', in: Quirin Kuhlmann, *Neubegeisterter Böhme*, ed. Clark, Bd. I, Stuttgart 1995.

Danz, Christian / Essen, Georg (Hgg.), *Philosophisch-theologische Streitsachen. Pantheismus – Atheismus – Theismusstreit*, Darmstadt 2012.

Degenhardt, Ingeborg, *Studien zum Wandel des Eckhartbildes*, Leiden 1967.

Degenhardt, Ingeborg, „Meister Eckhart unpolemisch? Zur wissenschaftlichen Bedeutung von Josef Quints Ausgabe der deutschen Schriften Meister Eckharts", in: *Kant-Studien*, 1 (1975), S. 466–482.

Dempf, Alois, *Görres spricht zu unserer Zeit: Der Denker und sein Werk*, Freiburg i.Br. 1933.

Denifle, Heinrich Seuse, Eine Geschichte der deutschen Mystik, in: *Historische und politische Blätter* 75 (1875), S. 679–706; S. 771–790 und S. 903–928.

Dierkes, Hans, „‚Schleyermacher hat Eine Art von Liebe, von Religion verkündigt'. Hat er das? Novalis' Rezeption der Reden *Über die Religion*", in: *200 Jahre ‚Reden über die Religion': Akten des ersten Internationalen Kongresses der Schleiermacher-Gesellschaft, Halle, 14.–17. März 1999*, hg. von Ulrich Barth und Claus-Dieter Osthövener, Berlin/New York 2000, S. 534–558.

Dietzsch, Steffen, ‚Nachwort: Die Phänomenologie der Natur des Johann Wilhelm Ritter oder Von der Historizität der vernünftigen Erkenntnis', in: Ritter, *Aus dem Nachlasse eines jungen Physikers*, ed. Dietzsch, S. 344–364.

Dietzsch, Steffen, ‚Morgenröte der Moderne', Nachwort zu: Ritter, *Aus dem Nachlasse eines jungen Physikers*, ed. Dietzsch, S. 151–164.

Dilthey, Wilhelm, *Die Jugendgeschichte Hegels und andere Abhandlungen zur Geschichte des Deutschen Idealismus*, hg. von Herman Nohl, Göttingen 1921.

Dorn, Thea, *Die Unglückseligen*, München 2016.

Drescher, Horst W., *Lexikon der englischen Literatur*, Stuttgart 1979.

Dyroff, Adolf, „Görres und Schelling", in: *Görres-Festschrift: Aufsätze und Abhandlungen zum 150. Geburtstag von Joseph Görres*, hg. von Karl Hoeber, Köln 1926, S. 65–97.

Dyroff, Adolf, ‚Einführung in die Aphorismen über die Kunst', in: Joseph Görres, GS, Bd. 2,1, S. XXVIII–XL.

Ederheimer, Edgar, *Jakob Boehme und die Romantiker, I. und II. Teil: Jakob Boehmes Einfluß auf Tieck und Novalis*, Heidelberg 1904.

Eichner, Hans, ‚Einleitung', in: Fr. Schlegel, KSA, Bd. 3, S. XII–XCVI.

Eichner, Hans, *Friedrich Schlegel im Spiegel seiner Zeitgenossen*, hg. von Hartwig Mayer und Hermann Patsch, Würzburg 2012 (4 Bde.).

Elkuß, Siegbert, *Zur Beurteilung der Romantik und zur Kritik ihrer Erforschung*, hg. von Franz Schultz, München/Berlin 1918.

Elsässer, Michael, ‚Einleitung', in: Friedrich Schlegel, *Transzendentalphilosophie*, hg. von M. Elsässer, Hamburg 1991, S. IX–XLI.

Engelmann, Max, *Leben und Wirken des württembergischen Pfarrers und Feintechnikers Philipp Matthäus Hahn*, Berlin 1923.

Essen, Georg, „Die philosophische Moderne als katholisches Schibboleth", in: *Gott – Selbst – Bewusstsein: Eine Auseinandersetzung mit der philosophischen Theologie Klaus Müllers*, hg. von Saskia Wendel und Thomas Schärtl, Regensburg 2015, S. 139–156.

Essen, Georg, „Moderne – Katholische Theologie", in *Handbuch Moderneforschung*, hg. von Friedrich Jaeger, Wolfgang Knöbl und Ute Schneider, Stuttgart 2015, S. 309–318.

Evans, E. Lewis, *Boehme's Contribution to the English Speaking World*, Diss., Christian-Albrechts-Universität zu Kiel, 1956.

Fabry, Jacques, *Le théosophe de Francfort Johann Friedrich von Meyer (1772–1849) et l'ésotérisme en Allemagne au XIXe siècle*, Bern/Frankfurt a.M./New York/Paris 1989.

Faivre, Antoine, *Kirchberger et l'Illuminisme du dix-huitième siècle*, La Haye 1966.

Faivre, Antoine, „De Saint-Martin à Baader: le Magikon de Kleuker", in: *Mystiques, Théosophes et Illuminés au Siècle des Lumières*, Hildesheim 1976, S. 1–30.

Fink-Lang, Monika, „Dem Geiste nach verpflichtet: Die Görres-Schüler J.N. Sepp und Michael Strodl", in: *Schule, Universität und Bildung: Festschrift für Harald Dickerhof*, hg. von Helmut Flachenecker und Dietmar Grypa, Regensburg 2007, S. 243–293.

Fink-Lang, Monika, „Zwischen Magnetismus und Mystik: Erklärung des Unerklärlichen bei Joseph Ennemoser und Joseph Görres", in: *„Für Freiheit, Wahrheit und Recht!": Joseph Ennemoser und Jakob Philipp Fallmerayer*, hg. von Ellen Hastaba und Siegfried Rachewiltz, Innsbruck 2009, S. 151–166.

Fink-Lang, Monika, *Joseph Görres: Die Biographie*, Paderborn/München/Wien/Zürich 2013.

Fink-Lang, Monika, *Joseph Görres: Ein Leben im Zeitalter von Revolution und Restauration*, Kevelaer 2015.

Fischer, Kevin, *Converse in the Spirit: William Blake, Jacob Boehme, and the Creative Spirit*, Vancouver 2004.

Flasch, Kurt, „Meister Eckhart: Versuch, ihn aus dem mystischen Strom zu retten", in: *Gnosis und Mystik in der Geschichte der Philosophie*, hg. von Peter Koslowski, Zürich/München 1988, S. 94–110.

Flasch, Kurt, „Meister Eckhart und die *deutsche Mystik*: Zur Kritik eines historiographischen Schemas", in: *Die Philosophie im 14. und 15. Jahrhundert: In memoriam Kon-*

stanty Michalski (1879–1947), hg. von Olaf Pluta, Amsterdam 1988, S. 439–463 (BSPh 10).

Flasch, Kurt, *Meister Eckhart: Philosoph des Christentums*, München 2010.

Förster, Ernst (Hg.), *Denkwürdigkeiten aus dem Leben von Jean Paul Friedrich Richter: zur Feier seines hundertjährigen Geburtstages*, hg. von München 1863, Bd. 3.

Franz, Albert, „Streit um Gott und Religion: Endlos?", in: *Gott – Selbst – Bewusstsein: Eine Auseinandersetzung mit der philosophischen Theologie Klaus Müllers*, hg. von Saskia Wendel und Thomas Schärtl, Regensburg 2015, S. 159–173.

Franz, Albert, „Franz von Baader (1765–1841)", in: *La théologie: Une anthologie*, hg. von Bernard Lauret, Bd. 5: *La modernité*, hg. von Albert Franz und Peter Neuner, Paris 2016, S. 163–165.

Franz, Albert / Maaß, Clemens (Hgg.), *Diesseits des Schweigens: Heute von Gott sprechen*, Freiburg i.B. 2011.

Friesen, Hermann, *Ludwig Tieck: Erinnerungen eines alten Freundes aus den Jahren 1825–1842*, Wien 1842 (2 Bde.).

Frühwald, Wolfgang, *Das Spätwerk Clemens Brentanos (1815–1842)*, Tübingen 1977.

Frühwald, Wolfgang, „Schelling und die Dichter", in: *Philosophisches Jahrbuch* 96 (1989), S. 328–342.

Fues, Wolfram Malte, *Mystik als Erkenntnis? Kritische Studien zur Meister-Eckhart-Forschung*, Bonn 1981.

Gajek, Bernhard, ‚Vorwort', in: *Clemens und Christian Brentanos Bibliotheken: Die Versteigerungskataloge von 1819 und 1853*, hg. von Bernhard Gajek, Heidelberg 1974.

Geissmar, Christoph, *Das Auge Gottes: Bilder zu Jacob Böhme*, Wiesbaden 1993.

Gelfert, Hans-Dieter, *Kleine Geschichte der englischen Literatur*, München 1997.

Gerth, Andreas, *Mystisches Görlitz: Ein außergewöhnlicher Stadtführer zu geheimnisvollen Orten in Görlitz*, Spitzkunnersdorf 2016.

Geyer, Dietrich, *Trübsinn und Raserei: Die Anfänge der Psychiatrie in Deutschland*, München 2014.

Gierl, Martin, *Pietismus und Aufklärung: Theologische Polemik und die Kommunikationsreform der Wissenschaft am Ende des 17. Jahrhunderts*, Göttingen 1997.

Gnädinger, Louise, ‚Nachwort', in: Angelus Silesius, *Cherubinischer Wandersmann*, hg. von L. Gnädinger, Stuttgart 1984, S. 365–414.

Gnädinger, Louise, *Johannes Tauler: Lebenswelt und mystische Lehre*, München 1993.

Goldfriedrich, Johann, *Geschichte des deutschen Buchhandels vom Beginn der klassischen Literaturperiode bis zum Beginn der Fremdherrschaft (1704–1804)*, Leipzig 1909.

Görtz, Heinz-Jürgen, *Franz von Baaders ‚Anthropologischer Standpunkt'*, Freiburg i.B. 1977.

Grimm, Jacob und Wilhelm, *Deutsches Wörterbuch*. Zitierter Band:
– Bd. 2: *Biermörder-Dwatsch*, Leipzig 1860.

Gripentrog, Stephanie, „Vom Mesmerismus zur Hypnose", in: Sziede / Zander (Hg.); *Von der Dämonologie zum Unbewussten* (2015) [Anm. 58], S. 233–253.

Grotz, Stephan, *Vom Umgang mit Tautologien*, Hamburg 2000.

Grundmann, Herbert, „Die geschichtlichen Grundlagen der Deutschen Mystik", in: *Deutsche Vierteljahrsschrift für Literaturwissenschaft und Geistesgeschichte* 12 (1934) S. 400–429.

Gundolf, Friedrich, *Romantiker: Neue Folge*, Berlin-Wilmersdorf 1931.

Haas, Alois Maria, *Mystik als Aussage: Erfahrungs-, Denk- und Redeformen christlicher Mystik*, Frankfurt a.M. (Suhrkamp) 1996 [ND (Verlag der Weltreligionen) 2007].

Haas, Alois Maria, „Typologie der Mystik", in: *Mystik als Aussage: Erfahrungs-, Denk- und Redeformen christlicher Mystik*, Frankfurt a.M. 1986, S. 77–101.

Haas, Alois Maria, „Mystik als Theologie", in: Ders., *Mystik als Aussage: Erfahrungs-, Denk- und Redeformen christlicher Mystik*, Frankfurt a. M. 1996, S. 28–61 [ND (Verlag der Weltreligionen): 2007].

Haas, Alois Maria, „Das mystische Paradox", in: Ders., *Mystik als Aussage: Erfahrungs-, Denk- und Redeformen christlicher Mystik*, Frankfurt a. M. 1996, S. 110–133 (erstmals in: *Das Paradoxon: Eine Herausforderung abendländischen Denkens*, Tübingen 1992, S. 273–294).

Habel, Reinhardt, *Joseph Görres: Studien über den Zusammenhang von Natur, Geschichte und Mythos in seinen Schriften*, Wiesbaden 1960, S. 39–47.

Habermas, Jürgen, *The Structural Transformation of the Public Sphere: An Inquiry Into a Category of Bourgeois Society*, Engl. Übers. von Thomas Burger, Cambridge, Mass., 1989.

Halfwassen, Jens, „No Idealism Without Platonism: On the Origins of German Idealism at the *Tübinger Stift*", in: *Mystik und Idealismus: Eine Lichtung des deutschen Waldes*, hg. von Andrés Quero-Sánchez, Leiden/Boston 2020 [SMIP 1], S. 144–159.

Hannak, Kristine, „Streitbare Irenik: Religiöse Toleranz, poetische Kritik und die Reflexion religiöser Diversität bei Jakob Böhme und Johann Conrad Dippel (1673–1734)", in: *Offenbarung und Episteme: Zur europäischen Wirkung Jakob Böhmes im 17. und 18. Jahrhundert*, hg. von Wilhelm Kühlmann und Fr. Vollhardt, Berlin/Boston 2012, S. 387–409.

Häussermann, Friedrich, „Theologia Emblematica: Kabbalistische und alchemistische Symbolik bei Fr. Chr. Oetinger und deren Analogien bei Jakob Boehme", in: *Blätter für Württembergische Kirchengeschichte* 68/69 (1968/1969), S. 207–346.

Hedwig, Klaus, „*Negatio negationis*: Problemgeschichtliche Aspekte einer Denkstruktur", in: *Archiv für Begriffsgeschichte* 24 (1980), S. 7–33.

Helberger-Frobenius, Sebastian, *Macht und Gewalt in der Philosophie Franz von Baaders*, Bonn 1969.

Held, Hans Ludwig, ‚Das Leben des Angelus Silesius', in: Angelus Silesius, SpW, Bd. 1.

Henrich, Dieter, *Konstellationen: Probleme und Debatten am Ursprung der idealistischen Philosophie (1789–1795)*, Stuttgart 1991.

Henrich, Dieter, „Konstellationsforschung zur klassischen deutschen Philosophie", in:

Konstellationsforschung, hg. von Martin Mulsow und Marcelo Stamm, Frankfurt a.M. 2005, S. 15–30.

Henry, Paul, „Kénose", in: *Supplément au Dictionnaire de la Bible*, Bd. 5, Paris 1957, S. 1–161.

Hoffmann, Franz, *Philosophische Schriften*, Bd. 2, Erlangen 1869.

Hoffmann, Franz, ‚Einleitung', in: Baader, SW, Bd. 3, S. I–LXVIII.

Hohmann, Klaus, *Luise Hensel in ihrer Zeit: ein Lebensabriß*, Berlin 1998.

Holland, Hyacinth, *Erinnerungen an Ernst von Lasaulx*, München 1861.

Huch, Ricarda, *Die Romantik*, Leipzig 1916/1917 (2 Bde.).

Hümpfner, Winfried, *Clemens Brentanos Glaubwürdigkeit in seinen Emmerick-Aufzeichnungen*, Würzburg 1923.

Hürten, Heinz, ‚Einleitung zu: Joseph Görres, *Athanasius*‘, in: Joseph Görres, GS, Bd. 17,1, S. XI–XIX.

Hust, Christoph, „Robert Fludd und Athanasius Kircher in der *Zeitung für Einsiedler*", in: *Athenäum: Jahrbuch der Friedrich Schlegel-Gesellschaft* 19 (2009), S. 109–127.

Ingen, Ferdinand van, *Jacob Boehme in seiner Zeit*, Stuttgart 2015.

Isermann, Thomas, *O Sicherheit, der Teufel wartet deiner!*, Jacob-Böhme-Lektüren, Görlitz 2017.

Isler, Meyer (Hg.), *Briefe an Charles de Villers von Benjamin Constant, Görres, Goethe, Jacob Grimm, Guizot, F.H. Jacobi, Jean Paul, Klopstock, Schelling, Madame de Staël, J.H. Voss und vielen Anderen: Auswahl aus dem handschriftlichen Nachlasse des Ch. de Viller*, Hamburg 1879.

Jantzen, Jörg, ‚Editorischer Bericht' [zu Schellings *Elegie bei Hahn's Grabe gesungen*], in: AA, Bd. I,1, S. 33–39.

Jauß, Hans Robert, „Schlegels und Schillers Antwort auf die *querelle des anciennes et des modernes*", in: *Literaturgeschichte als Provokation der Literaturwissenschaft*, Frankfurt a.M. 1970, S. 67–106.

Jessen, Hans (Hg.), *Zeitung für Einsiedler: In Gemeinschaft mit Clemens Brentano herausgegeben von Ludwig Achim von Arnim bei Mohr und Zimmer, Heidelberg 1808.* Mit einem Nachwort zur Neuausgabe von Hans Jessen, Stuttgart 1962.

Just, Leo, „Görres' Heidelberger Vorlesungen", in: *Kultur und Wirtschaft im rheinischen Raum*, hg. von Anton Felix Napp-Zinn, Mainz 1949, S. 65–76.

Just, Leo, „Görres in Heidelberg", in: *Historisches Jahrbuch* 74 (1955), S. 416–431.

Kähler, Martin, *Geschichte der protestantischen Dogmatik im 19. Jahrhundert*, hg. von Ernst Kähler, Berlin 1962.

Karnitscher, Tünde Beatrix, *Der vergessene Spiritualist Johann Theodor von Tschesch (1595–1649): Untersuchungen und Spurensicherung zu Leben und Werk eines religiösen Nonkonformisten*, Göttingen 2015.

Käsemann, Ernst, „Kritische Analyse von Phil. 2,5–11", in: *Zeitschrift für Theologie und Kirche* 47 (1950), S. 313–360.

Kasper, Walter, *Jesus der Christus*, Leipzig 1981.

Kemp, Friedhelm, „Jakob Böhme in Holland, England und Frankreich", in: *Studien zur europäischen Rezeption deutscher Barockliteratur*, hg. von Leonard Forster, Wiesbaden 1983, S. 211–226.

Kemp, Friedhelm, „Verzeichnis des nachweisbaren Restbestandes der Bibliothek Franz von Baaders (*libri cum notis manuscriptis*)", in: *Varia Antiquaria. Festschrift für Karl Hartung zum 80. Geburtstag, 4. September 1994*, hg. von Felix Hartung, München 1994, S. 63–78.

Klinger, Elmar, „Die Leben-Jesu-Mystik der Anna Katharina Emmerick: Der Beweis des Geistes und der Kraft", in: *Die besondere Mystik der Anna Katharina Emmerick: 2. Symposion nach der Seligsprechung am 15./16. Februar 2013 im Franz-Hitze-Haus in Münster*, hg. von Clemens Engling, Hermann Flothkötter und Peter Nienhaus, Dülmen 2013, S. 35–59.

Knapp, Fritz Peter, „Der Beitrag von Joseph Görres zum Mittelalterbild der Heidelberger Romantik", in: *200 Jahre Heidelberger Romantik*, hg. von Fr. Strack, Berlin/Heidelberg 2008, S. 265–280.

Köpke, Rudolf, *Ludwig Tieck: Erinnerungen aus dem Leben des Dichters nach dessen mündlichen und schriftlichen Mittheilungen*, Leipzig 1855.

Körner, Josef (Hg.), *Briefe von und an Friedrich und Dorothea Schlegel*, hg. von Josef Körner, Berlin 1926.

Körner, Josef (Hg.), *Briefe von und an August Wilhelm Schlegel*, Zürich/Leipzig/Wien 1930 (2 Bde.).

Körner, Josef, ‚Friedrich Schlegels philosophische Lehrjahre', in: *Friedrich Schlegel: Neue philosophische Schriften*, hg. von Josef Körner, Frankfurt a.M. 1935, S. 1–114.

Körner, Josef (Hg.), *Krisenjahre der Frühromantik: Briefe aus dem Schlegelkreis*, Bern/München 1958; ²1969 (3 Bde.).

Koselleck, Reinhart, *Kritik und Krise: Eine Studie zur Pathogenese der bürgerlichen Welt*, Freiburg i.Br./München 1959.

Košenina, Alexander, *Der gelehrte Narr: Gelehrtensatire nach der Aufklärung*, 2. Auflage: Göttingen 2004.

Koslowski, Peter, *Die Prüfungen der Neuzeit*, hg. von Peter Engelmann, Wien 1989.

Koslowski, Peter, *Philosophien der Offenbarung: Antiker Gnostizismus, Franz von Baader, Schelling*, Paderborn 2001.

Koslowski, Stefan, *Idealismus als Fundamentaltheismus: Die Philosophie I.H. Fichtes zwischen Dialektik, positiver Philosophie, theosophischer Mystik und Esoterik*, Wien 1994.

Koziełek, Gerard, *Mittelalterrezeption: Texte zur Aufnahme altdeutscher Literatur in der Romantik*, Tübingen 1997.

Krämer, Hans-Joachim, „Fichte, Schlegel und der Infinitismus in der Platondeutung", in: *Deutsche Vierteljahrsschrift für Literaturwissenschaft und Geistesgeschichte* 62 (1988), S. 583–621.

Krebs, Siegfried, *Philipp Otto Runge und Ludwig Tieck*, Diss., Königsberg 1909.

Kudorfer, Dieter, *Die deutschen Handschriften der Bayerischen Staatsbibliothek München: Die neuzeitlichen Handschriften aus Cgm 5155–5500*, Wiesbaden 2000.

Kühlmann, Wilhelm, „Vernunftdiktatur und Sprachdiktatur: Jakob Böhme bei Gottsched und Adelung", in: *Offenbarung und Episteme: Zur europäischen Wirkung Jakob Böhmes im 17. und 18. Jahrhundert*, hg. von W. Kühlmann und Friedrich Vollhardt, Berlin/Boston 2012, S. 579–603.

Küng, Hans, *Menschwerdung Gottes*, Freiburg i.Br./Basel/Wien 1970.

Küpper, Peter, ‚Nachwort', in: [Klingemann, Ernst August F.], *Nachtwachen. Von Bonaventura. Im Anhang: Des Teufels Taschenbuch*, neu hg. und mit einem Nachwort von Peter Küpper, 2., verbesserte Auflage: Gerlingen 1993, S. 191–220.

Lamoen, Frank van, „Der unbekannte Illustrator: Michael Andreae", in: *Jacob Böhmes Weg in die Welt*, hg. von Theodor Harmsen, Amsterdam 2007, S. 255–307.

Lindner, Burkhardt, „Habilitationsakte Benjamin", in: *Walter Benjamin im Kontext*, hg. von Burkhart Lindner, 2., erweiterte Auflage, Frankfurt a.M. 1985, S. 324–341.

Littlejohns, Richard, „Nachwort zu Wackenroder, *Philologische Arbeiten*", in: SWB, Bd. 2, S. 622–634.

Loheide, Bernward, *Fichte und Novalis: transzendentalphilosophisches Denken im romantisierenden Diskurs*, Amsterdam/Atlanta 2000.

Lotito, Leonardo, „Die Allegorie des Überschwenglichen: Überlegungen über die Interpretation des Schellingschen Absoluten und des Creuzerschen Symbols im Denken Görres' (1805–1810)", in: *Görres-Studien: Festschrift zum 150. Todesjahr von Joseph von Görres*, hg. von Harald Dickerhof, Paderborn/München/Wien/Zürich 1999, S. 89–103.

Lüdeke, Henry (Hg.), *Ludwig Tieck und Brüder Schlegel. Briefe*, Frankfurt a.M. 1930.

Lüer, Edwin, *Aurum und Aurora: Ludwig Tiecks ‚Runenberg' und Jakob Böhme*, Heidelberg 1997.

Lütgert, Wilhelm, *Die Religion des deutschen Idealismus und ihr Ende*, Gütersloh 1923–1930 (4 Bde.).

Lutterbeck, Anton, ‚Vorwort' (zu Baaders *Erläuterungen, Randglossen und Studien*), in: sw, Bd. 14, S. 163–196.

Lutz, Daniel, „Religion", in: *Ludwig Tieck: Leben, Werk, Wirkung*, hg. von Claudia Stockinger und Stefan Scherer, Berlin/Boston 2011, S. 291–302.

Lucinda Martin, „Mythos und Wirklichkeit: Jacob Böhme in seinen Porträts", in: *Alles in Allem: Die Gedankenwelt des mystischen Philosophen Jacob Böhme. Denken – Kontext – Wirkung*, hg. von Claudia Brink und Lucinda Martin, Dresden (Staatliche Kunstsammlungen) 2017, S. 18–31.

Martensen, Hans, *Jakob Böhme*, Leipzig 1882.

Martin, Martin, *A Description of the Western Islands of Scotland circa 1695*, Edinburgh 2002.

Matenko, Percy (Hg.), *Tieck and Solger: The Complete Correspondence*, New York/Berlin 1933.

Mehltretter, Florian, *Der Text unserer Natur: Studien zu Illuminismus und Aufklärung in Frankreich in der zweiten Hälfte des 18. Jahrhunderts*, Tübingen 2009.

Messlin, Dorit, *Antike und Moderne: Friedrich Schlegels Poetik, Philosophie und Lebenskunst*, Berlin/New York 2011.

Meyer, Paola, *Jena Romanticism and Its Appropriation of Jakob Boehme: Theosophy – Hagiography – Literature*, Montreal/London/Ithaca, NY 1999.

Mieth, Dietmar, *Meister Eckhart*. München 2014.

Millán-Zaibert, Elizabeth, *Friedrich Schlegel and the Emergence of Romantic Philosophy*, New York 2007.

Mojsisch, Burkhardt, „Nichts und Negation: Meister Eckhart und Nikolaus von Kues", in: *Historia philosophiae Medii Aevi: Studien zur Geschichte der Philosophie des Mittelalters*, hg. von B. Mojsisch und Olaf Pluta, Amsterdam 1991, S. 675–693.

Möseneder, Karl, *Philipp Otto Runge und Jakob Böhme*, Marburg/Lahn 1981.

Müller, Olaf, *Mehr Licht: Goethe mit Newton im Streit um die Farben*, Frankfurt a.M. 2015.

Mulsow, Martin / Stamm, Marcelo (Hgg.), *Konstellationsforschung*, Frankfurt a.M. 2005.

Mulsow, Martin, „Abraham Hinckelmann und die Genealogie von Böhmes *Grund-Irrtum*", in: *Offenbarung und Episteme: Zur europäischen Wirkung Jakob Böhmes im 17. und 18. Jahrhundert*, hg. von Wilhelm Kühlmann und Friedrich Vollhardt, Berlin/Boston 2012, S. 295–312.

Muratori, Cecilia, *The First German Philosopher: The Mysticism of Jakob Böhme as Interpreted by Hegel*, Engl. Übers. von Richard Dixon und Raphaëlle Burns, Dordrecht/Heidelberg/New York/London 2016 [ital Original: *Il primo filosofo tedesco: Il misticismo di Jacob Böhme nell'interpretazione hegeliana*, Pisa 2012].

Neumeyer, Martina, „Joseph Görres' Lehrgebäude auf Musenberg", in: *Von der Dämonologie zum Unbewussten: Die Transformationen der Anthropologie um 1800*, hg. von Maren Sziede und Helmut Zander, Berlin/München/Boston 2015, S. 203–232.

Nivala, Asko, „Chemical Age: Presenting History with Metaphors", in: *They Do Things Differently There: Essays on Cultural History*, hg. von Bruce Johnson and Harri Kiiskinen, Turku 2011, S. 81–108.

Nivala, Asko, „Friedrich Schlegels early Romantic notion of religion in relation to two presuppositions of the Enlightenment", in: *Approaching Religion* 1/2 (2011), S. 33–45.

Nivala, Asko, „Critique and Naturalism: Friedrich Schlegel and the Principles of the Enlightenment", in: *The Enlightenment: Critique, Myth, Utopia. Proceedings of Symposium Arranged by the Finnish Society for Eighteenth-century Studies in Helsinki, 17–18 October 2008*, hg. von Charlotta Wolff, Timo Kaitaro und Minna Ahokas, Frankfurt a.M. 2011, S. 203–219.

Nivala, Asko, „Catastrophic Revolution and the Rise of Bildung", in: *Travelling Notions of Culture in Early Nineteenth-Century Europe*, hg. von Hannu Salmi, Asko Nivala und Jukka Sarjala, New York 2016, S. 19–37.

Nivala, Asko, *The Romantic Idea of the Golden Age in Friedrich Schlegel's Philosophy of History*, New York 2017.

Obst, Helmut, „Jakob Böhme im Urteil Philipp Jakob Speners", in: *Zeitschrift für Religions- und Geistesgeschichte* 23 (1971), S. 22–39.

Pannenberg, Wolfhart, *Grundzüge der Christologie*, Gütersloh 1964.

Pannwitz, Rudolf, *Die Erziehung*, Frankfurt a.M. 1909.

Pascha, Khaled Saleh, ‚*Gefrorene Musik': Das Verhältnis von Architektur und Musik in der ästhetischen Theorie*, Berlin 2004.

Paschek, Carl, *Der Einfluss Jacob Böhmes auf das Werk Friedrich von Hardenbergs (Novalis)*, Diss., Bonn 1967.

Paschek, Carl, Novalis und Böhme: zur Bedeutung der systematischen Böhmelektüre für die Dichtung des späten Novalis, in: *Jahrbuch des Freien Deutschen Hochstifts*, 1976, S. 138–167.

Paulin, Roger, „Zur Person", in: *Ludwig Tieck: Leben, Werk, Wirkung*, hg. von Claudia Stockinger und Stefan Scherer, Berlin/Boston 2011, S. 3–12.

Paulus, Ernst Philipp, *Philipp Matthäus Hahn: ein Pfarrer aus dem vorigen Jahrhundert nach seinem Leben und Wirken aus seinen Schriften und hinterlassenen Papieren*, Stuttgart 1858.

Peetz, Siegbert, *Die Wiederkehr im Unterschied: Ernst von Lasaulx*, Freiburg i.B. 1989.

Petersdorff, Dirk von, *Mysterienrede: Zum Selbstverständnis Romantischer Intellektueller*, Tübingen 1996.

Pfeiffer, Franz, *Deutsche Mystiker des 14. Jahrhunderts*, Bd. 2, Leipzig 1857.

Pfeiffer-Belli, Wolfgang, ‚Nachwort', in: *Nachtwachen von Bonaventura*, Coburg 1947, S. 189–202.

Plitt, Gustav Leopold, ‚Jena 1798–1803, Überblick', in: *Aus Schellings Leben*, Bd. 1, S. 242–257.

Pocci, Franz von, *Justinus Kerner und sein Münchner Freundeskreis: Eine Sammlung von Briefen*, Leipzig 1928.

Poggi, Stefano, „Neurologie, *sensorium commune*, Seele: Romantische Neurologie – Romantische Psychiatrie", in: *Achim von Arnim und sein Kreis*, hg. von Steffen Dietzsch und Ariane Ludwig, Berlin 2010, S. 291–326.

Pöggeler, Otto, „‚Nihilist' und ‚Nihilismus'", in: *Archiv für Begriffsgeschichte* 19/1 (1975), S. 197–210.

Pöggeler, Otto, *Hegels Kritik der Romantik*, München 1999.

Preger, Wilhelm, *Geschichte der deutschen Mystik im Mittelalter: Nach den Quellen untersucht und dargestellt*, Leipzig 1874–1893 (3 Bde.) (ND: Aalen 1962).

Priesching, Nicole, *Maria von Mörl*, Brixen 2004.

Procesi, Lidia, *La dogmatica speculativa di Franz von Baader*, Turin 1977.

Quero-Sánchez, Andrés, *Sein als Freiheit: Die idealistische Metaphysik Meister Eckharts und Johann Gottlieb Fichtes*, München/Freiburg i.Br. 2004.

Quero-Sánchez, Andrés, „Über die Nichtigkeit des Gegebenen: Schellings und Hegels Verteidigung des ontologischen Arguments und der Deutsche Idealismus im Spätmittelalter", in: *Bochumer Philosophisches Jahrbuch für Antike und Mittelalter* 14 (2009–2010–2011), S. 191–232.

Quero-Sánchez, Andrés, „Schellings neuzeitliche Repristination der ‚mystischen' Vernunft – als Kritik an der ‚modernen' Ansicht", in: *Bochumer Philosophisches Jahrbuch für Antike und Mittelalter* 17 (2014), S. 166–220.

Quero-Sánchez, Andrés, „*Libertas enim filiorum non excludit accipere filios et Deum dare*: Eine philosophische Darlegung des in Eckharts Prozess beanstandeten Freiheitsverständnisses", in: *Mystik, Recht und Freiheit: Religiöse Erfahrung und kirchliche Institutionen im Spätmittelalter*, hg. von Dietmar Mieth und Britta Müller-Schauenburg, Stuttgart 2012, S. 135–172.

Quero-Sánchez, Andrés, *Über das Dasein: Albertus Magnus und die Metaphysik des Idealismus*, Stuttgart 2013 (MEJb.B 3).

Quero-Sánchez, Andrés, „Schellings philosophische Rezeption des *Buchs von der geistigen Armut* (auch *Buch von der Nachfolgung des armen Lebens Christi* genannt)", in: *Freiburger Zeitschrift für Philosophie und Theologie* 62 (2015), S. 240–280.

Quero-Sánchez, Andrés, „Meister Eckhart's Commentaries on *Genesis* and his Treatise *On Being, What is, and Nothing*", in: *Revista Española de Filosofía Medieval* 23 (2016), S. 259–289.

Quero-Sánchez, Andrés, „Edles Wissen: Schellings Philosophie und die Deutsche ‚Mystik' Meister Eckhart, Johannes Tauler und das Pseudo-Taulerische *Buch von der geistigen Armut*", in: *Meister Eckhart: Subjekt und Wahrheit*, hg. von Martina Roesner, Leuven 2017 (ETS 8), S. 127–177.

Quero-Sánchez, Andrés, „‚Go from your country and your kindred and your father's house!' (Gen. 12:1): Schelling's Boehmian Redefinition of Idealism", in: *Religious Individualisation*, hg. von Jörg Rüpke, Martin Fuchs, Antje Linkenbach-Fuchs, Bernd-Christian Otto und Rahul B. Parson, Berlin/New York 2019, S. 223–241.

Quero-Sánchez, Andrés, „‚Daß die Liebe durch den Zorn möchte durchbrechen': Die Präsenz Jakob Böhmes in Novalis' *Die Christenheit oder Europa*", in: *Coincidentia: Zeitschrift für europäische Geistesgeschichte* 10 (2019), S. 25–56.

Quero-Sánchez, Andrés, „‚The Head and Father of True Philosophy': Schelling's Philosophy of Identity, Meister Eckhart's Mysticism, and Plato's Understanding of Being", in: *Religiöse Selbstbestimmung – die Anfänge im Mittelalter und das Konzept Meister Eckharts*, hg. von Dietmar Mieth, Stuttgart 2019 (MEJb.B 5), S. 200–238.

Quero-Sánchez, Andrés, (Hg.), *Mystik und Idealismus: Eine Lichtung des deutschen Waldes*, Leiden/Boston 2020 [SMIP 1].

Quero-Sánchez, Andrés, ‚Zur Einleitung', in: *Mystik und Idealismus: Eine Lichtung des deutschen Waldes*, hg. von A. Quero-Sánchez, Leiden/Boston 2020 [SMIP 1], S. 1–39.

Quero-Sánchez, Andrés, „Oetingers Kritik am Platonismus und deren Einfluss auf Schellings Wende um 1809/1810", in: *Mystik und Idealismus: Eine Lichtung des deutschen Waldes*, hg. von A. Quero-Sánchez, Leiden/Boston 2020 [SMIP 1], S. 325–389.

Quint, Josef, „Mystik und Sprache: Ihr Verhältnis zueinander, insbesondere von der spekulativen Mystik Meister Eckharts", in: *Altdeutsche und Altniederländische Mystik*, hg. von Kurt Ruh, Darmstadt 1964, S. 113–151.

Raab, Heribert, ‚Einleitung zu: Görres, *Schriften der Straßburger Exilszeit 1824–1827*', in: Joseph Görres, GS, Bd. 14.

Raine, Kathleen, *William Blake*, London 1970.

Ranke-Heinemann, Uta, ‚Vorwort', in: Görres, *Christliche Mystik*, ed. Ranke-Heinemann, Bd. 1, S. 9–17.

Regehly, Thomas, „*Fabula docet*: Vom Oupnek'hat über Irenäus zu Böhme, Schelling und Schopenhauer", in: *Philosophien des Willens: Böhme, Schopenhauer, Schelling*, hg. von Günther Bonheim und Thomas Regehly, Berlin 2008 (BS 2), S. 81–104.

Regehly, Thomas, „‚Licht aus dem Osten': Wechsellektüren im Zeichen des *Westöstlichen Divans* und anderer Werke Goethes und Schopenhauers", in: *Schopenhauer und Goethe: Biographische und philosophische Perspektiven*, hg. von Daniel Schubbe und Sören Fauth, Hamburg 2014, S. 59–97.

Richter, Klaus, *Das Leben des Physikers Johann Wilhelm Ritter: Ein Schicksal in der Zeit der Romantik*, Weimar 2003.

Ringseis, Emilie, *Erinnerungen des Dr. Johann Nepomuk v. Ringseis*, Bd. 2, Regensburg 1886.

Roper, Lyndal, *Luther: Der Mensch Martin Luther – Die Biographie*, Frankfurt a.M. 2016.

Rosenkranz, Karl, ‚Rezension zu Diepenbrocks Seuse-Ausgabe', in: *Berliner Jahrbücher für wissenschaftliche Kritik* 1 (1831), 1. Januar 1831, Nr. 19, Sp. 147–152; Nr. 20, Sp. 153–160.

Ruh, Kurt (Hg.), *Altdeutsche und altniederländische Mystik*, Darmstadt 1964.

Ruh, Kurt, „Vorbemerkungen zu einer neuen Geschichte der abendländischen Mystik im Mittelalter", in: *Bayerische Akademie der Wissenschaften, Sitzungsberichte 1982*, Heft 7, S. 3–32.

Rupprich, Hans, „Clemens Brentano und die Mystik", in: *Deutsche Vierteljahrsschrift für Literaturwissenschaft und Geistesgeschichte* 4 (1926), S. 718–746.

Rusterholz, Sibylle, „Klarlichte Dunkelheiten: Quirinus Kuhlmanns 62. Kühlpsalm", in: *Deutsche Barocklyrik: Gedichtinterpretationen von Spee bis Haller*, hg. Martin Bircher und Alois M. Haas, Bern/München 1973, S. 225–264.

Rusterholz, Sibylle, „Zum Verhältnis von ‚Liber Naturae' und ‚Liber Scripturae' bei Jacob Böhme", in: *Gott, Natur und Mensch in der Sicht Jacob Böhmes und seiner Rezeption*, hg. von Jan Garewicz und Alois Maria Haas, Wiesbaden 1994, S. 129–146.

Rusterholz, Sibylle, „Elemente christlicher Kabbala bei Abraham von Franckenberg", in: *Christliche Kabbala*, hg. von Wilhelm Schmidt-Biggemann, Ostfildern 2003, S. 183–197.

Rusterholz, Sibylle, „Abraham von Franckenbergs Verhältnis zu Jacob Böhme", in: *Kulturgeschichte Schlesiens in der Frühen Neuzeit*, hg. von Klaus Garber, Tübingen 2005, S. 205–241.

Rusterholz, Sibylle, „Jacob Böhme im Licht seiner Gegner und Anhänger: Die zentralen Argumente der Streitschriften von ihren Anfängen zu Lebzeiten Böhmes bis zum Ende des 17. Jahrhunderts", in: *Offenbarung und Episteme: Zur europäischen Wirkung Jakob Böhmes im 17. und 18. Jahrhundert*, hg. von Wilhelm Kühlmann und Friedrich Vollhardt, Berlin/Boston 2012, S. 7–32.

Sánchez de Murillo, José, *Der Geist der deutschen Romantik: Der Übergang vom logischen zum dichterischen Denken und der Hervorgang der Tiefenphänomenologie*, München 1986.

Sánchez de Murillo, José (Hg.), *Jakob Böhme, Das Fünklein Mensch: Ausgewählte Texte*, München 1997.

Sánchez de Murillo, José / Thurner, Martin (Hgg.), *Von der Wissenschaft zur Mystik*, Stuttgart 2009 (Aufgang: Jahrbuch für Denken, Dichten, Musik 6).

Sánchez de Murillo, José, „Jakob Böhme – Der deutsche Vorsokratiker: Zur Gegenwart und Zukunft der Philosophie", in: *Erkenntnis und Wissenschaft: Jacob Böhme (1575–1624). Internationales Jacob-Böhme-Symposium, Görlitz 2000*, Görlitz/Zittau 2001 (Neues Lausitzisches Magazin. Beiheft 2), S. 128–153.

Sánchez de Murillo, José, *Durchbruch der Tiefenphänomenologie: Die Neue Vorsokratik*, Stuttgart 2002.

Sánchez de Murillo, José, „Meister Eckhart und Jakob Böhme: Ganz anders unterwegs zum Selben", in: *Mystik und Idealismus: Eine Lichtung des deutschen Waldes*, hg. von Andrés Quero-Sánchez, Leiden/Boston 2020 [SMIP 1], S. 119–143.

Sandkühler, Hans Jörg, „Idealismus", in: *Enzyklopädie Philosophie*, hg. von Hans Jörg Sandkühler unter Mitwirkung von Dagmar Borchers, Armin Regenbogen, Volker Schürmann, Pirmin Stekeler-Weithofer, Hamburg 2010 (3 Bde. und CD-ROM), Bd. 2, S. 1026–1040.

Sauter, Johannes, *Baader und Kant*, Jena 1928.

Scherer, Stefan / Stockinger, Claudia (Hgg.), *Ludwig Tieck: Leben, Werk, Wirkung*, Berlin/Boston 2011, S. 3–12.

Schiel, Hubert, *Clemens Brentano und Luise Hensel*, Frankfurt a.M./Aschaffenburg 1956.

Schillemeit, Jost, *Bonaventura, der Verfasser der ,Nachtwachen'*, München 1973.

Schimpf, Simone, „Heilig oder verrückt: Die Visualisierung von Ekstase in Kunst und Medizin im Frankreich des 19. Jahrhunderts", in: *Sichtbarkeit und Medium: Austausch, Verknüpfung und Differenz naturwissenschaftlicher und ästhetischer Bildstrategien*, hg. von Anja Zimmermann, Hamburg 2005, S. 47–71.

Schlechter, Arnim, *Die Romantik in Heidelberg*, Heidelberg 2007.

Schmidt-Biggemann, Wilhelm, „Erlösung durch Philologie: Der poetische Messianismus Quirinus Kuhlmanns (1651–1689)", in: *Studien zur Literatur des 17. Jahrhunderts:*

Gedenkschrift für Gerhard Spellerberg (1937–1996), hg. von Hans Feger, Amsterdam 1997, S. 243–284.

Schmidt-Biggemann, Wilhelm, *Philosophia perennis: Historische Umrisse abendländischer Spiritualität in Antike, Mittelalter und früher Neuzeit*, Frankfurt a.M. 1998.

Schmidt-Biggemann, Wilhelm, „Philosophia perennis", in: *Der Neue Pauly: Enzyklopädie der Antike*, Bd. 15,2, Stuttgart/Weimar 2002, Sp. 331–339.

Schmidt-Biggemann, Wilhelm, „Franz von Baader: Ein Orthodoxer der Philosophia perennis", in: *Politische Theologie der Gegenaufklärung: De Maistre, Saint-Martin, Kleuker, Baader*, Berlin 2004, S. 109–141.

Schmidt-Biggemann, Wilhelm, *Geschichte wissen: Eine Philosophie der Kontingenz im Anschluss an Schelling*, Stuttgart-Bad Cannstatt 2014.

Schmidt-Biggemann, Wilhelm, „Baader und Saint-Martin", in: *Aufklärung und Romantik als Herausforderung für katholisches Denken*, hg. von Alberto Bonchino und Albert Franz, Paderborn 2015, S. 150–170.

Schmitt, Robert, „Zur Biographie von Joseph Görres für die Jahre 1802 bis 1808: Nach bisher unbekannten Briefen und Akten", in: *Jahrbuch für Geschichte und Kunst des Mittelrheins und seiner Nachbargebiete* 10 (1958), S. 67–95.

Schmitz, Rainer, *Die ästhetische Prügeley: Streitschriften der antiromantischen Bewegung*, Göttingen 1992.

Schneider, Johann Nikolaus, „Kuhlmanns Kalkül: Kompositionsprinzipien, sprachtheoretischer Standort und Sprechpraxis in Kuhlmanns *Kühlpsalter*", in: *Daphnis* 27 (1998), S. 93–140.

Schoeller, Donata, *Gottesgeburt und Selbstbewusstsein: Das Denken der Einheit bei Meister Eckhart und G.W.F. Hegel*, Hildesheim 1992.

Schoeller, Donata, „Tat versus Sucht: Spielraum der Freiheit bei Schelling und Böhme", in: *Philosophien des Willens: Böhme, Schelling, Schopenhauer*, hg. von Günther Bonheim und Thomas Regehly, Berlin 2008 (BS 2), S. 31–44.

Schott, Heinz, „Joseph Görres (1776–1848) und die Medizin zwischen romantischer Naturforschung, Mesmerismus und Mystik", in: *Medizin, Okkultismus und Parapsychologie im 19. und frühen 20. Jahrhundert*, hg. von Barbara Wolf-Braun, Wetzlar 2009, S. 8–21.

Schulte, Christoph, *Zimzum: Gott und der Weltursprung*, Berlin 2014.

Schulte-Sasse, Jochen (Übers.), *Theory as Practice: A Critical Anthology of Early German Romantic Writings*, Minneapolis 1997.

Schultz, Franz, *Joseph Görres als Herausgeber, Literaturhistoriker, Kritiker im Zusammenhang mit der jüngeren Romantik*, Berlin 1902.

Schultz, Franz, *Der Verfasser der Nachtwachen von Bonaventura: Untersuchungen zur deutschen Romantik*, Berlin 1909.

Schultz, Hartwig, *Clemens Brentano*, Stuttgart 1999.

Schultz, Hartwig, *Schwarzer Schmetterling: Zwanzig Kapitel aus dem Leben des romantischen Dichters Clemens Brentano*, Berlin 2000.

Schumacher, Eckhard, *Die Ironie der Unverständlichkeit: Johann Georg Hamann, Friedrich Schlegel, Jacques Derrida, Paul de Man*, Frankfurt a.M. 2000.

Schweikert, Uwe, *Ludwig Tieck: Dichter über ihre Dichtungen*, München 1971 (3 Bde.).

Seeber, Hans Ulrich, „Romantik und viktorianische Zeit", in: *Englische Literaturgeschichte*, hg. von H.U. Seeber, Stuttgart 2004, S. 224–313.

Sepp, Johann Nepomuk, *Görres und seine Zeitgenossen*, Nördlingen 1877.

Spaemann, Robert, „Christentum und Philosophie der Neuzeit", in: *Das unsterbliche Gerücht: Die Frage nach Gott und die Täuschung der Moderne*, Stuttgart 2007, S. 65–91 (urspr. in: *Aufklärung durch Tradition: Symposion der Josef-Pieper-Stiftung zum 90. Geburtstag von Josef Pieper*, hg. von Hermann Fechtrup, Friedbert Schulze und Thomas Sternberg, Münster 1995, S. 123–138).

Stamm, Marcelo R., „Konstellationsforschung – Ein Methodenprofil: Motiv und Perspektiven", in: *Konstellationsforschung*, hg. von Martin Mulsow und Marcelo Stamm, Frankfurt a.M. 2005, S. 31–73.

Steiger, Johann Anselm, „Jacob Böhmes Rettung: Friedrich Brecklings *Anticalovius* (1688) als Apologie des mystischen Spiritualismus", in: *Offenbarung und Episteme: Zur europäischen Wirkung Jakob Böhmes im 17. und 18. Jahrhundert*, hg. von Wilhelm Kühlmann und Friedrich Vollhardt, Berlin/Boston 2012, S. 283–294.

Stein, Robert, ‚Allgemeine Einleitung', in: Joseph Görres, GS, Bd. 2,1, S. XI–XXVII.

Steiner, Uwe, „Ankündigung der Zeitschrift Angelus Novus. Zuschrift an Florens Christian Rang", in: *Benjamin-Handbuch*, hg. von Burkhardt Lindner unter Mitarbeit von Thomas Küpper und Timo Skrandies, Stuttgart/Weimar 2006, S. 301–311.

Steinert, Raimund, ‚Nachwort', in: *Nachtwachen. Von Bonaventura*, nach Rahel Varnhagens Exemplar mit einem Nachwort hg. von Dr. Raimund Steinert, Weimar 1916, S. 301–323.

Stoelzle, Remigius, „Zwei Briefe Ernst von Lasaulx' Charakteristik des Philosophen Dr. Baader", in: *Philosophisches Jahrbuch* 17 (1904), S. 446–448.

Strack, Friedrich (Hg.), *Heidelberg im säkularen Umbruch*, Stuttgart 1987.

Strack, Friedrich, „Zukunft in der Vergangenheit? Zur Wiederbelebung des Mittelalters in der Romantik", in: *Heidelberg im säkularen Umbruch: Traditionsbewußtsein und Kulturpolitik um 1800*, hg. von Fr. Strack, Stuttgart 1987, S. 252–281.

Strack, Friedrich, „Historische und poetische Voraussetzungen der Heidelberger Romantik", in: *200 Jahre Heidelberger Romantik*, hg. von Fr. Strack, Berlin/Heidelberg 2008, S. 24–40.

Strub, Christian, „System", in: *Historisches Wörterbuch der Philosophie*, hg. von Joachim Ritter, Karlfried Gründer und Gottfried Gabriel, Bd. 10, Basel 1998, Sp. 824–856.

Susini, Eugène, „Documents inédits: Nouvelles lettres inédites de Franz von Baader", in: *Études germaniques* 24 (1969), S. 60–82.

Susini, Eugène, *En marge du Romantisme: Portrait et correspondance d'Auguste Sougey-Avisard (1818–1889)*, München 1975.

Tilliette, Xavier, *Philosophische Christologie*, Einsiedeln 1998.

Tilliette, Xavier, *Untersuchungen über die intellektuelle Anschauung*, Stuttgart-Bad Cannstatt 2015.

Traeger, Jörg, *Philipp Otto Runge und sein Werk: Monographie und kritischer Katalog*, München 1975.

Trunz, Erich, ,Nachwort zu Goethe, *Die Wahlverwandschaften'*, in: Goethe, *Werke*, ed. Trunz, Bd. 6, S. 672–688.

Unterberger, Rose, *Goethe-Chronik*, Frankfurt a.M. 2002.

Vierhaus, Rudolf, „Bildung", in: *Geschichtliche Grundbegriffe: Historisches Lexikon zur politisch-sozialen Sprache in Deutschland*, Bd. 1, hg. von Otto Bruner, Werner Conze und Reinhart Koselleck, Stuttgart 1972, S. 508–551.

Vierhaus, Rudolf (Hg.), *Deutsche Biographische Enzyklopädie*. Zweite, überarbeitete und erweiterte Ausgabe, Bd. 2: Brann–Einslin, München 2005.

Vietta, Silvio, ,Einleitung', in: Wackenroder, SWB, Bd. 1, S. 15–29.

Vollhardt, Friedrich, „,Pythagorische Lehrsätze': Schwärmerkritik und Konsensdenken bei Daniel Colberg, Heinrich Wilhelm Clemm und Friedrich Christoph Oetinger", in: *Offenbarung und Episteme: Zur europäischen Wirkung Jakob Böhmes im 17. und 18. Jahrhundert*, hg. von Wilhelm Kühlmann und Fr. Vollhardt, Berlin/Boston 2012, S. 363–383.

Vollhardt, Friedrich / Kühlmann, Wilhelm (Hgg.), *Offenbarung und Episteme. Zur europäischen Wirkung Jakob Böhmes im 17. und 18. Jahrhundert*, Berlin/Boston 2012.

Wall, Tobias, *Das unmögliche Museum: Zum Verhältnis von Kunst und Kunstmuseen der Gegenwart*, Bielefeld 2006.

Walsh, David, *The Esoteric Origins of Modern Ideological Thought: Boehme und Hegel*, University of Virginia, Ann Arbor 1993 (UMI Publications).

Ward, Graham, *Auf der Suche nach der wahren Religion*, Stuttgart 2009.

Webster, John, *Kenotische Christologie*, in: *Religion in Geschichte und Gegenwart: Handwörterbuch für Theologie und Religionswissenschaft*, 4. Auflage, hg. von Hans Dieter Betz, Bd. 4, Tübingen 2001, Sp. 929–931, hier Sp. 929 f.

Weeks, Andrew, *Boehme: An Intellectual Biography*, New York 1991.

Weeks, Andrew, „Schopenhauer und Böhme", in: *Schopenhauer-Jahrbuch* 73 (1992), S. 7–15.

Weeks, Andrew, *German Mysticism: From Hildegard of Bingen to Ludwig Wittgenstein*, New York 1993.

Wehr, Gerhard, „Aspekte der Wirkungsgeschichte Jacob Böhmes", in: *Gott, Natur und Mensch in der Sicht Jacob Böhmes und seiner Rezeption*, hg. von Jan Garewicz und Alois Maria Haas, Wiesbaden 1994, S. 175–196.

Wentzlaff-Eggebert, Friedrich-Wilhelm, *Deutsche Mystik zwischen Mittelalter und Neuzeit*, Berlin 1944.

Wetzels, Walter W., *Johann Wilhelm Ritter: Physik im Wirkungsfeld der deutschen Romantik*, Berlin/New York 1973.

Wiese, Benno von, *Friedrich Schlegel: Ein Beitrag zur Geschichte der romantischen Konversionen*, Berlin 1927.

Wolf, Jean-Claude, „Motive der Mäßigung des Egoismus – religiös und säkular", in: *Natur des Menschen: Brauchen die Menschenrechte ein Menschenbild?*, hg. von Daniel Bogner und Cornelia Mügge, Freiburg (Schweiz) 2015, S. 109–129.

Zanucchi, Mario, *Novalis – Poesie und Geschichtlichkeit: Die Poetik Friedrich von Hardenbergs*, Paderborn/München/Wien/Zürich 2006.

Ziolkowsky, Theodore (Hg.), *Heidelberger Romantik: Mythos und Symbol*, Heidelberg 2009.

Zirmunskij, Viktor, *Deutsche Romantik und moderne Mystik*, deutsche Übers. von Irina S. Alexejeva, St. Ingbert 1996 (zuerst 1914).

Zovko, Marie-Elise, *Natur und Gott: Das wirkungsgeschichtliche Verhältnis Schellings und Baaders*, Würzburg 1996.

Personenverzeichnis

Printed in the United States
by Baker & Taylor Publisher Services